最新保时捷车系新技术与
典型故障案例汇编

赵锦鹏　王钟原　陈志军　主编

辽宁科学技术出版社
沈阳

图书在版编目（CIP）数据

最新保时捷车系新技术与典型故障案例汇编 / 赵锦鹏，
王钟原，陈志军主编. —沈阳：辽宁科学技术出版社，2020.2
ISBN 978-7-5591-1448-8

Ⅰ.①最… Ⅱ.①赵… ②王… ③陈… Ⅲ.①汽车—
故障诊断—案例 Ⅳ.① U472.42

中国版本图书馆 CIP 数据核字（2020）第 003194 号

出版发行：辽宁科学技术出版社
　　　　　（地址：沈阳市和平区十一纬路 25 号 邮编：110003）
印 刷 者：辽宁新华印务有限公司
幅面尺寸：210mm×285mm
印　　张：39.25
字　　数：800 千字
出版时间：2020 年 2 月第 1 版
印刷时间：2020 年 2 月第 1 次印刷
责任编辑：高　鹏
封面设计：盼　盼
版式设计：▨ 鼎籍文化创意
责任校对：王玉宝

书　　号：ISBN 978-7-5591-1448-8
定　　价：168.00 元

联系电话：024-23284373
邮购热线：024-23284626
E-mail:atauto@vip.sina.com

前　言

保时捷官方发布了2017年的销售情况，保时捷在2017年全年交付248 376台新车，销量同比增长4%。同时营业额同比增加5%，达到235亿欧元，利润达到41亿欧元。其中Macan依旧为保时捷最畅销车型，交付新车超过97 000辆，同比增长2%。Panamera的增长率达到了80%，达到28 945辆。从全球市场分析，中国再度成为保时捷全球最大的市场，中国地区销量第一！这给广大高档汽车维修企业维修保养服务带来巨大商机。为了让广大汽车维修人员熟悉掌握此车的结构原理与典型故障，我们把各个车型的结构原理与典型故障实例集结成书，以对汽车维修技师判断故障提供原理的支持。该书结构原理介绍得比较详细，书中案例丰富、经典、实用，对从事保时捷维修的技师来说会有一定作用。

本书具有如下3个特点。

（1）全新。本书汇集最新车型718、Panamera（971）、卡宴E3（9YA），详细地介绍发动机、DME发动机电控系统、动力传输、底盘、暖风和空调、电气设备、电子装置系统结构和工作原理。维修实例都是全新的。

（2）经典。书中的一些实例都是很多4S站碰到过的典型故障，具有很好的代表性，很多维修案例在各个车型中经常出现，碰到同类故障可以参考此书，对从事保时捷汽车维修的技师来说指导性强。

（3）实用。本书内容新颖，图文并茂，数据准确，通俗易懂，是一本价值很高的保时捷汽车维修图书。

本书由赵锦鹏、王钟原和陈志军主编，孙宝明、李宏副主编，参加编写的还有韩旭东、鲁子南、刘国辉、路国强、钱树贵、汪义礼、陈海新、魏大光、艾明、付建、艾玉华、刘殊访、李海港、刘芳、李令昌、李红敏、李彩侠、李令科、陈海珍、徐爱侠、李贵荣、胡凤、丁红梅、李贵芝、李令中、胡秀寒、李园园、徐畅、孙宗旺、陆艳云、鲁晶、梁维波、林玉坤、张丽、林敏、许锋、鲁锡弟、梁楠等。由于作者水平有限，书中难免有错误和不当之处，敬请广大读者批评指正。

编　者

目　录

第一节　发动机系统

一、简介

718 Boxster S 2017 年款的水平对置四缸发动机，如图 1-1-1 所示。

图 1-1-1

718 Boxster 2017 年款采用全新一代水平对置。

四缸发动机。新款发动机属于最新一代 9A2 发动机（最初搭载在保时捷 911 Carrera 2017 年款上）。

在水平对置四缸发动机方面，保时捷拥有一定的传统根基。因此，设计目标从一开始就非常明确：独特的保时捷基因（比如独具特色的发动机声音、高转速和典型的跑车性能）必须顺应当前的环保要求（比如低油耗和低排放）。设计成果在各方面都令人惊叹。事实上，甚至超越了上一代六缸发动机的性能。

2017 年款（982）这一代四缸发动机的突出特点如下：

极高的功率和均匀的扭矩曲线；

卓越的响应性；

异常出色的油耗和排放值；

重量轻。

二、配备涡轮增压器的 2.0L/2.5L 水平对置四缸发动机

（一）技术数据（表 1-1-1）

表 1-1-1

	单位	718 Boxster2017 年款	718 Boxster S 2017 年款
发动机型号		MA220/MDDP	MA222/MDDN
设计		水平对置发动机	
气缸总数	i	4	
每缸气门数		4	
涡轮增压		涡轮增压器	VTG 涡轮增压器
排量	cm^3	1988	2497
缸径	mm（in）	91（3582）	102（4016）
冲程	mm（in）	76.4（3.008）	
压缩比		9.5：1	

续表

	单位	718 Boxster 2017 年款	718 Boxster S 2017 年款
最大功率（欧盟）	kW（hp）	220（300）	257（350）
最大功率（美国）	hp	295	345
对应的发动机转速	r/min	6500	
最大扭矩（欧盟）	N·m	380	420
净扭矩（美国）	Lbf ft.	280	310
对应的发动机转速	r/min	1950~4500	1900~4500
每升最大输出功率（欧盟）	kW/L	111	103
怠速转速	r/min	800±50	
最高发动机转速	r/min	7500	
发动机限速方式		电子节气门和燃油切断实现	
发动机重量	kg	181	187
机油更换量（含滤清器）	L	5.7	

本书中的各项数据来自本文截稿时的最新数据，可能随时有所变更。

1. 技术数据比较

（1）718 Boxster 2017 年款 /Boxster 2012—2016 年款（表 1-1-2）。

表 1-1-2

	单位	718 Boxster 2017 年款	Boxster 2012—2016 年款
发动机型号		MA220/MDDP	MA122
设计		水平对置发动机	
气缸总数		4	6
每缸气门数		4	
涡轮增压		涡轮增压器	未配备
排量	cm³	1988	2706
缸径	mm	91	89
冲程	mm	76.4	72.5
压缩比		9.5：1	12.5：1
最大功率（欧盟）	kW（hp）	220（300）	195（265）
对应的发动机转速	r/min	6500	6700
最大扭矩（欧盟）	N·m	380	280
对应的发动机转速	r/min	1950~4500	4500~6500
每升最大输出功率（欧盟）	kW/L	111	72
怠速转速	r/min	800±50	680±25
最高发动机转速	r/min	7500	7800
发动机重量	kg	181	199

（2）2017 年款（982）718 Boxster S 2017 年款 /Boxster S 2012—2016 年款（表 1-1-3）。

表 1-1-3

	单位	718 Boxster S 2017 年款	Boxster S 2012—2016 年款
发动机型号		MA222/MDDN	MA123
设计		水平对置发动机	
气缸总数	i	4	6
每缸气门数		4	
涡轮增压		VTG 涡轮增压器	未配备
排量	cm³	2497	3436
缸径	mm	102	97
冲程	mm	76.4	77.5
压缩比		9.5 ：1	12.5 ：1
最大功率（欧盟）	kW（hp）	257（350）	232（315）
对应的发动机转速	r/min	6500	6700
最大扭矩（欧盟）	N·m	420	360
对应的发动机转速	r/min	1950~4500	4500~5800
每升最大输出功率（欧盟）	kW/L	103	68
急速转速	r/min	800 ± 50	680 ± 25
最高发动机转速	r/min	7500	7800
发动机重量	kg	187	198

（二）功率 / 扭矩图

（1）718 Boxster 2017 年款的满载曲线（发动机型号为 MA220/MDDP）（图 1-1-2）。

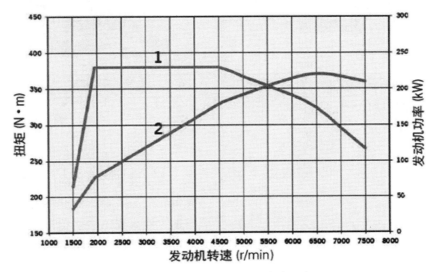

1- 扭矩（N·m）　2- 发动机功率（kW）

图 1-1-2

（2）718 Boxster S 2017 年款的满载曲线（发动机型号为 MA222/MDDN）（图 1-1-3）。

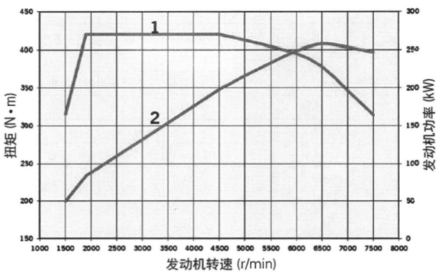

1- 扭矩（N·m）　2- 发动机功率（kW）

图 1-1-3

（3）发动机号。

发动机号位于曲轴箱右半部分的皮带侧，在已安装的情况下可以从下方看到。如图 1-1-4 所示。

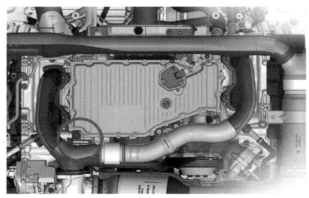

图 1-1-4

（三）皮带传动装置

皮带传动装置如图 1-1-5 所示。

1- 皮带预紧器托架　2- 导向轮　3- 多 V 槽皮带
4- 减震器　5- 皮带张紧器

图 1-1-5

皮带传动装置的设计大体上与六缸发动机相同。由于震动特性不同，2.5L 发动机配备了带退耦皮带轮的减震器，而非传统的减震器，如图 1-1-6 所示，并采用了与之相匹配的皮带张紧器。

带退耦皮带轮的减震器，如图 1-1-6 所示。

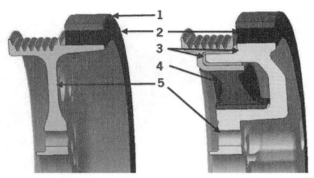

1– 飞轮质量　2– 飞轮质量退耦元件　3– 滑动轴承
4– 皮带轮退耦元件　5– 驱动轮毂
图 1–1–6

718 Boxster S 上带退耦皮带轮的减震器在轮毂与皮带轮之间配有一个附加的退耦元件（图 1–1–6 中 4）。这大幅减少了曲轴的不规则旋转传递皮带传动装置的情况。

驱动轮毂与皮带轮之间配有一个免维护的滑动轴承（图 1–1–6 中 3），用以承受因皮带张紧而造成的径向负载。

（四）发动机气缸体

1. 曲轴箱（图 1–1–8）

图 1–1–8

718 Boxster 2017 年款和 718 Boxster S 2017 年款的水平对置四缸发动机的设计源自 911 Carrera 2017 所搭载的经改进的水平对置六缸发动机。由于针对生产保留了相同的参数（凸缘尺寸等），四缸发动机可以通过与六缸发动机相同的生产设施进行制造。

曲轴箱（图 1–1–8）使用的是亚共晶铝合金材料。生产过程中采用了结合后续热处理的低压工艺。

曲轴箱的两个半部分和曲轴驱动装置基本部件的分解和组装步骤与六缸发动机相同。

2. 气缸套

创新的气缸套涂层有利于改善发动机的油耗和排放特性。该涂层技术（PTWA = Plasma Transfer Wire Arc：等离子体转移电弧）能够显著减少发动机的内部摩擦，如图 1–1–9 所示（珩磨前）。借助 PTWA 工艺方法，在原先粗糙的气缸套上涂覆一层薄薄的亚铁涂层。

通过电弧和氩 / 氢等离子，先熔化并镲上金属丝状的涂层材料。然后，将熔化的材料分裂为微粒并涂覆到粗糙的气缸套上。分裂为微粒的材料与载体发生碰撞，使二者牢固地联结在一起，从而逐步形成多孔的薄涂层，确保在发动机运转时提供出色的机油附着性。如图 1–1–10 所示（珩磨后）。

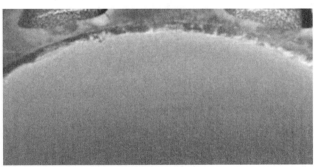

图 1–1–9

图 1–1–10

在经过后续的多级机械珩磨后，将制成尺寸精确的光滑的低摩擦气缸套。

3．曲轴驱动装置

曲轴驱动装置的设计基本上源自水平对置六缸发动机。如图 1-1-11、图 1-1-12 所示。

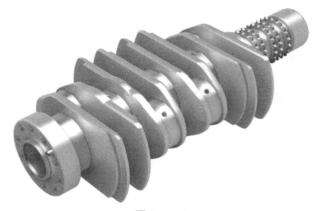

图 1-1-11

图 1-1-12

曲轴由 6 根轴承（5 根主轴承和 1 根支承轴承）支撑。轴承和轴承尺寸与六缸发动机相同（具有钢制衬壳的无铅三体轴承，主轴承直径为 63 mm，支承轴承直径为 52 mm）。

轴承 1、3、5 和 6（支承轴承）为光滑轴承，轴承 2 和 4 为带槽轴承。机油经带槽轴承供给曲轴上的连杆轴承。

主轴承 4 设计为止推轴承。轴向间隙由两个止推垫圈确定，这两个止推垫圈分别插在轴承的左右两侧。

两种不同排量的发动机的冲程均为 76.4 mm。

两个正时传动机构（各配有双排链条）和按需控制式机油泵（配有单排链条）的驱动装置位于皮带轮侧。

4．连杆（图 1-1-13）

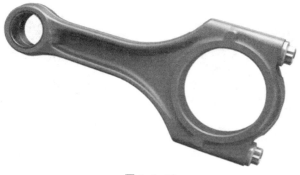

图 1-1-13

连杆采用大端经裂解加工的锻钢杆。2.0L 和 2.5L 发动机的连杆孔的直径分别为 22 mm 和 23 mm。

与主轴承一样，连杆轴承也采用无铅三体轴承。

5．活塞

718 Boxster 2017 年款的活塞如图 1-1-14 所示，718 Boxster S 2017 年款的活塞如图 1-1-15 所示。

图 1-1-14

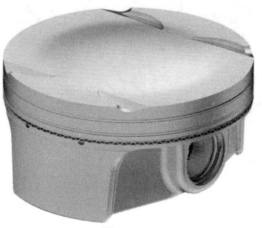

图 1-1-15

水平对置四缸发动机采用铝制锻造活塞。2.0L 和 2.5L 发动机的活塞直径分别约为 91 mm 和 102 mm。

6．活塞环

活塞上装配了 3 个活塞环（从上到下）：钢制普通气环、阶梯状锥面环和三件式刮油环。

7．油底壳

请遵循《车间手册》中规定的活塞环安装。两件式油底壳如图 1-1-16 所示，油底壳的隔热板如图 1-1-17 所示。

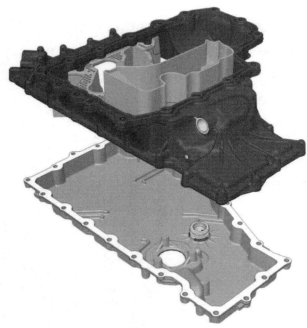

图 1-1-16

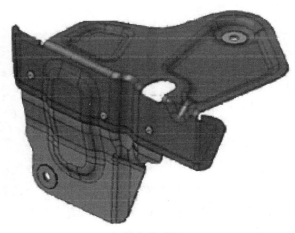

图 1-1-17

水平对置四缸发动机的油底壳由两部分组成。不同于水平对置六缸发动机，新款发动机的油底壳由铝制成。由于紧邻排气系统，因此必须采用铝材。为了进一步减小热量带来的影响，在油底壳和涡轮增压器间安装了隔热板。

（五）气缸盖（图 1-1-18）

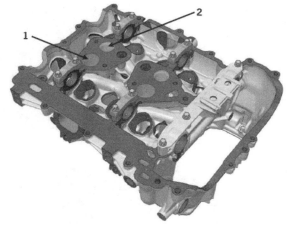

1- 火花塞凹槽　2- 喷油器孔
图 1-1-18

气缸盖的设计源于六缸发动机。气缸盖采用 AlSi7Cu3Mg 材料经 Rotacast 工艺（随后再经热处理）铸造而成。

火花塞和高压喷油器位于燃烧室中央的相邻位置。因此，进气和排气凸轮轴相距相对较远（147 mm）。

2 根凸轮轴分别通过气缸盖中的 1 个双轴承座和 2 个单独的轴承盖直接支撑。

2.0L 和 2.5L 发动机分别使用不同的火花塞。

718 Boxster 2017 年款：Bosch。

718 Boxster S 2017 年款：NGK。

注意：存在弄混的危险。

1．气门室盖

发动机 / 变速器悬架由 3 点支承改为 4 点支承。为此，2 个气门室盖上各有 1 个轴承支架分别支撑左右两侧的发动机支承。轴承支架通过螺钉与气门室盖固定在一起，如图 1-1-19 所示。

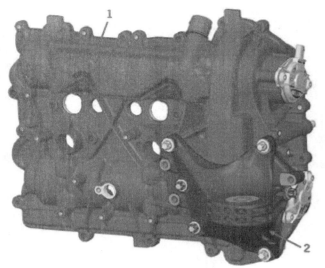

图 1-1-21

水平对置四缸发动机还采用了其他发动机设计理念所常用的组合式凸轮轴。在制造过程中，带有轴向花键的凸轮轮廓压在凸轮轴管的径向花键上，以形成刚性连接。

3. 气门驱动装置

进气和排气凸轮轴均配有带中央阀门的叶片式调节器。进气门和排气门均采用保时捷 VarioCam 升级版气门升程调节系统，如图 1-1-22 所示。

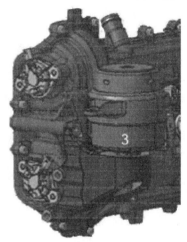

1- 气门室盖　2- 轴承支架　3- 发动机支承
图 1-1-19

2. 凸轮轴

轴和凸轮上的径向和轴向花键如图 1-1-20 所示。轴和凸轮的刚性连接如图 1-1-21 所示。

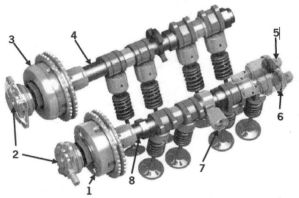

1- 带中央阀门螺钉的进气凸轮轴调节器　2- 电磁阀执行器　3- 带中央阀门螺钉的排气凸轮轴调节器　4- 排气凸轮轴　5- 气门升程调节阀，排气　6- 气门升程调节阀，进气　7- 滚柱挺杆驱动装置，高压燃油泵　8- 进气凸轮轴
图 1-1-22

（六）正时传动机构（图 1-1-23）

正时传动机构完全沿用自水平对置六缸发动机。两个气缸列的进气和排气凸轮轴各由一条含 146 个链节、节距为 8 mm 的独立双滚子链驱动。传动链张紧装置以液压方式工作，并配以一个辅助弹簧。与 9A1 那一代发动机相比，新发动机借助优化的机油压力管路，将弹簧预压降低了近一半。

图 1-1-20

而这又进一步减少了摩擦和磨损。

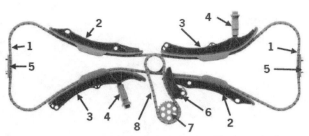

1- 双滚子链　2- 导轨　3- 张紧轨　4- 传动链张紧装置
5- 链条导轨　6- 机油泵张紧轨　7- 机油泵链轮　8- 单滚子链
图 1-1-23

注：9A1 是首款 DFI 水平对置发动机（自 2009 年款起的 911 Carrera）的开发名称。

2017 年款（982）　机油泵由一条单滚子链单独驱动。通过机械传动链张紧装置，确保链条处于张紧状态。

1. 气门正时

锁紧工具 9772/1 如图 1-1-24 所示，锁紧工具的安装位置如图 1-1-25 所示。

图 1-1-24

调节正时的方式与水平对置六缸发动机类似。定位凸轮轴时，需要使用大家已熟知的专用工具 9772/1（两件式）。该工具已安装在凸轮轴轴承盖的位置。

图 1-1-25

（七）机油供给（图 1-1-26）

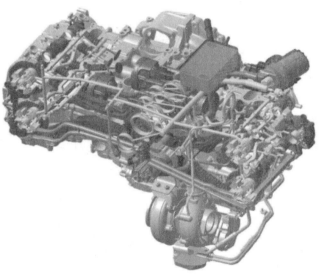

图 1-1-26

1. 油雾分离器

油雾分离器位于曲轴箱上方。压力调节阀整合在壳体中。

2. 机油滤清器壳体

与前代车型一样，机油滤清器壳体可由下方触及。为了便于操作，机油滤清器座中设有一条滴油管，可使更换滤清器时溢出的机油直接排出。

3. 机油 / 水热交换器

机油 / 水热交换器固定在曲轴箱顶部。除了两个冷却液接头外，壳体顶部还有一个冷却液排气接头。

机油回路的其他部件如图 1-1-27 所示，机油滤清器壳体如图 1-1-28 所示。

1- 油雾分离器   2- 机油 / 水热交换器   3- 冷却液排气接头
4- 机油滤清器壳体
图 1-1-27

1- 滴油管
图 1-1-28

注：为了避免在更换机油滤清器时弄脏后桥，必须在滴油管的连接件上安装相应的市售软管。

4. 机油泵（图 1-1-29、图 1-1-30）

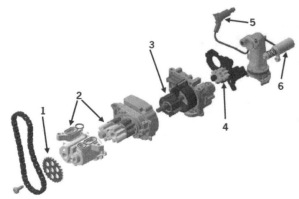

1- 机油泵驱动装置   2- 在气缸盖处抽油   3- 叶片泵
4- 在涡轮增压器处抽油   5- 控制阀的电气接头   6- 控制阀
图 1-1-29

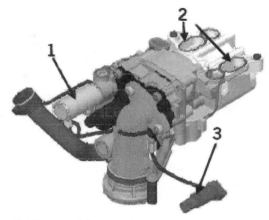

1- 控制阀   2- 在气缸盖处抽油   3- 控制阀的电气接头
图 1-1-30

发动机上安装了模块化机油泵。不过，不同于水平对置六缸发动机，水平对置四缸发动机使用的是单级压力泵（六缸发动机：双级压力泵）。

机油压力泵是一种连续可变的叶片泵。为此，泵上的控制阀通过 DME 控制单元触发。如果启用失败，将以机械方式将泵调整至"高输出"。

共有 3 个吸油泵整合在泵壳体中。这些泵负责抽取气缸盖和涡轮增压器中的机油。

5. 机油油位测量

与前代车型一样，机油油位测量是通过电子油位传感器来执行的。测量的结果显示在组合仪表上，如图 1-1-31 所示。

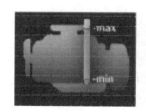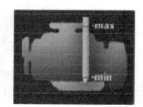

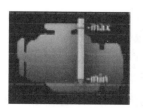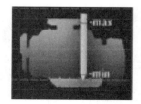

图 1-1-31

6. 活塞顶冷却

与水平对置六缸发动机一样，通过安装在曲轴箱中的喷嘴来实现活塞顶冷却。这些喷嘴配有可在压力达到 240kPa 时开启的机械压力阀。该阀会在机油压力降至 180kPa 时关闭。也就是说，即使在发动机转速较低时（尤其当发动机处于热态以及当机油黏度相对较低时），也可确保在轴承位置提供充足的机油压力。

（八）冷却系统

水平对置四缸发动机配有高温冷却回路和低温冷却回路，如图 1-1-32 所示。

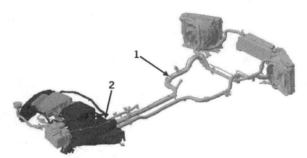

1- 高温冷却回路　2- 低温冷却回路

图 1-1-32

维修：对高温和低温冷却回路的排气操作是同时进行的。必须使用加注装置 9696（图 1-1-33）、排气转接器 9696/1 和真空泵 VAS 6096/2 来正确执行排气操作。在排气过程中，热量管理系统的切断阀必须处于开启状态。此操作是通过 PIWIS 检测仪中设定的相应引导程序来执行的。

注：在分解间接增压空气冷却器（例如为了在发动机上执行组装操作）后，冷却液会从系统中溢出，因此必须对冷却系统进行彻底排气。

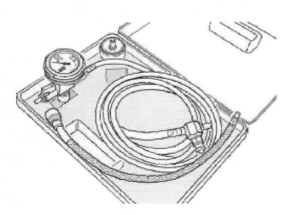

图 1-1-33

执行排气时，将冷却液膨胀箱加注至"MAX"（最高）标记处。如果在后续的目视检查时，发现冷却液液位降至"MAX"（最高）标记以下，则不得添加任何冷却液。仅当组合仪表上显示信息 "Refill coolant"（添加冷却液）或 "Refill coolant immediately"（立即添加冷却液）时，才能添加冷却液。

（九）专用工具

1. 发动机拆卸和安装

由于采用 4 点支承方式，拆卸发动机时，也将同时拆下变速器和后桥。必须相应地测量底盘，必要时，应在安装后对其进行调整。发动机支撑点如图 1-1-34 所示。

图 1-1-34

发动机支撑点较六缸发动机有所改变。后支撑点位于油底壳上。提升台上的支撑点在相应的位置上带有橡胶垫。提升台上的驱动单元和后桥如图 1-1-35 所示。

图 1-1-35

2. 拆卸和安装活塞销

为了进行活塞销和挡圈的分解和组装，水平对置四缸发动机在气缸 3~4 的曲轴半部的输出侧和皮带传动侧各配有一个检修口。活塞销装配口如图 1-1-36 所示。

图 1-1-36

可以在皮带传动侧使用常用于水平对置六缸发动机的工具。

更短的新工具用于在输出侧执行操作，以免碰撞到发动机 / 变速器修理台的支座：

活塞销挡圈分解工具，短款；

活塞销挡圈组装工具，短款；

活塞销分解 / 组装工具，短款；

活塞 / 连杆定心芯轴，短款。

由于两种排量的发动机的活塞销直径不同，因此分别针对两种不同的直径提供了相应的工具。

3. 正时传动机构的调整操作 / 锁紧曲轴

由于设计方面的原因，带退耦皮带轮的减震器不带有任何用于定位曲轴的锁紧孔，如图 1-1-37 所示。执行调整操作时，必须遵循最新的《车间手册》中所述的步骤。

1- 锁紧孔

图 1-1-37

锁紧凸轮轴时，需要使用专用工具 9772/1。

4. 为冷却系统排气

要对冷却系统执行正确的排气操作，需要使用以下专用工具：

加注装置 9696，如图 1-1-38 所示。

排气转接器 9696/1。

真空泵 VAS 6096/2，如图 1-1-39 所示。

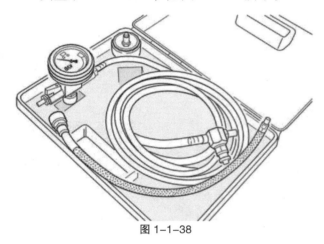

图 1-1-38

图 1-1-39

建议将加注装置 9696 的加注罐放到尽可能高的位置，例如借助梯子放到高处。这非常有助于排气过程中冷却液的流动。

第二节　DME 发动机电控系统

一、简介

保时捷的水平对置发动机凭借以下出色的特性享誉数十载：紧凑型设计、低重心、高转速稳定性、迅捷的响应、独具特色的声浪以及惊人的低油耗。所有这些特性正是跑车设计师希望发动机所应具备的特性。而全新四缸涡轮增压发动机恰恰具备了这些特性。718 Boxster 2017 年款的 2.0L 四缸涡轮增压发动机如图 1-2-1 所示。

图 1-2-1

图 1-2-2

随着新发动机的推出，保时捷实现了 Boxster 车型历史上最大幅度的扭矩和功率提升。

开发目标：新一代 Boxster 的发动机是全新开发的。在发动机开发过程中，着力于使涡轮增压发动机沿袭自然进气发动机的典型优势，例如出色的响应性和高转速发动机的特性。实现这一开发目标的方式令人印象深刻。718 Boxster/S 2017 年款的发动机最高转速为 7500 r/min。对于涡轮增压发动机而言，这一数值相当惊人，在同级别发动机中无出其右。718 Boxster 2017 年款的 2.0L 四缸涡轮增压发动机如图 1-2-2 所示。

实现该目标的技术解决方案如下：

借助四缸技术减小排量，同时结合涡轮增压技术。在 718 Boxster 2017 年款上，涡轮增压是通过带有整合式废气旁通阀的涡轮增压器来实现的。在 718 Boxster S 2017 年款上，涡轮增压是通过同样带有整合式废气旁通阀的 VTG 涡轮增压器来实现的。718 Boxster 的排量变为 2.0 L，S 车型的排量变为 2.5 L。这相当于 718 Boxster 车型的排量减小 0.7 L，718 Boxster S 车型减小 0.9 L。

气缸盖也是全新的。进排气口经气流优化，具有高效的横流式冷却性能。

718 Boxster 2017 年款车型的涡轮增压发动机配有高效的间接增压空气冷却系统。

开发目标之一是实现运动性能，同时降低 CO_2 排放量。尽管功率大幅提升，但是该技术仍然可将 CO_2 排放量降低多达 13%。

二、配备涡轮增压器的 2.0L/2.5L 水平对置四缸发动机

（一）技术数据（表 1-2-1）

全新涡轮增压发动机不仅提供了与自然进气发动机相同的响应能力，而且输出的扭矩和功率较前代车型的自然进气发动机分别增加 100 N·m（S 车型增加 60 N·m）和 26kW（35hp）。在整个转速范围内，扭矩曲线均明显提高，从而使行驶性能显著提升。

表 1-2-1

	单位	718 Boxster 2017 年款	718 Boxster S 2017 年款
燃烧方式		DFI	DFI
排量		1988 cm^3	2497 cm^3
缸径		91mm	102 mm
压缩比		9.5∶1	9.5∶1
发动机功率		220 kW（300 hp）	257 kW（350 hp）

续表

	单位	718 Boxster 2017 年款	718 Boxster S 2017 年款
对应的发动机转速		6500 r/min	6500 r/min
扭矩		380 N·m	420 N·m
对应的发动机转速		1950~4500 r/min	1900~4500 r/min
发动机最高转速		7500 r/min	7500 r/min
怠速转速		800±50 r/min	800±50 r/min
节气门		57 mm	74 mm

718 Boxster S 的发动机不同于 718 Boxster，其排量更大，采用配有整合式废气旁通阀和改进的发动机控制装置的大型 VTG 涡轮增压器（911 Turbo 车型已普遍采用）。

2017 年款（982）功率和扭矩图如图 1-2-3 所示。

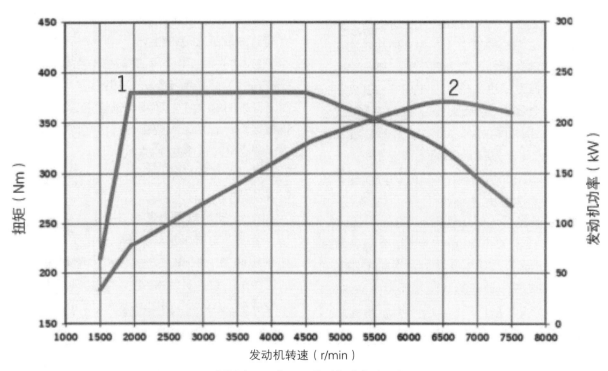

1- 扭矩（N·m）　2- 发动机功率（kW）

图 1-2-3

718 Boxster 可在 1950~4500 r/min 的转速范围内，提供 380 N·m 的恒定扭矩。718 Boxster 车型的最大扭矩由 280 N·m 增至 380 N·m（S 车型增加 100 N·m）。这不仅大幅增加了弹性值，而且提供了出色的加速潜力。

两种车型的输出功率均增大 26kW（35 hp）。现在，718 Boxster 车型的动力输出为 220 kW（300 hp），718 Boxster S 车型为 257 kW（350 hp）。718 Boxster S 2017 年款的功率/扭矩图如图 1-2-4 所示。

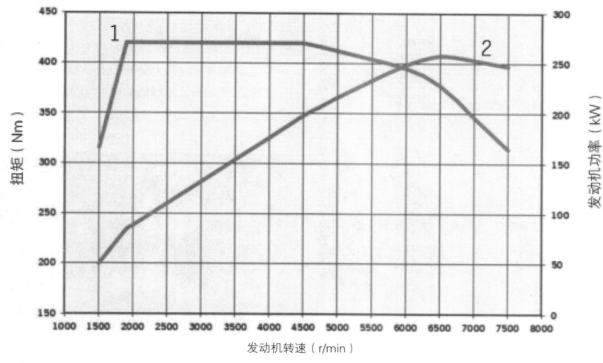

1- 扭矩（N·m）　2- 发动机功率（kW）

图 1-2-4

718 Boxster S 车型的最大扭矩从 360 N·m 增至 420 N·m（S 车型增加 60 N·m），并可在 1900~4500 r/min 的转速范围内，持续提供最大扭矩。

（二）燃油系统

1. 燃油品质

使用辛烷值为 98 RON/88 MON 的不含金属添加剂的无铅燃油，可使发动机达到最理想的性能和耗油量。

2. 低压系统

燃油箱和电动燃油泵的启用方式基本上与之前的 981 车型相同。

Boxster S 和 Boxster 的油箱容量分别约为 64 L 和 54 L（可选装 64 L），包括 8 L 的储备量。控制单元负责向直流电动燃油泵供电，燃油箱中的压力调节器将低压限制在最高 600 kPa。

与 981 一样，用于启用直流电动燃油泵的控制单元位于蓄电池支架下方。燃油箱如图 1-2-5 所示。

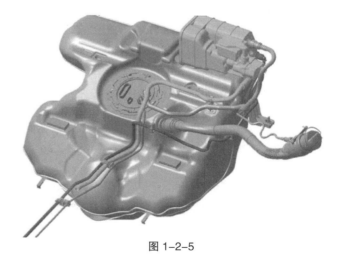

图 1-2-5

3. 燃油低压传感器

为了测量燃油低压，发动机配备了燃油低压传感器，它位于左气缸列（气缸列 2）的燃油高压泵上游的低压管路中。这样便能根据燃油要求，在 350~600 kPa 之间调节燃油低压，如图 1-2-6 所示。

1- 燃油低压传感器　2- 低压管路　3- 高压燃油泵（气缸列 2）

图 1-2-6

4. 高压系统

直接燃油喷射（DFI）系统经过全面改进。该系统的新特性包括气缸盖中 7 孔喷油器的中央喷油器位置和增大的燃油压力。这两项措施有效地优化了混合气形成和燃烧特性，因此，尽管采用涡轮增压器技术，仍可省去预热阶段的二次空气喷射。前代车型配备 4 或 6 孔喷油器并采用侧喷油器位置，最大喷射压力为 12 000 kPa。

5. 带油量控制阀的高压燃油泵

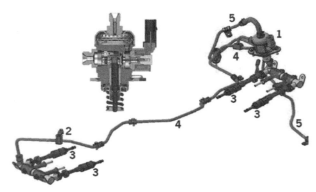

1- 带油量控制阀的高压燃油泵（气缸列 2，左侧）　2- 燃油高压传感器（气缸列 1，右侧）　3-7 孔喷油器　4- 高压管路（HP）　5- 来自电动燃油泵的低压管理（LP）

图 1-2-7

带油量控制阀的高压燃油泵位于气缸列 2（左侧）的气缸盖上。该控制阀经改进，可减少噪音。

单活塞高压燃油泵通过滚柱挺杆由进气凸轮轴上的三段式凸轮启动。燃油高压油轨位于气缸盖的中央。根据工作情况，油量控制阀在 12 500~21 000 kPa 之间（在预热阶段的压力会短时高达 25 000 kPa）调节燃油高压。油量控制阀直接由 DME 控制单元启用。DFI 高压系统如图 1-2-7 所示，燃油高压泵（DFI）如图 1-2-8 所示，燃油高压传感器如图 1-2-9 所示。

图 1-2-8

图 1-2-9

6. 喷油器

气缸盖中 7 孔喷油器处于中央位置，有助于燃油在气缸内的均匀分布。Boxster 和 Boxster S 配备不同的 7 孔喷油器。喷射孔直径和喷射模式与相应的排量和气缸直径相匹配。7 孔喷油器外观如图 1-2-10 所示，7 孔喷油器位置如图 1-2-11 所示，7 孔喷油器结构如图 1-2-12 所示。

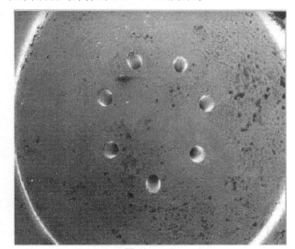

图 1-2-10

图 1-2-11

4- O 形环（带有润滑涂层）　5- 下压装置（已预先装配）　6- 孔密封件（带有润滑涂层）　7- 隔环（已预先装配）　8- 挡圈（已预先装配）　9-Teflon 密封环（用于燃烧室）

图 1-2-12

注：每次拆下喷油器后，都必须更换 Teflon 密封环。

带有挠性驱动器的升压器安装在 DME 控制单元中，用于启用喷油器。

专用工具：提供以下新专用工具，用于拔取喷油器和安装新的 Teflon 密封环，如图 1-2-13 和图 1-2-14 所示。

1- 中央喷油器拔取工具 -T10133/33

图 1-2-13

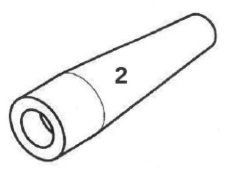

2- 喷油器 -Teflon- 密封环装配套管 -T10133/31

图 1-2-14

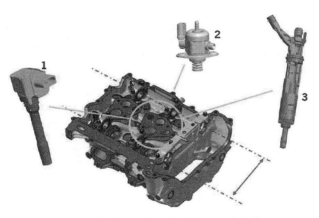

1- 点火线圈　2- 高压燃油泵　3- 喷油器

图 1-2-15

安装位置：气缸盖内各部件的位置如图1-2-15显示了位于燃烧室中央的火花塞和喷油器的安装位置，以及配有油量控制阀的高压燃油泵（位于气缸列2的气缸盖上）的安装位置。气缸盖如图1-2-16所示，气缸列2（左侧）如图1-2-17所示。

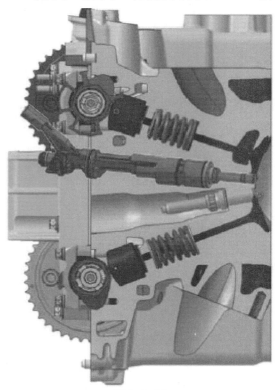

图1-2-16

图1-2-17

（三）进气系统

1. 气流走向

新鲜空气经左进气口进入空气滤清器壳体内。左进气口如图1-2-18所示，发动机舱盖罩打开，车辆后端底部如图1-2-19所示。

图1-2-18

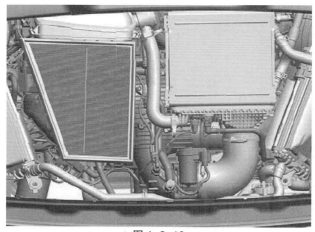

图1-2-19

进气道从空气滤清器壳体布置到安装在左气缸列（气缸列2）上游的涡轮增压器进气。进气系统气流走向如图1-2-20所示。

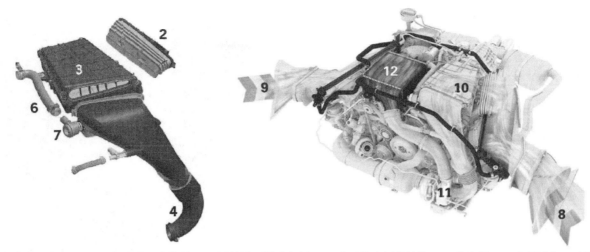

2– 新鲜空气进气口　3– 空气滤清器壳体盖　4– 涡轮增压器进气侧　6– 连至分流阀的软管　7– 分流阀　8– 左侧进气口（进气和低温模块）　9– 右侧进气口（低温模块）　10– 空气滤清器壳体　11– 涡轮增压器　12– 间接增压空气冷却器（ICAC）

图 1-2-20

2．分流阀

分流阀紧邻空气滤清器壳体，位于其后方的涡轮增压器进气道中。当 DME 控制单元启用分流阀时，增压空气侧（间接增压空气冷却器下游）与涡轮增压器进气侧之间会形成一条旁路。

超越传动空气的电控气动转换阀位于机油滤清器上方。发动机左侧、车辆后部视图如图 1-2-21 所示，俯视图、车辆后端底部如图 1-2-22 所示。

1– 超越传动空气的电控气动转换阀

图 1-2-21

3– 分流阀

4– 空气滤清器壳体盖

图 1-2-22

3．进气歧管

718 Boxster/S 2017 年款的进气歧管由多个独立的进气口组成,其长度针对气体循环进行了优化,约为 340 mm。进气歧管如图 1-2-23 所示,连接点如图 1-2-24 所示。

1- 进气分配器　2- 进气口
图 1-2-23

图 1-2-25

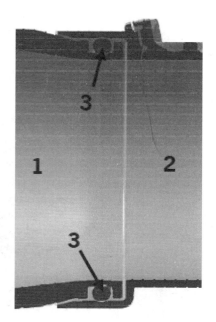

1- 进气分配器　2- 进气口　3-O 形管
图 1-2-24

1- 进气歧管压力传感器（SENT）　2- 增压压力传感器（SENT）
3-ICAC
图 1-2-26

　　进气分配器与分配器管之间的连接点通过 O 形环进行密封。

　　（1）进气歧管压力 / 进气温度传感器（SENT）。进气歧管压力 / 进气温度传感器位于进气分配器中。进气歧管压力传感器如图 1-2-25 所示。

　　这些数字传感器传输 SENT 协议。SENT = Single Edge Nibble Transmission：单边半字节传输。

　　（2）增压压力传感器（SENT）。增压压力传感器安装在间接增压空气冷却器（ICAC）上。增压压力传感器如图 1-2-26 所示。IMC 传感器和驱动器如图 1-2-27 所示。

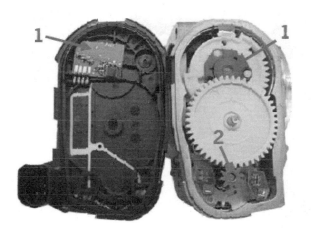

1-IMC 传感器　2- 驱动器
图 1-2-27

4. 节气门调节装置（电子节气门）

节气门调节装置（电子节气门）配有非接触式数字旋转角度传感器，用于实现节气门的位置反馈。这可确保在整个使用寿命期间，不会发生磨损，而且测量准确性非常高。在节气门调节装置中，节气门、节气门驱动器和节气门角度传感器（Hall IMC）整合在一个壳体中。

（1）节气门传感器。节气门传感器具有冗余设计。节气门位置通过两个独立、反向旋转的非接触式传感器进行反馈。产生的电压信号相当于以前安装的电位计的电压信号。

（2）执行器。执行器由带两级齿轮单元的直流电机组成。节气门借助电机定位在下部和上部机械终止位置之间。

（3）启动。DME控制单元以电动方式启动节气门。用于启用节气门的输入变量包括加速踏板位置以及来自可能影响发动机扭矩的系统的请求。

（4）增压空气冷却。Boxster的涡轮增压发动机配有全新开发的高效紧凑型低温增压空气冷却系统。在涡轮增压过程中经加热的增压空气由发动机上方的间接增压空气冷却器（ICAC）进行冷却。718 Boxster/S 2017年款的增压空气冷却系统如图1-2-28所示。

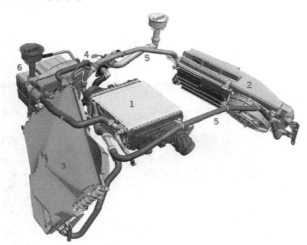

1- 间接增压空气冷却器（ICAC） 2- 低温模块，左侧 3- 低温模块，右侧 4- 电动低温冷却液泵 5- 低温软管 6- 冷却液膨胀箱

图 1-2-28

间接增压空气冷却器由辅助低温（LT）冷却回路进行冷却。经加热的增压空气在流经间接增压空

气冷却器时，将热量传递给低温回路中的冷却液。然后，冷却液吸收的热量经左右两侧部件中的低温模块散发到外界空气中。每个低温模块均包含空气/水热交换器，位于内侧的电风扇以及安装在内部的冲压进气活门（用于优化气流）。

从下方很容易看到位于侧进气口后方的低温回路及带电风扇和冲压进气活门的低温模块的布置情况。经加热的增压空气由低温模块中的空气/水热交换器进行冷却。间接增压空气冷却器（ICAC）配有部分整合的低温（LT）冷却回路。也就是说，低温回路（ICAC）与高温（HT）回路共用一个冷却液膨胀箱，但脱离高温回路独立运行。718 Boxster/S 2017年款的增压空气冷却系统，仰视图如图1-2-29所示，ICAC温度范围如图1-2-30所示。

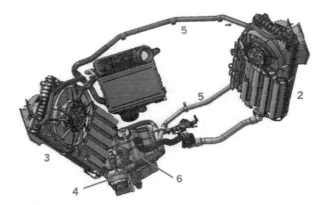

1- 间接增压空气冷却器（ICAC） 2- 低温模块，左侧，带电风扇和冲压进气活门 3- 低温模块，右侧，带电风扇和冲压进气活门 4- 电动低温冷却液循环泵 5- 低温软管 6- 冷却液箱

图 1-2-29

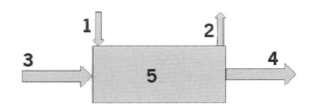

1-ICAC上游的冷却液温度最高达66℃ 2-ICAC下游的冷却液温度最高达90℃ 3-ICAC上游的增压空气温度最高达180℃ 4-ICAC下游的增压空气温度最高达72℃ 5-间接增压空气冷却器

图 1-2-30

（5）电动低温冷却液循环泵。系统根据所需的增压空气温度和发动机负荷情况，对电动低温冷却

液泵进行按需控制。

（6）右侧／左侧低温模块的电风扇。系统根据所需的增压空气温度、发动机负荷情况和发动机舱温度，对电风扇进行按需控制。根据发动机舱的温度情况，这两个电风扇还会充当发动机舱净化风扇。

（7）冲压进气活门。低温模块的废气导管处的冲压进气活门可防止来自发动机舱的热空气通过低温散热器进行再循环，从而提高冷却效力。

（四）涡轮增压

718 Boxster/S 2017 年款车型采用涡轮增压技术，配备了带废气旁通阀的涡轮增压器。

尽管排量有所减小，但新款发动机不仅显著提高了最大功率，而且还在很宽的转速范围内，显著提升了扭矩。位于行驶方向左前侧的 718 Boxster S 的 VTG 涡轮增压器安装位置如图 1-2-31 所示。

1-Boxster S 的 VTG 涡轮增压器
图 1-2-31

1. 响应性

在设计涡轮增压系统时，涡轮增压器的响应性被摆在了特别重要的位置。因此，在运动型驾驶期间，涡轮增压器在部分负载范围内处于"准备启动"状态。为此，废气旁通阀关闭，点火点延迟，节气门轻微闭合。

因此，当前驱动扭矩保持不变，但节气门上游的增压压力增大。在将加速踏板踩到底（节气门大开）的后续加速阶段，发动机便可立即提供更高的

增压压力和更高的扭矩。

如果在全力加速期间负载发生变化，松开加速踏板（车辆处于超越传动模式）后，节气门不会完全闭合。因此，增压压力不会完全散失，当随后踩下加速踏板后，可再次提供增压压力以进行再加速。对两款车型的性能而言，这意味着车辆具备了显著增强的弹性、自然进气发动机的典型响应性和高转速性能。在 100~200 km/h 的中段加速期间，扭矩提升表现得尤为明显。

2. Boxster 的涡轮增压器（图 1-2-32）

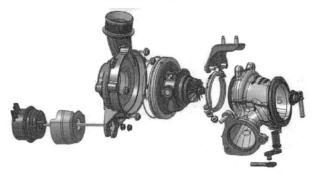

图 1-2-32

2.0L Boxster 使用带废气旁通阀的涡轮增压器进行增压压力控制。废气旁通阀通过真空关闭，以增大增压压力。气缸列 2（左侧）控制阀如图 1-2-33 所示，718 Boxster 的涡轮增压器如图 1-2-34 所示。

718 Boxster 2017 年款的最大增压压力约为 140 kPa。因此，比 Boxster S 高 30 kPa。

1- 增压压力控制阀
图 1-2-33

6- 废气旁通阀执行器 7- 废气旁通阀

图 1-2-34

3. Boxster S 的涡轮增压器

2.5L Boxster S 2017 年款采用了 911 Turbo 常用的带可变几何涡轮（VTG）的涡轮增压器和附加的废气旁通阀。718 Boxster S 2017 年款中带废气旁通阀的 VTG 涡轮增压器如图 1-2-35 所示，718 Boxster S 2017 年款的 VTG 涡轮增压器如图 1-2-36 所示。

1- 新鲜空气（进气口） 2- 压缩机轮（空气侧） 3- 增压空气（排气口）至间接增压空气冷却器 4- 废气进气口 5- 涡轮（废气） 6-VTG 导向叶片 7- 废气排气口至三元催化器 8- 废气旁通阀执行器 9- 废气旁通阀

图 1-2-35

可变导向叶片（废气流以有针对性的可变方式引导到涡轮增压器的涡轮上）的原理结合了小型和大型涡轮增压器的功能。因此，在低转速时通过几乎闭合的导向叶片获得良好的响应和高扭矩值，在

高转速时通过打开的导向叶片获得高输出值。此外，还可以在很宽的发动机转速范围内获得最大扭矩。718 Boxster S 2017 年款的最大增压压力约为 110kPa。

通过额外使用废气旁通阀，可以减小排气背压，并在流量较高的情况下，通过打开废气旁通阀，提高涡轮的工作效率。

图 1-2-36

废气旁通阀根据需要借助真空打开。

涡轮增压火花点火发动机非常适合采用这项涡轮增压技术。由于采用了可变涡轮叶片，718 Boxster S 2017 年款可以在高达约 980℃的最高排气温度下运行。排气温度传感器（SENT）安装在涡轮增压器上，负责监控排气温度。

4. 涡轮增压器的电动冷却液持续运行泵

在 718 Boxster/S 2017 年款上，涡轮增压器的电动冷却液持续运行泵位于气缸 1 的右前部（以行驶方向为准）。DME 控制单元根据运行情况开启该泵。另外，在关闭处于热态的发动机后，该泵会根据需要启动，以便通过循环冷却液对涡轮增压器进行冷却。前视图如图 1-2-37 所示，电动冷却液持续运行泵如图 1-2-38 所示。

图 1-2-37

图 1-2-38

（左）/2.5L（右）发动机的活塞顶如图 1-2-39 所示，气缸盖中火花塞和喷油器的位置如图 1-2-40 所示。

图 1-2-39

图 1-2-40

总的来说，中央喷油器距活塞顶的距离更平均，且更远，这有助于改善混合气形成。喷油器位置和燃烧室设计如图 1-2-41 所示，孔喷油器如图 1-2-42 所示。

（五）混合气形成

1. 燃烧室设计

四缸涡轮增压发动机气缸盖中的中央喷油器位置造就了不同于前代 DFI 发动机的全新活塞顶。718 Boxster 2017 年款的 2.0L 发动机的活塞顶带有一个小凹槽。与之相反，718 Boxster S 2017 年款的 2.5L 发动机的活塞顶带有一个极小的凸面。2.0L

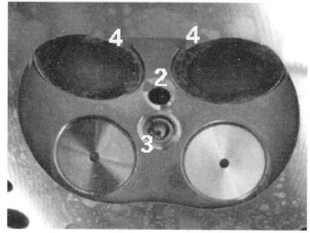

2- 中央喷油器位置　3- 火花塞　4- 进气门区域的燃烧室设计

图 1-2-41

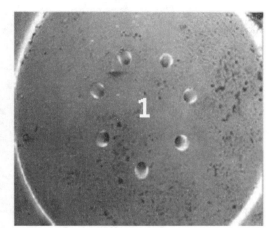

1-7 孔喷油器
图 1-2-42

2. 滚流进气口

气缸盖中的进气口和燃烧室经过进一步改进，以便加快活塞顶上部的充气运动。此处采用的充气运动类型会在进气过程中产生空气涡流，该空气涡流会在气缸中沿曲轴轴线平行旋转。此类充气运动称作滚流。滚流进气口如图 1-2-43 所示。

图 1-2-43

3. DFI 喷射策略

根据运行条件，系统会选择以下喷射策略。

（1）启动。根据环境温度，在进气冲程喷射 3 次；在极其寒冷的情况下，在压缩冲程喷射 3 次。

（2）三元催化器加热。在进气冲程喷射 2 次，在压缩冲程喷射 1 次；可变，也可能采用其他模式（例如，仅在进气冲程喷射 1 次）。

（3）预热阶段。

①怠速。在进气冲程喷射 1 次。

②在中低负荷下加速。在进气冲程喷射 2 次。

③工作温度。针对中小负荷，喷射 1 次。

④在高负荷下加速，在转速不超过 3500 r/min 时，在进气冲程喷射 2 次。在转速超过 3500 r/min 时，在进气冲程喷射 1 次。

中央喷油器位置以及增大的燃油压力（最高达 25 000 kPa）对混合气形成和燃烧行为的改善效果非常显著，以至于可以省去先前用于加热三元催化器的二次空气喷射过程。这样便能实现更低的未经处理的废气排放量，符合所有规定的废气排放值。

4. 油箱通风

炭罐位于燃油箱上方的技术区。燃油箱通过炭罐进行通气和通风。当车辆行驶时，通过油箱通风阀的定时工作，对进气系统进行通风（在存在真空时，通过止回阀直接对进气口通风，而在存在增压压力时，对涡轮增压器的进气侧通风）。油箱通风如图 1-2-44 所示。

1- 燃油箱　2- 通气，加油口　3- 炭罐　4- 油箱泄漏诊断模块 DMTL（仅限美国车和韩国车）　5- 到炭罐的油箱通风装置　6- 炭罐管路到发动机舱　7- 消音器　8- 油箱通风阀　9- 止回阀　10- 到进气口的通风装置　11- 到涡轮增压器进气侧（存在增压压力时）

图 1-2-44

5．油箱泄漏诊断模块（DMTL）

在美国和韩国款车型上，安装有用于油箱通风诊断的油箱泄漏诊断模块（DMTL）。之前，已针对987介绍过DMTL的功能。

6．曲轴箱通风

曲轴箱通风是通过带机油分离器的曲轴箱强制通风阀进行的。当进气口中存在真空时，通过通风管路和止回阀，直接对进气口进行通风。当存在增压压力时，对涡轮增压器进气侧进行通风。曲轴箱通风如图1-2-45所示。

1-曲轴箱通风/机油分离器　2-到进气口的通风装置（怠速时）　3-到涡轮增压器进气侧（存在增压压力时）的通风装置　4-气缸盖的通风装置

图1-2-45

（六）点火系统

1．独立式点火线圈

独立式点火线圈通过钢制系紧螺钉进行安装固定。全新开发的点火线圈采用"火花塞顶部"设计，配有整体式点火驱动器，专为满足更高的点火电压要求（超过30 kV）而打造。独立式点火线圈如图1-2-46所示。

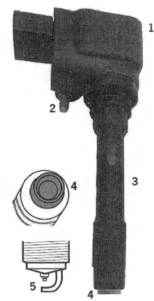

1-配有整体式点火驱动器的点火线圈　2-钢制系紧螺钉　3-带接触弹簧的火花塞接头　4-用于接触火花塞接头的接触片　5-带一个接地电极的火花塞

图1-2-46

2．火花塞

718 Boxster和718 Boxster S分别使用不同的气隙式火花塞，但都带有一个接地电极。

火花塞配有经改进的高压端子，该端子带有用于接触的接触片。新的接触设计要求点火线圈接触弹簧在火花塞的接触片上完美入位。对硅胶护套涂上少量滑石粉有助于重新安装及拆卸点火线圈。

3．爆震控制

DME控制单元具有增强的信号评估功能，可进行爆震检测。发动机专为辛烷值为98 RON的燃油而设计。如果使用辛烷值为95 RON的燃油，爆震控制系统会做出相应的回应，可能导致发动机功率降低。

4．爆震传感器

水平对置四缸发动机的气缸体上配有两个用于爆震检测的爆震传感器。

（七）排气系统

水平对置发动机的声音十分特别，非常有助于在人们驾驶 718 Boxster 时，激发他们的热情，让他们感受激情四射的驾驶体验。在较高的发动机转速范围内，发动机的声音特别富有激情。由于 718 Boxster 2017 年款车型采用了涡轮增压技术，自然而然地影响到了发动机的声音特性。为了确保 718 Boxster 2017 年款能够一如既往地创造出富有激情的典型的保时捷声音体验，保时捷开发了 3 套全新的排气系统。

Boxster 和 Boxster S 配有双支管歧管、单支管三元催化器和双支管消音器。718 Boxster/S 2017 年款的排气系统（Boxster S 的尾管）如图 1-2-47 所示，排气系统区域的 3 款托架如图 1-2-48 所示。

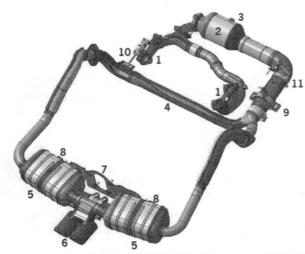

1– 左右两侧带连接管的气隙隔热排气歧管　2– 三元催化器　3– 三元催化器下游的氧传感器　4– 中间管（带整体式隔热装置）　5– 主消音器，左侧 / 右侧（右侧带活门的运动型排气系统）　6– 尾管（718 Boxster S）　7– 变速器悬架　8– 变速器悬架的箍圈　9– 主支座—承载符合，发动机　10– 带减震元件的托架　11– 带震动补偿装置的托架

图 1-2-47

9– 主支座—承载符合，发动机　10– 带减震元件的托架
11– 带震动补偿装置的托架

图 1-2-48

1. 排气走向

气缸列 1 和 2 的废气在涡轮增压器的上游汇合。单支管三元催化器通过凸缘直接固定在涡轮增压器的出风口处。流经三元催化器后，废气流分流至左右两侧的后消音器。仰视图、车辆前部如图 1-2-49 所示，仰视图、车辆后部如图 1-2-50 所示。

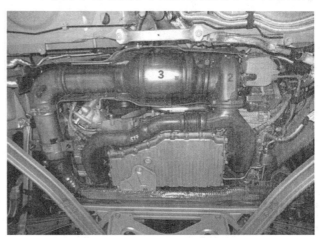

1– 在涡轮增压器的上游汇合　2– 涡轮增压器　3– 三元催化器
4– 分流至左右两侧的消音器

图 1-2-49

1– 分流至左右两侧的消音器　2– 左侧 / 右侧的消音器　3– 前部带卡箍的连接管　4– 后部带卡箍和尾管的连接管

图 1-2-50

两个消音器在两个不同的位置通过连接管彼此相连。两个尾管（带有额外的排气管头）焊接在后连接管上。

2. 排放控制

氧传感器的安装位置如图 1-2-51 所示，718 Boxster/S 2017 年款的三元催化器如图 1-2-52 所示。

1- 三元催化器上游的 LSU 氧传感器，气缸列 1（右侧）
2- 三元催化器上游的 LSU 氧传感器，气缸列 2（右侧）
3-LSF 氧传感器（位于三元催化器中）　4- 三元催化器
图 1-2-51

1-718 Boxster 的三元催化器
2-718 Boxster S 的三元催化器
图 1-2-52

发动机和排放控制系统专为实现较低的未经处理的废气排放量而设计，符合全球所有严格的排放法规，例如 EURO 6 ZD 第 2 阶段标准和美国 LEV III/ULEV 125 标准。

3. 消音器

除了尾管外，718 Boxster 与 718 Boxster S 的消音器是相同的。718 Boxster/S 的消音器的内部设计（718 Boxster S 的尾管）如图 1-2-53 所示。

图 1-2-53

4. 718 Boxster 的尾管

718 Boxster 配备双支管排气系统，并搭配由拉丝不锈钢制成的椭圆形单管尾管。718 Boxster 2017 年款的尾管如图 1-2-54 所示。

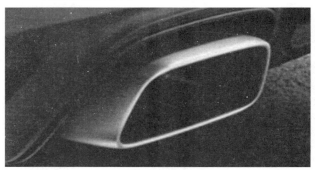

图 1-2-54

5. 718 Boxster S 的尾管

718 Boxster S 配备双支管排气系统，并搭配由拉丝不锈钢制成的、布置在中央位置的圆形双尾管。718 Boxster S 2017 年款的尾管如图 1-2-55 所示。

图 1-2-55

6. 运动型排气系统（选装）

运动型排气系统可供所有车型选装，带有布置在中央位置的圆形运动型尾管。运动型排气系统的尾管提供有银和黑两种颜色。运动型排气系统的黑色尾管如图 1-2-56 所示。

图 1-2-56

此排气系统配有活门控制装置，可根据发动机转速（从约 3500 r/min 开始），打开右侧消音器上的排气活门。这可减小排气背压，使发动机输出更强劲的动力，并迸发出更浑厚、更富激情的水平对置发动机声音。右侧带活门的运动型排气系统（选装）如图 1-2-57 所示。

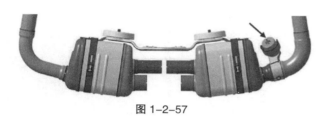

图 1-2-57

排气活门可通过中控台上的按钮予以启用。

（八）热量管理

与前代车型一样，718 Boxster 2017 年款也配备了热量管理系统，以降低耗油量和 CO_2 排放量（尤其在冷启动后）。

借助热量管理系统，可满足以下条件：

在冷启动后，迅速达到工作温度；

根据运行情况，快速调节至设定点温度（85~105 ℃）；

在节气门全开时，达到非常高的冷却液流量。在新车型中，发动机、变速器和暖风通过按需启用的各个局部冷却回路，更快地实现预热。

之前，已针对 Boxster 981 详细介绍过热量管理系统的任务和功能。中控台接触如图 1-2-58 所示。

图 1-2-58

1. 系统概览

在对高温和低温冷却系统进行加注和排气，以及检查冷却液液位时，请务必遵循 PIWIS 信息系统中的相关规范。热量管理系统的功能概览如图 1-2-59 所示。

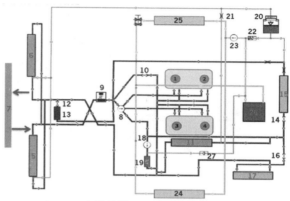

1~4-1~4 缸 5- 左散热器 6- 右散热器 7- 中央散热器（仅适用于极其炎热的国家 / 地区） 8- 可切换冷却液泵 9- 带电动图谱控制功能的节温器 10- 冷却液切断阀 11- 机油 / 水热交换器 12- 暖风热交换器的切断阀 13- 暖风热交换器 14- 齿轮组热交换器的切断阀 15- 齿轮组热交换器 16- 离合器热交换器的切断阀 17- 离合器的热交换器 18- 涡轮增压器的电动持续运行泵 19- 涡轮增压器 20- 冷却液膨胀箱 21- 带排气杆的舒适阀 22- 加注管止回阀，低温 23- 电动泵，低温 24- 低温散热器，左侧 25- 低温散热器，右侧 26- 间接增压空气冷却器（ICAC） 27- 用于低温通风的止回阀

图 1-2-59

2. 相对于 981 Boxster 2012—2016 年款的变化

带有间接增压空气冷却器（ICAC）的附加低温回路以及用于增压空气冷却的电动冷却液泵。

在冷启动后，利用真空关闭可切换冷却液泵，使冷却液不流动，从而实现更快的预热。

即使在关闭发动机后，涡轮增压器熄火后运行的电动冷却液泵也可确保充分冷却涡轮增压器。

图 1-2-60 显示了冷启动后，冷却液温度较前代车型更快升高。

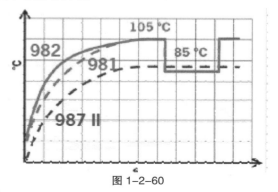

图 1-2-60

3. 高温回路（HT）和低温回路（LT）

带有间接增压空气冷却器（ICAC）的低温回路是新款车型的新特性，ICAC用于对增压空气进行冷却。冷却系统部件如图1-2-61所示。

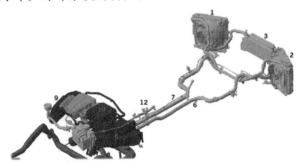

1- 左散热器　2- 右散热器　3- 中央散热器（仅适用于极其炎热的国家/地区）　4- 散热器风扇，左侧　5- 散热器风扇，右侧　6- 到散热器的冷却液管路　7- 来自散热器的冷却液管路　8- 低温模块，右侧　9- 低温模块，左侧　10- 间接增压空气冷却器（ICAC）　11- 冷却器膨胀箱（高温/低温）　12- 加热器阀

图 1-2-61

注：安装间接增压空气冷却器后，必须对低温回路填充真空。

4. 冷却系统，发动机上的部件如图1-2-62所示

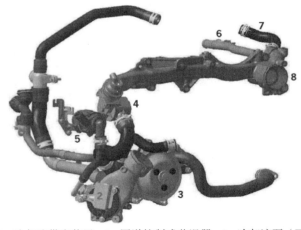

1- 冷却液供应装置　2- 图谱控制式节温器　3- 冷却液泵（可切换）　4- 冷却液切断阀　5- 涡轮增压器的电动冷却液持续运行泵　6- 变速器热交换器　7- 机油/水热交换器　8- 冷却液回流管路

图 1-2-62

5. 可切换冷却液泵

根据冷却要求，按两级需求对可切换冷却液泵进行切换，有助于进一步降低耗油量和CO_2排放量。

在完全关闭的状态下，冷却液停止流动（冷却液静止）。当发动机处于工作温度时，可切换冷却液泵打开，冷却液循环流动。冷却液泵打开和关闭如图1-2-63所示，气缸列1的视图、前部如图1-2-64所示。

1- 在冷启动后以及预热阶段保持关闭（存在真空）　2- 真空管路接头　3- 冷却液泵打开（冷却液循环流动，不存在真空/通气）

图 1-2-63

1- 可切换水泵的电控气动转换阀
2- 冷却液切换阀的电控气动转换阀
图 1-2-64

6. 冷却液膨胀箱

高温和低温回路共用一个冷却液膨胀箱。冷却液膨胀箱如图1-2-65所示，冷却液管路如图1-2-66所示。

1- 高温和低温回路的膨胀箱　2- 带液位指示器的加注口　3-
舒适阀　4- 通风装置——发动机和散热器
图 1-2-65

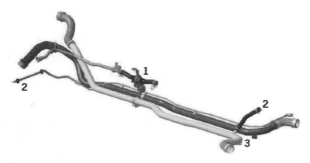

1- 加热管中的冷却液切断阀　2- 通风管路　3- 冷却液供应和
回流管路
图 1-2-66

（九）其他 DME 功能

1. VarioCam 升级版

1- 中央阀门，进气凸轮轴　2- 叶片式调节器　3- 霍尔传感器
转子　4- 气门升程切换阀（进气）　5- 可切换筒形挺柱　6-
高压燃油泵的滚柱挺杆　7- 中央阀门，排气凸轮轴　8- 叶片
式调节器　9- 霍尔传感器转子　10- 气门升程切换阀（排气）
图 1-2-67

进气凸轮轴上的 VarioCam 升级版可变气门控
制功能经大幅扩展。现在，该系统还具有连续的
VarioCam 升级版凸轮轴控制功能以及排气凸轮轴
的气门升程调节功能。VarioCam 升级版如图 1-2-67
所示。

这样可实现较高的功率和扭矩值，以及理想的
耗油量和低废气排放量。另外，还提高了涡轮增压
器的响应性。根据发动机运行情况，可进行以下调
节。

（1）进气凸轮轴。

连续：0° 到最大 50° 曲轴转角。

气门升程（小）：3.60 mm。

气门升程（大）：718 Boxster：9.90 mm；718
Boxster S：10.00 mm。

（2）排气凸轮轴。

连续：0° 到最大 55° 曲轴转角。

气门升程（小）：5.30 mm。

气门升程（大）：气缸 1+3：8.71 mm；气缸
2+4：9.90 mm。

（3）机油压力动态控制。机油供给是通过可
变机油泵来实现的。机油压力动态控制阀由 DME
控制单元进行启用。机油泵和机油压力控制如图
1-2-68 所示。

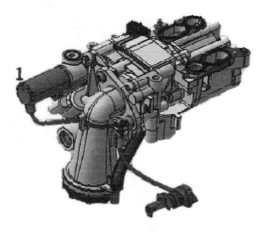

1- 用于机油压力动态控制的电液阀
图 1-2-68

2. Sport Chrono 组件

Sport Chrono 组件是提高行驶性能和驾驶乐趣
的首选装备。该组件专门针对 718 Boxster 2017 年

款进行了大幅改进。现在，不再利用中控台上的按钮选择各种驾驶模式，而是通过重新设计的方向盘上的模式开关来选择驾驶模式。除了现有的 3 种模式 "Normal"（标准）、"SPORT"（运动）和 "SPORT PLUS"（运动升级）外，现在还提供了 "Individual"（个性化）模式。可以通过组合仪表中的相应菜单，在 "Normal"（标准）模式或 "SPORT"（运动）模式的基础上，对 PASM、运动型排气系统、自动启动 / 停止功能和后扰流板的设置进行个性化组合。下次启动车辆时，可以通过旋转模式开关（图 1-2-69），调出已存储的设置组合。

图 1-2-69　模式开关

　　2017 年款（982）通过 Sport Chrono 组件，省去了中控台上的标准 "SPORT"（运动）按钮。仪表板上部的计时器仍作为该组件的一部分保留。

　　3. 运动响应按钮（仅限配备 PDK 的车辆）

　　Sport Chrono 组件的另一个新功能是运动响应（Sport Response）按钮，它位于配备 PDK 的车辆上的模式开关中央。受赛车运动的启发，全新 718 Boxster 2017 年款的运动响应按钮使驾驶员一按下按钮，便能直接改变车辆的响应性。运动响应功能如图 1-2-70 所示。

　　按下了运动响应按钮后，发动机和变速器便准备就绪，可随时提供最高响应性。在部分负载范围

图 1-2-70

内，涡轮增压器的废气旁通阀关闭，使增压压力更快地蓄积。发动机更直接地响应加速踏板指令，更快地达到最大功率。与此同时，PDK 切换到特殊的换挡图谱。

　　在部分负载范围内，PDK 立即切换回 4500~6000 r/min 的发动机转速范围。此时，换挡图谱再次上移，以便 PDK 随后切换到下一个更高挡位，从而在高发动机转速范围下，使其直接的响应性多保持几百转。

　　组合仪表显示屏上的倒计时器可向驾驶员指示运动响应功能在保持启用状态多长时间之后，车辆会在 20 s 结束后恢复到先前选择的模式。可以根据需要，随意反复启用运动响应功能。在该功能启用时，再次按下运动响应按钮将禁用该功能。

　　4. 惯性滑行功能（配备 PDK 的车辆）

　　惯性滑行功能主要是为了降低油耗和排放而设计的。在惯性滑行模式下，车辆怠速行驶，不利于发动机制动效果。在正常情况下完全释放加速踏板，便可实现惯性滑行。根据运行情况，惯性滑行与智能节气门随动燃油切断在功能上有所不同。

　　"SPORT"（运动）模式侧重驾驶乐趣和声音。在 "SPORT PLUS"（运动升级）模式下，可提供最高性能。

　　5. 智能节气门随动燃油切断（ISA）

　　借助智能节气门随动燃油切断（ISA）功能，针

对发动机与 PDK 变速器之间的交互，对应用程序进行优化，以便进一步降低耗油量。

发动机的重新启动转速降至 860 r/min（原先为 1088 r/min）。这是通过检测制动压力得以实现的。在虚拟挡位下驾驶时（离合器未完全闭合），关闭节气门会触发降挡，从而延长发动机的超越传动运行时间。

6. 虚拟挡位

将 911 Turbo 上常用的虚拟变速器挡位与 PDK 搭配使用，实现了效率的提升（可节省燃油）。如果变速器控制检测到车辆以恒定速度行驶，则会切换到更高的挡位，直至发动机以约 800 r/min 的理论转速运转。

为保持驾驶舒适性，变速器控制系统借助可实现轻微滑差的离合器，自动增加发动机转速，但仅限于不会增加磨损的（低发动机负载）范围内。驾驶员始终完全意识不到正在执行中的这一系列复杂技术程序。

7. 扩展的自动启动 / 停止功能

针对各种系统（比如 PDK）的特定优化也有助于降低 718 Boxster 2017 年款车型的耗油量。例如，718 Boxster 车型现在配有增强的自动启动 / 停止功能，可在车辆以低于 2 km/h（1.2 mph）的速度滑行至停止状态的过程中关闭发动机。有关详细条件 / 前提要求，请参阅《车主手册》。中控台上的自动启动 / 停止按钮如图 1-2-71 所示。

图 1-2-71

8. 电动声音执行器

除了全新的排气系统之外，还有一个电动声音

执行器负责在车辆的乘客舱中营造具有保时捷特色且富有激情的声效。电动声音执行器安装在乘客舱内的前发动机盖罩上。它由与 CAN 总线相连的独立控制单元启用。该控制单元位于后备箱的左后侧。电动声音执行器如图 1-2-72 所示。

图 1-2-72

使用该声音执行器旨在对发动机声音起到衬托 / 增强的作用，该声音执行器的声学部件会根据负载、发动机转速和行驶速度，与发动机和排气系统的声音相协调。

（十）DME 控制单元 SDI 21.1 2017 年款（982）

1. 传感器概览

加速踏板传感器（电子）；

节气门传感器（电子）；

燃油高压传感器；

燃油低压传感器；

油箱通风系统的压力传感器（仅限配备 DTML 的车辆）；

机油温度传感器；

冷却液温度传感器 1（气缸盖）；

发动机舱温度传感器；

冷却液温度传感器 2（散热器出口）；

变速器油温度传感器（齿轮组）；

制动真空传感器；

三元催化器下游的氧传感器；

三元催化器上游的氧传感器，气缸列 1；

三元催化器上游的氧传感器，气缸列 2；

爆震传感器，气缸列 1；

爆震传感器，气缸列 2；

发动机转速传感器（霍尔）（曲轴）；

进气凸轮轴传感器，气缸列 1；

进气凸轮轴传感器，气缸列 2；

排气凸轮轴传感器，气缸列 1；

排气凸轮轴传感器，气缸列 2；

变速器转速传感器（MT）；

空挡传感器（MT）；

双传感器（机油温度和机油油位传感器，PULS Ⅱ）；

制动踏板传感器；

离合器传感器（MT）；

PDK P/N；

碰撞信号；

进气歧管压力 / 进气歧管温度传感器（SENT）；

增压压力传感器（SENT）；

排气温度传感器（SENT）- 仅适用于 VTG 涡轮增压器；

机油压力传感器（SENT）。

2. CAN 连接

传动系统 CAN。

3. 执行器概览

节气门伺服电机；

DME 继电器；

高压喷油器，气缸 1~4；

点火模块，气缸 1~4；

VarioCam 升级版，进气，气缸 1+2；

VarioCam 升级版，排气，气缸 1+2；

VarioCam 升级版，进气，气缸 3+4；

VarioCam 升级版，排气，气缸 3+4；

分流阀（电控气动）；

冷却液切断阀 1（冷却液旁通装置）；

冷却液切断阀（齿轮组冷却，PDK + MT）；

冷却液切断阀（PDK 离合器冷却）；

图谱控制式节温器（电动加热器）；

进气凸轮轴调节器，气缸列 1；

进气凸轮轴调节器，气缸列 2；

排气凸轮轴调节器，气缸列 1；

排气凸轮轴调节器，气缸列 2；

冷却液持续运行泵（电动，涡轮增压器）；

油箱通风阀；

增压压力调节器，废气旁通阀（仅限 2.0L 发动机）；

带有整合式废气旁通阀的 VTG 涡轮增压器（仅限 2.5L 发动机）；

发动机支承切换阀；

变速器支承切换阀；

电动燃油泵的继电器；

按需控制的燃油泵控制单元；

油箱泄漏诊断 DMTL（仅限美国和韩国）；

增压空气冷却器 1CE（风扇）；

增压空气冷却器 2CE（风扇）；

水泵 1，低温回路（ICAC）；

散热器风扇 1；

散热器风扇 2；

油量控制阀 1（Bosch HDP5）；

机油压力调节阀；

阀门，可切换机械水泵；

启动机继电器。

第三节　动力传输

一、简介

718 Boxster/S 2017 采用了常用的手动变速器和 PDK 变速器。两种变速器均针对两款车型进行了细节上的改进。

二、技术数据（表 1-3-1）

表 1-3-1

	单位	手动变速器	PDK（选装）
变速器型号（型号代码）		G8200/G8220	CG210/CG240
车型		718 Boxster/S	718 Boxster/S
离合器		单片干式离合器	2 个径向嵌套的多片湿式离合器
挡位数，前进挡 / 倒挡		6/1	7/1

	单位	手动变速器	PDK（选装）
变速比		4.06	6.34
加注容量	L	3.2	3.2+5.4
重量（待安装）	kg	69.85	110.5
差速锁的附加重量	kg	0.55	2.8
1挡	i	3.308	3.909
2挡	i	1.950	2.292
3挡	i	1.407	1.654
4挡	i	1.133	1.303
5挡	i	0.950	1.081
6挡	i	0.814	0.881
7挡	i		0.617
倒挡	i	3.000	3.545
后桥减速比	i	3.889	3.250

三、手动变速器

图 1-3-1

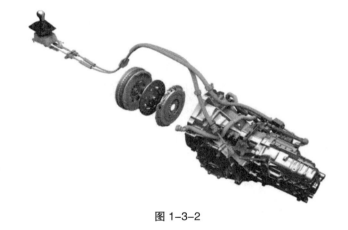

图 1-3-2

718 Boxster/S 2017 年款的手动变速器基于前代车型所采用的 G8120 手动变速器，718 Boxster/S 2017 年款的手动变速器如图 1-3-1 所示。

1. 外部换挡机构

换挡操作仍旧通过两个换挡拉索机构来执行，这两个机构自换挡托架处经发动机引导至变速器，718 Boxster/S 变速器上的换挡杆连接和换挡拉索布线如图 1-3-2 所示。

在 718 Boxster/S 2017 年款的手动变速器上，两条拉索穿过发动机上方，布置在空气滤清器与整合式增压空气冷却器之间，718 Boxster/S 2017 年款手动变速器上的换挡机构如图 1-3-3 所示。

1- 换挡轴上的换挡杆　2- 到换挡块的连接杆　3- 变速器壳体上的前换向杆　4- 变速器壳体上的后换向杆　5- 换挡拉索支座托架　6- 预选杆拉索支座托架　7- 球销上的换挡拉索环孔眼　8- 支座托架中换挡拉索的连接软管支架

图 1-3-3

在 718 Boxster/S 2017 年款的手动变速器上，右换挡拉索通过变速器壳体上的附加换向杆连接至变速器。

2. 离合器

2017 年款（982）离合器压盘和主动盘均针对发动机特性进行了改进，以便可靠地传输涡轮增压发动机的更大扭矩。内部齿轮比经过调整，即便在使用增强的膜片弹簧的情况下，也可确保相同的驱动力。单片离合器如图 1-3-4 所示。

1- 双质量飞轮　2-10 个圆柱头螺栓　3- 离合器组　4-6 个双六角螺钉

图 1-3-4

3. 双质量飞轮

718 Boxster 2017 年款使用 911 Carrera/S 2017

年款常用的带整合式离心摆的双质量飞轮。该装置专门针对水平对置四缸发动机进行了改进。带离心摆的双质量飞轮如图 1-3-5 所示。

离心摆的使用显著减小了扭转振动（尤其是发动机低转速范围内的扭转振动），从而提高了低转速范围内的驾驶舒适性。

1- 离心摆　2- 弧形弹簧（内侧和外侧）

图 1-3-5

4. 离合器从动油缸

为了尽量降低错误操作（例如，脚从离合器踏板上滑落）的影响，718 Boxster 2017 年款安装了带峰值扭矩限制器（PTL）的离合器从动油缸。这样，在必要时，离合器接合速度可延长至少 20 ms。

为此，从动油缸的液压接头中整合了一个可移动阀盘。离合器分离时，阀盘相对于油缸壳体移动。离合器液压油同时流过阀盘中的孔和阀盘外部。

当离合器接合时，阀盘背向从动盘盖移动，从而缩小了离合器管路的横截面。

四、Porsche Doppelkupplung （PDK）保时捷双离合器变速器

718 Boxster/S 2017 年款的 Porsche Doppelkupplung（PDK）保时捷双离合器变速器基于前代车型的双离合器变速器打造而成，718 Boxster/S 2017 年款的 Porsche Doppelkupplung（PDK）保时捷双离合器变速器如图 1-3-6 所示，峰值扭矩限制器（PTL）如图 1-3-7 所示。

图 1-3-6

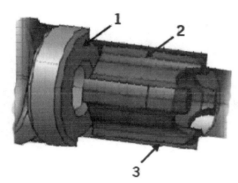

1- 从动盘盖　2- 阀盘　3- 壳体
图 1-3-7

（一）技术数据（表 1-3-2）

表 1-3-2

挡位	P、R、N、D、M、+、-
选挡杆	挂入各个挡位
选挡杆锁	从 P 到 R 挡 从 R 到 P 挡 从 N 到 R 挡 通过按下解锁按钮实现解锁
换挡锁	在 P 和 N 挡 通过开启点火装置并踩下制动踏板实现解锁
驻车锁接合 / 分离	通过选挡杆拉索实现
变速器挡区接合 / 分离	通过车辆电气系统 /CAN 实现
与前代车型相比的不同之处	换挡方向 前推降挡（-） 后拉升挡（+） 选挡杆握柄的新设计 解锁按钮上不带换挡位置图

（二）外部换挡机构

718 Boxster/S 2017 年款 PDK 的选挡杆连接如图 1-3-8 所示。

1- 拉索的连接软管支架　2- 球销上的拉索孔眼
图 1-3-8

（三）操作和显示概念

与 911 GT3 2014 年款和 911 Carrera 2017 年款一样，718 Boxster/S 2017 年款也调转了手动换挡机构的换挡方向。向前推选挡杆进行降挡，向后拉进行升挡。718 Boxster/S 2017 年款的 PDK 选挡杆如图 1-3-9 所示。

图 1-3-9

五、变速器支承

除了采用传统设计的变速器支承外，PADM（保时捷主动发动机支撑系统）首次作为选装配置提供给 Boxster 车型。配备 PADM 时，两个变速器支承被两个主动式液压支承所取代。单元支承如图 1-3-10 所示。

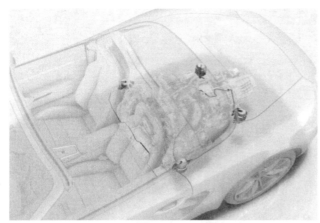

图 1-3-10

其功能和作用与 911 所采用的 PADM 系统相同。PADM 变速器支承的剖面图如图 1-3-11 所示。

图 1-3-11

第四节 暖风和空调

一、简介

与前代车型一样，718 Boxster 2017 年款配备的双区域恒温空调将一如既往地满足人们对于舒适性的最高要求。与此同时，制冷剂压缩机的平均功耗有所降低，而空调的整体性能却进一步提升。这使得空调系统的响应速度更快，并且降低了耗油量和排放量。

为了符合当前的法律要求（欧盟指令 2006/40/EC）并实现"减少含氮温室气体"的目标，保时捷首次在 718 Boxster 中使用了新式制冷剂 R1234yf。R1234yf 将在整个欧洲地区（欧盟 28 国）使用。除了美国以外，欧盟成员国之外的其他市场也将使用 R1234yf 制冷剂。其他市场（其他国家和地区）将继续使用 R134a 制冷剂。

二、控制面板

OAU（操作和空调单元）的控制面板沿用自前代车型。功能和操作逻辑保持不变。

整合在 OAU 中的控制单元负责调节和控制所有暖风和空调系统部件。其中还包括启用新增的电控空调压缩机的电磁离合器。压缩机皮带传动装置如图 1-4-1 所示。

图 1-4-1

三、制冷剂回路

由于使用了带电磁离合器和斜盘的电控空调压缩机，制冷剂回路在本质上不同于前代车型。此外，还结合经优化的线路布置使用了 IHE（内部热交换器）。制冷剂回路如图 1-4-2 所示。

图 1-4-2

随着新型制冷剂（R1234yf）的引入，还使用了新的冷冻机油。切勿将这种冷冻机油与其他机油或润滑油混合。发动机舱中的压缩机位置如图 1-4-3 所示。

图 1-4-3

（一）系统概览

制冷剂回路示意图如图 1-4-4 所示。

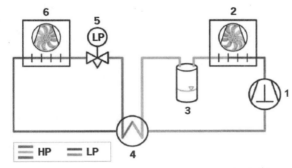

1- 压缩机　2- 冷凝器　3- 过滤器干燥器　4- 内部热交换器
5- 膨胀阀　6- 蒸发器　HP- 高压　LP- 低压

图 1-4-4

（二）网络拓扑图（图 1-4-5）

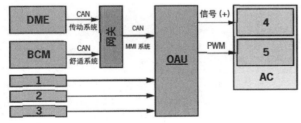

DME- 控制单元　OAU- 操作和空调单元（空调系统控制单元）
BCM- 车身控制模块，前部　1- 蒸发器温度　2- 制冷剂压力（高压）　3- 乘客舱温度　4- 电磁离合器（压缩机）
5- 控制阀（压缩机）

图 1-4-5

（三）空调压缩机

空调压缩机可通过电磁离合器启用和禁用。在空调压缩机中，可通过操作压缩机内的斜盘，调节制冷剂供给量。带电磁离合器和控制 1 的压缩机如图 1-4-6 所示。

图 1-4-6

功能：与控制 1 一样，电磁离合器也由 OAU 启动。

对空调压缩机的控制根据以下主要输入变量执行。

DME。发动机负荷：驾驶员的扭矩请求。

BCM。负载管理：发电机负载和车辆电气系统电压。

OAU（传感器）。蒸发器温度（目标 / 实际）、所需内部温度、实际内部温度、制冷剂压力（HP）。

电磁离合器：电磁离合器确保空调压缩机可以完全关闭。压缩机随后不会再导致出现阻力矩。这有助于在驾驶员请求扭矩时提高发动机响应性，并降低耗油量。

设计：电控压缩机的电磁离合器配备铝制电磁线圈绕组。这降低了电磁离合器的重量，并因此降低了整个空调压缩机的重量。所需功耗也低于使用传统铜线绕组时的功耗。由于电磁离合器及其绕组的优化设计，可以实现更轻的皮带轮支座。在搭配新的扭转减震器时，这有助于压缩机的平顺运行。

（四）内部热交换器（图1-4-7）

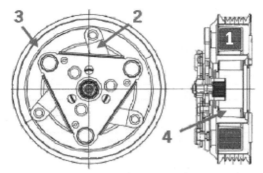

1- 铝制电磁线圈（铝制线圈）　2- 电磁离合器的钢板弹簧
3- 扭转减震器　4- 皮带轮支座
图1-4-7

功能：内部热交换器的作用是实现高压侧与低压侧（HP/LP）间的热交换。这是通过双管铝型材来实现的。高压下的制冷剂被导引到双管型材的中央。低压下的制冷剂被导引到管型材的外线结构中。IHE设计如图1-4-8所示。

1- 低压侧（LP）　2- 高压侧（HP）
图1-4-8

高压侧的制冷剂将热量传递给低压侧的制冷剂。冷凝器下游［即蒸发器（HP）上游］的制冷剂的温度将下降。蒸发器的相对效率提高。总体而言，这会导致耗油量降低。

其他优点包括：提高系统的效率和性能；所有剩余液体在IHE中再蒸发；改善压缩机润滑；提高压缩机的平均温度；增大制冷输出；降低压缩机的能耗；降低发动机的 CO_2 排放量。

（五）维修接头

根据各国的标准，718 Boxster 2017年款使用了不同的制冷剂（R1234yf或R134a）。这就需要使用不同的维修接头。为了避免混淆，根据所使用的制冷剂，对维修接头进行了机械编码，而且护盖具有不同的颜色。

安装位置：与前代车型一样，维修接头紧邻新鲜空气壳体（带预过滤器的进气管）。

左侧驾驶车型如图1-4-9所示，右侧驾驶车型如图1-4-10所示。

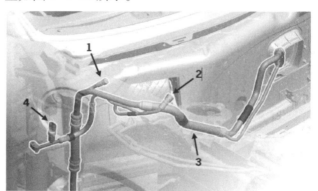

1- 低压接头（经编码）　2- 高压接头（经编码）　3- 内部热
交换器（IHE）　4- 高压传感器
图1-4-9

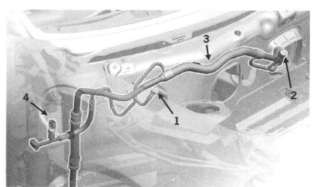

1- 低压接头（经编码）　2- 高压接头（经编码）　3- 内部热
交换器（IHE）　4- 高压传感器
图1-4-10

第五节 电气设备和电子装置

一、简介

每一款 718 Boxster 2017 年款车型的电气设备均经过增强和改进。主要改进之处如下。

相对于前代车型而言的新功能和新系统。照明系统的改动、全新 LED 大灯、全新尾灯、全新的大灯固定概念。组合仪表上多功能显示器的新功能，省去了可加热的清洗器喷嘴，全新组合门把手。通过 Apple Watch 使用 PCC/PVTS 功能。车道变换辅助系统 3。紧急呼叫系统（Era-Glonass），搭配 Sport Chrono 选装配置时的新功能（个性化 / 运动响应）。全新的信息娱乐系统，即保时捷通信管理系统 /PCM4，MOST 150。其他新的信息娱乐功能。Porsche Connect，后端和基于应用程序的服务。

自适应巡航定速控制系统如图 1-5-1 所示。

图 1-5-1

二、网络拓扑

718 Boxster/S 2017 年款的网络使用了多种数据总线系统（CAN 500 kb/s、LIN 20 kb/s、MOST 150 Mb/s）。网关控制单元充当中央连接元件，可在各种网络和总线技术之间实现数据交换以及与协议相关的通信转换。

2017 年款（982）随着 PCM4 的推出，车辆开始采用 MOST 150 技术。该技术用于连接数字放大器 / 数字电视调谐器部件，如图 1-5-2 所示。

图 1-5-2

MOST 150 将 PCM4 连接到数字放大器（选装）和 / 或数字电视调谐器（选装）。显示和控制单元（ABT）通过内部 PCM CAN（专用系统 CAN）连接到 PCM4。

此外，网关控制单元根据"车辆网络状态管理器"中定义的规则，针对点火装置 / 端子 15"关闭"的断电 / 唤醒模式，集中控制所有车辆总线通信，如图 1-5-3 所示。

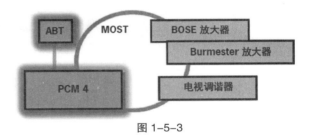

图 1-5-3

网关通过提供全面的系统和诊断功能用于监控网络通信，协助用户使用 PIWIS 检测仪 Ⅱ 和 PIWIS 检测仪Ⅲ查找故障。

作为附加的功能，网关控制单元还提供车辆电气系统 / 车辆能量管理功能。这些功能有助于在车辆行驶过程中优化蓄电池充电，并在车辆静止时通过关闭舒适功能和网络最大限度地降低闭路电流。

718 Boxster/S 2017 年款的网络拓扑图概览如图 1-5-4 所示。

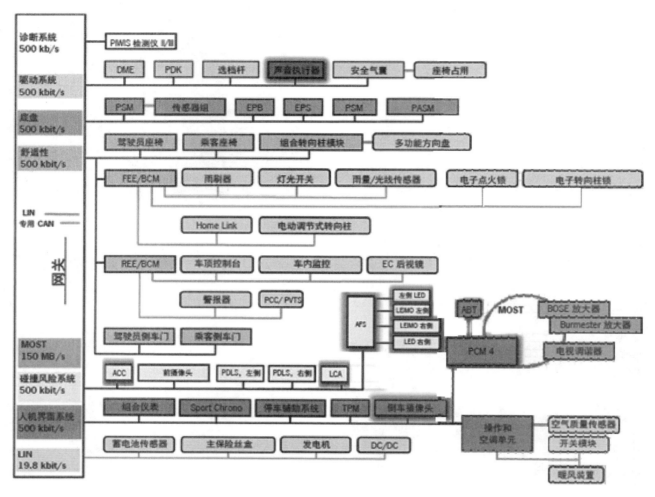

图 1-5-4

三、车辆电气系统／能量管理

车辆电气系统部件（包括蓄电池传感器、主保险丝盒、发电机和 DC/DC 转换器）通过 LIN 总线直接连接到网关。主控制功能存储在网关中，也用于借助诊断检测仪进行诊断、保养和编码。车辆电气系统／能量管理功能基于前代 981 车型的功能，具体的功能包括：AGM 蓄电池（免维护）；外部充电／跨接启动以及外部电源／应急电源；蓄电池传感器；电源分配器／主保险丝盒，继电器／保险丝的安装位置；车辆能量回收电气系统／惯性滑行功能／自动启动／停止系统 /DC/DC 转换器。

四、照明

718 Boxster 2017 年款车型可配备 3 款不同的大灯。标准配置为双氙气大灯（近光和远光），带有由 2 颗 LED 组成的日间行车灯模块。前端电子装置／前部 BCM 的控制单元是照明功能的主控制单元。尾灯如图 1-5-5 和图 1-5-6 所示。

图 1-5-5

图 1-5-6

第二款为选装的双氙气大灯，带有高级前照明系统（AFS）、LED 辅助远光灯以及由 4 颗 LED 组成的日间行车灯模块，如图 1-5-7 所示。

图 1-5-7

第三款是首次面向 Boxster 车型提供的全 LED 大灯，带有由 4 颗 LED 组成的日间行车灯模块、LED 辅助远光灯、动态弯道灯和连续大灯光程控制功能。组合灯如图 1-5-8 和图 1-5-9 所示。

图 1-5-8

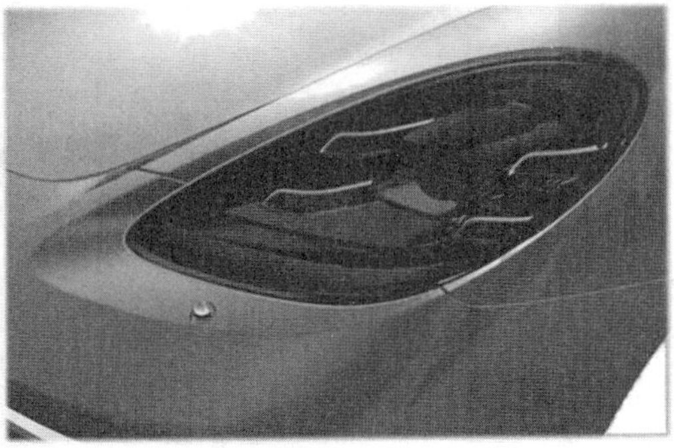

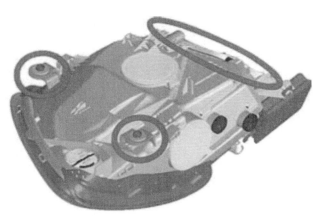

图 1-5-9

（一）大灯固定概念

718 Boxster 2017 年款的大灯固定概念较前代车型有所变化。大灯不再带有用于解锁的固定板，大灯外壳通过螺钉直接固定到车身壳体。工具包不再附带用于解锁大灯固定板的解锁钥匙。现在，必须先分离前裙板，然后才能触及螺钉连接以拆下大灯，如图 1-5-10 和图 1-5-11 所示。

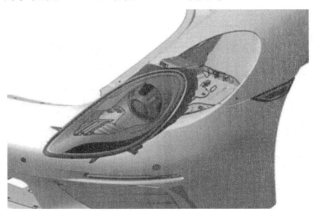

图 1-5-10

图 1-5-11

维修：在更换大灯／控制单元（氙气／自动大灯灯光调节/LED）后，必须使用 PIWIS 检测仪 II 执行初始大灯配置。由于固定概念有所变化，必须通过合格的维修中心对卤素辅助远光灯进行维修。

氙气主大灯不再带有固定板。主大灯外壳通过螺钉直接固定到车身壳体上。必须先分离前裙板，然后才能拆下大灯。工具包不再随附解锁钥匙。必须通过维修中心更换辅助远光灯的灯泡。

（二）25 W 双氙气大灯

前代 981 车型所使用的 25 W 双氙气大灯作为标准配置安装在新款车型上，如图 1-5-12 所示。

大灯配有采用反射镜技术的日间行车灯模块。近光灯和远光灯均使用 D8S 氙气灯泡。不过，由于大灯采用了全新的固定概念，应通过合格的维修中心更换该灯泡。辅助远光灯被设计为使用 H9 卤素灯泡的卤素远光灯，H9 卤素灯泡如图 1-5-13 所示。

图 1-5-14

图 1-5-12

图 1-5-15

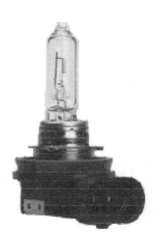

图 1-5-13

大灯功能：采用反射镜技术的日间行车灯模块，2 颗 LED；近光灯、氙气远光灯，D8S 灯泡；辅助远光灯 /H9 65 W 卤素远光灯。

（三）带有 AFS 的 35 W 氙气大灯

带有 AFS（Advanced Frontlighting System：高级前照明系统）的 35 W 双氙气大灯作为选装配置提供，如图 1-5-14 所示。日间行车灯模块包含配有 4 颗 LED 的透镜系统。近光灯和远光灯均使用 D3S 氙气灯泡。辅助远光灯是通过两个使用 LED 的反射镜来实现的。8S 25W 灯泡如图 1-5-15 所示，D3S 35W 灯泡如图 1-5-16 所示。

图 1-5-16

大灯功能：带透镜系统的日间行车灯，4 颗 LED；近光灯、氙气远光灯，D8S 灯泡；LED 辅助远光灯（2 颗 LED、1 个 Osram 5 芯片、2 个反射镜）。

主大灯功能如表 1-5-1 所示。

表 1-5-1

	25W 双氙气大灯	带有 AFS 的 35W 氙气大灯	LED
日间行车灯	2 颗 LED	4 颗 LED	4 颗 LED
辅助远光灯	×	LED	LED
大灯光束调节		×	×
动态弯道灯		×	×
连续大灯光程控制			×

（四）照明功能

1. 灯光开关

灯光开关（☀）具有 5 个开关位置，分别用于启用不同的功能。这些开关位置包括：

OFF：关闭 = 灯光关闭。

AUTO：自动 = 自动大灯。

⫦：停车灯。

⫤：行车灯。

⫥：后雾灯。

通过以下方式来区分不同的照明功能：点火装置关闭；点火装置开启；灯光开关设定到"AUTO"（自动）位置；其他 4 个灯光开关位置。

提供的功能多种多样，有关这些功能的设置，请参见《驾驶手册》。

2. 标准照明

前灯模块采用 LED 导光技术设计而成，用以实现示廓灯（1 颗 LED）和转向指示灯（4 颗 LED）的功能。侧面指示灯具有指示 / 危险警告功能（LED 技术）。前灯模块中的示廓灯如图 1-5-15 所示，前灯模块中的转向指示灯如图 1-5-16 所示，侧面指示灯如图 1-5-17 所示，灯光开关如图 1-5-18 所示。

图 1-5-15

图 1-5-16

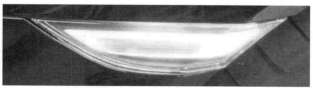

图 1-5-17

图 1-5-18

（五）后部照明

1. 尾灯

尾灯采用全新的透明造型和立体外观。固定概念与前代车型完全相同。

2. 照明功能 / 灯光模式

制动灯：4 点式（12 颗 LED）、条状（52 颗 LED）。

尾灯（52 颗 LED）。

转向指示灯 ［22 颗 LED：黄色（ECE）/ 红色（SAE）］。

倒车灯（4 颗 LED）。

如图 1-5-19~ 图 1-5-22 所示。

图 1-5-19

图 1-5-20

ECE 尾灯

ECE 转向指示灯

ECE 制动灯（前行）

ECE 制动灯（倒车）

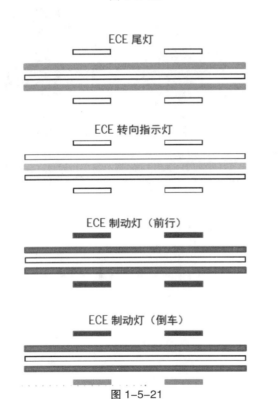

图 1-5-21

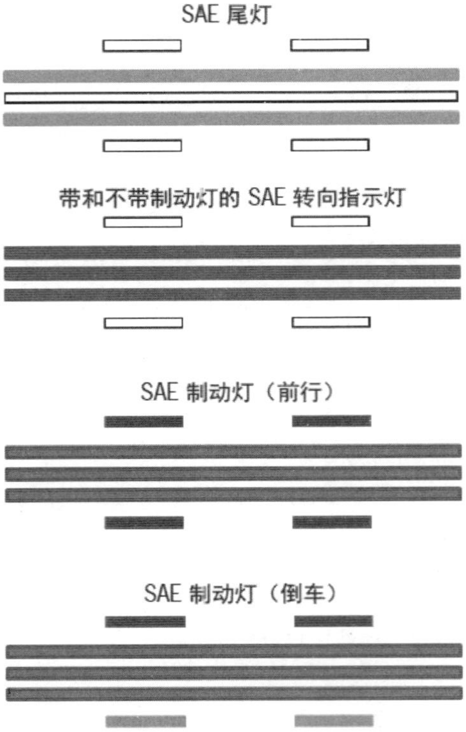

SAE 尾灯

带和不带制动灯的 SAE 转向指示灯

SAE 制动灯（前行）

SAE 制动灯（倒车）

图 1-5-22

3. 高位制动灯

高位制动灯包含 48 颗 LED，如图 1-5-23 所示。

4. 紧急制动

如果车辆以超过约 70 km/h 的车速全力制动，制动灯会在制动期间闪动，如图 1-5-24 所示。

图 1-5-23

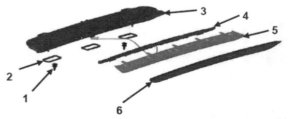

1- 销 2- 密封件 3- 壳体 4- 板 5- 导光管 6- 两件式灯罩

图 1-5-24

5. 组合灯

后裙板上的组合灯同时具有后雾灯和反光片的功能，如图 1-5-25 所示。

后雾灯（1 颗 LED），反光片。组合灯通过两个卡子和 1 个螺钉固定。

图 1-5-25

五、组合仪表

组合仪表是面向驾驶员的中央信息单元，用于显示与车辆相关的数据，比如发动机转速、车速、温度、油位、警告和消息。组合仪表如图 1-5-26 所示。

图 1-5-26

常见车辆设置可以借助组合仪表中的选择菜单来完成，并通过 CAN 提供给控制单元网络。以下车辆信息 / 菜单会显示在多功能显示器上的右侧显示区域中［个性化如图 1-5-27 所示，ACC 如图 1-5-28 所示，运动响应如图 1-5-29 所示，Sport Plus（运动升级）如图 1-5-30 所示，加速力如图 1-5-31 所示，Chrono 如图 1-5-32 所示］：车辆；音频、导航；地图、电话；行程；轮胎气压；Chrono；换挡辅助系统；最大加速力；ACC。

图 1-5-27

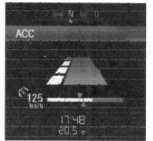

图 1-5-28

图 1-5-29

图 1-5-30

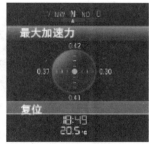

图 1-5-31

图 1-5-32

与前代车型相比，全新多功能显示器具有一些高级和/或全新的功能/菜单，其中包括：

车辆/设置/个性化（Sport Chrono 选装配置）；

车辆/设置/辅助系统/PAS（自适应巡航定速控制系统选装配置）；

车辆/设置/辅助系统/LCA（车道变换辅助系统选装配置）；

车辆/设置/Car Connect（保时捷车辆互联/PVTS 选装配置）；

ACC（选装配置）。

六、清洗/刮水系统

2017 年款车型省去了可加热清洗器喷嘴。清洗器喷嘴如图 1-5-33 所示。

图 1-5-33

七、门把手

门把手的塑料防污板被车外门把手中的深拉部分所替代。因此，其外观与组合门把手保持一致。新把手提供带有和不带电容传感器的两种版本，如图 1-5-34 和图 1-5-35 所示。

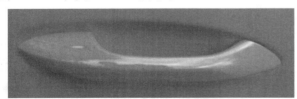

图 1-5-34

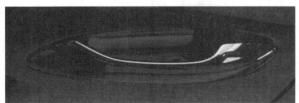

图 1-5-35

八、保时捷车辆互联（PCC）

随着保时捷车辆互联系统（远程服务/PVTS）的推出，Panamera、Cayenne、Macan 和 911 上的常见部件现在也应用于 718 Boxster 2017 年款。

保时捷车辆互联智能手机应用程序可通过手机（Apple/Android）与车辆建立无线连接。这样，便可通过智能手机直接访问车辆的具体信息，并可使用该应用程序直接对车辆应用所选的设置，PCC 注册如图 1-5-36 所示，Apple Watch 如图 1-5-37 和图 1-5-38 所示。有两个车辆版本可供选择：保时捷车辆互联系统（远程服务）；带 PVTS 升级版（保时捷车辆跟踪系统升级版）的保时捷车辆互联系统。

图 1-5-36

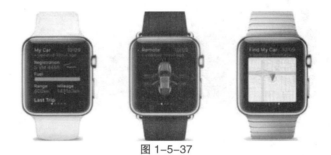

图 1-5-37

图 1-5-38

九、保时捷车辆跟踪系统升级版（PVTS 升级版）

PVTS 升级版是一种基于 GSM/GPS 的跟踪系统，可协助控制中心对被盗的车辆进行定位。这样，有关部门便可找到失窃的车辆。一旦 PVTS 升级版检测到盗窃警报，会立刻向 SOC 发送被盗车辆的位置。

共有 3 种不同类型的 PVTS 升级版（表 1-5-2）：带驾驶员卡的 PVTS 升级版；带遥控器的 PVTS 升级版；不带驾驶员卡 / 遥控器的 PVT 升级版。

表 1-5-2

识别号	交付范围	驾驶员卡	遥控器	PVTS 模式
7G9	含 PVTS 的 PCC 不带安全组件	无	无	比利时、卢森堡：自控式 其他国家和地区：舒适系统
7iO	含 PVTS 的 PCC 带安全组件	无	有	比利时、卢森堡：集成式 其他国家和地区：不适用
7i2	含 PVTS 的 PCC 带安全组件	有	无	比利时、卢森堡：不适用 其他国家和地区：高级

图 1-5-39

图 1-5-40

图 1-5-41

图 1-5-42

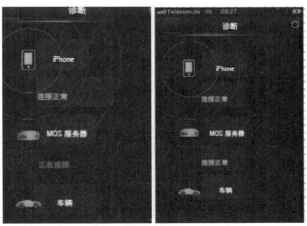

图 1-5-43

要使用智能手机应用程序 / 手机在线服务（MOS）功能，客户必须先完成注册过程，在线申请这些服务。如图 1-5-39~ 图 1-5-43 所示。

客户通过在客户门户网站中创建用户账号来完成注册过程。在注册过程中，会生成一个代码。

客户将这一代码告知保时捷中心。

保时捷经销商将此首次安装代码输入保时捷诊断检测仪中，生成二次安装代码。

在数据处理中心 / 后端（Vodafone Automotive）为客户、车辆和控制单元关联第一个和第二个安装代码后，PVTS 便已在车辆中激活。

经销商当着客户的面启用手机在线服务。

然后客户收到安装已经完成的短信息（SMS）。系统还会向客户发送一个指向应用商店的链接以及应用的激活代码。

诊断 / 试运行。使用 PIWIS II 诊断检测仪可以执行以下初始操作步骤。

步骤：PCC 试运行；设定 PCC 驾驶员卡；PCC 功能测试；停用 PCC。

十、驾驶员辅助系统

（一）车道变换辅助系统 3（LCA）

718 Boxster 2017 年款首次引入了车道变换辅助系统。该系统利用后保险杠左右两侧的两个雷达传感器监控车辆后方最远 70 m 处的左右两侧车道及盲点区域。因此，车道变换辅助系统可提高驾驶舒适性 / 增强警告功能（尤其在高速公路上行驶时）。LCA 显示如图 1-5-44，车道变换辅助系统如图 1-5-45 所示，LCA3 控制单元如图 1-5-46 所示，LCA 设置如图 1-5-47 所示。

图 1-5-44

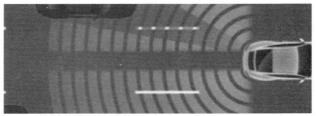

图 1-5-45

图 1-5-46

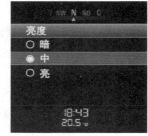

图 1-5-47

如果系统探测到相邻车道或盲点区域有其他车辆，将通过在后视镜固定点饰件中显示视觉信号（3 颗 LED），提醒驾驶员。如果驾驶员在这种情况下开启转向指示灯，则警告级信息显示会闪烁亮光，从而明确警告驾驶员有车辆正在靠近。该系统可在 30~250 km/h 的车速范围内处于启用状态。可通过组合仪表中的行车控制单元启用和禁用该系统。

系统分两级提供该显示信息，只要驾驶员未开启转向指示灯，信息灯就会发出柔和的灯光信号，提醒驾驶员相邻车道上有其他车辆。

车道变换辅助系统可根据相对速度和距离来决定是否针对探测到的车辆显示提醒信号。如果驾驶员开启了转向指示灯，则 LED 灯会闪烁亮光，提醒驾驶员注意探测到的车辆。

LCA 不会干预车辆控制，驾驶员随时可以通过多功能显示器（车辆 / 设置 / 辅助系统 /LCA）禁用 LCA。

通过多功能显示器启用 LCA 后，车外后视镜中的两个 LED 模块将短时亮起，以对系统的启用提供视觉反馈。禁用 LCA 时将不提供系统反馈。可通过组合仪表 / 多功能显示器中的功能灯查看 LCA 的启用状态。通过组合仪表中的菜单，可按驾驶员的意愿对 LED 模块（信息显示器）的基本亮度（具有 3 个亮度级别）进行调节。信息显示器的有效亮度取决于该基本设置，且会随当前车外亮度进行随动调节。雷达传感器的作用范围很大程度上取决于天气情况。如果由于保险杠脏污或天气条件恶劣（有雾、车辆后面溅水等）以及潜在系统故障导致系统暂时不可用，则组合仪表上会显示相应的文本消息，并且系统会自动关闭。只需手动开启，即可重新启用系统。

维修：在更换控制单元或拆卸后裙板后，必须"重新校准"（请参见《车间手册》）。采用与常见系统相同的方式执行校准，PIWIS 信息系统针对校准操作提供了有关测量设置的说明，并且可以使用 PIWIS 检测仪 II 执行测量设置。在校准过程中执行控制单元的编码。对 718 Boxster 2017 年款执行校准时，仍可使用现有的专用工具（校准装置 VAS 6350、激光测距仪 VAS 6350/2、多普勒发生器 VAS 6350/4、PIWIS 检测仪 II）。VAS 6350 如图 1-5-48 所示，VAS 6350/2 如图 1-5-49 所示，VAS 6350/4 如图 1-5-50 所示。

图 1-5-49

图 1-5-50

（二）自适应巡航定速控制系统（ACC）/ 巡航定速控制系统（CRC）

1. 自适应巡航定速控制系统（ACC）

718 Boxster 2017 年款上选装的自适应巡航定速控制系统与前代车型基本相同。该系统安装在车辆前裙板的中央。来自前代车型的大家已熟知的"惯性滑行"功能是一项新功能，现在随自适应巡航定速控制系统一起提供。该功能可大幅降低油耗。ACC 控制开关如图 1-5-51 所示，ACC 雷达传感器如图 1-5-52 所示。

图 1-5-48

图 1-5-51

图 1-5-52

与前车之间的距离通过雷达传感器进行监控。为此，在车辆前裙板的中央整合了一个雷达传感器。ACC 自动使车辆保持设定速度或与前车保持一定的距离，并在与前车的距离缩短时进行平稳制动，必要时还可使车辆完全停止。可以在 30~210 km/h 的范围内单独调节车速。ACC 作为选装配置与 Porsche Doppelkupplung（PDK）保时捷双离合器变速器搭配使用，它可根据与前车的距离调节车速。雷达传感器可监控车辆所处车道前方最远 200 m 的区域。如果您以过快的速度驶近前车，保时捷主动安全系统（PAS）会通过声音和视觉信号发出警告。必要时，系统会发出短时制动震动并进行有针对性的制动（在系统的极限范围内对驾驶员的制动操作进行加强），直至紧急停车。

2. 巡航定速控制系统（CRC）

现在，通过控制杆降低预设车速时，或者车辆在下坡行驶过程中超出预设车速时，718 Boxster 2017 年款的选装巡航定速控制系统会主动进行制动。

十一、Era-Glonass 紧急呼叫系统（全球导航卫星系统）

与 911 Carrera 2017 年款一样，面向俄罗斯市场的紧急呼叫系统（Era-Glonass）现在也首次安装在 718 Boxster 2017 年款上。紧急呼叫系统不要求在车辆中使用经注册的手机，因为它配有自己的独立移动通信模块（SIM 卡）。如果无法建立与紧急呼叫中心的连接，系统将拨打公共紧急号码进行紧急呼叫。在某些情况下，可能无法向紧急呼叫中心

发出紧急呼叫（例如，手机网络不可用）。如果车辆蓄电池断开连接或出现故障，整合式蓄电池（备用蓄电池）可确保紧急呼叫系统至少在 1 h 以内可供使用。当点火装置关闭时，只能通过按下 SOS 按钮进行紧急呼叫。

（一）自动紧急呼叫

Era-Glonass 是由俄罗斯国防部运营和资助的一套全球导航卫星系统，如图 1-5-53 所示。

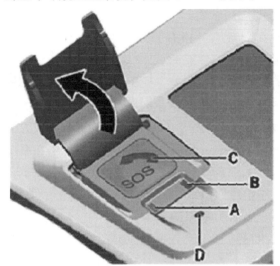

A/B- 指示灯 / 功能灯　C- 护盖下的 SOS 紧急呼叫按钮
D- 紧急呼叫测试按钮
图 1-5-53

在触发安全气囊后，系统将立即与紧急呼叫中心建立连接。

（二）数据传输

进行紧急呼叫后，所有可用数据都将传输到紧急呼叫中心，以便确定所需采取的救援措施。这些数据包括车辆的当前位置、底盘号、车辆类型（例如混合动力车辆）。

（三）诊断

提供了一个单独的 OBD 诊断接头用于对 Era-Glonass 系统进行诊断。Era-Glonass 部件（以 991 Ⅱ 为例）如图 1-5-54 所示。该诊断接头位于乘客脚坑中的保险丝座（A 柱）上。可以使用 PT2G/PT3G 及用于系统诊断的 Y 形电缆，将该接头与车辆 OBD 诊断接头相连接。Y 形电缆作为专用工具提供给俄罗斯市场。

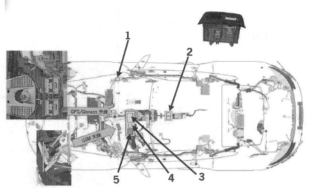

1- 诊断插座（备用）　2- 开关模块 + 麦克风　3- 控制单元
4- 诊断插座　5- 扬声器
图 1-5-54

Era-Glonass 控制单元集成在诊断软件中。诊断范围可能包括标识、故障记忆、测量值、系统试运行程序、备用蓄电池更换程序。

无法清除故障记忆条目；排除故障后，相应的条目便会消失。

十二、Sport Chrono 组件

在有助于提高行驶性能和驾驶乐趣的选装配置中，Sport Chrono 组件是客户的第一选择。该组件针对 911 Carrera 2017 年款进行了大幅改进，如今又作为选装配置提供给 718 Boxster 2017 年款。方向盘如图 1-5-55 所示。

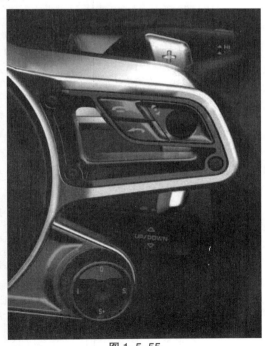

图 1-5-55

模式开关（与 PDK 搭配使用）如图 1-5-56 所示。

图 1-5-56

配备 Sport Chrono 选装配置时，可以使用方向盘上的模式开关选择 5 种设置：标准（O）、运动（S）、运动升级（S+）、个性化设置（I）如图 1-5-57 所示，运动响应（中央按钮）如图 1-5-58 所示。

可以通过组合仪表 / 多功能显示器中的相应菜单，在 "Normal"（标准）模式或 "SPORT"（运动）模式的基础上，对 PASM、运动型排气系统、自动启动 / 停止功能和后扰流板的设置进行个性化组合。下次启动车辆时，可以通过旋转模式开关，调出已存储的设置组合。

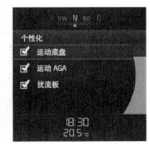

图 1-5-57

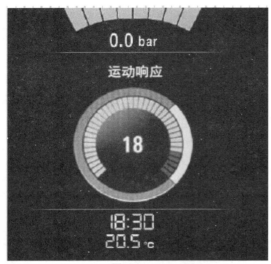

图 1-5-58

十三、PCM 4

由于多媒体应用领域的快速发展，为了紧跟时代发展的步伐，车辆制造商面临着巨大挑战。例如，许多手机制造商每年都会对其顶级机型进行更新升级，并不断扩展其软件。而车辆用户又想要随时将其所用的最新手机连接到信息娱乐系统。为了满足快速发展的要求，汽车信息娱乐系统的开发周期不得不缩短。近几年，保时捷对信息娱乐系统进行了如下改动：PCM3/CDR30 于 2008 年随 Carrera 997 Ⅱ 一起推出；PCM3.1/CDR31 于 2010 年随 Panamera 一起推出；PCM4 于 2015 年随 911 Carrera 2017 年款一起推出。

（一）信息娱乐产品

718 Boxster 2017 年款标配带 150 W 音响套装升级版和手机预留装置（HFP）的保时捷通信管理系统（PCM），如图 1-5-59 所示。

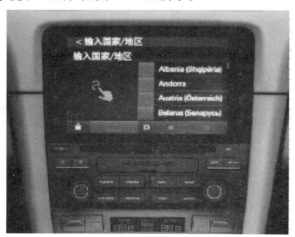

图 1-5-59

选装配置如下。

含语音控制的导航模块；

Connect 模块，包括智能手机座、保时捷车辆互联和 Apple CarPlay®；

Connect Plus 模块（含 Connect 模块），包括电话模块、无线互联网访问、实时交通信息（RTTI）、带 Google StreetView® 和 Google Earth® 的在线导航模块；

电子行车日志；

数字收音机 /DAB；

电视调谐器；

带数字收音机 /DAB 的电视调谐器；

BOSE® 环绕声音响系统；

Burmester® 高端环绕声音响系统。

（二）PCM 4 的特性

无框显示屏设计；7 英寸［1 英寸（in）=2.54 厘米（cm）］WVGA 显示屏；带手写识别功能的电容式触摸屏（也向亚洲提供）；DVD 单驱动器、2 个 SD 卡槽、1 个 SIM 卡槽（在护盖下方）；音响套装升级版，150 W，带数字声音处理器的整体式模拟放大器。

车载硬盘如图 1-5-60 所示，结构图如图 1-5-61 所示，PCM 4 的整合式显示和控制单元（ABT）及中央电脑（主机装置）如图 1-5-62 所示。

图 1-5-60

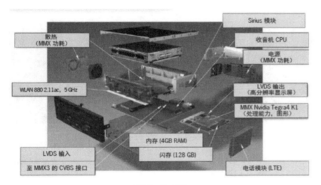

图 1-5-61

图 1-5-62

（三）MOST 连接

信息娱乐系统（PCM 4）通过 MMI 系统 CAN 连接到车辆，以便将显示内容发送到组合仪表，或者交换和显示各种车辆设置。中央电脑连接到显示和控制单元（Display and Control Unit：ABT），与其一起构成该系统（主机装置）。上述部件通过内部 PCM CAN 进行通信。模拟放大器（音响套装升级版）不连接到 MOST 环，因为它是中央电脑的一部分。通过 MOST 150 连接选装的放大器（BOSE/Burmester），这同样也适用于选装的电视调谐器，如图 1-5-63 所示。

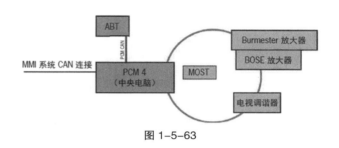

图 1-5-63

（四）带接近检测功能的电容式触摸屏

1. 电容式触摸屏

电容式触摸屏的表面由两块彼此叠放的玻璃板构成。玻璃板涂有透明的导电金属氧化物条。玻璃板的排列方式是涂层侧相对，氧化物条呈网格状。电绝缘隔离片防止涂层相互接触。

功能：如图 1-5-64 所示，网格上的每个交叉点都充当一个电容器，因为金属氧化物条正好彼此叠放，类似于电容器板。对两个涂层施加电压时，金属氧化物条间会产生电场（如图 1-5-65 所示）。因此，交叉点具有指定的电容，就像电容器一样。例如，当手指接触屏幕表面时（如图 1-5-66 所示），操作者的电场会影响所接触交叉点的电场及其电容。这会导致涂层条末端的电压发生变化。评估电子装置使用此信息计算触摸屏上接触点的坐标。

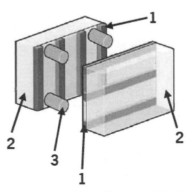

1- 导电条　2- 玻璃板　3- 隔离片

图 1-5-64

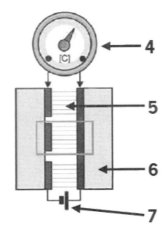

4- 电容　5- 电场　6- 玻璃板　7- 施加的电压

图 1-5-65

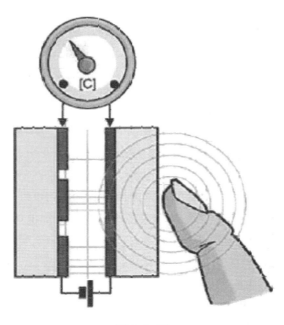

图 1-5-66

2. 接近检测

发射的红外光　　　　反射的红外光

图 1-5-67

功能：如果手在红外（IR）传感器条（位于显示屏左右两侧）的检测范围内移动，则该手会将传感器发出的光反射回传感器条。反射的光随后会被 IR 传感器检测到。完成接近检测后，附加的图形操作元素将出现在 PCM 4 显示屏上，如图 1-5-67 和图 1-5-68 所示。

图 1-5-68

3. 手写识别

PCM 的另一个新功能是手写识别功能。用户现在不必使用键盘输入文字，可以直接在触摸屏上书写文字，这使得输入地址等信息变得更加容易，如图 1-5-69 所示。

图 1-5-69

（五）我的屏幕

通过"主页"菜单中的"我的屏幕"这一新功能，用户可以使用各种小部件创建最多 3 个个性化屏幕，如图 1-5-70 所示。例如，可以将常用的导航目的地或电话号码保存到个性化屏幕上，然后只需触摸该屏幕，便可以调出相应的信息。如果用户在

"我的屏幕"界面打开时关闭了 PCM，则下次再次开启系统时，将显示相同的屏幕。从技术上讲，"我的屏幕"功能最多可将屏幕划分为 8 个区域，利用拖放功能可将各种小部件分配给这些区域。小部件可以放置于这些区域内的任何地方，而某些小部件会占据多个区域。

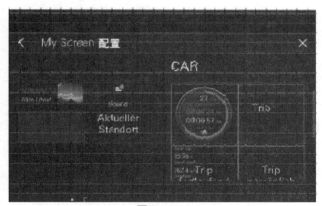

图 1-5-70

（六）车载硬盘

全新 PCM 的 11 GB 车载硬盘还具有以下几个新特性。车载硬盘如图 1-5-71 所示。

图 1-5-71

首先，车载硬盘使用数据库自动同步 MP3 文件，从而显示专辑封面以及有关所保存的音乐数据的其他信息。除了最多两个 USB 端口之外，音乐文件现在可以从插入到 PCM 触摸屏下方的两个 SD 接口之一的 SD 卡中导入，或者直接从卡上播放。

护盖下方的 SD/SIM 卡槽如图 1-5-72 所示。中控台的杂物盒中配有一个 USB 接口。第二个 USB 端口位于手套箱中。USB/AUX 接口如图 1-5-73 所示。

图 1-5-72

图 1-5-73

注：在配备 Connect/Connect Plus 选装配置的车辆上，具有 Apple 检测 /Apple CarPlay 功能的 USB 接口位于中控台内。

（七）与手机预留装置搭配使用的手机托架

手机托架整合在中控台的杂物盒下方。它提供了通过手机座实现手机射频信号的感应 / 电容传输的选项。系统会将此射频信号传输给双向放大器（补偿器），后者再将信号转发给前保险杠中的外部天线（黏合的天线）。反过来，外部天线接收到的信号由外部天线转发给补偿器，后者将信号传输给手机座，然后由手机座以感应 / 电容方式将信号传输给手机。如图 1-5-74~ 图 1-5-77 所示。

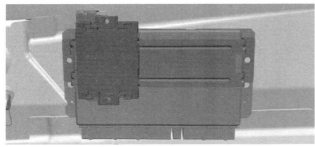

图 1-5-74

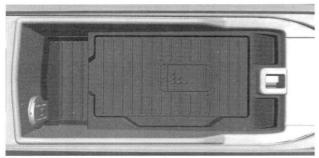

图 1-5-75

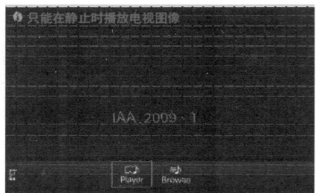

图 1-5-76

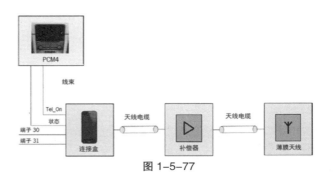

图 1-5-77

（八）媒体播放

可通过按"媒体"按钮播放来自多种媒体源的音乐和视频文件。首次可以在车辆静止时，从 DVD 和 USB/SD 存储卡播放以下格式的 DVD 视频文件：Windows Media Audio 9 和 10；Windows Media Video 9；MPEG 2/4、MPEG 1/2；ISO-MPEG4、DivX 3、4 和 5，Xvid；ISO-MPEG4、H.264（MPEG4 AVC）。

（九）概览

图 1-5-78 概括显示了 718 Boxster 2017 年款车型中最常用的天线。还有其他天线用于实现多种多样的功能，例如：挡风玻璃（LF/HF）中的遥控器（RC）、免钥匙出入和启动系统（KESSY）内部和外部天线、保时捷车辆互联（PCC）/保时捷车辆跟踪系统（PVTS）GSM/GPS、Era-Glonass 紧急呼叫系统（GSM/GPS）。

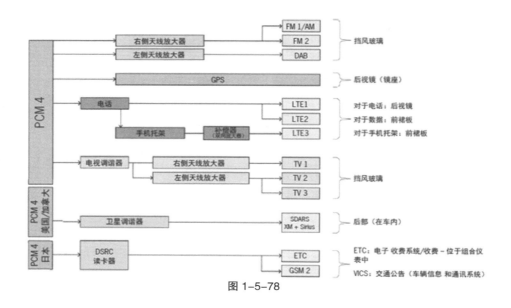

图 1-5-78

（十）MOST 150 数据总线

以前的 MOST 25 数据总线已被用于信息娱乐系统的 MOST 150 数据总线替换。MOST 网络如图 1-5-79 所示。MOST 的全称为 "Media Oriented System Transport"（媒体导向系统传输），它是一种通过光导纤维传输音频、视频、语音和数据信号的串行数据总线系统。只要安装了 BOSE/Burmester 数字放大器或选装的电视调谐器，车辆中就配有 MOST 150。图 1-5-79 显示了连接到 MOST 环的各个部件。如果未安装数字放大器 / 电视调谐器，则车辆中会省去 MOST 环。显示和控制单元（ABT）通过内部 PCM CAN 连接到 PCM 4/ 中央电脑，如图 1-5-80 所示。

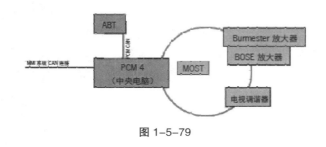

图 1-5-79

图 1-5-80

传输之前，数据被分割为多个数据包，也称作帧。在 MOST 150 数据总线中，每一帧的长度均为 3072 比特（MOST 25 = 512 比特）。数字可用数据的长度为 3040 比特（MOST 25 = 480 比特），也就是说，MOST150 中每个数据包传输的信息要多出许多。一帧的总长度由以下几部分组成：一个用于管理目的的数据字段、一个用于控制数据的数据字段和两个附加的数据字段。可在这两个数据字段中存储的最大数据量受到这些固定字段划分的限制。数据通过 3 个通道进行传输（控制通道、同步通道和异步通道）：通过控制通道传输控制数据，通过同步通道

传输音频和视频数据（没有中间存储的实时同步传输），以及通过异步通道传输更大批量的数据，例如音频文件的元数据（受事件控制的异步数据传输，可进行中间存储）。光纤 MOST 150 数据总线以数字格式在相关部件之间交换数据。通过使用光波进行数据传输，可实现高得多的数据传输率。与无线电波相比，光波具有非常短的波长。光波不会产生电磁干扰波，而且也不会受外部电磁影响的干扰。

（十一）联网访问——WLAN（无线局域网）

WLAN 是 "Wireless Local Area Network"（无线局域网）的缩写。它指可供各种设备（比如掌上电脑、智能手机、平板电脑或笔记本电脑）建立连接以交换数据或获取对互联网的安全访问的无线局域网。

车辆中的附加 SIM 卡是用于建立 WLAN 连接的首选方法，也就是说，具有 WLAN 功能的车辆可提供车载互联网访问点（热点）。支持 WiFi 的终端设备可以连接到车辆中的此热点，以便利用附加的 Porsche Connect 在线服务。

另外，PCM 4 也可以作为 WiFi 客户端连接到由智能手机建立的热点。但是，在 PCM 4 中安装的电话模块以及关联的外部天线可确保更快、更稳定的移动连接，如图 1-5-81 和图 1-5-82 所示。

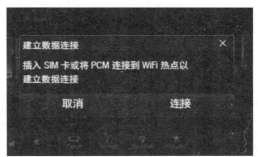

图 1-5-81

图 1-5-82

注：

WiFi 连接：优先通过附加的 SIM 卡，其次通过连接 PCM4 的手机 / 作为 WiFi 客户端的热点。

互联网访问点：通过 PCM 4 中的 LTE 电话模块建立 WiFi 热点。

数据服务：使用这类服务的前提条件是插入 PCM 4 或手机的 SIM 卡含有流量套餐。

热点：公共互联网访问点。可以通过热点以无线方式访问互联网。

B–CAS（B– 条件接收系统）日本的 HDTV 访问保护。接收器（ISDB/DTT–TV/DVD 录像机）。

（十二）电视调谐器

外部电视调谐器提供有 4 个国家 / 地区版本（欧盟 / 其他国家和地区、中国、日本、韩国）。日本版本配有整合式 BCAS 读卡器。微型 BCAS 卡包含在交付范围内（B–CAS = 日本的 HDTV 访问保护），如图 1–5–83 所示。

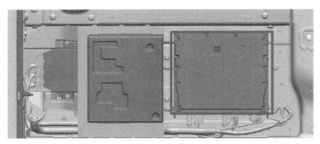

图 1–5–83

前端电子装置（前部 BCM）和停车辅助系统的控制单元位于电视调谐器的旁边。

十四、音响系统

（一）音响套装升级版（标准）

PCM4 标配 8 个音箱和输出功率达 150 W 的整体式放大器。这样的输出功率使得前代车型的外部模拟放大器得以省去。另外，还安装了用于对乘客舱内的声音模式进行优化调节的整体式数字声音处理器。

（二）BOSE® 环绕声音响系统

按国家车型提供 BOSE 放大器。配备选装的 BOSE® 环绕声音响系统时，客户得到 12 个全有源音箱，包括整合在车身内的 100 W 有源副低音音箱和中置音箱。放大器的输出功率为 555 W。通过这一全有源系统设计，实现了对乘客舱内每个独立

音箱的优化。BOSE 放大器 / 数字如图 1–5–84 所示。

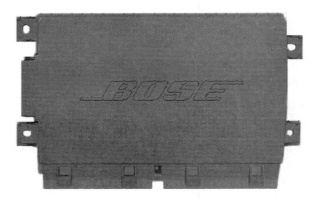

图 1–5–84

（三）Burmester® 高端环绕声音响系统

选装的 Burmester® 高端环绕声音响系统拥有总共 821 W 的功率输出以及 12 个独立控制的音箱（包括整合在车身内的 300 W 有源副低音音箱），能够提供最出色的音效。针对具体的安装位置，对模拟和数字滤波器进行了最优设置。BOSE 环绕声音响系统如图 1–5–85 所示。

图 1–5–85

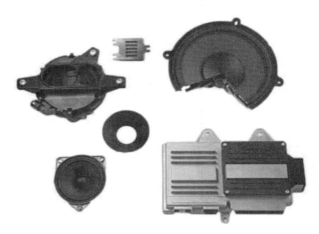

图 1–5–86

图 1-5-87

高音喇叭是气动声能转换器（AMT），通过极佳的电平稳定性提供完全精细、清晰和不失真的高频声音再现。所有音箱框架完美地彼此协调，提供自然、丰富质感的空间声音，甚至在放大音量时也是如此。这些专门针对 718 Boxster 2017 年款采取的措施带来了最高品质的音效。Burmester 部件如图 1-5-86 所示，有源副低音音箱如图 1-5-87 所示，Burmester 部件的安装位置如图 1-5-88 所示。

图 1-5-88

十五、Porsche Connect
（一）手机在线服务 /Aha

手机在线服务（MOS）于 2012 年随 Cayenne 一起推出。这套服务包含必须安装在智能手机中的针对 iPhone 或 Android 的智能手机应用程序。只需进行免费注册即可使用这套服务。要使用手机在线服务，所需的选装配置必须在车内可供使用。将智能手机成功连接至 PCM 后，Aha 便作为调谐器源可供使用。Aha 应用程序可以广播节目形式提供各种服务。智能手机应用程序的预设列表中的电台可在电台列表中找到。Aha 如图 1-5-89 所示，Vodafone Cobra 如图 1-5-90 所示。

Aha 功能一览。互联网无线电台：作为音频流（美国：> 2000；欧洲：> 1100，其中德国：> 500）；个性化的网络音乐（Slacker 美国）；接收和读出 Facebook 消息；接收和读出 Twitter 消息；有声图书；播客。

图 1-5-89

图 1-5-90

（二）保时捷车辆互联

在 2014 年，在线服务随 Panamera 一起推出，这套服务就是保时捷车辆互联（PCC）服务。保时捷车辆互联智能手机应用程序支持与车辆建立无线连接。这样，便可通过智能手机直接访问车辆的具体信息，并可使用该应用程序直接对车辆应用所选的设置。

共提供了 3 种车载版本。

版本 1 保时捷车辆互联（标准），如图 1-5-91 所示。

版本 2 带 PVTS 升级版（保时捷车辆跟踪系统升级版）的保时捷车辆互联系统，如图 1-5-92 所示。

版本 3 电动车型服务（仅限混合动力车辆），如图 1-5-93 所示。

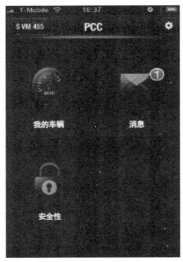

图 1-5-91

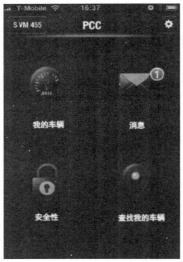

图 1-5-92

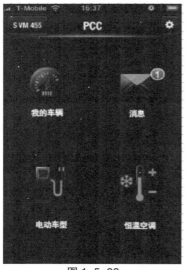

图 1-5-93

在 718 Boxster 2017 年款中，以前的服务（手机在线服务和保时捷车辆互联）现在已被 Porsche Connect 功能取代。Aha Radio 应用程序已被"Porsche Connect"取代。除了保时捷车辆互联的基于车辆的功能之外，Porsche Connect 还提供新的信息娱乐和导航功能。引入了下列新服务。

1. 基于后端服务器的服务

实时交通信息（RTTI）。Google Earth（谷歌地球）、Google Street View（谷歌街景）。POI（兴趣点）搜索。

2. 基于应用程序的服务

我的目的地。互联网广播、个性化广播。固定价格音乐服务。

（1）互联网广播。通过 MIB 多媒体应用程序将 MIB 连接到。在线广播服务"Radio.de"；提供大量广播电台和独立的区域性广播电台选择；数字接收独立于广播电台覆盖区域。

（2）实时交通信息（RTTI）。在导航功能启用时，系统会参考最新的路况信息和交通阻塞信息。速度和车流信息显示在地图上，并且用于计算到达时间 / 旅程持续时间。通过道路的颜色编码进行路况显示（交通信号灯系统）。

日本的 VICS（Vehicle Information and Communication System：车辆信息和通信系统）是一种创新的信息和通信系统，它能接收有关交通拥堵情况和交通管制的实时信息。交通流量如图 1-5-94 所示，固定价格的音乐流如图 1-5-95 所示。

图 1-5-94

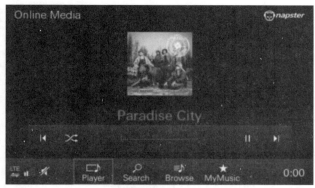

图 1-5-95

（3）Google Earth。在地图视图中使用 Google Earth（谷歌地球）卫星地图进行导航。通过"选项"菜单中的"导航"设置或者地图中的按钮启用。

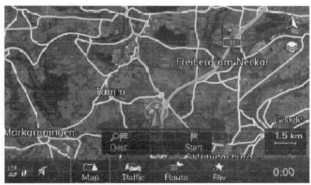

图 1-5-96

（4）Google Street View。

Google Street View（谷歌街景）是 Google Earth（谷歌地球）的一项附加服务，它从街道的视角提供 360° 全景图像视图（必须在 PCM4/HMI 中启用 Google Earth），如图 1-5-96 和图 1-5-97 所示。

图 1-5-97

（5）个性化广播。根据用户的收听习惯提供的

个性化广播（aupeo.de）。可以在车辆中直接搜索（流派、热门电台、热门艺术家等）。数字接收独立于广播电台覆盖区域。

（6）固定价格音乐服务。能够访问固定价格音乐服务（Napster），提供不计其数的音乐曲目（曲目、专辑、艺术家、播放列表）。

（7）Apple Car Play。Apple CarPlay® 使用户可在 PCM 上使用 iPhone 上的个别功能和应用，如图 1-5-98 所示。

图 1-5-98

用途：通过 USB 接口连接 iPhone 时，将显示 CarPlay 消息，如图 1-5-99 所示。

图 1-5-99

前提条件：使用 iPhone 5 或更高版本（IOS 7.1 或更高版本），并在 iPhone 上启用 Siri 和 Apple CarPlay。

注释：在使用 Apple CarPlay 时，只能使用已连接的 iPhone 拨打电话。对于所用 iPhone 中的应用程序，Apple CarPlay 仅支持可显示的应用程序。有关详细信息，请参见：www.apple.com/ios/carplay。

首次连接 iPhone 时，PCM 会询问用户是否仅将 iPhone 用于播放音乐（像 iPod 一样），还是要启用 Apple CarPlay®。在连接好设备后，选中复选框以确保 PCM 将所做选择保存为默认设置。只需选择 PCM 上主页菜单中的相关图标，即可使用 Apple CarPlay®。除了触摸屏之外，也可以使用某些实体键及旋钮操作 Apple CarPlay®。对于语音控制，按住方向盘上的按钮将启用 Apple 语音控制系统"Siri"。就像在 iPhone 上一样。例如，可以使用此功能发送、大声读出和回答文本信息。通过蓝牙（BT）连接到 PCM 的手机将自动断开连接。同时，无法使用插入的 SIM 拨打电话。

十六、缩写（表 1-5-3）

表 1-5-3

	德语	英语
ABT	Anzeige Bedien Teil	Display control unit/Touchscreen
ACC	Abstandsregeltempostat	Adaptive Cruise Control
AFS	Automatische FahrlichtSteuerung	Advanced front lighting system
AGA	Schaltbare Abgasanlage	
AGM	AGM Batterie	Absorbent Glass Mat
ASD	AuBenlaufendes SchiebeDach	Sliding roof
ALWR	Automatische Leucht Weiten Regulierung	Automatic headlamp levelling
AZV	AnhängerZugVorrichtung	Trailer hitch
B-CAS	HDTV-Zugangsschutz Japan	BS Conditional Access System
BCM	Karosseriesteuergerät	Body Control Module
BKE	Bedien Klima Einheit	Operating & AC unit
BMS	Batteriesensor	Battery Measurement Sensor
BT	Bluetooth Verbindung	Blue Tooth
CAN	Zweidraht Bus (CAN-high/CAN-low)	Controller Area Network
CDR	InfotaiN·mentsystem	InfotaiN·ment system
CRC	Geschwindigkeitsregler	CRuise Control
DAB	Digitale hörbare Übertragung	Digital Audio Broadcast
DFI	Direkteinspritzer	Direct Fuel Injection
DMB	Digitale Mehrfachmedien Übertragung	Digital Multimedia Broadcast
DME	Digitale Motor Elektronik	Engine management system
DSRC	DSRC Kartenleser Japan	Deticated Short Range Communication
DTMF	Dual Ton Mehrfrequenz	Dual Tone Muliti Frequency
ELV	Elektrische Lenkungs Verriegelung	Electrical steering lock
ESD	Elektrostatische Entladung	Electro Static Discharge
ETC	Maut in Japan	Electronic Toll Collect

续表

	德语	英语
EPB	Elektrische Park Bremse	Electrical parking brake
EZS	Elektrisches Zünd Schloss	Electrical ignition switch
FBAS	Farbe Bild Ausstattung Synchronisation	Colour picture equipment synchronisation
FLA	FernLichtAssistent	High beam assist
GLW	GleitendeLeuchtWeite	Sliding light
HAL	HinterAchsLenkung	Rear axle steering
HD	HochDruck	High pressure
HWE	HinterWagenElektronik	BCM rear
HMI	Mensch Maschine Schnittstelle	Human Machine Interface
HSB	HauptSicherungsBox/Stromverteiler	Main fusebox
IWT	Innerer WärmeTauscher	Internal heat exchanger
KBA	KameraBasierende Assistenzfunktionen	Camera based functions
KESSY	Schlüsselloser Zugang Fahrzeugstart	Keyless Entry Start System
KJS	Kühler Jalousie Steuergerät	Cooling flaps
KLSM	KombiLenkStockModul	Steering column switch module
LDW	Spurverlassenwarnung	Lane Departure Warning
LKS	Spurhalte Assistent	Lane Keeping Support
LEIMO	LEIstungsModul	Performance modul
LIN	Eindraht-Bus	Local Interconnect Metwork
LTE	Langzeit Entwicklung	Long Term Evolution
LVDS	Hochgeschwindigkeits-Schnittstelle zur Datenübertragung	Low Voltage Differential Signaling
MBB	Modularer Backend Baukasten	Moduloted backend construction kit
MMX	Mobile Internet und Multimedia	Multi Media EXtension
MPI	Mehrfachein Spritzung	Multi Point Injection
MOD	Mobile OnlineDienste	Mobile online services
MOST	Lichtwelenleiter Ringtopologie	Media Oriented System Transport
MTP	Medienübertragungsprotokol	Media Transfer Protocol
ND	NiederDruck	Low pressure
PAS	ACC Funktion	Porsche Active Safe
PADM	Aktive Aggregatelager	
PASM	El.geregeltes Dämpfungssystem	Porsche Active Suspension Management
PCC	Porsche Fahrzeug Kommunikation	Porsche Car Connect
PCCB	Porsche Keramik Bremse	Porsche Ceramic Composite Brake
PCM	InfotaiN·mentsystem	Porsche Communiccation Management
PDC	ParkAssistent	Parc Distance Control

	德语	英语
PDCC	Fahrwerksystem zur Wankstabilisierung	Porsche Dynamic Chassis Control
PDK	Porsche Doppel Kupplungsgetriebe	Porsche double clutch transmission
PDLS	Porsche Dynamisches LichtSystem	Porsche dynamic light system
PDLS Plus	Porsche Dynamisches LichtSystem Plus	Porsche dynamic light system plus
PLG	Elektrische Heckklappe	Power Lift Gate
PSM	Porsche Stabilitäts Management	Porsche stability management
PTM	Porsche Traktions Management	Porsche Traction Management
PTV	Porsche Drehmoment Regelung	Porsche Torque Vectoring
PVTS	Porsche Fahrzeugverfolgungssystem	Porsche Vehicle Tracking System
RCC	Audiosystem und Fahrzeuganbindung	
RDK	ReifenDruckKontrolle	Tyre pressure monitoring system
RFK	RückFahrKamera	Reverse camera
RdW	Rest der Welt Märkte	Rest of world markets
RTTI	Echtzeit Verkehrsinformation	Real Time Traffic Information
SCR	Ad Blue	Selective Catalytic Reduction
SENT		Single Edge Nibble Transmission
SMS	Kurznachricht	Short Message Service
SWA	SpurWechselAssistent	Lane Change Assist
SWaP	SoftWare als Produkt	Software as product
USB	Universelle Serielle Schnittstelle	Universal Serial Bus
VICS	Verkehrsfurksystem Japan	Vehicle Information and Communication System
VRLA	Ventilgeregelte Blei-Säuren-Batterie	Valve Regulated Lead Acid
VWE	Vorder Wagen Elektronik	BCM front
VZA	VerkehrsZeichen Anzeige	Traffic sign view
WLAN	Drahtloses Netzwerk	Wireless Local Area Network
ZR	Zentral Rechner	Control process unit

第二章　保时捷 Panamera（971）车系新技术

第一节　发动机系统

一、V8柴油发动机

涡轮增压器和废气再循环系统放置于发动机的内部V形槽中。紧凑的排列遵循严格的分层结构，借助双支管排气歧管系统以及废气后处理部件的紧密耦合式排列，缩短了气体通道。V8柴油发动机如图2-1-1所示。

图 2-1-1

这一概念以及内部V形槽中的"热侧"奠定了满足油耗和排放目标的基础。废气再循环系统放置于内部V形槽的最下层。

对具有气动EGR旁通阀和电控EGR阀的EGR冷却器（用于废气再循环的伺服电机）进行了优化，以便实现最小压力损失。

（一）技术数据（表2-1-1）

（二）曲轴驱动

1. 发动机气缸体

使用沙铸核心组件工艺制造的发动机气缸体已进行了完全重新设计。内部V形槽以及单独的气缸盖和缸体冷却系统中"热侧"的排列在气缸体的几何结构中成了决定因素。在设计气缸体时优先考虑的是一致的厚壁以及有针对性地减少厚壁。用于将介质传输到机油/冷却液热交换器的复杂系统部分已经从气缸体中去除，并且整合到轻质铝传输板中。通过这种单独的气缸盖和气缸体冷却可以允许在冷启动期间在气缸体中积存冷却液，并且较小的冷却液套体积可改进加热性能。气缸体横截面如图2-1-2所示。

表 2-1-1

发动机类型	90° 8缸 V 形发动机
排量（cm³）	3956
冲程（mm）	91.4
缸径（mm）	83
每个气缸的气门数	4
最大输出功率（kW/hp）	310/422
最大发动机扭矩（N·m）	850
排放标准	EU6

1-气缸体　2-整合式机油滤清器　3-机油冷却器
4-机油/真空泵　5-冷却液泵贯通
图 2-1-2

气缸衬套采用了专用夹具珩齿工艺，可以实现针对发动机运转的最佳气缸形状。该工艺是在低预压下活塞环能够可靠工作的基本先决条件，并且在确保最佳摩擦平衡中起到重要作用。

2. 活塞

出于摩擦和强度原因，带有盐芯冷却通道的铝活塞设计为具有带涂层销的衬套活塞。在铸造和粗加工工艺后使用激光能量再熔合高负荷的凹槽边

1-再熔合凹槽边缘　2-盐芯冷却通道
3-带有涂层的活塞销　4-轮毂衬套
图 2-1-3

缘，以便生成极为精细且高强度的铝结构。在设计环包时特别重视低摩擦。例如，使用了较低的环预载和环高度。活塞的剖面图如图 2-1-3 所示。

（三）正时传动机构

正时传动机构位于飞轮侧。考虑到使用 250000kPa 喷射系统时高压泵的高动态响应要求，燃油高压泵的链条传动装置设计为抗扭刚度双轴传动装置，从而可靠防止谐振，并因此在整个发动机转速范围内实现高链条力。链条传动装置如图 2-1-4 所示。

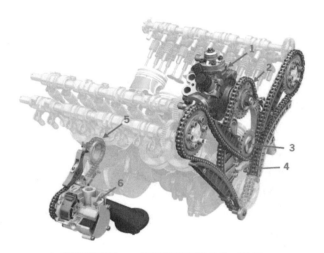

1-高压燃油泵　2-高压燃油泵链条传动装置
3-冷却液泵贯通　4-正时传动机构
5-机油/真空泵链条传动装置　6-机油/真空泵
图 2-1-4

在油底壳中安装的机油/真空串联式泵法兰通过直接从曲轴前端脱离的单独的链条轨道在此发动机中驱动。

（四）气缸盖

通过针对气门和两件式冷却液套筒的旁轴、对称的星形排列，考虑了在动力和最大气缸压力方面对气缸盖的高要求。气缸盖如图 2-1-5 所示。

就分离管对冷却液套筒和进气口进行了优化，以便消除高应力区域中的微切口效应。目标是使铸模分离管处于高应力区域外部，并且能够在自动去毛刺过程中消除它们。

1-进气凸轮调节器　2-喷油器　3-凸轮件
4-摇臂　5-封装式电热塞
图 2-1-5

1. 冷却液套

下冷却液套确保燃烧室板的强冷却并且使用高流速确保高应力气门桥接件。双冷却液套如图2-1-6所示。

1-上冷却液套　2-下冷却液套
图 2-1-6

具有低冷却要求的上冷却液套中的流速较低，以便保持冷却液侧的压力损失尽可能低。

2. 通风道

如果喷油器的密封环区域发生泄漏，燃烧压力可以经通风道逸出。通风道位于排气歧管上方的气缸盖中。它能够防止燃烧室中的过压通过曲轴箱通风系统到达涡轮增压器的压缩机侧，而该情况将可能导致故障并且损坏密封环或者对曲轴箱外施力。通风道如图2-1-7所示。

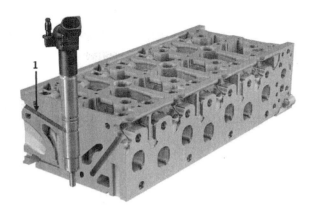

1-通风道
图 2-1-7

3. 凸轮轴传动装置

在气缸盖中支撑的中间齿轮实现2∶1齿轮比，这意味着无须大的凸轮轴链轮。凸轮轴是脱离此中间齿轮的下游双齿轮级驱动的（出于声音原因具有齿隙补偿功能）。中间齿轮轴承设计为滚针轴承，以使摩擦在这些附加的轴承点上尽可能小。凸轮轴传动装置如图2-1-8所示。

1-中间齿轮　2-直齿轮　3-滚针轴承　4-Omega 弹簧支撑
5-Omega弹簧　6-固定齿轮　7-空套齿轮
图 2-1-8

4. 齿隙补偿

齿隙在接合在固定齿轮中的开口并且在空套齿轮的弹簧导管中预紧的Omega弹簧的作用下进行补偿。插入凸轮轴正时齿轮时，该齿轮上的张力被偏心螺栓释放并且通过齿隙接合在驱动轮中。偏心螺栓在安装后取下，弹簧力一起转动两个齿轮，并且齿轮在驱动齿轮中没有齿隙的情况下运行。齿隙补偿如图2-1-9所示。

1-凸轮轴　2-固定齿轮　3-空套齿轮
4-Omega弹簧　5-固定齿轮中的切口　6-挡圈
图2-1-9

5. 气门控制

两个涡轮增压器的寄存器电路的核心元件可以选择启用和禁用单独气缸的两个排气分支之一。基础轴由于喷油器的位置以及与燃烧室板垂直的气门，在单独气缸之间得到支撑。基础轴上的花键固定单独的可轴向移动的凸轮件。气门控制如图2-1-10所示。

1-进气凸轮调节器　2-凸轮件
3-排气凸轮调节器　4-凸轮件　5-已交换的排气门
图2-1-10

电磁阀执行器（凸轮调节器）的销接合凸轮件的换挡导块（具有S移动），因此允许其在两个凸轮切换位置之间轴向移动。在进气侧，通过两个不同的凸轮轮廓改变作用长度，以便一方面提供最佳的起步性能，另一方面在较长的气门开启阶段中生成额定功率；针对起步性能的较短的气门正时（打开角度163°曲轴转角），针对功率的较长的气门正时（打开角度185°曲轴转角）。凸轮件进气门控制实现了为低发动机转速下的响应能力优化的进气门升程曲线，以及实现了高发动机转速下的增压。借助这两方面的优点以及两个涡轮增压器的无泄漏寄存器电路，通过排气门控制极大增强了自发性，如图2-1-11所示。

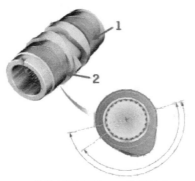

1-凸轮打开角度163°曲轴转角
2-凸轮打开角度185°曲轴转角
图2-1-11

（五）机油供合

1. 概图（图2-1-12）

1-机油/真空泵　2-机油压力控制阀　3-机油滤清器模块
4-机油压力开关　5-机油/冷却液热交换器1　6-机油/冷却液热交换器2　7-主机油道　8-活塞冷却喷嘴　9-链条张紧器
10-主动涡轮增压器　11-被动涡轮增压器
图2-1-12

2. 机油滤清器

由于空间约束，机油滤清器安装在油底壳内部。可通过油底壳上的维修盖接触到机油滤清器。机油滤清器如图2-1-13所示。

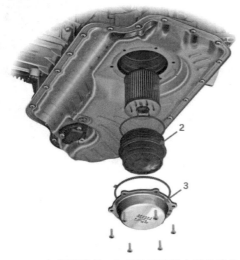

1-机油滤芯　2-机油滤清器上的维修盖
3-油底壳上的维修盖
图2-1-13

3. 机油泵

在机油回路中使用了适合于机油要求的完全可变机油泵。通过偏心环连续控制的叶片泵允许根据负荷和发动机转速对可用压力/体积流量进行最佳调整。此外，活塞冷却喷嘴的吞吐量可通过压力图进行控制或关闭，以便优化摩擦特性。机油泵如图2-1-14所示。

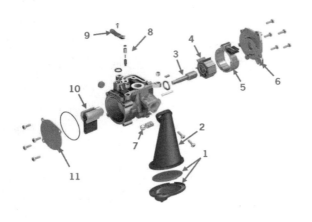

1-滤油网　2-吸入管路　3-驱动轴　4-转子　5-控制弹簧的调节环　6-护盖　7-冷启动阀　8-气门　9-翼形阀　10-真空泵转子　11-真空泵盖
图2-1-14

4. 机油冷却

在冷却液侧开启到机油/冷却液热交换器的体积流量，以便在冷启动后对机油快速加热。在冷启动阶段中和低发动机负荷情况下没有冷却液流过机油/冷却液热交换器。仅在较高的油温下通过切换机油冷却器阀根据需要启用冷却液流过机油/冷却液热交换器。机油冷却器如图2-1-15所示。

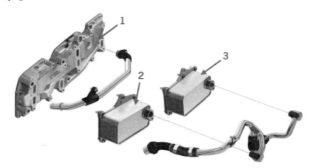

1-传输板　2-机油/冷却液热交换器1
3-机油/冷却液热交换器2
图2-1-15

（六）曲轴箱通风

1. 概述

发动机配备高效的曲轴箱通风系统，如图2-1-16所示。该系统由曲轴箱通风模块和气缸盖罩中的窜气导轨构成。在气缸盖罩中集中接收从曲轴箱升出的窜气并且流经粗糙机油分离器。该粗糙机油分离器由若干导致向上的步骤（下沉室）构成，它们负责窜气中油和气的初始分离。窜气然后传输到细机油分离器（一个安装在左气缸盖罩中；两个安装在曲轴箱通风模块中）。窜气流经除气罐进入两个细机油分离器，它们具有在封闭壳体中水平和垂直安装的旋风分离器（涡流）。它们会分离剩余机油残余物。分离后的机油经由若干排水槽流回高于机油油位的油底壳。不含机油的窜气将流过压力调节阀，到达主动涡轮增压器的进气侧，然后提供用于燃烧。

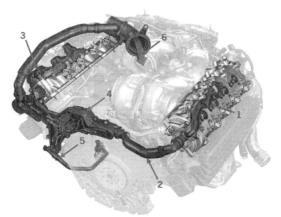

1-带集成式粗糙机油分离器的气缸盖罩
2-通气管　3-细机油分离器　4-曲轴箱通风模块
5-机油回油　6-清洁的窜气
图 2-1-16

2. 曲轴箱通风模块

曲轴箱通风模块位于发动机的后侧。集成在该模块中的是用于右气缸列的两个细机油分离器、机油压力调节阀以及来自左气缸列的细机油分离器的机油回油路线。曲轴箱通风模块如图2-1-17所示。

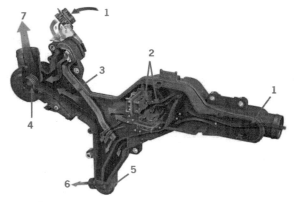

1-窜气　2-细机油分离器　3-机油回油,左气缸列
4-压力调节阀　5-不回流阀　6-到油底壳的回流管
7-清洁的窜气
图 2-1-17

（1）不回流阀。不回流阀关闭以便阻止机油在任何情况下从油底壳流入进气区域,尤其是在曲轴箱通风系统冻结时。它安装在曲轴箱通风模块的机油回路中。

（2）细机油分离器。细机油分离器的工作原理基于离心分离原理。分离器由8个始终打开的旋流以及套装（每个分离器两个套装）构成,每个

套装都具有8个旋流,它们根据体积流量启用和停用。细机油分离器如图2-1-18所示。

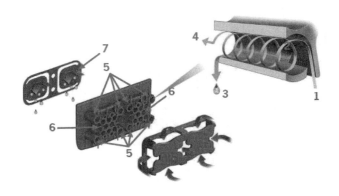

1-窜气入口　2-旋流　3-分离的机油
4-清洁的窜气　5-始终打开的旋流
6-体积流量控制的旋流　7-闭合弹簧
图 2-1-18

两个套装的启用和停用通过具有不同弹簧特性的闭合弹簧执行。细机油分离器由窜气流打开,这取决于发动机转速。细机油分离器由闭合弹簧的弹簧力关闭。

（七）冷却系统

1. 冷却液模块

创新性的热量管理概念实现了自主供应到乘客舱和变速器油加热（与静止冷却液无关）、EGR冷却器以及通过气缸盖回路的涡轮增压器。冷却液将流过两个并行切换的冷却系统中的气缸体和气缸盖。两个系统的冷却液体积流量从热的内部V形槽跨越气缸体或气缸盖流到外部进行冷却。位于发动机前部的冷却液泵具有带3D弧形叶片的覆盖的叶轮,并且持续供应两个部分系统。该冷却液泵由集成在正时传动机构中的贯通轴通过齿轮驱动。

包含冷却系统的关键功能部件的冷却液模块安装在发动机的前部。该冷却液模块构成了冷却液泵的螺旋壳体。具有旋转滑块和电动加热的蜡膨胀元件（用于切换大冷却系统）的图谱控制式节温器通过法兰安装在供应侧的冷却液模块上。还集成了气缸盖/气缸体控制阀和机油冷却器阀,这两种阀都是真空操作的。

气缸盖冷却系统的温度通过图谱控制式节温器配合可加热的蜡膨胀元件进行调节。图谱控制式节温器如图2-1-19所示。

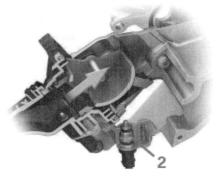

1-通向发动机的供应管路　2-来自发动机的回流管路　3-图谱控制式节温器　4-旋转滑块　5-冷却液泵　6-机油冷却系统控制阀　7-气缸盖/气缸体冷却系统控制阀　8-来自冷却液散热器的冷却液管路　9-通向冷却液散热器的冷却液管路

图 2-1-19

节温器打开
1-散热器出口处的冷却液温度传感器
2-冷却液温度传感器

图 2-1-21

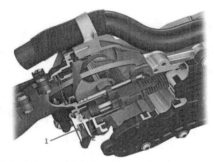

1-电气连接　2-蜡膨胀元件　3-带弹簧的滑块元件
4-导杆　5-偏转点

图 2-1-20

节温器在预热阶段是断电的，从90 ℃开始打开。因此，在达到这一温度之前，没有热量会输出到主散热器。热冷却液可用于对ATF机油进行加热，并且在必要时用于加热系统。可通过为图谱控制冷却节温器供电来降低气缸盖冷却系统的温度水平——在散热器的物理限制内。图谱控制式节温器和旋转滑块如图2-1-20所示，节温器关闭和打开如图2-1-21所示。

2. 气动控制阀

在冷却液模块上有两个控制阀。这两个阀都是具有以下功能的以气动方式启用的旋转活塞阀。

（1）气缸盖/气缸体冷却系统控制阀。首先通过位于冷却液出口中的真空控制的旋转活塞阀关闭气缸体冷却系统，并且操作静止的冷却液以便缩短发动机预热阶段并减少曲柄传动装置处的摩擦损失。当发动机完全预热之后，气缸体冷却系统的温度将通过真空控制的旋转活塞阀调节至105 ℃左右。这样可以确保曲轴传动装置始终处于最佳的温度范围内，从而最大限度地减少摩擦损耗。旋转活塞关闭和打开如图2-1-22所示。

旋转活塞阀关闭

节温器关闭

旋转活塞阀打开

图 2-1-22

（2）机油冷却系统控制阀。该概念包括冷却液侧的机油冷却器通流，以便进一步加快发动机预热。为此启用机油冷却系统旋转活塞阀。在冷却液侧开启到机油/冷却液热交换器的体积流量，以便在冷启动后对机油快速加热。在冷启动阶段中和低发动机负荷情况下没有冷却液流过机油/冷却液热交换器。

二、汽油发动机

Panamera 4S 2017年款的全新V6双涡轮增压发动机如图2-1-23所示，Panamera Turbo 2017年款的全新V8双涡轮增压发动机，如图2-1-24所示。

图 2-1-24

图 2-1-23

借助于全面的多种创新性的解决方案，Panamera 4S和Panamera Turbo 2017年款的完全重新设计的V型发动机提供最高性能以及最佳环境相容性。

诸如整体"深裙式"曲轴箱、在发动机的内部V形槽中包括涡轮增压的排气侧排列、气缸停用和其他许多功能等设计举措造就了在各方面均优于前代发动机的紧凑型驱动单元。

（一）2017年款中Panamera 4S、Panamera Turbo和 Panamera 4S Diesel的技术数据（表2-1-2）

表 2-1-2

技术名称	单位	G2 Panamera 4S Ⅰ	G2 Panamera Turbo Ⅰ	G2 Panamera 4S Diesel
年款		H	H	H
制造商的发动机代码		CSZ	CVD	DBU
类型		6 缸 90° V	8 缸 90° V	8 缸 90° V
缸径	mm	84.51	86	83
冲程	mm	86	86	91.4
排量	cm³	2894	3996	3956
点火顺序—整个发动机		1-4-3-6-2-5	1-3-7-2-6-5-4-8	1-5-4-8-6-3-7-2
气缸停用下的点火顺序		—	1-7-6-4	
气门数 / 气缸		4	4	4
涡轮增压		双涡轮增压器	双涡轮增压器	双涡轮增压器
最大增压压力	kPa	2.8	3	

续表

技术名称	单位	G2 Panamera 4S I	G2 Panamera Turbo I	G2 Panamera 4S Diesel
单位容积压缩比		10.5：0.5	10.1：1	16
标称电源	kW	324	404	310
标称电源	hp	440	550	422
标称电源（中国）	kW	324	404	310
标称电源（中国）	hp	440	550	422
对应的发动机转速（额定功率）	r/min	5650~6600	5750~6000	3500~5000
标准扭矩	N·m	550	770	850
对应的发动机转速（额定功率）	r/min	1750~5500	1960~4500	1000~3250
每升最大输出功率（欧盟）	kW/L	111.7	101	77.5
每升最大输出功率（欧盟）	hp/L	151.7	137.5	105.25
标准怠速转速	r/min	580	550	600
根据制造商规格的最高允许发动机转速	r/min	6 800	6 800	5 300
发动机重量（DIN）70020-7-GZ	kg	190.8	231	293.2
曲轴箱		铝，深裙式设计	铝，深裙式设计	铝，深裙式设计
连杆轴承		D=56 mm	D=56 mm	D=60 mm
气缸盖		铸铝	铸铝	铸铝
曲轴		锻造，由4个轴承支撑，30°错开曲柄销式	锻造，由5个轴承支撑	锻造，由5个轴承支撑
曲轴轴承		D=67 mm	Rox，D=65 mm	D=65 mm
连杆		L=155 mm	L=155 mm	L=160.5 mm
活塞		铸铝	铸铝	铸铝
气缸		直径84.51 mm带螺旋滑动珩磨的干内衬	直径86 mm带有光滑珩磨的APS涂层	直径83 mm带有蠕墨的铸铁，衬套表面夹具珩磨
进气门控制		是	是	是
排气门控制		否	是	是
进气门直径	mm	32	32	27.5
排气门直径	mm	28	28	25.5
进气门升程	mm	6/10	10.5	9
排气门升程	mm	10	10	9
最大气门升程打开和关闭角度正时		10	10.5 mm 进气：190°曲轴转角（针对1 mm）排气：210°曲轴转角（针对1 mm）	TDC后进气开始11.5°，BDC后进气结束16.5°/BDC前排气开始25.5°，TDC前排气结束15.5°
每个气缸的进气门数量/布置		2/并联	2/并联	2/并联
每个气缸的进气门数量/布置		2/并联	2/并联	2/并联

续表

技术名称	单位	G2 Panamera 4S Ⅰ	G2 Panamera Turbo Ⅰ	G2 Panamera 4S Diesel
气门间隙		液压间隙补量	液压间隙补量	液压间隙补量
机油冷却		机油 / 水热交换图	机油 / 水热交换图	2 个机油 / 水热交换图
机油压力		300 kPa，控制	400 kPa 绝对压力 +/-40 kPa	3000~4000 r/min 时为 460 kPa
机油更换量	L	不更换滤清器时为 7.5 L，更换滤清器时为 7.9 L	9.5	不更换滤清器时为 8.42 L，更换滤清器时为 9.21 L
发动机机油规格，欧洲、美国等		Mobil 1 0W40	Mobil 1 0W40	0W-30 HTHS3.5 低灰分
发动机机油初次加注量	L	9.2	11	10.81

（二）4.0 L V8双涡轮增压汽油发动机（图 2-1-25）

图 2-1-25

减少到4.0 L排量、通过气缸列的内部V形槽中排列的两个涡轮增压器实现涡轮增压、404 kW/550 hp的功率输出以及针对宽泛的发动机转速范围的770 N·m的扭矩，这些仅是新款Panamera Turbo 2017年款中非常紧凑发动机的众多创新性细节的一部分。

1. 与前代车型相比全新Panamera Turbo 2017年款的技术数据（表2-1-3）

表 2-1-3

	单位	G2 Panamera Turbo Ⅰ	G2 Panamera Turbo Ⅱ
年款		H	G
制造商的发动机代码		CVD	CWB（M4870）
类型		8 缸 90° V 形发动机	8 缸 90° V 形发动机
缸径	mm	86	96（3.78）
冲程	mm	86	83（3.27）
排量	cm³	3996	4806（293.3）
单位容积压缩比		10.1：1	10.5：1
标称电源	kW	404	382
标称电源	hp	550	520

续表

	单位	G2 Panamera Turbo Ⅰ	G2 Panamera Turbo Ⅱ
对应的发动机转速（额定功率）	r/min	5750~6000	6000
标称扭矩	N·m	770	700
对应的发动机转速（最大扭矩）	r/min	1900	2250~4500
发动机重量（DIN）70020-7-GZ	kg	231	242

2. 功率曲线图

Panamera Turbo 2017 年款的功率曲线图如图 2-1-26 所示。

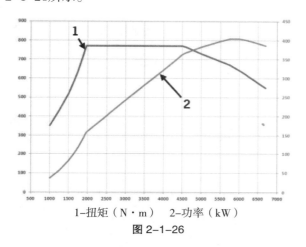

1-扭矩（N·m） 2-功率（kW）
图 2-1-26

三、发动机气缸体

1. 曲轴箱

（1）设计。全新4.0 L V8双涡轮增压发动机的曲轴箱采用铝沙铸工艺制成，如图2-1-27所示。

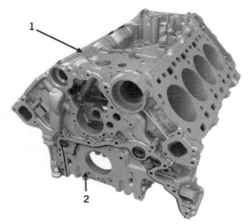

1-整体深裙式曲轴箱 2-曲轴轴承盖
图 2-1-27

与前一代的V形汽油发动机不同，在新款 Panamera Turbo 2017年款的全新4.0 L V8 双涡轮增压发动机上，曲轴箱不再设计为两件式，而是设计为整体式。曲轴箱的侧壁向下延伸到作为油底壳上部的层面（"深裙式"设计）。上部的曲轴轴承是发动机气缸体的一部分，使用纵向和横向螺钉连接插入下部的轴承盖。从设计角度，冷却液和机油通道导轨尽可能整合到铸模中。

这导致非常紧凑的设计以及在刚度和重量方面的好处。

（2）功能。通过使用镶铸式水和机油通道在发动机气缸体中进行冷却和润滑实现的高度集成，意味着在发动机气缸体上有若干连接点。发动机气缸体的内部V形槽中的水/机油连接概图如图2-1-28所示。

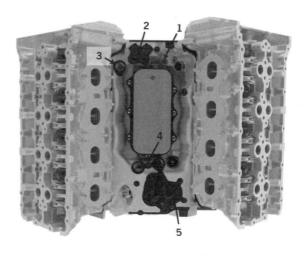

1-机油压力通道 2-涡轮增压器供水和回水
3-用于加热器的水管接头 4-涡轮增压器供油和回油
5-机油滤清器模块法兰
图 2-1-28

在加工镶铸式管道后，必须通过插入滤芯调整某些管道横截面，并且必须使用螺塞封闭开口，如图1-1-29所示。

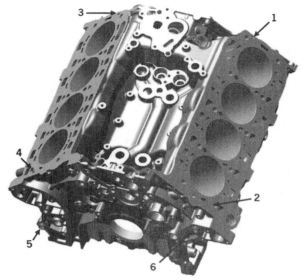

1~4-气缸盖中的4个定位销
5~6-后油封法兰中的2个定位销
1-12个12.9螺钉　2-5个　3-10个　4-10个
图2-1-30

3. 轴承座螺钉连接

（1°）设计。气缸体的仰视图如图2-1-31所示。

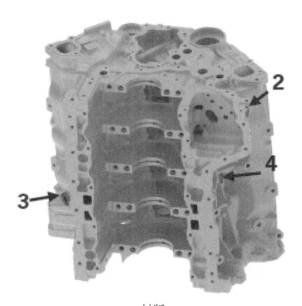

封版
1-机油滤清器滤芯　2-用于轴承座1上主轴承横向螺钉的轴向可接近性的螺塞（M14×1.5）　3-4个M22×1.5螺塞
4-用于封闭曲轴锁紧孔的1个M14×1.5螺塞
图2-1-29

注：确保插入滤芯，特别是在更换曲轴箱时。

2. 曲轴箱上的滚轮销和销套（图2-1-30）

图2-1-31

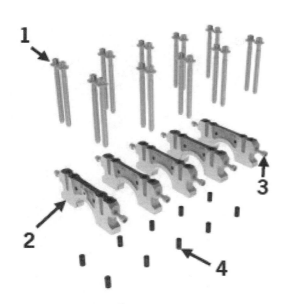

1-12个12.9螺钉　2-5个轴承座
3-10个用于轴承座的横向螺钉　4-10个定心套筒
图 2-1-32

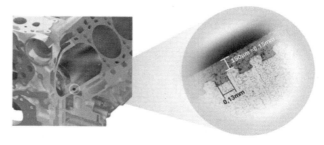

图 2-1-33

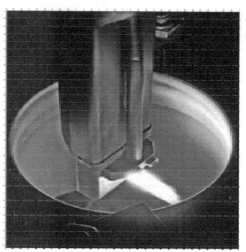

图 2-1-34

（2）功能。注：根据设计，只有M10螺钉才能用于纵向螺钉连接。在弹性范围内的初拧导致螺钉的某种形式的应变硬化，并且螺钉在松开后可以进一步弹性张紧。

为了增强刚度，插入的下轴承盖不是和气缸体一样由铝制成的，而是由带球墨的铸铁制成的。

下部的单独灰铸铁轴承盖压装在尺寸较大的上部区域（轴承区域）中，并且在下部区域（横向螺钉连接）中具有一定量的间隙。轴承座螺钉连接部件如图2-1-32所示。

在安装横向螺钉时，气缸体的侧裙板向下拉到轴承盖上，因此可以进一步增强上部区域中的压装连接。

4. 气缸套

（1）设计。与最近引入的新一代水平对置发动机相似，Panamera Turbo 的全新4.0 L V8双涡轮增压发动机的气缸套也是基于铁的等离子喷涂气缸套，然后进行加工，如图2-1-33和图2-1-34所示。

（2）APS（大气等离子喷涂）。鉴于发动机上（例如Panamera Turbo的全新4.0 L V8双涡轮增压发动机）增加的功率密度，不再能够像前代保时捷V6和V8发动机一样直接用铝（Alusil）实现衬套。

为了应用相应的坚固的铁衬套，曲轴箱必须首先"糙化"。

这是使用专用的铣刀实现的，该专用铣刀能够在气缸中加工燕尾梅形状的螺纹。然后，螺纹的侧向分型确保APS层的可靠黏合。

再将旋转的等离子体电弧枪插入气缸，并且等离子通过电弧放电生成。粉末状的涂层材料使用压缩空气注入其中。粉末被熔融并且抛到糙化的气缸壁上，在气缸壁上，在填充侧向分型后固化并且累积耐磨层。

铁层（在特定情况下大体上相当于滚柱轴承钢100 Cr6）在大约30 s内被涂抹到几个层中，然后珩磨到约150 μm的最终层厚度。

5. 曲轴传动装置

曲轴传动装置在设计上与8缸V形汽油发动机

的经典设计功能保持一致。气缸列成90°角彼此相对排列，其中，每个相对侧气缸上的一个连杆共享曲轴上的顶销。曲轴传动装置排列如图2-1-35所示。

图 2-1-35

（1）曲轴。锻造曲轴是由5个轴承支撑的，并且确保发动机运转时震动最小。曲轴如图2-1-36所示。

图 2-1-36

与前一代的保时捷V形发动机不同，正时传动机构在Panamera Turbo的全新4.0 L V8双涡轮增压发动机上位于输出侧（位于行驶方向的后部）。

曲轴（箭头）的输出侧上的需要按压就位的齿轮驱动该正时传动机构，对花键的任何损害都可能导致发动机发出噪音，如图2-1-37所示。

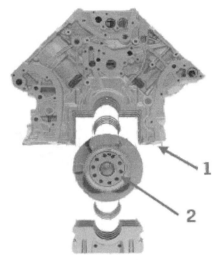

1—曲轴箱上的上部轴瓦的尺寸组标记
2—曲轴上的下部轴瓦的尺寸组标记
图 2-1-37

（2）曲轴轴承。为满足混合动力和自动启动/停止操作过程中的高要求而专门设计的新开发的主轴瓦用于Panamera Turbo的新款4.0 L V8双涡轮增压发动机。

Irox轴承具有钢制衬壳，这确保实现所需的稳定性。第二层由软金属滑动基底构成，第三层就固定在上面。

第三层由具有均匀嵌入的填充材料的聚合物基底构成，这确保可能最佳的滑动和磨损特性。

使用的轴瓦不得互换，并且在使用新轴瓦时，必须遵循公差规格（参见《车间手册》）。

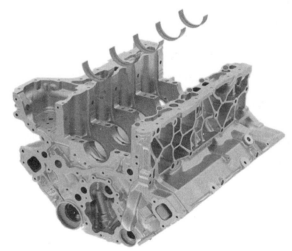

图 2-1-38

在曲轴箱或曲轴上标记下部轴瓦和上部轴瓦的相应尺寸组，如图2-1-38所示。

（3）曲轴的轴向轴承。注释：轴向轴承垫圈上的润滑凹槽必须朝向曲轴。

轴向轴承垫圈已加固以便处理功率密度，并且现在使用4个垫圈，而不是之前的2个。两件式轴向轴承垫圈（上部和下部轴承垫圈）的设计意味着它们不能互换。具有润滑凹槽的轴向轴承垫圈如图2-1-39所示。

图 2-1-39

（4）曲轴传感器。曲轴传感器位于发动机的输出侧。曲轴传感器如图2-1-40所示。

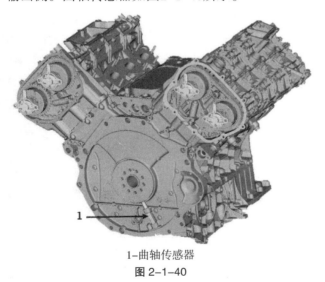

1-曲轴传感器
图 2-1-40

（5）连杆。连杆划分为旋转（曲轴侧）和振荡的质量体（连杆和连杆孔）。根据锻造和制造公差，连杆具有不同的重量分配值。连杆如图2-1-41所示。

图 2-1-41

它们又细分为重量等级。重量等级清楚地显示在连杆盖上，并且包含在数据矩阵编码（DMC）中。数据矩阵编码的视图如图2-1-42所示。

XX =大连杆孔的重量等级　YY=小连杆孔的重量等级
图 2-1-42

注：每个发动机必须只安装一个重量等级。

出现裂纹的连杆沿发动机纵向不对称安装。确保装配期间连杆正确安装。

两个装配标记彼此相对，峰—峰；如图2-1-43所示。

图 2-1-43

注：上部和下部连杆轴瓦完全相同。没有规定的安装方向。

（6）活塞。Panamera Turbo的全新4.0 L V8双涡轮增压发动机的铸造活塞是新开发的。活塞的压力侧如图2-1-44所示。

1-活塞的压力侧　2-活塞的反压侧
图 2-1-44

活塞压力侧上的盒壁比反压力侧上的盒壁更窄，这会承受更小的应力。非常坚固的压力侧意味着可以设置更清晰的活塞接触痕迹以便实现最佳应力。在反压力侧，活塞要软得多，并且可以针对孔更好地进行调整。

为了获得所需的压缩和气门正时，不同尺寸的气门凹坑加工到活塞顶中（大的凹坑用于进气门，小的凹坑用于排气门）。

偏心定位和气门凹坑的这一组合意味着发动机右侧（气缸列1、气缸1~4）和左侧（气缸列2、气缸5~8）具有不同的活塞。气缸的压力侧如图2-1-45所示。

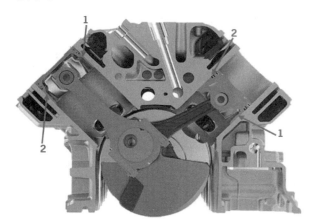

1-活塞的压力侧　2-活塞的反压侧
图 2-1-45

在售后工作期间安装活塞时，必须遵守正确的安装方向。

活塞顶上的装配箭头必须在两个气缸列上都朝向行驶方向。

小的气门凹坑必须始终朝向内部V形槽，而大的气门凹坑必须朝外。

注：活塞的气门凹坑的安装方向不同于以前的保时捷V形发动机，在Panamera Turbo的全新4.0 L V8双涡轮增压发动机上，原则上是根据热侧安装气门凹坑的。

（7）活塞销。出于声音原因，活塞销与以前的保时捷V形发动机相比对于压力侧偏离中心0.5 mm。活塞销如图2-1-46所示。

1-活塞的压力侧　2-活塞的反压侧
图 2-1-46

6. 油底壳

（1）油底壳上部。注：使用两种不同的螺钉长度，因为前桥贯通油底壳上部。油底壳上部由压铸铝合金制成，如图2-1-47所示。

1-作为辅助装配工具的定位销
图 2-1-47

轴承壳的两部分用液体密封胶进行密封。

为更好地进行装配，使用两个定位销定位油底壳上部。

（2）油底壳下部。Panamera Turbo 2017年款的4.0 L V8双涡轮增压发动机的新设计允许使用基于铝的油底壳。油底壳下部如图2-1-48所示。

图 2-1-48

这意味着可用液体密封胶代替以前使用的固态的密封垫。

在安装油底壳的下部时，在涂抹液体密封胶之前请检查密封面是否洁净。只能使用在《车间手册》中列出的液体密封胶。安装在油底壳下部中的机油油位传感器如图2-1-49所示。

图 2-1-49

四、气缸盖

1.气缸盖罩

（1）设计。与保时捷在以前使用的V形发动

机不同，Panamera Turbo的全新4.0 L V8双涡轮增压发动机的气缸盖罩包含进气和排气凸轮轴的轴承。

气缸盖和气缸盖罩的匹配意味着如果需要零配件，气缸盖罩只能连同气缸盖一起供应。具有附加零件的气缸列2上气缸盖罩的视图（仰视图）如图2-1-50所示，具有附加零件的气缸列2上气缸盖罩的视图（排气侧）如图2-1-51所示。

图 2-1-50

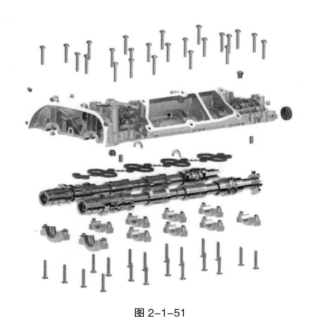

图 2-1-51

（2）功能。通过将许多功能集成在气缸盖罩中，例如凸轮轴轴承总成、气门升程调节、曲轴箱强制通风和机油供应/机油回流，实现了非常紧凑

的设计。气缸列2上气缸盖罩的视图如图2-1-53所示。

1-气缸列2的高压燃油泵　2-用于气缸5排气的气门升程调节执行器　3-用于气缸5排气的气门升程调节执行器　4-用于气缸8排气的气门升程调节执行器　5-用于气缸8排气的气门升程调节执行器　6-排气凸轮轴传感器　7-进气凸轮轴传感器　8-喷射器，气缸8　9-喷射器，气缸7　10-喷射器，气缸6　11-喷射器，气缸5

图 2-1-52

气缸盖罩上的两层隔音嵌件。隔音泡沫（放置于气缸盖罩上的两层中的模制件）有效减轻从喷油器和高压燃油泵发出的大于2500 Hz的高频滴答噪音。在气缸盖罩上具有两件式隔音嵌件作为模制件的气缸列2的视图如图2-1-53所示。

1-上部隔音嵌件　2-下部隔音嵌件

图 2-1-53

在安装隔音嵌件前，务必检查气缸盖上的部件是否按照《车间手册》中指定的顺序安装。

2. 凸轮轴

（1）设计。在Panamera Turbo 2017年款的全新4.0 L V8双涡轮增压发动机中使用的所有4个凸轮轴都是由若干部件构成的，并且有一个基本轴用于压装端件，4个凸轮用于驱动高压泵，具体取决于凸轮轴位置（气缸列1/气缸列，进气或排气2）。

每个凸轮轴都具有用于滑动凸轮件的花键以及用于轴向轴承的槽。凸轮轴设计（以气缸列2排气为例）如图2-1-54所示。

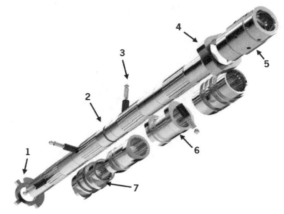

1-传感器靶轮　2-基本轴　3-弹簧/球锁销　4-高压燃油泵凸轮　5-轴端件　6-固定凸轮件　7-滑动凸轮件

图 2-1-54

将滑动凸轮件推到凸轮轴的正确位置上，并且通过弹簧/球锁销固定入位。

可以停用的凸轮轴的滑动凸轮件（气缸列1上气缸2+3，气缸列2上气缸5+6）具有两个Y形的凸轮轮廓，用于将凸轮从正常举升切换到零举升（在气缸停用时）。

（2）功能。滑动凸轮分为3个阶段从零举升转移到完全举升。

第1阶段：执行器被移入切换导块；凸轮件被弹簧/球锁销锁止；A气门关闭。滑动凸轮件调节－阶段1如图2-1-55所示。

图 2-1-55

第2阶段：通过用力引导执行器销和切换导块，将凸轮件从锁销中压出关闭气门（基本周期阶段）。滑动凸轮件调节－阶段2如图2-1-56所示。

图 2-1-56

第3阶段：执行器销延伸（回流坡道）凸轮件被弹簧/球锁销再次锁止。在打开坡道前的很短时间气门仍关闭。滑动凸轮件调节－阶段3如图2-1-57所示。

图 2-1-57

售后需要注意的具体事项：凸轮轴安装在气缸盖罩中。轴向轴承垫圈必须安装在气缸盖罩的中心轴承的凸轮轴前面。

重要提示：在气缸盖上安装气缸盖罩前，必须安装正时跨接件以便防止活塞和气门之间的碰撞。

3. 凸轮轴轴承

每个凸轮轴在气缸盖罩中都用5个轴承支撑；中心轴承包含用于轴向轴承的槽。气缸盖罩、气缸列2中的凸轮轴轴承如图2-1-58所示。

轴承上半部分是气缸盖罩的一部分，而轴承下半部分设计为单独部分，连同定位销一起插入，与气缸盖罩匹配。

1-轴向轴承垫圈－气缸列2进气凸轮轴
2-轴向轴承垫圈－气缸列2进气凸轮轴

图2-1-58

用于气缸盖罩的轴承鞍座的匹配数目以及轴承鞍座的安装位置用激光铭刻到轴承鞍座上。轴承鞍座不得安装在错误位置。气缸盖罩上的匹配数目（后3位）如图2-1-59所示，轴承鞍座的匹配数目和安装位置如图2-1-60所示。

图2-1-59

图2-1-60

4. 气门升程调节器

（1）设计。与Macan中的4气缸发动机不同，在Panamera Turbo的全新4.0 L V8双涡轮增压发动机中每个气缸仅使用一个（双）执行器。该执行器负责两个方向的调节行程。

执行器始终在气缸盖罩中位于顶部，位于气缸的上方。气缸列2上执行器的位置如图2-1-61所示。

图2-1-61

（2）功能。电信号启动执行器中的相关线圈。该线圈然后延伸挺杆，以便移动滑动凸轮件。在滑动移动结束时，挺杆再次被凸轮轴滑动件的坡道型材压回。用于启用滑动凸轮件的挺杆的视图如图2-1-62所示。

图2-1-62

售后（保养）需要注意的具体事项：在拆解过程中，必须在松开螺钉后通过用手将执行器轻轻左右转动，将执行器从气缸盖罩中拉出。

在气缸盖罩中安装执行器时，请确保用手将带有密封件的安装件引导到气缸盖罩中并且不要将其倾斜（不要使用工具）。拆卸执行器如图2-1-63所示，安装执行器如图2-1-64所示。

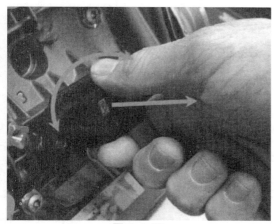

图2-1-63

图2-1-64

5. 凸轮轴调节器

（1）叶片式调节器。每个凸轮轴都可以使用叶片式调节器调整最多50°的曲轴转角。凸轮轴控制部件的视图如图2-1-65所示。

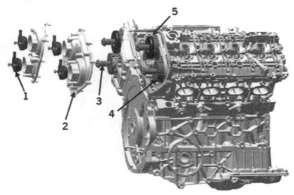

1-执行器　2-链条箱盖　3-中央阀
4-进气凸轮轴控制器　5-排气凸轮轴控制器
图2-1-65

凸轮轴由安装在叶片式调节器上的三角椭圆铝质链轮驱动以便降低链条力。

鉴于凸轮轴的三角椭圆形状，在安装期间务必

要注意正确的安装位置。

排气凸轮轴的叶片式调节器具有扭矩补偿弹簧。凸轮轴控制系统设计如图2-1-66所示。

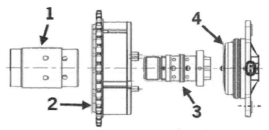

1-凸轮轴　2-叶片式调节器　3-中央阀　4-执行器
图2-1-66

6. 气缸盖

2017年款的Panamera Turbo气缸盖和气缸盖罩如图2-1-67所示，2016年款之前的Panamera Turbo上的带凸轮轴轴承座的气缸盖如图2-1-68所示。

图2-1-67

图2-1-68

（1）设计。Panamera Turbo 2017年款的全新4.0 L V8双涡轮增压发动机的气缸盖与其前代车型气缸盖的比较如表2-1-6所示。

表 2-1-6

2017 年款的 Panamera Turbo	2016 年款之前的 Panamera Turbo
冷激铸铝	冷激铸铝
在气缸盖罩中支撑的凸轮轴	在气缸盖中支撑的凸轮轴
在气缸之间支撑的凸轮轴	在气门之间支撑的凸轮轴
采用烧结金属制成的排气导管	采用有色金属制成的排气导管
采用有色金属制成的进气导管	采用有色金属制成的进气导管
喷油器中置	侧面喷油器位置

在安装气缸盖时，气门杆在气门驱动装置中可以倾斜，必须在安装前检查气门杆的位置。在安装过程中还请确保气缸盖螺钉未涂抹机油。安装位置中气缸列2上气缸盖的视图如图2-1-69所示。

图 2-1-70

图 2-1-69

可以在当前PIWIS信息系统中找到用于安装气缸盖的具体说明。

注：在安装气缸盖时，请确保4位匹配号码于气缸盖和气缸盖罩上的匹配号码相同。气缸盖螺钉只能使用一次。

（2）气缸盖密封垫。经过测试与验证的3层金属压条密封垫用于密封气缸体和气缸盖之间的空间。气缸盖密封垫仅有一个厚度。气缸盖密封垫的安装位置如图2-1-70所示。

7. 气门驱动装置

Panamera Turbo 2017年款的全新4.0 L V8双涡轮增压发动机上的气门通过具有液压式补偿件的摇臂启用。气门驱动装置如图2-1-71所示。

1-带支撑元件的摇臂　2-排气弹簧　3-双唇油封
4-排气门　5-进气门　6-弹簧板　7-气门锁片　8-单唇油封
9-进气弹簧　10-弹簧支座

图 2-1-71

排气门是加注了钠的双金属。另一方面，进气门是未加注钠的单金属气门，具有感应淬火气门座。

在进气侧和排气侧均采用了具有渐进式特性的单圆柱形弹簧。

气门杆在排气侧使用双唇油封进行密封，并且在进气侧使用单唇油封进行密封。

8. 正时传动装置

（1）正时链条。气缸列1和2上两个正时链条的排列如图2-1-72所示。

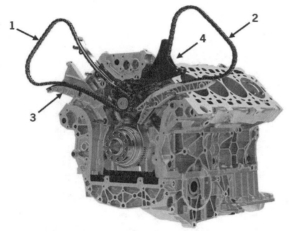

1-正时链条，气缸列2　2-正时链条，气缸列1
3-张紧轨，气缸列2　4-张紧轨，气缸列1
图 2-1-72

（2）设计。在Panamera Turbo 2017年款的全新4.0 L V8双涡轮增压发动机上，链条传动装置已经移到发动机的输出侧。

在每个气缸列上使用了长度不同的正时链条。气缸1上的链条具有122个链接。气缸1的张紧轨上的金属板接头不得打开。正时链条以预安装了张紧轨的零配件的形式提供。这消除了混淆两个正时链条的可能性。

这导致甚至更紧凑的设计（发动机长度）。

此外，正时链条由中间轴驱动，这确保了紧凑和高位链条传动装置。

使用的正时链条的宽度为8 mm，并且经过测试与验证，几乎可以认为是无磨损单套筒链。

9. 链条预紧器/张紧滚柱

通过液压链条张紧器和张紧轨张紧两个正时链条。气缸列1和气缸列2上链条张紧器的安装位置如

图2-1-73所示。

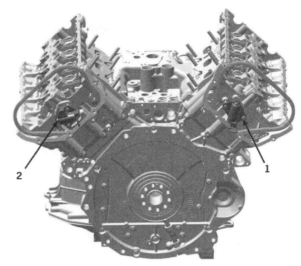

图 2-1-73

10. 中间轴

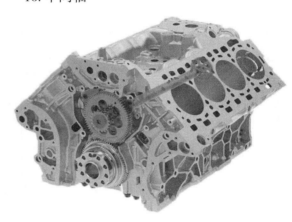

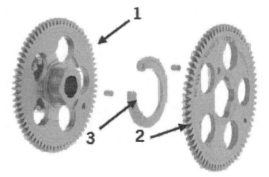

1-主齿轮　2-空套齿轮　3-弹簧
图 2-1-74

设计。在Panamera Turbo 2017年款的全新4.0 L V8双涡轮增压发动机上，正时链条不是由曲轴齿轮直接驱动的，而是由具有与曲轴齿轮相同齿数

的中间轴（传动比1：1）驱动的，如图2-1-74所示。

发动机输出侧上的这一直齿轮传动几乎没有磨损地驱动中间轴并且具有低噪音或没有噪音。

中间轴是使用旋转锻压过程制造的空心轴。中间轴排列如图2-1-75所示。

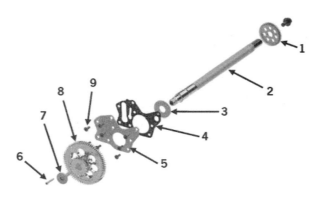

1-水泵驱动装置　2-中间轴　3-轴向轴承
4-密封件　5-护盖　6-锁紧销　7-专用螺钉，M10×30
8-支撑齿轮　9-微型自锁螺钉，M16×16
图 2-1-75

要降低链条传动装置的噪音，应预紧齿轮。这会将齿隙降至最低。

在安装中间轴时没有必须遵守的特殊定位或锁紧位置。Panamera Turbo 2017年款的全新4.0 L V8双涡轮增压发动机上的中间轴不具有三角椭圆齿轮，并且不充当平衡轴。

旋转锻压制造方法：旋转锻压是一种开模锻造。工作件（管或条）按照径向撞击的要求成型。通过对材料进行旋转可以实现比加工更高的质量。中间轴制造方法如图2-1-76所示。

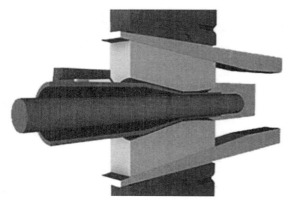

图 2-1-76

在旋转锻压后，轴承位置光亮加工并且螺纹成型。然后，对轴承位置进行热处理和打磨。作为开模锻造的最终产品的中间轴如图2-1-77所示。

图 2-1-77

11. 设置正时

（1）曲轴锁紧孔。锁紧孔的开口位于曲轴的右侧（气缸列2）。它使用螺塞封闭。曲轴锁紧孔的螺塞的位置如图2-1-78所示。

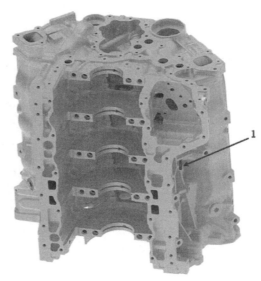

1-曲轴锁紧孔的螺塞
图 2-1-78

（2）凸轮轴调节器的三角椭圆链轮的对齐。在安装凸轮轴调节器时，由于链轮的三角椭圆形状，必须注意凸轮轴调节器的正确对齐。出于此目的在链轮上有一个标记。必须根据气缸盖罩上的标记将凸轮轴调节器转到正确位置。三角椭圆链轮的位置如图2-1-79所示。

图 2-1-79

注：用于对齐凸轮轴调节器的标记在最先的大约1500个气缸罩上缺失。

（3）安装用于固定凸轮轴的锁紧跨接件。凸轮轴的位置通过轴末端的槽固定（使用锁紧跨接件）。必须在将气缸盖罩连接到气缸盖之前完成上述工作。用于将凸轮轴固定在调节位置的锁紧跨接件如图2-1-80所示。

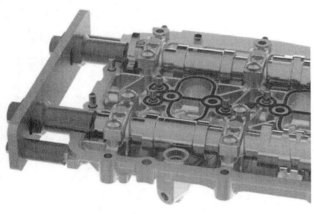

图2-1-80

（4）用于设置正时的过程。通过在凸轮轴的锁紧跨接件和研磨点上使用销，确保凸轮轴和锁紧跨接件的正确定位。

使用锁紧螺钉定位曲轴箱，锁紧螺钉拧入凸轮轴的侧面和凸轮轴。在调节器中使用顶住工具垫圈预紧正时齿轮。

然后，根据具有初拧和最终拧紧的匹配的拧紧顺序一起拧紧调节器和凸轮轴。

五、后密封法兰

后密封法兰如图2-1-81所示。

1-后密封法兰 2-径向轴密封件 3-速度传感器
图2-1-81

后密封法兰具有用于拆卸密封法兰的三个螺纹

孔。后密封法兰由压铸铝制成。它用于遮盖正时传动机构和支撑径向轴密封件，并为此使用2个定位销套筒进行定位。曲轴箱用液体密封胶进行密封。变速器螺钉的通孔具有屏蔽套，以防铝制变速器螺钉被密封胶污染。

六、机油供合

1.机油回路

机油回路概图如图2-1-82所示。

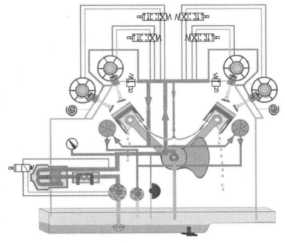

图2-1-82

2.机油回路的设计实现

（1）短气缸体发动机上的机油回路连接如图2-1-83~图2-1-85所示。

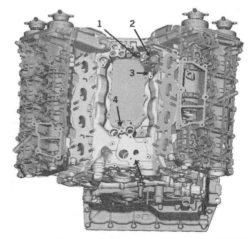

1-机油压力开关 2-机油喷嘴控制阀 3-机油温度传感器
4-涡轮增压器供应和回流 5-机油滤清器模块法兰
图2-1-83

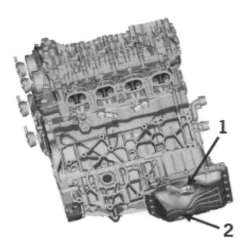

1-机油油位传感器　2-放油塞
图 2-1-84

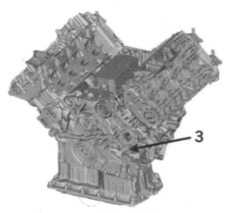

3-机油压力调节阀
图 2-1-85

气缸盖罩中的压力机油通道如图2-1-86所示。

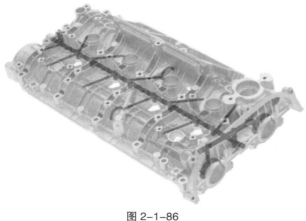

图 2-1-86

增压机油通过气缸盖供应到正时传动机构上气

缸盖罩的主机油道。

通过孔从主机油道向8个小凸轮轴轴承位置、高压燃油泵和用于气门间隙补偿的8个液压元件供应机油。

通过横向机油道向2个大凸轮轴轴承位置和凸轮轴调节器供应机油。

（2）来自机油分离器的机油回流，如图2-1-87所示。在下方的气缸盖罩托盘中收集机油分离器中分离的冷凝物。这些冷凝物被引导通过钻孔式通道，直到位置较低的进油侧，然后通过机油排放阀进入气缸盖的阀室。

图 2-1-87

3. 机油/水热交换器

（1）设计。油/水热交换器位于全新V8双涡轮增压发动机上的发动机的内部V形槽中，如图2-1-88所示。

图 2-1-88

（2）功能。Panamera Turbo 2017年款的全新V8双涡轮增压发动机上的油/水热交换器具有窄的、拉长的设计，液体逆平行方向流过。它由具有乱流板的19个堆叠的板构成，以便实现更佳的热量传递（10油/9水）。这一紧凑且高效的设计允许最高50 kW的热量从机油散发到冷却水。流过机油/水热交换器如图2-1-89所示，冷却液接头如图2-1-90所示，机油通流如图2-1-91所示。

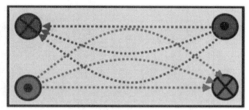

图 2-1-89

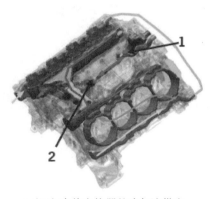

1-机油/水热交换器的冷却液供应
2-冷却液从机油/水热交换器返回
图 2-1-90

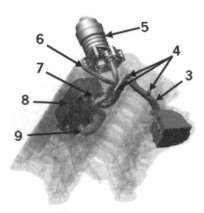

3-未冷却机油从机油泵到机油/水热交换器
4-用于油芯的油芯支架　5-机油滤清器模块
6-角度调节所需的油芯支架，它使用滤清器滤芯封闭
7-用于油芯的油芯支架　8-机油/水热交换器
9-已冷却机油从机油/水热交换器到机油滤清器模块
图 2-1-91

4. 机油滤清器壳体

带有减压阀的塑料机油滤清器模块位于发动机的内部V形槽中。机油滤清器由全合成过滤纸构成。

机油滤清器模块使用不锈钢隔热板与气缸列2上的涡轮增压器屏蔽，以便反射辐射的热量。机油滤清器壳体如图2-1-92所示，可变机油泵的横剖面如图2-1-93所示。

1-机油滤清器模块　2-隔热板
图 2-1-92

图 2-1-93

5. 机油泵

设计：完全可变、紧凑的叶片泵确保Panamera Turbo 2017年款的全新4.0 L V8双涡轮增压发动机上

的所需机油供应。机油泵和相关部件的位置如图2-1-94所示。

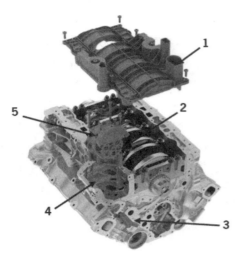

1-机油挡油盘　2-机油泵　3-机油压力调节阀
4-金属压条密封垫　5-链轮挡板
图 2-1-94

在机油泵驱动装置上方有一个链轮挡板，用于减少摩擦损失（搅动损失）。因为密封区域延伸至两个壳体部分，所以在设计中纳入了金属压条密封垫。电磁比例阀控制机油泵的可变压力。

6. 机油泵驱动装置

机油泵由7 mm套筒链驱动。与以前的保时捷V形发动机相似，也安装了机械叶片弹簧链条张紧器。机油泵驱动装置的排列如图2-1-95所示。

1-7 mm套筒链　2-上导轨
3-具有链条张紧器的下导轨　4-链轮挡板
图 2-1-95

由于较大的轴向距离和包装约束，对导轨现在采用了不同的设计。

在装配过程中一定不要忘了机油泵上的链轮挡板。这将降低机油泵链条传动装置的搅动损失。

7. 前密封法兰

使用两个定位销套定位用于遮盖机油泵驱动装置和支撑径向轴密封件的压铸铝密封法兰。具有轴密封环的密封法兰如图2-1-96所示。

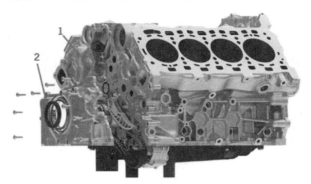

1-O形环　2-轴密封圈
图 2-1-96

它具有用于密封压力机油通道的O形环。该O形环必须牢固地预装在半梯形槽中。

8. 机油传感器和开关

（1）设计。为了监控机油的压力和温度，机油温度传感器（图2-1-97）和机油压力开关安装在主机油道上，主机油道要承受发动机的内部V形槽中的高热负荷。

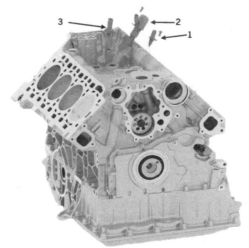

1-机油温度传感器　2-活塞喷嘴控制阀　3-机油压力开关
图 2-1-97

（2）功能。活塞喷嘴控制阀是一种电磁控制阀，用于停用/启用活塞喷嘴，而与主机油道中的机油压力无关。活塞喷嘴控制阀在未通电状态下启用（"故障安全模式"）。

9. 机油油位传感器

Panamera Turbo 2017年款的全新4.0 L V8双涡轮增压发动机的机油油位传感器从下方安装到油底壳下部，如图2-1-98所示。

图 2-1-98

10. 油尺

Panamera Turbo 2017年款的4.0 L V8双涡轮增压发动机具有用于油尺的导管。油尺用止动块封闭，不插入油尺。油尺导管的位置如图2-1-99所示。

图 2-1-99

如果需要，油尺在维修车间中作为专用工具提供，以便手动测量机油油位（参见《车间手册》）。

七、冷却系统

1. 发动机体中的水套（图2-1-100）

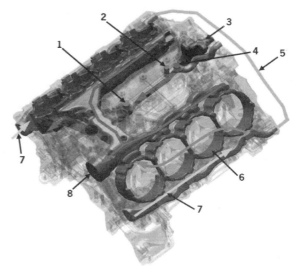

1-机油/水热交换器回路　2-核心轴承　3-辅助装置的热歧管
4-机油/水热交换器进油　5-冷水连接管（对称）
6-具有气缸壁冷却通道和节气门销的气缸体水套
7-水供应通道，左/右，冷（来自散热器）
8-水收集通道，热（通过节温器和TINA传输到散热器）

图 2-1-100

气缸壁是必须冷却的气缸体的最关键区域。

为使冷却液流过相对窄的气缸壁冷却通道，使用对应于气缸壁冷却通道的横截面的人为压缩必须在气缸体水套的两个外"耳"中创建。

这不能在铸模中直接实现，因此要使用此处描述的节气门销。

如果未使用节气门销，则不会有足够的冷却液在两个气缸之间的通道中循环流过，并且在气缸壁区域中存在过热危险。用于控制水分配的节气门销如图2-1-101所示，围绕气缸流动的冷却液和气缸之间气缸壁中水流的详细视图如图2-1-102所示，节气销的安装位置如图2-1-103所示。

可能的后果：气缸盖密封垫故障、弄弯部件以及水泄漏到燃烧室中。

图 2-1-101

1-水套中的4个节气门销由于支撑安装而固定
图 2-1-103

2. 发动机气缸体上的水管接头（图2-1-104）

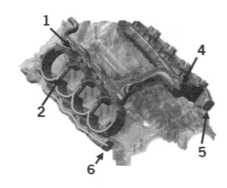

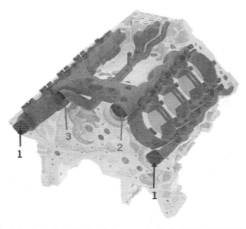

1-来自冷却液散热器的水供应　2-水通过节温器返回到水泵
3-水从辅助装置直接返回到水泵
图 2-1-104

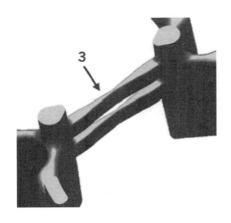

1-节气门销的位置　2、3-气缸壁
4-水通过节温器返回到水泵　5、6-水从水泵供应
图 2-1-102

　　更高的功率密度赋予发动机现代高性能的特征。与以前的保时捷V形发动机相似，Panamera Turbo 2017年款的4.0 L V8双涡轮增压发动机的气缸盖受到高热负荷的制约。改进的冷却概念考虑到了这个制约。水分配器如图2-1-105所示，输出侧上的水管接头如图2-1-106所示，皮带上的水管接头如图2-1-107所示。

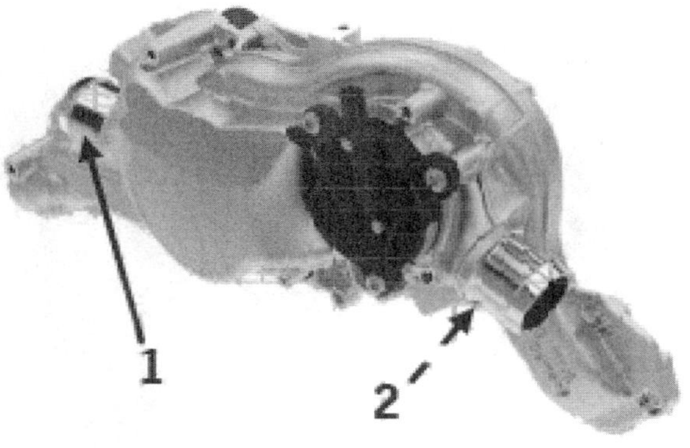

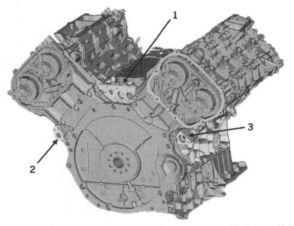

1-散热器回流（冷）　2-散热器供应（热）
图 2-1-105

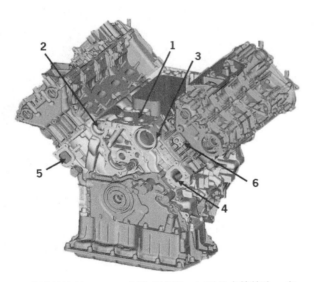

1-用于加热器供水的水管接头　2-用于加热器供水的水管接
头，气缸列1　3-用于加热器供水的水管接头，气缸列2
图 2-1-106

1-水连接法兰　2、3-水供应连接　4-泵的水管接头，右
5-泵的水管接头，左　6-冷却液温度传感器
图 2-1-107

3. 图谱控制式冷却液节温器

图 2-1-108

冷却液节温器使用DME控制的图谱来调节冷却液流动，因此将发动机冷却液温度维持在106 ℃。根据要求，冷却液温度可以降至约94 ℃。图谱控制式冷却液节温器如图2-1-108所示，具有节温器的水分配器的视图如图2-1-109所示，具有节温器的水分配器的安装位置视图如图2-1-110所示。

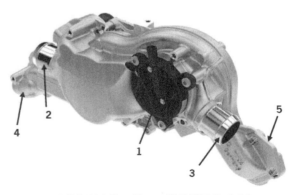

1-图谱控制式节温器　2-散热器回流（冷）
3-散热器供应（热）　4-辅助装置回路　5-发动机回路
图 2-1-109

图 2-1-110

4.冷却液泵

通过将罐形壳体置于水泵轮上，在预热阶段中断冷却液泵对冷却液的输出。可切换冷却液泵如图2-1-111所示。

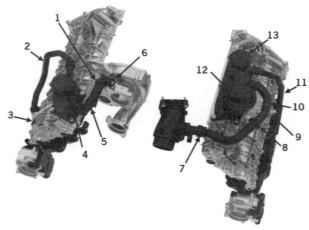

1-止回阀　2-通风管-部分负载，气缸列1　3-机油在气缸盖罩中通过止回阀返回　4-机油分离器，气缸列1　5-通风管-满载，气缸列1　6-"不打开"螺纹连接　7-"不打开"插头连接　8-止回阀　9-机油在气缸盖罩中通过止回阀返回　10-通风管-满载，气缸列2　11-通风管-部分负载，气缸列2　12-机油分离器，气缸列2　13-机油加注口盖

图 2-1-112

曲轴箱强制通风连接如图2-1-113所示。

图 2-1-111

1-发动机气缸体上曲轴箱强制通风连接

图 2-1-113

因此，水泵性能范围是从零输出（预热阶段）到最大490 L/min（6800 r/min）。

八、曲轴箱通风

曲轴箱通风部件的视图如图2-1-112所示。

九、皮带传动装置

发动机的紧凑设计和多种功能的高度集成意味着皮带传动装置设计可以非常紧凑。发电机和空调压缩机都是通过震动平衡器由单独的皮带驱动的。皮带传动装置的安装位置如图2-1-114所示，皮带传动装置如图2-1-115所示。

图 2-1-114

图 2-1-116

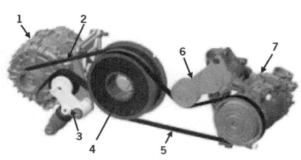

1-发电机　2-发电机传动皮带　3-发电机传动皮带的张紧滚珠
4-震动平衡器　5-空调压缩机传动皮带
6-空调压缩机传动皮带的张紧滚珠　7-空调压缩机
图 2-1-115

图 2-1-117

十、概述

汽油发动机：Panamera 4S 2017年款的全新V6双涡轮增压发动机如图2-1-116所示，Panamera Turbo 2017年款的全新V8双涡轮增压发动机如图2-1-117所示。

借助于全面的多种创新性的解决方案，Panamera 4S和Panamera Turbo 2017年款的完全重新设计的V形发动机提供最高性能以及最佳环境相容性。

诸如整体"深裙式"曲轴箱、在发动机的内部V形槽中包括涡轮增压的排气侧排列、气缸停用和其他许多功能等设计举措造就了在各方面均优于前代发动机的紧凑型驱动单元。

（一）2017年款中Panamera 4S、Panamera Turbo和Panamera 4S Diesel的技术数据（表2-1-7）

表 2-1-7

技术名称	单位	G2 Panamera 4S I	G2 Panamera Turbo	G2 Panamera 4S Diesel
年款		H	H	H
制造商的发动机代码		CSZ	CVD	DBU
类型		6 缸 90° V	8 缸 90° V	8 缸 90° V
缸径	mm	84.51	86	83
冲程	mm	86	86	91.4
排量	cm³	2894	3996	3956
点火顺序—整个发动机		1-4-3-6-2-5	1-3-7-2-6-5-4-8	1-5-4-8-6-3-7-2
气缸停用下的点火顺序		—	1-7-6-4	
气门数 / 气缸		4	4	4
涡轮增压		双涡轮增压器	双涡轮增压器	双涡轮增压器
最大增压压力	kPa	2.8	3	
单位容积压缩比		10.5 ∶ 0.5	10.1 ∶ 1	16
标称电源	kW	324	404	310
标称电源	hp	440	550	422
标称电源	hp	440	550	422
标称电源（中国）	kW	324	404	310
标称电源（中国）	hp	440	550	422
对应的发动机转速（额定功率）	r/min	5650~6600	5750~6000	3500~5000
标准扭矩	N·m	550	770	850
对应的发动机转速（最大扭矩）	r/min	1750~5500	1960~4500	1000~3250
每升最大输出功率（欧盟）	kW/L	111.7	101	77.5
每升最大输出功率（欧盟）	hp/L	151.7	137.5	105.25
标准怠速转速	r/min	580	550	600
根据制造商规格的最高允许发动机转速	r/min	6800	6800	5300
发动机重量（DIN）70020-7-GZ	kg	190.8	231	293.2
曲轴箱		铝，深裙式设计	铝，深裙式设计	铝，深裙式设计
连杆轴承		D=56 mm	D=56 mm	D=60 mm
气缸盖		铸铝	铸铝	铸铝
曲轴		锻造，由 4 个轴承支撑，30° 错开曲柄销式	锻造，由 5 个轴承支撑	锻造，由 5 个轴承支撑
曲轴轴承		D=67 mm	iRox，D=65 mm	D=65 mm
连杆		L=155 mm	L=155 mm	L=160.5 mm
活塞		铸铝	铸铝	铸铝

续表

技术名称	单位	G2 Panamera 4S Ⅰ	G2 Panamera Turbo	G2 Panamera 4S Diesel
气缸	mm	直径为 84.51，带螺旋滑动珩磨的干内衬	直径为 86，带有光滑珩磨的 APS 涂层	直径为 83，带有蠕墨的铸铁衬套表面夹具珩磨
进气门控制		是	是	是
排气门控制		否	是	是
进气门直径	mm	32	32	27.5
排气门直径	mm	28	28	25.5
进气门升程	mm	6/10	10.5	9
排气门升程	mm	10	10	9
最大气门升程开启和关闭角度计时		10	10.5 mm、进气：190° 曲轴转角（1 mm）、排气：210° 曲轴转角（1 mm）	TDC 后进气开始 11.5°；BDC 后进气结束 16.5° / BDC 前排气开始 25.5°；TDC 前排气结束 15.5°
每个气缸的进气门数量 / 布置		2/ 并联	2/ 并联	2/ 并联
每个气缸的排气门数量 / 布置		2/ 并联	2/ 并联	2/ 并联
气门间隙		液压间隙补偿	液压间隙补偿	液压间隙补偿
机油冷却		机油 / 水热交换器	机油 / 水热交换器	2 个机油 / 水热交换器
机油压力		300 kPa，控制	460 kPa 绝对压力 ± 40 kPa	3000~4000 r/min 时为 460 kPa
机油更换量	L	不更换滤清器时为7.5 L，更换滤清器时为7.9 L	9.5	不更换滤清器时为8.42 L，更换滤清器时为9.21 L
发动机机油规格，欧洲、美国等		Mobil 1 0W40	Mobil 1 0W40	0W–30 HTHS 3.5 低灰分
发动机机油初次加注量	L	9.2	11	10.81

（二）全新Panamera 4S 2017年款的2.9 L V6 双涡轮增压柴油发动机

2.9 L排量、通过气缸列的内部V形槽中排列的两个涡轮增压器实现涡轮增压、324 kW（440 hp）的功率输出以及针对宽泛的发动机转速范围的 550 N·m的扭矩，这些仅是新款Panamera 2017年款中非常紧凑发动机的众多创新性细节的一部分。全新Panamera 4S 2017年款的2.9 LV6双涡轮增压柴油发动机的视图如图2-1-118所示。

这一V6发动机的设计在很大程度上与全新Panamera Turbo 2017年款的4.0 L V8双涡轮增压发动机一致。

下面几章中将介绍这两种发动机之间除气缸数之外的其他差异。

1. 与前代车型相比全新Panamera 4S 2017年款的技术数据（表2-1-8）

图 2-1-118

表 2-1-8

	单位	971 Panamera 4S（971）	Panamera 4S（970）
年款		G	G
制造商的发动机代码		CSZ	CWD（M4660）
类型		6 缸 90° V	6 缸 90° V
缸径	mm	84.51	96（3.78）
冲程	mm	86	69（2.72）
排量	cm³	2894	2997（182.9）
单位容积压缩比		10.5	9.8
标称电源	kW	324	309
标称电源	hp	440	420
对应的发动机转速（额定功率）	r/min	5650~6600	6000
标称扭矩	N·m	550	520
对应发动机转速（最大扭矩）	r/min	1750~5500	1750~5500
发动机重量（DIN）70020-7-GZ	kg	191	205

2. 功率曲线图

Panamera 4S 2017年款的功率曲线图如图2-1-119所示。

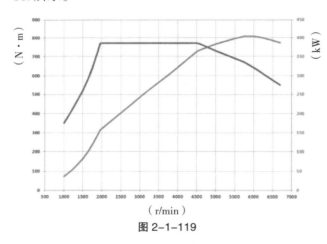

图 2-1-119

3. 发动机气缸体

（1）曲轴箱。

气缸曲轴箱具有与Panamera Turbo 2017年款的4.0 L V8双涡轮增压发动机相同的设计，并且是通过沙铸工艺用亚共晶铝合金AlSi8Cu3制造的。2.9 L V6双涡轮增压柴油发动机的曲轴箱如图2-1-120所示。

1-气缸间距：93 mm　2-缸径：84.5 mm

图 2-1-120

使用沙铸工艺允许全面的功能集成。例如，机油冷却器和机油滤清器直接用螺栓固定在壳体。"深裙式"概念的特点是具有双螺钉连接和一个附加的横向螺钉连接的单独轴承盖，与底板概念（水平拆分曲轴箱）相比在成本和重量方面优势明显。

气缸间距为93 mm，气缸孔直径为84.5 mm。

（2）气缸套。

气缸套是厚度为1.5 mm的灰铸铁衬套。带嵌入式衬套的曲轴箱部分如图2-1-121所示。

气缸套通过螺旋滑动珩磨进行机加工，并且使用珩齿夹具。这个优化的珩磨过程可以降低发动机中的摩擦损失。

图 2-1-121

（3）曲轴传动装置。

曲轴传动装置在设计上与6缸V形汽油发动机的经典设计功能保持一致。

气缸列成90°角彼此相对排列，其中，每个相对侧气缸上的一个连杆共享曲轴上的顶销。曲轴传动装置排列如图2-1-122所示。

图 2-1-122

（4）曲轴。

Panamera 4S的全新2.9 L V6双涡轮增压发动机的特点是采用具有在4个轴承上支撑并且使用3个顶销的错开曲柄销式曲轴（箭头位置）。曲轴的视图如图2-1-123所示。

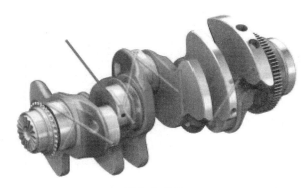

图 2-1-123

曲轴由锻钢制成。

所有的倒角半径均为感应淬火的，以便增加强度。

与前一代的保时捷V形发动机不同，正时传动机构在Panamera 4S的全新2.9 L V6双涡轮增压发动机上位于输出侧（位于行驶方向的后部）。

曲轴（箭头）的输出侧上的需要按压就位的齿轮驱动该正时传动机构。对花键的任何损害都可能导致发动机发出噪音。

曲轴具有6个平衡重。

通过曲轴中T形排列的孔对连杆轴承进行润滑。

飞轮或传动板通过螺栓安装到变速器型号相对应的功率输出端上。

多极车轮（磁环）也安装在这里。这会产生针对发动机控制单元以及脉冲传感器的发动机速度信号。

一个齿轮也安装在这里，用于驱动正时传动机构。该齿轮在生产时按压到曲轴上。

在曲轴上以及齿轮的内侧有花键，用于确保正确的正时。皮带侧上热缩装配的链轮用于驱动机油泵。

皮带轮设计为扭振减震器，并且通过Hirth接头和中央锁定螺栓安装。使用定位销来确保皮带轮由于TDC标记而具有正确的安装位置。

（5）曲轴轴承。

主轴承用三体轴瓦支撑。曲轴轴向支撑在主轴承上。

主轴承直径为65 mm。

（6）连杆。

高强度钢（36MnVS4）制成的裂解连杆具有与梯形连杆相同的典型设计，并且活塞销直径为22 mm。

连杆衬套由铜合金制成，并且连杆轴承设计为16.8 mm宽的三体轴承。

流向高应力的连杆轴承的机油流动通过T形排列的曲轴中的孔来实现（图2-1-124），以便确保高发动机转速下的可靠润滑。

图2-1-124

（7）活塞。

带有环托架的铸铝活塞在活塞体上具有抗磨涂层，以便降低摩擦以及在活塞环上产生相对较低的整体切向力。

活塞环1，普通气环（环托架中的上部环）；

活塞环2，锥面环；

活塞环3，三件式刮油环（2个弹簧，1个盘）。

用于降低摩擦损耗的进一步举措是增加活塞安装间隙（约0.078 mm）。

4. 气缸盖

（1）气缸盖。

①高度集成的气缸盖。与Macan的4缸发动机相同，新款Panamera 4S 2017年款的全新2.9 L V6双涡轮增压发动机也具有整合在气缸盖中并且由水道包覆的排气歧管。带有水套的整合在气缸盖中的排气歧管如图2-1-125所示。

这是现在可能最快的热量传递。

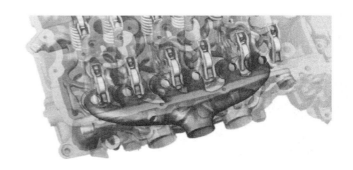

图2-1-125

进气口的大部分嵌入在气缸盖中并且随附空气导管连接到的塑料罩。进气侧的详细视图如图2-1-126所示。

图2-1-126

②气缸盖罩。与保时捷在以前使用的V形发动机不同，Panamera 4S的全新2.9 L V8双涡轮增压发动机的气缸盖罩包含进气和排气凸轮轴的轴承。气缸盖罩中的凸轮轴（仰视图）如图2-1-127所示。

这要求气缸盖和气缸盖罩的匹配，这意味着如果需要零配件，缸盖罩只能连同气缸盖一起供应。

图2-1-127

与全新的Panamera Turbo 2017年款的4.0 L V8双涡轮增压发动机相反，Panamera 4S2017年款的2.9 L V6双涡轮增压发动机的进气和排气凸轮轴由气缸盖罩中的常用轴承鞍座固定。

③凸轮轴。Panamera 4S 2017年款的全新2.9 L V6双涡轮增压发动机具有组合式凸轮轴，该组合式凸轮轴通过仅在进气侧上的滑动件和执行器实现气门升程调节。进气凸轮轴通过垫圈进行轴向支撑。气缸盖罩中凸轮轴的轴向轴承座如图2-1-128所示。

1-通过衬圈的进气凸轮轴的轴向轴承座
2-通过凸缘凸轮的排气凸轮轴的轴向轴承座
图 2-1-128

排气凸轮轴通过凸缘凸轮进行轴向支撑。

在Panamera 4S 2017年款的全新2.9 L V6双涡轮增压发动机上，不使用气门升程转换来停用单独的气缸。而是在进气侧使用不同的凸轮轮廓来更好地调节发动机的不同工作范围。

（2）正时传动装置。

①链条传动装置。与相应的V8发动机上相似，在Panamera 4S 2017年款的全新2.9 L V6双涡轮增压发动机上，链条传动装置已经移到了发动机的输出侧。气缸列1和列2上两个正时链条的排列如图2-1-129所示。

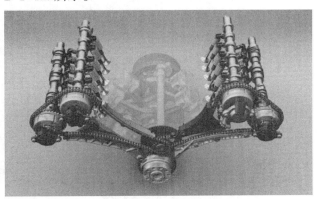

图 2-1-129

这导致甚至更紧凑的设计（发动机长度）。

此外，正时链条由中间轴驱动，这确保了紧凑和高位链条传动装置。使用的正时链条的宽度

为8 mm，几乎可以认为是无磨损套筒链。

②平衡轴。在Panamera 4S 2017年款的全新2.9 L V6双涡轮增压发动机上，正时链条不是由曲轴齿轮直接驱动的，而是由具有与曲轴齿轮相同齿数的平衡轴（传动比1∶1）驱动的。平衡轴如图2-1-130所示。

图 2-1-130

平衡轴的齿轮设计为支撑齿轮，支撑齿轮的设计如图2-1-131所示。

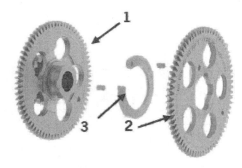

1-主齿轮　2-空套齿轮　3-弹簧
图 2-1-131

发动机输出侧上的这一直齿轮传动几乎没有磨损地驱动平衡轴，并且只会产生很低的噪音。

与Panamera Turbo 2017年款的4.0 L V8双涡轮增压发动机相反，Panamera 4S 2017年款的2.9 L V6双涡轮增压发动机上带有平衡块的平衡轴仅用于减少震动，不用于驱动水泵。

（3）正时调整。

①曲轴锁紧孔。锁紧孔的开口位于曲轴的右侧（气缸列2）。它使用螺塞封闭。曲轴锁紧孔的螺

塞的位置如图2-1-132所示。注：当气缸2处于点火TDC时，发动机处于基本位置。

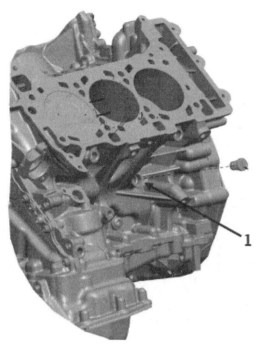

1-曲轴锁紧孔的螺塞
图 2-1-132

②皮带轮上的锁紧标记。皮带轮上和曲轴箱上有用于定位曲轴的标记，如图2-1-133所示。这些标记必须彼此对齐。

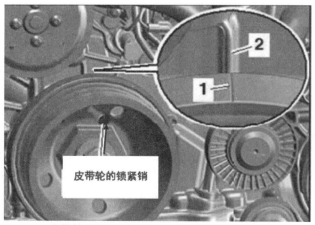

皮带轮的锁紧销

1-皮带轮上的锁紧标记   2-曲轴箱上的锁紧标记
图 2-1-133

在皮带轮中有一个开口，在曲轴正确定位后锁紧销可以通过该开口插入曲轴的相应导槽中。

5. 机油供给

（1）机油回路。

①机油回路概图如图2-1-134所示。机油供合系统的功能和布局与新款Panamera Turbo 2017年款的全新4.0 L V8双涡轮增压发动机的机油供合系统相一致。

图 2-1-134

②机油泵。减压阀在压力约为1100 kPa时打开。回流切断阀在压力小于12 kPa时打开。所需机油压力取决于负荷要求和发动机转速。机油泵的X光视图如图2-1-135所示。

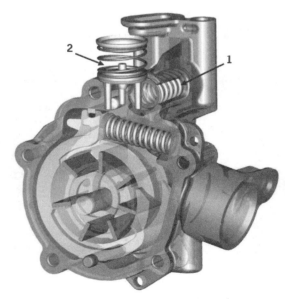

1-减压阀   2-回流切断阀
图 2-1-135

使用不同的环境条件（例如，发动机温度）进行计算。所需的机油压力在图谱中计算。

单独不同系统（例如凸轮轴控制器、涡轮增压器、连杆轴承和活塞冷却）的要求需要考虑，并且确定机油压力控制阀的信号。由于阀的启用，机油从主机油道流入泵的控制室。泵中调节环的位置发生变化，这因此也会改变供油速度和机油压力。如果机油压力控制阀未启用，则泵以满供油速度（故障保护模式）运行。

（2）机油泵驱动装置。

图2-1-136

叶片泵通过脱离曲轴的链条传动装置驱动。传动比为1∶1.03。机油泵驱动装置的排列如图2-1-136所示。

曲轴32齿，泵链轮31齿。

图谱控制机油冷却器。机油的冷却在发动机的大多数工作范围中是不必要的。如果机油冷却器通过旁路被旁通，则整个回路中的压力损失将降低。然后，机油泵能够提供更低的供油速度。在冷启动后通过缩短机油的加热时间可以获得更多好处。

图谱控制机油冷却器的工作原理：机油冷却器安装在节温器的上游打开和关闭旁路。在温度达到约110 ℃时它开始打开。流过机油冷却器如图2-1-137所示。整个横截面在温度大约为125 ℃时释放。

1-旁路打开，机油流过机油冷却器　2-旁路关闭，机油流过机油冷却器，直接流到机油滤清器

图2-1-137

6. 冷却系统

（1）冷却回路的分离。

在全新Panamera 4S 2017年款的2.9 L V6双涡轮增压发动机上，不仅可以通过可控冷却液泵影响冷却液的流量，而且可以通过切断阀彼此分离曲轴箱和气缸盖的冷却回路。

气缸盖由于高热流而具有横流式冷却功能。气缸曲轴箱采用对角纵向流动冷却。

整个冷却液流的最多25%流过气缸曲轴箱。

冷却液泵位于发动机的前侧，始终通过聚合材料制成的V形皮带驱动。

冷却液泵将冷却液送到左侧和右侧发动机，再进入气缸曲轴箱和气缸盖的冷却回路中。

涡轮增压器、机油冷却器和乘客舱加热装置也整合在气缸盖回路中。

（2）冷启动。

通过将水泵切换到零输出在整个发动机中实现积水。在此阶段中，没有冷却液流过热交换器（热与水侧隔离），这样，在此阶段中将加速机油的加热。用于冷启动的冷却系统视图如图2-1-138所示。

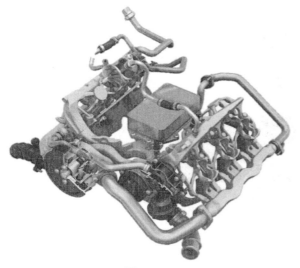

图 2-1-138

（3）预热。

在由于通过集成式排气歧管的热流动非常快地达到了所需冷却液工作温度后，将通过可切换水泵释放气缸盖回路。预热阶段的视图如图2-1-139所示。在气缸体回路中仍有积水。

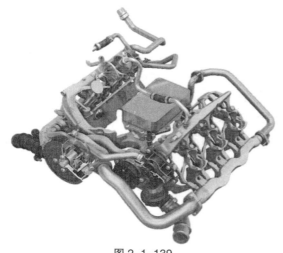

图 2-1-139

（4）处于工作温度下的发动机。

当在气缸曲轴箱中达到了限制温度时气缸体转换阀打开。然后，流过气缸盖和气缸曲轴箱。发动机处于工作温度时的冷却回路如图2-1-140所示。

图谱控制式节温器根据工作条件设置90 ℃和105 ℃之间的发动机排气温度。机油温度为115 ℃（轴承入口）时机油/水热交换器开始打开；该热交换器通过蜡膨胀元件控制。

图 2-1-140

7. 曲轴箱通风系统

窜气在气缸曲轴箱中的机油挡油盘后消除。从那里，气体经过油底壳和气缸曲轴箱上部中的管道，传输至气缸盖。曲轴箱通风系统的视图如图2-1-141所示。

图 2-1-141

全新Panamera 4S 2017年款的2.9 L V6双涡轮增压发动机仅在气缸列2的气缸盖罩上具有一个通风模块。窜气在这里进行非常精细的清洁。

来自气缸列1的窜气通过链条箱中的路径流到气缸列2的气缸盖。

在储液罐中收集在通风模块中分离的机油，然后在发动机停止转动后或车辆处于静止状态时，通过回流通道经过自动打开的阀（当不流动的机油柱超过0.8 kPa时）流回到油底壳压力调节阀安装在通风模块的出口。这是为-15 kPa曲轴箱压力设计的。

经过清洁的气体供应给发动机并且燃烧。

根据发动机负荷（发动机运转期间空气供应的压力比），空气引入在涡轮增压器的上游或节气门后发生。

为此所需的自动的机械操纵式膜片阀整合在通风管中。

8. 曲轴箱强制通风

该发动机还具有整合在气缸曲轴箱中的PCV系统。发动机的热区域中整体系统的定位甚至在冻结至－40 ℃时也能可靠操作，而无须采取附加的加热措施。

9. 皮带传动装置

除了发电机和空调压缩机之外，全新Panamera 4S 2017年款的2.9 L V6双涡轮增压发动机中的皮带传动装置还在气缸列之间的内部V形槽中包含用于水泵的传动装置。皮带传动装置的安装位置如图2-1-142所示。

1-空调压缩机　2-发电机　3-水泵驱动装置
图 2-1-142

第二节　DME 发动机电控系统

一、V8 柴油发动机

图 2-2-1

保时捷Panamera（G2）中的V8柴油发动机在高端细分市场中提供极好的动力来源，如图2-2-1所示。发动机的持续改进可提供达到最高标准的性能和运转平稳性。

一个特别的亮点是结合了进气侧可变气门打开角度和排气侧可变气门升程的两级涡轮增压概念。

下述最新技术的运用使得实现以下目标成为可能：高发动机功率和高扭矩，获得最具运动性的性能；在高端细分市场实现高效率、低油耗；自发功率输出和最高性能，同时提供舒适性。

（一）技术数据（表2-2-1）

表 2-2-1

发动机类型	90° 8 缸 V 形
排量（cm³）	3956
冲程（mm）	91.4
缸径（mm）	83
每个气缸的气门数	4
最大输出功率（kW/hp）	310/422
最大发动机扭矩（N·m）	850
排放标准	EU6

（二）燃油系统概述

燃油系统分为4个压力区域：

供油压力；高压最高达250 000 kPa；压电喷油器和压力控制阀之间的回流压力约为1000 kPa；高压燃油泵下游的回流压力。

在燃油供应管路中，电动燃油泵（位于油箱内）将燃油根据需要从燃油箱内通过燃油滤清器、低压燃油感应器和燃油温度感应器传送至高压燃油泵。燃油系统部件如图2-2-2所示。

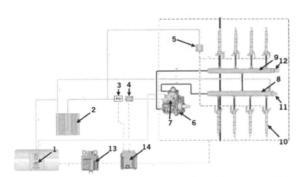

1-电动燃油泵　2-燃油滤清器　3-燃油低压传感器　4-燃油温度传感器　5-压力控制阀　6-高压燃油泵　7-燃油计量阀　8-燃油集油罐I（油轨）　9-燃油集油罐Ⅱ（油轨）　10-压电喷油器　11-燃油高压调节器　12-燃油高压传感器　13-燃油泵控制单元　14-DME控制单元

图 2-2-2

（三）燃油低压系统

1. 燃油箱

燃油箱设计为鞍形油箱。有涡流腔的电动燃油泵位于右侧油箱室中。每个油箱室包括一个吸油喷射泵，它不断地将燃油喷射入电动燃油泵的涡流腔中。这确保了始终能够得到充足的燃油，即使在极

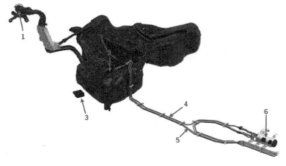

1-油箱加油口　2-电动燃油泵　3-燃油泵控制单元
4-供应管路　5-燃油回流管路　6-燃油滤清器
图 2-2-3

端驾驶状况下也是如此。吸油喷射泵根据文丘里原理工作。高压燃油泵的燃油回流管路输送至涡流腔中。燃油箱如图2-2-3所示。

2. 电动燃油泵

电动燃油泵设计为内齿轮泵，由燃油泵控制单元供应三相电力，在燃油供应管路中产生约400 kPa的燃油压力（在最大流量240 L/h的情况下）。

燃油供应数量根据需要来进行控制。DME控制单元确定当前燃油需求，并且向燃油泵控制单元发送合适的PWM信号（脉冲宽度调制）。相应地，燃油泵的转速将加快或减慢。油箱安装单元如图2-2-4所示。

1-燃油供应管　2-辅助加热器连接器　3-燃油回流管路连接器　4-电气插头　5-电动燃油泵　6-涡流腔
图 2-2-4

3. 燃油滤清器

燃油滤清器设计为带入口和出口连接件的筒式滤清器，位于车身底部右前方，与乘客脚坑等高。燃油滤清器如图2-2-5所示。

图 2-2-5

4. 燃油低压传感器

燃油低压传感器位于高压燃油泵的燃油供应管路中，以便在所有操作情况下和各种燃油温度下将燃油供应管路压力维持在所要求的值。如果需要，将调节电动燃油泵的供油速度。

5. 燃油温度传感器

燃油温度传感器位于高压燃油泵的燃油供应管路中。温度值用作燃油密度补偿的DME控制单元输入变量，并且在计算喷油器控制时用于对喷射开始阶段进行微调。

6. 燃油回流管路

高压燃油泵的回流管路直接接回电动燃油泵的涡流腔。燃油管路走向如图2-2-6所示。

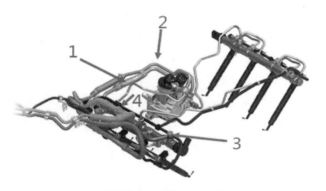

1-供应管路　2-燃油回流管路
3-来自高压调节器的燃油回流管路　4-压力控制阀
图 2-2-6

燃油系统自身没有独立的燃油加热器。高压油泵调节器的回流管路接在燃油滤清器上游。当燃油过冷时，高压燃油泵的供油速度提高，以尽快加热燃油。向燃油集油罐（油轨）提供的额外数量燃油通过燃油高压调节器回流。燃油通过以下方式加热：高压燃油泵中的压缩作用；额外数量的燃油通过燃油高压调节器回流。

喷油器共用回流管路中的压力控制阀：所使用的压电喷油器需要约1000 kPa的回流管路压力来确保正常工作（液力耦合器内的燃油压力）。这一压力由喷油器共用回流管路中的压力控制阀生成。共用回流管路与燃油供应管路相连接。为了在启动发动机后快速建立所要求的压力，在电动燃油泵一启动后，共用回流管路就要提供压力。

（四）燃油高压系统

发动机配备燃油共轨系统。在该系统中，压力的产生和燃油的喷射是分开进行的。高压燃油泵能够产生喷射所需的最高达250 000 kPa的燃油高压。高压系统部件如图2-2-7所示。

1-高压燃油泵　2-燃油计量阀　3-高压蓄压器（油轨）I
4-高压蓄压器（油轨）II　5-燃油高压调节器
6-燃油高压传感器　7-压电喷油器
图 2-2-7

高压燃油泵位于发动机的内部V形槽中，由单独的正时链条提供动力。高压燃油泵被分配给曲轴传动装置。

高压回路由以下部件构成：带有燃油计量阀（计量单元）的高压燃油泵；带有燃油高压调节器的高压蓄压器（油轨）I；带有燃油高压传感器的高压蓄压器（油轨）II；以及压电喷油器。

实际上可对喷射压力进行自由选择，并可根据相关发动机运行状态对其进行调整。该系统提供了灵活的喷射特性，可进行多次预喷射和后喷射。

1. 高压燃油泵

与前代车型的V8柴油发动机一样，采用Bosch（CP 4.2）高压燃油泵。这是一台双活塞泵，它经由凸轮轴（带有两个凸轮）的旋转运动通过单独的正时链条驱动。每个都带有滚轮挺杆，将运动传送到高压燃油泵的活塞。高压燃油泵能够产生高达250 000 kPa的喷射压力。高压燃油泵CP4.2如图2-2-8所示。

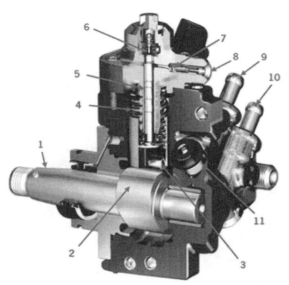

1-驱动轴　2-传动凸轮　3-滚柱挺干滚轮　4-柱塞弹簧　5-
泵柱塞　6-吸气阀　7-排气门　8-与油轨的连接
9-供油　10-燃油回流　11-溢流阀
图2-2-8

在安装高压燃油泵或节气门正时的时候，必须确保高压燃油泵传动凸轮的正确位置。

2. 燃油计量阀

燃油计量阀位于高压燃油泵上。它主要由线圈及可变活塞组成，可变活塞能够根据线圈的启动释放出较大或较小的横截面。横截面决定可由高压燃油泵活塞吸入和压缩的燃油量。燃油计量阀的工作原理如图2-2-9所示。

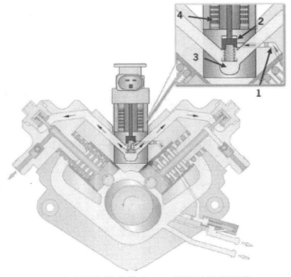

1-来自泵内部的供应　2-燃油计量阀活塞
3-供应至高压气缸　4-线圈
图2-2-9

燃油从泵内部通过管道流向燃油计量阀。燃油计量阀仅允许将被压缩的燃油量进入两个高压气缸。高压泵的功率损失会因此降低，尤其是在低负荷/低发动机转速范围的情况下。

这样有两个优点：耗油量降低；燃油温度不会不必要地升高。

燃油计量阀由DME控制单元通过脉冲宽度调制启用。在未通电（或者存在电气故障）的情况下，阀门完全打开。在这种情况下，高压室将被完全充满。DME控制单元的脉冲占空比越大，阀门关闭得越紧，供应至压缩室的燃油量将降低。

3. 燃油高压传感器

燃油高压传感器位于高压蓄压器（油轨）Ⅱ末端。该传感器用于测量高压系统中的当前油轨压力。油轨压力是DME控制单元的重要输入变量。

4. 燃油高压调节器

燃油高压调节器位于高压蓄压器（油轨）I的末端。它通过DME控制单元使用脉冲宽度调制启用。油轨压力可以通过燃油高压调节器单独调节至当前运行状态。如果发动机的当前运行状态允许，它会尝试将回流至高压蓄压器（油轨）的燃油量维持在尽可能低的水平（提高效率），并通过燃油计量阀设置油轨压力。

此外，还可以选择性地加热与燃油计量阀相关的燃油。

功能：燃油高压调节器的线圈由DME控制单元使用脉冲宽度调制启用。脉冲占空比越大，产生的线圈磁场越强。阀电枢将球压入气门座内的力也相应增大。此球封闭了油轨与燃油回流有关的油

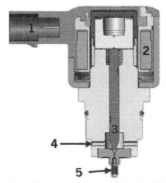

1-电气连接　2-线圈　3-带有球的阀电枢
4-回油孔　5-燃油高压供应
图2-2-10

量。阀电枢将球压入气门座内的力越大，油轨压力就越大，反之亦然。燃油高压调节器如图2-2-10所示。

5.喷油器

压电喷油器的设计目的是，适时地将正确数量的细雾化燃油喷入燃烧室。

喷油器安装在燃烧室中央的气缸盖内，位于每个气缸的两个进气门和两个排气门之间。喷油器是多孔式喷油器。压电喷油器的结构如图2-2-11所示。

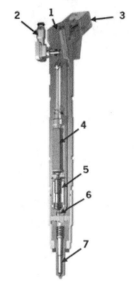

1-燃油高压供应   2-燃油回油连接   3-电气连接   4-压电执行
器   5-液力耦合器   6-伺服阀   7-喷射器针
图 2-2-11

（1）优点。安装尺寸小；移动惯量低；切换时间非常短；每个工作循环期间可进行多次喷射；由于冲程精确性高，可准确计量喷射量；回油量非常少。

与汽油发动机不同，电力启用的柴油喷油器的喷油器针是采用液压方式（通过制造压力差）抬升的，因此喷油器也将随之打开。

（2）重要的变量。为适时喷射出正确的油量，DME控制单元需要许多变量，而这些变量必须由不同的传感器进行检测。

发动机负荷和发动机转速是DME控制单元最重要的控制变量。另一个重要变量是来自油轨上的燃油高压传感器的信号，它将检测喷射系统内的燃油高压。来自燃油温度传感器的信号对于喷射开始

阶段的微调尤其重要。DME控制单元也会利用此信号以及外界气压来校正基本喷射量。

（3）喷油器公差补偿。注：更换喷油器后，必须使用PIWIS检测仪将喷油器编码写入DME控制单元。喷油器编码如图2-2-12所示。

图 2-2-12

喷油器编码使DME控制单元以极高的精确性启用独立压电喷油器。正确的编码对以下几方面有很大的影响：耗油量、废气排放、运转平稳以及发动机功率。

利用喷油器编码，DME控制单元能够通过喷油器量调整（IMA）和喷油器电压调节（ISA）。

相对于喷油器的喷油量特性和启动电压来补偿制造公差。

（五）电热系统

封装式电热塞由与DME控制单元连接的两个电热控制单元控制。封装式电热塞设计为常规金属封装式电热塞。两个电热控制单元位于发动机舱左前部（箭头）的独立电气箱内，如图2-2-13所示。

图 2-2-13

可能有以下电热类型：预加热、启动加热、后加热、中间加热。

（六）进气系统

1. 系统概览

进气系统主要由空气滤清器壳体、两个空气流量传感器、主动涡轮增压器、被动涡轮增压器、增压空气冷却器和进气歧管组成。对于空气滤清器滤芯的更换周期，必须遵循PIWIS信息系统中针对具体市场的相关要求。进气系统如图2-2-14所示。

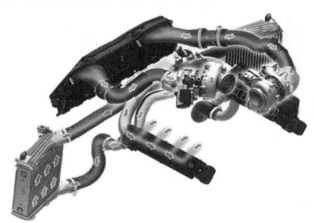

1-空气滤清器壳体　2-空气流量传感器
3-主动涡轮增压器　4-被动涡轮增压器
5-增压空气冷却器　6-进气歧管
图 2-2-14

2. 进气歧管

进气歧管将增压空气分配至各个气缸。通过电机对每个气缸列进行集成式涡流控制，每个气缸一个活门。配备有涡流活门的开口将空气引入增压管。始终打开的开口将空气引入涡流口。在低转速条件下，空气是通过涡流口引导的。气流通过涡流运动（滚流）流入燃烧室中。这样可实现高燃烧效率，从而实现理想的油耗和排放值。涡流活门在承受载荷时打开增压管。这样可实现燃烧室的最佳增压。带涡流活门的进气歧管如图2-2-15所示。

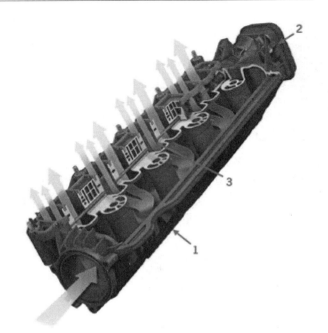

1-进气歧管　2-伺服电机　3-涡流活门
图 2-2-15

3. 进气门的凸轮切换

在8缸的每个气缸上进行进气门凸轮切换是进气系统的一项重要新功能。借助该功能，可以根据发动机当前运行状态来优化调整气门的打开角度。凸轮件有两个不同的凸角轮廓。进气门的凸轮切换如图2-2-16所示。

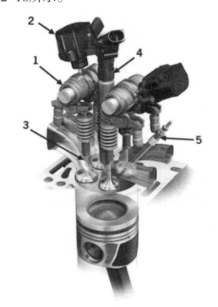

1-凸轮件　2-进气凸轮调节器　3-进气门
4-喷油器　5-封装式电热塞
图 2-2-16

凸轮件通过花键与凸轮轴相连接，它以旋转方式固定，但是可以轴向移动。进气凸轮调节器与可轴向移动的凸轮件的换挡导块相啮合。根据发动机当前运行状态，可以在两个不同的凸角轮廓之间进行切换。这样可以在较高载荷区间内获得更大的气门打开角度。凸轮如图2-2-17所示。

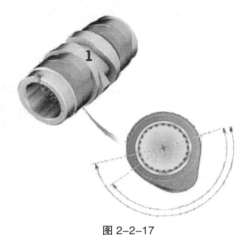

图 2-2-17

4. 涡轮增压器

两个涡轮增压器的寄存器电路是进一步的创新。在这一涡轮增压概念中使用一个主动涡轮增压器和一个被动涡轮增压器。下面介绍确切的功能。涡轮增压器组如图2-2-18所示。

1-主动涡轮增压器　2-被动涡轮增压器　3-主动涡轮增压器排气歧管　4-被动涡轮增压器排气歧管
图 2-2-18

与进气门控制相类似，在此情况下凸轮件也能够轴向运动，可用于通过排气凸轮轴调节器更改每个气缸两个排气门其中一个的凸角轮廓。可实现以下气门升程：无升程、全升程。

来自每个气缸的两个排气门的废气被引入主动或被动涡轮增压器的寄存器电路，直至两个单独管道中的两个涡轮。

对于气门控制，可实现以下运行状态：单涡轮模式、双涡轮模式。

（1）单涡轮模式。排气凸轮轴调节器将凸轮件移动至位置1。通过凸角轮廓打开和关上主动管的排气门。被动管的排气门不启动，因为没有凸轮操作此凸轮件位置中的摇臂。单涡轮模式如图2-2-19所示。

废气只输入主动涡轮增压器。

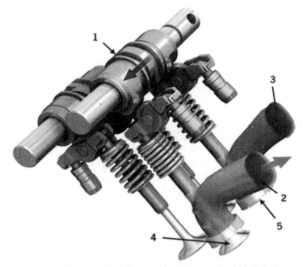

1-凸轮件　2-主动管　3-被动管　4-主动管排气门
5-被动管排气门
图 2-2-19

（2）双涡轮模式。排气凸轮轴调节器将凸轮件移动至位置2。由于凸轮的宽度，主动管排气门继续打开和关闭。在这一位置中，带有气门升程的凸轮作用于被动管排气门的摇臂上。气门现在也打开和关闭。双涡轮模式如图2-2-20所示。

废气现在被供应到两个涡轮增压器。

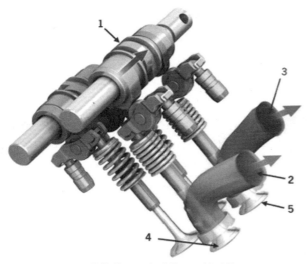

1-凸轮件　2-主动管　3-被动管
4-主动管排气门　5-被动管排气门
图2-2-20

（3）双涡轮增压阶段各部件的位置，如图2-2-21所示。

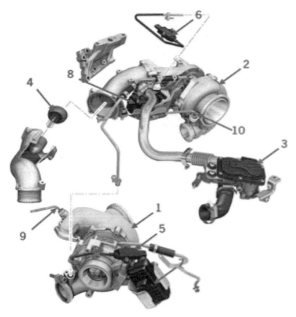

1-主动涡轮增压器　2-被动涡轮增压器　3-再循环阀　4-压缩机顺序阀　5-主动涡轮增压器的速度传感器　6-被动涡轮增压器的速度传感器　7-主动涡轮增压器的调节器　8-被动涡轮增压器的调节器　9-温度传感器　10-温度传感器
图2-2-21

①单涡轮模式中的增压压力控制。低于约2200 r/min时，被动管的排气门不启动，并且关闭。废气流经排气门主动管。废气流驱动高度动态

的主动涡轮增压器的涡轮。再循环阀和压缩机顺序阀关闭。系统在单涡轮模式下工作。增压压力控制如图2-2-22所示。

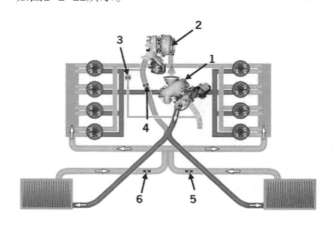

1-主动涡轮增压器　2-被动涡轮增压器　3-再循环阀
4-压缩机顺序阀　5-节气门1　6-节气门2
图2-2-22

②双涡轮模式的准备。高于约2200 r/min时（根据当前运行状态），被动管的排气门按照点火顺序切换。当被动涡轮增压器启动时，再循环阀打开，以防止产生突兀的泵噪音。被动涡轮增压器产生的增压压力被输入主动涡轮增压器的进气侧。由于再循环阀打开，压缩机顺序阀保持关闭。增压压力控制如图2-2-23所示。

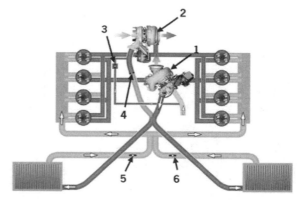

1-主动涡轮增压器　2-被动涡轮增压器　3-再循环阀
4-压缩机顺序阀　5-节气门1　6-节气门2
图2-2-23

③双涡轮模式中的增压压力控制。高于约2700 r/min时（根据当前运行状态），系统在双涡轮模式下运行。再循环阀关闭。通过被动涡轮增压器打开压缩机顺序阀产生增压压力。被动涡轮增压

器产生的增压空气现在可以通过增压空气冷却器流入进气门。增压压力控制如图2-2-24所示。

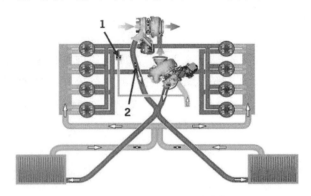

1-再循环阀　2-压缩机顺序阀
图2-2-24

（七）排气系统

在排放限制方面，法规不断提出新的挑战。采用V8柴油发动机的保时捷Panamera（G2）排气系统可满足最高的要求。

1. 排气系统的各个部件（图2-2-25）

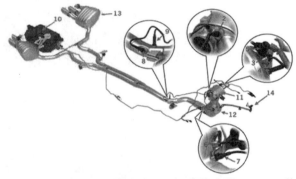

1-温度传感器　2-氧传感器　3-温度传感器　4-NOx传感器　5-SCR计量单元　6-温度传感器　7-氧传感器　8-微粒传感器　9-NOx传感器　10-还原剂罐系统　11-NOx存储/氧化三元催化器　12-带一体式氨分解催化器的SCR涂层微粒过滤器　13-消音器　14-差压传感器 DPF
图2-2-25

2. 废气再循环系统

凭借外部废气再循环，废气从排气侧被吸入，并被送回以供燃烧。通过引入废气，废气再循环可降低燃烧室内的最高温度。因此，未处理的废气中氮氧化物（NOx）的数量减少。

（1）EGR阀。废气再循环伺服电机启动集成在EGR冷却器中的实际EGR阀。废气再循环伺服电机由DME控制单元来启用。根据当前运行状态，

一定数量的废气被混入发动机吸入的增压空气中。EGR阀如图2-2-26所示。

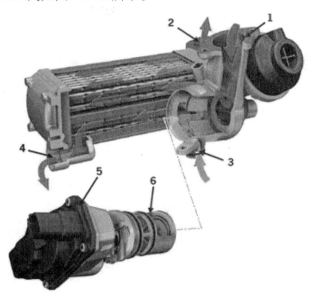

1-废气进气口　2-废气排气口　3-冷却液入口
4-冷却液出口　5-废气再循环伺服电机　6-EGR阀
图2-2-26

（2）EGR冷却器的切换阀。为了更有效率地利用废气再循环减少氮氧化物的效果，并且不用在复杂的流程中对通过增压空气冷却器冷却的增压空气进行再加热，在某些运行状态中，可以用冷却液流经的EGR冷却器对废气进行冷却。

EGR冷却器的切换阀设计为一个平座式阀，并

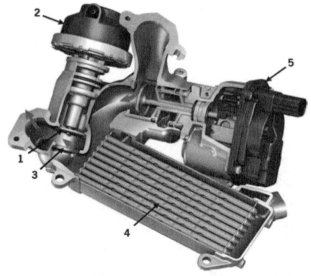

1-EGR冷却器的切换阀　2-气动压力单元　3-EGR冷却器旁通装置　4-EGR 冷却器　5-废气再循环伺服电机
图2-2-27

且通过一个压力单元进行气动启动。该阀门打开和关闭EGR冷却器的旁路。未冷却的EGR冷却器如图2-2-27所示。

当发动机处于冷态时，废气不经EGR冷却器冷却就被输入进气中，以便快速加热NOx存储/氧化三元催化器。出于这一目的，EGR冷却器的切换阀打开旁路。经冷却的EGR如图2-2-28所示。

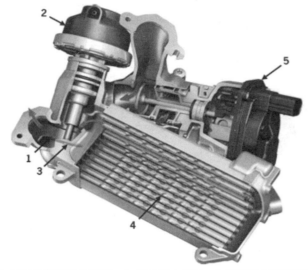

1-EGR冷却器的切换阀　2-气动压力单元　3-EGR冷却器旁通装置　4-EGR 冷却器　5-废气再循环伺服电机
图 2-2-28

如果需要对废气进行冷却，EGR冷却器切换阀上的旁路将被关闭。废气必须流经EGR冷却器，并由冷却液进行冷却。

（3）EGR废气温度传感器。EGR废气温度传感器位于增压空气路径的EGR部分进气口，以便进行温度监控。测得的值用作DME控制单元的输入信号。EGR废气温度传感器如图2-2-29所示。

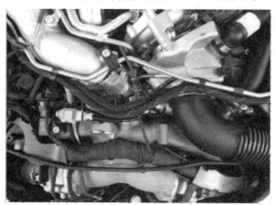

图 2-2-29

（4）EGR压力传感器。EGR压力传感器用于监控废气再循环的压力。测得的值用作DME控制单元的输入信号。

3. SCR系统

SCR系统（图2-2-30）组成：还原剂罐系统、还原剂管路、还原剂的水冷SCR计量单元、还原剂计量系统的控制单元、带一体式氨分解催化器的SCR涂层柴油微粒过滤器。

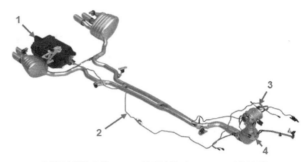

1-还原剂罐系统　2-还原剂管路　3-SCR计量单元
4-带一体式氨分解催化器的SCR涂层柴油微粒过滤器
图 2-2-30

（1）还原剂罐系统。还原剂罐系统位于车底的右侧后消音器旁。还原剂罐本身的加注容量约为23 L AdBlue®。还原剂罐中的加注液位由液位传感器进行检测。液位传感器基于传导效应运行，将液位信息发送至还原剂计量系统的控制单元。还原剂罐如图2-2-31所示。

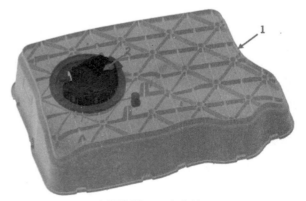

1-还原剂罐　2-安装单元
图 2-2-32

为确保系统即使在低温下也能正常运行，NTC温度传感器会测量还原剂的当前温度。还原剂的加热通过还原剂罐中集成的两个独立电子加热电路实现。

一体式三相泵提供约为500 kPa的系统压力。如有必要（系统排空），三相泵的旋转方向可以反转。系统压力由压力传感器监控。还原剂罐内部视图如图2-2-33所示。

1-泵　2-液位传感器　3-加热元件

图2-2-33

（2）还原剂管路。为确保系统即使在低温下也能正常运行，还应加热还原剂管路。

（3）SCR计量单元。排气系统中AdBlue®还原剂的SCR计量单元包括计量阀自身和一个冷却装置。冷却装置被设计为一个冷却套管。它与发动机的冷却系统相连接，确保计量阀的有效冷却。

SCR计量单元在加注、实际喷射和排放阶段激活。SCR计量单元如图2-2-34所示。

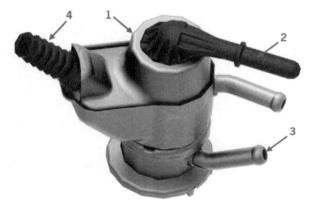

1-SCR计量单元　2-还原剂管路连接
3-冷却液接头　4-电子连接管路

图2-2-34

（4）带SCR涂层的柴油微粒过滤器。如排气系统部分中所述，NO_x存储/氧化三元催化器安装在柴油微粒过滤器的上游。三元催化器已存储和转换了发动机排放的大部分氮氧化物。带SCR涂层的柴油微粒过滤器结合还原剂喷射实现剩余氮氧化物排放物的额外转换。为此，DME控制单元会计算所需的AdBlue®计量数量。SCR计量单元在排气管中安装的机械式混合器前面喷射还原剂。将发生以下化学反应。

①热解（尿素分解为异氰酸和氨）。

$(NH_2)_2CO$　　　→　　　NH_3+HNCO

尿素　　　　　→　　　氨+异氰酸

②水解（尿素分解为氨和二氧化碳）。

$HNCO+H_2O$　　　→　　　NH_3+CO_2

异氰酸+水　　　→　　　氨+二氧化碳

氨（NH_3）存储在带有SCR涂层的柴油微粒过滤器中，与来自排气流的一氧化氮（NO）和二氧化氮（NO_2）反应，生成氮气（N_2）和水（H_2O）。

为了避免向环境中排放过量的氨，带SCR涂层的柴油微粒过滤器在排气侧具有氨分解催化剂涂层。

整个系统的有效性由排气管中安装的NO_x传感器进行监测。

（5）加注AdBlue®。车辆中的还原剂罐通过柴油加注口旁的AdBlue®加注口加注。注入口如图2-2-35所示。在加注时，只能使用保时捷批准的AdBlue®，它符合ISO 22241-1要求。

注释：请务必遵守当前《驾驶手册》和维修资料中的相关指南和规范。

仪表组上可能会显示以下警告信息。

剩余续航里程1000～2400 km：仪表组中显示的剩余续航里程带有加注AdBlue®的请求。还显示最小加注量。

剩余续航里程0～1000 km：仪表组中显示的剩余续航里程带有在超过剩余续航里程后，一个发动机将无法启动的信息。还显示最小加注量。

无剩余续航里程：表示由于缺少AdBlue®，一个发动机将无法启动的信息。还显示最小加注量。

图 2-2-35

二、DME 发动机电控系统

（一）概述信息

Panamera Turbo 2017年款的全新V8涡轮增压汽油发动机采用多项新技术，使这款发动机动力更强劲，也更为经济。V8双涡轮增压发动机如图2-2-36所示。

图 2-2-36

全新4 L V8 双涡轮增压发动机可达到404 kW和770 N·m，因此能够实现典型保时捷性能且排放值大幅度减小。

另外一项新特性是"热侧位于内部"涡轮增压器排列，两个反向旋转的双涡旋式涡轮增压器与预三元催化器一起安装在内部V形槽区域。

另外一项新特性是气缸盖中的喷油器中置，以及根据需要进行从8缸操作到4缸操作的气缸停用。

（二）发动机的开发目标

保时捷全新V8 涡轮增压发动机需要达到以下要求：效率、性能和灵活性。V8双涡轮增压发动机如图2-2-37所示。

全新4 L V8双涡轮增压发动机专为满足所有法律要求而设计，以全新前置发动机系列在保时捷历史上谱写了新的篇章。

图 2-2-37

随后在燃油经济性、提高动力和减少排放几方面采取了相应的措施。这些方面的技术解决方案包括：

燃烧室喷油器中置，采用高压多孔喷油器，喷射压力提高到最大25 000 kPa。

取决于点火顺序，至双涡旋式涡轮的双道排气走向。

两个带双涡旋式涡轮的涡轮增压器（安装在内部V形槽中）。

对排气门和进气门进行连续凸轮轴控制，采用工作点经过优化的气体交换。

通过双销执行器和两级滑动凸轮系统实现从8缸操作到4缸操作的气缸停用。

（三）技术数据（表2-2-2）

表2-2-2

	单位	数据
燃烧过程	—	DFI
排量	cm³	3996
缸径	mm	86
冲程	mm	86
压缩比	—	10.1
发动机功率 对应的发动机转速	kW（hp） r/min	404（550） 5750~6000
扭矩 对应的转速	N·m r/min	770 1960~4500
怠速转速	r/min	550
发动机最高转速	r/min	6800
点火顺序 V8		1-3-7-2-6-5-4-8
点火顺序（V4 切换）		1-7-6-4
燃油低压	kPa	200~550
燃油高压	kPa	7000~25 000

（四）功率/扭矩

在发动机开发过程中，开发人员着力于使涡轮增压发动机沿袭自然进气发动机的典型优势，例如出色的响应性和高转速发动机的特性。实现这一开发目标的方式令人印象深刻。

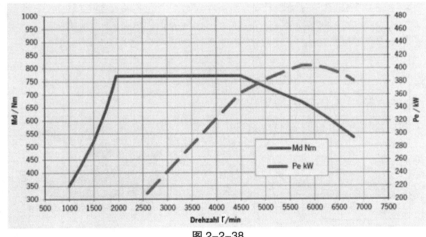

图 2-2-38

V8双涡轮增压发动机的发动机最高转速为6800 r/min。除了发动机最大功率之外，较高的扭矩为行驶性能带来了显著的改善。

这款发动机可在1960~4500 r/min的转速范围内，提供770 N·m的恒定扭矩。这不仅大幅增加了弹性值，而且提供了出色的加速潜力。功率/扭矩图如图2-2-38所示。

三、燃油系统

燃油品质：使用辛烷值为98 RON/88 MON的不含金属添加剂的无铅燃油，可使发动机达到最佳性能和最低耗油量。

（一）燃油低压系统

1.燃油箱

燃油箱采用7层塑料制成，位于车身底部后排座椅区域。根据发动机/传动系统，燃油箱的容量是90 L（Panamera Turbo）或75 L，其中储备容量分别是12 L和10 L。90 L燃油箱可作为带有75 L燃油箱车型的选装配置订购。带加注管的燃油箱如图2-2-39所示。

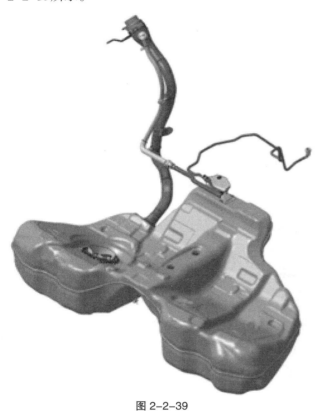

图2-2-39

2. 燃油箱内部设计

图2-2-40所示为燃油箱中各部件的排列以及燃油箱通风图。75 L油箱的左侧和右侧带有加注油

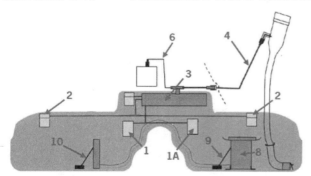

1-加注油位限制器，左腔室 1A-加注油位限制器，右腔室（仅75 L；编号1 A不适用于90 L） 2-左侧/右侧油箱通风 3-排气罐 4-加油通风管（其他国家和地区）18 mm×1 mm 6-加油通风管（其他国家和地区）10 mm×1 mm 8-供油模块 9-右侧水平传感器 10-左侧水平传感器

图2-2-40

位限制器；90 L油箱的右侧（1A）不带加注油位限制器。

油箱通风通过连接炭罐或油箱加注管的除气罐进行。

对于油箱通风，其他国家和地区及美国燃油箱具有不同的通风管直径和不同的炭罐。美国标准如图2-2-41所示。

供油模块包括电动三相交流燃油泵、燃油滤清器和压力控制阀。压力控制阀可将燃油低压限制为最高670 kPa过压。燃油箱概图如图2-2-42所

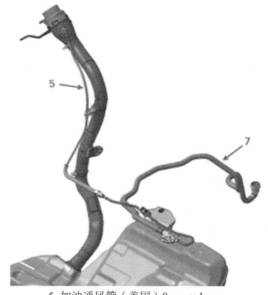

5-加油通风管（美国）8 mm×1 mm
7-加油通风管（美国）18 mm×1.5 mm

图2-2-41

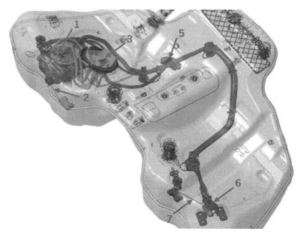

1-带燃油泵、燃油滤清器和压力控制阀额供油模块 2-右侧燃油油位传感器 3-法兰 4-涡流腔 5-右侧吸油喷射泵 6-左侧吸油喷射泵 7-左侧燃油油位传感器

图2-2-42

示，右侧供油模块/燃油油位传感器如图2-2-43所
示，左侧燃油油位传感器如图2-2-44所示。

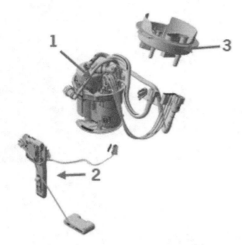

1-带燃油泵、燃油滤清器和压力控制阀额供油模块 2-右侧燃油油位传感器 3-法兰
图 2-2-43

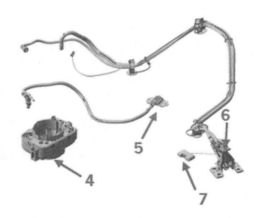

4-涡流腔 5-右侧吸油喷射泵 6-左侧吸油喷射泵
7-左侧燃油油位传感器 注：在油箱右半部分，可单独更换供油模块、燃油油位传感器和法兰。4~7可与燃油箱一起更换。
图 2-2-44

（二）燃油低压控制

1.燃油低压传感器

燃油低压传感器位于高压燃油泵右侧气缸列上游的低压管路中。

2.燃油软管

燃油低压侧采用了渗透性更低的增强型5层燃油软管。带油轨和附加零件的高压燃油泵如图2-2-45所示。

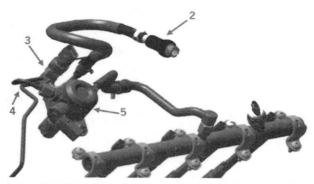

2-来自燃油箱的燃油低压管路 3-燃油低压传感器 4-燃油低压管路（气缸列和气缸列2的高压燃油泵） 5-高压燃油泵（右侧气缸列）
图 2-2-45

3.燃油泵的控制单元

用于调节电动三相交流燃油泵的控制单元由DME控制单元按需启动。安装在车底右侧的燃油箱前部。

电动燃油泵的速度控制可根据燃油需求，将燃油低压调节为300~550 kPa过压之间。根据燃油低压和供油速度，电动燃油泵的电流消耗在3~25 A（25 A为最大值）之间。控制单元的安装位置如图2-2-46所示，燃油泵控制单元如图2-2-47所示。

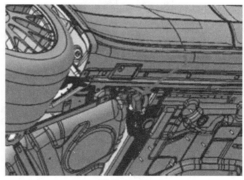

图 2-2-46

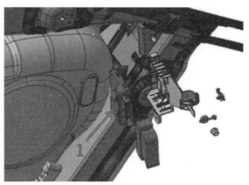

图 2-2-47

（三）燃油高压系统

燃油直喷（DFI）系统已全部重新设计。该系统的新特性包括气缸盖中7孔喷油器（位于火花塞旁）的中央位置和增大的燃油压力。

这两项措施有效地优化了混合气形成和燃烧特性，因此，尽管采用涡轮增压器技术，仍可省去预热阶段的二次空气喷射。

每个气缸列都配有带油量控制阀的高压燃油泵以及燃油高压传感器。单活塞高压燃油泵由排气凸轮轴上的四角凸轮通过滚柱挺杆操纵。

燃油高压油轨位于气缸盖之间。燃油高压管路带有基于球锥原理的螺钉接头；在安装过程中必须严格遵循PIWIS信息系统中的规范。

油量控制阀由DME控制单元操纵，以便将燃油高压调节到所需的值。根据运行条件，燃油高压调节为700 kPa（在怠速转速和工作温度下）到25 000 kPa（在节气门全开时）之间。在三元催化器的加热阶段，燃油高压也将增加到约25 000 kPa。高压部件的排列如图2-2-48所示。

1-火花塞　2-喷油器（位于气缸盖中央）　3-（燃烧室中）7孔喷油器的喷射模式喷射压力为7000~25 000 kPa　4-排气凸轮轴（4凸轮）　5-高压燃油泵　6-气缸列1的高压燃油泵　7-气缸列2的高压燃油泵

图 2-2-49

1. 气缸盖上的安装位置

喷油器位于气缸盖的中央位置非常有利于燃油在气缸内实现均匀、对称的分布。

图2-2-49显示了位于燃烧室中央的火花塞和喷油器的安装位置，以及配有油量控制阀的高压燃油泵（位于气缸列1和2的气缸盖上）的安装位置。燃油泵通过排气凸轮轴驱动。

油量控制阀由DME控制单元操纵，以便将燃油高压调节到所需的值。

2. 喷油器

喷油器采用7喷口喷射模式。激光喷孔的直径为0.19 mm。针阀升程0.070 mm。喷射时间为0.3~6 ms。

喷孔如图2-2-50所示，喷孔横截面如图2-2-51所示。

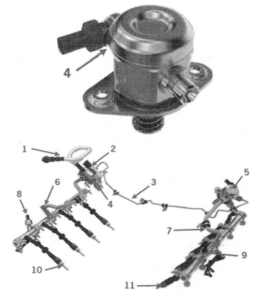

1-燃油低压管路　2-燃油低压传感器　3-燃油低压管路到气缸列1和气缸列2的高压燃油泵　4-右侧带油量控制阀的高压燃油泵（气缸列1）　5-左侧带油量控制阀的高压燃油泵（气缸列1）　6-高压管路（连接到气缸列1的燃油轨）　7-高压管路（连接到气缸列2的燃油轨）　8-燃油高压传感器（气缸列1）　9-燃油高压传感器（气缸列2）　10-7孔喷油器（气缸列1）　11-7孔喷油器（气缸列2）

图 2-2-48

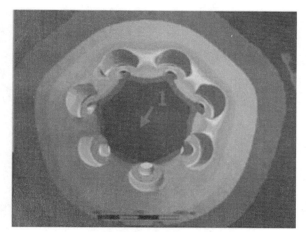

图 2-2-50

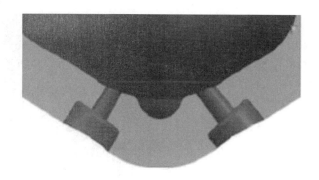

图 2-2-51

3. 喷射策略

三元催化器预热：在进气冲程喷射2次，在压缩冲程喷射1次。

在工作温度下怠速运行：在进气冲程喷射1次。

在相应发动机负荷下：在进气冲程喷射2次（转速不超过规定的发动机转速）。

超过此发动机转速时：在进气冲程喷射1次。

注：必须使用适当的专用工具来拔取喷油器和安装新的Teflon密封环。

对燃油高压系统进行操作后必须执行泄漏检测。中央喷油器剖面图如图2-2-52所示。

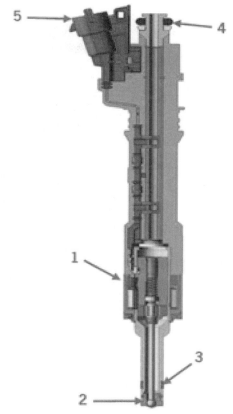

1-7孔喷油器（位于气缸盖中央）　2-气门座
3-Teflon密封环（用于气缸盖）　4-用于燃油高压油轨的O形
环　5-电气连接（升压电压可达65 V）
图 2-2-52

四、进气系统

空气滤清器壳位于前裙板后面。

进气在前裙板后面吸入，并在两根管道中导入空气滤清器下游气缸列1和气缸列2的涡轮增压器进气侧，如图2-2-53所示。

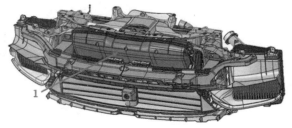

1-进气在前裙板后面吸入
图 2-2-53

涡轮增压器下游的压力管之间是相连的。空气从这些压力管经由压力软管、增压空气冷却器和节气门流入气缸列1和气缸列2的进气歧管，如图2-2-54所示。

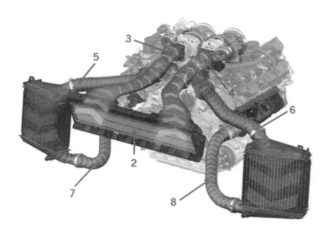

2-带有滤清器滤芯的空气滤清器壳体　3-右侧吸气软管以及进气管（气缸列1）　4-左侧吸气软管以及进气管（气缸列2）　5-至右侧增压空气冷却器的压力软管（气缸列1）　6-至右侧增压空气冷却器的压力软管（气缸列2）　7-至左侧节气门的压力软管（气缸列1）　8-至左侧节气门的压力软管（气缸列2）

图 2-2-54

（一）进气侧

涡流元件集成在涡轮增压器上游的进气管中。涡流元件可在气流进入涡轮增压器之前使其稳定。此外，空气也在废气涡轮增压器中按照与压缩机叶片相同的旋转方向预旋，从而消除或至少大幅减少了废气涡轮增压器中空气流动产生的噪音问题。空气涡流如图2-2-55所示，涡流元件如图2-2-56所示。

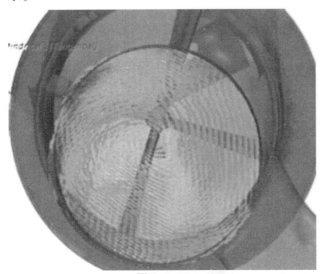

图 2-2-55

1-进气管中的涡轮元件（涡轮增压器上游）

图 2-2-56

1. 吸油喷射泵

吸油喷射泵（文丘里管，图2-2-57中的6）安装在气缸列1和列2的进气侧和压力侧之间；在增压压力下将发生油箱通风。进气系统连接如图2-2-57所示，油箱通风装置的文丘里喷嘴如图2-2-58所示，含进气歧管的发动机视图如图2-2-59所示。

1-右侧进气管（含涡轮增压器上游的涡轮元件）　2-左侧进气管（含涡轮增压器上游的涡轮元件）　3-至右侧增压空气冷却器的压力管（含脉冲减震器）　4-至左侧增压空气冷却器的压力管（含脉冲减震器）　5-左侧/右侧连接管　6-左侧/右侧油箱通风文丘里管　7-左侧连接/曲轴箱通风

图 2-2-57

图 2-2-58

2-气缸列2（左侧）节气门调节单元（电子节气门）
3-气缸列1（右侧）节气门调节单元（电子节气门）
4-右侧进气歧管
图 2-2-59

2. 曲轴箱通风

左侧和右侧（图2-2-57中的7）进气管的曲轴箱通风连接用于在增压压力下对曲轴箱进行通风。

（二）压力侧

在涡轮增压器下游，压缩机侧的两根气体管道通过一根连接管连接，以抑制移相压力震动，并针对压缩机泵送提供更大的保护。

在至增压空气冷却器的压力管中，脉冲减震器起到预防气流噪声的作用。

（三）进气歧管

两侧进气歧管上都装有进气歧管压力/进气温度传感器，以及曲轴箱和油箱通风的连接。

进气系统中存在真空时，将通过进入气缸列1和气缸列2进气歧管的相应连接进行曲轴箱和油箱通风，如图2-2-60所示。

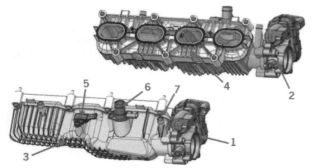

1-右侧节气门调节单元　2-左侧节气门调节单元　3-右侧进气歧管　4-左侧进气歧管　5-右侧进气歧管/进气温度传感器　6-右侧曲轴箱通风连接　7-右侧油箱通风连接
图 2-2-60

1. 进气歧管压力/进气温度传感器（SENT）

发动机负荷由左侧和右侧进气歧管中的进气歧管压力/进气温度传感器（SENT）进行测量（图2-2-60中的5）。进气歧管压力和进气温度通过信号线传输到DME控制单元。SENT日志用于传输信号。SENT=Single Edge Nibble Transmission（单边半字节传输）。进气歧管压力/进气温度传感器（SENT）如图2-2-61所示。

图 2-2-61

8-增压压力传感器
图 2-2-62

2. 增压压力传感器（SENT）

增压压力传感器如图2-2-62中8所示安装在气缸列1和气缸列2的节气门上游（增压空气冷却器的下游）。增压压力传感器如图2-2-62所示。

（四）节气门调节单元

Panamera的V8涡轮增压发动机在每个进气歧管上游都有直径为48 mm的节气门调节单元。

新的节气门调节单元配有非接触式数字Hall IMC旋转角度传感器，用于实现节气门的位置反馈。这可确保在整个使用寿命期间，不会发生磨损，而且测量准确性非常高。

在节气门调节单元中，节气门、节气门驱动装置和节气门角度传感器（Hall IMC）整合在一个壳体中。

该节气门传感器是冗余的。节气门位置通过两个独立、反向旋转的非接触式传感器进行反馈。产生的电压信号与以前安装的电位计的电压信号相当。

执行器由带两级齿轮单元的直流电机组成。

节气门通过电机定位在下部和上部机械终止位置之间。带2个电子节气门的V8涡轮增压发动机如图2-2-63所示，气缸列2（左侧）电子节气门如图2-2-64所示。

1-电子节气门

图2-2-63

图2-2-64

DME控制单元以电动方式启动节气门。用于启用节气门的输入变量包括加速踏板位置以及来自可能影响发动机扭矩的系统的请求。重置后，必须使用PIWIS检测仪执行电子节气门自适应。在此期间，系统将设定下限位置（节气门关闭）。

（五）增压空气冷却

在Panamera车型中，在涡轮增压过程中经加热的增压空气由位于发动机上游的两个增压空气冷却器进行冷却。

安装在侧面部分的两个增压空气冷却器通过流经侧进气口的气流进行冷却。经加热的增压空气将热量传递给环境空气。涡轮增压器下游的增压空气温度最高达到200℃，由增压空气冷却器冷却到70℃以下。前视图如图2-2-65所示。

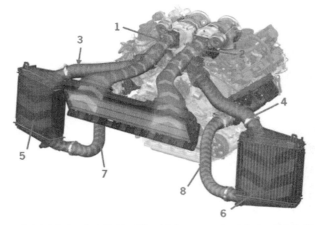

1-右侧进气侧（涡轮增压器上游）　2-左侧进气侧（涡轮增压器上游）　3-右侧压力侧（热侧，涡轮增压器下游）　4-左侧压力侧（热侧，涡轮增压器下游）　5-右侧增压空气冷却器　6-左侧增压空气冷却器　7-至右侧节气门（冷侧）　8-至左侧节气门（冷侧）

图2-2-65

借助增压空气冷却器的直接冷却原理（空气/空气），在静止和动态车辆操作中均可实现较高的冷却性能。

五、净化空气管道

在Panamera 2017年款的V8涡轮增压发动机上，包含排气歧管、涡轮增压器和三元催化器的热侧位于气缸盖之间的发动机气缸体的V形槽上方。净化空气管道用于此区域的散热。安装在内部V形槽中的其他重要隔热板包括机油滤清器模块隔热板、净化空气管道侧面部分、内部V形槽隔热板，以及至后部的内部V形槽密封件。净化空气管道如图2-2-66所示。

从前部防护罩（冷却器进气）到车辆车身底部落水管区域，净化空气道形成了封闭式的"气密"通道。目的是从涡轮壳体和三元催化器有针对性地快速散热（涡轮温度约900℃，排气温度约400℃）。

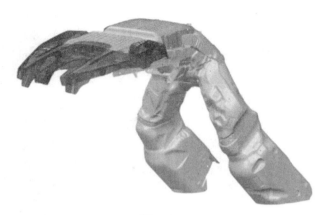

图 2-2-66

净化空气管道具有多层结构，内部和外部不锈钢箱包住由玻璃纤维针刺垫制成的绝缘材料，如图2-2-67和图2-2-68所示。

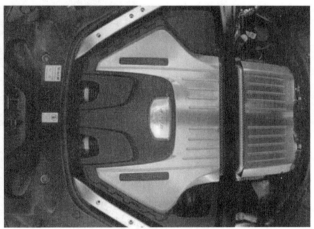

图 2-2-67

图 2-2-68

内部V形槽的集成式温度传感器位于气缸列1的侧面部分。防护架如图2-2-69所示，气缸列1

（右侧）温度传感器如图2-2-70所示。

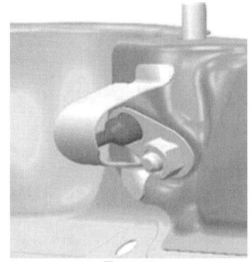

图 2-2-69

图 2-2-70

除了温度传感器，以下部件也位于净化空气道的封闭结构中：2个排气歧管、2个涡轮增压器、2个预催化转化器、2个初级催化转化器。

注：在净化空气管道区域工作时，必须严格遵循PIWIS信息系统中的安全指南和规范。谨防被高温排气系统烫伤。

此外，还必须将部件正确地完全安装到位。不得出现因部件变形或缺失而造成的泄漏。

只能在净化空气管道完全关闭且电风扇正常工作的情况下进行试驾。

六、涡轮增压

（一）双道排气歧管

排气歧管具有管道分隔装置，这意味着2个气缸形成一个流向双涡旋式涡轮增压器的废气流。双道排气歧管如图2-2-71所示。

图 2-2-71

在 V8 发动机（和 R4 发动机）气缸列内部的点火顺序中，（某些）气缸之间有 180° 的点火间隔。此间隔在排气侧尤为不利，因为气缸通过歧管彼此直接相连时，在气体循环过程中，受影响的气缸会通过排气压力波（通过打开排气门触发）对彼此产生非常不利的影响。因此，气缸中的废气量较高，导致气体循环完成后充注的新鲜空气较少。结果导致这些气缸产生较低的扭矩。

双道排气歧管使废气能够分别输送至涡轮。这可以防止各气缸在气体循环期间相互产生不利影响。气缸是根据发动机气缸列的排列选择的，因此连续的气缸始终分配给不同的排气管。顶视图如图 2-2-72 所示。

在低转速时，这可以提供显著的扭矩优势。

1-气缸列1（右侧）排气歧管   2-气缸列2（左侧）排气歧管
图 2-2-72

（二）双涡旋式涡轮增压器

废气涡轮增压的系统设计针对发动机低转速范围的高扭矩、动态响应性以及性能目标的高要求进行了优化。

V8 发动机配有两个双涡旋式涡轮增压器，在气缸列内部 V 形槽中采用中央涡轮布置形式。这就缩短了废气路径，从而提高了涡轮增压器的直接响应性。双道排气歧管如图 2-2-73 所示。

涡轮增压器反向旋转。气缸列 1 涡轮顺时针旋转，而气缸列 2 涡轮则逆时针旋转。借助这种结构，可以设计两个具有最佳效率的涡轮增压器，同时最大限度地利用安装空间。双涡旋式涡轮增压器如图 2-2-74 所示。来自一个气缸列的废气被分别引入双涡旋式涡轮增压器，废气流在到达涡轮之前不会合并。在气体循环过程中，这可以防止低速时的相互作用，从而优化发动机中的充气状况。其目的是实现尽可能均匀、尽可能高的涡轮增压器转速范围。如图 2-2-75 所示。

1-双道排气歧管
图 2-2-73

1-双道排气歧管   5-废气旁通阀的膜片室   7-机油回油管
8-冷却水供应管
图 2-2-74

1-双道排气歧管   2-双涡旋式涡轮增压器   3-涡轮，废气侧
4-压缩机轮，空气侧   6-废气旁通阀
图 2-2-75

涡轮的旋转方向：气缸列1（右侧）的旋转方向；气缸列2（左侧）的旋转方向。中央涡轮布置形式如图2-2-76所示。

图 2-2-76

废气涡轮增压器的几何涡轮以及废气旁通管得到了增强。

压缩机轮的直径为60 mm，涡轮的直径为53 mm。这种涡轮和压缩机的尺寸设计可确保提供实现最佳响应性所需的涡轮动力、在气门全开时的较高效率，以及使车辆在较高的车外温度和高海拔地区运行所需的储备量。流经双涡旋式涡轮增压器如图2-2-77所示。

1-新鲜空气（进气口）　2-压缩机轮（新鲜空气）　3-增压压力（出口）　4-废气进气口（双道）　5-涡轮（废气）　6-废气排气口（至三元催化器）　7-废气旁通阀执行器　8-废气旁通阀　9-电动分流阀

图 2-2-77

双涡旋式涡轮增压器的正面影响包括降低排气背压、改善发动机气体交换，从而改善其耗油量、性能和响应性。

（三）增压压力控制

涡轮增压器的增压压力控制通过废气旁通阀实现。涡轮增压器/废气旁通阀图示，后视图如图2-2-78所示。

真空控制的废气旁通阀系统允许受控操作，从而在动态响应和排放方面实现较宽的图谱（在三元催化器加热期间打开）。废气旁通阀系统借助翼片和推杆上的弹簧元件实现隔音。

废气旁通阀通过真空关闭，以增大增压压力。

1-右侧涡轮废气侧（气缸列1），顺时针旋转方向　2-左侧涡轮废气侧（气缸列2），逆时针旋转方向　3-废气旁通阀（气缸列1）　4-氧传感器的安装位置（气缸列1的LSU）　5-氧传感器的安装位置（气缸列 2 的LSU）

图 2-2-78

在设计涡轮增压系统时，涡轮增压器的响应性被摆在了特别重要的位置。因此，在运动型驾驶期间，涡轮增压器在部分负载范围内处于"准备启动"状态。为此，废气旁通阀关闭，点火点延迟，节气门轻微闭合。因此，当前驱动扭矩保持不变，但节气门上游的增压压力增大。在将加速踏板踩到底（节气门全开）的后续加速阶段，发动机便可立即提供更高的增压压力和更高的扭矩。

如果在全力加速期间负载发生变化，松开加速踏板（车辆处于超越传动模式）后，节气门不会完全闭合。因此，增压压力不会完全散失，当随后踩下加速踏板后，可再次提供增压压力以进行再加速。

在性能方面，这意味着显著增强的弹性以及直接的响应性。增压压力控制，前视图如图2-2-79所示。

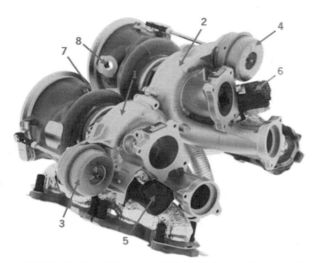

1-压缩机壳（气缸列1）　2-压缩机壳（气缸列2）　3-废气旁通阀真空单元（气缸列1）　4-废气旁通阀真空单元（气缸列2）　5-电动分流阀（气缸列1）　6-电动分流阀（气缸列2）　7-LSU氧传感器的安装位置（气缸列1废气侧）　8-LSU氧传感器的安装位置（气缸列2废气侧）

图2-2-79

电动分流阀集成在涡轮增压器的压缩机壳中。

宽带氧传感器用于测量三元催化器上游的残余氧气含量；它们安装在涡轮增压器的废气侧（在连接三元催化器的法兰前部）。

增压压力控制阀：DME控制单元启用两个电动增压压力控制阀后，相应的真空将导入废气旁通阀的真空单元，以调节所需的增压压力。增压压力控制阀如图2-2-80所示。

V 8涡轮增压发动机的最大增压压力约为1400 kPa过压。

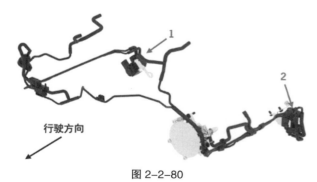

行驶方向

图2-2-80

气缸列1（右侧）和气缸列2（左侧）的两个增压压力控制阀位于左侧和右侧进气歧管后面。左前发动机视图如图2-2-81所示。

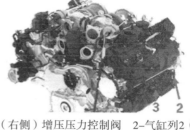

1-气缸列1（右侧）增压压力控制阀　2-气缸列2（左侧）增压压力控制阀　3-气缸列2（左侧）进气歧管

图2-2-81

七、混合气形成

（一）燃烧室几何结构

喷油器处于气缸中央位置，使它与活塞顶的距离更一致且更远，这有助于燃油在气缸内均匀、对称分布，从而改善混合气形成。

喷射孔直径和喷射模式与相关的排量和气缸直径相匹配。因此可确保形成高度均匀的混合气。

开发时特别考虑了火花塞方向的喷嘴定位，以确保在三元催化器加热阶段，即使在很晚的点火点也能通过靠近点火点的附加喷射提供可靠、稳定的点火。

喷油器中置以及增大的燃油压力（最高达25 000 kPa）对混合气形成和燃烧行为的改善效果非常显著，以至于可以省去先前用于加热三元催化器的二次空气喷射过程。

进一步的开发以燃烧过程为重点，优化操作模式图谱中以及发动机冷启动和预热阶段未经处理的排放。与喷油器中置及所选的系统硬件相结合，针对启动、三元催化器加热、预热以及工作温度下的

1-喷油器中置　2-火花塞凹槽　3-（燃烧室中）7孔喷油器的喷射模式　4-活塞顶

图2-2-82

发动机实施了不同的燃油喷射策略，从而实现较低的未处理排放值，且符合所有规定的废气排放值。燃烧室视图如图2-2-82所示。

（二）炭罐

燃油箱在工作过程中和加油过程中通过炭罐进行通气和通风。炭罐位于车辆车身底部，在燃油箱后部的右后方。

在驾驶过程中，在油箱通风系统通电时系统向发动机进气系统通风。炭罐（其他国家和地区）如图2-2-83所示

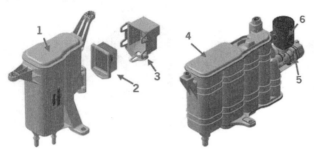

1-炭罐（其他国家和地区）　2-过滤器　3-护盖
4-炭罐（美国和韩国，配备 DMTL）安装
5-DMTL（油箱泄漏诊断模块）　6-过滤器
图 2-2-83

炭罐（美国和韩国）：在美国和韩国款车型上，安装了带油箱泄漏诊断模块（DMTL）的炭罐，用于检测系统有无泄漏现象。DMTL的功能已在多个前代车型中介绍。炭罐的安装位置如图2-2-84所示。

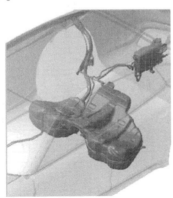

图 2-2-84

（三）发动机油箱通风

由于今后与SHED排放相关的要求会变得更加严格，因此燃油箱通风系统也设计为双分支系统，以改进均匀分布并增加回油量。在驾驶过程中，在

油箱通风系统通电时炭罐向进气系统通风。

在真空条件下，通过相关止回阀向进气歧管（节气门下游）直接通风，在增压压力条件下，通过吸油喷射泵向涡轮增压器进气侧通风。

吸油喷射泵的功能基于文丘里原理。压力侧和进气侧（真空）之间的压力差可产生载流气体，只要存在足够的压力差（节气门全开），即可将油箱通风气体吸入进气歧管。油箱通风软管如图2-2-85所示，吸油喷射泵如图2-2-86所示。

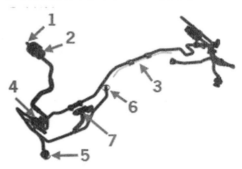

油箱通风软管

安装位置概图

1-来自炭罐　2-消声器　3-左侧连接至气缸列的管路　4-右侧油箱通风阀（活性炭过滤器）　5-右侧到进气歧管的通风装置　6-右侧到涡轮增压器进气侧的通风装置（经由吸油喷射泵）　7-压力传感器（美国、韩国）
图 2-2-85

图 2-2-86

（四）曲轴箱通风系统

曲轴箱通风是通过带机油分离器的气缸列1和气缸列2的曲轴箱通风阀进行的。

当进气歧管中存在真空时，通过通风管路和止回阀直接对左右进气歧管进行通风，而当存在增压压力时，则直接对左右涡轮增压器的进气侧进行通风。

借助曲轴箱强制通风（PCV），在增压压力侧（节气门上游）的增压压力下，通过节流器和电动切断阀对曲轴箱进行主动通风。PCV不断向机油油位以上供应空气，以最大限度减少进入机油的燃油量，并协助清除燃油。

通过通电可将电动切断阀关闭，以便在某些操作条件下切断空气流，并防止窜气。气缸列1、气缸列2曲轴箱通风如图2-2-87所示，详细视图如图2-2-88所示。

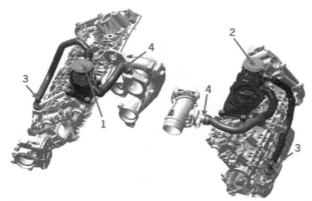

1-气缸列1曲轴箱通风/机油分离器　2-气缸列2曲轴箱通风/机油分离器　3-到进气歧管的通风装置（怠速时）　4-到涡轮增压器进气侧（存在增压压力时）的通风装置

图2-2-87

5-曲轴箱强制通风（PCV），节气门上游的空气接头（用节流器加以改装）　6-电动切断阀

图2-2-88

八、点火系统

为减少噪音，安装了隔音罩（下部和上部）。必须拆下隔音罩的上部，才能拆下点火线圈和火花塞。隔音罩（图2-2-89和图2-2-90）的下部位于气缸停用执行器上方。

图2-2-89

火花塞具有接地电极（气隙）和M12×1.25螺纹。要拆除火花塞，需要使用对边宽度为14 mm的专用双六角套筒。

火花塞配有经改进的高压端子，该端子带有用于接触的接触片。新的接触设计要求点火线圈接触弹簧在火花塞的接触片上完美入位。火花塞凹槽如图2-2-92所示。

图2-2-90

独立式点火线圈通过钢制系紧螺钉进行安装固定。全新开发的点火线圈采用"火花塞顶部"设计，配有整体式点火驱动器，专为满足更高的点火电压要求（超过30 kV）而打造。单火花点火线圈如图2-2-91所示。

图 2-2-91

图 2-2-93

注：对硅胶护套涂上少量滑石粉有助于重新安装及拆卸点火线圈。

火花塞凹槽有轻微的角度弯曲。因此，务必使用挠性加长件（a/f 14）。

图 2-2-92

图 2-2-94

（一）爆震传感器

为了进行爆震检测，V8发动机带有4个爆震传感器（每个气缸列2个爆震传感器），安装在气缸列1和气缸列2外部的发动机气缸体上部区域。爆震传感器如图2-2-93所示。

DME控制单元具有增强的信号评估功能，可进行爆震检测。发动机专为辛烷值为98 RON的燃油而设计。如果使用辛烷值为95 RON的燃油，爆震控制系统会做出相应的响应，可能会因点火点延迟而导致。发动机功率降低。爆震传感器的位置如图2-2-94和图2-2-95所示。

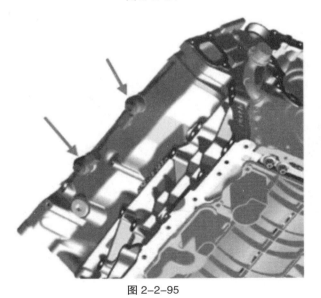

图 2-2-95

（二）曲轴速度传感器

速度传感器用于测量曲轴位置和发动机转速。

差分霍尔效应传感器还可检测在关闭发动机时发动机是否反向转动。

　　注：如果磁化转子接触永久磁铁，则会受到破坏。因此，必须使用测试卡检查转子。检查多极编码器轮如图2-2-96所示，测试卡T10473如图2-2-97所示。

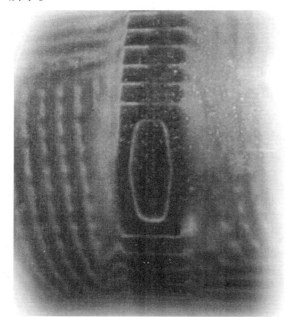

图 2-2-96

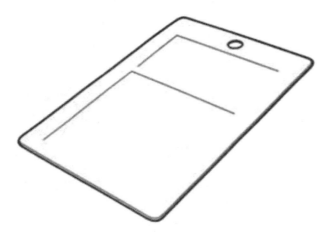

图 2-2-97

　　多极编码器轮是一种磁化转子，安装在曲轴输出侧。多极编码器轮如图2-2-98所示，曲轴传感器如图2-2-99所示。由于参考标记，安装转子时必须遵循确切的位置。

图 2-2-98

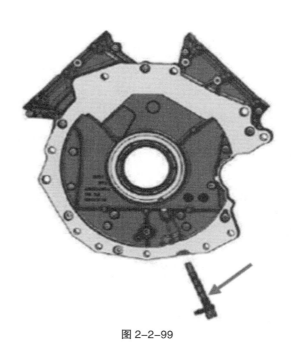

图 2-2-99

九、排气系统

（一）三元催化器

　　设计时，针对废气后处理系统选择了在内部V形槽中采用紧密耦合式三元催化器布局，以满足今后全球排放法规的严格要求。发动机和排放控制系统专为实现较低的未经处理的废气排放量而设计，符合全球所有严格的排放法规，例如EURO 6ZD第2阶段标准和美国LEV III/ULEV 125标准。紧密耦合式排气管如图2-2-100所示。

　　此外，还采用净化空气管道来防止集成预三元催化器和主三元催化器处的意外温度损失，以确保实现最佳再生效果。

设计流入三元催化器的气流时，废气涡轮增压器的几何涡轮和废气旁通管针对三元催化器加热及其他发动机操作点进行了优化。目标包括获得非常均匀的气流，对三元催化器基体进行加热，以及实现最佳氧传感器位置。涡轮增压器废气旁通阀的附加开口在三元催化器预热过程中对快速加热三元催化器起到了至关重要的作用。例如，在三元催化器预热过程中实现3次喷射及靠近点火点的小量喷射，以确保在点火点非常晚的情况下也能提供可靠、稳定的燃烧。

使用无漏点氧传感器可确保及早干预氧传感器的闭环控制，从而得以改进混合气控制。

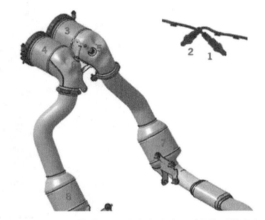

1-气缸列1的LSU氧传感器（在右侧废气涡轮增压器中）　2-气缸列2的LSU氧传感器（在左侧废气涡轮增压器中）　3-气缸列1的预三元催化器（右侧）　4-气缸列2的预三元催化器（左侧）　5-预三元催化器下游的LSF氧传感器（气缸列1）　6-预三元催化器下游的LSF氧传感器（气缸列2）　7-主三元催化器（气缸列1）　8-主三元催化器（气缸列2）

图 2-2-100

LSU宽带氧传感器位于预三元催化器上游（在涡轮增压器壳体中）。DME控制单元使用预三元催化器LSU氧传感器的信号来检测混合气比例。考虑到发动机负荷，对喷射量进行了控制，以确保获得理想的混合气比例（lambda=1），从而为三元催化器中的废气处理创造最佳条件。

LSF氧传感器安装在预三元催化器下游。这些氧传感器用于对预三元催化器进行诊断，以及监测宽带氧传感器的功能。

（二）排气系统

Panamera Turbo配有双道排气系统，从气缸列1和气缸列2的气缸排气歧管经由涡轮增压器、预三元催化器、主三元催化器、前消音器和后消音器至尾管。Panamera Turbo排气系统如图2-2-101所示。

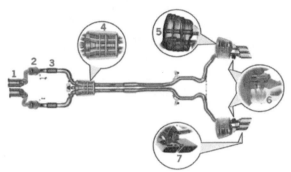

1-左/右预三元催化器　2-左/右主三元催化器　3-左/右退耦元件　4-前消音器　5-左/右后消音器　6-活门控制　7-左/右排气尾管

图 2-2-101

运动型排气系统（选装）：Panamera Turbo可选装运动型排气系统，如图2-2-102所示。

它不仅能发出令人印象深刻的声音，而且运动型尾管也赋予了它独特的外观。运动型排气系统配有首尾相连的两个管道，带紧密耦合式预三元催化器和主三元催化器，但采用活门控制的连接，而不是前消音器和后消音器，且每个管道带两个排气管。排气尾管如图2-2-103所示。

可以在PCM中将运动型排气系统切换到排气声经过优化的模式。内部排气管上的活门可通过机电制动器切换。

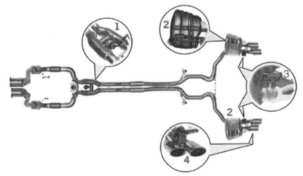

1-带活门控制的连接　2-左/右消音器　3-消音器的活门控制　4-左/右排气尾管

图 2-2-102

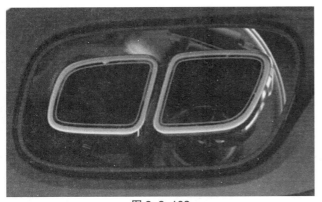

图 2-2-103

十、热量管理系统

（一）功能概览

与前代车型一样，G2 Panamera 2017年款也配备了热量管理系统，以降低耗油量和二氧化碳排放量（尤其在冷启动后）。在新车型中，发动机、变速器和暖风通过按需启用的各个局部冷却回路，更快地实现预热。V8 Turbo中热量管理系统的功能概图，如图2-2-104所示。

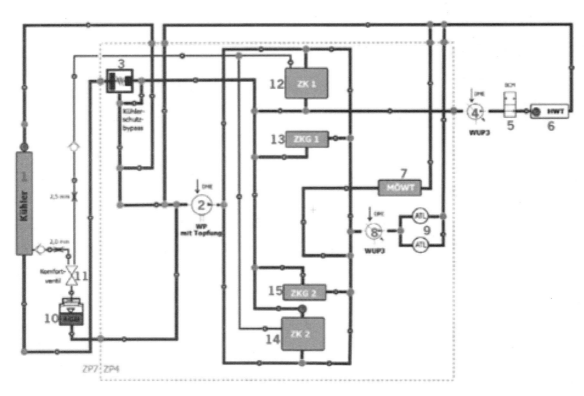

1-散热器　2-可切换冷却液泵　3-带电动图谱控制功能的节温器　4-电动加热泵　5-加热切断阀　6-暖风热交换器　7-机油热交换器　8-废气涡轮增压器的电动泵　9-涡轮增压器　10-冷却液膨胀箱　11-带排气杆的舒适阀　12-气缸列1的气缸盖　13-气缸列1的发动机气缸体　14-气缸列2的气缸盖　15-气缸列2的发动机气缸体

图 2-2-104

借助热量管理系统，可满足以下条件：

（1）在冷启动后，通过可切换冷却液泵快速达到工作温度。

（2）通过电动图谱节温器调节设定点温度（105 ℃或94 ℃）。

（3）在节气门全开时，达到高冷却液流量。

加上在车辆中实现的膨胀箱切断，这款热量管理系统对降低车辆的耗油量起着重要作用。

（二）可切换冷却液泵

V8发动机热量管理系统的一项新功能是可切换冷却液泵。根据冷却要求分两个阶段对此进行切换，并且进一步支持降低耗油量和二氧化碳排放量。部件概图如图2-2-105和图2-2-106所示。

1-冷却液分配器壳　2-电动图谱控制式节温器
3-可切换冷却液泵
图 2-2-105

图 2-2-106

在冷启动后，DME控制单元通过电动气动转换阀向膜片室施加真空，在真空作用下，在水泵轮上形成杯形壳体，从而中断冷却液温度最高约80 ℃的冷却液流。电控气动转换阀如图2-2-107所示。

因此，在发动机预热阶段，静态水有助于燃烧室和机油更快升温。这可以改善发动机的排放和摩擦性能。

4-电动转换阀
图 2-2-107

（三）图谱控制式节温器

通过电动图谱控制式节温器，可根据操作条件快速调节到计算出的设定点温度（105 ℃或94 ℃）。DME控制单元可以通过增大加热电流进一步打开节温器，从而降低冷却液温度。在正常驾驶过程中，冷却液温度将调节至约105 ℃（较低的内部摩擦）；在运动型驾驶或高度动态驾驶过程中，温度降至约94 ℃（性能），如图2-2-108所示。

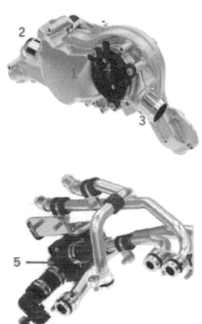

1-冷却液分配器壳　2-散热器回流（冷）　3-散热器供应管路（热）　4-电动图谱控制式节温器　5-电动冷却液泵
图 2-2-108

图 2-2-109

（四）电动冷却液持续运行泵

在关闭发动机后，电动冷却液持续运行泵可根据需要通过涡轮增压器壳体执行冷却液循环，以便散热。根据操作状态，可能会持续运行10~45 min。电动冷却液泵的供给量约为500 L/h。电动冷却液持续运行泵，如图2-2-109所示。

（五）主动冷却空气活门

Panamera 2017年款的冷却空气活门可实现随时按需发动机冷却。在冷却需求降低的情况下，可通过冷却空气活门限制空气流量。这导致流过车辆的空气减少，从而达到降低风阻的目的。主动冷却空气活门如图2-2-110所示。

这就提高了空气动力学效能，使得NEDC中（尤其是以客户为中心的驾驶操作中）的耗油量显著降低。为了控制冷却空气活门，需要确定发动机、变速器和空调的冷却需求，并考虑由于车辆通流和电动散热器风扇导致的功率损耗。就车辆整体效率而言，这实现了针对当前驾驶条件的冷却空气活门位置和散热器风扇启动的最佳组合的实时计算。

注：主动冷却空气活门的功能测试可通过驱动链接测试进行。

在更换冷却空气活门或伺服电机之后，必须执行极限位置的自适应。伺服电机如图2-2-111所示。

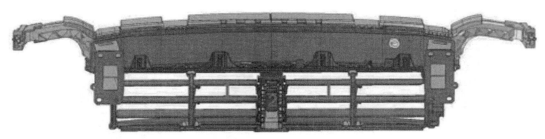

图2-2-110

为了实现尽可能高的效率，可连续调节冷却空气活门（从完全打开到关闭）。中间位置会根据冷却需求、温度和速度而有所不同。在低于+5 ℃的环境温度下，冷却空气活门处于打开状态（防结冰）。

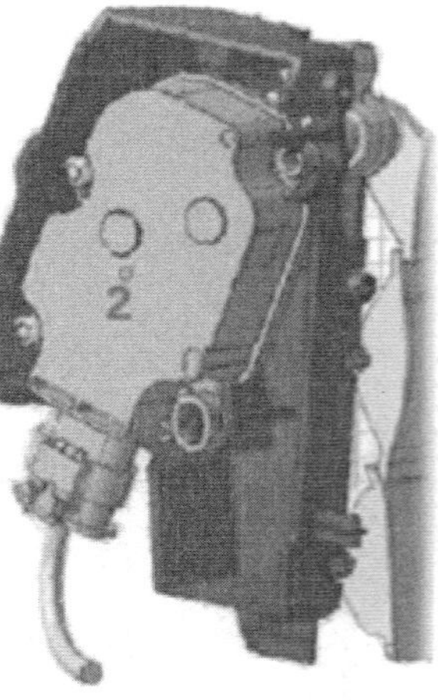

（六）电风扇

Panamera配有电动散热器风扇。电风扇的驱动器可根据需要无级启用（Panamera Turbo的控制范围：0 ~ 940 W）。带驱动器的电风扇，如图2-2-112所示。

3- 电动散热器风扇

图2-2-112

1-主动冷却空气活门　2-伺服电机

图2-2-111

十一、其他DME功能

DME控制单元可根据运行条件，通过进气侧和排气侧的凸轮轴调节器将凸轮轴调节50°的曲轴转角。位置反馈是通过4个霍尔效应传感器（可通过转子检测凸轮轴位置并将其发送至DME控制单元）进行的。中央阀如图2-2-113所示，详细视图如图2-2-114所示。

图 2-2-113

1-气缸列1的中央阀，进气凸轮轴　2-气缸列1的中央阀，排气凸轮轴　3-气缸列2的中央阀，进气凸轮轴　4-气缸列2的中央阀，排气凸轮轴　5-气缸列1/气缸列2的叶片式调节器，进气阀/排气阀

图 2-2-114

进气和排气凸轮轴调节器设计为叶片式调节器。该系统由设计紧凑的中央阀（通过螺纹连接到凸轮轴）控制。

与前代发动机相比，通过中央控制阀可在接近怠速的极低发动机转速下大幅提高系统的调节速度。为了在排气侧的两个方向上实现大致均匀分布的调节速度，在排气调节器上额外安装了扭矩补偿弹簧。

调节系统通过位于凸轮轴轴线上的电磁阀进行切换，该电磁阀可启动中央螺钉中的弹簧承载式五位三通阀。霍尔传感器带转子的凸轮轴（箭头）如图2-2-115所示。

图 2-2-115

（一）气缸停用

新的自适应气缸控制可实现按照4缸发动机来操作8缸发动机。部分载荷区间中的发动机负荷点被转移到更节油的操作范围。有针对性地关闭要停用的气缸的进气阀和排气阀有助于降低耗油量和二氧化碳排放量。

利用两级滑动凸轮系统和双销执行器来实现气缸停用。该系统用于根据需要连接或断开气缸2、3、5和8的气门驱动。滑动件的位移通过换挡导块实现，后者通过双销执行器移动。双销执行器如图2-2-116和图2-2-117所示。

图 2-2-116

1-用于气缸停用的执行器（气缸2/3）5/8进气阀/排气阀）
3-用于移动换挡导块的执行器销

2-气缸列2的执行器（气缸5/8）

图 2-2-117

在8缸操作的基础上，由DME控制单元进行相应启动后，执行器销移入换挡导块（图2-2-118中的4）。由于凸轮轴的转动，气缸2/3、5/8进气和排气凸轮轴上的换挡导块移动到气门升程0 mm，受影响气缸的气门保持关闭（气缸停用）。其他执行器启用后，可将换挡导块重置到气门升程。

4-执行器被移入换挡导块　5-换挡导块被移动
6-气缸2/3、5/8的气缸停用
图 2-2-118

（二）机油压力控制

完全可变叶片控制机油泵用于蓄积机油压力。

机油压力借助三位双通方向控制阀通过主轴承入口压力根据特定图谱进行调节。用于机油压力动态控制的电动机械阀由DME控制单元启用。概图如图2-2-119所示，布置形式如图2-2-120所示。

该控制阀还带有集成系统机油压力限制器，后者在发动机启动时及处于低温时自动启用。

1-用于机油压力控制的电动阀
图 2-2-120

2-机油温度传感器　3-活塞喷嘴的转换阀
4-机油压力开关（喷嘴）
图 2-2-121

图 2-2-119

图 2-2-122

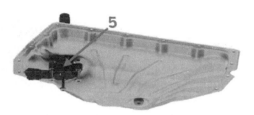

5-机油油位传感器

图 2-2-123

图 2-2-125

机油供给部件2、3和4位于发动机气缸体的内部V形槽中。机油温度传感器用于监控主机油道中的机油温度。机油供给如图2-2-121所示。

电磁开关阀用于停用/启用活塞喷嘴。电动机械阀如图2-2-122所示。

机油压力开关用于监控活塞喷嘴机油压力。机油油位传感器安装在油底壳上。带有机油油位传感器的油底壳如图2-2-123所示。

（三）其他DME功能

1. Sport Chrono 组件

选装Sport Chrono组件的方向盘上包括模式开关，除了"Normal"（标准）、"Sport"（运动）和"Sport Plus"（运动升级）之外，还提供"Individual"（个性化）模式。驾驶员可以保存自己的首选设置，转动该开关即可调出该设置。

在"SPORT"（运动）模式下，主要侧重于驾驶乐趣和发动机声音；在"SPORT PLUS"（运动升级）模式下，可提供最高性能。模式开关如图2-2-124所示，仪表组上的显示如图2-2-125所示。

图 2-2-124

2. 运动响应按钮

运动响应按钮位于模式开关中央，可在驾驶员按下按钮时直接改变车辆的响应性达 20 s。发动机和变速器均预载，可随时提供最高响应性。加速踏板指令的执行更为直接，且更快地达到最大发动机功率。同时，PDK变速器切换到特殊的换挡图谱。仪表组中的倒计时显示可通知驾驶员运动响应功能的剩余有效时间。

3. 运行策略

车辆应用程序的运行策略根据运行情况和驾驶模式"Normal"（标准）、"SPORT"（运动）、"SPORT PLUS"（运动升级），确定发动机设置。根据运行状态，惯性滑行和智能节气门随动燃油切断在功能上有所不同。

4. 惯性滑行功能

惯性滑行功能主要是为降低油耗而设计的。

5. 智能节气门随动燃油切断

借助智能节气门随动燃油切断功能，应用程序针对发动机与PDK变速器之间的交互进行了优化。发动机的重新启动转速被降低，以进一步降低耗油量。这是通过检测制动压力得以实现的。在虚拟挡位下驾驶时（离合器未完全闭合），关闭节气门会触发降挡，从而延长发动机的超越传动运行时间。

6. 虚拟挡位

虚拟变速器挡位功能可实现进一步的效率提升。如果变速器控制检测到车辆以恒定速度行驶，则会切换到更高的挡位，直至发动机以设定的最小转速转动。

为保持驾驶舒适性，变速器控制系统借助可实现轻微滑差的离合器，自动增加发动机转速，但为了不增加磨损，仅限于低发动机负荷范围内。驾驶员始终完全意识不到正在执行中的这一系列复杂技术程序。

7. 自动启动/停止功能

车辆停止时（例如，在交通灯处或堵车时），发动机会自动停止，前提是满足自动停止功能的所有要求。如果车辆在以低于7 km/h的步行速度行驶时停下，发动机也会自动停止。自动启动/停止功能通过这种方式来帮助节省燃油。如果需要，可在PCM控制面板中禁用此功能。

十二、DME 控制单元

Panamera上使用了来自Bosch的DME控制单元MDG1。DME控制单元MDG1如图2-2-126所示，详细视图如图2-2-127所示。

DME控制单元MDG1为汽油、柴油及替代传动系统提供了通用平台，可实现更高的性能，并为满足当前和未来客户需求提供了可扩展性。它支持功能安全要求（ISO 26262），并提供创新的检修和调校保护。

在发动机控制中引入多核架构为进一步的创新开发提供了资源。得益于其更高的可扩展性和性能，还可启用排气系统、变速器和/或车辆功能。

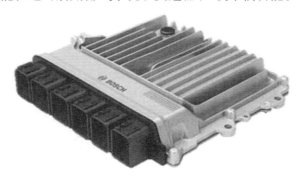

图 2-2-126

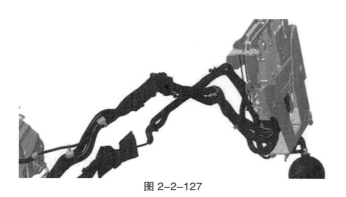

图 2-2-127

功能：电子发动机控制单元是发动机管理系统的中央控制单元和核心。其功能包括调节供油、空气控制、燃油喷射和点火。

在电子发动机控制单元中，软件将处理输入的系统信息，并控制不同的功能组。它将各个功能联网在一起来创建高效的整体系统。

（一）安装位置

DME控制单元安装在A柱与左前轮罩之间。DME控制单元的安装位置如图2-2-128所示。

通过带6个接头的接头板进行连接；通过FlexRay数据总线、CAN总线和LIN总线进行通信。

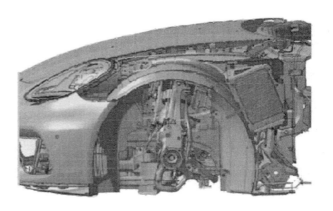

图 2-2-128

注：必须拆下左前车轮拱罩才能拆下DME控制单元。

（二）数据总线系统

1. FlexRay

在Panamera 2017年款中，DME控制单元通过FlexRay数据总线与车辆中的其他控制单元通信。

FlexRay是一种串行通信技术，用于车辆中的数据通信，尤其是高度安全相关的应用领域。FlexRay可满足车辆中未来网络的更高要求，而这些要求是使用CAN总线无法满足的。目前关注的主要焦点是更高的数据传输速率，这是由于高档车辆中驱动系统和底盘区域中的驾驶员辅助系统数量不断增加，因而有必要提高数据传输速度。

2. CAN发动机子域

某些发动机特定传感器通过CAN发动机子域直接与DME控制单元通信。其他控制单元并未连接到此CAN总线。

3. LIN总线

LIN总线是CAN总线最经济高效的替代方案。数据传输速率明显低于CAN总线。信号电压在0~12V之间切换。

主动冷却空气活门通过LIN总线控制。

（三）安装的传感器/执行器概览

1. 传感器概览

加速踏板传感器（电子）；

气缸列1/气缸列2的爆震传感器（各2个传感器）；

气缸列1/气缸列2三元催化器上游的氧传感器（LSU）；

气缸列1/气缸列2三元催化器下游的氧传感器（LSF）；

曲轴上的发动机速度传感器（霍尔传感器）；

气缸列1/气缸列2进气凸轮轴传感器；

气缸列1/气缸列2排气凸轮轴传感器；

制动踏板传感器；

PDK P/N开关；

CC主开关；

气缸列1/气缸列2节气门调节单元；

气缸列1/气缸列2油箱通风系统的压力传感器（诊断，美国/韩国）；

制动助力器压力传感器；

气缸列1气缸盖温度传感器；

冷却液温度传感器（发动机气缸体）；

冷却液温度传感器（散热器出口）；

冷却液温度传感器（发动机排气）；

温度传感器（发动机舱）；

温度传感器（内部V形槽，净化空气管道）；

机油压力/机油温度传感器（在主机油道中）；

双传感器（机油温度和机油油位传感器）；

机油压力开关（活塞喷嘴）；

机油压力（完全可变机油泵）；

燃油低压传感器；

气缸列1/气缸列2燃油高压传感器；

气缸列1/气缸列2进气歧管压力/温度传感器；

气缸列1/气缸列2节气门上游增压压力传感

器。

2. 执行器概览

DME 继电器；

启动机继电器1，启动机继电器2；

气缸列1/气缸列2节气门调节单元；

按需控制的燃油泵控制单元；

气缸列1/气缸列2油量控制阀；

高压喷油器，气缸1至气缸8；

点火模块，气缸1至气缸8；

气缸列1/气缸列2进气凸轮轴调节器；

气缸列1/气缸列2排气凸轮轴调节器；

气缸停用，进气，气缸2/3和5/8；

气缸停用，排气，气缸2/3和5/8；

气缸列1/气缸列2油箱通风阀；

油箱泄漏诊断DMTL（美国/韩国）；

增压压力调节器，废气旁通阀，气缸列1/气缸列2；

气缸列1/气缸列2分流阀；

电动阀PCV（曲轴箱强制通风）；

气缸列1/气缸列2曲轴箱通风加热器；

机油压力调节阀；

活塞喷嘴的电磁阀；

发动机支承1/发动机支承2；

可切换水泵阀；

图谱控制式节温器，加热；

气缸列1/气缸列2排气活门，消音器；

排气管连接（运动型排气系统）；

冷却液持续运行泵（废气涡轮增压器）；

散热器风扇。

十三、基本信息

2.9 L V6 双涡轮增压发动机：全新 Panamera 4S 2017 年款引入了全新一代的汽油发动机。开发重点主要放在气体循环、燃烧过程、基本动力单元和涡轮增压领域。因此，动力更强大、油耗更低的发动机应运而生。 2.9 L V6双涡轮增压发动机如图2-2-129所示。

图 2-2-129

采用了多种新技术，可增强发动机性能，同时还提高其效率。

可变气门开合（VarioCam）升级版（进气侧上）、燃烧过程（根据米勒循环）、中央喷油器位置、中央涡轮布置形式（HSI）。

客户获益：继续保持高功率特性，且扭矩特性更加优异；响应性极佳；燃油消耗量明显减少（最高减少 15%）。

（一）发动机的开发目标

开发重点主要放在气体循环、燃烧过程、基本动力单元和涡轮增压领域。因此，动力更强大、油耗更低的发动机应运而生。该新款 V6 发动机也从而在 Panamera 4S 中实现了113 kW（152 hp）的每升输出功率；而前代 Panamera S 的每升功率输出为104 kW（140 hp）。

以下要求适用于新款 V6 涡轮增压发动机：效率、性能和灵活性。随后在燃油经济性、提高动力和减少排放几方面采取了相应的措施。

实现该目标的技术解决方案如下。

进气气流的双歧管空气走向从空气滤清器通过涡轮增压器、两个直接增压空气冷却器流到各进气管的节气门（电子节气门）。

对进气和排气凸轮轴进行连续凸轮轴控制，采用工作点经过优化的气体交换（通过完全扫气减少涡轮迟滞）。

通过双销执行器在进气凸轮轴处实现新的气门升程转换（利用两级滑动凸轮系统）。

燃油直喷（DFI）系统，在燃烧室中置了 7 孔喷油器，且喷射压力最高为25 000 kPa。

按需控制的机油泵和机油冷却器的节温器。

整合了排气歧管及部分进气歧管的气缸盖。

该全新涡轮增压发动机在外观上最明显的特性是两个涡轮增压器都不放置于气缸列外部，而是位于所谓的中央涡轮布置形式的气缸V内。通过具有最短气体距离的这一部件排列，可实现更快的涡轮增压器响应。

此外，发动机的尺寸显著缩小，从而可以实现诸如低安装位置等好处，如图2-2-130和图2-2-131所示。

图 2-2-130

图 2-2-131

（二）技术数据（表2-2-3）

V6双涡轮增压发动机是全新开发的。

排量变为2.9 L，在590 N·m扭矩下的输出功率为324 kW（440 hp）。

表2-2-13

	单位	数据
燃烧流程		DFI
排量	cm³	2894
缸径	mm	84.5
行程	mm	86
压缩	—	10.5
发动机功率 及对应的发动机转速	kW（hp） r/min	324（440） 5650~6600
扭矩	N·m r/min	550 1750~5500
怠速转速	r/min	580
发动机最大转速	r/min	6800
点火顺序		1-4-3-6-2-5

（三）功率/扭矩（图2-2-132）

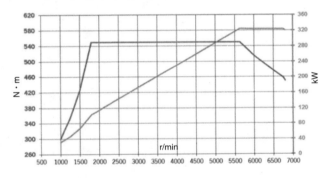

图2-2-132

新款V6发动机可在1750~5500 r/min的转速范围内，提供550 N·m的恒定扭矩。最大发动机转速为6800 r/min。

十四、燃油系统

（一）燃油低压系统

无回流式燃油低压系统以及油箱和其他部件（如电动燃油泵等）的设计与已经针对V8涡轮增压介绍的系统相对应。

控制单元根据燃油要求调节燃油低压。

（二）燃油高压系统

燃油高压系统仅具有1个带油量控制阀的高压燃油泵。高压燃油泵由气缸列1的排气凸轮轴上的三段式凸轮启动。

DME控制单元根据运行条件，使用油量控制

阀调节高达25 000 kPa的燃油高压，燃油高压系统如图2-2-133所示。图2-2-134显示了气缸列1上执行器和传感器的安装位置。

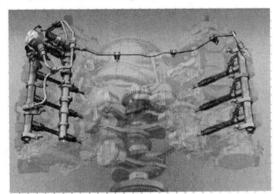

图2-2-133

1-燃油低压传感器　2-高压燃油泵　3-油量控制阀　4-燃油高压传感器　5-燃油高压轨　6-点火线圈　7-气门升程调节执行器　8-进气凸轮轴的霍尔传感器　9-可变气门开合（VarioCam）进气凸轮轴　10-可变气门开合（VarioCam）排气凸轮轴

图2-2-134

中央7孔喷油器：电动操作的高压喷油器设计为具有7个喷射孔的多孔喷油器。

十五、进气系统

（一）空气走向

在2.9 L V6双涡轮增压发动机上，进气从两个分支中的空气滤清器壳体通过涡轮增压器和增压空气冷却器流到两个节气门，这两个节气门通过法兰连接到进气歧管。通过此双分支设计提高了响应性。进气侧位于V形发动机的气缸盖的外侧。

（二）部分整合的进气歧管

除了进气口之外，进气歧管的很大部分也铸进每个气缸盖中并且通过装有凸缘的塑料罩封闭。这可节省安装空间。部分整合的进气歧管如图2-2-135所示。

图 2-2-135

十六、涡轮增压

（一）涡轮增压器

2.9 L V6双涡轮增压发动机的充电由2个带废气旁通阀的反向旋转双涡流涡轮增压器实现。热侧位于内部（HSI）涡轮增压器排列在内部V形槽中安装有两个涡轮增压器。内部V形槽中带废气旁通阀

1-气缸列1的涡轮增压器　2-气缸列2的涡轮增压器　3-三元催化器上的上游氧传感器　4-废气旁通阀　5-废气旁通阀的膜片室　6-电动分流阀　7-油箱通风推进喷嘴

图 2-2-136

的涡轮增压器如图2-2-136所示。这样就缩短了排气距离。燃烧室和涡轮增压器之间这一缩短的距离允许快速的涡轮增压器响应。

（二）增压压力控制

电控气动增压压力控制阀启用涡轮增压器上的相应废气旁通阀。废气旁通阀通过真空关闭，以增大增压压力。增压压力控制如图2-2-137所示。

例如，可以在三元催化器加热过程中打开废气旁通阀。增压压力控制阀位于气缸列2的气缸盖前部。

图 2-2-137

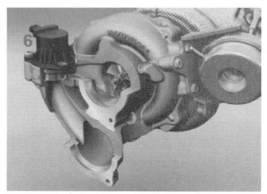

图 2-2-138

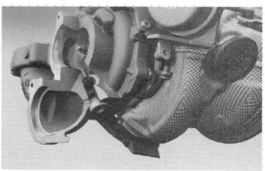

图 2-2-139

（三）电动分流阀

利用电动分流阀如图2-2-138所示，其可以在超越传动模式下，打开涡轮与涡轮增压器进气侧之间的管道。这可以降低气流噪音，减轻涡轮增压器上的机械负荷，并提高响应性。

（四）油箱通风气体的引入

来自炭罐的油箱通风气体通过直接位于压缩机壳体的推进喷嘴（文丘里原理）引入，如图2-2-139所示。这改进了高负荷范围下燃油蒸气的引入（在增压压力下）。

十七、混合气形成

（一）中央7孔喷油器

新款汽油发动机的燃油直喷系统的特征是喷油器在燃烧室内中置。电动操作的高压喷油器设计为具有7个喷射孔的多孔喷油器。对每个单独的喷嘴进行校准和优化，以便在燃烧室中实现高度均匀的混合气。通过喷射模式的定义，在所有工作条件下都实现稳定的点火。因此，喷油器中置确保最佳燃烧，并且还通过更高的效率确保了最佳响应性。气缸盖横截面如图2-2-140所示，燃烧室仰视图如图2-2-141所示。

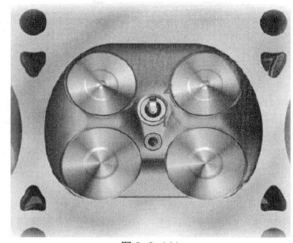

图 2-2-141

1．喷射策略

由发动机管理系统在喷油器处实现主动的最低油量控制。每次喷射3~5 mg的最小喷射可用，永久性的高油轨压力，颗粒物排放量显著减少，符合要求的排放限值。使用很晚最小喷射通过三喷射策略优化三元催化器加热。

2．油箱通风

V6双涡轮增压发动机每个气缸列采用一个油箱通风阀。在接近怠速的范围内，油箱通风直接发生在节气门下游的左右两侧进气歧管中。在增压压力下，通风通过推进喷嘴发生在涡轮增压器中。

3．曲轴箱通风

在接近怠速的范围内，曲轴箱通风发生在相应涡轮增压器进气侧增压压力过程中的左或右进气歧管中。

（二）凸轮轴控制

为了降低耗油量和排放量，米勒燃烧过程用于最高为中等发动机转速的低负荷情况下。在这里，进气门在到达下止点之前很早便会关闭。提前关闭进气门降低了发动机中的平均压力。这不仅降低了后续压缩冲程中的爆震趋势，最重要的是节约了压缩工作，并进而提高了效率。进气凸轮轴控制系统，外部如图2-2-142所示。

为此，发动机在进气侧采用两级气门升程调节。此外，气缸进气也受到进气门的打开时间的限制。这将避免进气管中的节流损失。米勒燃烧过程也将从高压缩比（10.5）中受益。

1-喷油器　2-火花塞　3-排气歧管　4-部分整合的进气歧管
图 2-2-140

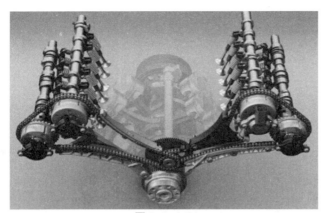

图 2-2-142

进气门的气门升程调节如下。

中等发动机转速的部分负荷：130° 曲轴转角开启时间；进气门升程：6 mm。

全负荷范围：180° 曲轴转角开启时间；进气门升程：10 mm。

进气和排气凸轮轴由DME控制单元通过相应可变气门开合（VarioCam）执行器在0° ~50° 曲轴转角的范围内进行调节。

十八、点火系统

为了进行爆震检测，2.9 L V6双涡轮增压发动机采用两个爆震传感器（每个气缸列一个爆震传感器），安装在气缸列1和2的发动机气缸体的外部，如图2-2-143和图2-2-144所示。

图 2-2-143

1-点火线圈　2-火花塞　3-爆震传感器
图 2-2-144

十九、排气系统

（一）整合式排气歧管

在全新Panamera 4S的全新V6双涡轮增压发动机上，排气歧管整合在气缸盖中，四周环绕水道。整合式排气歧管如图2-2-145所示。

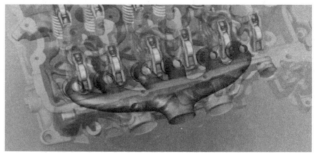

图 2-2-145

除了减重优化之外，另一个优点是排气歧管可以水冷。这将确保可能最快的热量传递并且可以显著降低混合气变浓以便保护部件。

（二）三元催化器

设计时，针对废气后处理系统选择了在内部V形槽中采用紧密耦合式三元催化器布局，以满足今后全球排放法规的严格要求。三元催化器的上游氧传感器直接集成在涡轮增压器壳体中。内部V形槽如图2-2-146所示。

发动机和排放控制是为实现较低的废气原始排放而设计的，并且符合全球的所有严格的排放法规，例如 Euro 6 und ULEV70。

1-三元催化器的上游氧传感器　2-三元催化器的下游氧传感器

图 2-2-146

（三）排气系统

排气系统由整合到气缸盖中的排气歧管的两个分支构成，通过涡轮增压器和三元预催化器、主催化转换器和前消音器延伸到后桥的前部，如图 2-2-147 所示。

废气流经一个交叉点，之后进入左右消音器。内部排气管上的活门可通过电动机械式执行器根据运行情况进行分阶段控制。

1-气缸列1的预三元催化器　2-气缸列2的预三元催化器　3-气缸列1的LSF氧传感器的安装位置　4-气缸列2的LSF氧传感器的安装位置　5-气缸列1的主催化转换器　6-气缸列2的主催化转换器　7-前消音器　8-交叉点（之前为双支管）　9-右侧消音器　10-左侧消音器　11-电动机械执行器　12-双排气管头

图 2-2-147

1-气缸列1的预三元催化器　2-气缸列2的预三元催化器　3-气缸列1的LSF氧传感器的安装位置　4-气缸列2的LSF氧传感器的安装位置　5-气缸列1的主催化转换器　6-气缸列2的主催化转换器

图 2-2-148

10-左侧消音器　11-电动机械执行器　12-双排气管头

图 2-2-149

左侧和右侧上的标准排气歧管具有两个圆盖。紧密耦合式走向如图 2-2-148 所示，标准排气尾管如图 2-2-149 所示。

（四）运动型排气系统

Panamera 4S 可以选装运动型排气系统。可以在 PCM 中将运动型排气系统切换到排气声经过优化的模式。内部排气管上的活门可通过电动机械式执行器根据运行情况进行分阶段控制。运动型排气系统如图 2-2-150 所示。

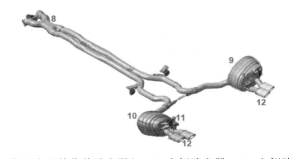

8-交叉点（替代前消音器）　9-右侧消音器　10-左侧消音器　11-电动机械执行器　12-双排气管头

图 2-2-150

二十、热量管理

（一）功能概览

热量管理可确保发动机、变速器和加热器通过按需启用的各个局部冷却回路，更快地实现预热。

冷却液温度同时在发动机中的若干位置处测量。可对加热系统和涡轮增压器的电动冷却液泵进行连续调节。

（二）工作阶段

1. 冷启动

在冷启动过程中，冷却液泵和气缸体转换阀关闭。因为在气缸盖中整合了排气歧管，静态冷却液可以非常快地加热。冷启动如图 2-2-151 所示。

1-冷却液泵关闭　2-气缸体转换阀关闭
图2-2-151

2. 预热阶段

从不到100 ℃的温度开始，冷却液泵打开，支持冷却液在气缸盖中循环，这将在一定程度上再次降低冷却液温度。关闭的气缸体转换阀还可将冷却液系统与气缸体隔离。预热阶段，冷却液泵打开，气缸体转换阀关闭如图2-2-152所示。

1-冷却液泵打开　2-气缸体转换阀关闭
图2-2-152

气缸体转换阀位于气缸列2的沿行驶方向的左前侧。

3. 工作温度

当相关测量点超过大约100 ℃的温度，气缸体转换阀打开，以便冷却液可以围绕整个冷却系统循环。在工作温度下，冷却液泵和气缸体转换阀打开如图2-2-153所示。

1-冷却液泵打开　2-气缸体转换阀打开
图2-2-153

根据发动机的负荷要求，通过可电动加热的图谱控制式节温器在90~105 ℃之间条件冷却系统中的温度。

二十一、其他DME功能

（一）机油压力控制

完全可变叶片控制机油泵用于2.9 L V6双涡轮增压发动机。完全可变叶片类型的机油泵如图2-2-154所示。

图2-2-154

所需机油压力取决于负荷要求和发动机转速。使用不同的环境条件（例如发动机温度）进行计算。所需机油压力是由DME控制单元通过图谱进行计算的。单独不同系统（例如凸轮轴调节器、涡轮增压器、连杆轴承和活塞冷却）的要求需要考虑，并且确定机油压力控制的电磁比例阀的相应启用。

由于电磁比例阀的启用，机油从主机油道流入泵的控制室。泵中调节环的位置发生变化，因此也会改变供油速度和机油压力。如果机油压力控制阀未启用，则泵以满供油速度（故障保护模式）运行。

机油温度为115 ℃（轴承入口）时机油/水热交换器开始打开；该热交换器通过蜡膨胀元件控制，不带电动启动。

第三节　动力传输

一、简介

在Panamera 2017年款中采用了新开发的第二代8速保时捷双离合器（PDK）变速器。

产品亮点：创新性的线控换挡启动概念；变速器侧启动机；作为四轮驱动标配集成的附属式离合器，以及可选装受控后差速锁（作为识别号）；具有两根主轴的四轴变速器；一个专用于离合器油和齿轮油的机油室；两个机油泵。

（一）变速器变型概述

PDK2 变速器剖面图如图2-3-1所示。发动机变速器法兰视图如图2-3-2所示。

将实现以下变速器版本。

2WD。标准车型，最高450 N·m；柴油，最高650 N·m。

4WD。标准车型，最高450 N·m；S，最高570 N·m；柴油，最高650 N·m；柴油S，最高800 N·m；Turbo S，最高1000 N·m。

图 2-3-1

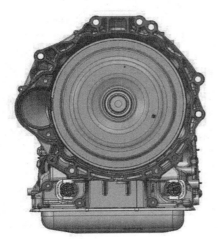

图 2-3-2

（二）变速器视图

侧视图（从左看）如图2-3-3所示。侧视图（从右看）如图2-3-4所示。

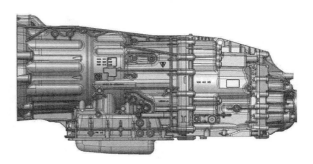

图 2-3-3

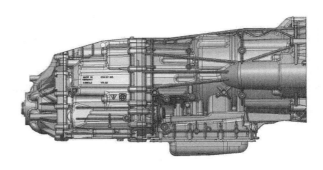

图 2-3-4

（三）变速器在车辆中的安装位置（图2-3-5）

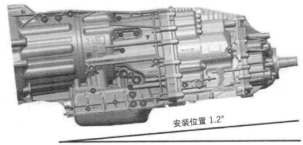

安装位置 1.2°

车辆水平放置

图 2-3-5

二、Porsche Doppelkupplung（PDK）保时捷双离合器变速器

（一）Porsche Doppelkupplung（PDK）保时捷双离合器变速器简介

凭借多种技术特性，Porsche Doppelkupplung（PDK）保时捷双离合器变速器可以实现变速器控制系统的功能需求，从而体现了此变速器概念的出色特质。Porsche Doppelkupplung（PDK）保时捷双离合器变速器横截面如图2-3-6所示。

此变速器具备极快的响应时间、较小的惯性和让人感觉舒适的较好摩擦值，同时具有良好的经济可行性，既可实现高动力换挡情况下极具运动性的驾驶，又可实现舒适的巡航驾驶体验。

想让此离合器在使用寿命期间保持高舒适性和卓越性能，先决条件是要精挑细选衬里和机油。

借助强化测试和详细计算，实现超高的热负荷能力成为可能。衬里类型、衬里尺寸和用法以及热负荷和机油流量在盘片组中的均匀分布是关键设计特点。

即使在低温下也能获得较低的阻力矩，再加上在车速较高时阻力情况良好，因此能够确保舒适性和卓越的运动性，以上两点也是重要的安全要求。

Porsche Doppelkupplung（PDK）保时捷双离合器变速器是湿式离合器，除启动所需的压力机油外还需要冷却机油。

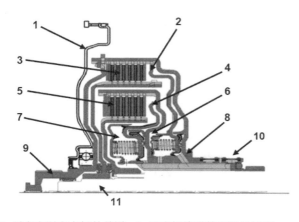

1-干室和湿室之间的盖罩　2-具有螺旋弹簧组件的活塞K1
3-盘片组K1　4-具有螺旋弹簧组件的活塞K2　5-盘片组K2
6-压力补偿室　7-压力补偿室　8-泵驱动　9-离合器输入轴
10-具有机油连接的离合器毂　11-变速器输入轴
图2-3-6

Porsche Doppelkupplung（PDK）保时捷双离合器变速器通过电子压力调节器1（EDS1）和电子压力调节器2（EDS2）以及液压控制单元（HSG）中的离合器阀1和离合器阀2，在压力机油的作用下启动。机油通过变速器壳体和变速器管路系统中的压力通道输送至Porsche Doppelkupplung（PDK）保时捷双离合器变速器。Porsche Doppelkupplung（PDK）保时捷双离合器变速器通过电子压力调节器8（EDS8）以及液压控制单元（HSG）中的冷却机油阀，获得冷却机油。Porsche Doppelkupplung

（PDK）保时捷双离合器变速器横截面如图2-3-7所示。

图2-3-7

（二）离合器变量（表2-3-1）

表2-3-1

名称	BW570 N·m	BW700 N·m	BW1000 N·m
最大扭矩	≤ 570 N·m	≤ 700 N·m	≤ 1000 N·m
发动机最高转速	9000 r/min		
盘片数	4	5	6
摩擦表面 K1/K2	8	10	12

三、基本型变速器

（一）齿轮组

变速器的齿轮组由输入轴1、输入轴2、主轴1、主轴2、后桥轴、前桥轴（仅限4WD）、边轴（仅限4WD）和双轮轴/倒挡轴构成，如图2-3-8所示。

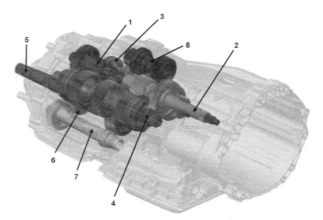

1-输入轴1　2-输入轴2　3-主轴1　4-主轴2
5-后桥轴　6-前桥轴　7-边轴
图2-3-8

1.驱动轴1的设计

5/7挡固定齿轮、3挡固定齿轮、1挡固定齿轮。

注意事项：5挡和7挡采用固定齿轮。根据所需的挡位，动力传递会传输至主轴1（5挡）或主轴2（7挡）。驱动轴1如图2-3-9所示。

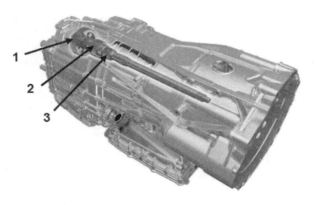

1-5/7挡固定齿轮　2-3挡固定齿轮　3-1挡固定齿轮
图 2-3-9

2.驱动轴2的设计

2挡固定齿轮、4挡/倒挡固定齿轮、6/8挡固定齿轮。驱动轴2如图2-3-10所示。

注意事项：4挡和倒挡采用齿轮作为固定齿轮。6挡和8挡采用齿轮作为固定齿轮。根据所需的挡位，动力传递会传输至主轴1（6挡）或主轴2（8挡）。

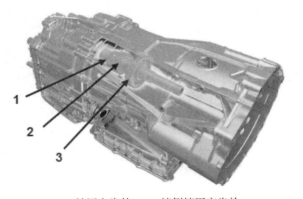

1-2挡固定齿轮　2-4挡倒挡固定齿轮
3-6/8挡固定齿轮
图 2-3-10

3.主轴1的设计

5挡空套齿轮、1挡/倒挡空套齿轮、等速齿轮1、2挡空套齿轮、6挡空套齿轮。主轴1如图2-3-11所示。

注意事项：1挡和倒挡采用齿轮作为空套齿轮。

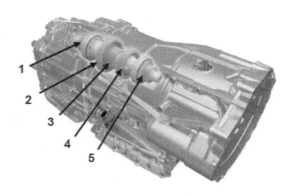

1-5挡空套齿轮　2-1挡/倒挡空套齿轮　3-等速齿轮1
4-2挡空套齿轮　5-6挡空套齿轮
图 2-3-11

4.主轴2的设计

7挡空套齿轮、3挡空套齿轮、等速齿轮2、4挡空套齿轮、8挡空套齿轮。主轴2如图2-3-12所示。

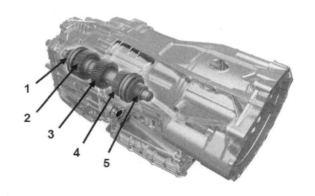

1-7挡空套齿轮　2-3挡空套齿轮　3-等速齿轮2
4-4挡空套齿轮　5-8挡空套齿轮
图 2-3-12

5.18倒挡轴的设计

倒挡空套齿轮用于连接至驱动轴2上的4挡/倒挡固定齿轮，倒挡固定齿轮用于连接至主轴1上的1挡/倒挡空套齿轮。18倒挡轴如图2-3-13所示。

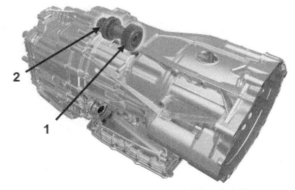

1-4挡/倒挡固定齿轮　2-1挡/倒挡空套齿轮
图 2-3-13

6.后桥轴的设计

齿轮用于连接至主轴1上的等速齿轮1或主轴2上的等速齿轮2。后桥轴如图2-3-14所示。

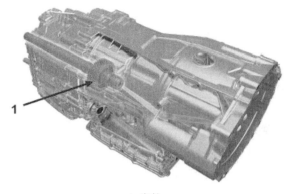

1-齿轮

图2-3-14

7.前桥轴的设计（仅限四轮驱动）

齿轮用于连接至边轴，前桥轴如图2-3-15所示。

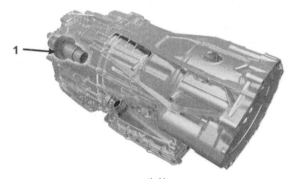

1-齿轮

图2-3-15

齿轮用于连接至前桥轴。边轴如图2-3-16所示。

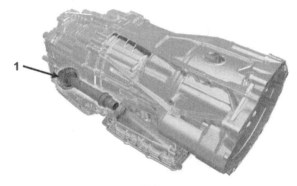

1-齿轮

图2-3-16

（二）传动比（表2-3-2）

表2-3-2

1挡	2挡	3挡	4挡
5.966	3.235	2.083	1.420
5挡	6挡	7挡	8挡
1.054	0.841	0.678	0.534
倒挡齿轮	斜面		
5.220	0.946		

四、同步

（一）三锥同步

三锥伺服锁定同步器用于1挡、2挡、3挡和4挡。3个摩擦锥的使用使得显著降低同步力成为可能。这样可以降低挂挡时的换挡力并缩短换挡时间。第一个摩擦锥由空套齿轮的离合器毂的摩擦锥面和内环的内锥面构成。第二个摩擦锥由内环的外锥面和中间环的内锥面构成。第三个摩擦锥由中间环的外锥面和同步器环的内锥面构成。三锥同步如图2-3-17所示。

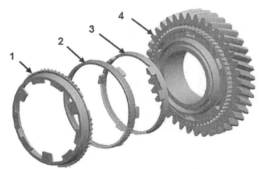

1-同步器环的内锥面　2-中间环　3-内环

4-空套齿轮的离合器毂

图2-3-17

（二）单锥同步

单锥伺服锁定同步器用于5挡、6挡、7挡、8挡和倒挡。单锥同步如图2-3-18所示。

图2-3-18

五、换挡

（一）换挡拨叉轴

换挡拨叉轴以液压方式进行控制和操纵，用于切换单个的挡同步器。换挡拨叉轴将液压控制单元中产生的换挡力传递给同步器。前进挡的每个换挡拨叉轴都操控两个同步器，从而操控两个挡位。倒挡有其自己的换挡拨叉轴。在挂上挡之后，换挡拨叉轴即会卸压。在牵引和超越传动模式下，通过锁止件和轮齿的正接合在不产生应力的条件下保持挡位。换挡拨叉轴被锁止件锁定于空挡位置。换挡拨叉轴如图2-3-19所示。

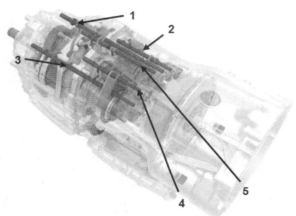

1-5挡/1挡的换挡拨叉轴　2-2挡/6挡的换挡拨叉轴
3-7挡/3挡的换挡拨叉轴　4-4挡/8挡的换挡拨叉轴
5-倒挡的换挡拨叉轴
图 2-3-19

（二）换挡活塞

换挡拨叉轴通过液压控制单元和变速器壳体中的油道以液压方式工作。执行元件为每个换挡拨叉轴的换挡油缸。换挡活塞如图2-3-20所示。

压力作用于活塞的环端面来执行1挡、3挡、6挡和8挡换挡，即换挡拨叉轴向驱动装置移动。

压力作用于活塞的环端面来执行2挡、4挡、5挡、7挡和倒挡换挡，即换挡拨叉轴向输出装置移动。

1-换挡油缸　2-换挡活塞
图 2-3-20

（三）锁止件，换挡拨叉轴的锁止机构

当换挡拨叉轴处于空挡位置（不挂挡）时，有必要通过锁止机构来保持其位置。这可以通过弹簧支撑销与换挡拨叉轴上的凹槽啮合来实现。换挡拨叉轴的锁止件凸耳如图2-3-21所示。

在换挡气缸的液压驱动下换挡时，换挡拨叉轴将克服锁销的弹簧力移出空挡位置。

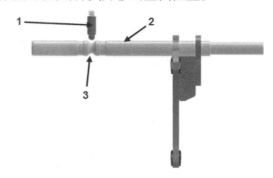

1-锁销　2-换挡滑杆　3-锁止件
图 2-3-21

5挡/1挡的换挡拨叉轴锁销通过离合器钟形罩从外部插入，并用螺钉固定。2挡/6挡、4挡/8挡、7挡/3挡和倒挡的换挡拨叉轴锁销均安装于轴承座中。

PDK2中的换挡拨叉轴不再采用任何机械互锁。此保护现由软件功能提供。

六、驻车锁

（一）驻车锁的说明

驻车锁旨在避免车辆滑溜。挂挡后，止动块与驻车锁止齿轮的齿啮合，挡住后桥轴上的输出装置。驻车锁部件如图2-3-22所示。

1-选挡杆轴　2-弹簧卡子　3-销　4-弹簧卡子
5-附属式离合器，仅限四轮驱动　6-驻车锁齿轮
7-后桥轴　8-止动块　9-导向轴　10-驻车锁传感器
11-带有锁止和压缩弹簧的连杆　12-活塞　13-固定磁铁
14-紧急分离杆　15-驻车盘　16-倒挡压力环RWDR
图 2-3-22

在Panamera 2017年款中，驻车锁设计为电路，也就是说，在选挡杆移出P挡位时驻车锁是通过电动液压控制分离的，而不是通过机械操纵拉线分离的。

驻车锁在卸压情况下接合。在变速器中存在液压压力前，不通过选挡杆分离驻车锁。在没有液压压力（例如，发动机关闭）或没有相应的液压操控装置的情况下，仅通过变速器上的机械紧急分离杆即可分离驻车锁。

通过蓄积系统压力以及给液压控制单元（HCU）上的电动压力调节器4（EDS4）通电，分离驻车锁。

这将在液压控制单元中设置驻车锁阀，并因此将液压压力传输到驻车锁活塞。通过使用驻车盘、连杆和导向轴套启动该活塞，止动块与驻车锁齿轮的齿分离。在分离驻车锁后，通过固定磁铁进行锁扣。

液压压力可以再次降低。只要启用固定磁铁，驻车锁就会保持分离。

洗车时，车辆中的选挡杆必须处于"N"挡位。

只要车辆的蓄电池管理系统允许电子变速器控制系统操作（大约30 min），驻车锁就会保持分离。从液压控制单元到驻车锁活塞的油道如图2-3-23所示。

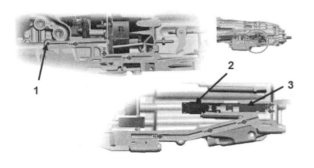

1-来自液压控制单元的压力机油　2-固定磁铁　3-活塞
图2-3-23

在接合驻车锁时，"发动机启动"和"发动机关闭"之间存在基本差异。在这两种情形下，弹簧卡子的弹簧力会导致移动，但必须确保液压管道的放气，以便活塞可以自由移动。

必须主动禁止系统压力供应，以便在发动机正在运转时如果主动接合驻车锁，则对管道进行放气。这是通过禁用（切断）活塞气门实现的。为此，必须向EDS3提供最小功率，并且必须向EDS8提供最大功率。

在发动机关闭时如果主动接合驻车锁，则没有液压系统压力。通过释放固定磁铁来释放活塞，并且接合驻车锁。

（二）驻车锁传感器概览

驻车锁和传感器安装在变速器壳体中，如图2-3-24所示。因为驻车锁在PDK2中设计为电路，所以需要了解驻车锁的确切状态或其位置。

这是使用位置传感器实现的，该传感器检测驻车盘的移动。驻车盘上的传动销移动驻车锁传感器上的可移动磁铁托架。该移动被评估电子装置检测到并且进行处理。

1-具有评估电子装置的壳体　2-紧固件　3-驻车盘
4-驻车盘上的传动销　5-磁铁托架
图2-3-24

驻车锁传感器的设计如图2-3-25所示。

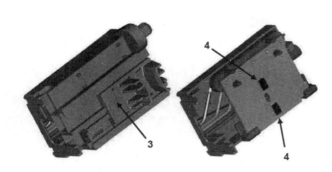

1-紧固件　2-具有评估电子装置的壳体　3-磁铁托架
4-评估电子装置/霍尔单格
图2-3-25

磁铁托架的移动被内置霍尔效应传感器（霍尔开关）检测到并且进行处理。挡位"P""非P"和中间位置以数字方式识别和输出。驻车锁传感器的电源电压为8.5 V。

驻车锁传感器的信号如表2-3-3所示。

表2-3-3

P	Z1	nP
1	1	0
0	1	1
0= "霍尔锁"		
1= "霍尔开关"		

诊断：在车辆中，驻车锁传感器就行驶状况和/或驾驶员请求监控电源电压、短路、断路和信号合理性（"P"和"非P"）。还对该传感器进行监控，以便确保在挡位P换到nP（反之亦然）前的一段时间通过中间位置运行。

七、机油回路

（一）机油等级和机油量

Pentosin Gear Oil FFL3 Plus。Panamera 2WD：参见《车间手册》。Panamera 4WD：参见《车间手册》。

指定值是温度20 ℃下变速器油量的指导值，包括用于安装位置和车辆燃油冷却器的容量。

变速器油的期望使用寿命是无限的；可以认为一次加注能够维持整个使用寿命期间的使用。

（二）机油供给

机油供给（液压启动、冷却、润滑）是通过控制叶片泵和齿轮泵这两个泵实现的。控制叶片泵驱

动如图2-3-26所示。

根据计算得出的需求量，控制机油分配比。机油的分配由液压控制单元上的电子压力调节器8（EDS8）控制。在低速范围内，由叶片泵负责供油。为此，由于供油速度低，有必要在用油设备间进行脉冲。在高速范围内，采用齿轮泵进行供油输出，叶片泵的输出有限。

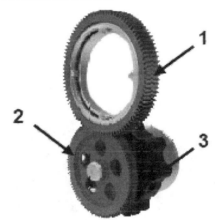

1-泵驱动轮　2-泵直齿轮　3-叶片泵
图2-3-26

（三）控制叶片泵

控制叶片泵是单冲程可变容积式泵，在最大压力为2000 kPa（冷启动最高值为3000 kPa）和最高速度为9000 r/min的情况下，最大供油量为48 L/min。控制叶片泵安装于Porsche Doppelkupplung（PDK）保时捷双离合器变速器后面，并通过直齿轮传动装置受其驱动。因此，控制叶片泵的机油供给与发动机转速息息相关。控制叶片泵如图2-3-27所示。

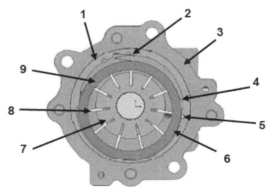

1-外环　2-弹簧　3-泵壳　4-旨在提高输出量的压力供应
5-密封条　6-旨在降低输出量的压力供应　7-转子
8-叶片　9-凸轮环
图2-3-27

凸轮环的偏心位置形成了一个新月形的空腔。由于叶片在离心力的作用下受到凸轮环的压迫，并在这里形成了密封效果（当顺时针旋转时），由此在右边即吸入侧形成了一个不断变大的空间，在左边即压力侧则形成了一个不断变小的空间。控制叶片泵的供油速度是可变的。这可以通过增加或减少压力供应来实现。因此，通过凸轮环压迫或是松开弹簧，可调节泵的吸入量。带Q阀的控制叶片泵如图2-3-28所示。

1-护盖　2-泵壳　3-经由后桥轴的驱动
图 2-3-29

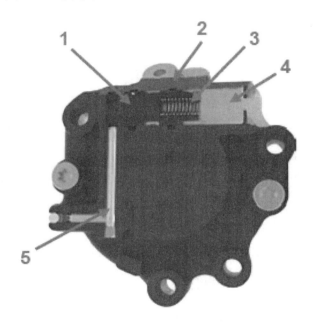

1-Q阀的阀门活塞　2-控制压力　3-Q阀的阀门弹簧
4-止动塞　5-主压力
图 2-3-28

由叶片泵盖中的Q阀来执行精确启动，从而增加或减少供油量。利用软件模型，通过液压控制单元上的电子压力调节器8（EDS88）可设置液压。该压力在Q阀中移动阀门活塞，从而打开相应的孔来增加或减少供油量，继而设置相应的泵控制压力。

（四）齿轮泵

齿轮泵通过方形型材连接到后桥轴前端。因此，齿轮泵的机油供给取决于行驶速度。齿轮泵是独立于发动机转速的内齿轮油泵，在最大压力为500 kPa的情况下最大供油速度为33 L/min。齿轮组轴如图2-3-29所示，后桥组轴如图2-3-30所示。

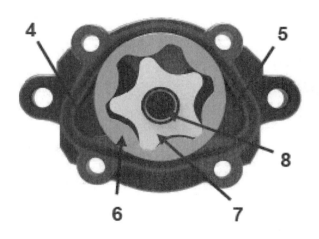

4-压力孔　5-吸入孔　6-外部转子　7-转子　8-泵轴
图 2-3-30

（五）齿轮组的机油供给

齿轮组的机油供给是通过带有部分干式油池的喷油润滑实现的。相比油池润滑，这样可以提高变速器的效率，降低转动阻力。齿轮组的冷却机油通过面向齿轮齿的扇形喷嘴和面向同步器及轴承的圆形喷嘴来供应。齿轮齿的功率损耗被转化为热量。这些热量最初存储在钢块中，之后通过对流和热传导消散到环境和机油中。在某些驾驶情况中，齿轮组的热负荷尤其高。在这种情况下，需要更多机油"超级加速"。齿轮组的机油管路系统如图2-3-31所示。

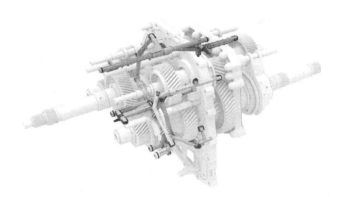

图 2-3-31

除喷油润滑之外，齿轮组还可通过主动内部轴加油和被动内部轴加油获得冷却机油和润滑油。

1.主动内部轴加油

供应管路1的油路系统通过离合器钟形罩/定心板的管道系统，主动为主轴1和2供应冷却机油。

2.被动内部轴加油

Porsche Doppelkupplung（PDK）保时捷双离合器变速器溅出的冷却机油被集油盘收集起来，并通过离合器钟形罩和定心板中的管道系统被动供应给主轴。附属式离合器溅出的冷却机油被集油盘收集起来，并通过分配器壳中的壳肋供应给主轴。被动内部轴加油，主轴1如图2-3-32所示。被动内部轴加油，主轴2如图2-3-33所示。

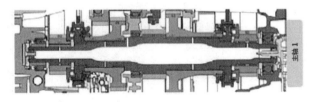

图 2-3-32

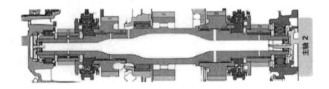

图 2-3-33

（六）机油冷却

PDK2变速器通过连接到变速器壳体和车辆侧油气热交换器进行冷却，因为在变速器上未安装单独的油冷却器。外部机油冷却器的连接如图2-3-34所示。

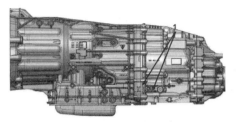

1-外部机油冷却器的连接

图 2-3-34

机油冷却器位于车辆发动机室内。

从变速器油温度约80 ℃开始，液压控制单元（HCU）中的热旁通阀打开，从而允许通过车辆散热器冷却变速器油。

从约90 ℃起，热旁通阀完全打开。

在测试台上，变速器被过量加注，也就是说，提供机油以便加注冷却系统。在对冷却系统进行作业时，须始终检查并且调节油位。

八、换挡控制

（一）液压控制单元

液压控制单元（图2-3-35）执行以下常规任务：控制系统并降低压力、控制冷却和润滑机油、

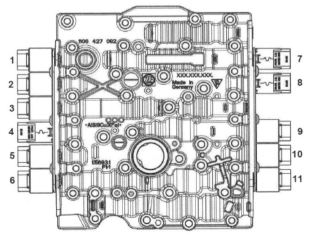

1-电动压力调节器6　2-电动压力调节器5
3-电动压力调节器2　4-电磁阀3　5-电动压力调节器1
6-电动压力调节器7（仅用于四轮驱动）　7-电磁阀2
8-电磁阀1　9-电动压力调节器4　10-电动压力调节器8
11-电动压力调节器3

图 2-3-35

为所有执行器提供机油、控制换挡拨叉轴的离合器和主动油缸、控制附属式离合器（HOC）所需的压力、在发动机关闭时作为启动/停止功能的一部分维持离合器压力、启用驻车锁、在PDK2变速器中不再有液压紧急暂停功能。

（二）电路逻辑/控制图

电动压力调节器EDS1：通过离合器阀1提供离合器1所需的离合器压力。

电动压力调节器EDS2：通过离合器阀2提供离合器2所需的离合器压力。

电动压力调节器EDS3：控制系统压力阀，该阀设计为压力控制阀。

电动压力调节器EDS4：控制用于分离驻车锁的驻车锁阀，控制用于调节提供的系统压力的流量横截面的孔阀。该孔阀具有3个工作范围：约4.4 L/min、约25 L/min、约48 L/min。

电动压力调节器EDS5：设置用于对1挡、3挡、6挡、8挡和倒挡的换挡拨叉轴进行换挡的换挡压力。

电动压力调节器EDS6：设置用于对齿轮2、4、5和7的换挡拨叉轴进行换挡的换挡压力。

这是通过齿轮阀GV2实现的，该齿轮阀会将系统压力降低到所需的换挡压力，并且将其转发到相应的多路复用器阀。

电动压力调节器EDS7（仅用于四轮驱动）：通过离合器阀3提供附属式离合器所需的离合器压力。

电动压力调节器EDS8：控制冷却机油阀，因此为离合器、附属式离合器和齿轮组提供所需的冷却机油体积流量。

电磁阀MV1：控制多路复用器阀1。

电磁阀MV2：控制多路复用器阀2。

电磁阀MV3：控制多路复用器阀3。

九、传感器

变速器使用以下传感器来检测换挡拨叉轴的旋转速度、温度、液压、排量信号和驻车锁位置（图2-3-36）：5个距离传感器、2个速度传感器、3个压力传感器【每个启动离合器K1或K2各一个；控制式四轮驱动离合器K3（仅限四轮驱动版本）1个】、1个驻车锁位置传感器、1个温度传感器（执行器线束）。

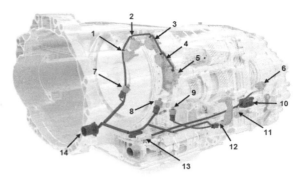

1-距离传感器3/7　2-距离传感器4/8　3-距离传感器R
4-距离传感器1/5　5-距离传感器2/6　6-速度传感器n1
7-压力传感器K2　8-压力传感器3，仅限四轮驱动
9-压力传感器K1　10-驻车锁传感器
11-固定磁铁和驻车执行器接头　12-速度传感器n2接头
13-8针适配器接头　14-20针传感器变速器接头

图 2-3-36

（一）距离传感器

距离传感器安装于定心板上（在离合器后面），可检测换挡拨叉轴的移动。该传感器与传感器线束永久相连。

（二）压力传感器

用于测量离合器1和离合器2液压的压力传感器安装在定心板上Porsche Doppelkupplung（PDK）保时捷双离合器变速器的后面，并且通过接头与传感器线束相连。变速器中的压力传感器如图2-3-37和图2-3-38所示。

1-压力传感器，离合器1　2-压力传感器，离合器2
3-距离传感器3/7　4-距离传感器4/8
5-倒挡距离传感器　6-距离传感器1/5
7-距离传感器2/6

图 2-3-37

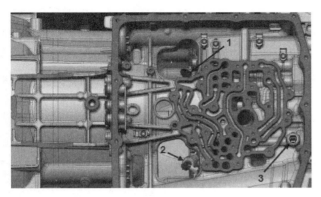

1-压力传感器，离合器1　2-压力传感器，离合器2
3-压力传感器，离合器3
图 2-3-38

用于HOC（仅限四轮驱动版本）的压力传感器通过离合器钟形罩（安装在HCU旁）中的压力通道测量压力。

该传感器还连接到传感器线束。

（三）温度传感器

温度传感器用于测量变速器油的油槽温度。它是随温度而变的电阻器。该传感器测量喷出HCU的液压油的温度。温度传感器的位置如图2-3-39所示，液压控制单元上的温度传感器如图2-3-40所示，温度传感器的设计如图2-3-41所示。

1-温度传感器的位置
图 2-3-39

图 2-3-40

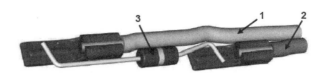

1-正　2-负　3-NTC
图 2-3-41

在车辆中，对机油温度传感器进行监控以便发现是否有短路和断路的情况，并且监控信号合理性以及梯度行为（每个时间单位的温度的增加/降低）。

十、电子变速器控制单元（ETC）

变速器控制单元通过FlexRay总线连接到车辆中的其他控制单元（例如发动机、ABS、选挡杆）。

该控制单元接收与驾驶员请求（例如选挡杆位置、加速踏板位置、制动信号）和车辆的运行条件（例如轮速、车速、路面阻力、轴向加速度、海拔系数、发动机和变速器速度、发动机和变速器温度）有关的信息。

将会根据换挡程序和驾驶员类型检测，在驾驶软件中处理这些输入变量并执行驾驶员请求。

（一）安装位置

变速器控制单元安装在驾驶员侧的A柱区域中。

（二）控制单元

一个58针接头用于将变速器控制单元连接到车辆线束。变速器控制单元如图2-3-42所示。

该控制单元由铝-塑料复合材料制成，即基底为铝合金，壳体为塑料。

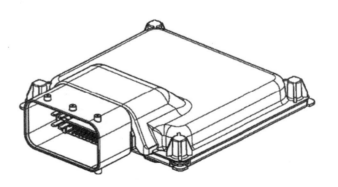

图 2-3-42

十一、第三代保时捷检测仪（PT3G）的维护工作

（一）服务程序

服务程序的限制条件：选挡杆处于位置"N"；强制电子停车锁（EPB）接合；发动机转速由功能进行控制，最高可达2500 r/min。

（二）校准（在HYTI中进行液压设定）

在准备本手册之时，针对此程序的过程尚未定案。

（三）机油油位检查、机油加注程序

1.排空机油

变速器通过油底壳中的放油塞（变速器中的最低点）完全排空，如图2-3-43所示的油管、放油塞。

2.一般程序

车辆中的机油调节是动态执行的。

3.加注/检查机油的步骤

（1）前提条件。车辆位于举升平台上±0.5°；变速器油温<30 ℃。

（2）打开侧溢流孔上的插头。机油流出：封闭式插头。机油不流出：在机油溢出前加注机油。

（3）在位置"P"启动发动机。

（4）停用PSM。

（5）发动机位置D。

（6）使用Tip模式并且在每个挡位转速达到1500 r/min时逐个挂入挡位1~4。

（7）在挡位"P"且发动机转速为2000 r/min时对变速器进行加热，以便将变速器油的温度加热到40 ℃。

（8）在达到40 ℃后关闭发动机（点火开关关闭），并且在机油固定前等待1 min。

（9）打开机油管中的螺塞，等待直到机油停止流出（可能仍在滴机油），然后再次将螺塞拧紧至规定的扭矩。

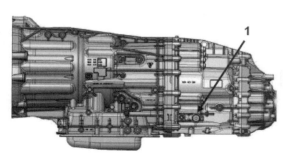

1-溢流孔/加注塞

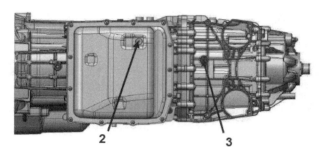

2-油底壳中的放油塞
3-油位调节管中的螺塞
图 2-3-43

对于PDK2变速器，通过从下面拧入变速器并且集成到螺塞中的机油管调节机油油位。带放油塞的机油管如图2-3-44所示。

在旋开内部螺钉时，使用机油管的高度准确设置机油油位。重要提示：如果旋开机油管，则大量机油会溢出。

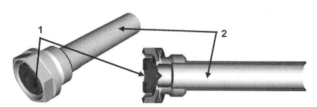

1-带内六角形的螺塞   2-带外六角形的机油管
图 2-3-44

十二、四轮驱动离合器/附属式离合器

附属式离合器（HOC）用于PDK2变速器的四轮驱动版本4WD中。它位于分配器壳中。附属式离合器会根据负载将驱动扭矩分配到车桥，由此执行四轮驱动传输单元的功能。根据策略，前桥扭矩可随意调整。四轮驱动概览如图2-3-45所示。

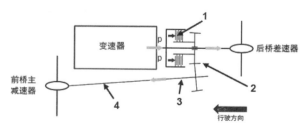

1-附属式离合器   2-斜面齿轮传动装置
3-边轴   4-连接轴
图 2-3-45

HOC上的内盘片托架会被压到前桥轴上，后者通过斜面轮齿连接到边轴。HOC的外盘片托架与驻

车锁齿轮牢牢地焊在一起，安装在后桥轴上。四轮驱动的连接轴如图2-3-46所示，四轮驱动的盘片托架如图2-3-47所示。

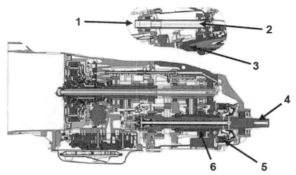

1-到前桥主传动连接轴　2-边轴　3-前桥轴（顶部图）
4-后桥轴　5-附属式离合器　6-前桥轴（底部图）
图 2-3-46

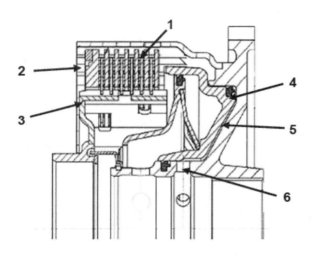

1-盘　2-外部盘片托架（后桥）　3-内部盘片托架（前桥）
4-活塞　5-压力室　6-压力供应
图 2-3-47

与Porsche Doppelkupplung（PDK）保时捷双离合器变速器一样，HOC是湿式离合器，除了启动所需的压力机油还需要冷却机油。HOC通过EDS7和液压控制单元中的离合器阀3，在压力机油的作用下启动。压力机油通过变速器壳体中的压力通道和变速器中的管路系统进行供应，并通过后桥轴上安装的油管输送至HOC。HOC通过EDS8和液压控制单元中的冷却机油阀，在冷却机油的作用下启动。冷却机油通过变速器壳体中的压力通道和变速器中的管路系统进行供应，并输送至位于后桥轴油管和后桥轴本身之间的HOC。后桥轴油冷却和润滑如图2-3-48所示。

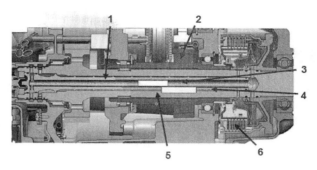

1-后桥轴上的机油管　2-前桥轴　3-HOC压力机油
4-HOC润滑油　5-后桥轴　6-附属式离合器（HOC）
图 2-3-48

第四节　底盘系统

一、简介

Panamera 2017年款的底盘已从根本上进行改进。尤其是针对介乎于舒适性和运动性领域之间的客户实现了更广阔的空间。我们的目标是通过优化底盘的相应组件实现车辆的更高舒适性。这一目标已通过保时捷在构成此车系独特卖点的跑车领域的大量技术得以实现。为向客户提供高度的个性化，开发了不同的新底盘和制动系统。Panamera车型2017年款如图2-4-1所示。例如：3室空气悬架、运动型保时捷动态底盘控制系统（PDCC Sport）、后桥转向系统（RAS）、电子底盘平台（ECP）。

图 2-4-1

保时捷Panamera 2017年款在底盘领域中得到了进一步的优化。

标配：标配、4和4S车型标配有PASM钢制弹簧悬架系统。GTS、Turbo、4PHEV和Turbo S PHEV车型标配有PASM空气悬架。后桥转向系统是Executive S车型系列的标准配置。

选装配置：运动型保时捷动态底盘控制系统（PDCC Sport）是4S、GTS、Turbo和Diesel 4S车型的选装配置。所有车型系列均可选装后桥转向系统。

负载组（LG）指的是车辆的容许负载。Panamera 2017年款有两个负载组。根据装备和车桥负载，可向不同的车型分配不同的负载组，如表2-4-1所示。

表2-4-1

负载组	容许前桥重量	容许后桥重量	容许总重
LG 1	1300 kg	1360 kg	< 2650 kg
LG 2	1455 kg	1620 kg	> 2650 kg

二、前桥

在保时捷Panamera 2017年款的底盘上使用了新开发的前桥。其主要开发目标是实现经典的保时捷驾驶动态性，同时兼具卓越的驾驶安全性和高度舒适性。

（一）系统概览

采用复合设计的双摇臂车桥是具有后转向功能的前桥的标配。

位于顶部和底部的双摇臂、车轮支架和前桥副车架均为铝制。在稳定性和重量方面，对控制臂和副车架进行了全新开发。前桥概图如图2-4-2所示。

图2-4-2

（二）副车架（车桥托架）

副车架在橡胶−金属支座中的8个螺钉连接点处用螺栓牢牢地固定在车身上。它装有控制臂、转向机、防侧倾杆、发动机支承以及两个用螺栓固定的剪力板。副车架设计为铸铝节点结构。前桥副车架如图2-4-3所示。

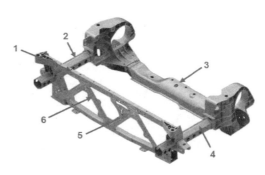

1-前横梁　2-侧面部分　3-后横桥　4-侧面部分
5-纵向部分　6-纵向部分
图2-4-3

注：副车架由与横桥（铸造节点）焊接在一起，然后在复合设计中与纵向部分接合在一起（挤压）以实现稳定性的铝侧部分（压铸）结构组成。这可以增加安全性、驾驶动态和舒适性。

（三）剪力板

用于前部和后部的剪力板采用两件式，从下方用螺栓固定在副车架上。剪力板的设计目的是增加车辆的刚度，并且同时增加舒适性和驾驶动态性范围。整个单元还可以增加车身结构的刚度。前桥剪力板如图2-4-4所示。

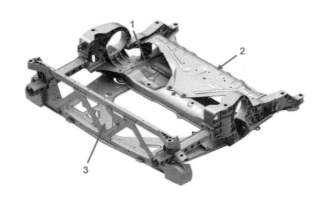

1-下剪力板，后部　2-上剪力板，后部　3-下剪力板，前部
图2-4-4

（四）前桥−下控制臂

在下控制臂平面上使用一个控制臂。该控制臂由锻铝制成。下控制臂主要吸收纵向和横向力。前桥，下控制臂如图2-4-5所示。

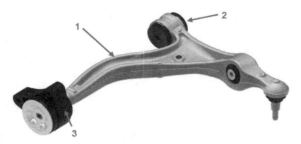

1-下控制臂，前桥　2-橡胶-金属接头　3-液压支承

图 2-4-5

通过副车架后部的液压支座的支承对控制臂进行支撑和减震。橡胶-金属接头拧到副车架前部，以便减少扭转和弹簧刚度。液压支承如图2-4-6所示，橡胶-金属接头如图2-4-7所示。

图 2-4-6

图 2-4-7

注：弹簧刚度也称作弹簧硬度。通过对弹簧施力并且测量由此产生的压缩（烟花行程）来测试和比较弹簧。力（F）与距离（L）的比率即为弹簧系数（C），单位为N/m。

扭转："扭转"一词用于描述材料的扭转。

（五）前桥-上控制臂

在上控制臂平面上使用一个三角控制臂。该控制臂由锻铝制成。上部控制臂主要吸收纵向和横向力。控制臂由大橡胶-金属接头支撑在上固定鞍座上。前桥，上三角控制臂如图2-4-8所示。

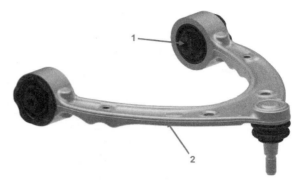

1-橡胶-金属接头
2-三角控制臂，前桥

图 2-4-8

（六）弹簧滑柱

根据客户希望使用的底盘，有两种型号可供选择：带控制减震器（PASM）的弹簧悬架系统；带控制减震器（PASM）的空气悬架系统。

（七）钢制弹簧滑柱

钢制弹簧滑柱在固定鞍座通过3个螺钉连接牢固连接到车身。钢制弹簧滑柱由减震器和弹簧构成，它们是通过夹紧螺钉连接牢固接合的。它直接用螺钉固定在控制臂的底部。在保时捷主动悬架管理系统（PASM）出现故障时，减震器切换到故障安全软件紧急程序。换言之，减震器变为软件控制。前桥-钢制弹簧滑柱如图2-4-9所示，钢制弹簧连接如图2-4-10所示。

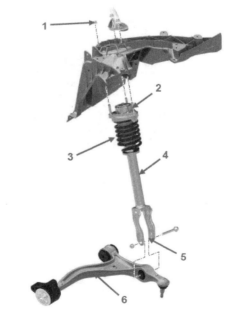

1-紧固螺母，顶部　2-上弹簧滑柱支座　3-钢制弹簧
4-减震器　5-下弹簧滑柱支座　6-下控制臂，前桥

图 2-4-9

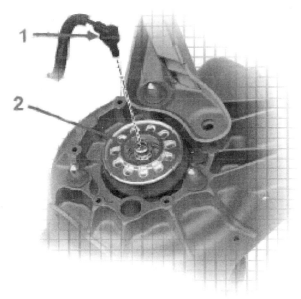

1-连接器　2-减震器处的电气插头
图2-4-10

（八）空气弹簧滑柱

空气弹簧负责通过空气量将弹簧硬度调节到所需设置，并且维持相应的压力水平以便确保最佳的驾驶舒适性。前桥上空气弹簧的插头如图2-4-11所示。

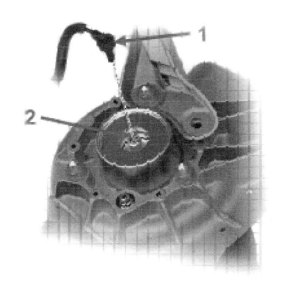

1-连接器　2-减震器处的电气插头
图2-4-11

该空气弹簧是一种3室空气弹簧，它具有2个集成的转换阀以便用于这3个室的容积停用，如图

2-4-12所示。转换阀转换3室控制系统中的所有单独的空气弹簧容积。该空气弹簧在外部通过铝制套筒引导并且由轴向SKK防尘套提供防水和防尘保护。

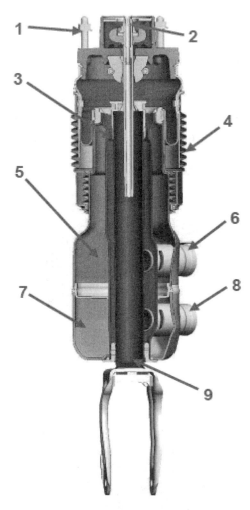

1-上支座　2-电气插头　3-容积1-内部室
4-无内胎连接装配防尘套　5-容积2-外部室
6-转换阀，附加容积2　7-容积3-底部室
8-转换阀，附加容积3　9-单管减震器
图2-4-12

SKK防尘套：无内胎连接装配防尘套。

维修说明：在拆解空气弹簧时，必须确保在拆卸时空气弹簧未旋转或举升。存在减震器与空气弹簧壳体分离的风险。必须确保100%密封。必须遵守准确的安装位置。

（九）车轮支架

车轮支架由空心铸铝制成，因此刚度高、重量轻。下控制臂和上控制臂通过每个箱中的球形接头连接到车轮支架。车轮支架连接控制臂平面。轮载和制动卡钳直接通过螺栓固定到车轮支架上。前桥车轮支架如图2-4-13所示。

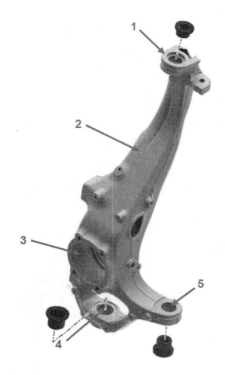

1-上三角控制臂支座　2-车轮支架，前桥
3-车轮轴承支座　4-下控制臂支座　5-横拉杆支座
图 2-4-13

（十）驱动轴

插入的驱动轴在变速器端具有三销式万向节，并且具有两个不同连接。驱动轴在变速器端的左侧具有套筒连接，并且在右侧具有套管连接。前桥驱动轴如图2-4-14所示。

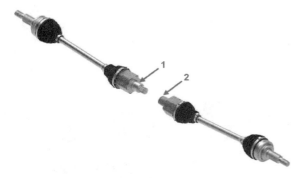

1-套筒连接（沿行驶方向的左侧）
2-套管连接（沿行驶方向的右侧）
图 2-4-14

注释：必须注意的是，对于车轮侧和变速器侧上驱动轴套筒的润滑脂加注，存在不同的润滑脂类型和加注量，如表2-4-2所示。

表 2-4-2

侧面	润滑脂	重量
车轮	GKN 504218 GKY-H15	90 g
变速箱	GKN 504219 OLC-Improved	85 g

维修说明：在拆卸前桥上的驱动轴时，需要在相应侧的车轮支架处松开横拉杆和控制臂。必须要确保车轮支架没有过度倾斜，否则将会损坏球销的套管。下控制臂过度倾斜可能会损坏橡胶-金属接头。不允许分离橡胶-金属接头处的下控制臂，因为这将改变车桥运动学（车桥调节）。

三、后桥

保时捷Panamera 2017年款的后桥是具有独立的上控制臂平面的双摇臂车桥。

（一）系统概览

为了减少非簧载重量，底盘副车架、车轮支架、控制臂和横拉杆均由铝制成。就稳定性和重量而言，控制臂和底盘副车架进行了全新开发。后桥概图如图2-4-15所示。

图 2-4-15

（二）后桥底盘副车架（车桥托架）

底盘副车架通过4个液压减震橡胶支座弹性连接到车身。控制臂、防侧倾杆和后桥转向系统的支架位于底盘副车架上。底盘副车架在后桥为车身结构提供附加的刚度。底盘副车架由永久式铝模具中空铸件构成。

图 2-4-16

注释：针对不同的负载组为底盘副车架提供3种变型：未配备后桥转向系统的负载组1，如图2-4-16所示；未配备后桥转向系统的负载组2；配备后桥转向系统的负载组1+2，如图2-4-17所示。

图 2-4-17

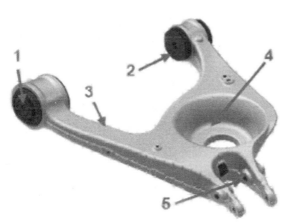

1-橡胶-金属接头　2-液压支承　3-下控制臂，后桥
4-弹簧支座　5-后车轮支架支座
图 2-4-18

（三）后桥-下控制臂

下控制臂构成带车轮支架支座的下控制臂平面，用于传送驱动力和制动力。它通过两个橡胶-金属接头连接到副车架。控制臂由永久式模具中空铸铝制成，且是空心铸件，以便减轻重量。后桥，下控制臂如图2-4-18所示。

（四）后桥-上控制臂平面

后桥的上控制臂平面由前上和后上控制臂组成。这两个控制臂在两端配备橡胶-金属接头，并且主要吸收横向力。两个控制臂均由锻铝制成。后桥控制臂，前上如图2-4-19所示。后桥控制臂，后上如图2-4-20所示。

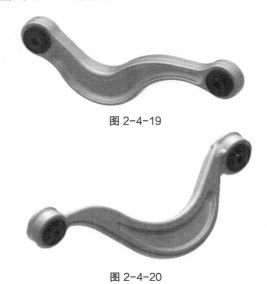

图 2-4-19

图 2-4-20

（五）横拉杆

横拉杆与车轮中心前部的后车轮支架相连接。横拉杆由锻铝制成。后桥概图如图2-4-21所示，后桥横拉杆如图2-4-22所示。

1-右后横拉杆　2-左后横拉杆
图 2-4-21

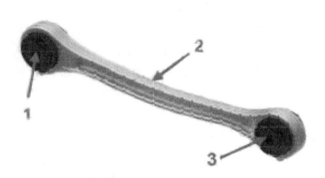

1-橡胶-金属接头　2-后桥横拉杆　3-橡胶-金属接头
图 2-4-22

（六）钢制弹簧

　　钢制弹簧直接在车轮支架处支撑。弹簧与减震器单独安装，从而可为悬架系统和减震系统提供很好的运动比。实现最佳悬架舒适性和操控精确性。后桥上钢制弹簧的图示如图2-4-23所示，后桥横拉杆如图2-4-24所示。

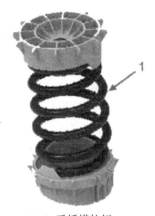

1-后桥横拉杆
图 2-4-24

（七）减震器

　　减震器是具有内部活塞阀的单管减震器。内部活塞阀负责允许在PASM减震器的反弹和压缩阶段进行连续调节（保时捷主动悬架管理系统）。后桥减震器如图2-4-25所示。在出现故障时，减震器切换到紧急程序，减震器出现故障时，减震器将切换到故障安全软模式，也就是说，减震器变为软件控制。

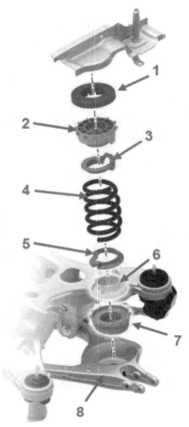

1-上垫片　2-垫片　3-上弹簧座圈　4-螺旋弹簧
5-下弹簧座圈　6-下垫片　7-垫片　8-下控制臂
图 2-4-23

1-电气插头　2-上支座　3-单管减震器　4-控制臂的下支座
图 2-4-25

（八）空气弹簧

　　空气弹簧负责通过空气量将弹簧硬度调节到所

需设置，并且维持相应的压力水平以便确保最佳的驾驶舒适性。

该空气弹簧是一种3室空气弹簧，它具有2个集成的转换阀以便用于容积停用。

转换阀转换和控制3室中的所有单独的空气弹簧容积。该空气弹簧在外部通过轴向SKK防尘套引导并且由防尘套提供防水和防尘保护。转换阀的剖面图如图2-4-26所示，后桥空气弹簧如图2-4-27所示。

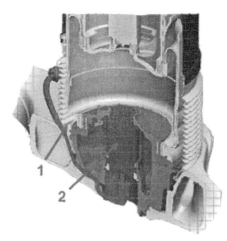

1-电气连接线　2-2/2转换阀，附加容积3（底部）
图2-4-26

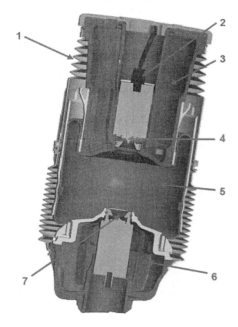

1-SKK防尘套　2-电气插头　3-容积2-上部室
4-转换阀，容积2　5-容积1-中间室　6-容积3-底部室
7-转换阀-附加容积3
图2-4-27

（九）车轮支架

车轮支架由铸铝制成，并且包含控制臂、横拉杆、车轮轴承、制动卡钳和电动停车制动器。两个不同的车轮支架变形安装在后桥上，以便减轻不同车型上的重量，并且允许实现许可的车桥重量。必须根据车型的整体负载从相应负载组选择车轮支架。后桥车轮支架如图2-4-28所示。

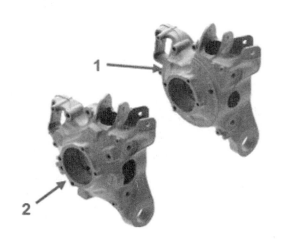

1-车轮支架，负载组1　2-车轮支架，负载组2
图2-4-28

（十）驱动轴

等速驱动轴是一种空心轴，在车轮端和变速器端具有两个联轴节。变速器端以两个轴的插入轴形式实现。在车轮端有一个带细螺纹的插入轴。后桥，驱动轴如图2-4-29所示。

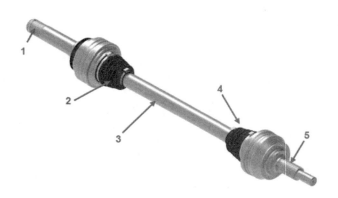

1-变速器端插入轴　2-橡胶防尘套中的等速万向节
3-空心轴　4-橡胶防尘套中的等速万向节
5-具有细螺纹的车轮侧插入轴
图2-4-29

四、底盘控制系统

在Panamera 2017年款上使用了全新和进一步

开发的底盘控制系统，如表2-4-3所示。

表 2-4-3

名称	控制系统
配备钢制弹簧的 PASM	搭配弹簧悬架系统的保时捷主动悬挂管理系统（PASM）
配备空气弹簧的 PASM	保时捷主动悬挂管理系统（PASM）与空气悬架、车身水平高度控制系统连用，包括高度调节
PTV	保时捷扭矩引导系统
PDCC Sport	保时捷动态底盘控制系统（PDCC）（用于电动机械式主动防侧倾稳定系统的底盘系统）

全新Panamera 2017年款配备不同标配或选配的底盘控制系统，如表2-4-4所示。

表 2-4-4

控制系统	Panamera 2017 年款				
	标配	4	4S	GTS	Turbo
配备钢制弹簧的 PASM	标配	标配	标配		
配备空气弹簧的 PASM	选装配置 *	选装配置 *	选装配置 **	标配 ***	标配
PTV（与 PDCC Sport 结合使用）			选装配置	选装配置	选装配置
PDCC Sport（与 PTV 结合使用）			选装配置	选装配置	选装配置

注：
* ＝ 柴油发动机的选装配置－轿车；
汽油发动机的选装配置－长款轿车。

** ＝ 柴油发动机的选装配置－轿车和 Sport Turismo；
汽油发动机的选装配置－长款轿车和 Sport Turismo。

*** ＝ －10 mm 处的标准零位置。

在下面几章中将介绍与底盘控制系统相关的最重要的变化和新功能。

五、电子底盘平台（ECP）

ECP充当若干底盘系统的集成平台。此外，它包括用于减震器的主动控制的系统、车辆水平高度控制系统（行车高度）、弹簧系数控制系统以及车辆自身移动的基于传感器的探测系统。ECP控制单元如图2-4-30所示。

ECP在PDCC Sport系统的功能中起着重要作用。ECP安装在后备箱的左后部。ECP控制单元的安装位置如图2-4-31所示。

图 2-4-30

任务：测量、计算和提供与车辆整体状况相关的信号；计算前桥和后桥之间的滚动力矩分配。

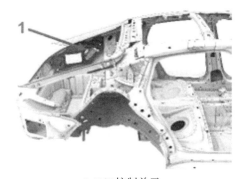

1-ECP控制单元
图 2-4-31

联网：与车辆拓扑的连接是通过车辆中的FlexRay数据总线实现的。与空气供应系统的PDCC Sport控制单元和压缩机的通信通过ECP-CAN实现。电磁阀块直接与ECP相连接。

图2-4-32显示了ECP的系统结构概图。

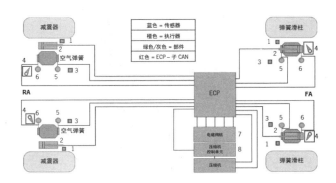

1-车轮传感器　2-减震器阀　3-车身传感器
4-水平高度传感器　5-附加容积1　6-附加容积2
7-电磁阀组中的压力传感器　8-压缩机控制单元中的温度传感器
图 2-4-32

功能：重要输入包括车辆上的水平高度传感器和加速度传感器的数据以及车速。此附加信息允许ECP为控制空气悬架的车辆高度或保时捷主动悬架管理系统（PASM）减震器控制系统单独启用各车轮。ECP传感器分布在车辆中并且包括：4个车轮加速度传感器、4个车身加速度传感器、4个水平高度传感器。

（一）加速度传感器

在Panamera 2017年款上使用了4个车身加速度传感器和4个车轮加速度传感器。

1.车身加速度传感器

车身加速度传感器可以检测车身动作（举升、俯仰和侧倾震动）。车身加速度传感器如图2-4-33所示。

图2-4-33

2.车轮加速度传感器

车轮加速度传感器检测车轮相对于车身的相对移动（垂直加速度）。车轮加速度传感器如图2-4-34所示。

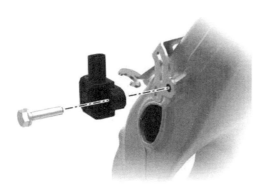

图2-4-34

（二）水平高度传感器

前桥上的两个水平高度传感器和后桥上的两个传感器检测到弹簧压缩行程上控制臂角度的变化。在设计方面，水平高度传感器分为机械和电子区域。在机械部件中，通过水平高度传感器驱动主轴实现的角度变化转换可生成传感器中磁铁的旋转运动。这将进一步生成电气输出信号。前桥上的水平高度传感器如图2-4-35所示，后桥上的水平高度传感器如图2-4-36所示。

图2-4-35

图2-4-36

六、空气悬架

空气悬架负责根据需要调节和维持车辆水平高度。它会降低车辆的举升、俯仰和侧倾移动。空气悬架可以避免高速范围内的加高高度，并且还可以防止车辆托底。空气悬架系统概图如图2-4-37所示。

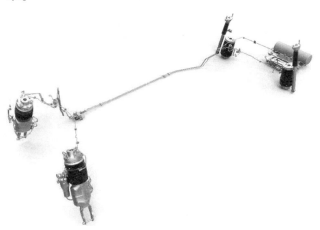

图 2-4-37

（一）水平高度控制的功能

只有当水平高度蓄压器中有足够压力时，才有可能向上调节车身水平高度。只有当车辆上的全部4个车门都关闭时，才有可能向下调节。打开的后备箱盖对高度调节没有任何影响。如果在车辆处于静止状态且发动机未运转时负荷变化，则只有当蓄压器中有足够压力时才能迅速进行调节。

空气弹簧控制策略如图2-4-38所示，水平高度控制如表2-4-5所示。水平高度控制策略如图2-4-39所示和表2-4-6所示。

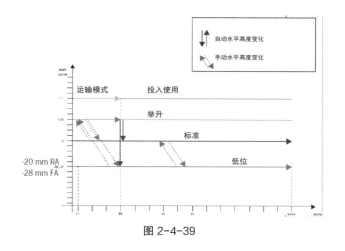

图 2-4-39

表 2-4-6

车辆条件	状况	公差范围控制限制	操作概念
锁定/诊断条件	静止	±3 mm	无法实现
发动机未运转	静止	±15 mm	无法实现
发动机正在运转	静止	±8 mm	可能
驾驶状态	驾驶	±5 mm	可能

（二）设计

系统概图显示了空气弹簧系统的整体设计。4个空气弹簧通过单独的空气管路与电磁阀组相连接。该电磁阀组由车身水平高度控制系统进行控制，并且负责在每个单独的空气弹簧中调节空气量，以便保持驾驶员设置的水平高度。为此，该电磁阀组与压缩机和蓄压器相连接。根据部件中的压力状况，从蓄压器、压缩机或者在增压模式下也从这两个源执行举升请求。在降低车身高度时，空气通过压缩机从弹簧排放到大气中。

该压缩机由一个两级压缩机单元和一个干燥器构成，增压和空气通风过程中空气始终流过该干燥器。这意味着对系统中的干燥器进行持续净化。空气通过压缩机中的通风电磁阀排放到环境中。可通过电源释放电路执行强制通风，从而避免空气供应系统中的背压。

一个压力控制阀安装在该压缩机中，确保用于通风的系统中的最低剩余压力。因此空气弹簧可维持至少300 kPa的最低剩余压力，并避免空气弹簧的扭曲或压缩。该压缩机还包含一个增压阀，如果在蓄压器增压较低时要使用来自环境和蓄压器的空

弹簧硬度

主动容量	V1+V2+V3	V1+V2	V1+V3	V1+
弹簧系数阶段	1 软	2 动态1	3 动态2	4 硬
Vveh < Vlimit	x			
Vlimit < Vveh		x		
纵向加速度 1			x	
纵向加速度 2				x
纵向加速度 1			x	
纵向加速度 2				x

图 2-4-38

表 2-4-5

DAM/Z$_{VM}$	低位高度	标准高度	举升
标准	X	+	O
运动	O	+	O
运动升级	+	O	O

注：
X=水平高度不适用于标准位置。
O=可选水平高度。
+=标准水平高度位置。

气进行举升，则用大约1500 kPa启用该增压阀。

压缩机的启动电流由压缩机控制单元调节，以避免启动中欠压或过压峰值。这可保证车辆电气系统的主动保护。压缩机控制单元还包含温度传感器，用于防止压缩机过热。

该电磁阀组具有一个整体式压力传感器，用于测量弹簧和蓄压器中的静态压力。

ECP控制单元在此测量的基础上决定要使用的压力源（压缩机、蓄压器）。压力传感器也用于检测该系统中的泄漏和故障。

车身水平高度控制系统使用来自车身水平高度传感器的信号确定实际车辆高度。用于描述车辆状况的其他信号（车速、加速踏板位置、横向加速度等）通过FlexRay总线获取。使用这些附加的信号来优化控制，例如在动态驾驶过程中或者在不平坦的路面上驾驶时。空气弹簧系统概览如图2-4-40所示。

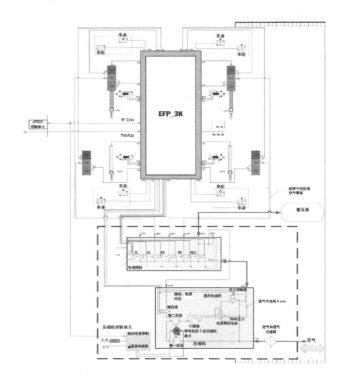

图 2-4-40

七、PASM-保时捷主动悬架管理系统

与前代车型一样，新款Panamera 2017年款也配备了可变减震系统保时捷主动悬架管理系统（PASM）。该PASM系统是用于主动控制前桥和后桥上的减震器的标配。PASM系统概览，前桥如图2-4-41所示，PASM系统概览，后桥如图2-4-42所示。

1-具有集成的减震器的弹簧滑柱，前部
图 2-4-41

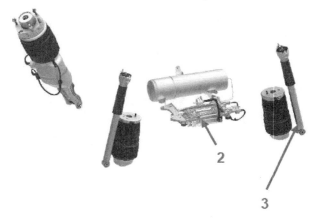

2-空气供应系统　3-后减震器
图 2-4-42

注释：电子减震器控制用于持续的、图谱控制减震器调节。该电子控制系统根据车速和路况调节减震。控制单元通过车轮和车身上的加速度传感器所提供的信息计算所需的减震设置。

（一）任务

PASM是一种底盘控制系统，用于以电子方式调节减震器硬度。PASM负责通过减震器调节和维持震动舒适性。该可变减震器系统能够根据驾驶状况和驾驶条件为每个车轮选择适当的减震器硬度，从而优化驾驶安全性、灵活性和舒适性。

（二）功能

底盘减震器控制系统PASM是一种电子减震器系统，它通过调节各单独车轮的最佳减震力来增强驾驶安全性、驾驶动态性和舒适性。调节是通过控制单元执行的，用于在数毫秒内计算和调节所需的减震力。基于传感器提供的信息（水平、垂直、车轮、车身）计算减震力硬度。该行为将持续进行并且针对车辆上的各车轮单独进行。

八、空气供应系统

空气悬架的空气供应系统也安装在后备箱上，它包括压缩机、电磁阀组、压缩机控制单元和蓄压器。空气供应系统安装位置概览如图2-4-43所示。

1-蓄压器　2-电磁阀组　3-压缩机
图 2-4-43

（一）压缩机

压缩机负责为空气弹簧系统提供压缩空气。绝对压力最高为1900 kPa。

在出现向下方向的水平高度变化时，压缩空气向环境通风（开放系统）。如果蓄压器为空，则压缩机可以直接为空气悬架充气。压缩机在驾驶操作中为蓄压器充气。BOOST功能通过利用残余蓄压器压力，允许在蓄压器增压较低时以高速举升车辆。

该压缩机由一个两级压缩机单元构成，包含电机、电动BOOST电磁阀和一体式空气干燥器。空气系统压缩机如图2-4-44所示。

1-空气系统压缩机
图 2-4-44

（二）压缩空气管路

通向弹簧滑柱的管路在生产阶段集成在电线束中。从压缩机到蓄压器之间的管路使用定型管路。连接按如下安装：弹簧滑柱处的连接，4 mm×0.85 mm（外直径×壁厚度）。蓄压器和压缩机处的连接：6 mm×1.5 mm（外直径×壁厚度）。

（三）电磁阀组

电磁阀组安装在1个塑料壳体中。它由7个电磁阀构成：4个用于弹簧滑柱的电磁阀（每个车轮1个）、1个用于与压缩机连接的电磁阀、1个用于与蓄压器连接的电磁阀以及1个用于BOOST功能的电磁阀。该电磁阀组通过电磁阀切换和调节各压力回路中的压力。用于测量当前系统压力的压力传感器集成在该电磁阀中。电磁阀组如图2-4-45所示。

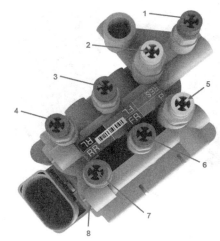

1-BOOST连接　2-蓄压器电磁阀　3-电磁阀，弹簧滑柱，左前
4-电磁阀，弹簧滑柱，左后　5-压缩机连接
6-电磁阀，弹簧滑柱，右前　7-电磁阀，弹簧滑柱，右后
8-电磁阀组
图 2-4-45

（四）蓄压器

蓄压器具有约8 L的加注容量，它存储空气供应所需的压力。如果系统完全是空的，则完全加注最长需要约20 min。在驾驶过程中蓄压器将加压到辅助压力。蓄压器如图2-4-46所示。

图 2-4-46

（五）压缩机控制单元

压缩机控制单元具有用于监控压缩机温度的温度传感器，并且确保压缩机的顺畅启动。这可以避免压缩机开始运行时车辆中的电流峰值。压缩机控制单元如图2-4-47所示。

图 2-4-47

九、底盘控制系统的操作与显示

Panamera 2017年款的底盘控制系统采用了新的操作理念。这一新理念允许用不同的方式来配置各个底盘程序的不同设置。可以使用以下操作选项配置这些设置：PCM触摸屏（保时捷通信管理系统）；仅配备Sport Chrono组件的运动型方向盘上的模式开关。

（一）前PCM触摸屏

1. "驾驶模式"菜单项

可在前PCM触摸屏（图2-4-48）上的"驾驶模式"菜单项下选择底盘控制系统功能。底盘设置也显示在这里。在顶部栏中可以选择以下功能。

舒适（标准）：可以通过此功能选择舒适的底盘设置。

运动：可以通过此功能选择运动型底盘设置。

运动升级：可以通过此功能选择用于赛道的特定运动型底盘设置。

个性化：该功能允许存储已配置的设置。对此的先决条件是未安装Sport Chrono升级版组件。

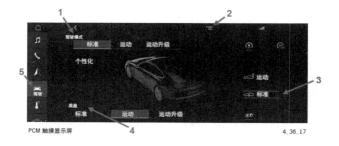

1-行驶模式（整体车辆设置：底盘，发动机，变速器）
2-设置菜单
3-空气悬架水平调节的选择菜单（还有低位或举升）
4-底盘（PASM/底盘）模式（弹簧系数控制，PASM，后桥转向系统，ePDCC）　5-"驾驶"菜单项

图 2-4-48

2. 底盘（底盘/PASM）菜单项

可在前PCM触摸屏上通过"驾驶"菜单项选择用于底盘控制系统的设置和功能。底盘系统（弹簧系数）、PASM、后桥转向系统、PDCC Sport的当前选择的设置显示在此处。在栏中可以选择以下功能。

舒适（标准）：使用此功能可以选择舒适型减震器设置及底盘设置。

运动：使用此功能可以选择运动型减震器设置及底盘设置。

运动升级：使用此功能可以选择用于赛道的特

定运动型减震器设置及底盘设置。

（二）Sport Chrono组件

Sport Chrono组件在Panamera 2017年款中已得到改进。Sport Chrono组件模式开关如图2-4-49所示。

设计：现在，不再使用中控台上的按钮选择各种驾驶模式，而是通过重新设计的方向盘上的旋转选挡开关（称为"模式开关"）选择驾驶模式。除了现有的3种模式标准、运动和运动升级外，现在还提供了个性化模式。

功能：可以通过前PCM触摸屏上的菜单，根据标准模式或运动模式，对PASM、运动型排气系统、自动启动/停止功能和后扰流板的设置进行个性化的组合。

下次启动车辆时，可以通过旋转模式开关，再次调出已存储的设置组合。仪表板上部的计时器仍作为该组件的一部分得以保留。

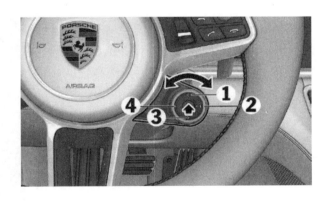

1-模式0　2-运动模式
3-运动升级模式　4-个性化模式
图 2-4-49

1.运动响应按钮

运动响应按钮位于模式开关的中间。借助新款Panamera上的运动响应按钮，驾驶员按一下按钮就能够特别选择运动型车辆响应性。

2.PSM运动

通过与Sport Chrono组件配套使用，新款Panamera上的保时捷稳定管理系统（PSM）提供可单独启用的PSM运动模式。

短按中控台中的PSM按钮（<1 s）可将PSM系统设置为极富运动性的模式。

在此模式下，驾驶员可以更接近车辆的驾驶动态性极限范围。但是，PSM在后台仍保持持续打开状态。

PSM运动模式可独立于所选驾驶模式启用。如果按下PSM按钮的时间超过1 s，则"PSM已关闭"将启用。

（三）未配备Sport Chrono组件

如果未安装Sport Chrono组件，则运动按钮和个性化按钮在中控台中作为标配安装。

在PCM中省略了对运动升级程序的选择。

运动：可以通过此功能选择运动型减震器设置，如图2-4-50所示。

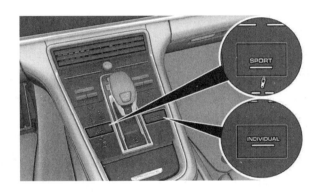

图 2-4-50

个性化：该功能允许存储已配置的设置。可以配置以下选项：底盘、自动启动/停止功能、后扰流板、排气系统。

十、PDCC Sport-运动型保时捷动态底盘控制系统

新开发的电动机械主动防侧倾稳定系统的底盘系统首次在全新Panamera 2017年款上可选装。

（一）系统概览

PDCC Sport系统安装在Panamera 2017年款的前桥和后桥上。

对于前桥和后桥上的部件，部件的设计实质上完全相同。在每一个车桥上，系统组件都由控制单元、连接有防侧倾杆半体的执行器以及可变线束构成。ePDCC系统概览如图2-4-51所示。

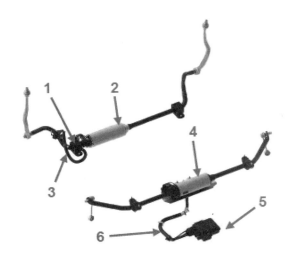

1-PDCC Sport前桥控制单元　2-前桥防侧倾杆　3-前桥线束
4-后桥防侧倾杆　5-PDCC Sport　6-后桥线束
图 2-4-51

执行器馈送回车辆电气系统中。

1-不带PDCC Sport　2-带PDCC Sport
图 2-4-52

（二）技术背景

转弯时，由于车辆的横向加速度车辆会向弯道外倾斜并且开始侧倾。这一侧倾运动以前通过防侧倾杆在车辆上获得补偿。在本款车型上，两个车轮通过弹簧元件压向地面（防侧倾杆扭杆式弹簧）。这向车轮提供更高的牵引力，并因此增加行驶的稳定性。此系统设计的缺点在于不可调防侧倾杆的硬度。硬防侧倾杆导致更具运动感和更具动感的特性，而软防侧倾杆则会增强驾驶的舒适性。为了避免这一问题，PDCC Sport系统允许可变的硬度调节。

（三）任务

该系统的任务是在拐弯时以及在出现侧倾运动时稳定整个车辆。在拐弯时，由于横向加速力在内侧车轮和外侧车轮会产生不同的力。在弯道外侧的车轮被压缩时，弯道内侧的车轮回弹。为了抵消该侧倾运动并且车轮在弯道内侧上实现更好的抓地性能，电动机械防侧倾系统主动调节车轮的不同压缩和回弹行为，以便实质上补偿这些差异。这可以增加安全性、动态性和舒适性。配备和未配备PDCC"Sport"（运动）的比较如图2-4-52所示。

道路干扰激发的解耦：另一个功能是当在崎岖不平的道路表面直行时，会主动调节左右侧车轮。这可提高驾驶的舒适性。不会调节两个轮上同时发生的颠簸。

回收：电动机械系统的另一个优势是将能量从

（四）设计

防侧倾杆的液压伺服电机已被具有行星齿轮（执行器）的可控电机所替代。该执行器通过电机调节力分配。该执行器可以生成最高1200N·m的力，以便主动调节高扭转力。提供48V的电压，以便确保执行器的高调节力。

该执行器由每个车桥的单独控制单元启用。两个PDCC Sport控制单元之间的通信通过子CAN进行。与车辆拓扑的连接是通过电子底盘平台（ECP）实现的，该ECP构成与车辆中的FlexRay的接口。ePDCC拓扑结构如图2-4-53所示。

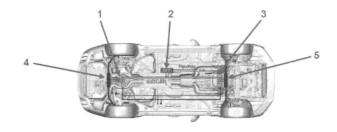

1-PDCC Sport前桥控制单元　2-ECP控制单元
3-PDCC Sport后桥控制单元　4-带执行器的防侧倾杆，后桥
5-带执行器的防侧倾杆，前桥
图 2-4-53

（五）标识要求

1.颜色标识

向控制单元之类的高压部件提供针对"危险电压"的黄色警告符号。相位缆线通过明显的"橙色"进行标识。PDCC Sport控制单元如图2-4-54所示，相位缆线如图2-4-55所示。

图 2-4-54

1-橙色识别

图 2-4-55

2.电击危险保护

接头和壳体的电击危险保护是安全性相关要求，并且在所有部件上都要确保该保护。

（六）欧洲法规

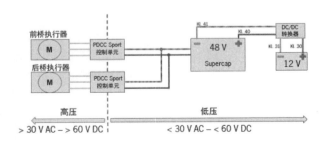

图 2-4-56

由于使用48 V用于执行器，因此，PDCC Sport系统属于高压设备类别。根据ECER-100法规，该

48 V车辆电气系统不属于上限为60 VDC或30 V三相AC（r.m.s）的高压系统。最高48 V供电的控制单元不属于高压类别。向从控制单元到执行器的电源电压提供三相交流电。此处的r.m.s，电压大于30 V。该部分必须根据欧洲经济委员会相关的针对高压设备的法规的约束，并因此满足针对标识和电击危险保护的要求。供电如图2-4-56所示。

（七）系统接口（图2-4-57）

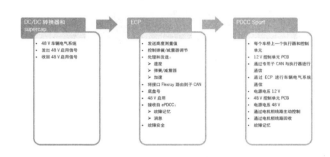

图 2-4-57

（八）PDCC Sport控制单元

在车辆中安装有两个PDCC Sport控制单元。一个控制单元位于前桥上，另一个控制单元位于后桥上。用于前桥的控制单元安装在左侧的轮罩中，用于后桥的控制单元安装在用于空气供应的支架上。控制单元在两个车桥上完全相同。在控制单元中针对相应的车桥为用于前桥和后桥的软件进行编程。因此，该控制单元独立识别涉及哪个车桥。左前轮罩中的PDCC Sport控制单元如图2-4-58所示，后空气供应支架上的PDCC Sport控制单元如图2-4-59所示。

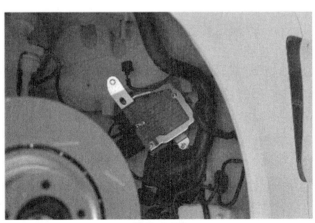

图 2-4-58

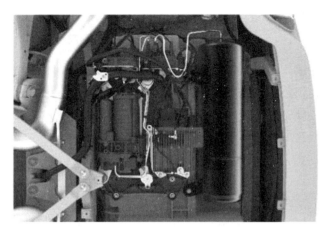

图 2-4-59

（九）PDCC Sport控制单元的任务

PDCC Sport控制单元具有以下任务：前桥和后桥控制单元之间的通信、与ECP控制单元的通信、执行器和控制单元之间的通信、执行器启用、执行器功能的计算。

1.插头连接

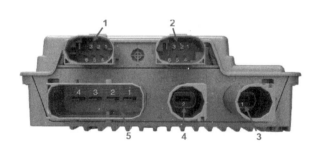

1-传感器板接头　2-车辆接头　3-48 V电源正极
4-48 V电源接地　5-相位接头

图 2-4-60

在PDCC Sport控制单元上有5个插头如图2-4-60所示。车辆接头用于向车辆电子系统供应12 V的电压并且用于CAN连接。48 V电源接头和48 V接地接头与48 V车辆电子系统相连接。三相线路与相位接头处的执行器相连接。PDCC Sport控制单元通过传感器板接头与执行器进行通信。还有用于控制单元和执行器的等电位连接缆线。

每个控制单元都具有冷却风扇罩，以便允许更快地散发自身热量。

2.接头分配

传感器板接头（图2-4-60中的1）：专用CAN高；专用CAN低；CAN屏蔽（选装配置）；未指

定；传感器正极（5 V）；传感器负极（接地）。

车辆接头（图2-4-60中的2）：CAN高；CAN低；端子15；端子30（12 V电源）；前桥端子15；端子31（接地）。

48 V电源正极（图2-4-60中的3）：端子40（48 V电源）。

48 V电源接地（图2-4-60中的4）：端子41（接地电源）。

相位接头（图2-4-60中的5）：W相；V相；U相；屏蔽。

（十）执行器

前桥上的执行器与后桥的执行器完全相同。为防侧倾杆提供不同的变形，以下执行器变形可用于前桥和后桥，前桥变形如图2-4-61所示，后桥变形如图2-4-62所示。前桥，左侧驾驶；前桥，右侧驾驶；后桥。

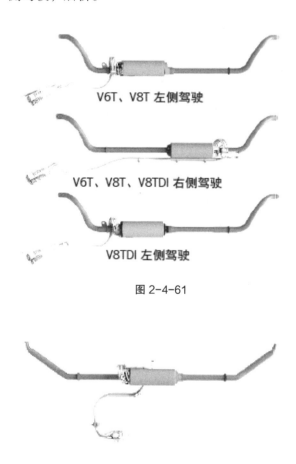

V6T、V8T 左侧驾驶

V6T、V8T、V8TDI 右侧驾驶

V8TDI 左侧驾驶

图 2-4-61

图 2-4-62

1.技术数据（表2-2-7）

表 2-2-7

	单位	前桥执行器	后桥执行器
	单位	值	
最大扭矩	N·m	1200	
旋转速度	°/s	130	
总比率	i	1:91	
执行器直径	mm	91	
执行器长度	mm	230.6	
防侧倾杆重量	kg	12.3	
防侧倾杆速率	N/mm	90	110

该执行器包含3个重要的主要部件：无刷的永磁48 V同步电机、3级行星齿轮、具有角度传感器和霍尔效应传感器的传感器板。

具有内部齿轮的壳体通过两侧上的法兰盖关闭，它也用于将法兰安装到防侧倾杆半体上。执行器具有两个插头：传感器板接头和相位接头。等电位连接也拧到该壳体上。该执行器检测电机的角度位置。测量值在处理器中数字化并且在传感器板中进行处理，然后通过CAN传输到控制单元。

2.传感器板

传感器板具有以下任务：电机位置的角度测量；执行器的温度测量；测量值传输到控制单元；执行器参数传输到控制单元，例如硬度；执行器的序列号和零件号传输到控制单元。

（十一）线束

执行器和控制单元之间的线束具有某种程度的复杂性。电位分配器、执行器如图2-4-63所示，线束PDCC Sport如图2-4-64所示。满足以下要求：屏蔽、灵活性、密封性、高压要求。

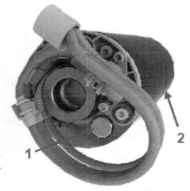

1-电位分配器连接 2-执行器
图 2-4-63

1-线束 2-执行器
图 2-4-64

十一、发动机支承

可切换的发动机支承系统用于Panamera 2017年款，因此可兼顾舒适性和运动性。发动机排列如图2-4-65所示。

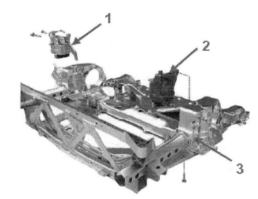

1-发动机支承，右侧 2-发动机支承，左侧 3-副车架
图 2-4-65

（一）V8发动机的发动机支承

根据发动机版本，可切换和不可切换的发动机支承用于V8发动机。发动机支承通过螺栓安装在前桥副车架的轴承箱上。可切换版本的可切换执行器位于发动机支承盖。V8T-不可切换如图2-4-66所示，V8TDI-可切换如图2-4-67所示。

图 2-4-66

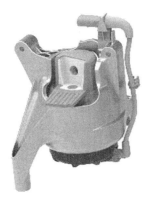

图 2-4-67

（二）V6发动机的发动机支承

与V6发动机类似，安装了两个发动机支承，即切换和不可切换。V6 T-不可切换如图2-4-68所示，V6 TDI-可切换如图2-4-69所示。

图 2-4-68

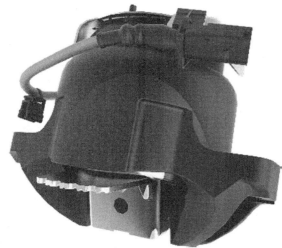

图 2-4-69

功能：电子可切换发动机支承可在怠速时减少震动。借助负荷变化时的直接响应，它们还可保证驾驶时的良好驾驶舒适性。它们的特性可以适应各种运行条件，以提供柔性或刚性发动机支承行为。

柔性的发动机支承意味着低阻尼。因此，发动机震动在怠速下被轻柔地吸收，且不会传输至车身。

刚性的发动机支承意味着高阻尼。发动机震动快速衰减，且车辆在没有明显传输车身震动的情况下行驶。

（三）变速器支座

后变速器支撑配备两个变速器支座，并通过螺栓将其用作变速器壳体的单元。变速器支座如图2-4-70所示。

1-左侧变速器支座　2-右侧变速器支座　3-变速器支架
图 2-4-70

十二、前桥转向系统

在保时捷Panamera 2017年款的前桥上使用了新开发的电动机械转向机。通过齿条-齿轮和与车桥并行排列的同步电机提供动力辅助。这种设计空间占用最小，能提供非常高的性能。前电动转向机安装在车桥后和车轮中心下方的前桥副车架上。前桥转向系统概览如图2-4-71所示。

1-前桥副车架　2-前桥转向机
图 2-4-71

（一）技术数据（表2-4-8）

表 2-4-8

	单位	详细信息
转向机类型		齿条－齿轮转向
动力辅助		电机
用于转向动力辅助功能的驱动装置		齿带
转向冲程	mm	± 79.0
最大电流消耗	A	120
电源	V	12.0
i-Direct		2.6
i-Direct		2.55

（二）传动比

电动机械转向机具有可变齿轮-齿条比，用于对具有和不具有后桥转向的车辆进行调节。为此有两种比率变形：具有54.1～63 mm/SWR（方向盘圈数）的不具有RAS的基本转向；具有RAS59～63 mm/SWR（方向盘圈数）的i-Direct。

（三）任务

电动机械转向系统负责根据驾驶状况和车速确保基于状况的动力辅助。电动机械转向系统的一个更重要的任务是为其他驾驶员辅助功能提供角度和扭矩值。

（四）设计

电动机械前桥转向机系统主要由助力转向机、横拉杆、外部和轴万向节以及防尘套构成。使用卡箱和软管卡箱来固定防尘套。切勿拆解助力转向机。前桥转向系统如图2-4-72所示。

1-外侧接头 2-助力转向机 3-防尘套 4-轴万向节

图 2-4-72

（五）操作原则

当存在来自端子30和端子15的电源电压和内燃机启动时，启用转向动力辅助时启用。

当关闭内燃机后且车速为0时，将禁用动力辅助。

扭矩传感器会检测对驾驶员应用的转向扭矩，并将转向扭矩传输到控制单元。利用转向扭矩以及转向角和车速等其他输入变量，控制单元可计算出需要的辅助扭矩，并且电机将提供此扭矩。电机产生的辅助扭矩会通过循环滚珠转向机作为轴向力提供给转向机齿条。

（六）系统概览

前桥转向的控制单元通过FlexRay总线将网关作为接口与车辆拓扑中的其他控制单元通信。前桥转向的系统概览如图2-4-73所示。

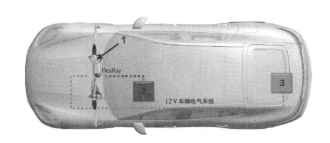

1-电动机械转向机 2-网关已与FlexRay连接
3-车辆电气系统的12 V电池

图 2-4-73

（七）系统接口（图2-4-74）

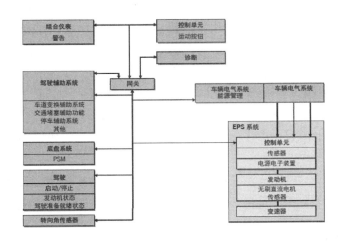

图 2-4-74

（八）操作和显示概念

如果电动机械前桥转向中出现功能限制或故障，这将通过组合仪表上的相应警告指示，并通过故障记忆中的条目，如表2-4-9所示。

表 2-4-9

短信	警告符号	含义
转向辅助系统故障 增加了转向力 允许驾驶		由于出现故障， 动力辅助不可用 无法确认消息
转向辅助系统受限 已调整允许驾驶		由于出现故障， 转向辅助的性能降低 可以确认消息

此外，组合仪表中有方向盘符号形式的组合仪表中的黄色LED，在上述故障案例中永远点亮。

（九）诊断性能

电动机械转向系统具有自诊断功能。转向控制单元的数据可通过刷新进行更新。若有损坏，可以更换横拉杆、波纹管和整个转向机。如果更换转向机，则必须对该控制单元进行编码。在每次拆卸或更换后，必须使用PT3G检测仪再次设定软件限位。

（十）处理和安装的基本说明

必须安装和拆卸整个转向系统。不插入接头的前桥转向系统控制单元不具有水密性。电缆插头和护套不得用作运输转向系统的把手。接口不得损坏，且必须完整安装。必须向下按锁止机构，从而移除接口（例如用于转向替换）。湿气可通过损坏的线路进入控制单元。因此，必须更换损坏的线路。

十三、后桥转向系统

Panamera 2017年款上的后桥转向系统由其电机与车桥并行放置的电动机械中央执行器构成。在电源组中产生移动，并且通过皮带传动装置传输到螺纹芯轴。

电动机械转向机安装在车桥前部的后桥底盘副车架中并且要高于车轮中心。底盘副车架上的后桥转向系统如图2-4-75所示。

1-后桥底盘副车架　2-后桥转向系统
图 2-4-75

（一）技术数据（表2-4-10）

表 2-4-10

	单位	详细信息
转向类型		梯形螺杆转动
转向运动		电机
最大方向盘转向角度	°	2.8°
最大电流消耗	A	80
电源	V	12.0

（二）设计

后桥转向系统由带护罩的壳体、电源组、皮带传动装置、芯轴、传感器、传感器缆线和左右两侧的连接拨叉以及用于密封的防尘套构成。带护罩的壳体由压铸铝制成。拨叉连接由锻钢制成。与束角控制臂的拨叉连接能够进行被动束角调节。后桥转向系统不得进一步进行拆解。根据是否出现故障，通过两个黄色的警示灯在组合仪表上指示警告。后桥转向系统如图2-4-76所示。

1-电源组　2-指数传感器　3-连接拨叉，右侧
4-壳罩　5-壳体　6-连接拨叉，左侧
图 2-4-76

（三）功能低速范围

根据车速对转向行为进行调节。系统会使后轮按照与前轮转向方向相反的方向转向（反转向）。这里的最大转向锁角度为±2.8°。这导致轴距的实质减少，并因此提高了操控性。这有利于车辆的挪动和停驻，并可使转弯直径缩小约0.6 m以上。低速如图2-4-77所示。

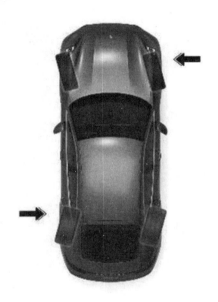

图 2-4-77

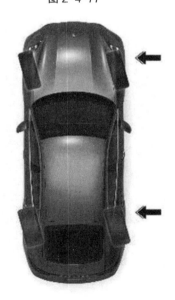

图 2-4-78

（四）功能高速范围

根据车速对转向行为进行调节。系统会使后轮以与前轮平行的方向（同向）转向。因此，与未转

向的后桥相比，横向力会更快地蓄积。这导致在转弯和变换车道时在高速范围下能够更快地进入，并且同时还增加了车辆的稳定性。防止漂移检测。因此，根据驾驶条件在所有情况下都设置最佳转向角度。高速如图2-4-78所示。

十四、转向柱

在Panamera 2017年款中，可在手动和电动转向柱调节之间进行选择。

转向柱永远是对车内人员进行保护的一体式部件。如果发生碰撞，转向柱调节机制用于吸收驾驶员的能量。

（一）手动转向柱调节

手动转向柱调节机制采用用于水平和垂直调节的手动操作、摩擦锁紧的夹紧系统。手动转向柱如图2-4-79所示。

图 2-4-79

（二）转向柱电动调节（ESCA）

转向柱电动调节（ESCA）功能通过独立的LIN总线3从电子中央电气系统控制单元（BCM1）连接到网络拓扑中。电动转向柱如图2-4-80所示，电动转向柱调节的网络拓扑摘录如图2-4-81所示。

图 2-4-80

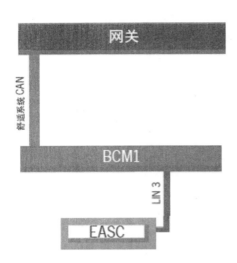

图 2-4-81

十五、方向盘

（一）配备和不配备Sport Chrono组件的标准方向盘

全新的方向盘作为标配安装，包括多功能遥控、带模式开关的拨片操作以及方向盘加热。

方向盘细分车型可为Diesel 4S和PHEV提供相同的功能；开关布置中有少量小的更改。配备Sport Chrono组件的标准方向盘如图2-4-82所示。

图 2-4-82

（二）Turbo运动型方向盘

Turbo运动型方向盘是Turbo车型的标配。它是一款方向盘，装饰件位于Anthracite Birch和Black Leather中。它与标准方向盘一致，拥有相同的功能安排。Turbo运动型方向盘如图2-4-83所示。

图 2-4-83

十六、驾驶动态

可以在Panamera 2017年款的前桥和后桥上进行调节，以便适应驾驶动态性。

（一）前桥测量和调节

1.车辆高度

可以在配有空气悬架的车辆上调节前桥的车辆高度。车辆高度的调节值因车型和悬架类型（钢或空气悬架）以及车轮尺寸而异。在PIWIS信息门户上提供每种车型的调节值。车辆高度、前桥如图2-4-84所示。

在执行调节时必须遵守相应《车间手册》中的车辆准备工作。

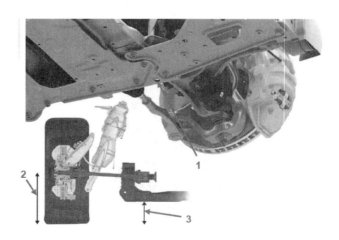

1-副车架上的前桥测量点　2-前桥上车轮中心的测量值
3-前桥到副车架的测量值
图 2-4-84

2.束角

可以相应通过左或右束角上的偏心螺钉调节每个车轮的束角。前束差异角不可调整。

3.外倾角

前桥上的外倾角无法调整。

通过移动前桥副车架，可以在公差范围内均匀调整外倾角。

4.主销后倾角

前桥上的主销后倾角无法调整。

5.调节值（表2-4-11）

表2-4-11　（1英寸=2.54厘米）

前桥					
	钢制弹簧19英寸	钢制弹簧20/21英寸	空气弹簧19英寸	空气弹簧20/21英寸	公差
束角	+5'	+5'	+5'	+5'	+5'/-2.5'
外倾角	-45'	-45'	-45'	-45'	± 20'
主销后倾角	7° 30'	7° 30'	7° 30'	7° 30'	7° 30'
路面高度/测量点	152 mm	156 mm	152 mm	156 mm	± 10 mm
翼子板高度/车轮中心	410 mm	410 mm	410 mm	410 mm	± 10 mm
静态轮胎半径	345 mm	349 mm	345 mm	349 mm	± 10 mm

（二）后桥测量和调节

可以在配有空气悬架的车辆上调节后桥的车辆高度。车辆高度的调节值因车型和悬架类型（钢或空气悬架）以及车轮尺寸而异。在PIWIS信息门户上提供每种车型的调节值。车辆高度，后桥如图2-4-85所示。

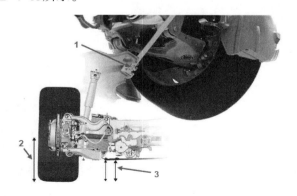

1-底盘副车架上的后桥测量点　2-后桥上车轮中心的测量值
3-后桥到底盘副车架的测量值
图2-4-85

1.束角

可以相应通过左或右束角上的偏心螺钉调节每个车轮的束角。前束差异角不可调整。

2.外倾角

后桥上的外倾角无法调整。

3.调节值（表2-4-12）

表2-4-12

后桥					
	钢制弹簧19英寸	钢制弹簧20/21英寸	空气弹簧19英寸	空气弹簧20/21英寸	公差
束角	5'	5'	5'	5'	± 5'
外倾角	1° 10'	1° 10'	1° 30'	1° 30'	± 15'
路面高度/测量点	151 mm	155 mm	151 mm	155 mm	± 10 mm
翼子板高度/车轮中心	419 mm	419 mm	419 mm	419 mm	± 10 mm
静态轮胎半径	350 mm	354 mm	350 mm	354 mm	± 10 mm

十七、保时捷扭矩引导系统升级版（PTV升级版）

全新Panamera 2017年款可选装保时捷扭矩引导系统升级版。此系统包括一个完全可变的电控后差速锁，可对右后或左后车轮选择性地进行制动干预。这可通过低附着力（如湿滑路况、雪天或淤泥）获得表面的高牵引力。搭配系统ABS/PSM和PDCC Sport，这些系统可以在各种道路表面有限范围内提高驾驶动态性。行驶稳定性还可改进转弯或更换车道时的负荷变化。

后差速锁的另一优势就是在紧急制动时改善的制动性能。当后差速锁完全松开时，各个车轮在ABS制动/PSM控制时可以得到最佳控制，这可实现稳定、有效的制动效果和最佳的减速度。

十八、轮胎和车轮

新款Panamera 2017年款配备了用于前后桥的新开发车轮的新选择。提供多种的车轮设计，可供选择的尺寸范围从19~21英寸（1英寸=2.54厘米）不等。全新的21英寸车轮与前代车型相比扩大了范围。车桥上的轮胎也变得更宽。更大的车轮和轮胎同时提高了牵引力，还改进了转向到弯道时的动态响应。各种尺寸对比如表2-4-13所示。

表2-4-13

	19英寸-标配		19英寸-S	
车轮				
车桥	FA	RA	FA	RA
尺寸	9J x 19	10.5J x 19	9J x 19	10.5J x 19
轮辋偏置距	64	62	64	62
孔心圆/数目	130/5		130/5	
轮胎				
夏季	265/45 ZR19	295/40 ZR 19	265/45 ZR19	295/40 ZR19
冬季	265/45 R19 M&S	295/40 R19 M&S	265/45 R19 M&S	295/40 R19 M&S

	20英寸-Turbo			20英寸-Design车轮	
车轮					
车桥	FA	RA 夏季	RA 冬季	FA	RA
尺寸	9.5J x 20	11.5J x 20	10.5J x 20	9.5J x 20	11.5J x 20
轮辋偏置距	71	68	71	71	68
孔心圆/数目	130/5			130/5	
轮胎					
夏季	275/40 ZR20	315/35 ZR20		275/40 ZR20	315/35 ZR20
冬季	275/40 R20 M&S		315/35 R20	275/40 R20 M&S	315/35 R20

	21英寸-Turbo 4		21英寸-Sport Design		
车轮					
车桥	FA	RA	FA	RA 夏季	RA 冬季
尺寸	9.5J x 21	11.5J x 21	9.5J x 21	11.5J x 21	10.5J x 21
轮辋偏移	71	69	71	69	71
孔心圆/数目	130/5		130/5		
轮胎					
夏季	275/35 ZR21	325/30 315/30 ZR21	275/35 ZR21	325/30 315/30 ZR21	315/30 ZR21
冬季	275/35 R21 M&S	315/30 R21	275/35 R21 M&S		315/30 R21 M&S

	21英寸-独家配件设计		20英寸-独家配件设计	
车轮				
车桥	FA 夏季	RA 夏季	FA 夏季	RA 夏季
尺寸	9.5J x 21	11.5J x 21	9.5J x 20	10.5J x 20
轮辋偏置距	71	69	71	71
孔心圆/数目	130/5		130/5	
轮胎				
夏季	275/35 ZR21	325/30 315/30 ZR21	275/40 ZR20	315/35 ZR20
冬季				

十九、TPM-第三代轮胎气压监控系统

在Panamera 2017年款上使用了大家所熟知的第三代轮胎气压监控系统（TPM）。该系统现在还可以通过PCM/MIB显示，并且设定点气压不再从组合仪表传输到TPM控制单元，而是直接以数据的形式存储在TPM控制单元中。所有TPM设置和选择均在G2中通过PCM/MIB进行，不再在组合仪表上进行。在车辆处于静止状态超过5 min后，车轮电子元件切换到睡眠模式。在活动状态下，车轮电子元件每分钟两次发送其信息，与车速和加速度无关。在给轮胎充气时，车轮电子元件切换到其快速传输模式"每秒1个"。警告级别显示在组合仪表上，并且PCM/MIB以不同颜色显示。

（一）系统设计

具有集成的天线的紧凑控制单元（CCU）位于底盘副车架的纵向拉紧杆的右后部。紧凑控制单元与车辆拓扑中其他控制单元的通信通过CAN总线"扩展"进行。紧凑控制单元的安装位置如图2-4-86所示。

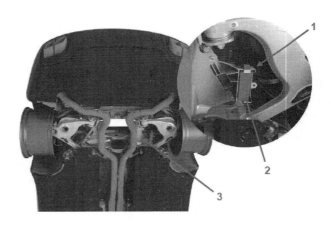

1-支架　2-紧凑控制单元（隐藏）　3-后桥底盘副车架

图2-4-86

（二）功能

1.传输行为

不低于10 km/h时车轮电子装置传输（"唤醒"）。根据车轮电子装置中加速度传感器的公差，传输与压力、温度、旋转方向、蓄电池寿命和ID有关的信息。在不低于25 km/h的车速时实现从每个车轮电子装置单元的可靠传输。车轮电子装置单元在被超过25 km/h的车速或加速度"唤醒"后

处于活动状态。车轮电子装置单元以某些时间间隔定期将信息传输到控制单元。在驾驶时传输信息的频率是每分钟两次。在停放时间超过5 min后车轮电子装置单元切换回"睡眠"模式。TPM系统概述如图2-4-87所示。

1-右前侧车轮电子装置　2-右后侧车轮电子装置
3-紧凑控制单元　4-左后侧车轮电子装置
5-左前侧车轮电子装置
图2-4-87

2.左右侧确定

通过借助加速度传感器检测单独车轮的旋转方向，允许系统识别两个"右"车轮和两个"左"车轮。

3.前桥和后桥确定

由于天线位于后桥（集成在控制单元中），因此，系统可以通过信号电平区分和分配前桥和后桥。信号电平由于车轮电子装置和紧凑控制单元之间的不同距离而存在差异。传感器距该控制单元的距离越远，传输的信号的电平就越低。更高的电平接收自后桥。

4.车轮位置

系统通过评估车辆的左右侧和车桥的信息，自动设定车轮位置。

（三）诊断性能

可以诊断单独的系统部件：4个车轮电子装置、1个紧凑控制单元。

（四）TPM-显示

与组合仪表和PCM/MIB的通信通过网关控制单元以在CAN总线上发送的CAN和BAP消息的形式进行。轮胎气压监控系统（TPM）通过CAN总线系统"CAN-扩展"和"CAN-MMI"集成在Panamera 2017年款的网络拓扑中。

1.PCM中的菜单选择

如图2-4-88所示，通过菜单项"轮胎气压监控系统"直接访问TPM菜单。

图2-4-88

2.PCM中的设置

如图2-4-89和图2-4-90所示，许可用于该车辆的轮胎列表显示在菜单选择"轮胎选择"中。

图2-4-89

图2-4-90

如图2-4-91所示，"舒适气压"选项允许驾驶员在舒适轮胎气压和标准气压之间进行选择。舒适气压并非对所有车型和轮胎变形均提供。

图2-4-91

如图2-4-92所示，菜单选择"满载"允许为满载和部分负载设置不同的设定点压力（并非对所有车型和轮胎变形均提供）。

图 2-4-92

3.PCM和MIB中的充气信息

如图2-4-93和图2-4-94所示，车辆静止时当前轮胎气压的"必需"值和"实际"值之间的差异通过菜单项"气压偏差"显示。"气压偏差"显示指的是温度为20 ℃的情况。该值前面的加号（+）指示轮胎气压高于设定点气压，而减号（-）指定气压低于设定点气压。只有当气压偏差的值不早于10 min（运行时间），气压偏差的值才会显示在点火开关改变后。在旅程开始后会再次更新这些值（车速高于25 km/h）。

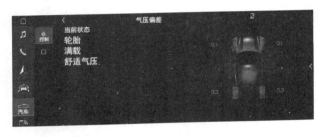

图 2-4-93

图 2-4-94

4.PCM和MIB中的测量

如图2-4-95和图2-4-96所示，在车速低于25

km/h时，将显示信息"从15 mph起测量"。如果尚未设定系统，还将显示TPM警告符号。

图 2-4-95

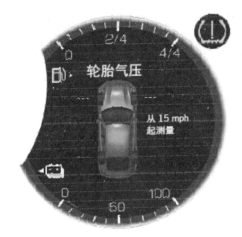

图 2-4-96

如图2-4-97和图2-4-98所示，在选择了车轮组并且继续进行驾驶后，系统自车速高于25 km/h起设定。如果尚未设定系统，还将显示TPM警告符号。在未选择车轮组的情况下点火开关发生改变后，TPM会在车速不低于25 km/h时接收当前轮胎气压。

图 2-4-97

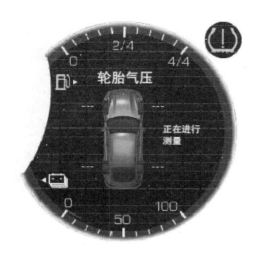

图 2-4-98

5.PCM和MIB中的警告

如果值低于限值或者在出现气压偏差时，警告始终以黄色和红色输出。如果达到了"轻度"（黄色）或"严重"（红色）警告限值，则警告以相应颜色输出。

黄色警告=轻度警告（长于10 min时低于设定点气压30 kPa）

红色显示=严重警告（车速低于160 km/h时低于设定点气压≥50 kPa，或者在车速高于160 km/h时低于设定点气压40 kPa）

如图2-4-99和图2-4-100所示，在气压偏差≥30 kPa达到10 min后，将以黄色显示轻度警告。在补偿了气压偏差后（在显示"气压偏差"（充气信息）中达到了针对设定点气压的0气压偏差后），轻度警告（黄色）熄灭。

图 2-4-99

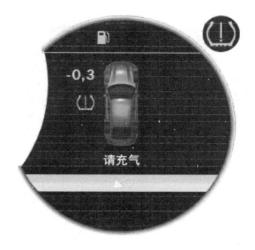

图 2-4-100

如图2-4-101和图2-4-102所示，只要存在较大的气压偏差（车速低于160 km/h时≥50 kPa，车速高于160 km/h时≥40 kPa），就会立即以红色显示严重警告。

图 2-4-101

图 2-4-102

如图2-4-103和图2-4-104所示，如果在两个车轮位置达到了两个不同的警告限值（一个严重警告，一个轻度警告），则显示两个警告。

图 2-4-103

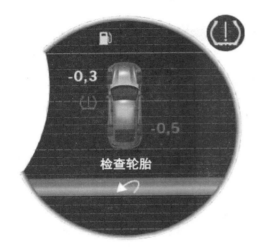

图 2-4-104

如图2-4-105所示，如果在高速下较长时间驾驶时轮胎气压过低（在高于270 km/h的情况下 >3 min时，严重轮胎气压警告的差异阈值将降低 10~30 kPa），将显示一条警告，请求驾驶员降低车速（仅对于v_{max}>270 km/h的车辆，警告阈值限值有效）。

图 2-4-105

图 2-4-106

如图2-4-106所示，如果当前车速对于设定的舒适轮胎气压而言过高，将显示一条警告，请求驾驶员降低车速（仅对于设定了舒适气压的车辆）。

6.MIB中的系统故障

如图2-4-107所示，如果检测到至少两个新车轮ID或者具有已知车轮ID的两个新车轮位置，则会输出警告"轮胎更换已检测，更新选择"。系统能够自动识别车轮更换或车轮电子装置更换的情况。

图 2-4-107

如图2-4-108所示，如果在行驶了10 min后该设定过程未成功完成，将显示信息"轮胎气压监控存在故障，需要维修"。

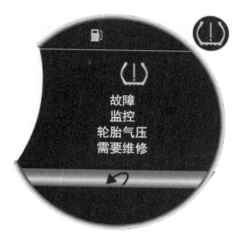

图 2-4-108

如图2-4-109所示，如果轮胎气压监控系统未处于活动状态并且系统在轮胎设定选择后处于设定阶段，将显示"未监控胎压，系统从15 mph以上检测"。系统仅在车辆正在行驶时，执行车轮电子装置的设定过程。静止阶段可能会显著延长设定所需的时间（车轮电子装置的快速暴发模式可用于快速设定）。如果在设定过程前车辆处于静止状态至少5 min，则使用该设定过程。车轮电子装置然后每秒传输到TPM控制单元，持续1 min，而不是每分钟两次。

图 2-4-109

如图2-4-110所示，如果有短暂的无线干扰（干扰信号叠加在车轮电子装置信号上），或者车轮电子装置温度增加到高于120 ℃（例如，极端的制动操作），将输出显示"轮胎气压监控系统暂时不可用，临时状态，允许驾驶"。

图 2-4-110

二十、前桥制动器

制动性能因发动机功率更改也进行了相应的改进。因此，调整了制动系统的尺寸。

（一）FA制动卡钳

如表2-4-13所示，此概览显示Panamera 2017年款前桥各个制动卡钳的制动卡钳尺寸。可以选配用于陶瓷制动系统保时捷陶瓷制动器（PCCB）的带10个点的新款制动卡钳。

表 2-4-13

	前桥制动器	
	18 英寸	19 英寸
	标配 /4S	PHEV/GTS
制动卡钳		
活塞总数	6 个活塞	6 个活塞
制动卡钳类型	固定卡钳	固定卡钳
制动盘直径	350 mm 360 mm	390 mm
卡钳螺钉	M14×1.5×115	M14×1.5×135
	20 英寸	20 英寸
	Turbo	PCCB
制动卡钳		
活塞总数	6 个活塞	6 个活塞
制动卡钳类型	固定卡钳	固定卡钳
制动盘直径	410 mm	420 mm
卡钳螺钉	M14×1.5×135	

（二）前桥制动片

如表2-4-14所示，概览显示Panamera 2017年款前桥各个制动片的制动片尺寸。

表 2-4-14

	18 英寸	19 英寸
	标配 /4S	PHEV/GTS
制动片		
制动片区域	107 cm^2	115 cm^2
片宽度	64.5 mm	71.0 mm
制动盘直径	350 mm 360 mm	390 mm
	20 英寸	20 英寸
	Turbo	PCCB
制动片		
制动片区域	115 cm^2	165 cm^2
片宽度	71.0 mm	66.4 mm
制动盘直径	410 mm	420 mm

（三）前桥制动盘

如表2-4-15所示，概览显示Panamera 2017年款前桥各个制动盘的制动盘尺寸。

表 2-4-15

	18 英寸	19 英寸
	标配	4S
制动盘		
直径	350 mm	360 mm
厚度	34 mm	36 mm
类型	整体式制动盘	整体式制动盘
	19 英寸	20 英寸
	PHEV	Turbo
制动片		
直径	390 mm	410 mm
厚度	38 mm	38 mm
类型	复合制动盘	复合制动盘
	20 英寸	
	PCCB	
	420 mm	
	40 mm	
类型	碳陶瓷	

二十一、后桥制动器

（一）后桥制动卡钳

如表2-4-16所示，此概览显示Panamera 2017年款后桥各个制动卡钳的制动卡钳尺寸。

表 2-4-16

	后桥制动器	
	18 英寸	19 英寸
	标配 /4S	PHEV/GTS
制动卡钳		
活塞总数	4 个活塞	4 个活塞
制动卡钳类型	固定卡钳	固定卡钳
制动盘直径	330 mm	365 mm
卡钳螺钉	M12 × 1.5 × 85	M12 × 1.5 × 115
	20 英寸	20 英寸
	Turbo	PCCB
制动卡钳		
活塞总数	4 个活塞	4 个活塞
制动卡钳类型	固定卡钳	固定卡钳
制动盘直径	380 mm	390 mm 410 mm
卡钳螺钉	M12 × 1.5 × 115	

（二）后桥制动片

如表2-4-17所示，概览显示Panamera 2017年款后桥各个制动片的制动片尺寸。

表 2-4-17

	后桥制动器	
	18 英寸	19 英寸
	标配 /4S	PHEV
制动片		
制动片区域	63 cm²	76.9 cm²
片宽度	59.9 mm	66.4 mm
制动盘直径	330 mm	365 mm
	20 英寸	20 英寸
	Turbo	PCCB
制动片		
制动片区域	73.9 cm2	76.9 cm2
片宽度	66.4 mm	66.4 mm
制动盘直径	380 mm	390 mm

（三）后桥制动盘

如表2-4-18所示，概览显示Panamera 2017年款后桥各个制动盘的制动盘尺寸。

表 2-4-18

	后桥制动器	
	18 英寸	18 英寸
	标配	4S
制动盘		
直径	330 mm	330 mm
厚度	28 mm	28 mm
类型	整体式制动盘	整体式制动盘
	19 英寸	20 英寸
	PHEV	Turbo
制动盘		
直径	330 mm	330 mm
厚度	28 mm	28 mm
类型	整体式制动盘	整体式制动盘
	20 英寸	20 英寸
	Turbo	PCCB
制动盘		
直径	380 mm	390 mm
厚度	30 mm	32 mm
类型	复合制动盘	碳陶瓷

二十二、电动停车制动器

所有保时捷Panamera 2017年款车型均配备电动停车制动器。在此制动器上，包含驱动模块和膨胀机构的执行器安装在后桥上的制动盘中。停车制动器功能通过以电动机械方式操作制动鼓的制动蹄片由膨胀活塞实现。

（一）功能

为了实现驻车功能，执行器（直流电机）的膨胀活塞的膨胀移动必须转换为正对制动鼓中左右两侧的两个制动蹄的统一冲程。通过制动蹄支撑以及对已安装张紧弹簧施加的力在制动蹄表面和制动鼓表面之间生成压力。电动停车制动器如图2-4-111所示，带膨胀机构的执行器如图2-4-112所示。

1-执行器　2-制动蹄片　3-上扭转弹簧　4-下扭转弹簧（隐藏）
5-具有调节装置（隐藏）的可移动支撑轴承
图 2-4-111

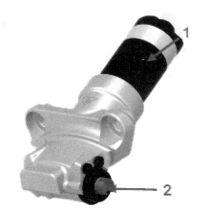

1-执行器　2-膨胀机构（车轮制动缸）
图 2-4-112

（二）设计

电动停车制动器设计为双伺服制动。双伺服制动对于向前行驶和倒车具有均匀的最大制动力。在制动蹄片之间具有调节装置的可移动支撑轴承导致两个主要的制动蹄片。这导致两个旋转方向的最大制动力。

该电动停车制动器提供与负载组相对应的两种尺寸，如表2-4-19所示。

表 2-4-19

负载组	制动鼓直径
LG 1	180 mm
LG 2	210 mm

维修时必须要注意的是，针对负载组的直径的不同设计，提供两种大小的零配件。这适用于如下部件：制动盘，内部直径；制动蹄片；执行器；执行器的紧固螺钉；上扭转弹簧。

（三）功能模式

1.车辆静止时的停车制动器

在车辆静止时启用停车制动器要求每个车桥至少一个车轮信号，以及来自按压EPB控制开关的启用信号。电动停车制动器的功能灯亮起。

2.在车辆静止时松开

通过启用制动踏板和操作EPB控制开关，松开电动停车制动器。电动停车制动器的功能灯熄灭。EPB控制系统如图2-4-113所示。

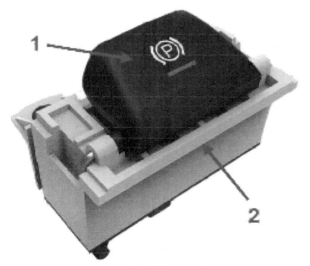

1-EPB控制系统　2-壳体
图 2-4-113

3.紧急制动功能

在车轮速度超过3.5 km/h且每个车桥上均有车轮速度情况下拉动EPB控制开关时启用紧急制动功能。电动停车制动器的功能灯闪烁。在组合仪表上还会显示一条文本信息，而且会发出警告音。

4.自动释放

如果驾驶员侧车门关闭、驾驶员的安全带已系紧并且检测到起步意图，则在检测到驾驶员想要起步时电动停车制动器会自动松开。功能灯熄灭。

5.MOT模式

如果在转鼓上操作车辆，则自动检测到该功能。在前轮操作时将自动启用电动停车制动器，在后桥操作时将自动停用电动停车制动器。功能灯相应亮起或熄灭。

6.维修模式

为在后桥制动器上执行诊断或维修举措，必须在PIWIS检测仪中选择相应菜单项。可使用以下功能：移动到安装位置；校准系统；磨合制动片。

功能灯亮起并且在组合仪表上显示一条文本信息。

（四）电动停车制动器控制单元

电动停车制动器的控制单元包括在PSM（保时捷稳定管理系统）中。

二十三、控制系统-保时捷稳定管理系统（PSM）

（一）设计

保时捷稳定管理系统（PSM）在Panamera 2017年款中作为标配安装，并且具有全新设计。在液压单元（图2-4-114）中使用了6活塞（6K）技术，专为满足与驾驶员辅助系统相关的高要求。此6活塞技术的优点如下：制动压力快速积聚，尤其在使用自适应巡航定速控制系统时；无震动和均匀的制动压力特性；低噪声并且没有制动压力波动。

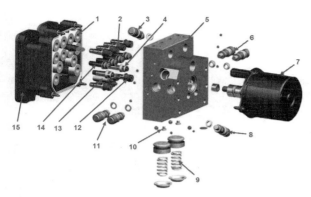

1-电磁阀线圈　2-电磁阀　3-活塞元件　4-电磁阀　5-泵体
6-活塞元件　7-泵电机　8-活塞元件　9-蓄压器室
10-止回阀　11-活塞元件　12-电磁阀
13-2个压力传感器和1个进液压力传感器　14-电磁阀
15-PSM控制单元
图 2-4-114

（二）PSM控制单元

停车制动器的所有功能也集成在PSM控制单元中，也就是说，该PSM控制单元不仅执行制动控制稳定系统功能的开环和闭环控制，还控制电动停车制动器的功能。电动停车制动器的制动片的故障条目或设定通过PSM控制单元中的PIWIS检测仪访问进行。

（三）液压功能图（图2-4-115）

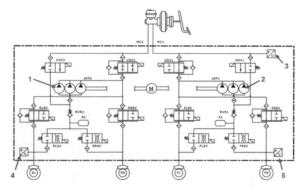

1-3个活塞元件　2-3个活塞元件　3-进液压力传感器
4-ACC压力传感器　5-ACC压力传感器
图 2-4-115

（四）压力传感器

3个压力传感器安装在液压单元中。它们包括1个进液压力传感器（无论是否具有驾驶员辅助系统，始终处于活动状态）以及用于驾驶员辅助系统的两个压力传感器。这两个压力传感器始终安装，但只有在具有辅助系统的车辆上才启用。

二十四、驾驶员辅助系统-自适应巡航定速控制系统

对于自适应巡航定速控制系统（ACC）必须要注意的是，每次使用PIWIS检测仪进行调节之前都必须检查基本尺寸。可在《车间手册》中找到相应的调节尺寸。调节雷达传感器基本尺寸如图2-4-116所示。

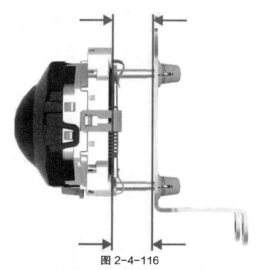

图 2-4-116

（一）自适应巡航定速控制系统（ACC）调节

在Panamera 2017年款的车辆上使用了两个雷达传感器。必须使用PT3G检测仪对这两个传感器连续进行调整。为此，有两个具有软件的控制单元。这两个控制单元作为PT3G检测仪菜单中的选项提供。对于两侧，该过程完全相同。必须采用与以前完全相同的方式执行用于成功测量的前提条件。沿行驶方向的右侧的主控制单元如图2-4-117所示，沿行驶方向的左侧的从控制单元如图2-4-118所示。

（二）PT3G检测仪中的菜单选择

ACC=选择主控制单元。

ACC2=选择从控制单元。

点击保养/维修。

选择自适应巡航定速控制系统（ACC）调节。

遵照说明。

直至显示"调节成功"。

必须相应旋转水平和垂直调节螺钉，实现最佳调节。

量。

1-垂直调节螺钉　2-水平调节螺钉
图 2-4-117

标配：x=4813 mm
图 2-5-1

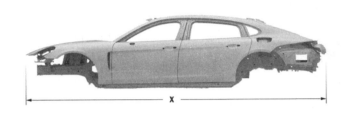

Executive：x=4963 mm
图 2-5-2

二、Panamera 2010年款与2017年款白车身对比

可以看到对白车身做出的改动，尤其是在所使用的材料方面。纯轻质结构材料现在用于所有区域。车身壳体的重量从350 kg减少为329.8 kg，而乘员的安全性提高，满足所有法律要求。Panamera 2010年款带翼子板白车身如图2-5-3所示，Panamera 2017年款带翼子板白车身如图2-5-4所示。

1-垂直调节螺钉　2-水平调节螺钉
图 2-4-118

第五节　车身

一、概述

Panamera的车身是用惯用的铝钢复合材料制成的。保时捷的智能化轻质结构在此设立了新的标准。车身比前代车型更轻，但在白车身的安全性和刚度上有更高的要求。

这是由于根据其在复合结构中的作用对材料做出了最佳选择，举例来说，增加使用了铸铝板制成的部件，以及更高强度的多相钢。Panamera 2017年款如图2-5-1和图2-5-2所示。

所有的附加部件都是铝制的，以进一步减轻重

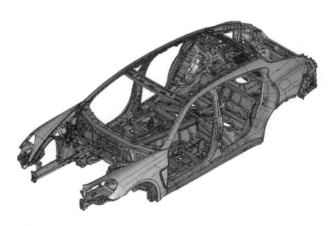

图 2-5-3

在前盖上，内部和外部部件完全由铝板制成。前盖，外侧如图2-5-5所示，前盖，内侧如图2-5-6所示。

图 2-5-4

三、附加部件

（一）前盖和铰链

图 2-5-5

图 2-5-7

前盖铰链（如图2-5-7所示）设计为一个"四链式铰链"。这意味着总共有4个枢轴支点，允许在整个杆长上进行规定的旋转运动。

如果对前盖进行调节，在铰链上只有直接拧入白车身或车盖的螺钉可以松开。铰链自身上的螺钉由生产部门或供应商进行预调节。

（二）后盖和铰链

后盖由几个铝制部件连接而成。一大特点是内部水管理。这使得通过扰流板模块进入的水可通过相应管道排出车外。后盖，外侧如图2-5-8所示，后盖，内侧如图2-5-9所示，铰链如图2-5-10所示。

图 2-5-8

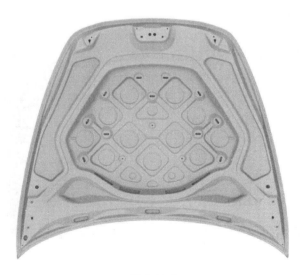

图 2-5-6

图 2-5-9

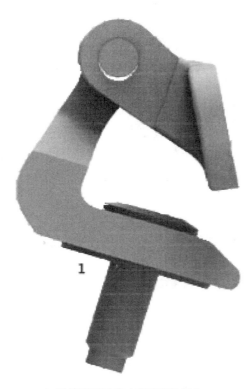

1-后盖铰链连接（车身壳体侧）
图 2-5-10

图 2-5-11

图 2-5-12

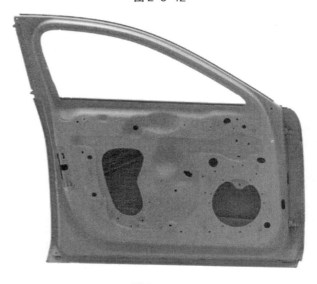

图 2-5-13

（三）车门

Panamera的车门为全铝制成。窗框架集成在车门壳中。为了安全起见，每个车门有两根附加的加固支柱。由于引入了整体式车门防污板，现在可以在外门板上找到凹槽。车门壳，左前侧外部如图2-5-11所示，车门壳，左前侧内部如图2-5-12所示，车门壳，左后侧外部如图2-5-13所示，车门壳，左后侧内部如图2-5-14所示。

图 2-5-14

四、加固支柱

车身上采用支柱或支座形式的附加加固措施可提升驾驶动态性和声学舒适性。车身上的附加支柱如图 2-5-15 所示。

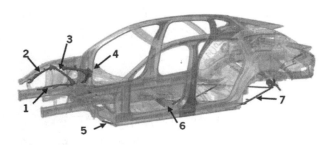

1-扭矩支座（取决于发动机）　2-扭矩支座（取决于发动机）
3-圆形支柱　4-横隔板圆形支柱　5-A柱支架
6-减震器（声学特性）　7-W支柱（底盘）

图 2-5-15

车身前部区域使用的支柱（位于图 2-5-16 和图 2-5-17 底部）取决于所安装的发动机。

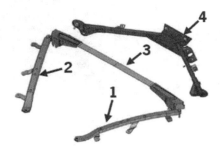

1-扭矩支座（取决于发动机）　2-扭矩支座（取决于发动机）
3-圆形支柱　4-横隔板圆形支柱

图 2-5-16

6-减震器（声学特性）　7-W支柱（底盘）

图 2-5-17

五、接合技术

（一）棍压包边

"棍压包边"接合技术在其他当前保时捷车型的侧壁更换中已经很常用。过去，轮罩区域内的备件通过折叠（压接）和结构黏合胶连接。棍压包边区域如图 2-5-18 所示。

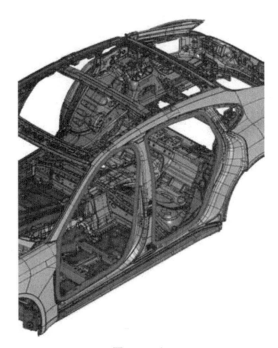

图 2-5-18

在 Panamera 上，现在通过压接将侧壁另行接合在车门开口区域的车身壳体上。这在生产中是自动化的，由一个生产机器人分 3 步进行。如果需要维修，则人工压接铝板。180° 压接如图 2-5-19 所示。

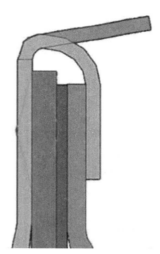

图 2-5-19

（二）钢滚压成型铆接（冲压铆接）

Panamera车身结构中的很多连接件是使用钢滚压成型铆接（冲压铆接）生产的。根据其应用来选择所使用的铆钉。有各种尺寸可供选用。图2-5-20显示了一个头部直径为8.5 mm、长度为7.8 mm的铆钉。

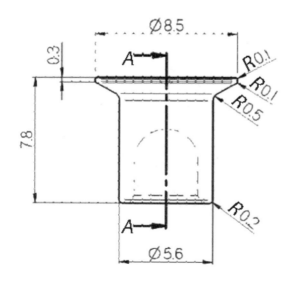

图 2-5-20

如果在维修中要拆开这一类型的铆钉连接，可以使用高强度钢钻来拆下铆钉。如果从两面都能接触到它们，可以用工具VAS6790、紧凑型助力器以及相应的附件将铆钉推出。另外，可以通过使用工具VAS852001、多功能焊机将一个不锈钢螺杆焊接

在裸露的铆钉头上来去除铆钉。然后使用紧凑型助力器上的专用附件将不锈钢螺杆与铆钉一起去除。钢滚压成型铆接流程图如图2-5-21所示。

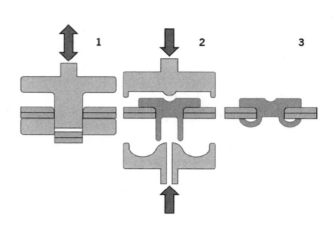

1-冲孔　2-插入并按压铆钉　3-成型铆钉抛光
图 2-5-21

六、维修

在车身维修理念的发展过程中始终关注着效率和经济性。考虑到复杂的铝/钢复合材料设计，进行干预应当特别小心，尤其是结构和载荷传输路径中的干预。以下所列举的是Panamera 2017年款的一些维修示例。

（一）更换B柱加强件，侧壁部分

尽管结构复杂，可以通过在侧壁中切割出一个"窗口"来更换B柱的加强件。这样可暴露出所有的接头。可以切下B柱（内板和中央饰板）并加以更换。深灰色：B柱加强板（侧壁已隐藏）如图2-5-22所示，拆下整个左B柱后的Panamera 2017年款如图2-5-23所示。

图 2-5-22

图 2-5-23

（二）更换侧壁

Panamera 2017年款的侧面部分由薄铝板制成，由一个整体式部件构成，如图2-5-24所示。

图 2-5-24

由于所使用的材料，组合使用维修中所用的接合技术，如薄铝板焊接、结构黏合胶和棍压包边，如图2-5-25所示。

图 2-5-25

（三）更换接地连接（维修）

在Panamera 2017年款上，也可以在铝制部件上找到电气部件的接地销（线）。在生产中，这些接地销（线）被焊接在无涂层的车身壳体上。

如有任何故障而要更换单个接地销，现在也可以使用焊接工艺来进行维修。为此提供了组工具VAS 852 001，如图2-5-26所示。可以使用附件来焊接尺寸为M4/M5/M6/M8/M10的接地线。焊接上的接地销如图2-5-27所示。

图 2-5-26

图 2-5-27

（四）车顶行李架系统连接概念的改变

图 2-5-28

车顶行李架系统的连接概念已改变，从纯粹的螺纹连接变为夹紧连接。

这对侧面部分的上层区域和车顶柱的刚度提出

了要求。盖板由1.15 mm厚的铝板构成，在生产中通过使用填充泡沫来加以部分支撑。生产填充泡沫的位置如图2-5-28所示。

维修侧面部分时，更换了车顶柱部分后使用结构泡沫材料来恢复所要求的刚度是至关重要的。

七、轻质结构和回收利用方面的信息

智能轻质结构始终是保时捷努力的目标。这是出于经济和环保方面的原因。这种组合是构成低油耗值和出色性能的基础。

可通过使用高比例的铝制部件、塑料和更高强度的钢板来确保经济效益。它们比传统钢材轻得多，并且更为稳定。通过认真选择所有材料来确保生态设计，只使用最现代和最环保的部件。所有轻质材料都是高度可回收利用的。所有材料都做上标记，使得能够对它们进行分类以供日后回收利用。通过减少所使用塑料种类的数量可使这项工作变得较为容易。Panamera车顶行李架系统（选装）如图2-5-29所示。

图 2-5-29

第六节　车身－外部装备

一、概述

（一）缩写

相关缩写：

ACC：自适应巡航定速控制系统；

Al：铝；

RTV：实景俯视影像系统；

LCA：车道变换辅助系统；

HWS：大灯清洗系统；

CDPB：阴极浸入式涂层；

LED：发光二极管；

LTE：长期演进；

2C：两件式；

LRF：激光测距传感器；

PDC：停车距离控制；

VIP：虚拟踏板。

（二）设计

Panamera的全新车身设计更加强烈地体现了保时捷品牌形象，并且凸显了Panamera的跑车特性。

（三）空气动力学特性

除了前后扰流板，空气动力学特性还包括首次在所有车型上使用的主动冷却空气活门。车底护板也对改善空气动力学特性做出了决定性贡献。

（四）附加部件

附加部件包括安装在车辆上的所有车身部件（如前后裙板）以及车门和安装的所有部件。

（五）玻璃窗

玻璃窗包括安装在车辆中的所有玻璃窗元件，全景式天窗系统除外。

（六）车顶系统

Panamera 2017年款可选配全景式天窗系统，该系统的前部设计为可倾/滑动式天窗。后部设计为固定式玻璃面板。

（七）被动安全

被动安全功能包括所安装的安全气囊系统、安全带扣和主动式发动机舱盖系统。

（八）选装配置

选装配置包括牵引杆系统和车顶运输系统。

二、设计

Panamera的全新车身设计更加强烈地体现了保时捷品牌形象，并且凸显了Panamera的跑车特性。其设计代表着一种非主流的宣言。Panamera的侧面轮廓和比例更容易让人想起双座跑车而不是四座轿车。

（一）前视图

前端将立即吸引您的目光。它采用较大的进气口，配有带一体式示廓灯和转向指示灯的前灯模块。标准LED主大灯及其四点式日间行车灯可确保人们一眼就能认出Panamera 2017年款是一款保时捷。在视觉方面，Panamera Turbo与其他车型截然不同。凭借配有更大进气口的独特前裙板及其个性化前灯模块，让人一眼就能认出这是一款Turbo。Panamera 4S前视图如图2-6-1所示，Panamera Turbo前视图如图2-6-2所示。

图 2-6-1

图 2-6-2

（二）侧视图

侧视图中的动态线条能立即吸引人的目光。由于轴距加长了30 mm，再加上V形车外后视镜座、车轮设计、前翼子板中的出风口，以及三维造型的尾灯，令人印象深刻。出风口装饰板漆成黑色（Panamera S车型）或与车身同色(Panamera Turbo)。除了红色制动卡钳，Panamera Turbo的侧视图凭借其20英寸（1英寸=2.54厘米）的Panamera Turbo车轮而与众不同。Panamera 4S侧视图如图2-6-3所示，Panamera Turbo侧视图如图2-6-4所示。

图 2-6-3

图 2-6-4

（三）后视图

Panamera车型的后视图中尤其引人注目的是三维式尾灯设计，带氛围照明和四点式制动灯。另一个独具匠心的设计特点是均匀照射的灯板。后裙板加强了宽度，因而引人注目。Panamera车型可以选配舒适进车系统，包括尾门的非接触式锁定和解锁。主动空气动力学特性部件（扰流板）以最佳方式集成到了车辆后部。

Panamera车型标配双尾管，而采用个性化设计、带运动型尾管的运动型排气系统则为选配。Turbo车型后端的特征是两个Turbo特定双尾管。Panamera 4S后视图如图2-6-5所示，Panamera Turbo后视图如图2-6-6所示。

图 2-6-5

图 2-6-6

三、空气动力学特性

前后扰流板对Panamera车型的空气动力学特性有很大的影响。基本车型的cd值是0.29；Turbo车型的cd值是0.30。空气动力学特性如图2-6-7所示。

图 2-6-7

（一）前扰流板

前扰流唇通过螺栓固定在前裙板上，进一步增加了前桥上的下压力。

（二）后扰流板

Panamera 2017年款提供两种不同的后扰流板。基本车型上的2D扰流板以及Turbo车型上的2D Plus扰流板。

1.设计

2D后扰流板如图2-6-8所示，2D Plus后扰流板如图2-6-9所示。

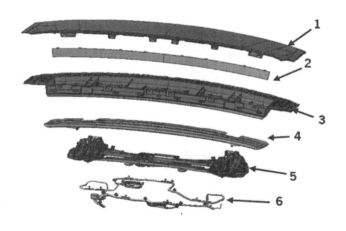

1-后扰流板上部 2-护盖 3-后扰流板下部
4-封板 5-驱动单元 6-线束

图 2-6-8

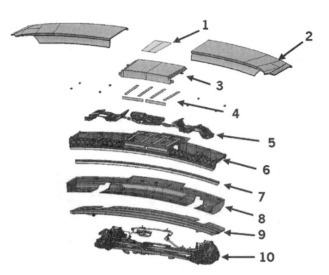

1-保护膜 2-扰流板翼片 3-中央装饰件 4-胶带
5-2D Plus驱动单元 6-扰流板下部 7-密封条 8-护盖
9-封板 10-驱动单元，包括线束

图 2-6-9

2.功能

扰流板具有3个(2D Plus)和4个(2D)位置。在车辆菜单中，这些位置称为Retracted（缩进）、Eco（环保）、Medium（适中）和Performance（高性能）。车辆菜单如图2-6-10所示。对于2D Plus，提供Retracted（缩进）、ECO（环保）和Sport（运动）位置。2D和2D Plus型号的功能区别在于各个位置的倾斜角度。后扰流板会在车辆静止和速度不超过90 km/h时保持缩进状态。在这样的速度范围内，后桥升力很低，因此对行驶性能不会产生持续性的影响。在初始位置，扰流板可使车辆呈现流线型的侧面轮廓，不会影响Panamera车身线条设计的和谐性。

自车速超过90 km/h起，2D扰流板将伸展到正常位置(-5°)。此时，后桥的升力便会减小，从而改善行驶稳定性，并将cd值优化至0.29。这也保证了Panamera的低油耗。车速超过160 km/h时，扰流板将伸展到更陡的角度(0°)，从而进一步降低升力。自车速超过205 km/h起，后扰流板将伸展到高性能位置。此时，它所处的角度是更陡的4°。因此，后扰流板在车速较快时可几乎完全补偿增加的后桥升力。即使在高速行驶时，也能确保最佳的抓地性能和绝佳的方向稳定性。

图 2-6-10

2D Plus扰流板具有更大的有效表面积及不同的迎角。该扰流板的上部由两部分组成。类似于2D扰流板，该扰流板会在速度为90 km/h时伸展到正常位置(+4°)，在速度为205 km/h时伸展到高性能位置(5°)。但在此处，扰流板上部的两个部分也会同时向左右伸展，从而增加扰流板的有效表面积。因此，2D Plus扰流板不仅能减小浮升力，处于高性能位置时，甚至能在高速行驶的情况下对后桥产生下压力，就像911 Turbo的后翼子板一样。车辆的最高时速非常快，因此，以上特性可在任何时候都确保出色的方向稳定性和最佳的行驶性能。缩进位置如图2-6-11所示，正常位置如图2-6-12所示，高性能位置如图2-6-13所示。

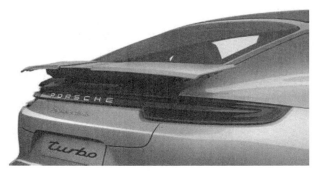

图 2-6-12

图 2-6-13

3.维修

如果需要进行维修，可以单独更换扰流板上部和下部、密封条和封板。驱动单元只能作为一个整体模块更换。

（三）车底护板

设计：Panamera 2017年款的车底护板设计为4个部分，包括车底护板、左前/右前cd车底护板及后部cd车底护板。车底护板如图2-6-14所示。

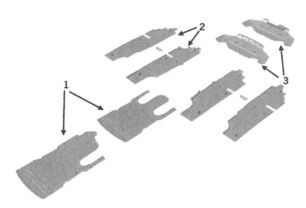

1-前cd车底护板　2-侧cd车底护板　3-后cd车底护板
图 2-6-14

不同Panamera车型及选装配置变型（例如，牵引杆系统）的车底护板也有所不同。出现这种情况

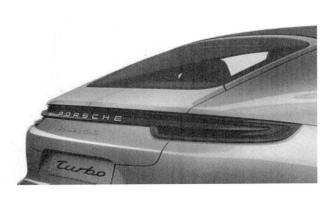

图 2-6-11

的原因是装备不同，且基本车型和Executive车型之间的长度也有所不同。车底护板在tucker螺杆处通过螺钉连接固定到车身壳体上。

（四）轮罩内衬

Panamera 2017年款的前轮罩内衬采用两件式设计。根据车型和配置的不同，提供了多种变型。所有车型的后轮罩内衬都是相同的。为了降低噪音，轮罩内衬覆盖了绒面材料。轮罩内衬如图2-6-15所示。

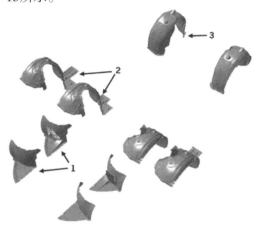

1-前/前轮罩内衬　2-前/后轮罩内衬　3-后轮罩内衬
图 2-6-15

轮罩内衬在tucker螺杆处通过塑料螺钉固定到车身壳体上。

四、附加部件

（一）前部模块

提供两种前部模块变型：一种适用于基本车型，一种适用于Turbo车型。前部模块包括框架如图2-6-16所示，散热器、导风口和冷风活门等部件安装在其上。前部模块用螺栓固定在前端纵梁上。基本车型前部模块如图2-6-17所示，Turbo前部模块如图2-6-18所示。

图 2-6-16

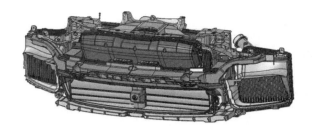

图 2-6-17

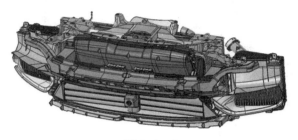

图 2-6-18

固定支架对包含在相关前端区域的部件【如散热器、线束、导风口、散热器开关、电气系统部件（例如锁支撑区域附加支架的ACC传感器）、防碰撞横梁、销等】起支撑作用。它有助于预装配和检查所有集成附加部件。前部模块未提供维修位置，拆下散热器可检修皮带传动装置。

1.散热器开关

Panamera车型均配有散热器开关，有助于优化冷空气供应，改善空气动力学特性。散热器开关如图2-6-19所示。

散热器开关由连接到横梁的板条块组成。散热器开关到横梁如图2-6-20所示。

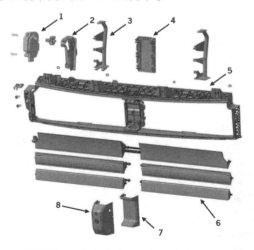

1-执行器　2-电机支座　3-扭矩支座　4-连杆
5-框架　6-板条　7-护盖　8-夜视护盖
图 2-6-19

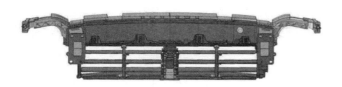

图 2-6-20

开关通过位于中央的电机启动。板条根据运行条件打开和关闭。开关驱动电机如图2-6-21所示。

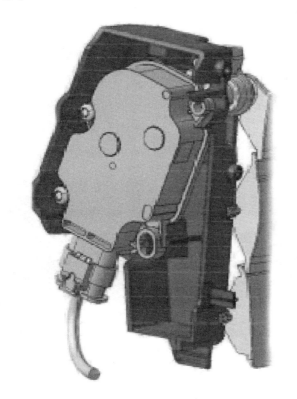

图 2-6-21

如果需要进行维修，执行器、护盖和散热器开关可作为整体更换。

2.导风口

导风口由塑料制成。系统包括后部中央导风口、两个侧导风口、前部中央导风口以及通风导风口。根据所安装的发动机的不同，各导风口也有所不同。导风口如图2-6-22所示。

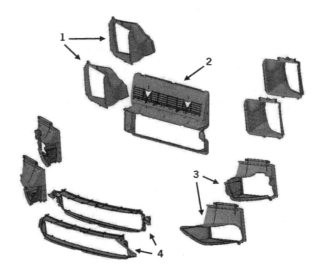

1–通风导风口　2–后部中央导风口
3–侧导风口　4–前部中央导风口
图 2-6-22

为了确保散热器有充足的空气并确保最佳燃烧过程，流入的空气通过导风口引导到相关位置。板条在此处支撑并控制气流。

（二）前裙板

Panamera 2017年款提供两种不同的前裙板。一种变型适用于基本车型，一种适用于Turbo车型。这些将根据相关车辆配置进行配备。前裙板通过螺栓固定到单元托架、翼子板、轮罩内衬及车底护板。在前裙板与翼子板内部之间的过渡点，通过夹子进行连接。前裙板另外通过螺栓从内部固定到翼子板。与Panamera 2014—2016年款一样，在拆卸过程中，必须先拆下大灯。

前裙板构成了车辆变形吸收能量区的一部分，能够承受轻微变形而无损坏。前裙板附件如图2-6-23所示，前裙板如图2-6-24所示。

1.基本车型前裙板

1–前裙板禁锢卡子　2–翼子板螺钉连接
图 2-6-23

图 2-6-24

前裙板采用多件式设计。其中包括实际的裙板和卡入式、拧入式部件以及空气格栅、扰流唇及辅助车灯的框架。空气格栅根据具体的装备而有所不同。基本车型前裙板如图2-6-25所示。

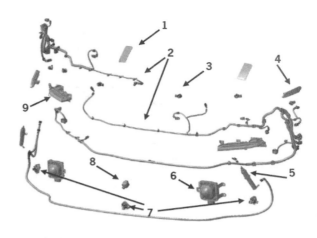

1-LTE薄膜天线　2-线束　3-PDC传感器　4-闪光器复示器
5-伸缩喷嘴　6-ACC传感器　7-加速度传感器
8-RTV摄像头　9-转向指示灯
图 2-6-26

附加部件设计为胶黏膜，粘贴在前裙板前部的左侧和右侧。

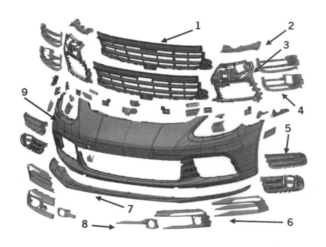

1-中间空气格栅　2-主大灯支架　3-格栅支架
4-板条支架　5-装饰板嵌件　6-板条　7-前扰流唇
8-ACC（自适应巡航定速控制系统）护盖　9-前裙板
图 2-6-25

格栅卡入板条支撑，并从内部拧入。

图2-6-26显示了车灯、传感器和前裙板上的电路连接。根据具体的装备变型，配备闪光器复示器、PDC（停车距离控制）传感器、加速度传感器、大灯清洗器系统的伸缩喷嘴和软管、RTV（实景俯视影像系统）摄像头、ACC传感器以及LTE（长期演进）薄膜天线（如图2-6-27所示）。车辆线束的连接点位于前裙板中。

1-LTE薄膜天线
图 2-6-27

2.Turbo车型前裙板

Turbo车型的前裙板在设计上与基本车型相似。

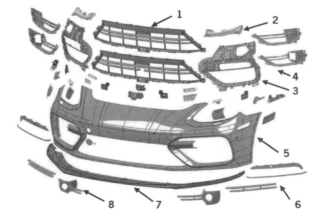

1-中间空气格栅　2-主大灯支架　3-格栅支架
4-板条支架　5-前裙板　6-装饰板嵌件
7-前扰流唇　8-ACC板条
图 2-6-28

主要差异是进气口的尺寸及其他一些设计特点。车辆中的安装概念对应基本车型的安装概念。Turbo车型前裙板如图2-6-28所示。

图2-6-29显示了车灯、传感器和前裙板上的其他部件。与基本车型一样，车辆线束的连接点也位于前裙板中。

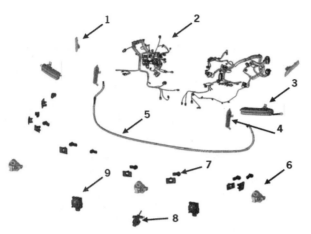

1-车灯　2-线束　3-转向指示灯　4-HWS伸缩喷嘴
5-HWS软管　6-加速度传感器　7-PDC传感器
8-RTV摄像头　9-ACC传感器
图 2-6-29

（三）后裙板

所有Panamera车型的后裙板均采用相同的设计。它包括实际的裙板、反光片、下部扰流板和后消音器饰件与之相连。后裙板通过连接带和支架固定到车身壳体和车底护板上。后裙板如图2-6-30所示。

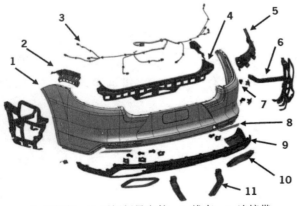

1-后裙板　2-后裙板导向件　3-线束　4-连接带
5-尾灯支架　6-后裙板支架　7-驻车传感器（PDC）
8-反光片　9-扰流板　10-后消音器饰件　11-车底护板支架
图 2-6-30

图2-6-31显示了安装在后裙板上的部件。车辆线束的连接点位于后裙板中。"虚拟踏板"的传感器和传感器导线安装在后裙板下部。

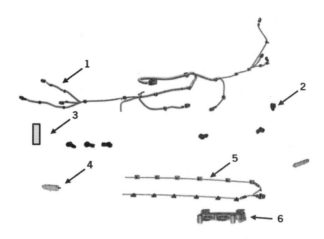

1-线束　2-驻车传感器(PDC)　3-薄膜天线（后连接盒）
4-反光片　5-VIP传感器导线　6-VIP传感器
图 2-6-31

（四）侧裙板

侧裙板设计为单件式部件，部分通过膨胀铆钉、夹子和束带直接固定到车身壳体。侧裙板如图2-6-32所示。

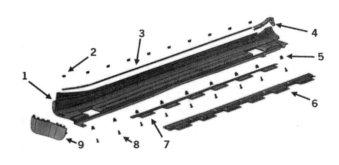

1-侧裙板　2-禁锢卡子　3-密封条　4-束带　5-膨胀铆钉
6-绝缘泡沫　7-隔层　8-插头　9-车轮装饰罩
图 2-6-32

为了减少震动，采用绝缘泡沫制成的嵌件被固定于侧裙板内部。

（五）车门

除了饰条，Panamera 2017年款上的车门部件还包括车外后视镜、锁系统和电动车窗。所有部件均设计为组装件并通过螺栓固定到车门壳。

1.车外后视镜

（1）新特点/亮点。Panamera 2017年款的车外后视镜是一款电动折叠系统，带单个轴系统和集成转向指示灯。后视镜玻璃可电动调节和加热，为标准配置。后视镜还标配了操纵灯。Panamera车外后视镜如图2-6-33所示。

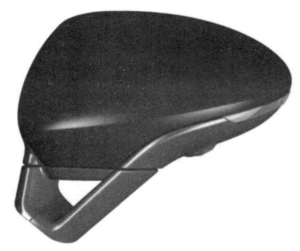

图2-6-33

（2）设计。后视镜头部设计为两件式，上部壳体与车身同色，壳体装饰件和底盖喷涂为黑色高光，也可以选择与车身同色。车外后视镜分解图（不含线束）如图2-6-34所示。

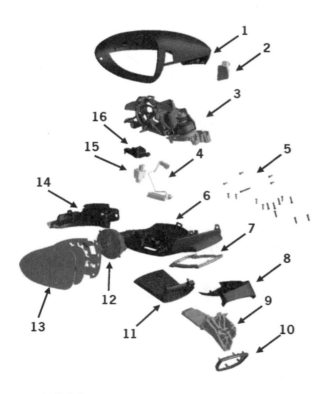

1–后视镜壳体　2–LCA警示灯　3–镜座　4–门控灯　5–紧固灯
6–饰件　7–密封件　8–侧盖　9–镜座　10–密封件　11–外盖

12–调节器单元　13–后视镜玻璃　14–侧面转向指示灯
15–实景俯视影像系统摄像头　16–RTV摄像头夹子

图2-6-34

加强板采用压铸铝制成，带阴极浸入式涂层。视镜座采用两件式设计，由压铸铝制成，带阴极浸入式涂层和模塑圆顶。视镜座装饰件采用塑料制成，喷涂为黑色高光。隔音元件安装在视镜座与后视镜头部之间，以及视镜座与车门外板之间。所有密封件均为两件式密封件。

（3）功能。表2-6-1显示了标准功能和选装功能。

表2-6-1

	标配	选装配置
可电动调节和加热	X	
可电动收回	X	
EC玻璃		X
记忆		X
操纵灯	X	
车道变换辅助系统警告指示灯		X
实景俯视影像系统		X

除操纵灯外，所有功能均与Panamera 2014—2016年款上的功能相同。此功能可提高黑暗条件下的RTV实用性。以电动方式折叠车外后视镜时，操纵灯关闭，以防止白色灯光照向后部。如果手动折叠车外后视镜，则无法关闭该功能。

特定的国家/地区的差异：

可通过2个后视镜头部和4个视镜座来区分左舵驾驶/右舵驾驶车辆。后视镜玻璃仍有特定于国家/地区的差异。有以下变型可供选择，如表2-6-2所示。

表2-6-2

	平面玻璃	凸面	非球面
美国	左	右	
其他国家和地区		右	左

（4）维修。所有模块均可非破坏性地拆卸，而无须使用专用工具，且带可重复使用的紧固件。后视镜本身通过车门外板插入，并从内部拧到车门上。

线束设计为干燥的镜盖带有纵向水密橡胶密封圈，且直接连接到车门控制单元。车外后视镜附件如图2-6-35所示。

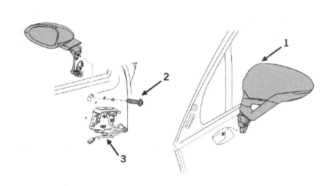

1-车外后视镜　2-螺钉连接　3-车门控制单元
图 2-6-35

2.车门锁

（1）新特点/亮点。提供6种门把手变型。2种适用于基本车型，2种适用于KESSY，2种适用于KESSY Blackline。车门把手变型如图2-6-36所示。

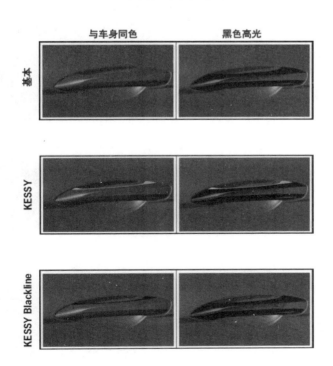

图 2-6-36

Panamera 2017年款还提供2种不同的车门锁变型：基本锁（图2-6-37）和自动吸合功能锁（图2-6-38）。这些锁安装在驾驶员侧和乘客侧。所有车门锁均可选配免钥匙启动和免钥匙进入功能。

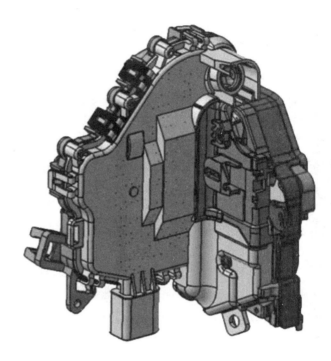

图 2-6-37

图 2-6-38

（2）设计。托架单元提供两种变型。一种适用于驾驶员侧车门，一种适用于乘客侧车门和后车门。各个变型仅在基本和KESSY功能的平衡重方面有所不同。托架单元如图2-6-39所示。

所示。

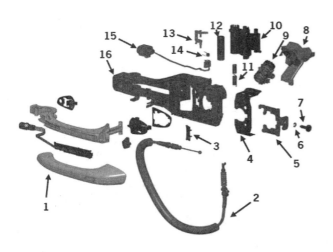

1-门把手（基本/KESSY）　2-鲍顿拉索　3-滑动件
4-Thatchem板　5-卡箍　6-挡圈　7-夹紧螺钉
8-锁芯支架　9-锁芯　10-偏心杆　11-双圆柱螺旋弹簧
12-质量平衡装置（基本/KESSY）　13-棘爪
14-棘爪弹簧　15-托架单元电缆　16-托架单元
图 2-6-39

在把手和鲍顿拉索之间，枢轴安装式偏心杆安装在托架单元上，通过销槽卡合与把手形成了可旋转的驱动连接。为了便于在安装把手的过程中进行卡合，提供了弹簧，在安装过程中弹簧支柱通过把手的限定旋转运动将偏心杆抵在固定挡块上，随后与之连接，同时与偏心杆（图2-6-40）保持分离状态。

图 2-6-40

所有车型的车门锁芯均采用如下所示的相同设计。每辆车配备两把应急钥匙。锁芯如图2-6-41

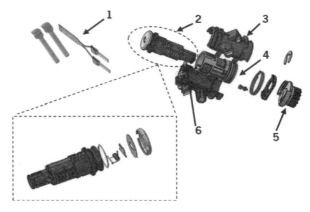

1-应急钥匙　2-气缸单元　3-锁芯壳体
4-自由旋转套筒　5-齿轮　6-带弹簧的压力件
图 2-6-41

（3）功能。车门锁的启动配置包括以枢轴方式安装在托架单元（不可移动地安装在车门中）中的拉手，其另一端与鲍顿拉索的缆芯以驱动方式连接。这可以在拉动拉手时将启动命令传送给车门锁。鲍顿拉索的套筒不可移动地连接于托架单元，而后者又不可移动地安装在车门中。

发生侧面碰撞时，平衡重会启动弹簧负载的枢轴安装式棘爪，由于惯性矩，棘爪将移动到锁定位置，从而防止车门解锁。由于棘爪集成在托架单元中，可启动偏心杆，并可在锁定位置防止启动传动元件，从而防止使偏心杆旋转到解锁位置，因此在发生碰撞时能够防止车门意外打开。

（4）维修。将托架单元插入车门外板并向后推到挡块位置。然后从外部拧入托架单元。接着将前支撑插入车门外板并卡入位。维修时托架单元将作为完整部件提供。托架单元维修如图2-6-42所示。

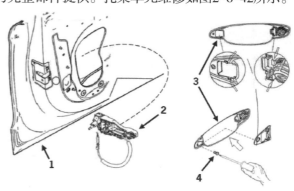

1-车门　2-托架单元　3-外车门板中的切口
4-托架单元螺钉连接
图 2-6-42

将门把手插入托架单元。在此过程中，将前支撑的软构件（唇）向外折叠，将保护盖和后支撑固定在门把手中。对于KESSY，必须接触到托架单元中的接头。必须将调整螺钉拧入挡块，并压上保护盖。接下来，必须插入装配螺栓，并拧紧至规定扭矩。维修/门把手如图2-6-43所示。

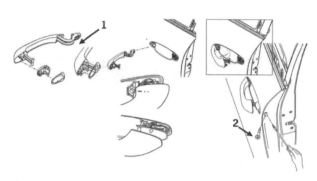

1-车门把手　2-螺钉连接

图2-6-43

3.电动车窗

（1）设计。电动车窗设计为单管式电缆车窗调节器，每个对应一个带框架的车门（驾驶员侧和乘客侧车门，以及左后和右后车门）。它包括升降机框架、电机、驱动器和电缆。前电动车窗如图2-6-44所示。

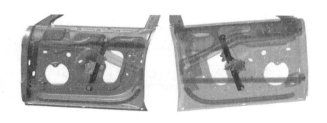

图2-6-44

机构用螺钉固定到车门壳上。为此，车门壳中提供了插槽。车窗与驱动器接合并卡入位。后电动车窗如图2-6-45所示。

图2-6-45

（2）功能。驱动器通过电机发挥功能，适用于潮湿环境，配有脉冲宽度调制(PWM)。控制单元不是举升机构的一部分。整个数据处理均通过车门控制单元执行。

五、玻璃窗

系统概览。有两种类型的玻璃：隔热玻璃（标准玻璃窗）和全隔热玻璃（舒适玻璃窗）。这两种玻璃均可以绿色玻璃和私密玻璃的形式提供。

（一）挡风玻璃

1.新特点/亮点

挡风玻璃采用LSG（夹层安全玻璃）制成。总共有两种挡风玻璃变型，以及针对日本市场的特定于国家/地区的变型。基本变型配有隔热玻璃及选装的全隔热玻璃型号。

2.特定于国家/地区的差异

针对日本市场提供特定于国家/地区的挡风玻璃变型。此变型具有附加去涂层区域，用于日本市场中的专用天线系统。

3.结构

图2-6-46所示为隔热玻璃的结构，它包括两层绿色玻璃，带隔音PVB（聚乙烯醇缩丁醛）夹层薄膜用于固定玻璃碎片，也是为了增加剩余承载能力。

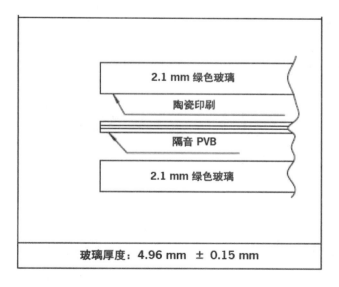

图2-6-46

与隔热玻璃不同，全隔热玻璃采用透明玻璃，最内层透明玻璃板上带附加IR涂层。全隔热玻璃结构如图2-6-47所示。

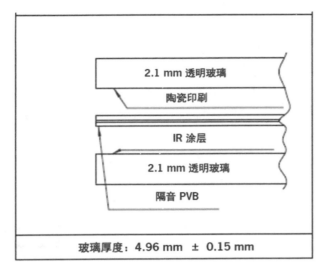

图 2-6-47

4.装备概述

提供4种不同的挡风玻璃装备变型以及一种日本市场变型。所有装备变型都具有基本配置变型的绿色隔热玻璃功能。其中包括灰色遮光条、LRF（激光测距仪）传感器和VIN（车辆识别号）的切口。基本挡风玻璃装备如图2-6-48所示。

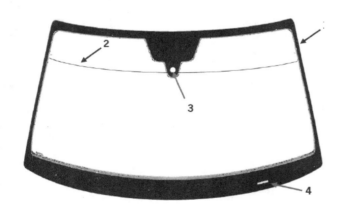

1-挡风玻璃　2-灰色遮光条　3-LRF传感器　4-VIN编号

图 2-6-48

基本配置挡风玻璃变型可选配前摄像头。出于此目的，黑色区域已去除，摄像头安装在此处的黏合式固定器中。带选装摄像头的隔热玻璃如图2-6-49所示。

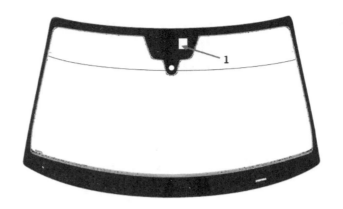

1-选装前摄像头

图 2-6-49

在全隔热型的挡风玻璃上，必须在GPS、GSM和通行费收发器的天线功能区域以网格点阵的形式执行激光去涂层。由于隔热玻璃不带金属涂层，因此无须执行此操作。带去涂层窗口（用于收发器）的隔热玻璃如图2-6-50所示。

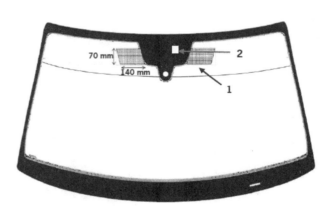

1-收发器去涂层　2-选装前摄像头

图 2-6-50

全隔热玻璃型号也可选配前摄像头。与隔热玻璃一样，此位置的黑色区域已去除。

对于日本市场，挡风玻璃具有与全隔热玻璃相同的结构，但在VICS（车辆信息和通信系统）和DSRC（专用近距离通信）天线区域带有附加去涂层。日本市场挡风玻璃如图2-6-51所示。

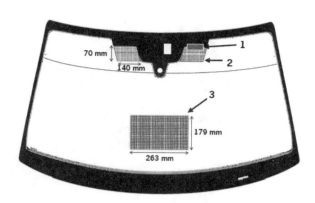

1-VICS天线　2-VICS/收发器去涂层　3-DSRC天线去涂层
图2-6-51

5.功能

隔热玻璃具有以下功能：

绿色/透光率>70%；

总厚度约5 mm；

通过玻璃板之间的隔音PVB薄膜实现隔音；

遮光条/带通滤波器。

选装配置：CBA（基于摄像头的辅助系统）变型全隔热玻璃具有以下功能：

透光率>70%；

总厚度约5 mm；

通过玻璃板之间的隔音PVB薄膜实现隔音；

遮光条/带通滤波器；

挡风玻璃第3层带红外反射金属涂层，以减少传递到车辆中的热量；

选装配置：CBA（基于摄像头的辅助系统）变型。

（二）侧车窗

车门和侧车窗采用"平齐玻璃窗"外观设计。通过平齐侧车窗以及车身装饰件以减小风阻系数并实现最佳空气声学特性，这种设计凸显了典型的保时捷跑车外观。侧车窗如图2-6-52所示。

图2-6-52

1.前车窗

（1）结构。在基本配置变型中，前车窗以隔热强化玻璃的形式提供；在选装配置变型中，以全隔热LSG（夹层安全玻璃）的形式提供。侧窗和车窗如图2-6-53所示。

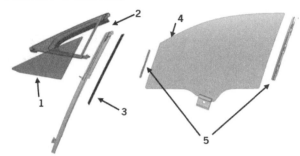

1-前侧窗　2-密封框架　3-密封条　4-前车窗　5-滑动件
图2-6-53

（2）功能。隔热玻璃具有以下功能：

绿色/透光率>70%；

总厚度约6 mm（前侧窗）和约5 mm（前车窗）。

全隔热玻璃(LSG)具有以下功能：

透光率>70%；

总厚度约5 mm；

通过玻璃板之间的隔音PVB薄膜实现隔音；

通过各个玻璃板之间的IRPET薄膜实现隔热来减少传递到车辆中的热量；

通过夹层玻璃防止非法进入。

2.后车窗和侧车窗

（1）结构。在基本配置中，后车窗以隔热强化玻璃的形式提供；在选装配置变型中，以全隔热LSG（夹层安全玻璃）、全隔热LSG私密玻璃及隔热、强化私密玻璃的形式提供。后车窗和侧车窗如图2-6-54所示。

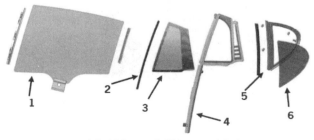

1-车门侧窗　2-密封条　3-后车窗
4-密封框架　5-附加密封框架　6-后侧车窗
图2-6-54

（2）功能。隔热玻璃具有以下功能：

绿色/透光率>70%；

总厚度约5 mm。

全隔热玻璃(LSG)具有以下功能：

透光率>70%；

总厚度约5 mm；

通过玻璃板之间的隔音PVB薄膜实现隔音；

通过各个玻璃板之间的IRPET薄膜实现隔热来减少传递到车辆中的热量；

通过夹层玻璃防止非法进入。

全隔热LSG私密玻璃具有以下功能：

透光率28%；

总厚度约5 mm；

通过玻璃板之间的隔音PVB薄膜实现隔音；

通过各个玻璃板之间的IRPET薄膜实现隔热来减少传递到车辆中的热量。

通过夹层玻璃防止非法进入隔热强化私密玻璃具有以下功能：

深色/透光率约25%；

总厚度约5 mm。

六、全景式天窗系统

1.设计

全景式天窗系统由三块玻璃面板组成。前部设计为固定式玻璃面板。中部设计为可倾/滑动式天窗。后部为固定式玻璃面板。除了环境舒适度更高以外，天窗还提供宽敞的空间感，营造出明亮、亲切的氛围。全景式天窗系统如图2-6-55和图2-6-56所示。

图 2-6-55

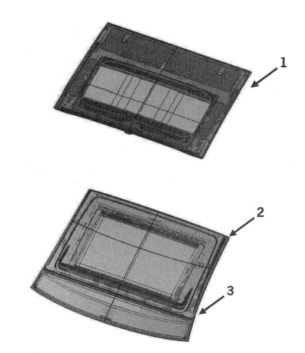

1-基本车型的后部模块　2-可倾/滑动式玻璃天窗模块
3-固定式玻璃面板
图 2-6-56

前车顶模块由若干单个部件组成。这些部件通过螺纹接头接合在一起。框架起到支撑单个部件的作用，黏接在车辆的车身壳体中。前车顶模块如图2-6-57所示。

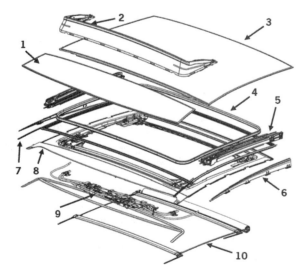

1-固定式玻璃面板　2-挡风板　3-移动式玻璃面板
4-框架密封　5-机构　6-隔音板　7-密封件　8-框架
9-驱动器（电机、控制单元）底板　10-遮阳卷帘
图 2-6-57

后车顶模块也通过集成在发泡车窗镶边中的框架黏接到车身壳体。用螺钉固定在框架上的部件包括遮阳卷帘、控制单元和电机。后车顶模块如图2-6-58所示。

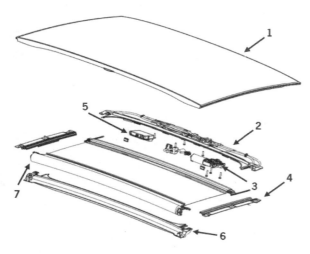

1-固定式玻璃面板　2-驱动器底板　3-电机　4-遮阳卷帘导轨
5-控制单元　6-遮阳卷帘罩　7-遮阳卷帘
图 2-6-58

借助机构可实现可倾/滑动式天窗的倾斜和打开位置。驱动电缆集成在机构中，不能单独更换。驱动电缆的导管借助发泡埋入底板，也不能单独更换。玻璃盖通过4个螺钉安装在机构上。机构本身用螺钉固定到车顶框架上。可倾/滑动式天窗机构如图2-6-59所示。

图 2-6-59

将天窗移动到升起位置时，机械驱动式隔音板向上折叠，与打开的天窗形成封闭结构。通过玻璃盖底部的黏接密封件可确保与隔音板充分接触。

隔音板通过4个弹簧操作的折叠机构安装到车顶框架。这些折叠机构卡入框架。隔音板如图2-6-60和图2-6-61所示，隔音板附件如图2-6-62所示。

1-可倾/滑动式天窗　2-密封件　3-隔音板　4-后车顶模块
图 2-6-60

1-隔音板　2-弹簧机构
图 2-6-61

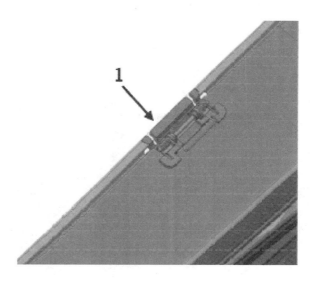

1-弹簧机构
图 2-6-62

车顶模块黏接在车身壳体上。为此，使用了3个胶涂条，如图2-6-63所示。此外，前后车顶模块各带有用于将模块固定到车身壳体的拧紧点。这些螺钉连接主要用于在黏合胶固化过程中紧固部件。

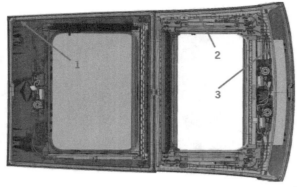

1-后部模块胶涂条　2-前部模块胶涂条　3-前部模块胶涂条
图2-6-63

为了实现与车身壳体的密封,固定式玻璃面板是使用密封材料借助发泡牢固埋入到位的。移动式玻璃盖的密封件是一种EPDM密封件(三元乙丙橡胶),安装在框架侧面。

2.功能

可倾/滑动式天窗通过顶置控制台(图2-6-64)中的开关操作,遮阳卷帘通过顶置控制台中的两个开关操作。

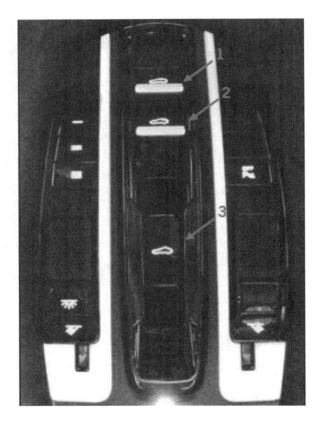

1-前遮阳卷帘操作　2-后遮阳卷帘操作
3-可倾/滑动式天窗操作
图2-6-64

车速不超过200 km/h时,在升起和完全打开位置均可开启。但在这些位置的关闭操作在达到最高车速时也可执行。

可倾/滑动式天窗还具有作用力限制功能,在所有(开启和关闭)启动操作中和所有位置下均可使用。过大的关闭力通过增大的电机电流消耗(通过控制单元检测)调节。在这种情况下,滑动式天窗将向相反的方向移动,以防止夹住。

3.维修

拆卸全景式天窗系统时,必须使用震动锯和角形锯片将其从车辆外部以及车辆内部切出。此处的胶涂条已切开,车顶模块已从车身壳体拆下。安装时,应使用车窗黏合剂将车顶系统黏接到车身壳体中。拆下玻璃盖后,可通过车顶从外部更换机构。前后模块的线束也可更换。

(一)挡风板

1.目的/任务

挡风板可在天窗处于打开状态时保护车辆乘员免受气流侵扰。挡风板如图2-6-65所示。

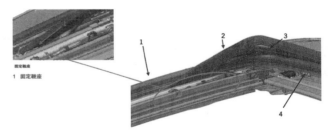

1-滑动车顶框架　2-塑料梁　3-网　4-网夹
图2-6-65

2.设计

挡风板由塑料梁以及与之相连的网组成。此网卡入车顶系统框架中。挡风板的移动是通过拧到滑动车顶框架上的固定鞍座实现的,在车顶框架中,挡风板可以在车顶在其上方滑动并将梁压下时前后移动,如图2-6-66所示。

3.功能

除了减少气流,挡风板的作用还包括在天窗处于打开状态时防止噪音和震动。在挡风板关闭过程中,网以限定的方式折叠。

4.维修

在维修过程中,当车顶系统处于打开状态时,可从外部将挡风板作为完整单元更换。

图 2-6-66

（二）遮阳装置

1.新特点/亮点

由于车顶系统的两件式设计，遮阳装置也设计成两个部分。遮阳卷帘可以相互独立地操作。

2.设计

其中一个遮阳卷帘用于遮蔽全景式天窗系统的前部，另一个用于遮蔽车顶后部。两个遮阳卷帘均安装在车顶模块的中央，即在关闭过程中，后遮阳卷帘伸展到车辆后部，前遮阳卷帘伸展到前部。全景式天窗遮阳卷帘如图2-6-67所示。

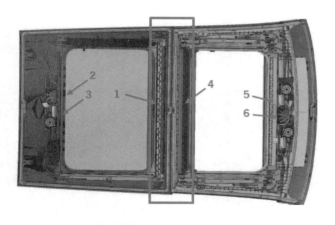

1–后车顶模块遮阳卷帘　　2–后遮阳卷帘
3–后遮阳卷帘电机　　4–前车顶模块遮阳卷帘
5–前遮阳卷帘模块电机　　6–前遮阳卷帘控制单元
图 2-6-67

3.功能

两个遮阳卷帘均由电机驱动，且各带一个控制单元。前遮阳卷帘的控制装置集成在可倾/滑动式天窗控制单元中。后遮阳卷帘带有单独的控制单元。在遮阳卷帘关闭时，如果天窗处于打开状态，则遮阳卷帘会自动与玻璃面板一起打开。

4.维修

如果遮阳卷帘出现故障，可予以整体更换。电

机和控制单元也可作为独立部件更换。

（三）紧急释放

车顶系统不带紧急释放。

（四）全景式天窗控制

1.设计

车顶的移动部分由位于车顶框架前部的电机驱动。遮阳卷帘的电机及遮阳卷帘和可倾/滑动式天窗的控制单元也位于此处。前部电机和控制单元的安装如图2-6-68所示。

1–遮阳卷帘电机　　2–控制单元　　3–可倾/滑动式天窗电机

图 2-6-68

2.功能

可倾/滑动式天窗的操作和控制信号通过CAN总线发送。车顶的位置检测通过集成在驱动电机中的两个霍尔效应传感器实现，后者会计算电机转数。遮阳卷帘的位置也是通过驱动电机中的霍尔效应传感器检测的。各个电机的增量运动通过软件控制。

3.维修

在维修过程中，可更换单个驱动电机和控制单元。在更换这些部件后，必须使用PIWIS检测仪对系统进行标准化。在对车顶和遮阳卷帘进行标准化的过程中，将移动到终止位置。霍尔效应传感器会计算电机转数，直到挡块位置，从而提供有关移动零件位置的信息。

七、被动安全

1.目的/任务

"被动安全"一词是指所有旨在保护车辆乘员免受伤害并减少任何伤害危险的设计措施。该术语特别涉及碰撞行为，除了自我保护，它还考虑到了对其他交通参与者的保护（伙伴保护）。与安全带相结合，安全气囊有助于在碰撞过程中根据事故的

严重程度降低头部和胸部严重受伤的风险。如果碰撞传感器检测到对应于触发值的碰撞，安全气囊控制单元就会将气体发生器点火，从而在35～45 ms内将安全气囊充气。展开的安全气囊垫将缓和头部和上半身所受的冲击，并将碰撞作用力分布在尽可能大的面积上。在仅120 ms之后，气体逸出，安全气囊折叠。由于安全气囊和安全带预紧器共同构成了一体式安全系统，因此只有在车辆乘员正确佩戴安全带时，才能确保提供最佳保护。除了前置安全气囊，还提供侧安全气囊、膝部安全气囊以及头部/帘式安全气囊。Panamera安全气囊如图2-6-69所示。

图 2-6-69

2.设计

被动安全系统包括的安全气囊和安全带系统如表2-6-3所示。

表 2-6-3

安全气囊系统	安全带系统
前侧 / 后侧安全气囊	安全带扣
乘客侧安全气囊	自动皮带装置
膝部安全气囊	
驾驶员安全气囊	
帘式安全气囊	

安全气囊系统安全指南：如果安全气囊系统显示运输损坏迹象，则不得安装，必须按照适用法规和操作说明加以处置。如果在运输过程中安全气囊系统从较低的高度摔落，则不能安装，即使看不到明显损坏也是如此。必须按照适用法规和操作说明加以处置。

安全带系统安全指南：如果安全带或安全带扣显示运输损坏迹象，则不得安装，必须按照适用法规和操作说明加以处置。如果在运输过程中安全带和安全带扣系统从较低的高度摔落，则不能安装，即使看不到明显损坏也是如此。必须按照适用法规和操作说明加以处置。

（一）安全气囊系统

1.前侧安全气囊

前侧安全气囊模块安装在前排座椅面向车门的一侧。它们通过固定锁连接在侧扶手并拧入位。前侧安全气囊模块如图2-6-70所示。

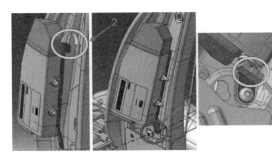

1-前侧安全气囊　2-固定锁　3-侧扶手螺钉连接　4-插头

图 2-6-70

2.后侧安全气囊

后侧安全气囊固定在拧到侧围板的支架上。后侧安全气囊模块如图2-6-71所示。

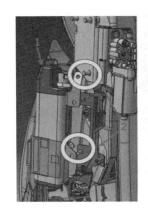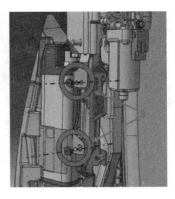

1-后侧安全气囊　2-固定点　3-螺钉连接

图 2-6-71

3.乘客侧安全气囊

乘客侧安全气囊模块安装在仪表板横梁上，放置在插入式框架中并拧在其上。支架拧在横梁上。乘客侧安全气囊如图2-6-72所示。

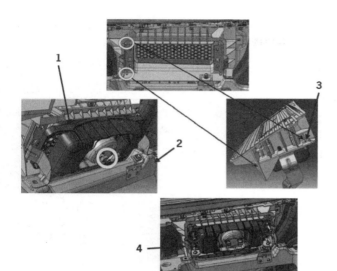

1-乘客侧安全气囊　2-横梁　3-装配销　4-螺钉连接
图2-6-72

4.膝部安全气囊

膝部安全气囊安装在仪表板横梁底部，卡在导销中并从下面拧入位。膝部安全气囊如图2-6-73所示。

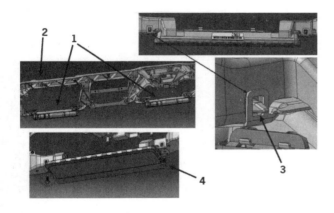

1-膝部安全气囊　2-仪表板横梁
3-导销和凸耳　4-螺钉连接
图2-6-73

5.驾驶员安全气囊

驾驶员安全气囊设计为模块形式，安装在方向盘中。安装前，必须对齐安全气囊模块，使保时捷盾徽的尖端朝下。驾驶员安全气囊如图2-6-74所示。

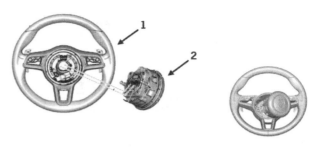

1-方向盘　2-安全气囊模块
图2-6-74

在安装安全气囊之前，必须将系统断电至少5 s。

6.帘式安全气囊

帘式安全气囊安装在车身壳体车顶梁上。气体发生器和帘式安全气囊定位凸耳拧在车顶梁上。定位凸耳卡在车身壳体上。帘式安全气囊如图2-6-75所示。

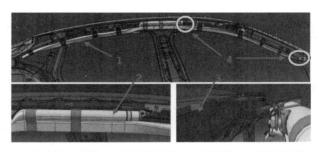

1-帘式安全气囊　2-气体发生器　3-车顶梁　4-螺钉连接
图2-6-75

在帘式安全气囊打开后，如果需要更换车顶衬里，则必须确保也更换后部中央车内照明灯。此灯不允许多次安装。

7.主动式发动机舱盖系统

（1）目的/任务。主动式发动机舱盖系统安装在与行人保护系统前裙板部分相邻的位置。行人保护系统的目的是在发生碰撞的情况下，通过适应车辆来防止行人受伤或减轻行人受伤的严重程度。在与车辆发生碰撞的情况下，行人的腿部和头部特别容易受伤。

此外，研究也已证明了行人体格大小、车辆类型、车速与损伤特点之间的相关性。

（2）设计。整个系统包括后裙板中的3个加速度传感器以及安装在前裙板后面变形元件中带2个压力传感器的硅胶管。执行器直接拧在铰链上，在触发时使铰链向上翻转。这是通过用于打开和释放铰链的弹簧式钩实现的。铰链执行器如图2-6-76所示，变形元件如图2-6-77所示，挂钩、弹簧、铰链如图2-6-78所示。

图 2-6-76

图 2-6-77

1-挂钩　2-弹簧　3-铰链
图 2-6-78

（3）功能。如果前端的传感器和硅胶管中的压力传感器检测到碰撞，以燃爆方式启动的系统就会升起后部的发动机舱盖。这样可以大幅降低受伤风险。

（4）维修。如果更换铰链等，或在此区域执行涂漆作业，则必须确保将燃爆式装置拧在其中的孔始终无漆，以防止因静电带电而意外触发燃爆式执行器。铰链执行器拧紧点如图2-6-79所示。

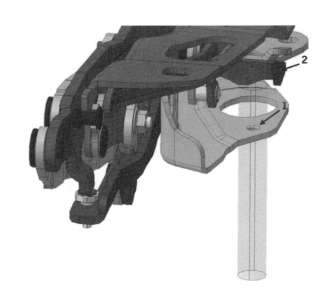

1-执行器拧紧点　2-挂钩
图 2-6-79

打开之后，可更换执行器，并将铰链推回初始位置。

八、选装配置

Panamera 2017年款的个性化选装配置包括牵引杆系统和车顶运输系统。

（一）牵引杆系统

牵引杆系统或挂车连接器是用于将挂车连接到车辆上的装置。

在Panamera 2017年款上，仅自动牵引杆系统适用于所有市场，不再提供手动牵引杆系统。

1.自动牵引杆系统

（1）新特点/亮点。电动旋转牵引杆系统通过控制单元控制，且通过电机自动旋入和旋出（自动操作），通过后备箱中的开关启动。自动牵引杆系统如图2-6-80所示。

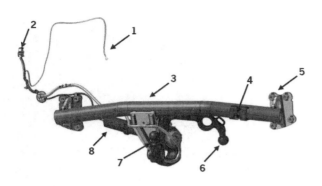

1-接地连接　2-线束　3-横梁　4-牵引凸耳安装
5-安装板　6-缩回的耦合器　7-伸出的耦合器　8-驱动单元
图2-6-80

（2）设计

为了加强与车辆车身壳体的连接，在安装板上拧入了附加支架。附加支架插入车身壳体的后纵梁，并从下面用螺栓固定。TH附件到纵梁的横截面视图如图2-6-81所示。

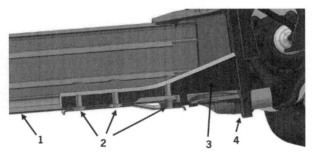

1-车身纵梁　2-拧紧点　3-支撑　4-安装板
图2-6-81

（3）功能。电机驱动执行整个运动序列（解锁系统、耦合器的旋转运动、系统锁定）的机构，在一个运动序列中，电机的旋转方向保持不变（耦合器从工作位置旋转到静止位置）。执行相反的运动序列时，电机以相反的方向旋转。此运动通过霍尔效应传感器监控。霍尔效应传感器位于电机轴上，针对电机的每次旋转生成信号（接地连接）。

锁定和释放位置以及旋转运动之间的切换将自动（以机械方式）执行。系统在工作位置启用后，微动开关将启动并保持此状态，直至返回工作位置。第二个微动开关用于监控旋转范围，微动开关在整个旋转操作期间均保持未启动状态。系统将监控各运动增量的电流和行程。电流消耗因运动位置而异。检测到障碍物时，将掉转方向直至达到极限位置。

（4）诊断选项。为了执行自动操作，必须先对控制单元成功进行初始化。更换控制单元或机构时，必须使用PIWIS检测仪对控制单元重新初始化。此时应设定两个终止位置，即旋转范围。如果之前未对控制单元进行初始化，可能会损坏机构或随之产生其他问题。

（二）车顶运输系统

为了运输大体积物品，可在车辆上安装车顶运输系统。车顶运输系统及其他合适的附加模块（如滑雪用具架、自行车架、冲浪板支架、车顶箱或滑雪板支架）可实现物品的安全运输。车顶运输系统如图2-6-82所示。

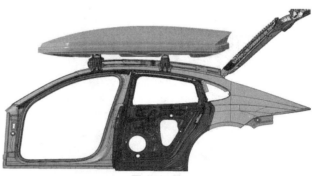

图2-6-82

车顶运输系统装载了物品时，行驶车速不应超过130 km/h，允许的最大车顶载荷为75 kg。安装车顶运输系统后，在无载荷的情况下，车速不得超过180 km/h。

为了安装车顶运输系统，必须将该系统安装在车顶梁上并紧固到位。所有Panamera车型均配有车顶运输系统预留装置。这包括车辆各侧车顶梁下方的两个孔。车顶行李架的紧固销插入此处。这些孔在出厂时已用插头密封。车顶行李架附带用于取出插头及其他插头的工具。取下车顶梁插头如图2-6-83所示。

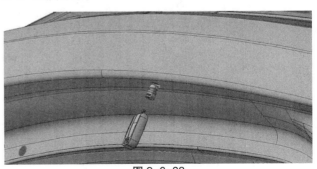

图2-6-83

如果在安装了行李架之后打开天窗，它将与后托架支脚相撞。这种情况由车顶防夹保护装置检测，车顶向前移动约5 mm，然后停止。车顶梁插头如图2-6-84所示。

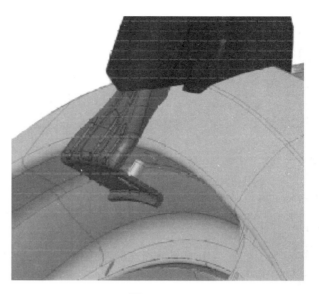

图 2-6-86

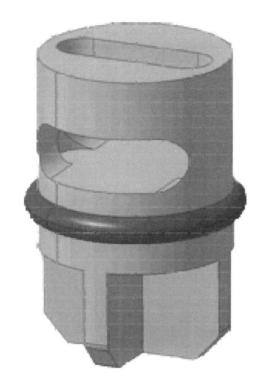

图 2-6-84

车顶架设计。车顶行李架由两根可固定在Panamera车型车顶上的杆组成。车顶行李架系统如图2-6-85所示。

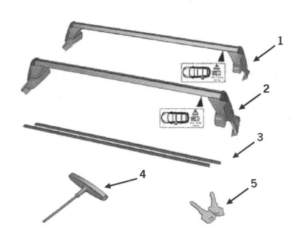

1-后托架　2-前托架　3-装饰护条　4-扭矩扳手　5-钥匙
图 2-6-87

第七节　车身－内部装备

一、简介

新内饰是设计和工程技术的一项杰作。凭借其完美打造的细节，它所散发出的动感优雅经得起最挑剔的眼光。它还参考了经典保时捷的设计价值，比如作为驾驶室最高点的中央转速表。带有高分辨率显示屏的"保时捷高级驾驶室"创新控制理念与内部设计的精致线条和谐交融，丝毫无损其外观。带有直接触控的加高中控台具有经典的保时捷特色，可提供全新的控制体验。包括在线导航的新保时捷通信管理系统(PCM)通过其无线互联网连接模

图 2-6-85

车顶行李架系统的部件包括前托架、后托架、装饰护条、扭矩扳手和钥匙。车顶行李架紧固销如图2-6-86所示，车顶行李架系统如图2-6-87所示。

块设立了标准。Panamera内饰如图2-7-1所示。

图 2-7-1

与内饰相配的新Burmester®3D高端环绕声音响系统带来三维音响体验。

Panamera Turbo标配一个深色胡桃木内饰组件和Alcantara制成的车顶衬里。标准配置也包括电动操作的14向舒适型座椅（前排）以及前排和后排加热式座椅。圆形仪表的背景为黑色，带有"turbo"标志。在Panamera Turbo上，BOSE®环绕声音响系统是和舒适进车系统一起提供的标准配置。Panamera Turbo还标配新的PCM和创新的Connect Plus联网功能。

二、车内照明

氛围灯。前后脚坑照明、车顶控制台照明、中控台照明和带照明的前后扬声器格栅可以选择7种不同的灯光设计。这样可以在乘客舱内营造一个宜人的间接照明环境。

可以在PCM4.1中选择和调节预定义设置，如图2-7-2所示。

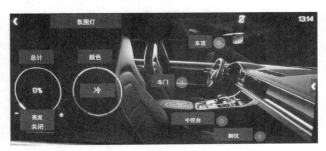

图 2-7-2

三、显示

（一）仪表组和多功能方向盘

仪表组中的中央模拟转速表左右两侧各有一个高分辨率7英寸（17.78cm）显示屏，显示不同的信息。左侧显示屏包含虚拟车速表。在其中央，它显示与可使用的辅助系统有关的信息。例如，这里可以显示限速显示或自适应巡航定速控制系统信息。右侧显示屏提供与所选择的车辆设置有关的详细信息或者可以根据需要显示行车电脑数据。仪表组如图2-7-3所示。

图 2-7-3

通过多功能方向盘上的两个指轮来控制显示屏。左侧方向盘控制按钮如图2-7-4和图2-7-5所示。

图 2-7-4

图 2-7-5

（二）保时捷通信管理系统(PCM)

许多车辆功能现在可以通过高分辨率的触摸屏进行直观的配置。新的控制功能通过接近传感器显示在显示屏左侧。这在触摸屏的中央互动区完成。举例来说，Sport Chrono组件的个性化菜单可以在"DRIVE"（行驶）菜单中进行直观配置。如果需要，系统可以在显示屏右侧显示有关所选项目的进一步信息，以提供帮助。保时捷通信管理系统如图2-7-6所示。

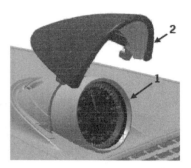

1-Sport Chrono时钟　2-护盖
图 2-7-8

图 2-7-6

四、仪表板

仪表板的基本结构与以前的车型一样。提供真皮仪表板、饰件和中控台作为标配。仪表板如图2-7-7所示，Sport Chrono如图2-7-8所示，饰板如图2-7-9所示。

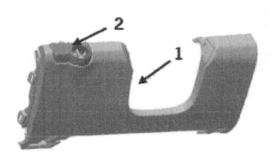

1-驾驶员侧脚坑饰板　2-点火锁盖
图 2-7-9

Sport Chrono时钟被集成到中央盖正中，作为仪表板的最高点。点火钥匙的开关模块安装在驾驶员侧的脚坑饰板中。要拆卸开关模块，必须拆下驾驶员侧的脚坑饰板。

Era Glonass系统仅提供给俄罗斯市场。Era Glonass控制单元安装在手套箱的左侧。要接触到紧固螺钉，必须拆下手套箱。安装位置如图2-7-10所示，Era Glonass如图2-7-11所示。

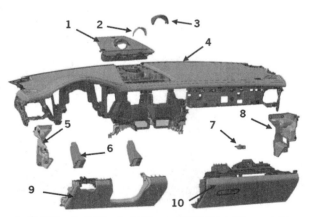

1-中央盖　2-内饰　3-护罩　4-仪表板的上部　5-支架
6-膝部靠垫托架　7-手套箱支架　8-支架
9-底部饰板，驾驶员侧　10-手套箱
图 2-7-7

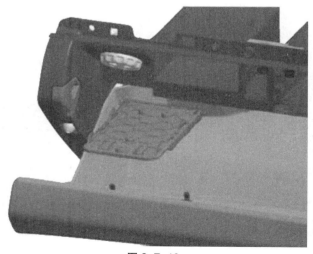

图 2-7-10

图2-7-11

五、中控台

（一）直接触控的中控台

中控台控制单元的设计采用高端玻璃外观和触控按钮。用于选择信息娱乐区域的按钮位于上排。操作车辆和空调的按钮位于底部。车辆功能也位于显示屏底部。如果安装了4区恒温空调，在后部会有另一个触摸屏，以操作众多的信息娱乐和舒适功能。中控台控制单元如图2-7-12所示。

图2-7-12

（二）PDK盖

拆下中控台中的PDK盖时，确保控制单元的玻璃外观不受损。

1.维修

（1）拆卸。拆下（松开）换挡手柄盖如图2-7-13所示。拆下螺钉如图2-7-14所示。用手指在盖子下钩住并抬起如图2-7-15所示。将换挡手柄连同盖子一起拆下如图2-7-16所示。

图2-7-13

1-拆下螺钉
图2-7-14

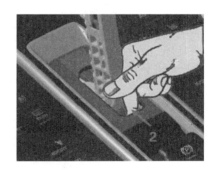

2-用手指在盖子下钩住并抬起
图2-7-15

图2-7-16

（2）安装。将换挡手柄预安装在（插入到）盖子中，推动手柄并将其卡入位，更换螺钉，在换挡手柄盖上卡牢。

六、前排座椅

（一）8向标准型座椅

通过8向执行器可以很方便地选择前后调节、高度调节和靠背角度调节。通过合适的座椅调节可得到乘坐舒适性和愉悦感。出于这一目的，座椅可以进行全面调节，并适应身形。驾驶员座椅的记忆功能使得驾驶员座椅的调节能够得以保存，随时再次获取。这保证了长途行驶的乘坐舒适性和轻松驾驶。8向座椅如图2-7-17和图2-7-18所示。

图 2-7-17

图 2-7-18

设备功能：8向电动调节式座椅；新开发的座椅结构；没有地图袋的靠背饰件；靠背角度调节；负荷切换调节开关；无气动功能；无座椅控制单元；驾驶员侧带有座椅控制单元的驾驶员记忆功能组件选装配置；座椅加热；座椅通风；驾驶员座椅

的记忆功能选装配置。

（二）带有按摩功能的14向舒适型座椅

靠背中的10个气动按摩垫提供5种按摩模式。它们不仅提升了乘坐舒适性，还在长途行驶中让肌肉能够活动起来并放松。全包边缝制的靠背饰件包括一个光面真皮地图袋。电动的14向舒适型座椅（前排）以及前排和后排加热式座椅是Panamera Turbo上的标准配置。14向座椅如图2-7-19和图2-7-20所示。

图 2-7-19

图 2-7-20

设备功能：14向电动调节式座椅；新开发的座椅结构；坐垫深度调节；带有地图袋的靠背饰件；座椅控制单元；驾驶员和乘客座椅的记忆功能；座椅加热；座椅通风；可选的按摩功能；通过调节开关启用；通过按摩按钮启用；通过PCM4.1设置的

按摩模式和强度。

1.腰部支撑

腰部调节是每个舒适型座椅上的标准配置。部件包括一个带有阀组的腰垫、一个泵和供应管。腰垫和腰部支撑系统的设计如图2-7-21所示。

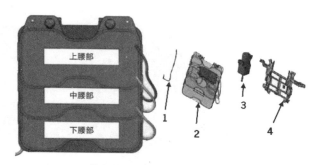

1–供应管　2–腰垫　3–泵　4–支架
图 2-7-21

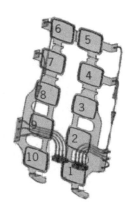

图 2-7-22

2.按摩功能

按摩功能作为舒适型座椅的一项选装配置提供。部件包括一个靠背按摩垫（图2-7-22）、一个阀组、一个泵、一个支架、腰垫和供应管。按摩功能部件如图2-7-23所示。

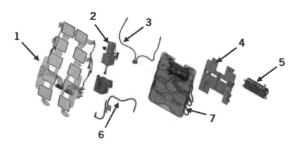

1–按摩垫　2–泵　3–供应管　4–支架
5–阀组　6–供应管　7–腰垫
图 2-7-23

在Panamera 2017年款上有5种按摩模式可供选择，如表2-7-1所示。

表 2-7-1

模式	按摩类型
模式 1	拉伸
模式 2	波动
模式 3	指压
模式 4	脊柱前凸
模式 5	肩部

3.按摩垫

按摩和腰部模块应当间距相同，以获得相似的舒适感。按摩垫由尺寸为75 mm×57 mm的10个气囊组成。维修中，气囊的十字钉应当位于相同的高度。安装在靠背中的按摩垫如图2-7-24所示，从靠背中拆下的按摩垫如图2-7-25所示。

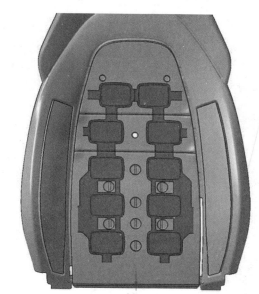

图 2-7-24

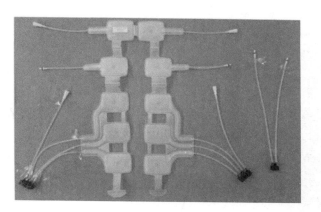

图 2-7-25

4.气动装置阀组

在座椅背部将安装用于按摩气动装置的阀组。气动单元如图2-7-26所示，气动装置的安装位置如图2-7-27所示，10向阀组连接概图如图2-7-28所示。

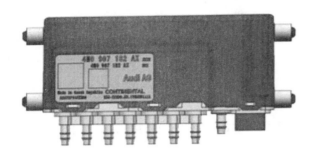

图 2-7-26

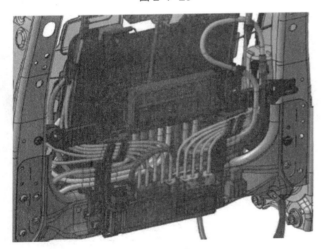

图 2-7-27

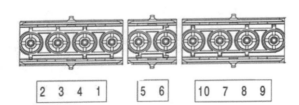

图 2-7-28

（三）18向运动型座椅

像前代车型一样，Panamera 2017年款配备带有自适应侧垫的运动型座椅。靠背调节和高度调节以电动方式控制。全包边缝制的椅背包括一个光面真皮地图袋。18向座椅如图2-7-29和图2-7-30所示。

图 2-7-29

图 2-7-30

设备功能：18向电动调节式座椅；新开发的座椅结构；带有地图袋的靠背饰件；坐垫中配备有自适应侧垫的座椅；靠背中配备有自适应侧垫的座椅；座椅控制单元；驾驶员和乘客座椅的记忆功能；通过调节开关启用；座椅加热；座椅通风；无按摩功能。

1.运动型座椅腰部支撑

腰部调节是每个运动型座椅上的标准配置。部件包括一个带阀组的腰垫、一个泵、一个支架、靠背侧垫和座椅靠垫，以及供应管。运动型座椅腰部支撑设计如图2-7-31所示，运动型座椅腰部支撑如图2-7-32所示。

这3种变型有2种外观选择："运动型"和"舒适型"。舒适型如图2-7-33所示，运动型如图2-7-34所示。

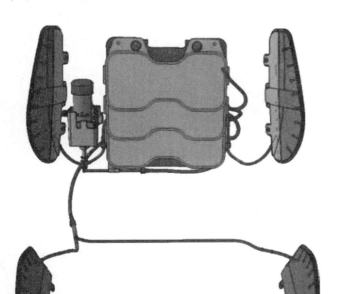

图 2-7-31

图 2-7-33

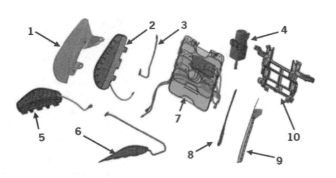

1-靠背侧垫支撑　2-靠背侧垫插入件　3-供应管　4-泵
5-座椅靠垫插入件　6-座椅靠垫插入件　7-腰垫
8-靠背侧垫插入件　9-靠背侧垫插入件　10-支架

图 2-7-32

七、后排座椅系统

（一）后排座椅系统概述

乘客舱继续保持高度的舒适性。后排乘客座椅表面的舒适性大为提高。这是通过大大提升不同型号中后排长座椅椅套的舒适性做到的。

在Panamera 2017年款上提供3种座椅系统作为组件：基本组件60/40；舒适组件40/20/40；高级组件40/20/40。

图 2-7-34

（二）基本组件60/40

选装配置如图2-7-35所示。

图 2-7-35

设备功能：设备功能如表2-7-2所示。

表 2-7-41

基本组件	
"运动型"外观	"舒适型"外观
胸部安全气囊	胸部安全气囊
座椅加热	座椅加热
座椅通风	座椅通风

（三）舒适组件40/20/40

选装配置如图2-7-36所示。

图 2-7-36

设备功能：设备功能如表2-7-3所示。

表 2-7-3

舒适组件	
"运动型"外观	"舒适型"外观
胸部安全气囊	胸部安全气囊
座椅加热	座椅加热
座椅通风	座椅通风

（四）高级组件40/20/40

选装配置如图2-7-37所示。

图 2-7-37

设备功能：设备功能如表2-7-4所示。

表 2-7-4

高级组件中的基本配置	
4向腰部支撑	
记忆功能	
座椅深度调节	
电动靠背角度	
"运动型"外观	"舒适型"外观
胸部安全气囊	胸部安全气囊
座椅加热	座椅加热
座椅通风	座椅通风
	按摩
	舒适头枕

调节和启用：

通过PCM4.1，在菜单项"CAR"（车辆）→"CONTROL"（控制）→"Massageprofile"（按摩模式）→"Massagestrength"（按摩力度）下进行启用和配置。

1.后座系统中的腰部支撑（图2-7-38）

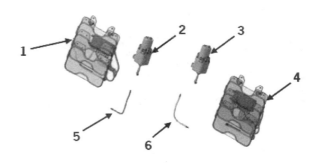

1-右侧腰垫　2-右侧泵　3-左侧泵　4-左侧腰垫
5-右侧供应管　6-左侧供应管

图 2-7-38

2.后座系统中的按摩功能（图2-7-39）

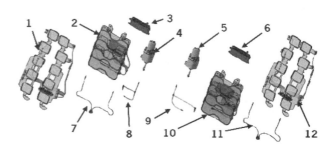

1-右侧按摩垫　2-右侧腰垫　3-右侧阀组　4-右侧泵
5-左侧泵　6-左侧阀组　7-右侧按摩垫供应管
8-右侧腰垫供应管　9-左侧腰垫供应管　10-左侧腰垫
11-左侧按摩垫供应管　12-左侧按摩垫

图 2-7-39

第八节　电气设备和电子装置

一、综述

对于2017年款的Panamera，其电气元件经过改进并得到增强，如图2-8-1所示。

主要变化包括：具有不同任务分配的网络拓扑；新型"FlexRay"（FR）数据总线系统；12 V和48 V车辆电气系统；车外灯/车内照明；前端电子装置/BCM1功能；后端电子装置/BCM2功能；端子控制；进车系统；舒适系统；驾驶员辅助系统。

图2-8-1

二、网络拓扑-MLBEVO

图2-8-2展示了Panamera 2017年款的不同数据总线系统是如何使用多个数据总线系统连接的。这一网络变体替代了先前2007+网络架构。因此，在新的架构中，数据总线执行的任务甚至控制单元的分配都有所不同。

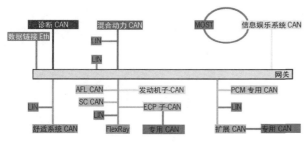

图2-8-2

数据链接接头Eth（以太网，10 Mb/s）与诊断CAN接口并行，目前尚未为售后使用（保留）。开发/生产保留通过以太网接口（100 Mb/s，"DoIP"="互联网协议诊断通信"）运行诊断的权利。具有数据传输速度为10 Mb/s、100 Mb/s和1000 Mb/s的以太网。

（一）数据总线系统

与Panamera 2009 年款共同引入的先前网络架构2007+，已经达到极限并被Panamera 2017年款的网络架构所取代。

使用了以下总线系统。

1.CAN总线（图2-8-3）

混合动力CAN。

舒适系统CAN。

扩展CAN。

信息娱乐系统CAN。

其他专用CAN。

2.FlexRay

FlexRay用于驱动系统，如图2-8-4所示。

3.MOST

用于第二代信息娱乐系统的塑料光导纤维（MOST150）。如图2-8-5所示。

4.LIN（图2-8-6）

2个来自网关控制单元的直接LIN和许多其他LIN作为控制单元的输出。

5.私人系统CAN

Panamera 2017年款中增加了许多专用CAN。其中一些跨越总线在控制单元之间通信。

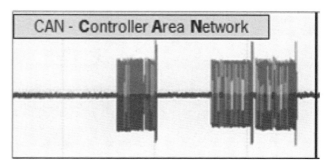

图2-8-3

图2-8-4

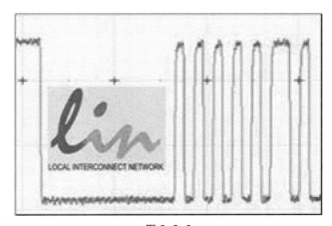

图2-8-6

图 2-8-5

6.总线速度

MOST：（类型150）>100 Mb/s，FlexRay：10 Mb/s。

CAN总线：500 kb/s。

专用CAN：500 kb/s，1 Mb/s(ePDCC)。

LIN：21 kb/s。

7.数据总线系统比较

CAN和FlexRay(FR)具有不同的网络拓扑。

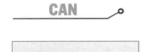

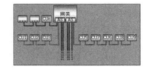

图 2-8-7

总线系统拓扑比较如图2-8-7所示。此幻灯片显示了两种数据总线系统的不同网络架构。对于CAN系统，两条绞线穿过车辆排布。控制单元连接/压接在共享的采集点上（接合连接）。FlexRay系统则采用点到点连接（菊花链），在这种连接方式中，控制单元直接连接在一条链上。断开控制单元，从而创建一个断路，可中断或者完全切断通信。还具有"有源节点"，在节点上最多可连接4个分支。CAN总线电压如图2-8-8所示，FlexRay电压如图2-8-9所示。

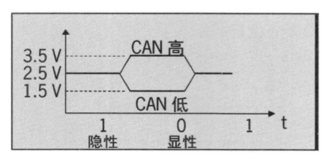

图 2-8-8

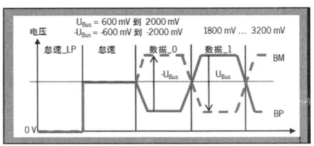

图 2-8-9

两种系统的拓扑结构有所不同，对比如表2-8-1所示。

表 2-8-1

CAN	<对比>	FlexRay
线性总线	拓扑结构	星形
500 kb/s	数据传输	10 Mb/s
2 条：CAN 高位/CAN 低位	线路	2 条：Bus Plus（粉色）/Bus Minus（绿色）
接合连接	集成	点到点（菊花链）
无/绞线	布线/绝缘	铠装/绞线
根据要求	消息传输	时间控制式

CAN是线性数据总线，控制单元连接在采集点上；而FlexRay(FR)中，控制单元以星形拓扑结构相连【多个分支通过一个有源星形(AS)的结构】。Panamera车型中使用的FR系统的数据传输速度为10 Mb/s，比CAN数据总线系统(500 kb/s)快20倍，FlexRay信号强度如图2-8-10所示。

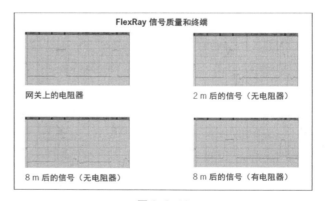

图 2-8-10

CAN具有2条绞线，被称为CAN高位和CAN低位。FR具有2条绞合的、屏蔽的、销装的电线，被称为Bus Plus和Bus Minus。这两条线路（粉色/绿色）在控制单元的通道A上运行。FlexRay还能够运行另外一个具有另外2条线的通道B，从而提供了额外的储备，用于进一步应用/开发/增强现有系统。

（二）网关

协调总线系统和控制能量管理的网关控制单元位于驾驶员座椅前面的驾驶员脚坑处（地板）。为了保护它不受外界影响，还进一步放置在一个单独的防水盒子中。将用一种新的专用工具（CAN适配器）来进行总线系统诊断，而先前的专用工具9838不再适用。网关控制单元的安装位置如图2-8-11所示。

图 2-8-11

三、12 V车辆电气系统

（一）功能性电能管理(eEM)

eEM的软件模块位于网关中。软件模块来自MLBevo矩阵，因此为群模块。电能管理电路图如图2-8-12所示。

eEM最重要的目标是：避免抛锚（热量输出控制）；关闭级、回收；禁止自动启动/停止；确保车辆在行驶中具有可靠的供电（EPS、PSM、EBB、RAS等）；减少CO_2（车辆电气系统回收和自动启动/停止）。

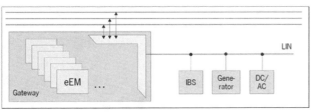

图 2-8-12

"电能管理"系统的车辆电气系统功能分配在网关控制单元（主）中，电能管理功能电路图如图2-8-13所示，并且具有以下子功能。启动性能：确保车辆能在任何运行条件下启动，是能量管理的重中之重。闭路电流：网关负责监控闭路电流。点火装置关闭时，网关发出（强制睡眠）命令，将控制单元切换至睡眠模式，使其消耗极少的闭路电

流。如果闭路电流不处于（超出）允许的范围，网关将启用电源分配器中的端子30F继电器，将用电设备与车辆电气系统断开连接。

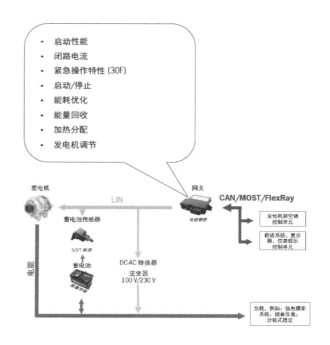

图 2-8-13

自动启动/停止：此功能存储在DME（自动启动/停止协调器）中。DME发出"停止"命令后，网关将检查车辆电气系统状态，然后向自动启动/停止协调器发送有关状态"正常/不正常"的消息。在重新启动过程中，网关将指示DC/DC转换器在车辆启动时，为电压敏感型用电设备稳定电压。

能耗优化：网关根据已启用的用电设备和能量流计算能量需求量，确保能量供应始终充足。

车辆能量回收电气系统：2011年款Cayenne引进了此功能。为节省燃油，所有车辆均标配此功能。这样，车辆的部分动能将通过12 V发电机转化成电能。根据网络中的能量需求，网关控制单元会决定为满足车辆电气系统的能量需求而需要向发电机请求的能量大小。发电机根据网关控制单元的请求生成所需大小的能量，并将此能量供给车辆电气系统/车辆蓄电池。在此，网关在超越传动/制动阶段优先启用发电机。蓄电池传感器(BDM)测量能量流的大小，并将测量结果传送给网关控制单元。根据能量需求，网关控制单元决定可启用的用电设备/电源分配器或可关闭的用电设备（发动机和空调

控制单元的动态管理、闭路电流管理、加热/通风分配/HVA），从而确保满足能量需求。网关也会决定何时车辆可以切换到自动启动/停止模式。在此，为电压敏感型用电设备（如信息娱乐系统和仪表组）的电源。

（二）蓄电池

Panamera 2017年款使用的是具有AGM（吸液式玻璃纤维隔膜）技术的传统铅蓄电池。12 V湿式蓄电池，采用含有33%纯酸的稀释硫酸（H_2SO_4）制成的电解液。使用了具有3种不同容量的蓄电池，具体取决设备和各个国家/地区的技术规范：75AhAGM蓄电池；92AhAGM蓄电池；105AhAGM蓄电池。

12 V蓄电池的安装位置位于后备箱盖下方的后备箱中央。在PHEV车辆上，它位于可拆卸饰板下沿行驶方向右侧的装载区中。如必须更换蓄电池，必须记录在网关控制单元中。这可以使用PIWIS检测仪3和常用设定程序进行。

蓄电池代码如图2-8-14所示，蓄电池标签如图2-8-15所示，12 V蓄电池如图2-8-16所示。

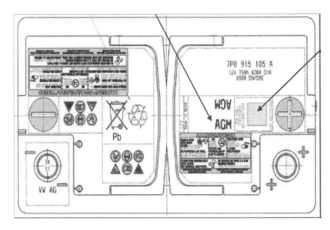

图 2-8-15

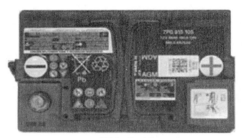

图 2-8-16

维修过程中必须输入下列要素：蓄电池类型，如"AGM"；容量，例如"105Ah"；序列号，例如"205MLA1865"；零件号，例如"7P0.915.105"。

（三）带有打孔弯折式卡箱的蓄电池传感器

现在使用了一种连接至负极端子的新型蓄电池传感器，如图2-8-17所示，并且带有新型打孔弯折式卡箱，取代了以前使用的锻造卡箱。卡箱的紧固扭矩为（5±1）N·m。新型打孔弯折式卡箱的主要优点为：重量轻；设计的45°角打开机制，更便于保养；可以可靠而更频繁地打开连接。

图 2-8-14

图 2-8-17

（四）跨接启动

如果蓄电池已完全放电，可以使用其他车辆的蓄电池进行启动，以及通过跨接电缆将其他车辆的蓄电池作为外部电源。两个蓄电池的额定电压必须为12 V。此蓄电池（救援蓄电池）的供电容量(Ah)不得明显低于电力不足的蓄电池的供电容量。电力不足的蓄电池必须正确连接在车辆电气系统上。

跨接启动车辆：

打开发动机舱盖。

拆下塑料护盖。

打开用于跨接启动的正极端子(B+)上的防护罩。

将红色正极电缆连接到跨接启动正极端子。

将红色正极电缆连接到救援蓄电池的正极端子。

将黑色负极电缆连接到救援蓄电池的负极端子。

将黑色负极电缆连接到接地点。切勿与电池负极接线柱直接相连，存在电池传感器损坏的风险。

允许救援车辆的发动机以较高的转速运转。

启动发动机。

尝试用跨线导线启动车辆的时间不要超过15 s；15 s后，请至少等待1 min再重试。

发动机运转：首先，断开黑色负极电缆与接地点的连接，然后断开与救援蓄电池的负极端子的连接，如图2-8-18所示。

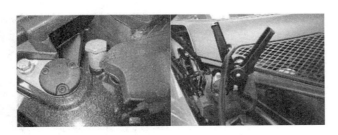

图 2-8-18

发动机运转：首先将红色正极导线从救援蓄电池的正极端子上断开，然后从跨接启动正极端子上断开，如图2-8-19所示。

关闭用于跨接启动的正极端子上的防护罩，并再次安装塑料护盖。

图 2-8-19

（五）发电机

Panamera 2017年款中采用了2个新型发电机。根据发动机型号，使用的是带有或不带有自由轮皮带轮的Denso或Bosch发电机，如表2-8-2所示。

表 2-8-2

发电机	电机	电机
制造商	Denso	Bosch
标称电源	140~210 A	160~250 A
控制器类型	BSS	VDA LIN
控制范围	10.7~16 V	11.0~16 V
定子绕组	三角形连接	三角形连接

三相发电机：

图2-8-20显示的是210 ADenso发电机。发动机电路如图2-8-21所示。

图 2-8-20

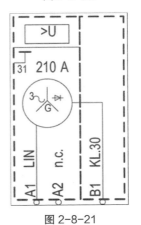

图 2-8-21

图2-8-22显示的是带有自由轮皮带轮的250 ABosch发电机。

图 2-8-22

（六）启动机/启动机控制

启动机由Denso制造。它的功率为2.2 kW。必须分离或拆卸PDK变速器，以拆下启动机，因为启动机位于变速器钟形壳内。发动机如图2-8-23所示。

图 2-8-23

所有的Panamera 2017年款都采用具有2个启动机继电器的启动机控制。这2个继电器通常为开放式继电器，通过工作电路侧（端子50）串联连接，并且由蓄电池端子30通过蓄电池断开元件上的300 A保险丝和另外2个100 A和40 A保险丝供电。控制电路侧的端子86桥接在继电器上，并且来自端子15。启动机继电器上的2个端子85各自由DME控制单元供电。在启动机继电器1上，输出"D"用于

诊断DME控制单元的反馈。启动机本身通过断开元件中包含的温度保险丝从断开元件接收端子30。启动机回路如图2-8-24所示。

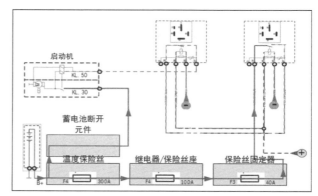

图 2-8-24

（七）继电器/保险丝座

在车辆电气系统中，蓄电池向电气组件供电，几乎每一个分支都有保险丝提供电气保护，并且可以通过车辆电气系统/能量管理系统监控。电力通过蓄电池断开元件直接分配。蓄电池传感器的电源直接压接在蓄电池断开元件上。所有其他电压分配点都有保险丝的保护。蓄电池断开元件可关闭向跨接启动连接（启动器/发电机/车辆电气系统供电）的输出，元件包含螺钉式保险丝和碰撞关闭组件（仅在安全气囊被触发时打开）。主要分配路径将在接下来的幻灯片中进行更详细的介绍。可在电路图上找到更多详细信息。

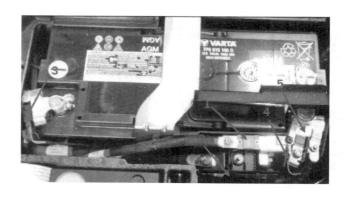

1-300 A主保险丝　2-温度保险丝　3-蓄电池传感器
4-蓄电池传感器的正电势　5-车辆电气系统接入保险丝
图 2-8-25

温度保险丝位于蓄电池正极端子的蓄电池断开元件内。

当安全气囊控制单元触发了碰撞信号后，将有3倍的车辆电压离散式地供应至温度保险丝，温度保险丝将点燃爆炸元件，这样就切断了跨接启动点、发电机、散热器风扇、左右电控箱和PTC加热器的电源。温度保险丝被触发后，必须对其进行更换。

带有主保险丝（图2-8-25）和温度保险丝的蓄电池断开元件。

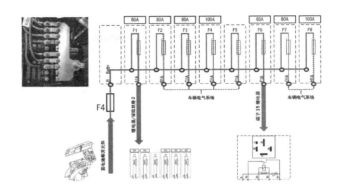

图 2-8-28

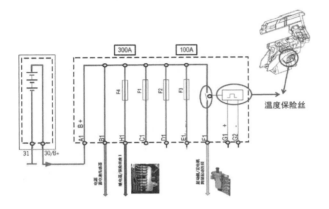

图 2-8-26

保险丝座1由蓄电池断开元件通过保险丝F4供电，如图2-8-26所示。在此可以看到更为详细的电压分配示意（车辆电气系统输出/继电器输出/保险丝座2/端子15继电器）。断开元件如图2-8-27所示。保险丝座1（图2-8-28）和电源分配器（主保险丝盒）（图2-8-29）位于后备箱内，沿行驶方向的蓄电池左前侧。

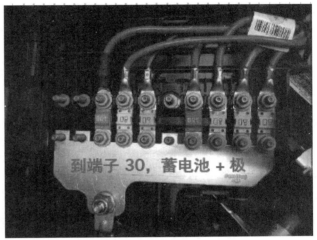

图 2-8-29

通过蓄电池断开元件中的碰撞切断组件向跨接启动连接供应电压，并且跨接启动连接如图2-8-29所示，将电压分配给发动机舱内的电负荷。

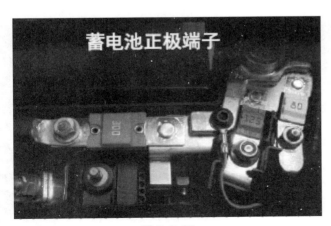

图 2-8-27

图 2-8-30

Panamera 2017年款的发动机舱中最多有2个继电器/保险丝座（电控箱），如图2-8-30所示。在使用汽油发动机的车辆上，电控箱安装在行驶方向的右边。正极跨接启动点（箭头所示）也位于此电控箱中。检查跨接启动功能如图2-8-31所示。在柴油发动机上，预热单元和SCR也有另一个电控箱位于发动机舱的左侧。这一电控箱仅包含相同的预热继电器。

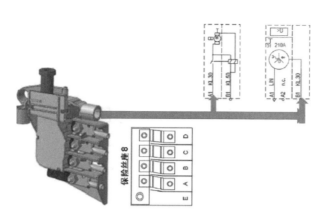

图 2-8-31

具有跨接启动点的右电控箱如图2-8-32所示。

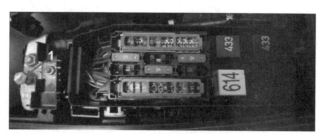

1-跨接启动连接

图 2-8-32

两个前排座椅下方、驾驶室/仪表板区域和A柱区域都有更多的保险丝座。

前排座椅下方的继电器/保险丝座，左保险丝座如图2-8-33所示，右保险丝座如图2-8-34所示。

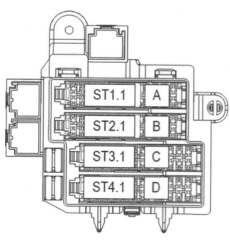

图 2-8-33

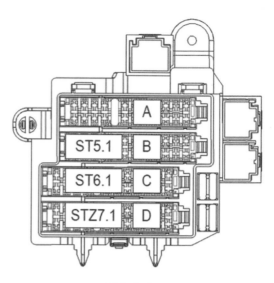

图 2-8-34

驾驶室/仪表板中左边和右边的继电器/保险丝座，左保险丝座如图2-8-35所示，右保险丝座如图2-8-36所示。

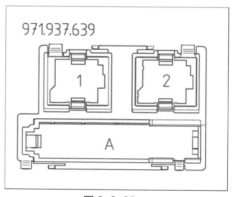

图 2-8-35

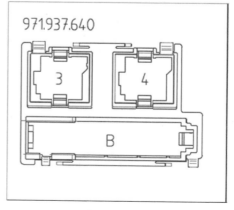

图 2-8-36

右边A柱底部的继电器/保险丝座，如图2-8-37所示。

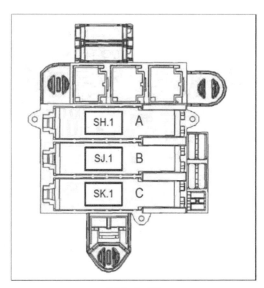

图 2-8-37

（八）电源插座

1.12 V电源插座

根据车辆配置，电源插座可能位于以下位置：前部中控台中、后部中控台中。

2.230/110 V电源插座（选装）

在后中控台中，具有一个230 V电源插座，该插座可以用于连接配有标准欧洲插头的电气设备。插入插头时，电源插座上的指示灯亮起绿色灯光。如果电流过多或者温度过高，则电源插座关闭，指示灯变为红色。温度降下来后，电源插座会重新开启。12 V电源插座如图2-8-38所示。

1-12 V电源插座

图 2-8-38

（九）线束/控制单元

线束/前控制单元如图2-8-39所示，车辆底板中的线束/控制单元如图2-8-40所示，驾驶室内线束如图2-8-41所示，中控台中的线束/控制单元如图2-8-42所示，后线束如图2-8-43所示，线束如图2-8-44所示。图2-8-45提供了线束的总概览。线束（例如车顶线束、后线束、主线束、车门线束、后盖线束、发动机舱线束等）都可以更换以及单独接收命令。

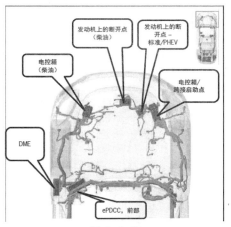

图 2-8-39

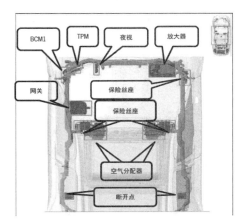

图 2-8-40

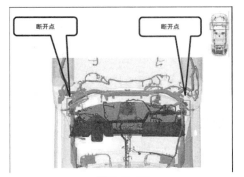

图 2-8-41

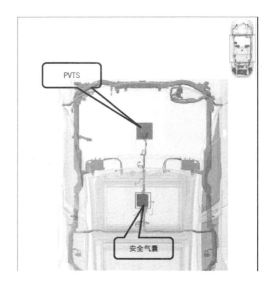

图 2-8-42

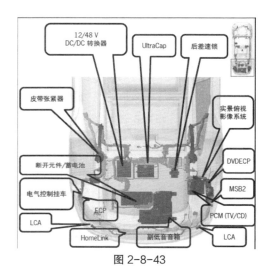

图 2-8-43

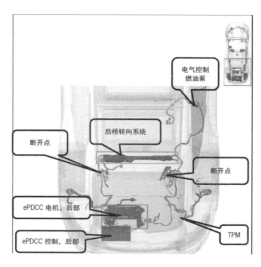

图 2-8-44

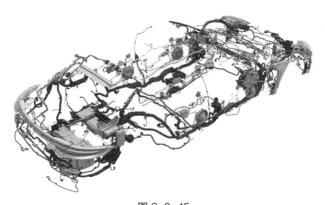

图 2-8-45

四、48 V车辆电气系统

采用电压增加的48 V的增强型车辆电气系统，由Panamera 2017年款首次引入市场。48 V独立型车辆电气系统与PR编号+VH2相关联。目前，48 V车辆电气系统仅包含一个系统：电子防侧倾系统（ePDCC）。因为ePDCC是选装的，所以并不是每一辆Panamera 2017年款中都普遍安装了48 V车辆电气系统。48 V车辆电气系统是一款带附加能量存储（UltraCap）的混合DC和AC系统。48 V车辆电气系统始终连接到单独的接地针脚，且不得使用12 V接地线路连接到接地针脚。48 V车辆电气系统的电缆颜色为"紫色"（正极）和"紫色/棕色"（负极）。

1.电子防侧倾系统(ePDCC)功能

这一系统采用高达3 kW输出功率的电气系统，替代了之前的PDCC系统。48 V独立车辆电气系统的安装与PR编号+VH2相关联。选装的ePDCC采用了一种特殊的DC/DC转换器，这种转换器可以用高峰值功率脉冲将传统的AGM蓄电池电压从12 V增加至48 V。48 V DC/DC转换器利用1kW的最大输出功率从12 V车辆电气系统中为48 V独立型车辆电气系统提供恒定电源。高峰值功率脉冲的48 V电压提供了附加电压源：UltraCap，可存储48 V电压。这一电压源用于满足ePDCC控制单元的动态功率需求，尤其能够适应ePDCC控制单元的动态性能需求。

DC/DC转换器如图2-8-46所示，UltraCap如图2-8-47所示，UltraCap和12/48 V DC/DC转换器的安装位置如图2-8-48所示。

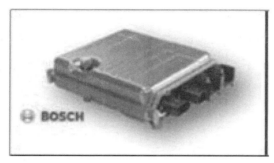

图 2-8-46

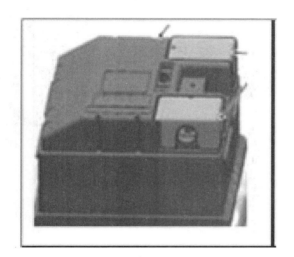

图 2-8-47

图 2-8-48

根据需求，前桥和后桥的两个ePDCC控制单元可启动电子防侧倾稳定器。这需要48 V的车辆电压。

48 V车辆电气系统控制单元概览如图2-8-49所示。

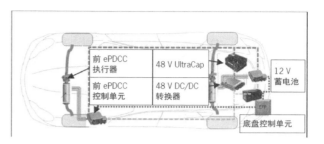

图 2-8-49

2.48 V车辆电气系统的部件

UltraCap。12 V/48 V DC/DC转换器。ePDCC控制单元（2个，前和后）。ePDCC执行器（2个，前桥和后桥）。ECP控制单元。48 V保险丝盒。

48 V蓄电池如图2-8-50所示。

图 2-8-50

48 V车辆电气系统保险丝盒位于载荷区下右侧，如图2-8-51所示。

图 2-8-51

为了确保增加的功率需求，选装的"电子防侧倾系统"（ePDCC）需使用一台更高性能的3 kW发电机。这可以用于为12 V车辆电气系统供电，也可以通过DC/DC转换器为48 V车辆电气系统供电。通过与电子底盘平台（ECP）控制单元连接的"FlexRay"驱动总线进行电气激活和联网。这可通过专用CAN以1 Mb/s的速度启动ePDCC控制单元。48 V车辆电气系统的布局如图2-8-52所示。

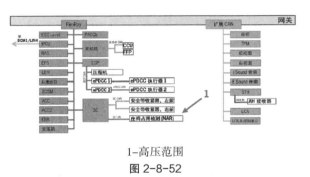

1-高压范围

图 2-8-52

3.48 V车辆电气系统（独立型车辆电气系统）的要点

当操作48 V车辆电气系统时，48 V车辆电气系统必须始终保持不带电。系统断电的过程与PHEV车辆中用于高压系统的过程相同，且遵守《车间手册》。系统必须只能由高电压技师(HVT)进行断电，使用PT3G或手动断电，并且必须将流程记录下来。如果自此SIT创建开始发生有关此主题的任何更改，上述信息将不再适用且新的指南将生效。48 V车辆电气系统将作为ePDCC选项于2016年第48周起提供，如图2-8-53所示。

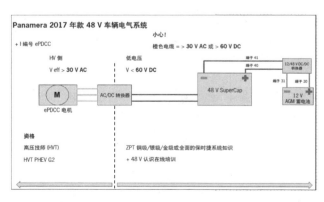

图 2-8-53

五、照明系统

（一）车外照明

1.主大灯

采用透镜光学的全LED大灯首次作为Panamera 2017年款发布的标准配备。这意味着不再使用我们所熟悉的卤素灯和气体放电（双氙气）大灯。根据车型的不同，Panamera具有3种类型的大灯，但全部配备了保时捷特有的四点式日间行车灯。所有车型都具有动态AHL（Automatic Headlight Levelling，自动大灯调平）。不同大灯类型的概述如图2-8-54和表2-8-3所示。

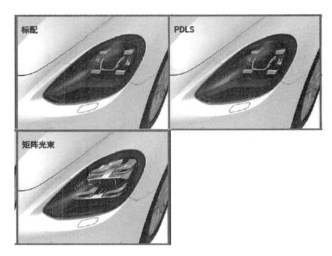

图 2-8-54

表 2-8-3

标配	PDLS	PDLS 升级版矩阵光束
近光灯/远光灯	近光灯/远光灯	近光灯/远光灯
辅助远光灯	辅助远光灯	连续大灯光程控制
日间行车灯	日间行车灯	矩阵/连续远光灯
动态 AHL	动态 AHL	辅助远光灯
	静态弯道灯	日间行车灯
		动态 AHL
		静态弯道灯
		防炫目灯
		示廓灯
		超车灯
		交汇灯
		交通标志防眩

大灯的标准变型具有一个位于中央的透镜，可以通过LED实现近光灯和远光灯。

在其上方和旁边，使用LED技术中的小反光片实现近光灯的门控灯。门控灯为车辆周围区域带来足够的照明，因为LED灯具有明确的光/暗边界

（截止线）。

图2-8-55为标准LED大灯。

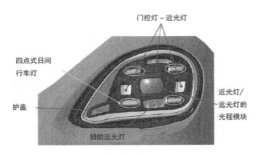

图 2-8-55

PDLS（保时捷动态照明系统），与标准变型不同的是，还具有动态弯道灯的旋转光程模块和一个静态弯道灯。

图2-8-56为PDLS主大灯。

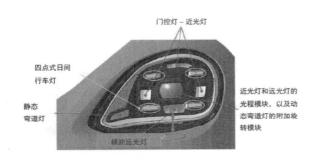

图 2-8-56

2.高端PDLS升级版大灯（保时捷矩阵光束）

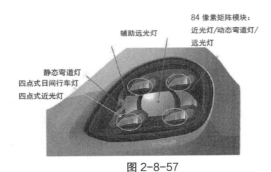

图 2-8-57

图 2-8-58

（1）矩阵光束技术的工作原理：防炫目LED

远光灯。矩阵光束如图2-8-57所示，矩阵光束技术如图2-8-58所示。

矩阵光束大灯。Panamera G2具有84个可单独开启的LED，这就可以将光带分为84个像素。

摄像头检测：检测前方车辆和对面来车。

算法：摄像头检测获取灯光像素和车辆的位置；选择性的禁用可能对其他道路使用者造成炫目的LED；驾驶员将仍然可使用其余灯光；驾驶员获得最佳视野，而不会对其他道路使用者造成炫目。

（2）HD矩阵：高度复杂矩阵模块的结构。LED电路板包含84个具有可单独选择发光电源的LED（LED芯片）组成，并且这些LED可以单独关闭或调暗。为了获得热稳定性，在LED电路板后方安装了一个在电风扇的帮助下可以冷却电路板的无源铝制元件。输入传感器为前摄像头、高度传感器和转向角。矩阵电路板如图2-8-59所示，矩阵如图2-8-60所示，矩阵标志如图2-8-61所示，PCB如图2-8-62所示。

HD矩阵模块的心脏。84个可单独启用的LED。LED排列成梯形（这是典型的远光灯形状）。通过矩阵光束电源模块启用。

图 2-8-59

图 2-8-60

图 2-8-61

图 2-8-62

（3）HD模块的爆炸视图。高度创新和复杂的组件。制造和组装流程方面都有着严格的要求。主要区域/单元：光源、一级光学件和二级光学件。特殊光学特性：一级光学件具有84个集成式到光管；双透镜系统（消色差透镜）减少颜色效应。

矩阵分解图如图2-8-63所示。

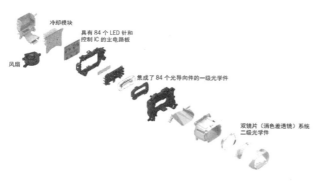

图 2-8-63

（4）HD矩阵：G2中功能分配概要

近光灯分配（黄色）如图2-8-64所示：使用最下一排和中间排像素的范围和90°模角；通过4眼式反光片系统打开或关闭前区灯光（和日间行车灯）；无机械旋转操作的电子弯道灯；打开LED并切换灯光焦点。

图 2-8-64

其他大灯的照明系统：辅助远光灯–HD模块的侧面具有附加的反光片；静态弯道灯–与G1II相似（图2-8-65中未显示）。

84个LED芯片。

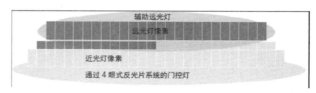

图 2-8-65

（5）HD矩阵：Panamera中的灯光情况（节选），如图2-8-66所示。

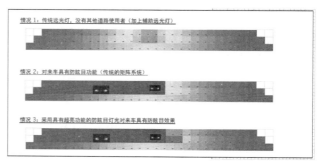

图 2-8-66

（6）HD矩阵：所有灯光功能概览

依照环境变化的近光灯：标准灯状态；新特点：高性能近光灯（前方无车时）；新特点：防御性近光灯（前方有车时）；城镇照明；经过优化防雾近光灯；高速公路近光灯。

依照环境变化的远光灯：远光灯：乡村公路；远光灯：高速公路观光灯（仅限英国）；反射所有灯光分配效果。

美国地区具有"高级"灯光分配：对称的灯光分配；对接近的车道上采用更多灯光；来自客户报告的反馈。

矩阵光束功能：通过三行式矩阵达到防炫目行/列效果；通过大灯调平调节器对连续大灯光程控制进行重新调节。

综合弯道灯：通过调暗而不是机械旋转来重新定位灯光焦点。

新特点：防炫目灯。对来车的右侧的照明明显更加明亮，定位和适应性更佳。

新特点：超车灯。对前方车辆左侧的照明明显更加明亮，对前方道路的提早检测。

其他大灯功能：回家/离家灯（四点式门控灯）；十字路口照明、转弯灯、四点式日间行车灯；示廓灯；自动大灯水平调节系统(AHL)；超车灯。

3.矩阵光束大灯的灯光功能

（1）回家/离家灯，如图2-8-67所示。

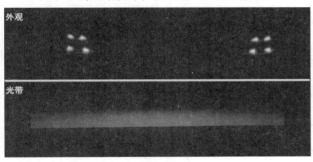

图2-8-67

（2）近光灯，如图2-8-68所示。

图2-8-68

（3）远光灯（仅矩阵模块），如图2-8-69所示。

图2-8-69

（4）远光灯（矩阵模块+辅助远光灯），如图2-8-70所示。

图2-8-70

（5）防炫目灯（有助于优化视线的功能），如图2-8-71所示。

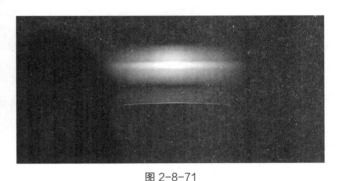

图2-8-71

（6）对比度自适应式远光灯，交通标志选择性防炫功能，如图2-8-72所示。

图2-8-72

4.大灯维修理念

Panamera 2017年款的所有大灯都是通过2个螺钉直接固定到车身壳体上的。不再使用固定板。如需拆卸大灯，必须拆卸轮罩内衬。大灯的前塑料透镜采用树脂玻璃(PMMA)材质，并固定在主壳体上。大灯维修理念如图2-8-73所示。

以下部件可以单独更换：不带控制单元的大

灯；控制单元：LCM和电源模块；风扇；大灯调平系统的伺服电机；CW橡胶；盖；滤清器和盖子；固定和调节元件；通气软管。

图 2-8-73

5.大灯安装理念

原先需要用来锁定大灯的位于大灯下方的固定板，现在已不再使用。主大灯外壳通过螺钉直接固定到车身壳体上。如需拆卸大灯，必须拆卸轮罩内衬前部区域，如图2-8-74～图2-8-76所示。

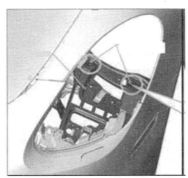

图 2-8-74

图 2-8-75

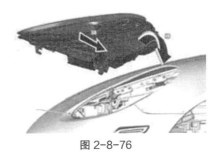

图 2-8-76

6.大灯调节元件

根据开发理念，无须使用特殊的大灯调节元件来调节Panamera大灯。经销商机构中已有调节元件，目前可用于车型991、G1II和E2II的LED大灯。同样适用于Panamera 2017年款。

摘录自PIWIS信息系统–当前大灯调节元件：VAS 5209B-大灯调节元件；VAS 5208A-大灯调节元件，如图2-8-77所示。

VAS 5209B   VAS 5208A

图 2-8-77

可使用GPS导航数据（如果相关国家/地区的数据可用）将大灯的右侧通行设置自动转成左侧通行设置。如有需要也可以使用中央显示器/PCM（车辆/控制/车外灯）手动更改设置。车辆控制显示器如图2-8-78所示。

图 2-8-78

（1）标准和PDLSLED大灯的调节理念。

LED大灯灯光调节的要求。

车辆条件：对齐至车轮定位平台。车辆和灯光收集盒必须处于水平面上，如图2-8-79所示。

没有转向；方向盘处于正直向前位置。

调节工具：M6外六角形（无球形接头）。

打开发动机舱盖罩后即可接触到调节元件。

适用于配备空气悬架的车辆：水平调节设置为"标准"。

事前检查轮胎压力，并且如有必要请充气。

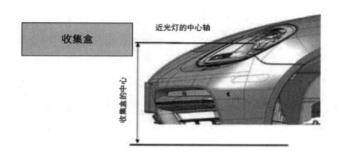

图 2-8-79

①横向调节。将调节明/暗边界的折点（截止线）调节至V（垂直位置），如图2-8-80所示。

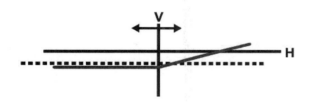

图 2-8-80

②高度调节。将截止线调节至明显低于-1.0%，将截止线从底部调节至顶部，调节截止线（设定点值：-1.0%)：这对应于10 cm的灯光梯度覆盖10 m的长度，如图2-8-81所示。

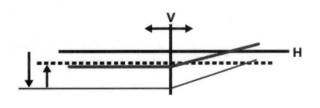

图 2-8-81

检查截止线的示例图片：按照-1.0线检查色彩空间，如图2-8-82所示。

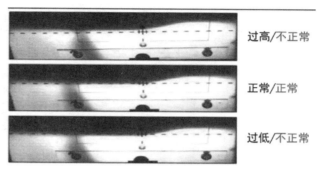

图 2-8-82

（2）标准和PDLS升级版（矩阵光束）的调节理念。

MxB大灯的灯光调节节选：《车间手册》。

车辆条件：对齐至车轮定位平台。

车辆和灯光收集盒必须处于水平面上，如图2-8-83所示。

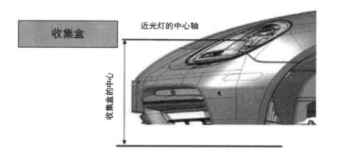

图 2-8-83

方向盘位于直行位置。

调节工具：M6外六角形（无球形接头）。

打开发动机舱盖罩后即可接触到调节元件。

调节灯光之前：启用调节灯光分配测试仪程序（调节模式）。

附加"调节像素"已打开。

信息：对ECE矩阵光束大灯，这是通过打开发动机舱盖实现的。

以下手动调整，必须重新校准前摄像头。

①横向调节，SAE和ECE。将截止线（调节像素）的垂直边缘调节至V（垂直位置），如图2-8-84所示。

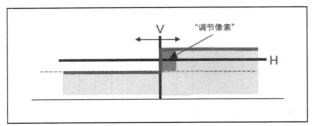

图 2-8-84

②高度调节，ECE。将截止线调节至明显低于-1.0%，将截止线从底部调节至顶部，设置截止线（设定点值：-1.0%），如图2-8-85所示。

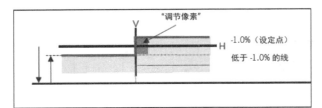

图 2-8-85

③垂直调节，SAE（分配前）。将截止线调节至明显低于-0.2%，将截止线从底部调节至顶部，设置截止线（设定点值：-0.2%），如图2-8-86所示。

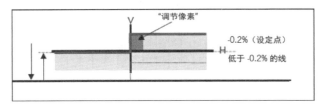

图 2-8-86

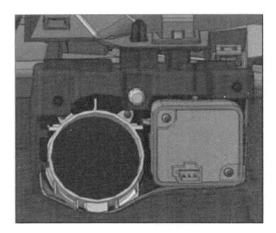

图 2-8-87

7.灯光开关/车灯模块

Panamera 2017年款上不再使用先前的旋钮式车灯开关，而是采用车灯开关/点火锁结合的装置。该车型的标准配置是自动大灯。4个可选择的灯光功能现在通过推按按钮进行更改。标准设置是"AUTO"功能（自动大灯）。车灯模块的后视图如图2-8-87所示。这由BCM2通过LIN启用。可用设置：具有红色指示灯的"AUTO"按钮（图2-8-88中A）；行车灯按钮（图2-8-88中B）；侧面示廓灯/停车灯按钮（图2-8-88中C）；后雾灯按钮（图2-8-88中D）；回家/离家照明功能。

图 2-8-88

驾驶员钥匙不再插入点火锁中，并且操作元件为点火锁的固定部分。"无钥匙启动"功能成为标准配置。车钥匙只需要放在乘客舱中保证驾驶的准备就绪状态即可。

8.点火车钥匙

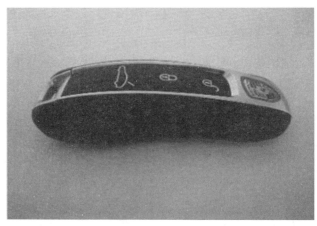

图 2-8-89

扁平外形的点火车钥匙和银色嵌件进行了重新设计。紧急解锁车钥匙头现已插入前部只有车辆电气系统最低电压大约为10 V时，前门锁芯可紧急解锁，否则电气内部车门锁无法启用。为更换放电类型的CR2032锥离子蓄电池，轴承壳必须向侧面拉开。车钥匙如图2-8-89所示，替换钥匙如图2-8-90所示。

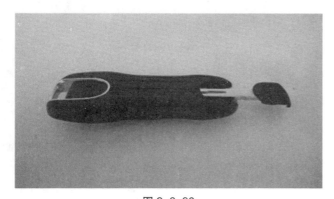

图 2-8-90

9.自动回家照明灯（回家/离家功能）

通过自动灯功能或者其"AUTO"按钮可以启用/禁用自动回家灯光。车辆上的以下灯光，在一段时间内会打开，用来引导您至车辆附近，并增加您在黑暗中上下车时的能见度：日间行车灯；展开的车外后视镜中的门控灯；前、后侧面示廓灯；牌照灯。

启用该功能的前提条件："自动灯"功能已启用；处于黑暗中；解锁或锁止车辆。

自动回家灯的延迟亮起/延迟熄灭的时间可以根据需求在中央显示器/PCM4.1显示器上设置和更改。回家照明灯如图2-8-91所示。

图 2-8-91

雨天功能：检测到雨刷器连续工作后将自动开

启近光大灯。在雨刷器停止工作大于60 s后，近光大灯将再次关闭。

10.前灯模块

根据细分车型的不同，有两种前裙板（涡轮增压和标准），则相应地有两种前灯模块。Top型具有两排方向指示灯和示廓灯。两种灯都可以在上部和下部一起运行。更窄的标准型也具有方向指示灯和示廓灯。前灯模块如图2-8-92所示，前灯模块的后视图如图2-8-93所示，涡轮前灯模块如图2-8-94所示。

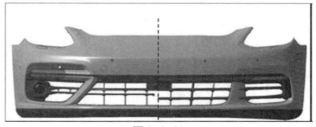

图 2-8-92

图 2-8-93

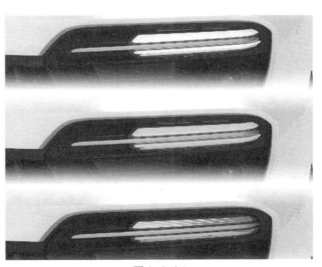

图 2-8-94

11.车外后视镜

Panamera的车外后视镜包含一个由3个部分组

成的壳体，并且具有闪光器复示器。双臂式后视镜座及壳体护盖都采用黑色高光喷涂。后视镜座也可以定制为和车身颜色相同。后视镜的标准功能为电动调节、加热、电动折叠和挪车灯。后视镜记忆功能（记忆功能组件）、EC玻璃、车道变换辅助和后视图/俯视图为选装附件。这些选项也会影响后视镜壳体、后视镜电机和后视镜玻璃。车外后视镜如图2-8-95所示。

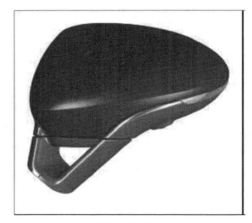

图 2-8-95

12.后排照明

Panamera 2017年款的尾灯经过了彻底的重新设计，现在具有3D设计。两部分组成的尾灯内所有照明都采用LED技术，这就意味着无须再更换灯泡。两部分组成的尾灯安装在中间、后扰流板的下方，当尾灯/侧面示廓灯亮起时，会产生一条连续的灯条，突出下方的保时捷标志。四点式样式的制动灯和大灯中的四点式日间行车灯有助于建立品牌识别度。Panamera上的尾灯还具有氛围照明，这是一个设计元素并突出了尾灯。后排照明如图2-8-96所示。

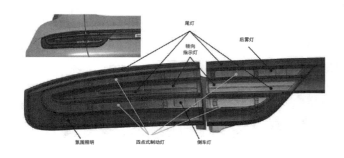

图 2-8-96

13.后雾灯

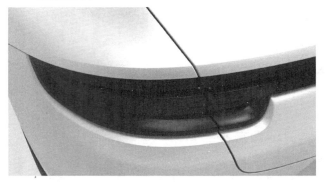

图 2-8-97

14.氛围照明

氛围灯始终和尾灯（侧面示廓灯）一起亮起，所以不能单独启用。它们具有突出尾灯的作用，以3D设计的方式环绕着尾灯。3条窄线集成在尾灯的两个部分中。尾灯如图2-8-97所示。

氛围照明如图2-8-98所示。

图 2-8-98

尾灯如图2-8-99所示。

图 2-8-99

15.制动灯

当踩下制动，不论行车灯是否开启，四点式制动灯和中央尾灯始终亮起，如图2-8-100所示。在全力制动时，制动灯在制动时闪烁。

图 2-8-100

16.危险警示灯

危险警示灯按钮位于选挡杆的前方中央位置，如图2-8-101所示。

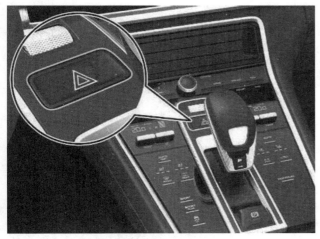

图 2-8-101

如需打开和关闭危险警示灯，按下中控台上的按钮。所有的转向指示灯（前/后转向指示灯、车外后视镜的闪光灯复示器）、仪表组中的转向指示灯和危险警示灯按钮开始闪烁。

（1）在紧急制动后停用危险警示灯。在车速超过约70 km/h的行驶过程中全力制动直到停止（如突然遭遇前方交通阻塞）时，危险警示灯将自动启用，并且在制动过程中，制动灯会闪动。必须按中控台上的危险警示灯按钮方可停用危险警示灯。当车辆再次开始移动时，危险警示灯被自动禁用。

（2）在事故后停用危险警示灯。发生事故的情况下，危险警示灯通过由CAN总线发送的碰撞信号自动启用。必须按下中控台上的危险警示灯按钮方可停用危险警示灯。

（二）车内照明

Panamera 2017年款的车内灯具有3种类型。类型1为标准类型。和车外灯一样，所有的车内灯首次采用LED技术。类型2和类型3首次使用了"RGB"（红、绿、蓝三原色法）颜色的车内灯，并且用户可以在行车电脑内更改其设置。通过混合灯光色彩和RGBLED的强度，可以产生多种色彩。

通过控制单元BCM1和BCM2可以单独启用车内灯。

车灯如表2-8-4所示。

表 2-8-4

灯光	类型 1（标准）	类型 2（选装）	类型 3（选装）
车外后视镜中的门控灯 2 个	LED	LED	LED
手套箱灯 1 个	LED	LED	LED
化妆灯 2 个	LED	LED	LED
车门提示灯 4 个	LED	LED	LED
后备箱提示灯 2 个	LED	LED	LED
后备箱灯 2 个	LED	LED	LED
车内门把手灯，前排 2 个	LED	LED	LED
车门袋灯 2 个	LED	LED	LED
中控台箱灯，前排 1 个	LED	LED	LED
点火锁灯 1 个	LED	LED	LED
侧尾灯、阅读灯 / 入射光 2 个	LED	LED	LED
前脚坑灯 2 个	LED	RGB	RGB
环境照明车顶灯，前排 2 个		RGB	RGB
环境照明扬声器灯，前排 4 个		RGB	RGB
环境照明中控台灯 2 个		RGB	RGB
车内门把手灯，后排 2 个			LED
车门袋灯，后排 2 个			LED
中控台箱灯，后排 1 个			LED
中央尾灯、阅读灯 / 入射光 1 个			LED
后脚坑灯 2 个			RGB
环境照明车顶灯，后排 2 个			RGB

1.Burmester音箱灯

门板内的低音扬声器与"Burmester"高端音响系统共同为单独照明。这不属于照明套装，仅有编号为"9VJ"的选装配置可用。

2.RGBLED的范围

采用RGBLED的车内照明如图2-8-102和图2-8-103所示。

图 2-8-102

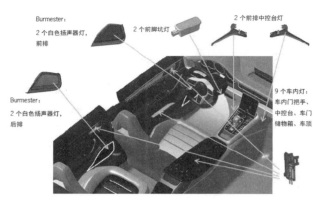

图 2-8-103

3.车顶控制台

Panamera 2017年款的车顶控制台与前代车型相比进行了重新设计，但仍保留了用户熟悉的基本功能。根据您想要打开或是升起车顶，可以垂直或水平地移动位于控制台中轴上的中央天窗开关。用于前后遮阳卷帘的两个按钮位于前方（根据行驶方向）的同一位置。3个用于车库开门装置的编程按钮(Homelink)位于左侧。正对面便是停用停车辅助(PDC)声音信号的按钮。用于防盗警报系统的2个超声波车内传感器位于外侧中间带孔饰板的下方。

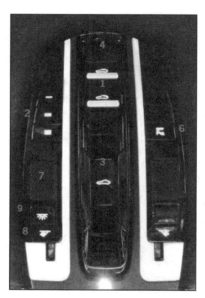

1-前后遮凉卷帘的两个按钮
2-用于车库开门位置的编程按钮
3-中央天窗开关　4-麦克风
6-停车辅助（PDC）声音信号的按钮
7-超声波车内传感器　8-车内灯和氛围灯按钮
图 2-8-104

灯光插入件由2个没有连接的部分组成，用于车内灯和氛围灯，并通过按钮操作。麦克风用于接打电话的免提装置、信息娱乐系统和礼宾服务中心的语音控制，位于面向驾驶员的一侧，如图2-8-104所示。

4.后备箱、脚坑和车门提示灯

后备箱灯位于后备箱的左右，并且设计和以前一样，为安装在尾门饰板内的由两部分组成的（白色/红色）后备箱/车门提示灯。全部车灯均采用LED技术。后备箱灯如图2-8-105所示，车门把手灯如图2-8-106所示。

图 2-8-105

图 2-8-106

LED车门提示灯，安装在门板内，位于所有车门的下部区域。

前后车门提示灯如图2-8-107所示，后车门提示灯如图2-8-108所示，后排照明如图2-8-109所示，驾驶员侧脚底灯如图2-8-110所示。

图 2-8-107

图 2-8-108

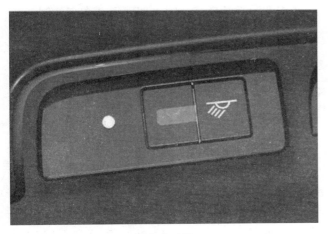

图 2-8-109

图 2-8-110

（三）防盗警报系统和进车系统

BCM2作为主导装置，控制中控锁和发动机防盗装置功能。Panamera 2017年款的新特性为可以区分"无钥匙启动"和"免钥匙出入"。也就是说"免钥匙启动和出入"在现在的Panamera上分为标准的"无钥匙启动"和选装的"免钥匙出入"功能。

因此，一共有4种不同的控制单元类型："J"型无钥匙启动：频率434 MHz（欧盟基本版本，标准）；"S"型免钥匙出入和启动：频率315 MHz（美国/加拿大，标准）；"K"型无钥匙启动：频率434 MHz（欧盟基本版本，选装）；"T"型免钥匙出入和启动：频率315 MHz（选装）。

具有"免钥匙出入和启动"的车辆上安装有5个天线，而具有"无钥匙启动"的车辆仅安装天线1和天线2。天线概览如图2-8-111所示。

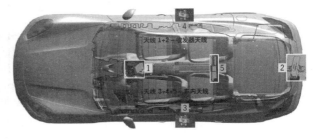

图 2-8-111

1.脚部动作控制尾门（虚拟踏板/VIP）

电容传感器系统（虚拟踏板）让您能够通过使用脚部动作检测结合免钥匙出入功能，打开和关闭（可选）尾门。VIP控制单元评估后端两条传感器线路的电容变化。当检测到脚部动作时，将用信号通知后端电子元件/BCM2控制单元，由它们来控制接下来的尾门盖启动。VIP控制单元中实施的软件算法确保控制单元适应车辆环境，并且足够稳健能够承受干扰（环境干扰、路过行人、EMC等）。

虚拟踏板(VIP)的安装位置：VIP控制单元位于行驶方向左侧的后端下方，排气尾管的右侧。在后端下方2个排气尾管的中间有一个2排式电容传感器天线，可以检测脚部动作并将信号发送给控制单元。VIP控制单元的安装位置如图2-8-112和图2-8-113所示。

（1）"虚拟踏板"（VIP）控制单元的外部概览。

图 2-8-112

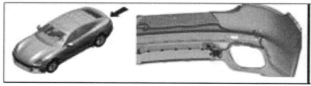

图 2-8-113

（2）VIP电容传感器天线的内部视图。传感器天线的安装位置如图2-8-114所示。

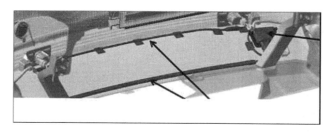

图 2-8-114

2.打开传感器控制的尾门的过程(VIP)

初始状况：尾门关闭。

（1）在检测区域内前后移动您的脚（踢的动作）。

（2）Kessy钥匙在后部区域进行搜索。

（3）如果在车钥匙检测区域内找到了有效的车钥匙。

①视觉反馈、闪光器复示器和高位制动灯亮起。

②车辆解锁（可通过MMI配置：解锁驾驶员侧车门还是所有车门）。

（4）尾门打开。北美地区：重复的"哗"声。其他国家和地区：一声"哗"声后尾门开始打开动作。

（5）如需停止动作，可再踢一次、轻触、内部按钮、使用尾门远程钥匙。

3.关闭传感器控制的尾门的过程(VIP)

初始状况：尾门打开（先前已经启动打开）。VIP工作范围如图2-8-115所示。

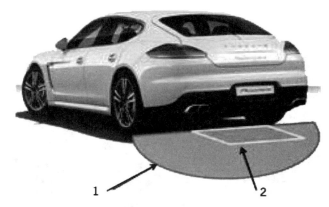

1–车钥匙的检测区域最远可达车辆后方约1.50 m
2–腿部动作检测区域最远可达车辆后方的40 cm

图 2-8-115

（1）在检测区域内前后移动您的脚（踢的动作）。

（2）Kessy钥匙在后部区域进行搜索。

（3）如果在车钥匙检测区域内检测到了有效的车钥匙。视觉反馈，闪光器复示器和高位制动灯亮起。

（4）尾门关闭。北美地区：重复的"哗"声。其他国家和地区：一声"哗"声后尾门开始打开动作。选装配置：通过远程钥匙使用预锁功能已锁车辆。

（5）如需停止尾门移动。再踢一次、轻触、内部按钮、远程钥匙。

（6）再次启动打开尾门。

4.VIP功能概览

"虚拟踏板"（VIP）集成系统和电路如图

2-8-116所示。

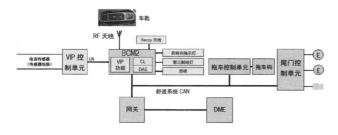

图 2-8-116

5.服务钥匙

服务钥匙读取站如图2-8-117所示。

图 2-8-117

服务钥匙功能如图2-8-118所示。

服务钥匙	· 已启用故障记忆条目	故障记忆条目
服务钥匙	· 已启用仪表板消息/警告 · 里程 · 保养间隔和发动机机油更换间隔、油位 · 日期和时间	维修和保养相关数据
服务钥匙：基本功能	· 底盘号	车辆识别

图 2-8-118

六、舒适系统控制单元

（一）BCM1控制单元及其功能

控制多个车辆功能，这些功能以前是由前端和后端电子元件控制的，现在重新分配到新设计的两个控制单元。BCM如图2-8-119所示，驾驶员侧车门中的安装位置如图2-8-120所示。

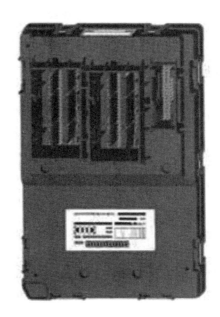

图 2-8-119

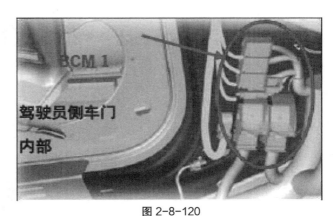

图 2-8-120

BCM1位置如图2-8-121所示。

图 2-8-121

BCM1的主要功能如下：

照明：停车灯、近光灯、远光灯、中控台灯、车顶控制台灯、前后出风口照明、氛围灯（端子58xs）、车灯模块和危险警示灯开关；

电源插座继电器，端子30、端子15；

空调压缩机的电磁离合器；

车库开门装置/控制单元/天线；

车外温度传感器；

挡风玻璃/清洗液液位传感器、大灯清洗系统、挡风玻璃清洗泵、雨水-光线-潮湿传感器、内后视镜；

冷却液液位警告；

雨量-光线-湿度传感器；

内后视镜；

制动液液位警告；

空调压缩机冷却液切断阀；

多个开关/触点（ESP关闭、手套箱灯、盖）；

PDC（停车辅助）；

舒适系统CAN、AFLCAN、外部CAN、LIN1～6；

报警喇叭、电动调节式转向柱(EASC)；

座椅加热和后排座椅通风；

制动片磨损指示器。

（二）BCM2控制单元及其功能

BCM2如图2-8-122所示，安装位置如图2-8-123所示，BCM2位置如图2-8-124所示，BCM2后部如图2-8-125所示。

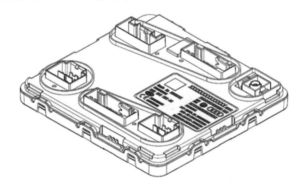

图 2-8-122

BCM2的主要功能如下：

照明：后部车外灯、主转向指示灯；

挡风玻璃和后窗加热；

后雨刷器、后遮阳卷帘；

大灯水平调节系统传感器；

燃油油位传感器；

主发动机防盗系统；

远程服务/手机在线服务(MOS)；

中控锁/免钥匙出入和启动/服务钥匙；

虚拟踏板；

PCC/VTS防启动装置；

驾驶员卡；

尾门/电动尾门；

防盗警报系统；

电子点火锁。

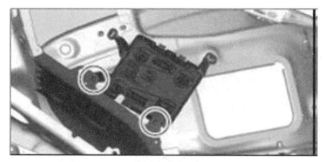

图 2-8-123

图 2-8-124

图 2-8-125

（三）车门控制单元

和以前一样，车门控制单元安装在所有车门的门板内，用来实施多种与车门/后视镜相关的功能。前车门控制单元承担主功能，并且通过舒适系统CAN连接至网关控制单元。后车门的车门控制单元通过LIN作为从控制单元与前门控制单元通信。车门控制单元如图2-8-126所示，前部的安装位置如图2-8-127和图2-8-128所示。

图 2-8-129

图 2-8-126

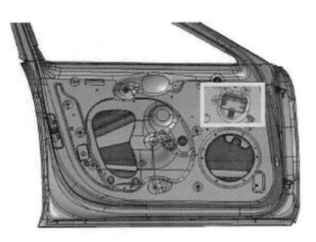

图 2-8-127

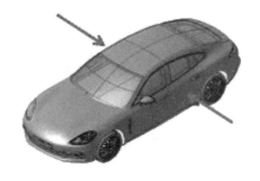

图 2-8-130

（四）挂车控制单元和底盘控制单元(ECP)

这两个控制单元位于后部后备箱左边强制通风（压力补偿）系统和内轮罩之间的区域。控制单元安装在共同的固定器上，并且可以在拆下后备箱左边饰板后接触到。ECP控制单元的安装位置如图2-8-131所示，ECP控制单元如图2-8-132所示，位置如图2-8-133所示，拖车控制单元（后视图）如图2-8-134所示。

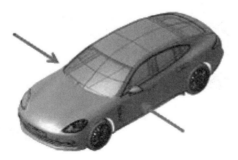

图 2-8-128

后车门控制单元的位置，如图2-8-129和图2-8-130所示。

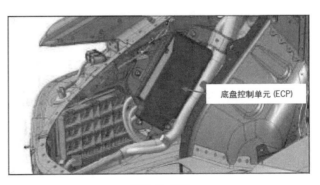

图 2-8-131

图 2-8-132

图 2-8-133

图 2-8-134

（五）尾门控制单元、扰流板和辅助加热器无线电接收器

尾门控制单元（电动尾门/尾门控制单元）、扰流板控制和辅助加热器无线电接收器功能位于尾门下部区域，在拆下尾门内衬后可以接触到。电动

尾门的声音发生器位于行驶方向的左边、后部安全带卷轴的上方。位置如图2-8-135所示。

图 2-8-135

尾门和扰流板控制单元如图2-8-136所示，安装位置如图2-8-137所示。

装位置如图2-8-141所示。

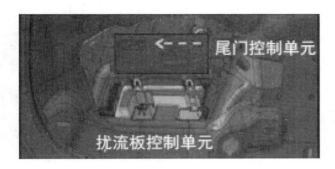

图 2-8-136

图 2-8-137

辅助加热器无线电接收器控制单元如图2-8-138所示，安装位置如图2-8-139所示。

图 2-8-138

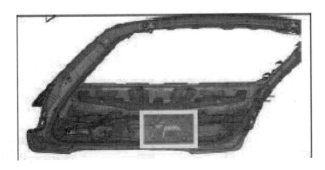

图 2-8-139

电动尾门的声音发生器如图2-8-140所示，安

图 2-8-140

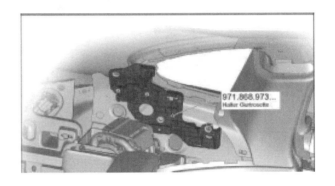

图 2-8-141

七、PCC/PVTS升级版（保时捷车辆跟踪系统升级版）

PVTS升级版是一种基于GSM/GPS的跟踪系统，可协助控制中心对被盗或发生碰撞的车辆进行定位。这样，有关当局便可追踪并找回失窃的车辆。Panamera车型采用了第三代PVTS升级版。这一发动机由保时捷内部、基于熟悉的前代系统而开发。控制单元位于前排中控台下方，靠近选挡杆。根据每个国家/地区的车辆保险或相关法定要求的不同，使用了3种不同类型，如图2-8-142所示，PCC/PVTS升级版如图2-8-143所示。带驾驶员卡，带遥控器键盘，不带驾驶员卡/遥控器键盘。

功能。一旦PVTS升级版检测到盗窃警报，会立刻向SOC发送被盗车辆的位置。可以生成以下警报：

未经授权的车辆移动：车辆在点火装置关闭的情况下运输。

对于带驾驶员卡/遥控器键盘的车辆：未使用

驾驶员卡/遥控器键盘移动车辆。

破坏行为：非法篡改PVTS升级版，例如连接线被切断。

非法闯入警报：触发防盗警报系统，并且持续启用15 s以上。

点火装置锁止警报（针对使用遥控器键盘的PVTS升级版）：在打开点火装置后3 min内没有在遥控器键盘上输入代码。

代码警报（针对使用遥控器键盘的PVTS升级版）：使用遥控器键盘连续5次输错代码。

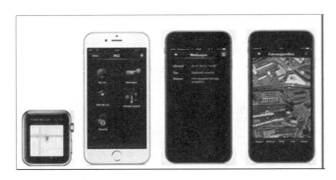

图 2-8-142

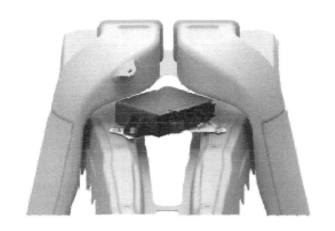

图 2-8-143

八、显示和操作理念

随着Panamera 2017年款的引入，保时捷彻底改变了显示和操作理念。现在TFT屏幕已经大规模取代了模拟显示和仪表，而且电容触摸板也取代了开关。其主要优势是驾驶员可以随时调用和保存其个人设置（个性化）。

图2-8-144显示了显示和操作理念的完整概览。

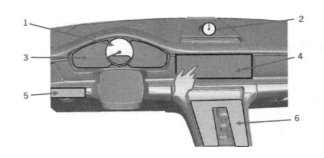

1-中央模拟转速表　2-Sport Chrono
3-7英寸（17.78cm）显示屏
4-显示屏+操作带有近距离传感器的
12.3英寸（31.24cm）高分辨率彩色触摸屏
5-车灯模块和点火锁　6-带有视觉和触觉反馈的电容键盘
图 2-8-144

（一）仪表组

仪表组经过了重新设计分成了3个区域，但保留了以前的基本形状。仪表组中间，一如既往是品牌特定的设计，是一个较大的居中模拟转速表，下面是一个3英寸（7.62cm）显示屏作为数字式车速表、挡位指示器以及性能模式。一个7英寸（17.78cm）TFT屏幕位于转速表的一侧。

仪表组如图2-8-145所示。

图 2-8-145

仪表组左边的TFT屏幕用于各种速度值和辅助系统显示，例如ACC。其动画通常可以隐藏或最小化，让其他较大的动画显示。使用多功能方向盘左边的控制单元进行左边TFT屏幕的设置。右边屏幕用于显示通用信息，例如行车电脑里的车辆信息和导航系统的地图显示。其设定或想要进行的更改通过菜单（按下旋钮）实施，菜单位于多功能方向盘的右手边。仪表组如图2-8-146和图2-8-147所示。

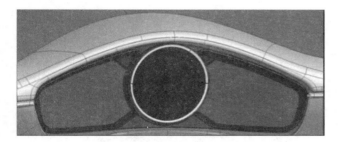

图 2-8-146

图 2-8-147

显示逻辑如图2-8-148所示，仪表组如图2-8-149所示。

图 2-8-148

图 2-8-149

使用方向盘左侧控制按钮如图2-8-150所示，方向盘右侧控制按钮如图2-8-151所示。

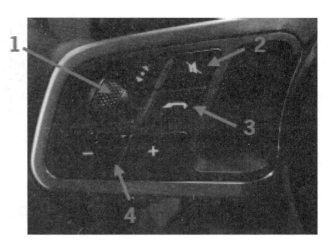

1-速度和辅助旋钮 2-关闭声音（静音）
3-返回按钮 4-音量控制
图 2-8-150

5-编程按钮 6-汽车和信息旋钮
7-返回按钮 8-接电话 9-结束通话
图 2-8-151

（二）中央显示器

Panamera 2017年款的另一个新特性是仪表板上嵌有一个12.3英寸（31.24 cm）的多触点TFT中央显示器。这个屏幕不仅可以用于所有娱乐信息系统显示和用户输入，而且可以用于有关加热/空调系统和车辆设置的功能。此屏幕在车辆的正中轴线上，这就意味着接触操作起来非常方便，并且驾驶员和前排乘客都可以清楚地看到。中央显示器如图2-8-152所示。

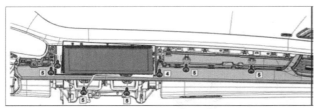

图 2-8-152

接近传感器如图2-8-153所示，TF监控器如图2-8-154所示。

当手不在附近时显示

当您的手向它移动时将显示下列信息：

    菜单栏

    功能按钮

    搜索字段

当您的手向它移动时会显示

（手直接接触屏幕）

图 2-8-153

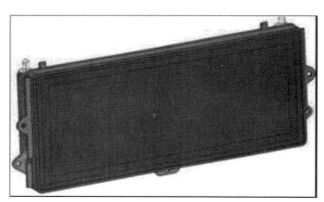

图 2-8-154

（三）电容键盘

电容键盘围绕着选挡杆安装，分为3个区域。选挡杆上部的区域用于信息娱乐系统和通用车辆设置（驾驶/车辆）。位于中间的控制旋钮可以用于选择和确定子功能。选挡杆左边和右边的区域用于控制乘客舱和座椅的暖风/空调系统。当您轻轻按下键盘上的一个功能时，键盘会通过触觉反馈进行确认。如需直接访问，保时捷稳定管理系统(PSM)关闭按钮位于左后方，面对驾驶员。电子停车锁的下方有一个带护盖的空槽或者烟灰缸（取决于装

备）。键盘概览如图2-8-155所示，数字键盘如图2-8-156所示。

图 2-8-155

PSM 关闭按钮 ←

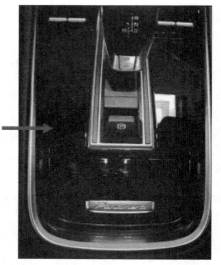

图 2-8-156

九、驾驶员辅助系统

现代驾驶员辅助系统需要车辆周围的信息。为此，车辆中使用了多种类型的传感器。有时甚至需要数个或不同类型传感器进行组合。也就是说，一个传感器必须可以进行多种辅助功能并且多功能，如表2-8-5所示。

表2-8-5

系统/辅助系统	雷达	摄像头	超声波	导航	速度	制动器	车灯
巡航定速控制系统（CRC）					可以		
自适应巡航定速控制系统（ACC）	前部	前部			可以	可以	
InnoDrive（PID）	前部	前部		可以	可以	可以	
保时捷主动安全系统（PAS）	前部	前部			可以	可以	
交通堵塞辅助功能（TJA）	前部		可以	可以	可以	可以	
弯道信息		前部			可以		
车道保持辅助系统（LKA）		前部			可以		
车道变换辅助系统（LCA）	后部				可以		
车道偏离警告（LDW）		前部			可以		
交通标志识别系统		前部			可以		
超车辅助	后部	前部			可以		
夜视辅助系统（NVA）		热图像			可以		可以
前方行人碰撞警告（FCWP）	可以	前部/热图像			可以	可以	
动物警告		前部/热图像			可以		可以
紧急制动辅助功能	前部	前部			可以	可以	
防滑流功能					可以	可以	
倒车摄像头（RC）		后部	可以	可以	可以		
停车辅助系统（PDC）			后部		可以		
后部停车辅助	LCA			前部	可以	可以	
全景影像系统（RTV）		前部/后部/侧边	可以		可以		
远光灯辅助功能				可以	可以		可以
动态远光灯				可以	可以		可以
连续远光灯（矩阵LED）				可以	可以		可以

驾驶员辅助系统个性化选项如表2-8-6所示。

表2-8-6

停车距离控制（PDC）	夜视辅助系统	后部停车辅助	车道和信息辅助系统
试听驻车系统。4-6个前部超声波传感器和4个后部超声波传感器	位于前裙板中央、约33 cm车辆高度的夜视辅助系统的夜视摄像头	车道变换辅助系统（LCA）和关闭辅助（后部）	车道保持辅助系统、交通标志识别、弯道信息

（一）自适应巡航定速控制系统(ACC)

1.驾驶员辅助系统：CBA（基于摄像头的辅助系统）

原有的自适应巡航定速控制系统(ACC)经过了改进，现在使用2个雷达传感器取代了原来位于中央位置的1个雷达传感器（如图2-8-157所示）。这让对前方车辆的测量更加精确，确保了精准地检测到车辆，尤其是在转弯期间。这些传感器因为其所处的位置且安装在前灯模块下方，现在可以完全运用车辆的全部宽度。当车辆以30～210 km/h的速度行驶时可以使用ACC，也可以根据要求设置（设置设定速度）。如果雷达传感器检测到同一车道上前方有车辆正在行驶，将关闭节气门来与前方车辆保证当前距离。分为4级控制与前车的距离。如果前车继续制动，ACC则持续地降低车辆速度，如有必要直至停车。车辆停止后，车辆使用频繁停止启动功能来在短时间内自动开始再次行驶。如有可能，系统也可以主动使用滑行功能来减少油耗。自适应巡航定速控制系统发出声音警告，并且在第二阶段，如果车辆过快地向着前车移动，系统将发出制动震动。如有必要，对驾驶员采取制动操作进行增强直至紧急制动。

PAS（保时捷主动安全系统）。在紧急制动的情况下，系统自动关闭侧车床和全景式天窗，并且启用驾驶员和乘客的安全带预紧器。除了预防与其他车辆发生碰撞，如果碰撞区域内有行人，系统还可以通过发送视觉和声音警告预防牵涉行人的事故。自适应巡航定速控制系统让在移动缓慢的交通或交通堵塞的情况中驾驶更加安全和舒适。可以随时通过踩下加速踏板提高车速。如果超过了自适应巡航定速控制系统设定的车速，自适应巡航定速控制系统将被停用。在仪表组上将出现指示ACC正处于被动模式的消息。存储设定速度设置将被保留。

图 2-8-157

2.例外情况（禁用）

出于安全原因，在路面状况不佳和/或恶劣的天气条件下（例如结冰路面、雾天、碎石路面、暴雨或遇水侧滑），不得使用ACC。在关闭车道、高速公路出口或正进行道路施工的区域中驾驶时，暂时关闭ACC（例外情况：预见性控制已开启）。这能够防止车辆在此类情况下加速到设定车速。

当将脚放置在加速踏板上时ACC不自动制动。脚放置在加速踏板上可重写巡航定速控制系统和自适应巡航定速控制系统。

当靠近静态障碍物时（例如位于交通堵塞队尾时），ACC将降低反应功能。

ACC不会对行人、动物、横穿或迎面而来的物体做出反应。

反光物体（例如进入隧道的防撞护栏）、暴雨和结冰可能会影响雷达传感器的功能。

3.ACC操作

自适应巡航定速控制系统可以通过左下部的控制杆和中央显示屏进行操作。使用控制杆在控制杆前端开启和关闭ACC。通过垂直推动控制杆可以取消主动设置的ACC速度或者恢复预设速度。通过水平按下控制杆来继续设置或者增加速度。要降低车速，驾驶员必须向自身方向拉动控制杆。开关如图2-8-158所示，控制杆位置如图2-8-159所示。

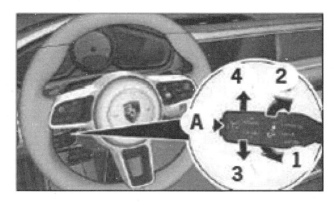

1–设置/升高设定速度　2–降低设定速度
3–中断巡航定速控制系统操作（关闭）
4–恢复速度限制（恢复）　5–开启/关闭巡航定速控制系统

图 2-8-159

4.使用中央显示屏

状态栏位于显示屏顶部。主菜单显示了多个功能的子菜单。PCM操作逻辑如图2-8-160所示，PCM驾驶员辅助系统菜单如图2-8-161所示

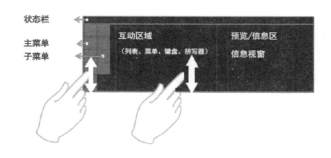

图 2-8-160

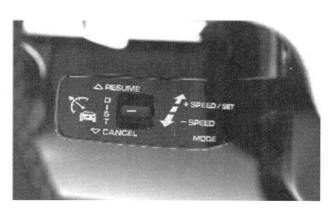

图 2-8-158

图 2-8-161

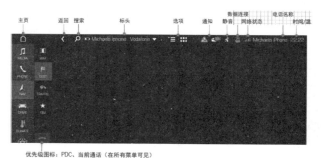

图 2-8-162

如图2-8-162所示。主菜单中的选项可以通过手指的手势操作选择。在互动区使用两根手指进行手势操作。信息视窗区域可以通过一根或者两根手指进行操作。PCM操作逻辑如图2-8-163所示。

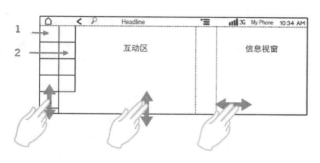

1-主菜单（始终可见）
2-子菜单（当您的手向它移动时可见）
图 2-8-163

中央显示器中的主菜单始终可见。子菜单在您的手移向显示屏时打开。菜单栏如图2-8-164所示。

图 2-8-164

5.ACC显示标志

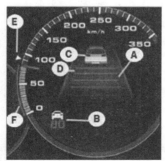

A-与前车的设定车距（可以分4级设置）
B-状态显示和设定速度　C-检测到的前车
D-与前车的当前车距　E-前车的当前车速
F-显示速度控制范围（0～210 km/h）
图 2-8-165

针对自适应巡航定速控制系统的所有重要信息、通知和警告都显示在仪表组的速度与辅助显示屏上的ACC主菜单中。ACC显示如图2-8-165所示。

6.工作状态

自适应巡航定速控制系统(ACC)启用。自适应巡航定速控制系统自动控制行驶速度以及与前车之间的距离。

自适应巡航定速控制系统(ACC)准备就绪。踩下制动踏板或者向下按压控制杆后，速度和距离控制被停用（设置三），开关存储的设定速度设置和所选车距被保留。

自适应巡航定速控制系统(ACC)被动模式。速度控制和车距控制在踩下加速踏板后停用。

在仪表组上将出现指示ACC处于被动模式的消息。存储的设定速度设置和所选车距被保留。状态显示B为灰显。当松开加速踏板时自适应巡航定速控制系统重新启用。

7.ACC功能

ACC已启用，无障碍物时。如果前方未检测到车辆，这对应的是"开阔道路行驶"。自适应巡航定速控制系统采用与速度控制系统相同的方式工作。

ACC已启用，检测到障碍物时。如果前方检测到车辆，这对应的是"跟车模式"。如果在同一车道上检测到行驶速度低于所选车速的车辆，则自适应巡航定速控制系统会自动保持预设的车距。如果前车停车，在系统的控制极限范围内，自适应巡航定速控制系统将降低车速并停下车辆。自适应巡航定速控制系统会主动将车辆保持在静止状态（防滑溜功能）。如果前车起步，轻轻触碰加速踏板，即可恢复自动速度控制和车距控制。

废弃。可以随时通过踩下加速踏板提高车速。如果超过了自适应巡航定速控制系统设定的车速，自适应巡航定速控制系统将被停用。在仪表组上将出现指示ACC正处于被动模式的消息。存储设定速度设置将被保留。

自动制动至停止。如果前车停下，自适应巡航定速控制系统已启动，在系统的控制极限范围内，车辆将降低车速直至停止。

再次起步。根据自适应巡航定速控制系统的工作状态，车辆停止后可以再次起步，并且自动速度和距离控制也可以再次启用。

轻触加速踏板。

车辆继续自动驾驶。

在走走停停的交通状况下，车辆可以在几秒钟内再次自动起步。

（二）主动安全：保时捷主动安全系统(PAS)

1ACC和主动安全：保时捷主动安全系统(PAS)

保时捷主动安全系统(PAS)包含以下功能：警告和制动功能（视觉、声音制动震动）；乘员预防性保护功能（前座安全带可逆转预紧）；行人警告（视觉/声音）。

自适应巡航定速控制系统(ACC)雷达传感器以及挡风玻璃后的摄像头监控车辆前方周围的区域。在系统限制内，可以检测到城市及非城市速度范围内的车辆可能发生碰撞的危险。标志如图2-8-166所示。

图 2-8-166

2.个性化/设置

设置车距警告/设置碰撞警告时间。辅助-设置-保时捷主动安全(PAS)。

3.紧急警告

如果驾驶员在30～250 km/h的车速范围中未对碰撞警告做出响应，则可借助短暂制动震动的形式通过主动制动干预引起对增加的碰撞危险的注意。而且会发出声音警告，仪表组上也会显示警告消息。如果驾驶员没有对系统检测到的危险状况做出反应或者没有做出足够快的反应，那么PAS将通过制动干预提供辅助。

4.自动制动

如果驾驶员未对紧急警告做出响应，PAS可以在5～250 km/h的车速范围中通过分几个阶段增加

的制动力自动对车辆制动。通过在可能发生碰撞的情况下降低车速，系统有助于尽可能地减少事故影响。如果PAS检测到碰撞危险时驾驶员制动不充分，可增加制动压力。而且会发出声音警告，仪表组上也会显示警告消息。

（三）巡航定速控制系统(CRC)-标准配置

巡航定速控制系统可以使车辆保持在30～240 km/h之间所选定的车速下，在此范围内驾驶员无须使用加速踏板。当在下坡行驶时，系统自动启用主动制动干预来保持预选的速度。

功能：保持并存储速度；改变速度；中断巡航定速控制系统操作，关闭；恢复存储的速度，恢复；关闭巡航定速控制系统准备就绪状态。

（四）具有自适应巡航定速控制系统的Porsche InnoDrive(PID)

Porsche InnoDrive增强了自适应巡航定速控制系统的功能。根据高度精确的导航数据和车辆中无线电及视频传感器，可以提前计算出未来3 km内的最佳加速、持续驾驶和减速阶段，并且对发动机管理系统和Porsche Doppelkupplung(PDK)保时捷双离合器变速器进行相应的控制。根据有关前方道路的高度精确的路线数据，车辆可以自动调整其速度。对于上下坡和弯道时，车辆也可以自动适应前方状况。雷达和视频传感器检测与前方车辆之间的距离，即便在其他车辆驶入车道时也可以进行自动调整。PID说明如图2-8-167所示，PID显示屏如图2-8-168所示，PID功能图如图2-8-169所示。

法定限速和解除限速的节点也集成在巡航定速控制系统中。例如，当车辆接近城镇入口时，InnoDrive将及时减速，以到达城镇限速标志所规定的速度。根据预见性的导航数据，对滑行、节气门随动燃油切断和制动干预进行控制也可以获得更高的燃油效率。

图 2-8-167

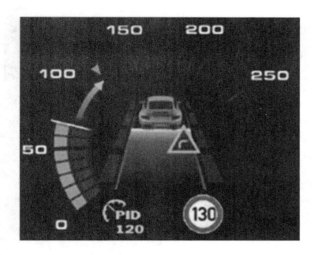

图 2-8-168

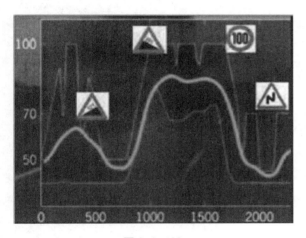

图 2-8-169

具有自适应巡航定速控制系统的Porsche InnoDrive可增加舒适性和效率。Porsche InnoDrive中集成的交通堵塞辅助功能通过提供额外的持续动力转向辅助，增强了自适应巡航定速控制系统的走走停停的功能。在0～60 km/h的速度范围内，系统使用雷达和摄像头传感器来检测车道标记以及同车道或相邻车道内前方行驶的车辆。如果系统为主动模式，车辆将通过选择性转向干预保持在车流后方。这样驾驶员的驾驶变得更加容易，显著提高交通堵塞或车流移动缓慢时的安全性。PID功能如图2-8-170所示。

图 2-8-170

1.系统限制和条件

PID可以在导航系统中标绘的所有道路上启用：限速≥30 km/h，没有私人道路或者野外道路/儿童步道，控制单元中国家/地区已开启。

无交通信号灯检测，并且优先行使权没有纳入考虑。

无摩擦系数检测，所以系统不可用于恶劣天气条件限制。

如果导航系统中的车辆位置不正确（例如GPS信号不足），PID将关闭。

也将由ACC辅助物体检测，由图像处理控制单元(IPCU)辅助交通标志检测，这就意味着这些功能的系统限制也适用。

地图标绘不正确的道路对巡航定速控制系统有着直接影响。

2.功能概览

PACCh控制单元检测图像处理控制单元(IPCU)发出的信息和转向柱开关模块(SCSM)上驾驶员的操作请求。然后将此信息传递给ACC控制单元和仪表组。使用ACC来增加或减少距离内的速度。根据发动机控制单元DME，在超越传动模式下，启用滑行功能。通过PSM中的制动干预，可以及时修正过于靠近或者紧跟着另一辆车。PID的功能演示如图2-8-171所示。

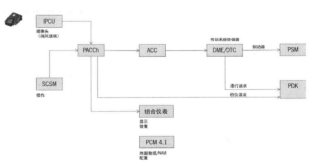

ACC-自适应巡航定速控制系统
IPCU-图像处理控制单元
DME-数字式发动机电器控制单元
仪表组-仪表组显示
PACCh-预见性自适应巡航定速控制系统/InnoDrive
PCM-保时捷通信管理系统
PDK-Porsche Doppelkupplung保时捷双离合器变速器
SCSM-转向柱开关模块
DTC-传动系统协调器

图 2-8-171

3.使用Porsche InnoDrive

可以使用ACC控制杆下面的开关开启/关闭PID。控制开关如图2-8-172所示。然后可以使用此开关启用PID。设定速度可以根据要求通过轻轻倾斜前/后控制杆进行设置。可设置为高于或低于限速。当检测到不同的交通标志时，系统调整至新的法定限速。选择"恢复"（控制杆向上），您可以继续使用先前设定的偏移，然后车辆可以按照先前输入的设定速度行驶。使用控制杆（"取消"）或者制动可以取消设置。PID功能计算前方大约3 km的道路。系统处理以下信息：限速（交通标志识别/导航）；地形布局（山地、弯道、环岛）。

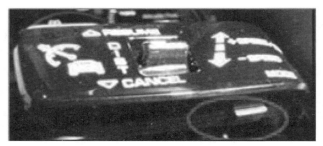

图 2-8-172

还可选择另外两种驾驶程序：舒适：标准驾驶程序；动态：用于运动驾驶程序（不是Sport+驾驶程序）。

PCM显示屏如图2-8-173所示，PCM菜单选择如图2-8-174所示，PID交通标志显示如图2-8-175所示。

图 2-8-173

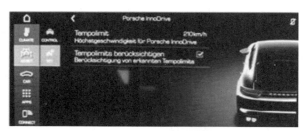

图 2-8-174

图 2-8-175

4.显示

InnoDrive可以通过速度与辅助显示来开启。仪表组中的显示器上还会显示距离和速度。速度与辅助显示如图2-8-176所示，距离显示如图2-8-177所示，PID速度显示如图2-8-178所示，PID显示说明如图2-8-179所示。

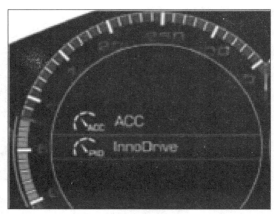

图 2-8-176

图 2-8-177

图 2-8-178

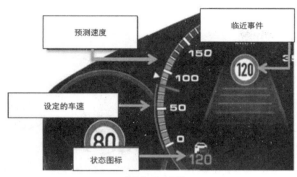

图 2-8-179

（五）夜视辅助系统/夜视功能

热成像摄像头检测到行人和大型野生动物。摄像头在仪表组中用黄色高亮显示它们。如果它们距离车辆较近可能造成危险，将采用红色高亮，并且发出声音警报。在具有LED矩阵大灯的车辆上，将通过3次亮起和熄灭的闪烁来高亮标示人或野生动物。得益于系统能够检测和警告驾驶员在近光灯大灯视野范围以外的危险，夜间行车安全显著提高。

1.保时捷夜视辅助系统具有以下功能

热差成像显示。

行人和动物警告。

车辆前部的夜视辅助系统（图2-8-180）的红外或热成像摄像头提供周围环境的热差影像，它们可显示在仪表组的车辆与信息显示屏上。红外摄像头如图2-8-181所示。系统超越大灯照明范围，检测到没有灯光照的人和动物，并且在摄像头图像中高亮显示它们。因为热成像摄像头生成的图像仅在热辐射范围内是敏感的，所以，摄像头中的图像可能与肉眼所见到的图像有着明显差异。当在黑暗中行驶时，并且当周围环境足够凉爽（低于26 ℃）让人和动物散发的热量可以被检测到时，夜视辅助系统可以辅助驾驶员。在系统限制内，可以检测到城市及非城市范围内的车辆可能发生碰撞的危险或者行驶过于靠近行人的危险情况。在此情况下，系统会通过图像和声音对驾驶员发出警告。同时，摄像头图像将行人用红色高亮显示出来。在配备保时捷动态照明系统升级版的车辆上，面临危险的行人也显示为闪烁的图像以便引起注意。在城市以外区域、系统限制范围内，如有和野生动物发生碰撞的危险，驾驶员也会收到警告。在此情况下，系统会

通过图像和声音对驾驶员发出警告。摄像头图像还将用红色高亮显示动物，帮助驾驶员定位危险。

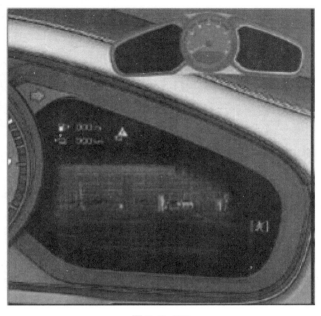

图 2-8-180

1-喷嘴清洁　2-带加热器的红外摄像头

图 2-8-181

2.使用此系统时必须遵循以下几点

夜视辅助系统不能超越既定的物理限制。它是一个辅助系统，不能在所有情况下都可以防止碰撞。驾驶员始终有责任及时制动，以及根据驾驶期间的状况提供适当照明。

并不是在所有情况下都能检测到所有行人或动物，一定要将行驶方向保持在您的视野内。

驾驶员始终有责任保持要求速度以及与前方车辆的安全距离，并且必须始终根据可见度、天气、

道路和交通状况行驶。

暴雨、下雪或结冰之类的环境状况可能会损坏摄像头功能和系统检测碰撞危险的能力。

由于系统限制，在复杂的行驶条件下，夜视辅助系统提供的行人和动物警告功能可能会触发意外的警告。

冲击或保险杠受损（例如，驻车凹陷）可能会影响摄像头。这可能会影响系统的性能。在此情况下，必须重新校准夜视辅助系统。

3.行人警告

如果系统探测到可能会与某个行人发生碰撞，则在12～85 km/h的车速范围内系统可能会通过警告音以及仪表组中的相应显示警告驾驶员。如果行人站立在行车道上或者正在移向行车道，则输出行人警告。在配备保时捷动态照明系统升级版的车辆上，面临危险的行人也显示为闪烁的图像以便引起注意。在发出此警告时，驾驶员仍可以通过驾驶员紧急转向或紧急制动来防止碰撞。警告时间因交通状况以及驾驶员的行为而异。行人警告如图2-8-182所示。

图 2-8-182

注：注意力不集中并且未能通过夜视辅助系统检测到物体，虽然系统提高了驾驶安全性，但这并不表示您可以拿安全去冒险。仍有发生事故的危险。

4.动物警告

动物警告功能对来自居住区以外的大型野生动物造成的危险做出警告，例如野猪和鹿。在市区内，为了防止不必要的误报（例如警告牵引绳拴住的狗），动物警告会自动停用。如果某个动物位于预计的车道内或者处于车辆的危险距离内，则会触发动物警告。在此情况下，系统会通过图像和声音对驾驶员发出警告。摄像头图像还将用红色高亮显示动物，帮助驾驶员定位危险（动物警告）。在配备保时捷动态照明系统升级版的车辆上，面临危险的行人也显示为闪烁的图像以便引起注意。动物警告如图2-8-183所示。

图 2-8-183

夜视辅助单元控制单元位于驾驶员脚坑中，靠近踏板/转向柱，并且通过扩展的CAN数据总线直接与网关控制单元通信。夜视辅助系统控制单元如图2-8-184所示，红外摄像头如图2-8-185所示。

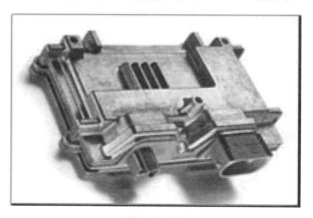

图 2-8-184

图 2-8-185

5.夜间辅助系统校准

使用PIWIS检测仪和校准面板对夜视辅助系统进行校准。可参阅《车间手册》了解过程的详细说明。夜视辅助系统的校准面板如图2-8-186和图2-8-187所示。

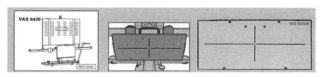

图 2-8-186

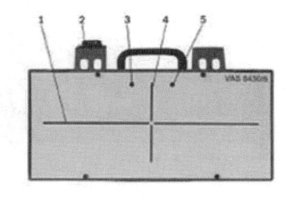

1-水平加热元件　2-水平仪　3-红色LED
4-垂直加热元件　5-绿色LED

图 2-8-187

6.夜视辅助系统电路图节选（图2-8-188）

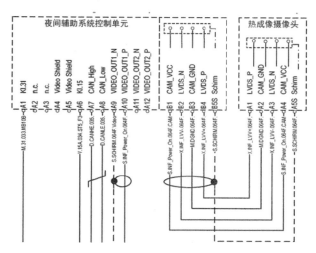

图 2-8-188

（六）交通堵塞辅助功能(TJA)

1.用途

交通堵塞辅助功能在交通阻塞情况下驾驶或者在车速低于65 km/h的移动缓慢的交通情况下驾驶时为驾驶员提供支持。交通堵塞辅助功能传感器概览如图2-8-189所示。

交通堵塞辅助功能帮助驾驶员保持在系统计算的车道路径内行驶。在系统限制内，在ACC开启时系统自动控制转向。因为交通堵塞辅助功能是一种驾驶员辅助系统，所以，驾驶员必须始终保持手放在方向盘上并且准备好转向。驾驶员随时可以转动方向盘来取代该辅助系统。该系统是为在高速公路以及路况良好的乡村公路上行驶而设计的。交通堵塞辅助功能不会在交通堵塞时变更车道或者不会越过车道标记跟随车流（安全方面的考量）。车辆路径出于此目的受到道路标记的限制。

图 2-8-189

2.功能

交通堵塞辅助功能使用雷达传感器（图2-8-190）检测前方车辆，并且可以考虑到行驶在列队中的其他车辆和来自前摄像头(IPCU)（图2-8-191）的车道数据，为预测的车道路径计算车道轨迹。交通堵塞辅助功能不仅仅基于车辆队列的最后一辆车运行，而是基于前方多辆行进中的车辆来决定有效的车辆路径。基本交通堵塞情况如图2-8-192所示。

图 2-8-190

图 2-8-191

图 2-8-192

如果交通堵塞辅助系统已启用，并且满足了干预条件，那么电动机械助力转向系统(EPS)将启动持续的转向干预来修正行驶方向。驾驶员随时可以方便地解除转向干预功能。交通堵塞辅助功能与ACC或者Porsche InnoDrive(PID)关联，并且仅可用纵向控制共同启用。然而，可以单独命令此功能，并且独立于车道保持辅助系统。交通堵塞辅助功能完全是作为驾驶员的舒适系统而设计的。它具有脱手驾驶检测，以防止将交通堵塞辅助功能误用为自主转向功能。这是通过监控驾驶员转向动作而进行的。如果驾驶员没有转动方向盘，将显示消息"拥堵辅助功能被动模式，需要驾驶员接管！"，并在一定时间后发出"哗"声。如果驾驶员没有对此请求做出反应，约6 s后将再次显示消息"交通拥堵辅助功能被动模式，需要驾驶员接管！"以及持续的警报声。如果驾驶员没有做出任何反应，在长时间脱手驾驶期间将发送驾驶员接管消息。如果驾驶员不做任何反应，则将触发持续制动模式(CBM)，并且车辆将保持制动直至停止。交通堵塞辅助功能和ACC输入关闭模式。

3.PCM操作

可以在PCM上的辅助/控制菜单中开启和关闭交通堵塞辅助功能。为了主动体验交通堵塞辅助功能，在此之前必须使用转向柱开关模块上的ACC操纵杆启用ACC。PCM显示菜单如图2-8-193所示。

图 2-8-193

4.启用要求

功能已启用。启用标志如图2-8-194所示，被动模式标志如图2-8-195所示。

ACC/PID已启用，设定速度已配置。

车速在0～60 km/h之间。

ACC检测到车辆队列并检查合理性（前方检测到至少2辆车，可选：车辆前方的车辆以及相邻车道的物体）。

图 2-8-194

图 2-8-195

在多车道道路上车辆队列形成速度小于60 km/h，在单车道道路上车辆队列速度小于40 km/h；在单车道道路上所用的时间可能比在多车道道路上的时间更长，这是为了防止交通堵塞辅助系统每次遇到交通灯即启用。

PDC没有检测到障碍物。

驾驶员安全带已收紧。

驾驶过程中双手保持在方向盘上（没有检测到脱手驾驶）。

没有PSM干预。

没有制动压力或制动压力很小。

如果不满足上述任一条件，则该功能不可用。

5.阻止启用

车辆处于交通堵塞的情况中，但是交通堵塞辅助功能未启用。原因包括：车辆路径过窄；车辆路径弯道过多；车辆路径距离太短；车辆路径上前方能见度不足；车辆路径具有过多不同类型的弯道；车速过高；车辆数量不足以构成车流；阻止启用的条件=交通堵塞辅助功能未启用（被动模式）。

6.显示

同时启用了交通堵塞辅助功能时，将显示白色

的交通堵塞辅助功能图标而不是白色的车道变换辅助系统图标，因为仪表组中显示的是PCM最后启用的系统。

7.系统限制

交通堵塞辅助功能不是为了检测并绕开路上的障碍物（例如爆胎、动物等）而设计的。摄像头和雷达本身无法检测到这些物体，并且有时会驾驶越过这些物体。在这种情况下，应由驾驶员进行转向干预并绕开障碍物驾驶。交通堵塞辅助功能的系统限制如图2-8-196所示。

图 2-8-196

在施工中道路/道路的狭窄路段，此功能可能不可用。摄像头和雷达的视野可能会受到多种影响因素（如雨水、下雪、结冰、水雾和对面来车的大灯）的限制。为了避免损坏传感器的检测能力，请始终保持摄像头的清洁，没有结冰、雪水和其他物体（如贴纸），并保持雷达上没有冰/雪。

8.车道保持辅助系统和交通堵塞辅助功能之间的互相切换

当车辆加速驶离交通堵塞情况时，基本上可以实现"TJA主动"到"LKA主动"的无缝转换。反过来，当驾驶员驾驶车辆的行驶速度低于车道保持辅助系统的禁用阈值即60 km/h时，交通堵塞辅助功能启用，合理阶段则会需要更长时间。

责任注释：因为交通堵塞辅助功能是一种驾驶员辅助系统，并且可随时由驾驶员解除。驾驶员始终对车辆控制负有全部责任。

（七）车道保持辅助系统

1.用途

基于摄像头的舒适功能"车道保持辅助系统"具有保持车道的功能和警告功能。如果车辆在没有指示的情况下行驶越过车道标记，系统可发出视觉和声音警告。车道保持辅助系统(LKA)采用挡风玻

璃后面的摄像头基于车道标记监控前方道路。当检测到驾驶员无意中偏离车道或在无指示的情况下变换车道时，此系统将启动纠正性转向干预，使车辆返回车道。系统还会发出声音和视觉警告来提醒驾驶员。如果车道保持辅助系统检测到车辆即将从预计车道变更，电动机械助力转向系统(EPS)将发出转向建议。驾驶员可以在转向过程中随时干预并停用该功能。

2.功能

系统利用摄像头（图2-8-197）来确定车道边界线，以便连续重新计算道路的走向。如果在车速超过约65 km/h时系统评估出车道线的距离达到临界值，将启动纠正转向干预，引导车辆返回车道。此外，在车辆行驶在车道标记上时会发出警告音，并且在仪表组显示器上会标出相关车道线。仪表组中将显示限速、禁止超车区域和间接限制（例如地名标志）。系统还会根据导航数据指示急转弯。

图 2-8-197

3.系统特性

转向干预时所触发的转向扭矩是有限的（最多为3 N·m），并且如有需要或者根据驾驶员意愿，驾驶员可以简单地接触转向。如果3 N·m的转向扭矩不足以将弯道上的车辆保持在车道内，那么转向扭矩被取消，并且系统变为被动模式。在动态情况下，驾驶员还会收到车道偏离警告。该系统完全是作为驾驶员的辅助系统而设计的。它采用脱手检测技术，以防止将车道偏离警告系统误用为自主转向功能。这是通过监控驾驶员转向动作而进行的。如果驾驶员没有转动方向盘，将显示消息"车道保持辅助被动模式，需要驾驶员接管"，发出警

告性的"哗"声，并且在一定时间后系统将切换至被动模式。车道保持辅助功能图标说明如图2-8-198所示。

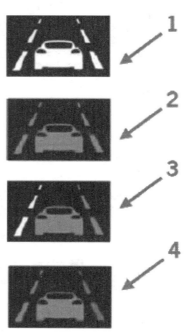

1-系统为被动模式/禁用
2-系统已开启，检测到标记（有效的车道线显示为绿色）
3-系统已开启，检测到一条标记【检测到一条有效的车道线（绿色）和一条无效的车道线（白色）】
4-系统已开启，红色标记（车辆正在车道线上行驶）

图 2-8-198

4.操作与显示（图2-8-199）

可以在PCM中开启和关闭车道保持辅助系统：辅助>控制>车道保持辅助系统。

图 2-8-199

车道保持辅助功能的新特性："提前"模式=中央导航；"延后"模式=边缘导航。

5.干预要求

如要触发转向干预，必须满足以下条件：MIB中功能已启用；车速在65～250 km/h之间。具有车

道标记，并且可以清楚地检测到；弯道半径大于约250 m；横向加速度小于1.75 m/s²；要求的转向扭矩小于3 N·m；驾驶过程中双手保持在方向盘上（没有检测到脱手驾驶）；转向指示灯关闭；没有PSM干预；没有制动压力或制动压力很小。

如果不满足上述任一条件，则该功能不可用。

6.声音警告

可以单独开启和关闭声响报警。还可以设置3个级别的警告音音量。警告符号如图2-8-200所示。

图2-8-200

7.系统限制

如果检测到指示道路施工的标记，如果所检测到的车道两侧都有标记，优选黄色车道线来确定车道。如果标记模糊，车道保持辅助系统可能变为被动模式，或者可能因为无关标记而启动（系统限制）。车道保持辅助系统的系统限制如图2-8-201所示。

图2-8-201

8.防止干预的因素

在系统开启处于被动模式，这可能是由于以下原因造成的：

没有车道线。

未检测到相关的车道线（例如，在有指示道路施工标记的情况下，由于雪天、脏污、湿滑路面或对面来车的大灯等）。

车道标记的质量不佳，不足以用来引导车辆。

车速低于65 km/h的激活速度。

行车道的宽度窄于2.4 m或者宽于4.5 m。

弯道太窄。

驾驶员的手没有放在方向盘上。

摄像头的视野可能会受到多种影响因素（如雨水、下雪、结冰、水雾和对面来车的大灯）的限制。有时候，摄像头可能无法检测车道或无法进行正确检测。当此情况发生时，没有转向辅助或警告，或者所发出的转向辅助或警告可能不适合所检测到的车道线。为了避免损坏摄像头的检测能力，请始终保持摄像头的清洁，没有结冰、雪水和其他物体（如贴纸）。

9.关联至车道变换辅助系统

如果除了车道保持辅助系统以外，也开启了车道变换辅助系统(LCA)，如果检测到车辆被归类为车道变换有危险，即使指示灯开启，仍然可以启动纠正性转向干预。

（八）车道变换辅助系统

1.用途

如果后方有车辆靠近或处于盲区内，车道变换辅助系统(LCA)会使用雷达警告驾驶员。车道变换辅助系统可在驾驶员超车或被其他车辆超车的情况下发挥作用。只要发现危险情况且必须要变换车道，两个后视镜中的集成式警告指示灯就会亮起。车外后视镜上的警告指示灯如图2-8-202所示。在15~250 km/h的速度范围内系统为主动模式，并且能够显著增加变换车道和掉头时的安全性。

2.功能

利用集成在后保险杠上的两个雷达传感器，车道变换辅助系统检测到的车辆与本车之间的距离和速度差。雷达传感器计算车后大约70 m范围（距离车尾）以及盲点。

只要车道变换辅助系统认为当前速度差和车距对于变换车道存在危险，便会立即在相应的车外后视镜上发出指示。

3.雷达传感器的范围受限

雷达传感器的视野会因车辆急转弯、接近山脊以及天气条件恶劣（下雨、下雪、结冰、强溅水）而受到影响。可能无法正确地识别车辆或可能根本

图 2-8-202

无法检测车辆。应始终密切注意行驶方向及车辆周围的相关区域。后部的雷达传感器如图2-8-203所示，后部的虚拟雷达传感器如图2-8-204所示。

图 2-8-203

图 2-8-204

4.信息/警告

车道变换辅助系统无法及时检测和提醒您注意从后方高速驶来的车辆或正在后退的车辆。车道变换辅助系统在急转弯时不工作（弯道半径小于约100 m）。只有本车车速大于或等于约30 km/h时，车道变换辅助系统才会提醒您注意正在靠近的车辆或盲点区域内的车辆。应始终密切注意行驶方向及车辆周围的相关区域。

5.操作

可以在PCM中开启和关闭车道变换辅助系统，通过选择：辅助>控制>车道变换辅助系统。

可以更改车道变换辅助系统(LCA)指示灯亮度，通过选择：辅助>设置>车道变换辅助系统。

注意力不集中：车道变换辅助系统不能替代驾驶员应有的注意力集中。驾驶员仍有责任小心变换车道。应始终密切注意行驶方向及车辆周围的相应区域。

6.警告指示灯

（1）通知阶段。如果您尚未开启转向指示灯，车道变换辅助系统将通知您系统检测到可能会在变换车道时带来危险的车辆。只要车道变换辅助系统认为在当前车速和车距下变换车道存在危险，则相应后视镜上的警告指示灯便会发出微弱灯光。

（2）警告阶段。如果您已开启转向指示灯，并且车道变换辅助系统检测到相应侧存在可能带来危险的车辆时，该侧车外后视镜上的警告指示灯将开始以较高的亮度闪烁。如果警告阶段的指示灯以较高的亮度快速闪烁几次，您应该通过观察车外后视镜和回头观察再次检查行驶条件。

（九）前摄像头

1.用途

前摄像头为驾驶员辅助系统和功能提供如下图像信息，如图2-8-205所示：交通标志显示；远光灯辅助功能；动态远光灯；车道保持辅助系统；车道偏离警告(LDW)；前方行人碰撞警告(FCWP)；弯道信息；矩阵/连续远光灯（保时捷矩阵光束）；交通堵塞辅助功能(TJA)；Porsche InnoDrive(PACCh)。

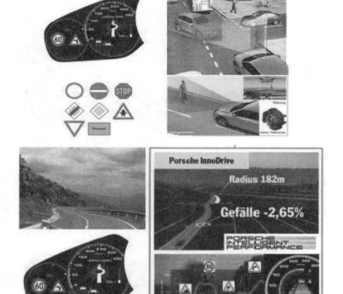

图 2-8-205

2.功能

前摄像头（图2-8-206）提供具有附加红色过滤的灰度图像来增强对比度。特别的照明控制功能也可以在车辆行驶时提供车辆前方区域的清晰照片。通过图像处理和物体列表的创建所进行的物体检测全部在驾驶员辅助系统的前摄像头中实施。然后，检测到的由摄像头确定物体的位置数据传输至距离控制的控制单元。在距离控制的控制单元中，摄像头物体数据与检测到的物体进行对比（合并），并通过雷达显示。前摄像头可以检测多种物体，例如道路标记、高对比度的道路边界、交通标志、其他车辆和街道灯光。同样的原理适用于道路

图 2-8-206

使用者，如骑自行车的人和行人。在夜间，只能检测到带有灯光或反光装置的道路使用者。前摄像头具有单独的加热器。前传感器的挡风玻璃加热装置可以防止摄像头正面的挡风玻璃区域气雾或者结冰。

3.校准

在以下情况中，必须重新校准前摄像头：替换前摄像头后；拆卸和安装或替换挡风玻璃后；降低底盘或调整底盘设置后；车轮定位值更改后。

（十）交通标志识别/交通标志查看（第二代）、指示牌上的信息、弯道信息

1.用途

交通标志识别功能采用前摄像头来检测限速、禁止超车区及其起点和终点以及弯道标志。结合导航系统中存储的地图数据评估交通标志，并显示在仪表组中的仪表组显示器上。仪表组中速度和辅助显示屏上可显示最多3个主要交通标志以及指示牌上的信息。最高优先级的交通标志显示在左侧。在打开点火装置后，最新有效的限速将出现在仪表组中。如果没有检测到任何限速（例如，在没有限速的高速公路上），或者如果交通标志识别功能在当前区域中不可用，仪表组上将显示消息。

2.功能

系统使用前摄像头来检测公路上的交通标志。交通标志显示在多功能显示器上和/或PCM4操作器上并由显示单元显示。为了获得最佳显示效果，交通标志识别处理3种不同类型的信息："检测交通标志""导航系统信息"和"当前车辆数据"。根据合理性、相关性和有效性评估摄像头检测到的交通标志。系统还会分析车辆数据。最终，系统评估情况，并向驾驶员显示系统限制内所检测到的当前有效的交通标志。如果交通标志被覆盖或者脏污，系统的交通标志检测能力可能会受到限制。有了交通标志识别2.0，如果检测到超过限速，还会额外发送警告消息。警告在仪表板插图中显示。超速警告可以在信息娱乐显示中开启或关闭，并且可以在5～15 km/h之间的步骤中选择。

如果摄像头无法检测交通标志，则系统会自动显示存储在导航系统中的限速。在交通状况比较平缓的区域或者儿童步道，显示屏将显示"5 km/

h"。在没有交通标志的高速公路驶入和驶出匝道，显示乡村公路（郊外）的各自限速。

3.检测（图2-8-207）

地名标志，高速公路的起点和终点，停车标志，禁止通行标志，优先行驶标志，解除所有限速和超车限制标志，儿童步道。

图 2-8-207

4.限制/损害

在以下情况中，交通标志识别功能可用但受限，例如：摄像头脏污严重、大量覆冰或被遮盖（如被胶贴遮盖）；恶劣天气情况（如暴雨）；交通标志被遮盖或损坏。

（十一）前方行人碰撞警告(FCWP)

1.用途

该系统/功能的主要任务是通过视觉或声音警告驾驶员，帮助驾驶员在危险情况下及时充分地制动，来防止涉及行人的事故或者尽可能地减少事故严重性。该系统在12 ~ 85 km/h速度范围内启用，除非驾驶员已主动禁用了该系统。

2.功能

此功能使用挡风玻璃后的前摄像头（IPCU，图像处理控制单元）。它在传感器的视场内检测和分辨行人。它还可以判断所检测到的行人的运动轨迹。行人检测屏幕显示如图2-8-208所示，行人检测如图2-8-209所示。根据车辆和行人的运动，计算至可能发生碰撞的时间（*ttc*=碰撞时间）。如果*ttc*小于可设置的阈值，则该情况将被归类为危险，

驾驶员将会收到视觉和声音警告。视觉警告为在仪表组上显示警告标志的形式。行人检测警告标志如图2-8-210所示。

图 2-8-208

图 2-8-209

图 2-8-210

3.个性化

在MIB的保时捷主动安全子菜单中可以配置驾驶员所偏好的警告时间（提前、始终、延后、关闭）。PCM显示菜单如图2-8-211所示。

最近障碍物的距离。检测到障碍物时会通过间歇性信号音进行提示。越接近障碍物，间歇时间越短。

图 2-8-211

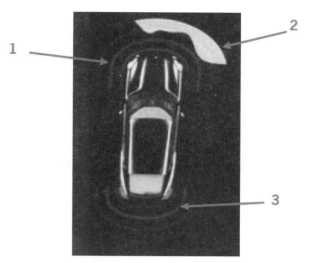

1-前部超声波传感器　2-障碍物检测
3-后部超声波传感器
图 2-8-212

图 2-8-213

4.限制

例如，暴雨天气或者摄像头视窗脏污或被遮挡时，可以限制系统功能。

取消/抑制警告可使用的条件包括暴雨（雨刮器速度）、驾驶员在限制范围驾驶时制动或者车辆自身速度（12～85 km/h以外）。

（十二）停车辅助系统(PDC)

1.用途

在驾驶员停车和挪车时，停车辅助系统用图像和声音指示车辆和障碍物之间的距离。停车辅助系统的停车辅助图像显示在仪表板中的触摸屏上。通过触摸屏上不同颜色的区域指示车辆前方和后方的障碍物。这些区域显示障碍物形状以及与车辆的距离。前端上有6个传感器在运行，后端上有4个。停车辅助系统工作原理如图2-8-212所示。

2.功能

前保险杠和后保险杠超声波传感器（如车辆装配了相关设备），如图2-8-213所示，测量车辆至

3.操作

如需禁用停车辅助系统，将选挡杆移动到位置"P"，或者使用车顶控制台上的开关"P"手动禁用，按钮上的指示灯亮起。此功能没有显示在仪表板中的触摸屏上。控制开关如图2-8-214所示。

图 2-8-214

4.个性化设置

启用在仪表板中的触摸屏上显示。辅助/控制/停车辅助系统，如图2-8-215所示。

图 2-8-215

（十三）倒车摄像头(RC)

1.用途

倒车摄像头（图2-8-216）让停车时监测车辆后方区域更加方便。倒车摄像头图像显示在仪表板中的触摸屏上。倒车摄像头显示如图2-8-217所示。

图 2-8-217

图 2-8-216

2.操作

启用在仪表板中的触摸屏上显示。

辅助/控制/停车辅助系统如图2-8-218所示。

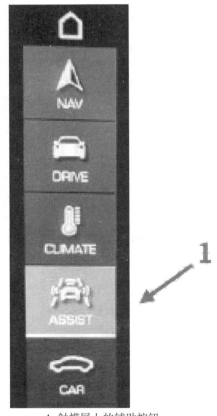

1-触摸屏上的辅助按钮

图 2-8-218

（十四）全景影像系统

（十五）用途

全景影像系统提供车辆的鸟瞰图和车辆周围区域的概览。使用摄像头，可以检测到障碍物或标记以及车辆的准确位置。启用全景影像系统时，将开启门控灯以便提供更好的照明。前后摄像头视野中参考线重叠，这些参考线指示车辆在当前位置上可使用方向盘遵循的方向，这些参考线随前轮位置的改变而改变。全景影像系统显示如图2-8-219所示。

图 2-8-219

1.操作

全景影像系统可以自动或手动启动。

自动：停车辅助系统已启用。

手动：按下车顶控制台上的按钮，或者选择辅助/控制/停车辅助系统。

十、Era-Glonass

Fra-Glonass部件概览如图2-8-220所示。

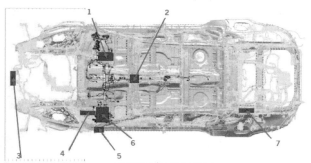

1-手套箱中的控制单元
2-中控台中的按钮模块和麦克风
3-GPS/Glonass天线
4-车身底部的GSM/UMTS天线2
5-OBD插座2位于驾驶室一侧、在关闭的元件护盖后面
6-驾驶室模块中的声音发生器
7-GSM/UMTS天线1

图 2-8-220

与911 Carrera和718 Boxster车型已经使用的一样，配有紧急呼叫系统Era Glonass的Panamera被引入俄罗斯市场。开发该系统的目的是为了在公路上挽救生命。Era Glonass是由俄罗斯国防部运营和资助的一套全球导航卫星系统。紧急呼叫系统不要求在车辆中使用经注册的手机，因为它配有自己的独立移动通信模块（SIM卡）。如果无法建立与紧急呼叫中心的连接，系统将拨打公共紧急号码进行紧急呼叫。在某些情况下，可能无法向紧急呼叫中心发出紧急呼叫（例如，手机网络不可用）。如果车辆蓄电池断开连接或出现故障，则集成式蓄电池确保紧急呼叫系统至少一小时可用。点火装置关闭时，只有通过按下SOS按钮，才能发出紧急呼叫。OBD插座的安装位置如图2-8-221所示，Era Glonass线束如图2-8-222所示。

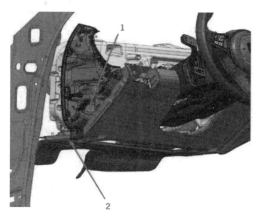

1-OBD插座2　2-OBD插座1（隐藏）

图 2-8-221

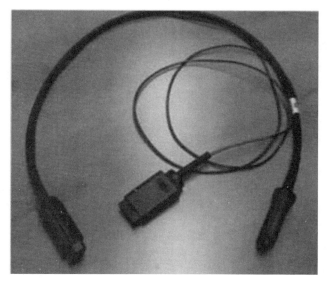

图 2-8-222

自动紧急呼叫：在触发安全气囊后，系统将立即与紧急呼叫中心建立连接。进行紧急呼叫后，所有可用数据都将传输到紧急呼叫中心，以便确定所需采取的救援措施。当前车辆位置；底盘号；车辆类型（例如，混合动力车辆）。

十一、缩略语（表2-8-7）

表2-8-7

	德语	英语
A-Sound	Außensound-Aktor	
AAG	Anhänger Anschluß Gerät	Trailer hitch
ABT	Anzeige Bedien Teil	display control unit/touchscreen
ACC	Abstandsregeltempostat	Adaptive Cruise Control
AFS	Automatische Fahrllcht Steuerung	advanced frontlighting system
AGA	Schaltbare Abgasanlage	sport exhaust
AGM	AGM Batterie	Absorbent Glass Mat
ASD	Außenlaufendes SchiebeDach	sliding roof
ALWR	Automatische Leucht Weiten Regulieung	automatic headlamp levelling
APS	Axxx Park Sensor	Sensor Park Distance
AWV	AnhalteWegVerkürzung	PreSense
AZV	AnhängerZugVorrichtung	trailer hitch
A2DP	Übertragung Stereo-Audio Signale via Bluetooth	Advanced Audio Distribution Profile
BAP	Bedien und Anzeigeprotokoll	image data processing standard
B-CAS	HDTV-Zugangsschutz Japan	BS Conditional Access System
BMC	Batterie Management System	Battery Management Control
BCM1	Steuergerät Elektronische Zentralelektrik	Body Control Module 1
BCM2	Steuergerät KorrforteWctrik	Body Control Module 2
BDM	Batterie Daten Manager	battery data manager
BedienSG	Bedien Steuergerät Khrna und Infotainment	
BKE	Bendien Klima Einheit	Operating & AC unit
BMS	Batteriesensor	Battery Managment Sensor
BT	Bluetooth Verbindung	BlueTooth
BVS	Bild Verarbeitungs Steuergerät	picture data processing ECU
CAN	Zweidraht-Bus (CAN-high/CANHow)	Controller Area Network
CBM	Stilstandsbremsimg	Constant Brake Mode
CCU	Kupplungssteuergerät	Clutch Control Unit
CDR	Infotainmentsystem	Infotainment system
CRC	Geschwindigketsregler	CRuise Control
DAB	Digitale hörbare Übertragung	Digital Audio Broadcast
DCAC	Wechselrichter	direct current/alternating current
DCDC	DCDC Wandler	direct current/direct current
DFI	Direkteinspritzer	Direct Fuel Injection
DK	Dachkonsole	Roof console

	德语	英语
DMB	Digitale Meltfachmedien Übertragung	Digital Multimedia Broadcast
DME	Digitale Motor Elektronik	engine management system
DSP	Digitaler Sound Prozessor	Digital Amplifier
DSRC	DSRC Kartenleser Japan	Deticated Short Range Communication
DTMF	Dual Ton Mehrfrequenz	Dual Tone Multi Frequency
ePDCC	elektrorische Automatische Wark Sbbüäening	
EBKV	Elektromechanischer BremsKraftVerstarker	
EFP	Elektronische Fahrwerk Plattform	electronic driving platform
EPS	EL.Lenkhife	Electronic Power Steering
ELV	Elektrische Lerkungs Verriegehmg	electrical steering lock
ESC	Elektronische Stabiltstekontrole	Electronic Stability Control
ESD	Elektronische Entladung	Electro Static Dischange
E·Sound	Motorgeräuscherzeugung	engine sound generator
ETC	Maut in Japan	Electronic Toll Collect
EPB	Elektronische Park Bremse	electrical parking brake
EMLS	Elektronische Verstelbare LenkSüle	el.adjustable steering column
EZS	Elektronische Zünd Schloss	electrical ignition switch
FBAS	Farbe Bild Ausstattung Synchronisation	colour picture equipment synchrorisation
FBS	Fahr Berechtigungs System	drive authorisation system
FCWP	Vorausschauende Dußgängenranmung	Forward Colision Warning Pedestrian
FLA	FernLichtAssistent	High beam assist
FOT GET	Digitale Datenübermittlung über Glastaerleiyungen GETriebe	Fiber Optical Transrnitle transrnission
GLW	GleitendeLeuchtWeite	Sliding light
GPS	Navigationssatellitensystem	Global Positioning System
GSM	Standard für digitale Mobilfunknetze	Global System for Mobile Communication
HAL	HinterAchslenkung	Rear axle steering
HD	HochDruck	high pressure
HDSG	Heck Dechel Sheuer Gerät	power lift gate ecu
HFP	Standard Bluetooch Profil Mobiletefon/Freisprecheinrichtung	Hands Free Profile

续表

	德语	英语
HGE	HeiGErät(Standheizung)	additional heater
HWE	HinterWagenElektronik	BCM near
HMI	Menach Maschine Schnittstelle	Human Machine Interface
HSB IRUE	HauptSicherungsBox/ Stromberteiler InnenRaum/ UEberwachung	main fusebox interirur monitoring
I–Sound	Innensound Akttuator	interiruw sound actuator
IWT	Innerer WarnneTauscher	inertnal heat exchanger
KBA	KameraBasierende Assistenzfunktionen	camera based assistance functions
KESSY	Schlüsselloser Zunang Fahrzeugstart	Keyless Entry Start SY stem
KJS	Kühler Jalousie Steuergerät	cooling flaps
KLSM	KombiLenkStockModul	steering column switch module
LCM	Licht Kontroll Modul	Light Control Module
LDW	Spurwerlassenwarmung	Lane Departure Warning
LKS	Spurhalteassistent	Lane Keep Support
LEIMO	LElstungsMOdul	performance modul
LIN	Eindraht Bus	Local Interconnect Network
LTE(4G)	Mobiltunkstandard 4.Generation	Long Term Evolution
LTM	Light Taster Modul	Light switch module
LVDS	Hochggeschwindigkeits Schnittstelle zur Datenübertragung	Low Vottage Differential Signaling
MBB MFL	Modularer Backend Baukasten Multti Funktions Lenkrad	modulated backend construction kit el. steering contnol
MMX	Mobile Internet und Multirnedia	Multi Media EXbension
MOT	MOTor(DME)	engine management system
MPI	Mehrfacheinspritzung	Multi Point Injection
MOD	Mobile OnlineDienste	Mobile online services
MTP	Lichbwelenleiter Ringtopologie	Media Oriended System Transport
ND	NiederDruck	low pressure
NGS	NeigungsGeber Sensor	Incindtion sensor
NSS	NachtSichtSystem	Nightvision
OBC	fahrzeugseitigds Ladegerät	On Board Charger
PACCh	vorausschauenctes ACC	Predictive Adaptive Cruise Control high/ Innodrive
PAS	ACC Funktion	Porsche Active Safe
PAOM	Akitve Aggregatelager	Porsche Active Damping Mount
PASM	El. geregeltes Dämpfungssystem	Porsche Active Suspension Management

续表

	德语	英语
PCC	Porsche Fahrzeug Kommmkation	Porsche Car Connect
PCCB	Porsche Kerarhk Bremse	Porsche Ceramc Composite Brake
PCM	Infotainmentsystem	Porsche Communication Management
POC	ParkAssstent	Parc Distance Control
PDCC	Fahnrnteystem zur Wankstabilisierung	Porsche Dynank Chassis Control
POK	Porsche Doppel kupplungsgetriebe	Porsche double clutch transmission
POLS	Porsche Dynamisches LichtSystem	Porsche dynamic light system
PDLS Plus	Porsche Dynamlsdi«s LicMSystem Plus	Porsche dynamic fight system plus
PID	Porsche Imodrive	Porsche Innovation Drive
PLG	Elektrische Heckklappe	Power Lift Gate
PSM	Porsche Stabilitäts Management	Porsche stability management
PTM	Porsche Traktions Management	Porsche Traction Management
PTV	Porsche Drehmoment Regelung	Porsche Torque Vectoring
PVTS/VTS	Porsche Fahrzeugverfolgungs- system	Porsche Vehicle Tracking System
RCC	Audiosystem und Fahrzeuganbindung	
RDK	ReifenDruckKontrolle	type pressure montoring system
RdW	Rdst der Welt Märkte	rest of world markets
RFK	Rückfahr Kamera	reverse camera (rear view/top view)
RGS	Reversibler Gurt Straffer	reversible tight belt
RLFSI	RegenLichtFeuchte- SensorInnen	rain Iight moisture sensor inside
rSAP		remote SIM Access Profite
RTT1	Echtzeit Verkehrsinformation	Real Tune Traffic Information
RTV	Kameranzeige Rundumsicht	Real Top View
SAD	Schiebe Ausstel Dach	rectable lift roof
SAK	SoundAKtuator	sound actuator
SAP	BT Profil	Sim Access Profile
SC	Airbag Steuergerät	Safety Comouter
SCR	Ad Blue	Selective Catalyic Reduction
SD–Card	SD Speicherkarte	Secure Digital card
SDC(l,2)	Anzeige Bedientel 1-re/2-li	Smart Display Carrier 1-re/2-li
SDS	Sprachbedienung	Speech Dialog System
SENT	Digitale Stgnalform/ übertragung	Single Edge Nibble Transmission
SH	Sitz Heizung	Seat heating
sitzMern	SitzMemory	Seat memory

续表

	德语	英语
SMLS	Schalter Modul Lenk Saüle	column steering module
SLMS	Schalter Lenkstock Modul Steuergerät	column steering module
SMS	Kurznachricht (über GSM)	Short Message Service
SRA	Scheinwerfer Reirigungs Anlage	Headlamp cleaning
SSID	Benutzer Identifkationsnummer	Service Set IDentifier
STA	STauAssistent	jam assist
STH	STandHeizung	addtional heater
STDH	STanDHeizung	addtional heater
SWA	Scheinwerfer Reinigung Ausgang (Waschpumpe)	Headlamp washer exit (washerpump)
SWA	SpurWechselAssistent	Lane Change Assist
SWaP	Software als Produkt	Software as product
TSG	Tür Steuer Gerät	door module
UGDO	Garagentoröffner	Universal Garage Door Opener
UMTS (3G)	Mobitfurkstandard 3. Generation	Universal Mobile Telecommunications System
USB	Universelle Serielle Schnittstelle	Universal Serial Bus
VICS	Verkehrsfunksystem Japan	Vehicle Information and Communication System
VRLA	Ventilgeregelite Blei-Säuren-Batterie	Valve Regulated Lead Acid
VWE	VorderWagenElektronik	BCM front
VZA	VerkehrsZeichen Anzeige	traffic sign view
WLAN	Drahtloses Netzwerk	Wireless Local Area Network
WPA	Verschlüsselungsmethode in drahtlosen Netzwerken	Protected Access
WWS	WischWinkelSteuerung	wipe angel timing
ZAT	Zünd Anlass Taster	ignitiojn start push button
ZR	Zentral Rechner lnfotainment/PCM4	control process unit/ PCM4

十二、PCM4.1简介

保时捷通信管理系统(PCM)4.1是Panamera 2017年款的标准配置。PCM4.1是所有信息娱乐应用程序和众多舒适操作功能的中央控制单元。Panamera车型2017年款如图2-8-223所示。

图 2-8-223

（一）功能改进

PCM4.1引入了以下功能改进：12英寸（30.48cm）触摸屏，包括接近传感器；使用图形显示控制和配置驾驶模式；使用图形显示控制和配置空调；使用图形显示控制和配置驾驶辅助系统；使用图形显示控制和配置舒适系统；与Porsche Connect Plus服务搭配使用的新用户导航；扩大的服务范围，例如：燃油价格、驻车、航班信息、列车信息和混合动力车辆的充电站。

（二）标准配置

含语音控制的导航模组；CD/DVD驱动器；带SIM读卡器的LTE电话模块；DAB数字广播；车载硬盘：通过10GB硬盘驱动器存储并播放MP3文件；Gracenote在线封面图片；蓝牙手机预留装置；直接连接到外部天线的智能手机托架；在线服务(Porsche Connect)；手写识别；Era-Glonass（仅限俄罗斯）；DCRC读卡器（仅限日本）。

（三）选装配置

Sport Chrono组件；电视调谐器；Burmester®高端环绕声音响系统；BOSE音响系统；面板座椅TFT，左侧/右侧。

十三、操作概念–PCM4.1

Panamera 2017年款的操作概念已经过全面重新开发，从而产生了完整统一、设计和谐的操作概念。它将不同的显示和控制结合在一起，如图2-8-224所示。

图 2-8-224

（一）采用前触摸显示屏的PCM4.1

Panamera 2017年款的所有车型系列均提供

增强版保时捷通信管理系统PCM4.1。在Panamera 2017年款中，PCM是通过12英寸（30.48cm）触摸屏操作的。与前代车型相比，它通过便捷的图形界面提供控制和配置众多车辆功能的选项，如运动模式、恒温空调和驾驶模式。采用前触摸显示屏的PCM4.1如图2-8-225所示。

图 2-8-225

（二）中控台上的控制面板（电容式键盘）

电容式键盘围绕着选挡杆，还包括信息娱乐系统的上部控制区域。选挡杆旁左边和右边的区域包含用于暖风和空调控制以及用于座椅的控制功能。当轻轻按下键盘上的一个功能时，键盘会通过触觉反馈进行确认。省去了中控台上的许多其他按钮（例如用于辅助系统或空气悬架的按钮）。温度的空调功能、气流、自动、除霜、A/CMAX和循环空气以及座椅加热和座椅通风功能可通过PCM4.1的中控台控制面板上或"空调"或"车辆"菜单选项中的按钮进行控制。中控台控制面板如图2-8-226所示。

图 2-8-226

（三）后触摸显示屏

结合PCM4.1触摸显示屏，后部还提供相应的7英寸（17.78cm）触摸显示屏，用于操作众多信息娱乐和舒适功能。通过中控台的后部触摸显示屏可以直接访问最重要的功能，并通过震动来确认输入。后触摸显示屏如图2-8-227所示。

图 2-8-227

十四、硬件特征

（一）TFT显示屏

许多车辆功能现在可以使用高分辨率的12英寸（30.48cm）触摸显示屏以有吸引力的图形方式进行配置。导航栏通过接近传感器显示在显示屏的左边缘。通过熟悉的保时捷多点触控手势控制执行操作。TFT显示屏如图2-8-228所示。

图 2-8-228

（二）保时捷通信管理系统(PCM)

PCM4.1包括各种硬件组件，这些硬件组件共同连接和配置功能媒体、电话、导航和车辆连接。

1.中央电脑

中央电脑是车辆中众多信息娱乐应用和舒适功能的中央控制单元。SD读卡器允许将音乐导入到

10 GB内存中。中央电脑如图2-8-229所示，它安装在手套箱的右侧，如图2-8-230所示。

图 2-8-229

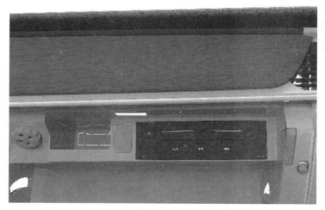

图 2-8-230

2.导航模组

带集成导航系统的PCM提供硬盘驱动器导航及可自定义的地图显示。使用包含大多数国家/地区地图数据的硬盘执行导航。可通过二维视图或透视图显示地图。在所选区域中还提供3D视图。导航系统能够根据请求利用动态路线计算并将交通信息通道(TMC)或TMC Pro数据考虑在内。保时捷Panamera 2017年款PCM中的导航系统能够检测经常往返的路线。随后，它能够在特定时间针对经常往返的路线提出建议。该功能可在PCM中的NAV/OPT下启用或停用。

配备Connect Plus模块的车辆可从在线导航中获益，该模块可利用实时路况信息服务，这可显著改善动态路线计算。通过此服务，保时捷通信管理系统可接收有关在线路况的当前数据，并在此基础上动态优化路线计算。

语音控制导航。

导航地图通过SD卡或在线进行更新。

3.带SIM读卡器的LTE电话模块

带SIM读卡器的LTE电话模块可确保最佳语音质量和数据连接。LTE电话模块包含新的Wi-Fi功能，可实现无线互联网访问。智能手机和其他设备（比如平板电脑或笔记本电脑）可通过Wi-Fi与车辆和互联网连接。作为LTE电话模块功能的一部分，可以使用具有数据功能的SIM卡来建立Wi-Fi热点，以便随后车内支持Wi-Fi的设备连接到该热点。

带Wi-Fi芯片和无线互联网访问功能的LTE电话模块。

LTE电话连接。

SIM读卡器。

（三）CD/DVD驱动器

CD/DVD驱动器的接口可在PCM4.1上以诸如MP3音乐文件以及视频/音频DVD的播放格式播放媒体。CD/DVD驱动器如图2-8-231所示，CD/DVD驱动器安装在沿行驶方向的后备箱右后侧，如图2-8-232所示。

图 2-8-231

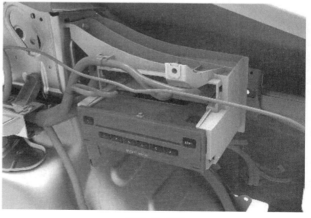

图 2-8-232

（四）电视调谐器

用于接收未加密的模拟和数字电视信号(DVB-T)。与保时捷后座娱乐系统搭配使用时，也可在车辆运动的情况下在后显示屏上接收信号。电视调谐器如图2-8-233所示，电视调谐器安装在CD/DVD驱动器后沿行驶方向的后备箱右后侧，如图2-8-234所示。

图 2-8-233

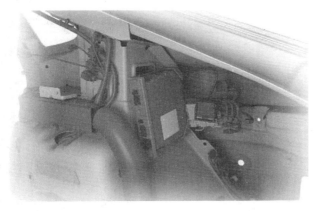

图 2-8-234

（五）智能手机托架（前连接盒）

根据设备和国家/地区版本，中控台中的智能手机托盘可通过带蓝牙®的电话模块方便地连接支持免提模式(HFP)方便地连接手机。智能手机托架如图2-8-235所示。

图 2-8-235

智能手机托架可以显著增强车辆中智能手机的集成。当智能手机通过蓝牙®且置于中控台的智能托架中时，可始终保证智能手机与车辆的外部天线直接连接。这可建立与车辆外部天线的连接，降低智能手机的电池耗电量，还可优化接收质量。

（六）麦克风

用于拨打电话免提功能和用于语音输入及语音控制的麦克风安装在车顶控制台中。麦克风如图2-8-236所示，车顶控制台如图2-8-237所示。

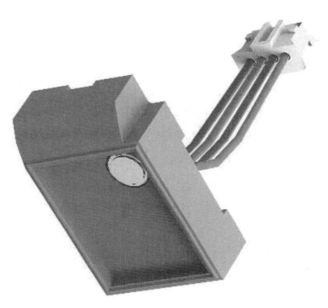

图 2-8-236

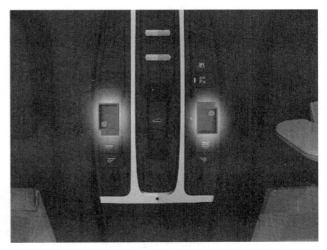

图 2-8-237

（七）前连接盒补偿器

智能手机/移动电话可通过耦合天线和补偿器（所谓的放大器）连接到其他外部天线，进而改进接收性能。前补偿器的连接盒如图2-8-238所示，前补偿器安装于沿行驶方向右侧前乘客侧脚坑的A柱上，如图2-8-239所示。

图 2-8-238

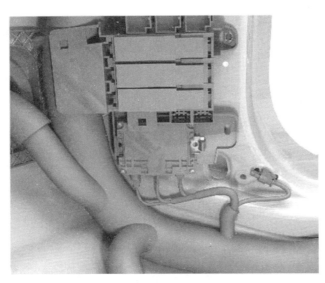

图 2-8-239

（八）后补偿器的连接盒

后补偿器的连接盒如图2-8-240所示，后补偿器安装于沿行驶方向后备箱右后侧的CD/DVD驱动器旁，如图2-8-241所示。

图 2-8-240

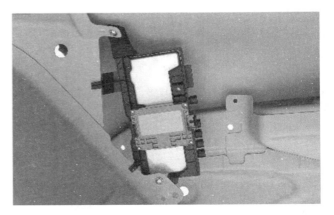

图 2-8-241

（九）接口

1.USB接口

USB接口可以在PCM4.1上播放媒体或连接智能手机。一个USB接口位于前中控台的智能手机托架中。其他USB接口可选择位于后排长座椅中间储物箱的后部。USB接口如图2-8-242所示。

iPhone®必须连接到智能手机托架中的USB端口，以使用Apple®CarPlay（作为iPhone®iOS的功能）。

图 2-8-242

2.AUX接口

一个AUX接口位于前中控台的智能手机托架中。其他AUX接口可选择位于后排长座椅中间储物箱的后部。AUX接口如图2-8-243所示。

图 2-8-243

十五、网络拓扑

信息娱乐系统CAN将PCM4.1（中央电脑）连接到车辆中的网关。CD/DVD自动换片机通过MOST（媒体导向系统传输）总线的环形网络连接到PCM4.1。MOST150用于将PCM4.1连接到选装的电视调谐器。网络拓扑如图2-8-244所示。

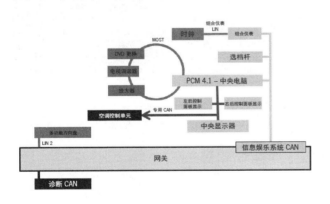

图 2-8-244

组合仪表中和用于显示控制单元(DCU)的视频显示或中央显示屏通过中央电脑的LVDS信号连接。CAN连接通过内部专用CAN从中央电脑连接到显示器。通过经由信息娱乐CAN到PCM4.1的网关诊断CAN可进行诊断。

十六、PCM4.1工作原理

（一）手势控制

通过多点触控手势控制进行的PSM4.1基本操

作与7英寸（17.78cm）触摸显示屏相同。借助接近传感器可以使用您的手指在显示屏上轻松进行菜单导航。例如，使用两根手指可将导航地图沿任何方向转动。

（二）手写识别

PCM还能够利用手写识别来识别输入。用户现在不必使用键盘输入文字，可以直接在触摸屏上书写文字。

（三）语音控制

语音控制可用于控制全新PCM4.1的众多功能。此功能大幅提高了驾驶员的舒适性和安全性。语音控制如图2-8-245所示。

图 2-8-245

功能：口述短信和电子邮件；在线语言搜索；地址搜索；搜索电话联系人；暂停对话（与口述功能配合使用的重要功能）；切换无线电台。

新增语言：英国英语、汉语。

十七、PCM4.1触摸显示屏操作逻辑

（一）功能区

触摸显示屏的设计时尚新颖，采用高品质玻璃面板。通过菜单按钮可以访问总体操作逻辑。菜单中的相关功能可使用触摸显示屏上的选项卡选择。操作逻辑如图2-8-246和图2-8-247所示。

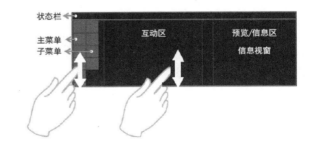

图 2-8-246

图 2-8-247

PCM4.1中的主菜单始终可见。子菜单在您的手移向显示屏时打开。

（二）符号名称

状态栏位于显示屏顶部。主菜单显示了多个功能的子菜单。图2-8-248显示了PCM4.1的功能区、状态栏的内容和图标名称。

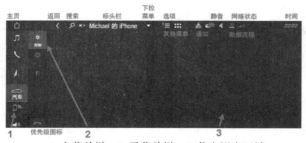

1-主菜单栏　2-子菜单栏　3-信息视窗区域

图 2-8-248

（三）手势控制

主菜单中的选项可以使用手指选择。在互动区使用两根手指进行手势操作。信息视窗区域可以使用一根或者两根手指进行控制。手势控制如图2-8-249所示。

菜单栏：一根手指。

互动区：两根手指。

信息视窗：一根手指或两根手指。

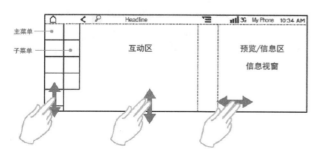

图 2-8-249

在左侧，触摸显示屏具有通过接近传感器显示的菜单结构。信息视窗可拉入到右侧，在右侧可以访问PCM的其他功能区域。例如，可以在使用右侧电话功能的同时，在屏幕中央的互动区显示导航。

十八、PCM4.1上的按钮显示

（一）打开/关闭按钮

这些功能可通过启用"显示"或通过禁用"隐藏"。按钮符号如图2-8-250所示。

示例：InnoDrive(PID)。

图 2-8-250

（二）参数按钮可选择并显示值

示例：扰流板级别，如图2-8-251所示。

图 2-8-251

（三）按钮列表

可从并行显示的一组值中选择某个值。按钮列表如图2-8-252所示。

示例：设备管理器。

图 2-8-252

十九、PCM4.1菜单内容

下面列出了PCM4.1主菜单栏的各个菜单项，并对最重要的功能进行了说明。

（一）"主页"-菜单项

主屏幕包括最常用的功能。"主页"图标包括指向相关菜单的直接链接，或提供直接访问的功能，如中央出风口。客户可以使用选项功能对主屏幕进行个性化。

1.菜单导航

打开"主页"并按该图标，如图2-8-253所示。

图 2-8-253

例如，时间、电话、网络状态及交通公告以导航菜单符号的形式显示在显示屏上，如图2-8-254所示。

图 2-8-254

2."选项"菜单

配置主页、配置信息视窗、启用删除模式。

3."选项"菜单

启动"我的屏幕配置"模式。

"主页"＞"选项"＞"配置主页"。

PCM的开始屏幕首次可以个性化。信息视窗可以用于针对用户认为最重要的功能简单、快速地定义磁贴，从而能够通过个性化显示来控制各种功能，如运动模式、iPod控制和电话功能，如图2-8-255所示。

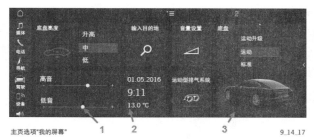

主页选项"我的屏幕"

1-宽磁贴　2-小磁贴　3-大磁贴

9_14_17

图 2-8-255

4."选项"菜单：信息视窗配置

还可以对信息视窗进行个性化。可以将内容从类别选择拖动到主屏幕的磁贴上，如图2-8-256所示。

"主页"＞"选项"＞"视窗配置"。

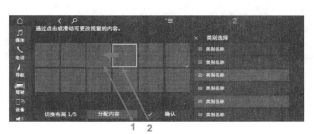

1-磁贴的新位置（红色）　2-磁贴的旧位置（白色）

图 2-8-256

（二）"媒体"菜单项

所有音频和图像媒体均可在"媒体"菜单中播放和控制。

1.可能的菜单导航

"媒体"＞"播放"＞"选择"："DAB""FM""AM""车载硬盘""AUX""蓝牙"。

"媒体"＞"收藏夹"＞"选择"："专辑收藏夹""电台收藏夹"。

"媒体"＞"列表"＞"概览"："播放列表"。

2."播放"屏幕-打开媒体源选择

"媒体"＞"播放"＞"下拉菜单"＞"选择状态栏的源"。

根据安装及连接状态和国家/地区，可以选择以下媒体源：

调谐器：FM/AM/DAB/SDARS/电视；

媒体：光盘/车载硬盘/SD1/SD2/USB1/USB2/iPod1+2/AUX/BT-音频/Wi-Fi；

在线：Radio.de/Napster/Rhapsody。

"媒体"图标如图2-8-257所示，下拉菜单中的媒体概览如图2-8-258所示。

图2-8-257

图2-8-258

3."播放"屏幕–调用媒体源

"媒体"＞"播放"＞"下拉菜单"＞"播放"屏幕如图2-8-259所示。

显示当前播放的音频源。以下功能可在"播放"屏幕中操作：

更换电台或曲目前进/后退；

播放/暂停或静音（仅在调谐器中）；

将电台/专辑另存为收藏夹/从收藏夹中移除；

显示播放列表；

随机播放；

重复。

图2-8-25

4."播放"屏幕显示

曲目、歌手、专辑名称、专辑标志。

5."打开收藏夹"屏幕

"媒体"＞"收藏夹"＞"收藏夹选择"＞"选择电台"。

显示最近收听并另存为收藏夹的电台或专辑。当前播放的专辑或电台带有标记，如图2-8-260所示。

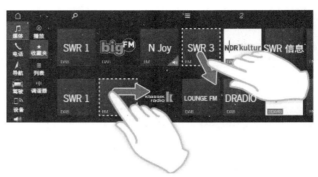

图2-8-260

将电台/专辑另存为收藏夹：将曲目/专辑从"最近播放"拖放到收藏夹。

重新组织已保存的收藏：按住磁贴。现在可以移动所选电台。

6."打开列表"屏幕"媒体"＞"列表"＞"选择电台"。

显示当前电台列表。如果详细信息屏幕处于打开状态，将显示广播文本等其他信息，如图2-8-261所示。

图2-8-261

7.打开"媒体"附加菜单–更改视图

"媒体"＞"列表"＞"附加菜单"＞"封面浏览视图"。

"媒体"列表的列表视图可更改为磁贴视图。

8.打开"媒体选项"菜单

"媒体"＞"选项"＞"将电台从收藏夹中移除"。

"媒体"＞"选项"＞"开始扫描"。

"媒体"＞"选项"＞"幻灯片"。

"媒体"＞"选项"＞"交通公告"。

"媒体" > "选项" > "设置DAB" > 读取交通公告、电台标志数据库、无线电文本、电台跟踪。

"媒体" > "选项" > "设定声音" > 环绕DAB、线性DAB、环绕声音响、SoundTrue、AudioPilot（扬声器促进）> 注意！"声音"菜单项的内部跳接。

（三）"电话"菜单项

"电话"菜单功能控制所有电话模块功能或通过蓝牙连接到的智能手机或移动电话。连接设置在菜单项"设备"中描述。"电话"图标如图2-8-262所示。

1.可能的菜单导航

"电话" > "键盘" > "输入栏"。

"电话" > "收藏夹" > "最近联系人" "收藏夹"。

"电话" > "通话" > "调用"："呼入和呼出通话列表"。

"电话" > "联系人" > "搜索联系人"。

"电话" > "通话" > "调用"：消息（电子邮件、短信）。

图 2-8-262

2.通话选项

可以从多个菜单开始通话。

"电话" > "键盘" > "输入栏"。

"电话" > "收藏夹" > "最近联系人" "收藏夹"。

"电话" > "通话" > "通话列表"。

"电话" > "联系人" > "搜索联系人"。

3.电话号码输入

"电话" > "键盘" > "输入栏"。

如果连接了电话，则会显示用于输入电话号码的键盘。来电和当前通话显示在弹出显示中，与上文无关。电话号码输入如图2-8-263所示。

图 2-8-263

4.打开收藏夹

"电话" > "收藏夹" > "最近联系人" "收藏夹"。

最近通话及另存为收藏夹的联系人显示在收藏夹中，如图2-8-264所示。

图 2-8-264

5.将联系人或电话号码另存为收藏夹

从"最近通话"拖动联系人，以加入"收藏夹"。

或者选择"电话" > "通话" > "联系人"，然后按星形图标。

或者选择"电话" > "联系人" > "联系人"，然后按星形图标。

6.打开通话列表

"电话" > "通话" > "通话列表" > "选择联系人或电话号码"。

所有来电、已拨号码及未接来电均显示在通话列表中，如图2-8-265所示。

图 2-8-265

7.打开电话本

"电话">"联系人">"列表">"选择联系人或电话号码"。

所有保存的联系人均显示在电话本中。要拨打电话，请选择联系人和/或所需的电话号码，如图2-8-266所示。

图 2-8-266

8.打开消息

"电话">"短信">"短信或电子邮件"（具体取决于所连接的手机）。

在车辆中连接电话后，文本形式消息的所有可用账户（如短信和电子邮件）均集中显示在"消息"中，如图2-8-267所示。

所有新消息和已读消息均显示在收件箱中。客户可以撰写新信息、回复错过的信息或使用信息读取器听取信息。

图 2-8-267

9."选项"菜单

"设备管理器">"电话""蓝牙""Wi-Fi""数据连接""PCM 热点""删除已配对的设备"。

"设置电话">"电话基本配置""语音信箱""联系人""声音设置""铃声""铃声音量""序列号""麦克风音量""麦克风声音"。

10.打开设备管理器的选项菜单

"电话">"选项">"设备管理器">"搜索新设备或连接现有设备"。

使用此功能将手机连接到PCM4.1。通过状态

栏可打开设备管理器，与上下文无关。电话设备管理器如图2-8-268所示。

注意：菜单项"设备"发生内部跳接。

图 2-8-268

（四）NAV（导航）菜单项

1.可能的菜单导航：

"导航">"地图">"视图"：地图视图。

"导航">"目的地">"调用"："输入目的地""最近去过的目的地""在线搜索""兴趣点"。

"导航">"交通">"调用"："交通公告"。

"导航">"收藏夹">"调用"：最近去过的目的地、存储的目的地、联系人。

"导航"图标如图2-8-269所示。

图 2-8-269

2.打开地图

"导航">"地图">"地图视图"。

当前位置显示在地图上的"地图"菜单项中。可通过二维视图或透视图显示地图，如图2-8-270所示。

图 2-8-270

3.目的地搜索输入

"导航">"地图">"搜索">"输入目的地"。

搜索功能极大地简化了目的地输入。只需输入几个字母即可找到目的地。还可以通过用手指移动地图或直接在地图上进行选择来输入目的地，如图2-8-271所示。

图 2-8-271

4.选择特定的目的地类型

"导航">"目的地">"目的地类型">"选择"，如图2-8-272所示。

在"目的地"子菜单中可以选择以下类型的目的地：输入目的地、最近去过的目的地、在线搜索、兴趣点。

将搜索完整的导航和地址数据库。

图 2-8-272

5.打开交通公告

"导航">"交通">"交通公告"。

在导航功能启用的情况下，将首先显示所有的路线交通公告，如图2-8-273所示。当用户按下一条交通公告时，地图将放大至交通公告，并在详细预览中显示其他信息。启用的路线上的交通公告数显示在触摸屏左侧的"交通"图标旁边。新交通公告显示在顶部的状态栏中。根据交通状况，在地图上以绿色、黄色或红色标记路线。

图 2-8-273

6.交通信息通道(TMC/TMC Pro)

导航可选择根据请求考虑有关当前交通延误的TMC/TMC Pro（交通信息通道）信息。该信号以数字形式在VHF信号的非可听范围发送，从而可以创建避免交通拥堵和阻塞的路线。将进行动态路线导航。

交通公告通过"导航"和"交通"显示。

7.打开收藏夹

"导航">"收藏夹">"选择收藏夹"，如图2-8-274所示。

可在4个区域选择收藏夹：最近去过的目的地、目的地收藏夹、电话中带可导航地址的联系人、通过连接应用选择我的目的地。

图 2-8-274

对于目的地收藏夹，可使用"家"和"办公室"作为前两个预设位置。

8.打开导航选项菜单

"导航">"地图">"选项">"地图视图">"3D地图""在线路况""自动缩放""在线路况""Google®Earth""兴趣点""指南针""天气"。

"导航">"地图">"选项">"显示目的地"。

"导航">"地图">"选项">"路线选项">"最快""最短""经济""避免""动态路线""交通公告"。

"导航" > "地图" > "选项" > "保存" > "车辆位置""目的地"。

"导航" > "地图" > "选项" > "显示路线"。

"导航" > "地图" > "选项" > "位置详情"。

"导航" > "地图" > "选项" > "设置导航" > "地图数据更新""地图视图""缩放""导航显示""智能路线""演示模式""越野模式""上一个目的地""通知"。

9.启用Google®Earth

"导航" > "地图" > "选项" > "GOOGLE® Earth"。

Google® Earth服务通过导航功能增强PCM4.1上的地图显示。Google® Earth使用卫星数据显示建筑物、道路和地形的航摄照片。在导航系统的地图视图中，使用Google Earth卫星地图进行导航。通过"选项"菜单中的"导航"设置或者地图中的按钮启用该功能，如图2-8-275所示。

图 2-8-275

Google Earth显示在两个地图（组合仪表和触摸显示屏）中。

地图显示需要有效的互联网连接。脱机时仅显示已加载的地图数据。

Google Earth集成，在Google Earth显示屏中显示。

内容提供商：Google。

（五）"驾驶"菜单项

1.可能的菜单导航

"驾驶" > "驾驶设置" > "底盘""启动/停止""扰流板""底盘级别""空气悬架模式""运动型排气系统"。

"驾驶"图标如图2-8-276所示。

图 2-8-276

2.菜单功能

在"驾驶"菜单项中可以设定车辆特定功能，例如：底盘/PASM模式的设置（减震器控制）、底盘高度的设置（空气悬架）、扰流板级别模式（Sport Chrono组件）。

在"驾驶"子菜单中可以启用或停用以下车辆特定功能：自动启动停止打开或关闭，运动型排气系统打开或关闭（Sport Chrono组件），InnoDrive打开或关闭（可选）。

"驾驶"概览如图2-8-277所示。

图 2-8-277

3.调用扰流板设置

"驾驶" > "扰流板级别" > "性能""中""ECO""缩进"。

调整各个功能，如扰流板级别的设置。驱动扰流板级别如图2-8-278所示。

图 2-8-278

（六）"空调"菜单项

1.可能的菜单导航

"空调">"风向">"设置"："出风口的功能""中央出风口""通风板""空调打开或关闭""同步打开或关闭"。

"空调">"通风">"设置"："中央出风口""驾驶员""乘客"。

"空调">"舒适">"设置"："驾驶员""乘客">"模式""脚坑""离子发生器""自动空气循环""CIRC""ECO"。

"空调">"加热">"设置"："辅助加热器""定时器"。

"空调">"后部">"操作"："后部"–"触摸显示屏""温度""风量""顶部和底部通风"。

"空调"图标如图2-8-279所示。

图 2-8-279

2.菜单功能

在"风向"子菜单中可以操作以下车辆特定功能：仪表板中各种出风口的设置（除霜、侧出风口、脚坑），设置中央出风口。

在"风向"子菜单中可以启用或停用以下车辆特定功能：通过"同步"与后部显示屏同步；启用或停用通风板；操作空调功能关闭/打开；空调压缩机打开和关闭。

3.打开风量分配

"空调">"风向">"驾驶员/乘客">"选择箭头"。

空调和暖风的所有风量分配设置均可在"风向"菜单中进行。空调风量分配如图2-8-280所示。

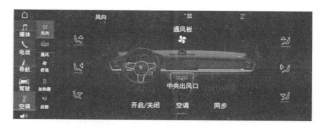

图 2-8-280

4.调节中央出风口

"空调">"通风">"驾驶员/乘客">"集中/发散"。

通过左右上下移动虚拟控制按钮可以手动调节中央出风口。以连续可调方式打开和关闭驾驶员和乘客区域的中央出风口。出风口还可以直接打开和关闭。还可以使用滑动控制调节出风口。空调-调节中央出风口如图2-8-281所示。

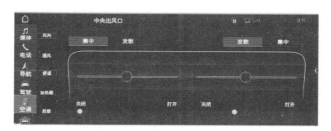

图 2-8-281

5.打开舒适性设置

"空调">"舒适">"驾驶员/乘客">"模式""脚坑""离子发生器""自动空气循环""空调ECO"。

空调舒适性设置可在此菜单中进行。可以选择车辆座舱中空调区域各种风量分配的设置。"空调"–"舒适设置"如图2-8-282所示。

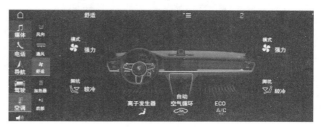

图 2-8-282

6.辅助加热器设置

"空调">"加热">"定时器选择列表">"定时器"。

最多可对3个辅助加热器定时器进行编程。空调-辅助加热器如图2-8-283所示。

图 2-8-283

（七）"辅助"菜单项

1.可能的菜单导航

"辅助">"控制">"辅助系统">"操作Porsche Active Safe""交通拥堵辅助功能""车道变换辅助系统""四周辅助系统"。

"辅助">"设置">"配置"："停车辅助系统""Porsche Active Safe""夜视辅助系统""车道变换辅助系统""车道保持辅助系统""Porsche InnoDrive""矩阵式LED远光灯辅助功能""限速"。

"辅助"图标如图2-8-284所示

图 2-8-284

2.开启和关闭辅助系统

"辅助">"控制">"辅助系统">"选择系统"。

车辆辅助系统可在此菜单中启用和停用。如图2-8-285所示。

图 2-8-285

3.停车辅助系统

"辅助">"控制">"停车辅助系统"。

用于倒车和鸟瞰视图的摄像头的选择和显示可在菜单项"停车辅助系统"下选择，如图2-8-286所示。

图 2-8-286

4.四周辅助系统的配置

"辅助">"控制">"辅助系统">"四周辅助系统"。

车辆四周主动辅助系统的状态可在盾形显示中查看。

全实心盾形表示>打开。

半实心盾形表示>个性化。

隐藏的盾形表示>关闭。

5.辅助系统的配置

"辅助">"设置">"辅助系统">"设置"。

各个驾驶辅助系统的LED、亮度、音量和音调设置可在此菜单中调节，如图2-8-287所示。

图 2-8-287

（八）"车辆"菜单项

1.可能的菜单导航

"车辆"＞"控制"＞"设置"：后遮阳帘、车辆、显示、系统、驾驶手册，可选：氛围灯、座椅通气、座椅按摩。

"车辆"＞"行程"＞"调用"：驾驶时间、续航里程、到达时间、至目的地的距离。

"车辆"＞"SPORT CHRONO"＞"调用"："开始""加载单圈""分段计时"。

"车辆"＞"行车日志"＞"调用"（可选）。

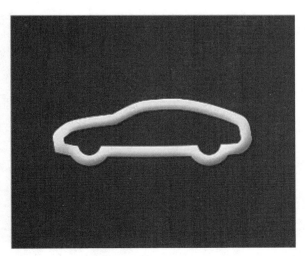

图 2-8-288

2.舒适相关功能

"车辆"＞"控制"＞"后遮阳帘""车辆""显示""系统""驾驶手册"。

可在此菜单中调节、禁用或启用舒适功能的基本车辆和系统设置。诸如按摩座椅和氛围灯等可选功能是否可用取决于车辆设备。如图2-8-289所示。

图 2-8-289

以下功能在功能菜单中可用：

"车辆"＞"控制"＞"车辆"＞"锁止""照明和视野""座椅设置""TPM""方向盘按钮""底盘（雪地防滑链模式）""Porsche CARConnect应用"。

"车辆"＞"控制"＞"显示"＞"显示PCM""显示组合仪表""保时捷后座娱乐设施"。

"车辆"＞"控制"＞"系统"＞"日期时间""单位""语言""语音控制""软件更新""出厂设置"。

"车辆"＞"控制"＞"驾驶手册"＞"操作说明"。

3.打开车辆功能菜单

"车辆"＞"控制"＞"车辆"＞轮胎气压监控。

Panamera 2017年款轮胎气压监控的信息和设置可在此功能中显示和调节。

与其他系统功能一样，轮胎气压监控位于"车辆"功能菜单选择的"控制"子菜单中。车辆-轮胎气压监控如图2-8-290所示。

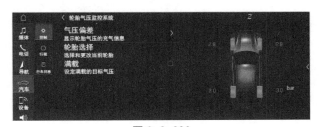

图 2-8-290

4.加载更新

车辆＞控制＞系统＞软件更新。

可通过"系统"功能菜单执行PCM4.1的软件或导航地图。多个选项可用于传输更新数据，例如在线或SD卡。车辆系统更新如图2-8-291所示。

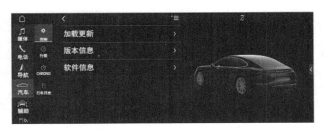

图 2-8-291

5.设置环境照明（可选）

"车辆"＞"控制"＞"氛围灯"。

可单独调节车顶、车门、仪表板和脚坑的氛围灯。可以调节强度和灯光颜色以及启用或禁用照明。车辆氛围灯如图2-8-292所示。

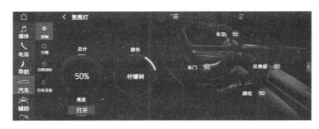

图2-8-292

6.打开里程计数器

"车辆">"行程">"行程显示"。

有关油耗、距离、平均速度和行驶时间的车辆数据可在"行程"菜单中读出。车辆行程显示如图2-8-293所示。

图2-8-293

根据驱动模式，最多可提供5种不同的行程显示：个人行程（可配置）、行程起始点、加油后的行程、总行程（长时记忆）。

7.打开单圈用时计时（可选）

车辆>CHRONO>Sport Chrono>新单圈。

有关当前单圈显示的统计信息可在"CHRONO"菜单中调出和显示。车辆单圈显示如图2-8-294所示。

图2-8-294

通过半圆中的按钮箭头重置行程显示：所有、始于、总计、最大值。

8.打开行车日志

"车辆">"行车日志"。

可在"行车日志"菜单的电子行车日志中记录商务行程。

电子行车日志可以自动记录里程、短途距离、日期、时间以及每趟行程的起点和目的地。选项包括日后用于数据分析的PC软件。

9.打开"选项"菜单

"车辆">"行程">"选项">"行程显示""重置行程""自定义行程"。

"车辆">"SPORT CHRONO">"选项">"SPORT CHRONO视图""导入记录""导出记录""设置Sport Chrono"。

（九）"应用"菜单项

1.菜单导航

"应用">"Porsche Connect服务">"概览"。

"应用"图标如图2-8-295所示。

图2-8-295

2.打开Porsche Connect服务

"应用">"Porsche Connect服务">"选择"。

在PCM4.1中，Porsche Connect服务提供了有用的改进和附加PCM功能。可用服务显示在"应用"菜单项中。"应用"概览如图2-8-296所示。

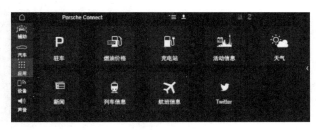

图 2-8-296

3.选项菜单ID-登录以获得个性化的保时捷服务。

"应用" > "驾驶应用/Porsche Connect" > "选项" > "登录" "服务信息" "重新载入页面"。

如要使用该服务，客户必须首先在客户门户上注册并确认条款和条件。某些服务仅在客户门户上进行个性化后才显示其全部功能。如果不进行个性化，某些服务仅显示受限功能。

4.应用商店

其他服务可与客户智能手机和保时捷"PCM Connect应用"结合使用。

要下载Porsche Connect应用，只需访问相应的应用商店。在关键字"PCM Connect"下的两个商店中，都可以找到适用于iOS和Android的应用。有关这些服务的详细信息，可在Porsche Connect部分获得。Porsche Connect应用符号如图2-8-297所示。

图 2-8-297

5.服务概述

通过在线服务器或应用功能可获得各种服务，如表2-8-8所示。

表 2-8-8

订购选项	服务	服务内容	图标
后端服务	导航	GOOGLE®Earth 交通信息 GOOGLE® 街景 GOOGLE®在线搜索 兴趣点语音搜索 兴趣点目的地 POI 兴趣点 导航地图更新	🧭
		停车信息 燃油价格 混合动力充电站	▦
	信息娱乐系统	语音输入及播报	📞
		天气 列车信息 航班信息 活动 新闻 Twitter	▦
	中国礼宾服务中心 （仅限日本/中国）	将导航目的地发送到车辆	🧭
		酒店预订 餐厅预订 信息服务 停车信息	📞
PCM Connect 应用服务	PCM Connect 应用程序	应用兴趣点 互联网广播（流媒体） Napster（固定价格音乐） 日历 联系人数据目的地	▦
Apple CarPlay 服务	Apple CarPlay	电话 音乐 地图 新闻 正在播放 播客 有声图书 70 种其他服务	▦

6.连接概览

此概览显示了Panamera 2017年款中服务的常用连接。

基于IT的后端服务以及PCM Connect应用服务和Apple CarPlay服务均可通过PCM4.1的显示屏在线访问。服务概述如图2-8-298所示。

后端服务及某些PCM Connect应用服务可在PCM4.1接收器中显示。PCM Connect应用服务可完全显示在智能手机上。

通过LTE、Wi-Fi（热点）等可用的在线接入选项可实现互联网连接。为了方便地使用所有服务，需要具备智能手机和其他已启用的SIM卡。

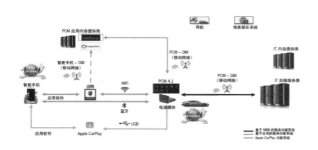

图 2-8-298

（十）"设备"菜单项

菜单项"设备2017年款"可以与车辆建立移动网络连接。这允许通过智能手机直接访问和选择智能手机信息，如应用、联系人和管理器预约。

1.菜单导航

"设备" > "设备管理器" > "设备选择"。

"设备" > "设备管理器" > "搜索新设备"。

"设备"图标如图2-8-299所示。

图 2-8-299

2.打开设备管理器并建立连接

"设备" > "设备管理器" > "搜索新设备"。

之前已连接到PCM4.1的所有设备均已列出。设备管理器可引导用户浏览用于将PCM4.1连接到外部源的众多选项。设备管理器如图2-8-300所示。

图 2-8-300

可能出现以下状态颜色：绿色（已启用）、白色（可启用）、灰色（未连接/无法访问）。

3.配置之前连接的设备

"设备" > "设备管理器" > "设备选择列表"。

已通过蓝牙与PCM连接的电话作为通过Wi-Fi的数据连接启用。然后即可访问智能手机上的音乐，例如，设备选择列表如图2-8-301所示。

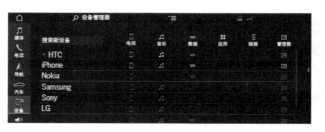

图 2-8-301

4."选项"菜单

"设备" > "设备管理器" > "选项" > "电话""蓝牙""Wi-Fi""数据连接""PCM热点""删除已配对的设备"。

可在"选项"菜单中建立或删除不同的连接选项，如Wi-Fi、蓝牙或PCM热点。

5.建立与启用蓝牙设备的选项菜单连接

"设备" > "设备管理器" > "选项" > "蓝牙"。

蓝牙可用于将终端设备与车辆中的PCM4.1进行连接。设备管理器如图2-8-302所示。

图 2-8-302

6."选项"菜单–与Wi-Fi建立连接（无线局域网）

"设备" > "设备管理器" > "选项" > "Wi-Fi"。

Wi-Fi表示无线局域网，不同设备（例如智能电话、平板电脑或笔记本电脑）可以连接到Wi-Fi

以便交换数据或者获得对互联网的安全访问。

可通过电话模块中的Wi-Fi功能与其他SIM卡一起建立Wi-Fi热点。这表示支持Wi-Fi的设备可通过车辆中的此热点与互联网连接。

可通过PCM4.1中集成的电话模块及相应外部天线建立更稳定更快的移动网络连接，然后就可以在接收信号较弱的区域改进传输。

建议将具有可能的最高数据量的其他启用了数据的SIM卡用于所有Porsche Connect服务。为此，您需要与手机提供商签订单独的资费合约。

7."选项"菜单–与热点建立连接

另外，PCM4.1也可以作为Wi-Fi客户端连接到由智能手机建立的热点。但是，此模块具有以下缺点：连接到电话模块的PCM4.1外部天线始终拥有更好的接收效果；必须始终首先启用智能手机上的热点；接听电话期间，可能没有数据连接可用，因此没有Connect服务可用。

（十一）"声音"菜单项

1.菜单导航

"声音" > "均衡" > "设置"："渐变""均衡"。

"声音" > "音调" > "设置"："低音""高音"。

"声音" > "音量" > "设置"："交通公告""路线导航""停车辅助系统""停车时的音量""AUX""蓝牙""警告音""音频""麦克风音量""铃声音量""信息提示音""通话时导航系统静音""触摸音设置"。

"声音" > "系统">环绕DAB、线性DAB、环绕声音响、Sound True DAB、Audio Pilot。

2.打开"声音"菜单

"声音" > "均衡" > "渐变""均衡"。

根据所安装的音响系统，PCM的所有音频设置都可以在菜单中调节，可以调节座舱内的均衡和音频特性。为此，光标必须移动到所需位置。"声音"图标如图2-8-303所示，声音音频设置如图2-8-304所示。

图 2-8-303

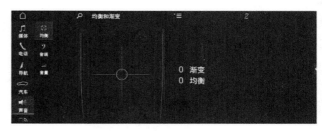

图 2-8-304

3.调用音调设置

"声音" > "音调" > "低音""高音"。

音响系统的扬声器的高音和低音设置可以在"音调"子菜单中调节。可以直接在级别圈中用手指进行更改。声音音调如图2-8-305所示。

图 2-8-305

4.打开音量控制

"声音" > "音量" > "选择列表"。

各个系统的音量可在"音量"子菜单中调节。音量控制如图2-8-306所示。

图 2-8-306

二十、音响系统

除标准Hifi音响系统外，全新Panamera还提供了比BOSE®和Burmester®在技术上显著增强的音响系统，如表2-8-9所示。

表 2-8-9

	Hifi 音响系统
音箱数量	10
系统总功率	150 W

	Bose® 环绕声音响系统
音箱数量	14
系统总功率	710 W
副低音音箱	无源副低音音箱
放大器	数字放大器
声音	Centerpoint® 技术 Sound True®

	9.9.1 Burmester® 3D 高端环绕声音响系统
音箱数量	21
系统总功率	1455 W
副低音音箱	400 W 有源副低音音箱
放大器	D 级数字放大器
声音	Sound Enhancer® 3D 声音技术

（一）BOSE®环绕声音响系统

BOSE®环绕声音响系统带有14个音箱、独立的副低音音箱、14个放大器频道和710 W的总功率，可提供极其均衡、保真的声音。Centerpoint®2技术支持在环绕声模式下再现立体声源，从而创造超凡的空间声音体验。AudioPilot®噪音补偿技术可确保享受的声音体验不受车辆驾驶速度或发动机转速影响。驾驶噪音可通过麦克风检测到，并通过由数字信号处理计算出的与频率有关的音量补偿系数实时进行补偿。BOSE®环绕音响系统概览如图2-8-307所示，BOSE扬声器如图2-8-308所示，BOSE放大器如图2-8-309所示。

图 2-8-307

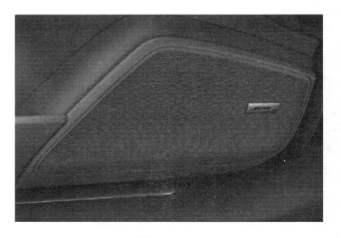

图 2-8-308

图 2-8-309

Bose Sound True®增强技术可解决当前常用音乐补偿技术的常见问题，例如MP3压缩。通过恢复高频范围中丢失的组件，遭受损失的音乐再次复活。压缩导致的浊音越来越清晰，并再次在空间上进行定义。可以更动态地和逼真地再现不同的声源。

（二）Burmester® 3D高端环绕声音响系统

Burmester® 3D高端环绕声音响系统提供1455 W的总功率。它采用21个可单独启用的音箱、一个双向中心系统和一个400 W有源副低音音箱。新款Panamera的21个扬声器经过了全面改进。音箱由压铸铝制成，并搭配高效钕磁铁电机进行安装。这不仅仅能提高扬声器的效率，还会进一步增强音乐重现的动态响应。所有低音频道的输出级也进行了升级，可激活前后门的扬声器和副低音音箱。现在它们的设计采用了D级技术。这可降低功率损耗并确保为低音再现提供更高功率储备。Burmester® 3D高端环绕声音响系统概览如图2-8-310所示，Burmester放大器的安装位置如图2-8-311所示。

图 2-8-310

图 2-8-311

独特的Burmester®气动式变压器也进行了优化。特殊的锻铝技术使膜片更轻，从而再次改进可能的最小震动质量与可能的最大膜片区域的比率。结果非常精确、清洁和清晰的高频率输出，没有任何锐度。

可以更真实和清晰地感受声音和音乐仪表。尤其在高频率输出和动态响应的领域，该算法可显著改进音乐再现质量。Panamera中的一个创新是Auro3D®格式。The Auro 3D®技术旨在实现出色的音乐再现，并在A柱中使用两个附加的扬声器根据著名的Galaxy Studio的空间感在新款Panamera中制造声音。这被认为是完美音乐重新的全球参考标准。

通过Burmester® 3D高端环绕声音响系统中的所有这些改进，该系统提供比以前更吸引人的感人体验，与客户个人的音乐品味无关。这是因为系统可以完美再现所有音乐类型。

Burmester音箱如图2-8-312所示，Burmester D级放大器如图2-8-313所示。

图 2-8-312

图 2-8-313

Burmester D级放大器位于右侧前乘客侧脚坑的前壁上。

二十一、天线概览

图2-8-314概括显示了Panamera 2017年款车型中最常用的天线。还有其他天线用于实现多种多样的功能，例如：遥控器(VCL)、免钥匙出入和启动系统(KESSY)内部和外部天线。

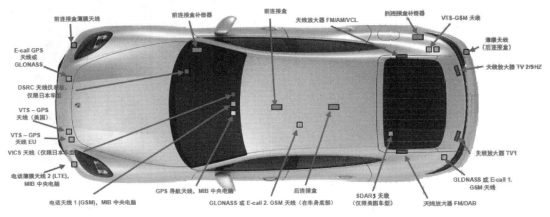

图 2-8-314

（一）天线放大器FM/DAB/TV/AM/FZV/SHZ

Panamera G2中安装了3个天线放大器，用于不同的天线信号，如DAB、FM或AM。还安装了一个天线放大器用于放大辅助加热器的无线电信号。各个天线放大器的任务是放大传输频率的天线信号，从而保证完美的接收质量。

Panamera G2后盖中后窗的四周装有天线放大器。天线放大器如图2-8-315所示，天线放大器安装位置如图2-8-316所示，天线放大器功能示意图如图2-8-317所示。

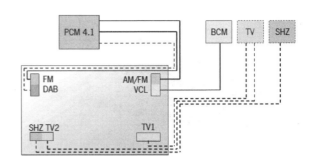

AM-调幅　DAB-数字音频广播　FM-调频
VCL-中控锁遥控器　PCM-保时捷通信管理系统
SHZ-辅助加热器　TV-电视调谐器
TV1-电视调谐器1　TV2-电视调谐器2

图 2-8-317

（二）GPS导航天线

全球定位系统（GPS）天线检测来自导航卫星系统用于全球位置定位的信号。GPS天线位于前车顶控制台中。GPS天线如图2-8-318所示，GPS天线的安装位置如图2-8-319所示。

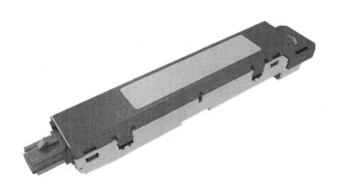

图 2-8-315

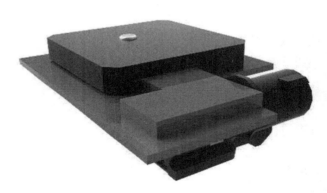

图 2-8-318

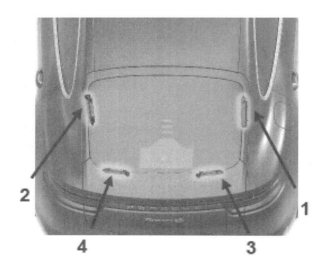

1-AM/FM天线放大器和中控锁遥控天线放大器
2-FM/DAB天线放大器　3-电视调谐器天线放大器
4-辅助加热无线电接收器放大器

图 2-8-316

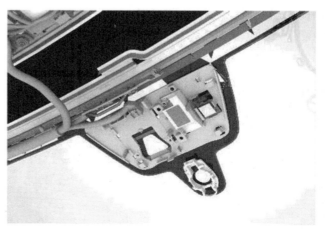

图 2-8-319

（三）GSM电话天线1，MIB中央电脑

GSM（全球移动通信系统，最初为Groupe Spécial Mobile）标准覆盖所有数字移动通信网络、拓扑以及电路切换和数据传输以及短信传输。它是最普遍的全球移动通信标准。GSM天线位于前车顶控制台中。GSM天线如图2-8-320所示，GSM天线的安装位置如图2-8-321所示。

图 2-8-322

图 2-8-320

图 2-8-323

（五）VTS-GSM天线

PVTS（保时捷车辆跟踪系统升级版）GSM天线用于在遭盗窃时提供车辆的位置。此功能可选，与相关VTS天线相似。

PVTS GSM插入前支撑中。美国和欧洲的安装位置可能不同。欧洲车型的安装位置如图2-8-324所示，美国车型的安装位置如图2-8-325所示。

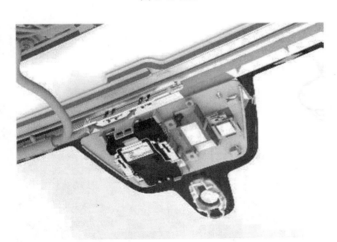
图 2-8-321

（四）PVTS GPS天线

PVTS（保时捷车辆跟踪系统升级版）GPS天线用于在遭盗窃时提供车辆的位置。

PVTS GPS天线插入前支撑，可选装。PVTS GPS天线如图2-8-322所示，前支撑上PVTS GPS天线的安装位置如图2-8-323所示。

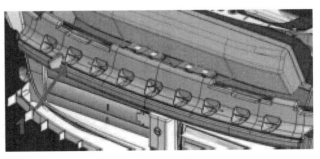
1-GSM天线的安装位置，欧洲车型
图 2-8-324

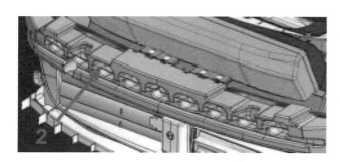

2-GSM天线的安装位置，美国车型

图 2-8-325

（六）LTE电话薄膜天线2，MIB中央电脑

长期演进技术(LTE)是第四代无线通信标准的代表。LTE标准旨在支持移动设备永久连接到互联网。LTE薄膜天线用于Connect服务的拓扑和数据传输。此外，前薄膜天线安装前连接盒在沿行驶方向右侧。LTE薄膜天线胶合在前模块左右两侧以及后模块中。前部模块中的LTE薄膜天线如图2-8-326所示。

1-LTE电话薄膜天线2，MIB中央电脑　2-前连接盒薄膜天线

图 2-8-326

（七）SDARS天线（美国）

在北美，卫星辅助无线系统的SDARS（卫星数字音频广播服务）天线位于后盖中。SDARS天线如图2-8-327所示，SDARS天线在后盖中的安装位置如图2-8-328所示。

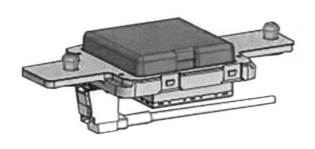

图 2-8-327

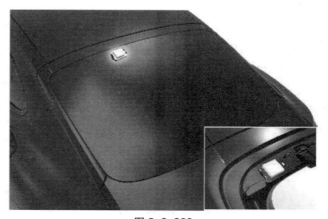

图 2-8-328

（八）DSRC天线（仅限日本车型）

DSRC（专用短距离通信）天线用于采用红外或无线信号的短距离通信。DSRC天线用作选票收集和交通堵塞报告的无线技术。美国、欧洲和日本的DSRC标准化方法不同。DSRC天线安装在PCM4.1 TFT显示器顶部和后部仪表板中的支架上。DSRC天线（仅限日本车型）如图2-8-329所示，DSRC天线的安装位置如图2-8-330所示。

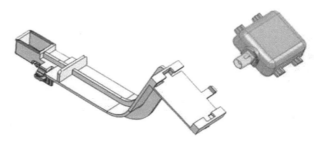

图 2-8-329

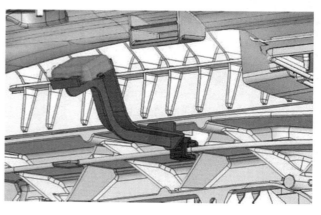

图 2-8-330

（九）VICS天线（仅限日本车型）

在日本，VICS（车辆信息和通信系统）天线

用于道路和交通信息。它位于挡风玻璃上车顶控制台的左侧。它从内部通过胶黏垫固定。VICS天线（仅限日本车型）如图2-8-331所示，VICS天线的安装位置如图2-8-332所示。

图 2-8-331

1-VICS天线（仅限日本车型）　2-车顶控制台
图 2-8-332

二十二、Porsche Connect

"Porsche Connect"将随着保时捷Panamera（G2）的发布一起上市，为新车辆和现有车辆带来新的服务。现有PCM4.0的功能性将随之大大提升。随991II一起推出的Porsche Connect功能将得以保留。下面提供新服务概览、重新设计的设备管理器、PCM Connect应用扩展和新的支持媒体。

可用服务可能因国家和地区而不同。

（一）Porsche Connect门户

如要使用保时捷Panamera（G2）中的服务，用户必须在Porsche Connect互联网门户上注册。车辆用户最好在车辆移交前执行此流程。此处特别重要的是接受条款和条件。完成此流程后，车辆用户会收到所谓的配对代码。然后车辆用户可通过此配对代码登录PCM，从而充分利用个性化服务。

例如，Porsche Connect门户允许车辆用户个性化服务，而且还可购买其他服务或延长现有服务的期限。

（二）服务

增强版PCM（保时捷通信管理系统）是用于音响、导航和通信的中央控制单元。

"应用"视图中可为驾驶员提供各种服务。从此处还可以访问PCM各种子菜单中的其他服务。

以下服务可在保时捷Panamera(G2)上市时使用（已在991II中熟悉的Porsche Connect服务除外），相应功能在各市场中可用：驻车、燃油价格、充电站、活动信息、天气、新闻、列车信息、航班信息、Twitter、语音搜索兴趣点、门户列表兴趣点、门户兴趣点、语音输入及播报、在线地图更新、礼宾服务中心（在中国和日本提供）。

1.可通过"应用"视图访问的服务（图2-8-333）

以下服务可通过"应用"视图直接访问。用户可通过在"应用"视图中选择标头栏中的用户图标使用配对代码登录。

图 2-8-333

（1）驻车（图2-8-334）。"驻车"服务可以显示当前位置区域中、目的地或任何地址附近的空位。如果驾驶员想要把车开到一个免费停车场，可以使用导航系统来完成。如果有的话，将显示附加信息，如价格、付费方式或营业时间。可以根据距离或供应情况对这些结果进行排序。

图2-8-334

（2）燃油价格（图2-8-335）。对于"燃油价格"服务，将显示所选燃油等级的所有加油站。可以在当前位置周围、沿着某一路线或者在任何地址附近，于一定半径内对加油站进行搜索。可以根据价格或距离对结果进行排序。也可以根据供应商进行自由文本搜索。可以将找到的加油站选择为导航目的地或收藏。

图2-8-335

（3）充电站（图2-8-336）。"充电站"服务仅对相应的车辆显示。对于"充电站"服务，将显示可使用的充电站、其容量和当前占用情况。可以在当前位置或中途停留地周围，或者在目的地或任何地址附近，于一定半径内对充电站进行搜索。还可以将找到的充电站选择为导航目的地。

图2-8-336

（4）活动信息（图2-8-337）。"活动信息"服务提供关于车辆、目的地或任何地址附近音乐会、剧场演出、电影院排片、博物馆、美术馆、体育活动、交易会以及夜生活的信息。可以根据活动类型、价格、距离或日期对这些结果进行排序。还可以将找到的活动地点选择为导航目的地。

图2-8-337

（5）天气（图2-8-338）。"天气"服务提供关于当前位置、目的地或任何其他位置的当前天气和天气预报的信息。还可以通过"选项"菜单在导航地图内显示天气信息。地图显示中的天气图标如图2-8-339所示。

图2-8-338

图2-8-339

（6）新闻（图2-8-340）。"新闻"服务可以在PCM上直接显示新闻。根据所在的国家/地区，可能将一定数量的新闻订阅设置为出厂默认订阅。用户可通过Porsche Connect门户添加其他新闻订阅。然后当用户通过已在Porsche Connect门户显示的配对代码登录PCM时，可以访问这些订阅。因此，此服务是一项个性化服务。

图 2-8-340

（7）列车信息（图2-8-341）。"列车信息"服务可以显示最新的列车信息。例如，显示车辆位置或目的地或任意位置附近选定火车站的出发时间、列车编号或站台。

图 2-8-341

（8）航班信息（图2-8-342）。"航班信息"服务可以通过文本搜索找到机场或航班号。可以搜索车辆或导航目的地附近的机场。可以显示有关当前航班的信息，如到达、出发、航站楼、航空公司、航班状态和机型。还可以接受所选择的机场作为导航目的地。

图 2-8-342

（三）可通PCM子菜单访问的服务

（1）语音搜索兴趣点（图2-8-343）。使用

语音识别可以通过关键字或自由文本进行导航目的地搜索。会在PCM中的一个列表里显示这些结果，并带有姓名、地址和电话号码（如果有）。如果有的话，还可以显示附加信息，如营业时间和评级。在导航在线查找中通过选择麦克风图标可启用该功能。语音搜索兴趣点如图2-8-344所示。

图 2-8-343

图 2-8-344

（2）门户列表兴趣点（图2-8-345）。对于"门户列表兴趣点"服务，客户可以从第三方选择兴趣点列表，如POI Plaza或POI Base，并于车辆PCM中在Porsche Connect门户上的个人区域里设置显示/供应情况。

图 2-8-345

使用配对代码登录PCM后，可在以下位置加载和选定兴趣点：兴趣点-所有类别-个人兴趣点。访问门户兴趣点如图2-8-346所示。

图 2-8-346

（3）门户兴趣点（图2-8-347）。对于"门户兴趣点"服务，客户可以在Porsche Connect门户上的个人区域里创建自己的目的地并使这些在车辆上可用。

图 2-8-347

客户可以在Porsche Connect门户上通过关键字搜索目的地，然后进行相应创建。使用配对代码登录PCM后，则可在以下位置选定目的地：目的地收藏夹-门户兴趣点。访问门户兴趣点如图2-8-348所示。

图 2-8-348

（4）语音输入及播报（图2-8-349）。使用"编辑文本"语音指令或"控制器"菜单中的"编辑文本"可以通过语音控制来口述短信。口述的短信出现在PCM显示屏上以供检查，需要时可以更正。服务的可用性取决于所使用的智能电话。

图 2-8-349

（5）在线地图更新（图2-8-350）。在线更新确保导航地图资料始终是最新的。用户可直接下载和安装可用更新。如果互联网连接断开，一旦连接恢复可以随时继续更新。可通过"导航数据库更新"下地图显示中的"设置导航"菜单开始软件下载。地图更新如图2-8-351所示，可用更新如图2-8-352所示。

图 2-8-350

图 2-8-351

图 2-8-352

（6）礼宾服务中心。礼宾服务中心是客户在车内的私人助理，礼宾服务中心图标如图2-8-353

所示。它使得客户在驾驶时能够计划和预订路线目的地和行程，以及商务和私人活动。可提供电话支持，如果愿意的话，可以向PCM发送兴趣点地址或个人目的地。礼宾服务中心还有可能提供酒店或餐馆预订。最初，将只在中国和日本提供礼宾服务中心。

图 2-8-353

（四）设备管理器

使用设备管理器（如图2-8-354所示），可以轻松地通过蓝牙找到和连接新的智能手机，设备管理器可通过"设备"按钮进行访问。还可以通过Wi-Fi连接将智能手机与PCM相连接，以便能够使用基于PCM Connect应用的功能。

图 2-8-354

通过标头栏中的下拉菜单（图2-8-355）可以从设备管理器执行下列功能：配置电话设置；启用/禁用和配置蓝牙；启用/禁用和配置Wi-Fi，显示所有通过Wi-Fi连接至PCM的设备，将PCM连接到Wi-Fi热点；配置数据连接或启用/禁用漫游；通过"PCM热点"菜单选项，可以将其他设备接入移动互联网；还可以从存储器中删除已配对的设备。

图 2-8-355

（五）PCM Connect应用

PCM Connect应用功能随着Porsche Panamera（G2）的发布得以扩展。下列功能是对该应用原有功能的补充：快速访问当前的交通状况和搜索在线目的地，而无须打开该应用；通过电子邮件或WhatsApp发送导航目的地；"最后1 km导航"的使用（如果车辆不能到达PCM中指定的导航目的地，由智能手机接管进一步的路线导航）。

PCM Connect应用现也与Apple Watch兼容。可以使用以下功能：导航至车辆；PCM最后一个导航目的地的传输（最后1 km导航）；搜索新的导航目的地并传输到iPhone。

（六）维修车间的支持媒体

1.PCSI-Porsche Connect服务信息

随着Porsche Panamera（G2）的推出，PIWIS中将有供维修车间使用的新功能。PCSI-Porsche Connect服务信息提供快速、有针对性的Porsche Connect故障查找和诊断的可能性。

PCSI内部提供下列功能：快速查看目前中断的服务和服务器故障；对以前一段时期内中断的服务和服务器故障的历史搜索；输入VIN-显示客户所订购的功能和许可证有效期；输入VIN-显示所订购功能的故障；Porsche Connect特定故障查找媒体的集中访问。

2.PCS-Porsche Connect支持

可以由经销商向Porsche Connect支持提交问题，也可以由最终客户直接提交。Porsche Connect支持可提供支持，特别是在有关Porsche Connect的下列问题方面。

客户有与车辆无关的、经销商无法回答的Porsche Connect问题。

维修车间员工有使用所提供的信息媒体无法解决的Porsche Connect问题。维修车间员工可以在PCSI中找到Porsche Connect支持的联系信息。

第三章　保时捷新卡宴（9YA）车系新特性

第一节　发动机系统

在全新的2018年款Cayenne车辆上，采用了3种型号的汽油发动机：基本款的Cayenne配备单涡轮增压V6发动机，排量为3.0 L；Cayenne S配备双涡轮增压V6发动机，排量为2.9 L；Cayenne Turbo配备双涡轮增压V8发动机，排量为4.0 L。

3种发动机如图3-1-1所示。

2018款Cayenne属于该车型的第三代，前一代

V6 3.0L 单增压器　　V6 2.9L 双增压器　　V8 4.0L 双增压器

图 3-1-1

车型在中国市场也使用了3种发动机，2018年款Cayenne装备的新发动机与老款发动机的性能参数对比如表3-1-1所示。

表 3-1-1　3种新旧款发动机性能参数对比

车型	Cayenne		Cayenne S		Cayenne Turbo	
款式	旧款	新款	旧款	新款	旧款	新款
型号	3.0 机械增压	3.0 单涡轮	3.6 双涡轮	2.9 双涡轮	4.8 双涡轮	4.0 双涡轮
代码	CJT(M08EC)	DCBE	CUR(M4655)	DCA	CFT(M4852)	CVD
缸数 V 角	6 缸 90° V 形	6 缸 90° V 形	6 缸 90° V 形	6 缸 90° V 形	8 缸 90° V 形	8 缸 90° V 形
缸径（mm）	84.5	84.51	96	84.51	96	86
冲程（mm）	89	89	83	86	83	86
排量（cm³）	2995	2995	3604	2894	4806	3996
点火顺序	1-4-3-6-2-5	1-4-3-6-2-5	1-4-3-6-2-5	1-4-3-6-2-5	3-1-7-2-6-5-4-8	3-1-7-2-6-5-4-8
每缸气门数	4	4	4	4	4	4
最大增压（kPa）	190	150	120	180		200
单位容积压缩比	10.5 : 1	(11.2 ± 0.3) : 1	10.5 : 1	10.5 : 1	10.5 : 1	10.1 : 1
最大功率（kW/hp）	245/333	250/340	309/420	324/440	382/520	404/550
最大功率时转速（r/min）	5500 ~ 6500	5300 ~ 6400	6000	5700 ~ 6600	6000	5750 ~ 6000
最大扭矩（Nm）	440	450	550	550	700	770
最大扭矩时转速（r/min）	3000 ~ 5250	1340 ~ 5300	1350 ~ 4500	1800 ~ 5500	2250 ~ 4500	1960 ~ 4500

续表

升功率（kW/L）	81.8	83.5	85.7	111.7	79.5	101
升功率（hp/L）	111.2	113.5	116.6	151.7	108.1	137.5
标称怠速（r/min）	680	650	635	650	600	550
最高转速（r/min）	6500	6500	6700	6800	6700	6800
重量（kg）	185	186.5	193.2	190.8	224.8	231
曲轴箱	铝合金	铝制，深裙式设计	铝制，两件式（底板）	铝制，深裙式设计	铝制，两件式（底板）	铝制，深裙式设计
连杆轴承	$D=56$ mm	$D=56$ mm	$D=54$ mm	$D=56$ mm	$D=54$ mm	$D=56$ mm
气缸盖	铝质，两件式，梯形车架	铸铝	铝制，整体式	铸铝	铝制，整体式，横流冷却	铸铝
曲轴	锻造，4个轴承	锻造，4个轴承	锻造，4个轴承	锻造，4个轴承	锻造，5个轴承	锻造，5个轴承
曲轴轴承	$D=65$ mm	$D=65$ mm	$D=64$ mm	$D=67$ mm	$D=65$ mm	$D=65$ mm
连杆	钢制裂解式，长153 mm	钢制裂解式，长155 mm	钢制裂解式，长155.4 mm	钢制裂解式，长155 mm	—	钢制裂解式，长155 mm
活塞	铸铝	铸铝	锻铝	铸铝	锻铝	铸铝
气缸	珩磨铝	螺旋滑动珩磨的干内衬	Alusil螺旋珩磨衬套	螺旋滑动珩磨的干内衬	Alusil螺旋珩磨衬套	螺旋滑动珩磨的干内衬
进气门控制	正时	正时+气门升程	正时	正时+气门升程	正时+气门升程	正时+气门升程
排气门控制	—	正时	正时	正时	正时	正时
进气门直径（mm）	32.85	32	38.3	32	38.3	32
排气门直径（mm）	26.59	28	33	28	33	28
进气门升程（mm）	10	6/10	3.6/10.3	6/10	9.85	10.5
排气门升程（mm）	10	10	9.8	10	9.8	10
机油压力（kPa）	460	300	400	300	450	460
机油初次加注（L）	8.1	9.05	10	9.2	11.5	11
机油更换加注（L）	6.8	7.5	8.5	7.5	9.5	9.5

3.0 L单涡轮增压发动机和2.9 L双涡轮增压发动机除增压器数量不同、排量稍有差异外，其他完全相同。Cayenne和Cayenne S发动机舱视图及徽标如图3-1-2所示，Cayenne 3.0 L涡轮增压发动机的功率/扭矩曲线图（250 km/450 Nm）如图3-1-3所示，Cayenne S 2.9 L双涡轮增压发动机的功率/扭矩曲线图（324 km/550 Nm）如图3-1-4所示。

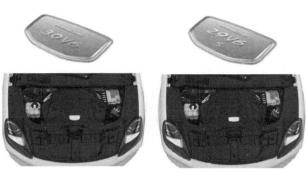

V6 3.0 L发动机舱视图和徽标　　V6 2.9 L发动机舱视图和徽标
图 3-1-2

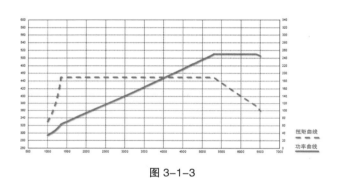

图 3-1-3

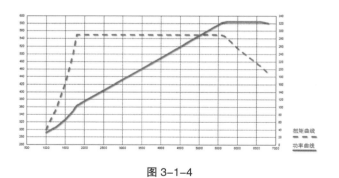

图 3-1-4

一、V6发动机技术亮点

（一）概述

V6涡轮增压汽油发动机的集团内部名称为EA839，该发动机具有出色的设计特性，例如深裙式曲轴箱、进气侧在外部、排气侧在发动机的内部

V形槽中，提高了发动机的工作效率且节省空间；铸铁气缸衬套和带错开曲柄销及平衡轴的曲轴传动装置也是在Cayenne车型上首次应用。

（二）气缸体（图3-1-5）

图 3-1-5

1. 曲轴箱

曲轴箱是使用亚共晶铝合金AlSi$_8$Cu$_3$通过沙铸工艺铸成的。气缸间距为93 mm，气缸孔直径为84.51 mm。

V6 3.0 L单涡轮增压版本与V6 2.9 L双涡轮增压版本之间的排量差异完全是因为冲程不同，因为使用了不同的曲轴，Cayenne车型的发动机冲程为89 mm，而Cayenne S车型的发动机冲程为86 mm。

深裙式曲轴箱。新款涡轮增压V6汽油发动机使用了深裙式曲轴箱。两代发动机曲轴箱对比如图3-1-6所示。

而前代发动机的曲轴箱由两部分组成，这款发动机用于CayenneS 2015—2017年款的车辆中。

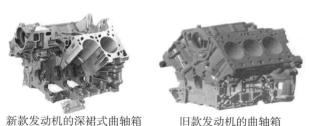

新款发动机的深裙式曲轴箱　　旧款发动机的曲轴箱
图 3-1-6

术语"深裙式"涉及的是曲轴箱的侧壁，也即侧壁延伸到远低于曲轴的水平高度。

曲轴箱不再像以往那样在曲轴中央位置水平划分为上部和下部。

曲轴由固定鞍座支撑而安放在曲轴箱的侧壁之

间，固定鞍座应从下面安装并用两个螺栓在水平和垂直方向固定到位，如图3-1-7所示。

图 3-1-7

通过采用这种螺栓连接的方法，不但为曲轴轴承总成增加了刚度，也从整体上减少了曲轴箱的材料。

2. 气缸套

气缸套由内镶的薄壁衬套构成，衬套的厚度为1.5 mm，成分是灰铸铁和片状石墨。带镶铸式气缸套的曲轴箱断面如图3-1-8所示。

图 3-1-8

气缸套使用珩齿夹具通过螺旋滑动珩磨进行机加工。通过配合采用其他措施，这种优化的珩磨工艺可以降低新款涡轮增压V6发动机中的内部摩擦。

（三）曲轴传动装置

2.9 L双涡轮增压发动机和3.0 L V6单涡轮增压发动机的曲轴传动装置结构相同。V6汽油发动机曲轴传动装置概览如图3-1-9所示。

图 3-1-9

1. 曲轴

2.9 L双涡轮增压发动机和3.0 L V6单涡轮增压发动机使用了不同的曲轴，3.0 L发动机的冲程为89 mm，而2.9 L发动机的冲程为86 mm。

这两种采用错开曲柄销式设计的曲轴均由锻钢制成，并采用T型排列的孔来润滑连杆轴承。错开曲柄销式曲轴如图3-1-10所示。

图 3-1-10

用于中间轴和正时传动机构的纵向传动装置安装在发动机的输出端上。皮带端上的链轮驱动燃油泵，而皮带轮（设计为扭振减震器）通过Hirth齿和中央锁定螺栓安装在曲轴上。

可通过定位销来确保正确地对齐皮带轮上的OT标记。

为了在V6发动机上实现具有90°气缸列夹角和120°曲轴弯程的90°定期点火偏移，3个曲柄销（每个曲柄销上都有2个连杆转动）需要偏移30°。

2. 曲轴轴承

主轴瓦由钢制衬壳、铝合金（用作轴承材料）以及耐磨损和应急操作涂层（PC-11IROX®聚合物涂层）构成。上部轴瓦具有可实现更好的机油走向的凹槽，轴向支承由第三号主轴承提供。

3. 正时传动机构的驱动

与前款Cayenne车型的发动机相比，新一代发动机3.0 L V6涡轮增压和2.9 L V6双涡轮增压汽油发动机上的正时传动机构是在输出端上驱动的。

曲轴的旋转运动通过压装的纵向齿轮传输到中间轴上的支撑齿轮，接着通过链条传动装置传输到两个气缸盖上。

4. 飞轮（图3-1-11）

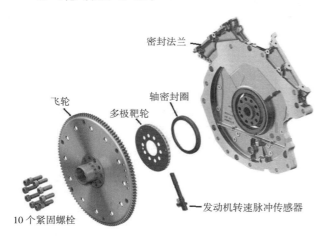

图 3-1-11

具有多极靶轮（磁环）的飞轮和传动板用10个螺栓固定到输出端的曲轴上。

5. 皮带传动装置的驱动

链轮热缩装配在发动机的皮带侧上，链条传动装置通过它来驱动机油泵。在皮带轮上具有Hirth齿的曲轴皮带端如图3-1-12所示。

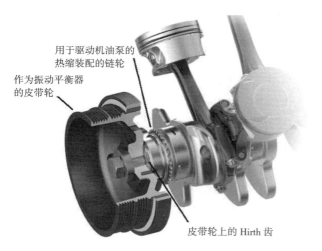

图 3-1-12

曲轴末端的Hirth齿接合到皮带传动装置的皮带轮中。除了Hirth齿之外，定位销还可以确保皮带轮上的TDC标记相对于曲轴正确定位。

（四）连杆活塞机构

1. 连杆

为了确保高转速下的可靠润滑，通过曲轴中T型排列的孔来向连杆轴承供油。

2. 活塞（图3-1-13）

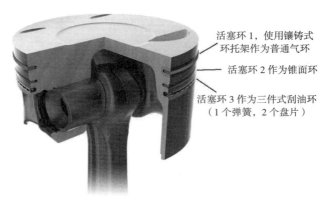

图 3-1-13

使用带有镶铸式环托架并且在活塞体上具有抗磨涂层的铸铝活塞来降低发动机中的内部摩擦。使用0.06 mm的相对较大的活塞安装间隙来降低内部摩擦。活塞顶的视图如图3-1-14所示，活塞的侧视图3-1-15所示。

图 3-1-14　　　　　图 3-1-15

3. 活塞销

由于设计方面的原因，活塞销也因活塞而异。

3.0 L单涡轮增压器发动机的活塞销直径为20 mm。

2.9 L双涡轮增压器发动机的活塞销直径为22 mm，这款发动机经改进可承受更高的载荷。

4. 活塞环

活塞环的切向力设计为尽可能低，以便减少发动机中的内部摩擦。

（五）油底壳

V6涡轮增压汽油发动机中的油底壳由铸铝的上部以及下部（用螺栓固定的钣金底盘）构成。带有挡油盘的机油导管插入油底壳的上部和曲轴箱之间。带附加部件的油底壳如图3-1-16所示。

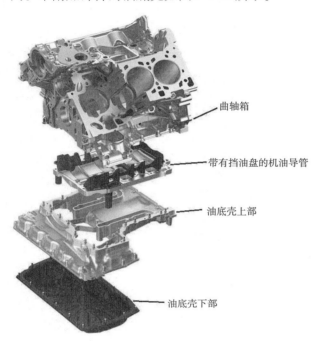

曲轴箱

带有挡油盘的机油导管

油底壳上部

油底壳下部

图 3-1-16

（六）气缸盖

V6涡轮增压汽油发动机中使用了高度集成的铝制气缸盖，其中的通道管路大体上集成在进气侧和排气侧。排气走向也额外由冷却液套筒包住。气缸盖进气侧的剖面图如图3-1-17所示，水套中整合式排气歧管的排气侧的剖面如图3-1-18所示。

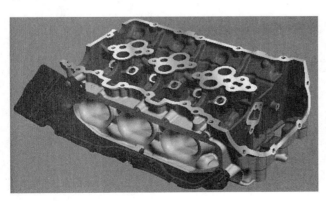

图 3-1-17

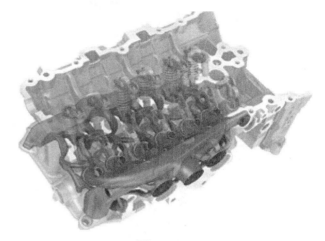

图 3-1-18

1. 气缸盖罩

凸轮轴发动机的气缸盖罩中得到支撑，进气和排气凸轮轴都通过气缸盖罩中的接合轴承座固定到位。

插入了轴向轴承垫圈的凹槽连接到进气凸轮轴中和用于轴向支撑的气缸盖罩的支撑点。

凸轮轴上的凸轮为排气凸轮轴提供轴向支撑，它们由凸轮轴轴承提供横向支撑。插入了凸轮轴的气缸盖罩如图3-1-19所示。

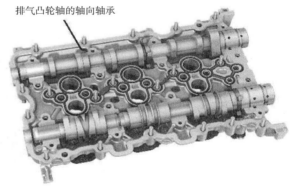

排气凸轮轴的轴向轴承

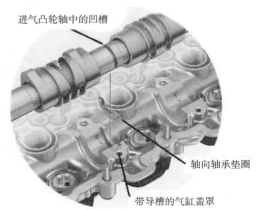

进气凸轮轴中的凹槽

轴向轴承垫圈

带导槽的气缸盖罩

图 3-1-19

用于减少气缸盖罩上噪音的举措。

两件式聚氨酯隔音垫安装在每个气缸盖罩的上方。带两件式隔音垫的气缸盖罩如图3-1-20所示。

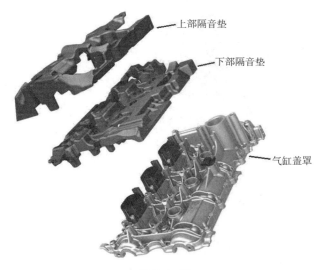

图 3-1-20

安装时必须遵守装配步骤的顺序。

拆解时，不得切割隔音垫，隔音垫损坏后必须更换。

（七）气门驱动

V6涡轮增压汽油发动机中使用了铸造合金（$AlSi_7MgCu_{0.5}$）气缸盖。带气门驱动装置的气缸盖如图3-1-21所示。

其设计特点包括：反向新鲜空气和废气管路（热侧位于内部）；整合式排气歧管；喷油器中置；气缸间距93 mm；使用了$AlSi_7MgCu_{0.5}$材料。

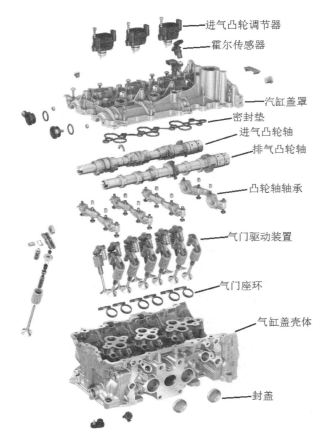

图 3-1-21

1. 气门驱动装置

在全新的V6涡轮增压汽油发动机中，也可发现输出端上此发动机系列的气门驱动装置的典型位置，如图3-1-22所示。

这导致甚至更紧凑的设计（发动机长度）。

此气门驱动装置的特性包括：

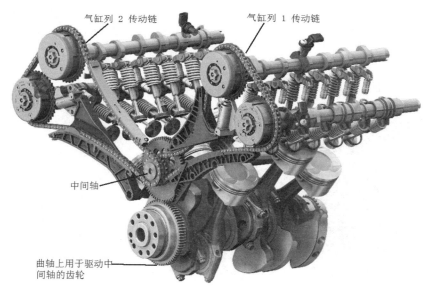

图 3-1-22

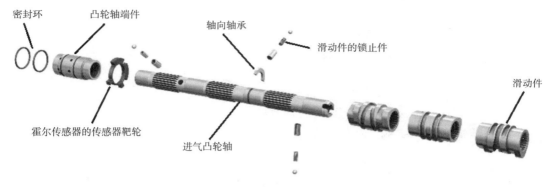

图 3-1-23

DOHC顶置双凸轮轴，每个气缸4个气门；摇臂和液压式补偿元件（液压挺杆）；进气侧上具有两个不同的凸轮升程和作用长度的气门调节装置（延长的米勒循环）；进气门：32 mm直径，已淬火并回火；排气门：28 mm直径，已淬火并回火，填充了钠的空心杆气门；进气门角度23.6°；排气门角度25.2°。

2. 凸轮轴

（1）进气凸轮轴，如图3-1-23所示。每个气缸使用一个凸轮调节器。每个凸轮件都具有两个凸轮轮廓用于这两个进气门。在发动机控制单元启用相应凸轮调节器中的线圈时，会发生切换到短凸轮冲程的过程。然后，由于凸轮轴上的凸轮件切换到短冲程，关联的凸轮从动件将会伸出。通过启用另一个线圈来切换到长凸轮冲程。

维修注意事项：在拆解进气凸轮轴时可以拆卸此凸轮轴上的凸轮件，它们不是机械标记或编码的。为了确保气门正时正确，在拆卸凸轮件后必须使用新的凸轮轴。

（2）排气凸轮轴。排气凸轮轴是组合式凸轮轴。每个凸轮轴都具有一个用于检测当前位置的传感器靶轮。两个凸缘凸轮用于轴向支撑滑动轴承上的凸轮轴。高压燃油泵由气缸列1的排气凸轮轴通过三段式凸轮驱动。

真空泵经由驱动器通过气缸列2的排气凸轮轴进行驱动。排气凸轮轴气缸列1如图3-1-24所示，排气凸轮轴气缸列2如图3-1-25所示。

3. 凸轮轴轴承

凸轮轴轴承整合到气缸盖罩中。气缸盖罩中的凸轮轴轴承（气缸列1）如图3-1-26所示。

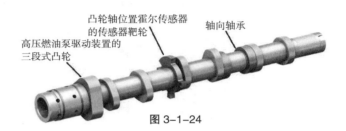

图 3-1-24

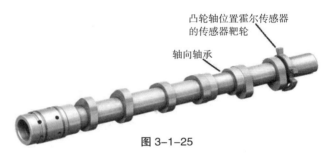

图 3-1-25

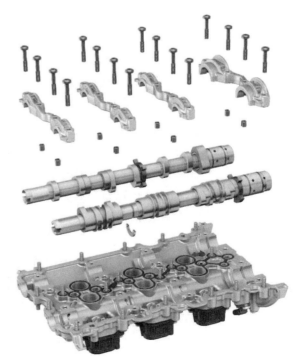

图 3-1-26

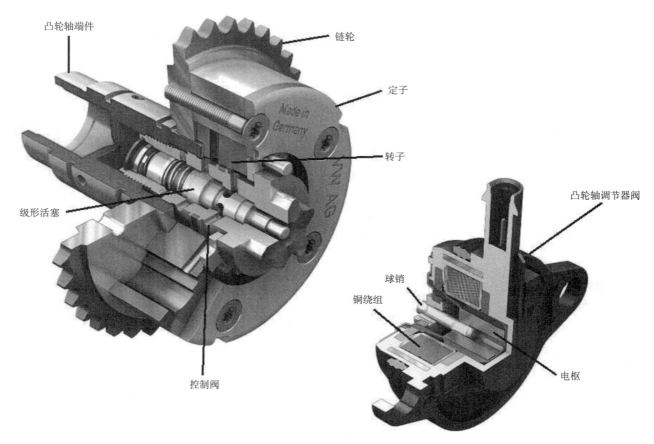

图 3-1-27

轴承上半部分是气缸盖罩的一部分，而下半部分由排气和进气凸轮轴上方的整体式轴承鞍座构成，它拧到气缸盖罩上。

4. 凸轮轴调节器

新款V6涡轮增压汽油发动机在每个气缸列上都安装了一个进气和排气凸轮轴调节器，使用液压叶片式调节器。带电磁阀的叶片式调节器如图3-1-27所示。

（1）进气凸轮轴调节器。叶片式调节器的调节范围是25°（50°曲轴转角）。如果电磁阀未通电，调节器将用弹簧加载式销锁止在延迟位置。

（2）排气凸轮轴调节器。叶片式调节器的调节范围是25°（50°曲轴转角）。如果电磁阀未通电，调节器将用弹簧加载式销锁止在提前位置。此处将安装一个附加弹簧，以便可靠地确保达到锁止位置。

（3）控制阀。凸轮轴调节器与控制阀一起拧到凸轮轴端件上，凸轮轴调节器电磁阀拧入两个上部链条箱盖中。

凸轮轴调节器阀由发动机控制单元通过脉冲宽度调制（PWM）启用。调节器销通过生成的磁力移到规定的位置。调节器销通过与压缩弹簧相反的力度，使用滚针将级形活塞移入控制阀。这可确保机油供应到叶片式调节器的相关室中。凸轮轴调节器将旋转，凸轮轴将移到要求的位置，并且受到相关霍尔传感器的监控。

5. 气门升程调节器

在新款Cayenne/Cayenne S的这两种新款V6汽油发动机上，气门升程调节是在进气侧执行的。排气侧不进行任何气门升程调节。

通过将相应的执行器销接合到Y形坡道，向左或向右移动凸轮件。这样就可以利用滑动件的不同凸轮轮廓线。

下面介绍如何实施两个不同的凸轮升程和作用长度。

在部分负载范围（米勒循环）中，实现了具有提前进气关闭功能的130°曲轴转角的非常短的进气打开持续时间。此外，两个进气门的气门升程被

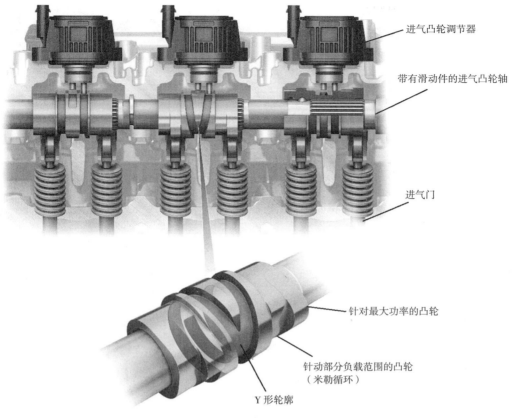

进气凸轮调节器

带有滑动件的进气凸轮轴

进气门

针对最大功率的凸轮

针对部分负载范围的凸轮
（米勒循环）

Y 形轮廓

图 3-1-28

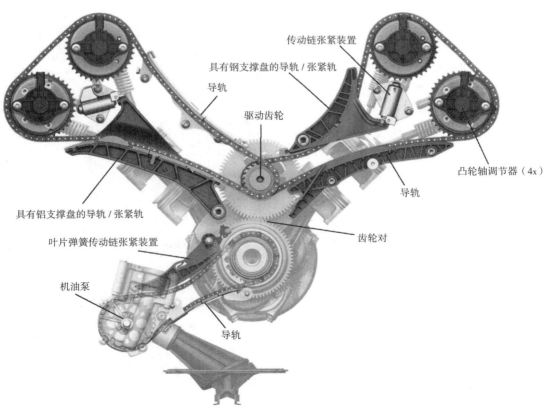

传动链张紧装置

具有钢支撑盘的导轨 / 张紧轨

导轨

驱动齿轮

凸轮轴调节器（4x）

导轨

齿轮对

具有铝支撑盘的导轨 / 张紧轨

叶片弹簧传动链张紧装置

机油泵

导轨

图 3-1-29

对称限制为6 mm。高于该部分负载范围时将切换到长凸轮冲程。完全冲程的凸轮轮廓是为最大功率而设计的。用于进气凸轮轴气门升程调节的部件如图3-1-28所示。

6. 正时传动机构

（1）正时传动机构的设计。正时传动机构的主要研发目标首当其冲是将重量和内部摩擦降至最低程度。此处使用8 mm的套筒链。凸轮轴调节器上的三角椭圆链轮由烧结铝制成，以便减少正时传动机构中的旋转质量。发动机输出端上的正时传动机构部件如图3-1-29所示。

该正时传动机构由曲轴通过齿轮配对（主要步骤）进行驱动。用于凸轮轴传动机构（辅助传动机构）的平衡轴和链轮由此驱动。驱动齿轮设计为张紧齿轮，以便降低噪音并且用于齿轮中的齿隙补偿。

聚酰胺纤维导轨和张紧轨用于引导8 mm正时链条。传动链张紧装置通过弹簧力操作和供应，因此通过机油压力进行减震。

7. 曲轴位置与皮带轮位置

（1）点火顺序。这一代V6汽油发动机具有涡轮增压、反向进气/排气管路（排气的高温侧位于内部）、90° 气缸列夹角和30° 错开曲柄销式等特性，选择的是所熟悉的用于保时捷V6汽油发动机的点火顺序1-4-3-6-2-5（出于与VR设计相关的设计原因，VR6发动机与此点火顺序有所偏差，使用的是1-5-3-6-2-4）。这可以使气缸列和气缸对的点火分配达到最佳水平，点火顺序如图3-1-30所示，同步运动活塞如图3-1-31所示。

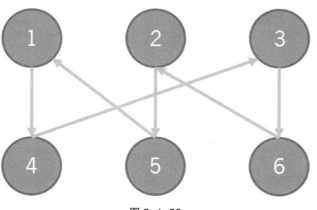

图 3-1-30

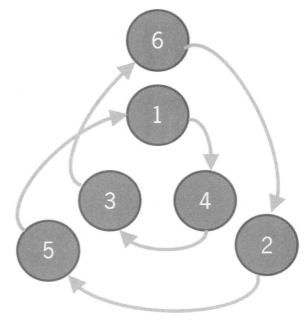

图 3-1-31

90° 气缸列夹角与每个错开曲柄销式30° 偏移相结合，可在每种情况下使一个活塞对（1和6；4和2；3和5）保持同步运动，从而确保得到合适、有利的发动机振动特性。

这种设计可确保曲轴与皮带轮的位置精准对齐。

曲轴传动装置用于进行检查和调整的精准定位过程是通过皮带轮中的锁紧孔和皮带轮外环上的切口来实现的。具有Hirth齿和定位销的曲轴端如图3-1-32所示。

用于对齐皮带轮上切口的铸造条

曲轴箱中的锁紧孔

用于安装皮带轮的定位销

图 3-1-32

使用定位销来确保皮带轮只能在一个位置安装到曲轴上。

（2）皮带轮锁紧位置。在锁紧位置，皮带轮中的12点钟位置有一个开口，可以将锁紧工具插入到位于曲轴箱中的孔中。

（3）皮带轮上的标记。此外，TDC位置还用皮带轮外圆周上的一个凹槽来标记，此凹槽必须与曲轴箱上对应的条相对齐。皮带轮处于锁紧位置的视图（气缸2处于TDC位置）如图3-1-33所示，皮带轮圆周和曲轴箱上的TDC标记如图3-1-34所示。

注意事项：由于新一代涡轮增压V6汽油发动机具有反向空气/排气管路（排气的高温侧位于内部），因此气缸1并没有与往常一样在TDC处标记锁紧位置，但气缸2（和气缸4）标记了锁紧位置。

（4）曲轴箱中的锁紧孔。锁紧工具的孔位于曲轴箱上气缸列2下方（沿行驶方向的左侧），对应的孔位于曲轴曲柄臂中（介于气缸5与3之间）。锁紧孔的螺塞如图3-1-35所示，曲轴曲柄臂贯穿锁紧孔的位置如图3-1-36所示。

图 3-1-33

曲轴箱上的铸造条
皮带轮上的凹槽

图 3-1-34

图 3-1-35

曲柄臂贯穿锁紧孔

图 3-1-36

曲轴箱中的锁紧孔通过螺塞来封闭。曲轴箱中锁紧孔的位置和螺塞如图3-1-37所示，曲轴箱内的曲轴曲柄臂贯穿锁紧孔如图3-1-38所示。

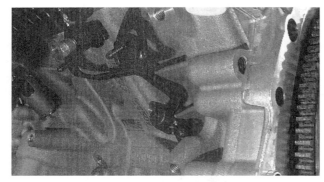

图 3-1-37

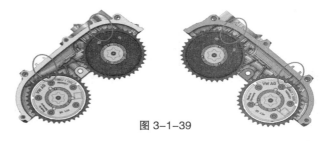

图 3-1-39

安装用于固定凸轮轴的锁紧跨接件。用于将凸轮轴固定在调节位置的锁紧跨接件如图3-1-40所示。

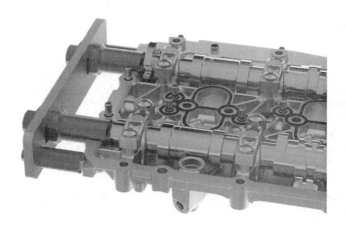

图 3-1-40

凸轮轴的位置通过轴末端的槽固定（使用锁紧跨接件），必须在将气缸盖罩安装到气缸盖上之前完成上述工作。

9. 用于设置正时的过程

通过在凸轮轴的锁紧跨接件和研磨位置上使用专用的销，确保凸轮轴和锁紧跨接件正确定位。

其次，使用锁紧螺钉将曲轴固定到位，锁紧螺钉通过曲轴箱上的孔拧入到曲轴曲柄臂（介于气缸5与3之间）。

在调节器中使用顶住工具垫圈预紧正时传动机构。

然后，用螺栓根据指定的拧紧顺序（初拧和最终拧紧）将调节器和凸轮轴连接在一起。

10. 平衡轴

内部V形槽中的平衡轴由曲轴上的齿轮驱动。它以发动机转速运转，与发动机的旋转方向相反。因此对一阶惯性矩进行补偿。为了减少内部摩擦，平衡轴安装在气缸体中的滚针轴承上。平衡轴如图3-1-41所示。

图 3-1-38

8. 凸轮轴调节器的三角椭圆链轮的对齐

在安装凸轮轴调节器时，由于链轮的三角椭圆形状，必须注意凸轮轴调节器的正确对齐。出于此目的，在链轮上有一个标记。必须根据气缸盖罩上的标记将凸轮轴调节器转到正确位置。三角椭圆链轮的位置如图3-1-39所示。

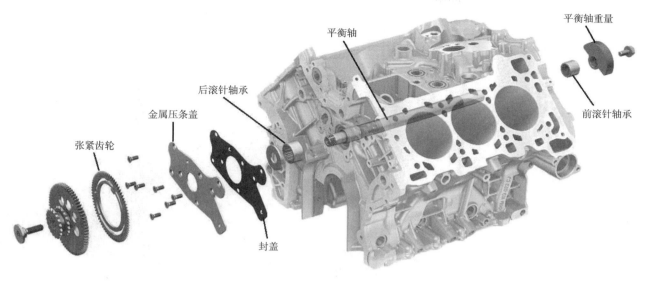

图 3-1-41

（八）进气系统组件

V6涡轮增压汽油发动机中的进气道主要集成在气缸盖中，进入的气体从节气门通过拧到气缸盖上的塑料进气分配器传送到喇叭形的进气口中，可以在进气通道的设计中省去进气歧管翼板。进气侧的剖面如图3-1-42所示。

图 3-1-42

（九）真空供应

用于供应真空的真空泵由气缸列2上的排气凸轮轴驱动。如果在发动机转速接近怠速时在进气道中存在真空，则在气缸列2的进气歧管上包括止回阀的连接也可以提供附加支撑作用。发动机中的真空供应部件如图3-1-43所示。

（十）排气歧管

整合式排气歧管也铸造在内部，四周额外由冷却液包围。这一出色的热传导设计对发动机的预热阶段有着积极影响，并因此可以减少耗油量。气缸

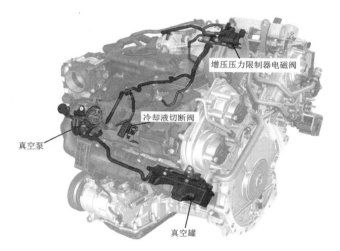

图 3-1-43

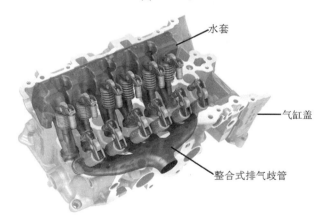

图 3-1-44

盖中整合式排气歧管的位置如图3-1-44所示。

（十一）润滑系统

对润滑系统的机油回路油道进行了新的设计，

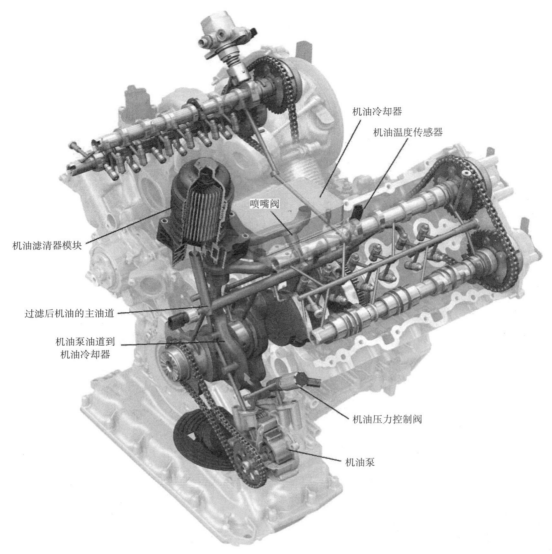

机油冷却器

机油温度传感器

喷嘴阀

机油滤清器模块

过滤后机油的主油道

机油泵油道到
机油冷却器

机油压力控制阀

机油泵

图 3-1-45

以便优化机油流动，从而尽可能减少压力损失。因此，可以进一步降低机油泵输出和机油泵的功耗，这有助于实现优异的总体发动机耗油量和排放水平。

1. 机油回路

机油回路（图3-1-45）的技术特性是：完全可变的图谱控制式叶片机油泵；切换的活塞冷却喷嘴；恒温控制式机油冷却器。

2. 机油泵

机油泵由发动机皮带侧上的曲轴通过7 mm的套筒链驱动。该链条由聚酰胺叶片弹簧传动链张紧装置张紧，并且没有液压减震。这一设计简单、坚

固并且成本低廉。此外，还可以减少机油循环量。机油泵如图3-1-46所示。

所需机油压力取决于负荷要求和发动机转速。使用不同的环境条件（例如发动机温度）进行计算。所需的机油压力在图谱中计算。单独不同系统（例如凸轮轴控制器、废气涡轮增压器、连杆轴承和活塞冷却）的要求需要考虑，并且确定机油压力控制阀信号。由于启用该阀（PWM），机油从主机油道流入泵控制室。泵中调节环的位置发生变化，因此供油速度和机油压力也会改变。部分供给如图3-1-47所示，最大供给如图3-1-48所示。

部分供给：控制室中的机油压力以及泵供给量

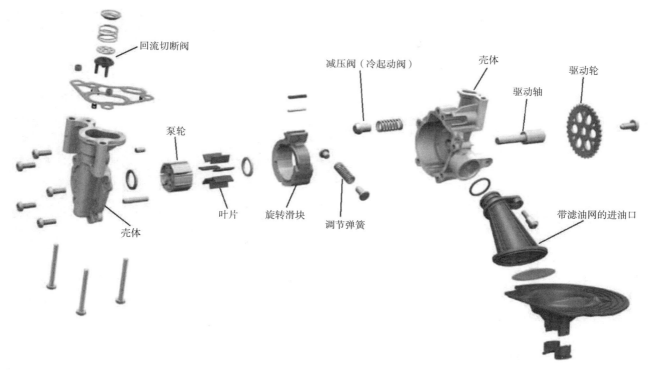

图 3-1-46

回流切断阀

减压阀（冷起动阀）　壳体　驱动轮

泵轮　　　　　　　　　　　　　驱动轴

叶片　旋转滑块　调节弹簧　　带滤油网的进油口

壳体

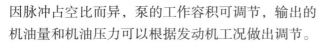

图 3-1-47

图 3-1-48

因脉冲占空比而异，泵的工作容积可调节，输出的机油量和机油压力可以根据发动机工况做出调节。

最大供给：未对控制室施压，旋转滑块偏转至最大限度，泵的工作容积最大，因此可以实现最大的机油压力和最大供给量。

3.机油滤清器模块

机油滤清器模块安装在发动机的内部Ｖ形槽中，很容易够到，更换时操作方便。

模块壳体包含一个止回阀，可以防止在发动机关闭时废气涡轮增压器中的机油油位下降。因此，在发动机启动后,在废气涡轮增压器润滑点处将非常快地累积所需的机油压力。

壳体左下侧有一个放油阀,在更换滤芯时,机油可以从机油滤清器模块流入油底壳。

机油滤清器模块(图3-1-49)的盖包含一个机油滤清器旁通阀,开启压力大约为250 kPa(相对压力)。

机油滤清器旁通阀

废气涡轮增压器止回阀

放油阀

图 3-1-49

4. 机油冷却器

机油的冷却在发动机的大多数工作范围中是不必要的。

如果机油冷却器被旁通,则整个回路中的压力损失将降低。然后,机油泵可以提供更低的供油速度。在冷启动后可以获得进一步的优势,因为缩短了对机油进行加热所需的时间。

机油冷却器上游安装的节温器用于打开和关闭旁路。在温度达到约110 ℃时它开始打开。整个横截面在机油温度大约为125 ℃时打开。带机油冷却器连接的机油滤清器模块如图3-1-50所示,旁路关闭;机油流过机油冷却器如图3-1-51所示,旁路打开;机油流经机油冷却器如图3-1-52所示。

5. 活塞顶冷却

对于新款V6涡轮增压汽油发动机,并非要求在所有运行状态下都通过喷射油来冷却活塞顶。因此,活塞冷却是可切换的。

通过增大机油压力对活塞进行冷却。如果超过了250 kPa(相对压力),喷嘴气门将顶着压缩弹簧力而打开,并且将发动机的主油道连接到活塞冷

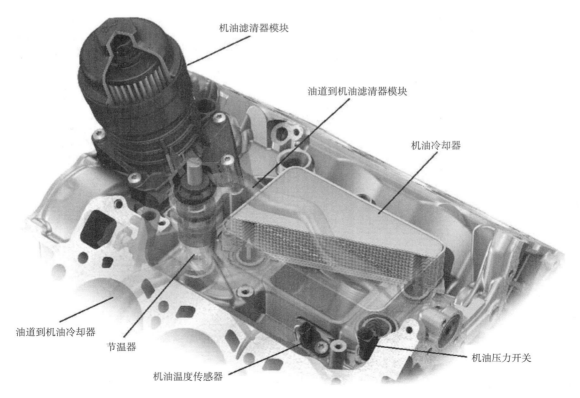

机油滤清器模块

油道到机油滤清器模块

机油冷却器

油道到机油冷却器

节温器

机油温度传感器

机油压力开关

图 3-1-50

图 3-1-51

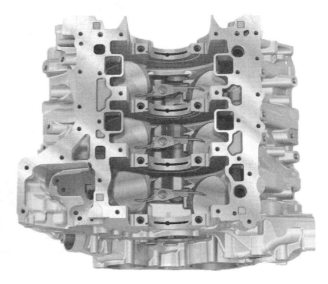

图 3-1-54

却喷嘴和机油压力开关所连接到的油道。该喷嘴气门拧入气缸体中机油冷却器下方。活塞顶冷却部件的安装位置如图3-1-53所示，活塞喷嘴的安装位置如图3-1-54所示。

6. 机油压控制阀和传感器、压力开关（图3-1-55）

（1）机油压力传感器。测量当前机油压力以便控制完全可变机油泵，机油压力数据通过SENT信号转发给发动机控制单元。

（2）机油压力开关。就喷嘴气门是否已关闭向发动机控制单元提供反馈，在30～60 kPa的范围

图 3-1-52

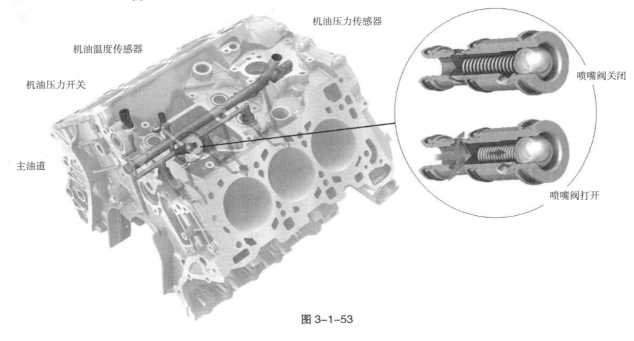

图 3-1-53

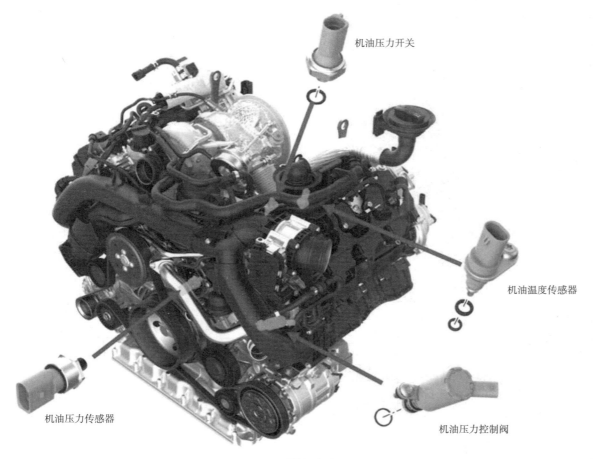

图 3-1-55

切换。

（3）机油温度传感器。NTC测量主油道中的当前机油温度。

（4）机油压力控制阀。由250 Hz、0～1 A下的12 V PWM输入信号启用。

故障保护：（故障安全）如果电动启用失败，机油泵将在高压电平下供油。

（5）机油油位和机油温度传感器。检测机油温度和机油油位，通过PWM信号转发有关机油油位和机油温度的信息。机油油位和机油温度传感器的安装位置如图3-1-56所示。

（十二）曲轴箱通风

在新款3.0 LV6涡轮增压汽油发动机中，曲轴箱通过气缸列2进行通风。

窜气在气缸体中机油挡油盘的下游消除。窜气经过油底壳上部和气缸体中的管道，传输至气缸盖。

图 3-1-56

通风模块用螺栓固定到气缸列2的气缸盖罩上，窜气在这里进行非常精细的清洁。

在机油收集室中收集在机油分离器模块中分离的机油，重力阀位于此处，在以下情况下此阀将打开：机油柱超过0.8 kPa；发动机已停止；发动机正在怠速运转。

1. 粗机油分离器

窜气的流量在大容量气缸盖中降低，大容量气缸盖充当粗机油分离器。

机油流过气缸盖和气缸体中的回油管，返回到油底壳。压力调节阀安装在机油分离器模块的出口，这是为−15 kPa曲轴箱压力设计的。根据发动机负荷，清洁后的空气在废气涡轮增压器的上游或节气门的下游引入。为实现此目的所需的自动、机械操纵式膜片阀整合在通风管中。发动机机油分离系统如图3-1-57所示。

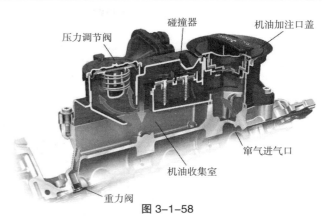

图 3-1-58

新款V6涡轮增压汽油发动机中的PCV系统位于气缸体的上方。通过将该系统安装在发动机的较热区域，可以防止在外界温度降低至−40 ℃时出现结冰。

新鲜空气通过内部V形槽中机油冷却器旁的连接进行引导，新鲜空气从发动机空气通道中去除。

可以从不同位置点去除空气，以便确保在所有发动机负荷状态下都供应空气。

自动操作的止回阀安装在通风管中作为控制件。

该系统设计用于最高60 L/min的通风量，通过送入点处安装的直径为1.5 mm的节气门来保证。发动机中的曲轴箱强制通风布置如图3-1-59所示。

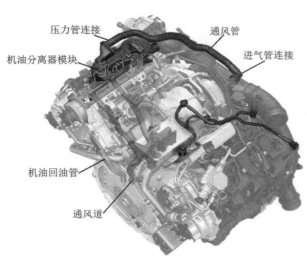

图 3-1-57

2. 精细机油分离器

在新款V6涡轮增压汽油发动机中，该系统由以下部件构成：带加油口盖支座的壳体、细机油分离器、压力调节阀、气缸盖罩密封垫、可靠的总成和固定螺钉、用于收集已分离机油的收集室、用于自动排空储液罐的重力阀，以及用于分配过滤后窜气的下游气门装置的连接，它安装在气缸盖罩上。

窜气通过机油加油口盖下带有挡板的室传入通风模块以便进行精细分离。两个碰撞器位于中间室中。在其中，窜气流经无纺纤维隔膜。无纺纤维隔膜的作用是分解油雾，将生成油滴。在反转流动方向后，由于重力，油滴将粘在下游挡板上。滴下的机油将收集在机油收集室中。精细机油分离器如图3-1-58所示。

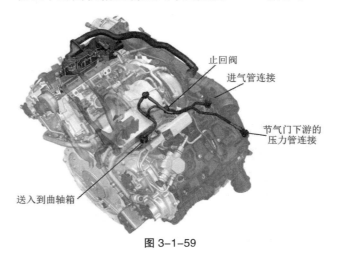

图 3-1-59

（十三）冷却系统

新款V6涡轮增压汽油发动机具有最新一代的革新性的热量管理系统，在开发时首要考虑的就是尽快让发动机达到工作温度。此外，整个系统设计为只会发生非常低的压力损失。为实现此目的，将许多管路整合到发动机的铸件中。冷却系统如图3-1-60所示。

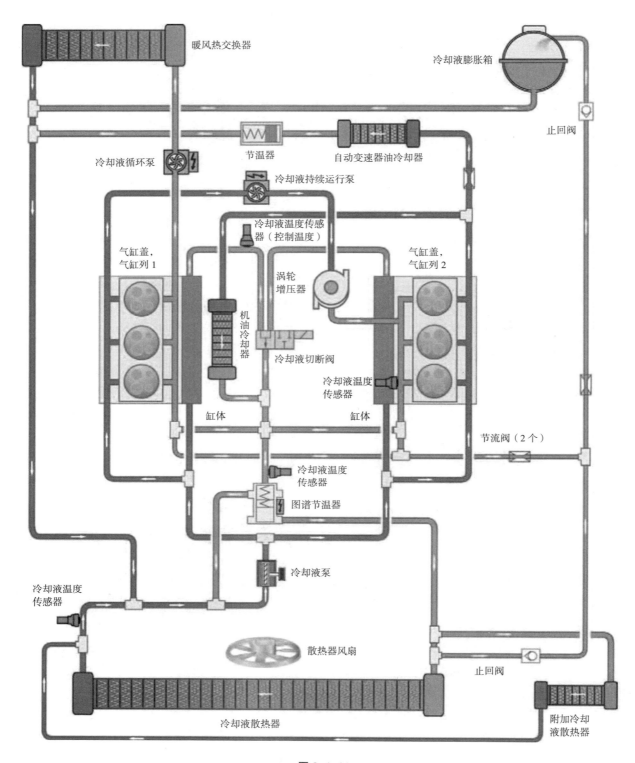

暖风热交换器

冷却液膨胀箱

止回阀

冷却液循环泵

节温器

自动变速器油冷却器

冷却液持续运行泵

冷却液温度传感器（控制温度）

气缸盖，气缸列1

涡轮增压器

气缸盖，气缸列2

机油冷却器

冷却液切断阀

冷却液温度传感器

缸体

缸体

节流阀（2个）

冷却液温度传感器

图谱节温器

冷却液温度传感器

冷却液泵

散热器风扇

止回阀

冷却液散热器

附加冷却液散热器

图 3-1-60

　　在新款热量管理系统中使用了以下部件（图3-1-61）：可切换冷却液泵、恒温控制式机油冷却器、可电动加热的节温器（图谱控制发动机冷却系统的节温器）、气缸盖和气缸体中的独立冷却回路。

图 3-1-61

1. 分流式冷却概念

冷却液切断阀安装在气缸列2的气缸盖前部。冷却液阀的安装位置如图3-1-62所示。

图 3-1-62

冷却液切断阀设计为机械旋转活塞阀。在启用时，活塞将使用真空单元通过联动装置旋转90°。它是由发动机控制单元通过气缸盖冷却液阀启用的。

如果切断阀未启用，则由于弹簧力的作用，它将保持打开。

从气缸体到气缸盖的冷却液流量可以被切断，以便发动机快速预热。然后，冷却液将只流过气缸盖和连接到它的部件，例如废气涡轮增压器、机油冷却器和乘客舱暖风装置。在对气缸体中的冷却液进行加热时，冷却液切断阀将打开。冷却液切断

阀打开如图3-1-63所示，冷却液切断阀关闭如图3-1-64所示。

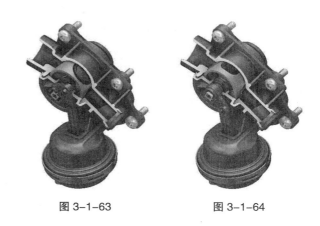

图 3-1-63 　　　　　 图 3-1-64

2. 气缸壁冷却

通过将气缸间距增加到93 mm（气缸孔径为84.51 mm），可以在气缸之间提供附加的冷却管道。气缸之间铸造冷却管路的开口如图3-1-65所示。

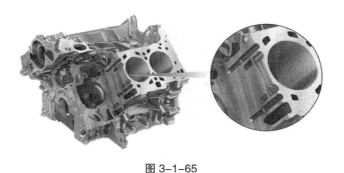

图 3-1-65

因此，和前代车型的V6发动机相比，此区域中的温度最多可降低20 ℃。

3. 冷却液泵（按需控制的）

冷却液泵位于发动机的前侧，始终通过聚合材料制成的V形皮带驱动。冷却液泵将冷却液送到发动机的左侧和右侧，再进入气缸体和气缸盖的冷却回路中。废气涡轮增压器、机油冷却器和乘客舱加热装置也整合在气缸盖回路中。冷却液沿对角方向纵向流经气缸体，气缸盖则具有横流式冷却系统。可切换的冷却液泵上安装有滑套，它通过真空移到泵轮上方，这意味着需要时可提供不流动的冷却液。由发动机控制单元和机械冷却液泵的转换阀启用。冷却液泵关闭如图3-1-66所示，冷却液泵打开如图3-1-67所示。

图 3-1-66　　　　　　图 3-1-67

4. 图谱控制式冷却液节温器

冷却液调节器安装在气缸体的前部。它控制所有冷却液流在小回路与大回路间的分配，并且将这些冷却液流转至冷却液泵。

图谱控制式节温器根据工作条件（负荷）控制发动机排气口处的冷却液温度。这是通过发动机排气口处的冷却液温度传感器测量的。冷却液节温器的安装位置如图3-1-68所示。

图 3-1-68

因此，在部分负载范围中，将保持高达105 ℃的温度，以便减少发动机中的内部摩擦。

当发动机负荷较高时，冷却液温度调整为90 ℃。

冷却液调节器由蜡膨胀元件控制，它会在达到开启温度时沿主要水冷式冷却器方向开启横截面。同时，旁通管道的横截面关闭。根据图谱，可通过蜡滤芯中的电动加热元件降低开启温度。加热元件是通过发动机控制单元启用的。通过工作电压（12 V）的PWM信号启用执行器。"PWM高"意味着通过电压启用加热，并因此得到低的冷却液温度。关闭的节温器的剖面图如图3-1-69所示，开启的节温器的剖面图如图3-1-70所示。

图 3-1-69

图 3-1-70

5. 辅助泵

为实现最佳的温度平衡，在新款V6涡轮增压汽油发动机上使用了两个辅助冷却液泵：冷却液持续运行泵和冷却液循环泵。

两个冷却液泵都通过来自发动机控制单元的PWM信号启用，因此，可以根据冷却回路中的相应热力学情况对泵的供给速度进行调节。

（1）冷却液持续运行泵。在某些工作条件下（最高车速或者上坡道驾驶和在外部高温下驾驶），在发动机关闭后冷却系统可能由于后加热效果而过热，这可以通过泵的持续运行来避免。当发动机关闭时，泵将根据在发动机控制单元中存储的图谱运行一段特定的时间。散热器电风扇也同时运行。还启用该泵以便支持机械主水泵。如果发动机达到其工作温度，则在发动机以怠速运转直至达到其中等发动机转速时，该泵将根据图谱执行操作。

（2）冷却液循环泵。该泵的启用请求来自空调控制单元。在以下情况下将启用冷却液循环泵：存在加热请求时、发动机在启动–停止模式下停止时和存在余热请求时。

这两个泵完全相同。它们通过螺栓安装到位于发动机后部的气缸列1气缸盖的链条箱盖上。辅助泵在发动机上的安装位置如图3-1-71所示。

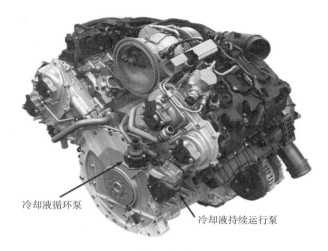

图 3-1-71

（十四）皮带传动装置

曲轴减震器通过聚合材料制成的V形皮带对辅助单元进行驱动。皮带传动装置由两部分组成，内部皮带传动装置驱动空调压缩机，外部皮带传动装置驱动发电机。整个皮带传动装置是免维护的。自动张紧装置为这两个皮带传动装置提供正确的皮带张力。皮带传动装置部件如图3-1-72所示。

图 3-1-72

第二节 DME 发动机电控系统

一、3.0 L V6 单涡轮增压发动机

（一）简介

在保时捷 Cayenne E3 2018 年款中使用 3.0 L V6 单涡轮增压发动机作为基本发动机。该款发动机由于其优异的性能和低耗油量，给人留下深刻印象。配备空气滤清器壳体和造型盖的 3.0 L V6 单涡轮增压发动机如图3-2-1所示。3.0 L V6 单涡轮增压发动机如图3-2-2所示，安装有空气滤清器和造型盖的发动机舱视图如图3-2-3所示。

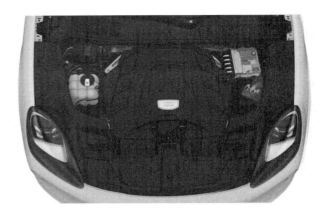

图 3-2-3

最重要的特点包括：每个气缸 4 个气门的两个上方凸轮轴；在内部 V 形槽（热侧位于内部）中带有整合式排气歧管和双涡旋式涡轮增压器的气缸盖；带平衡轴的正时传动装置；采用中置喷油器的燃烧过程（米勒燃烧过程）；具有 8000～25 000 kPa 的油轨压力的燃油直喷系统。

（二）技术数据（表3-2-1）

表 3-2-1

发动机类型	6 缸 90° V 形发动机
燃烧过程	DFI
排量（cm^3）	2995
冲程（mm）	89
缸径（mm）	84.51
压缩比	11，2
每个气缸的气门数	4
最大输出功率（kW/hp）	250/340
最大发动机扭矩（Nm）	450
点火顺序	1-4-3-6-2-5
排放标准	EU6

以上为摘录信息，其中的数据来自本书截稿时的最新数据，可能随时有所变更。

二、燃油系统

（一）燃油箱

燃油箱位于后排座椅区域中的车底。燃油箱的当前标准容量为 75 L。可以订购更大的 90 L 燃油箱作为选配。这两种情况下的储备量均为 13 L。燃油箱排列如图3-2-4所示。

1. 供油模块

供油模块包括电动三相交流燃油泵。此三相交流燃油泵通过泵预过滤器从涡流罐吸入燃油。辅

图 3-2-1

图 3-2-2

1-燃油箱　2-燃油管路
3-炭罐　4-再生管路
图 3-2-4

助室中的吸油喷射泵将燃油输送到涡流罐中。这确保了能够得到充足的燃油，即使在极端驾驶状况下也是如此。三相交流燃油泵输入的燃油还会由集成在供油模块中的精细滤油网进行过滤。燃油供应部件如图3-2-5所示。

集成的压力控制阀可将燃油低压限制为最高6 W或7 kPa 正压力。

为了确定燃油油位，在主油箱室和辅助油箱室中安装了油位传感器。

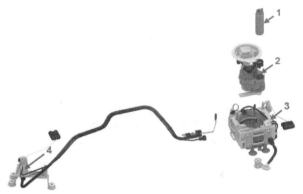

1-三相燃油泵　2-供油模块
3-带有油位传感器的涡流罐（主室）
4-带有油位传感器的吸油喷射泵（辅助室）
图 3-2-5

2. 油箱通风

油箱通过集成在油箱中的油箱通风阀以及所谓的储气罐进行通风。气体通过油箱通风阀流到储气罐中。要分离出的部分碳氢化合物已在储气罐中浓缩。气体通过储气罐流到活性炭炭罐中。

剩余碳氢化合物在炭罐中分离并存储。碳氢化合物通过循环阀循环输送到发动机的燃烧过程中。

3. 炭罐之间的差异

由于不同的法规要求以及由此导致的针对美国/韩国版本的附加装备，炭罐的其他国家和地区与美国/韩国版本存在差异。其他国家和地区的炭罐如图3-2-6所示，炭罐（美国/韩国）如图3-2-7所示。

图 3-2-6

图 3-2-7

4. 通风管之间的差异（图3-2-8）

在美国/韩国版本的通风管中，油箱诊断泵和空气滤清器滤芯是额外安装的。DME 控制单元可以通过油箱诊断泵检测到油箱系统内的泄漏，如图3-2-9所示。

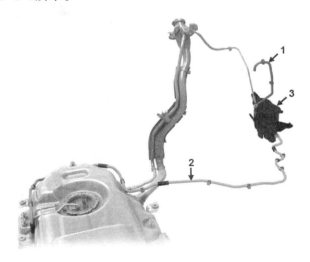

1-通风管　2-再生管路　3-炭罐
图 3-2-8

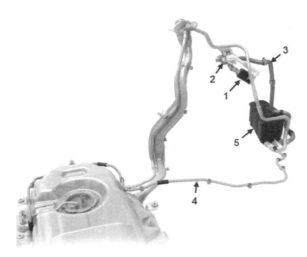

1-空气滤清器　2-油箱诊断泵
3-通风管　4-再生管路　5-炭罐
图 3-2-9

（二）燃油低压系统

1. 燃油泵控制单元

用于调节电动三相交流燃油泵的控制单元由 DME 控制单元通过脉冲宽度调制（PWM）启用。该 PWM 信号根据要设置的燃油低压而改变。该控制单元位于右侧后排座椅下方供油模块检修口护盖的底部，如图3-2-10所示。

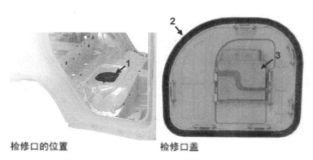

检修口的位置　　　　检修口盖
1-检修口　2-检修口盖　3-燃油泵控制单元
图 3-2-10

电动燃油泵中的速度控制功能可根据当前运行状态，将燃油低压调节为300～550 kPa 的压力之间。例如，针对满载要求或为了避免形成蒸气气泡，燃油压力在某段时间中升高。

根据燃油低压和供油速度，电动燃油泵的电流消耗在3～25 A（最大值）之间。

2. 燃油低压传感器

燃油低压传感器（SENT*）位于燃油高压泵附近的低压管路中（气缸列1）。该传感器用作 DME

控制单元的输入信号。如果燃油低压不同于目标压力，则相应调节泵供给量。可在某种程度上通过 DME 控制单元补偿三相交流燃油泵在其使用寿命内供油速度的可能降低。发动机部件燃油系统如图3-2-11所示。

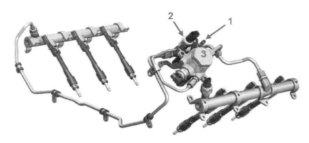

1-供油　2-燃油低压传感器　3-高压燃油泵
图 3-2-11

注：SENT 的全称是"单边半字节传输"（Single Edge Nibble Transmission）。这是一种数字的、时间编码传感器输出信号。

（三）燃油高压系统

此发动机配备直接燃油喷射（DFI）系统。高压喷油器位于中央与燃烧室中火花塞的相邻位置，以便优化混合气形成。7 孔高压喷油器可根据发动机的工作状态提供具有极高精确性的多喷射。火花塞和高压喷油器的位置如图3-2-12所示。

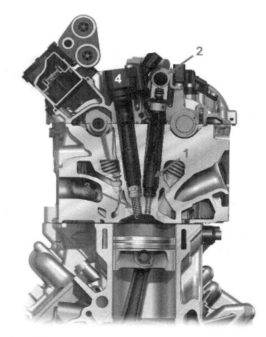

1-高压喷油器　2-高压油轨　3-火花塞　4-点火线圈
图 3-2-12

高压燃油泵由气缸列1的排气凸轮轴上的三段式凸轮驱动。可通过启用高压燃油泵上的油量控制阀，将燃油高压调节到8000～25 000 kPa之间。

当前燃油高压由燃油高压传感器（SENT）进行测量。信号由DME控制单元处理。在发生偏差时，可通过启用油量控制阀，将燃油高压调节到目标压力。燃油高压部件如图3-2-13所示。

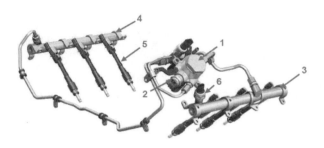

1-高压燃油泵　2-流量控制阀　3-气缸列1的燃油轨
4-气缸列2的燃油轨　5-高压喷油器　6-燃油高压传感器
图3-2-13

1. 高压喷油器（电磁控制）

高压喷油器由DME控制单元在最高约65 V的电压下启用。可根据发动机运行状态提供一次和多次喷射。高压喷油器配备7个喷孔。高压喷油器如图3-2-14所示。

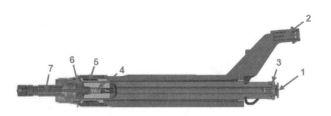

1-供油　2-电气连接　3-密封环　4-压缩弹簧
5-电磁线圈　6-电枢　7-喷油器针阀
图3-2-14

2. 喷油器监控

DME控制单元循环评估各高压喷油器的电流和电压特性；并且基于评估信息，计算喷油器的打开和关闭时间。这意味着DME控制单元可以均分生产公差并且执行高压喷油器的老化补偿。

此功能有助于实现特别高的喷射数量精确性，特别是在喷射量较少的情况下。

三、进气系统

（一）进气侧

发动机通过两根支管将新鲜空气从车辆前端吸入空气滤清器壳体。空气滤清器壳体自身放置于发动机舱的中心位置。空气滤清器壳体的顶盖还充当造型盖。在拆下该造型盖后，可以更换拧到并卡入空气滤清器壳体底部的空气滤清器滤芯。空气滤清器如图3-2-15所示。

1-新鲜空气进气口　2-空气滤清器滤芯
3-涡轮增压器进气口
图3-2-15

（二）压力侧

涡轮增压器压缩的进气通过两个增压空气冷却器进行冷却。两个增压空气冷却器平行排列。节气门上游的增压压力传感器测量当前的增压压力和空气温度。数字输出信号（SENT）用作DME控制单元的输入信号。如果测量出的增压压力不同于目标压力，则通过启用废气旁通压力单元的电控气动压力转换器对所需值进行相应调节。空气走向的整体视图如图3-2-16所示。

气流在节气门下游的两个气缸列之间分配。进气歧管压力传感器（节气门下游）测量节气门下游（SENT）的压力和温度，并且由DME控制单元用来计算吸入的气团。传感器的位置如图3-2-17所示。

此发动机中的进气歧管设计为由两部分组成。外侧部分（通过法兰安装到压力管上）通过螺栓安装到气缸盖上。空气管道的内侧部分铸造在气缸盖中。两件式进气歧管如图3-2-18所示。

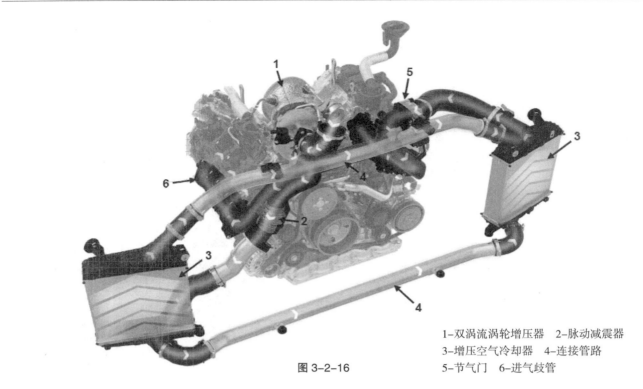

1-双涡流涡轮增压器 2-脉动减震器
3-增压空气冷却器 4-连接管路
5-节气门 6-进气歧管

图 3-2-16

1-增压压力传感器（SENT）
2-进气歧管压力传感器（SENT）

图 3-2-17

1-进气歧管 2-压力管连接 3-铸造进气管

图 3-2-18

四、涡轮增压

此外，发动机的动态响应应该归功于采用双涡旋式技术的涡轮增压工艺。来自一个气缸列的废气会分别排入涡轮增压器壳体。废气在到达涡轮前不会合并。在气体循环过程中，这可以防止低速时的相互作用，从而优化发动机中的充气状况。其目的是实现尽可能均匀、尽可能高的涡轮增压器转速范围。通过将涡轮增压器放置于内部 V 形槽中，使气体通道保持非常短。因此，降低了流量损失。双涡流涡轮增压器气道如图3-2-19所示。

1. 增压压力控制

通过废气旁通阀来控制涡轮增压器的速度。废气旁通阀自身通过气动压力单元操作。在操作过程中，涡轮增压器将生成约 250 kPa 的最大绝对增压压力。双涡流涡轮增压器如图3-2-20所示。

2. 电控气动压力转换器

用于调整双涡旋式涡轮增压器的气动压力单元真空的电控气动压力转换器的位置靠近分流阀。电控气动压力转换器由 DME 控制单元通过脉冲宽度调制（PWM）根据所需的增压压力启用。电控气动压力转换器的位置如图3-2-21所示。

3. 分流阀（电动）

如果驾驶员突然松开加速踏板，则由于涡轮增

1-双涡流涡轮增压器　2-气缸列1排气歧管
3-气缸列2排气歧管　4-废气旁通阀
图 3-2-19

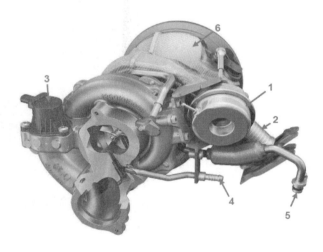

1-气动压力单元　2-弹性耦合元件　3-分流阀
4-油箱通风进口（文丘里喷嘴）　5-冷却液回流管路　6-隔热
图 3-2-20

1-真空供应　2-电控气动压力转换器　3-压力单元控制管路
图 3-2-21

压器的惯性矩将继续生成一会儿增压压力。此压力可能会导致进气道中发出噪音。气团也可能由关闭的节气门反射。撞击涡轮的气团可能会导致速度大幅降低，并且在驾驶员尝试再次加速时影响涡轮增压器响应能力。为了避免这些影响，分流阀将在涡轮增压器的进气侧和压力侧之间短暂打开一个旁通阀。该分流阀集成在涡轮增压器壳体中。分流阀如图3-2-22所示。

图 3-2-22

五、混合气形成

在燃烧室中央放置的高压喷油器提供高质量的混合气形成。根据发动机的工作状态使用不同的喷射策略。

喷射策略：

三元催化器加热阶段：在进气冲程喷射 2 次，在压缩冲程喷射 1 次。

在工作温度下怠速运行：在进气冲程喷射 1 次。

对于相应的发动机负荷：在进气冲程期间喷射最多 3 次（转速不超过规定的发动机转速）。

超过此发动机转速时：在进气冲程喷射 1 次。

（一）发动机油箱通风

在驾驶过程中，如果当前运行状态允许，在油箱通风阀定时工作的情况下活性炭炭罐向发动机的进气系统通风。在炭罐再生的过程中，DME 控制单元会考虑额外吸入的碳氢化合物。该 DME 控制单元可降低高压喷油器的活性，以便保持目标 Lambda 值。油箱通风如图3-2-23所示。

1-油箱通风阀　2-压力传感器
3-节气门的进口下游　4-文丘里管喷嘴进口　5-止回阀
图 3-2-23

在发动机的进气操作过程中（例如，在怠速时或处于较低的部分载荷范围内时），由于存在真空而在节气门的下游进行油箱通风。

在系统中存在增压压力时，无法继续在节气门的下游执行进气操作。通过直接安装在涡轮增压器处进气和压力侧之间的文丘里喷嘴，在较高载荷范围中对油箱进行通风。自动操作的止回阀出于控制目的的安装在通风管中。涡轮增压器文丘里管喷嘴如图3-2-24所示。

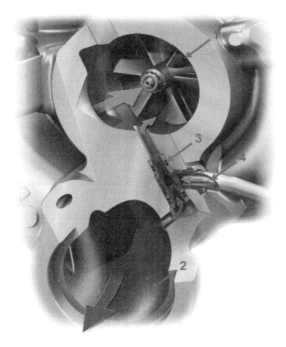

1-涡轮增压器进气侧　2-涡轮增压器压力侧
3-文丘里管喷嘴　4-文丘里管喷嘴进口
图 3-2-24

压力传感器：压力传感器安装在油箱通风阀的下游，以便能够通过自诊断可靠地检测到通风管中的故障。

（二）曲轴箱通风

曲轴箱通过气缸列 2 进行通风。通气管模块拧到气缸列 2 的气缸盖罩上。在气缸体内已进行粗机油分离。窜气在通气管模块内部进行精细的清洁。在储液罐中收集在通气管模块中分离的机油，然后通过自动打开的重力阀返回到机油回路。压力调节阀安装在通气管模块的出口。通气管模块的剖面图如图3-2-25所示。

1-细机油分离器　2-压力调节阀　3-重力阀
图 3-2-25

过滤后的气体根据发动机负荷以及进气系统中最终产生的压力传送到进气系统的不同位置中，曲轴箱通风装置送气如图3-2-26所示。

1-通气管模块　2-涡轮增压器的送气上游
3-节气门的送气下游
图 3-2-26

如果在进气系统中存在真空，则气体将被传送到节气门的下游。

在负荷情况下，气体由于主要正压力而被传送到涡轮增压器的进气侧中。

（三）曲轴箱强制通风

尤其是在短途旅行时，可能会由于进入机油中的燃油成分而导致机油稀释浓度的增加。曲轴箱还主动进行通风，以便曲轴箱通风系统可以从机油中可靠地去除这些成分。曲轴箱强制通风管路走向如图3-2-27所示。

1-宽带氧传感器　2-电压突变传感器
图 3-2-28

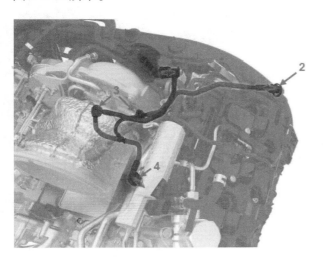

1-涡轮增压器上游的清除点
2-压力管清除点　3-止回阀　4-送气点
图 3-2-27

曲轴箱强制通风系统位于气缸体的上方。新鲜空气进入机油冷却器旁内部 V 形槽中的连接处。过滤后的新鲜空气从发动机空气管道获取。为了确保在所有发动机负荷状态下都供应空气，可以从不同的位置点获取空气。自动操作的止回阀出于控制目的安装在通风管中。

送入点处的节流阀规定了最高通风量。

（四）氧传感器闭环控制

发动机在预三元催化器的上游安装有宽带氧传感器以便进行混合控制。此外，还在预三元催化器的下游安装了电压突变传感器，以便监控预三元催化器。氧传感器如图3-2-28所示。

六、点火

点火通过配有整体式驱动器的独立式点火线圈以及配有单个接地电极的火花塞实现。点火线圈的安装位置如图3-2-29所示。

图 3-2-29

（一）火花塞

火花塞必须相对于高压喷油器而言位于某个特定的角度范围内，以便确保燃烧室中的最佳混合气形成和点火。为实现此目标，气缸盖上的螺纹与火花塞上的螺纹必须匹配。火花塞相对于高压喷油器的位置如图3-2-30所示。

还必须严格遵守 PIWIS 信息系统中包含的安装说明。

（二）曲轴速度传感器

速度传感器用于检测曲轴位置和发动机转速。此差分霍尔效应传感器还可检测在关闭发动机时发动机是否反向转动。速度传感器和多极编码器轮如图3-2-31所示。

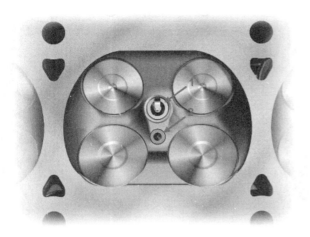

1-火花塞　2-高压喷油器

图 3-2-30

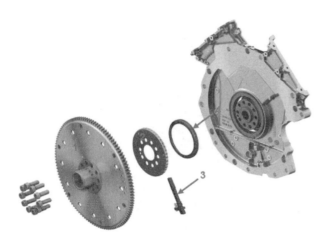

1-飞轮　2-多极编码器轮　3-速度传感器　4-密封环

图 3-2-31

多极编码器轮是一种磁化转子，安装在曲轴输出端。由于参考标记，安装转子时必须确保正确的位置。检查多极编码器轮如图3-2-32所示，测试卡（T10473）如图3-2-33所示。

图 3-2-32　　　　图 3-2-33

（三）爆震传感器

此款发动机配备两个用于爆震检测的爆震传感

器。爆震传感器位于进气歧管下方气缸列 1 和气缸列 2 的发动机气缸体外部的两侧。爆震传感器的位置如图3-2-34所示。

1-爆震传感器，气缸列1　2-爆震传感器，气缸列2

图 3-2-34

如果磁化转子接触永久磁铁将会损坏，且无法修复。因此，在安装之前，必须使用测试卡（T10473）检查转子。

七、其他 DME 功能

（一）凸轮轴控制系统

此款发动机在每个气缸列上都安装有一个进气凸轮轴调节器和一个排气凸轮轴调节器。使用液压叶片调节器。发动机正时传动机构如图3-2-35所示。

1-叶片式调节器，进气　2-叶片式调节器，排气

图 3-2-35

功能：用于凸轮轴控制的电动调节器由 DME 控制单元通过脉冲宽度调制（PWM）信号启用。

带有电动调节器球头的销根据 PWM 信号的脉冲占空比移到规定的位置。该销使用滚针在控制阀中移动级形活塞。根据级形活塞的位置向叶片式调节器室中加注机油。转子朝向定子旋转。凸轮轴位置相对于曲轴变化。叶片式调节器如图3-2-36所示。

1-电动调节器　2-球销　3-线圈　4-滚针
5-级形活塞　6-控制阀　7-转子　8-定子/链轮
图 3-2-36

进气和排气凸轮轴调节装置的调节范围最高为约 25° 凸轮轴角度或 50° 曲轴转角。

（二）凸轮转换

为了降低耗油量和排放量，米勒燃烧过程用于最高为中等发动机转速的低负荷情况下。在这里，进气门在到达下止点之前很早便会关闭。提前关闭进气门降低了发动机中的平均压力。这不仅降低了后续压缩冲程中的爆震趋势，最重要的是节约了压缩工作，并进而提高了效率。

为此，发动机在进气侧采用两级气门升程调节。凸轮转换如图3-2-37所示。

功能：DME 控制单元根据要求的凸轮件位置启用进气凸轮调节器。进气凸轮调节器上的相应销展开并且与切换导块接合。凸轮件通过凸轮轴的旋转移动来移到所需位置。在达到了凸轮件的极限位置后，切换导块轮廓会导致该销收回。此动作会通过感应在进气凸轮调节器线圈中生成一个电压信号。

DME 控制单元使用此电压信号检测该过程是否已成功完成。DME 控制单元期望此信号，如图3-2-38所示。

（三）用于增压空气冷却的板条式格栅

为进一步优化车辆空气动力学性能，可通过

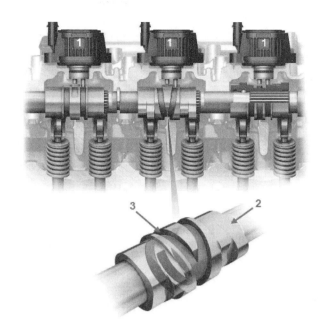

1-进气凸轮调节器　2-凸轮件　3-切换导块
图 3-2-37

1-短冲程/提前关闭　2-长冲程/延迟关闭
图 3-2-38

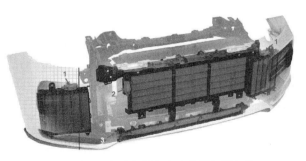

1-增压空气冷却器板条式格栅伺服电机
2-冷却液散热器板条式格栅伺服电机
3-降低冷却液散热器板条式格栅伺服电机
图 3-2-39

板条式格栅封闭增压空气冷却器的进气口。这些板条式格栅由运动学系统通过专用伺服电机来启动。这两个伺服电机由 DME 控制单元（LIN 总线）同时启用。伺服电机如图3-2-39所示。

板条式格栅可以打开、部分打开（无级）和关闭。

在停车时，格栅的板条将在短暂的连续运行时间后关闭。

（四）用于冷却液散热器和空调冷凝器的板条式格栅

为进一步优化车辆空气动力学性能，还可通过板条式格栅关闭冷却液散热器和空调冷凝器的进气口。这两个伺服电机也由 DME 控制单元（LIN 总线）同时启用。

板条式格栅可以打开、部分打开（无级）和关闭。

打开角度受下列参数影响：

空调电源请求、散热器风扇电源请求、散热器出口冷却液温度、发动机舱温度、机油温度、变速器油液温度、内部V形槽温度、环境温度。

在停车时，格栅的板条将在短暂的连续运行时间后关闭。

（五）可切换的发动机支承系统

由 DME 控制单元启动的可切换发动机支承系统可减少传输到车身的震动，这确保了高度的驾驶舒适性。可根据主要操作状况调节可切换发动机支承系统的属性。可切换发动机支承系统允许硬发动机支承系统和软发动机支承系统。可切换的发动机支承系统如图3-2-40所示，内部结构如图3-2-41所示，空气室如图3-2-42所示。

阻尼：只有在达到了一定的传输振动频率后，在液压室中包含的液压油才会通过液压管道转移到防尘套室中。在支承系统扩张时，液压油流回到液压室中。

硬支承：自一定的传输振动频率起，由于其质量惯性矩，液压油将无法流入防尘套室中。在支承系统压缩过程中，液压油现在会导致液压室扩张。该液压室通过膜片与空气室分隔。在断电状态下，转换阀会关闭空气室以阻隔大气。吸入的空气量现在充当附加的空气弹簧。膜片只是稍有变形。此支

图 3-2-40

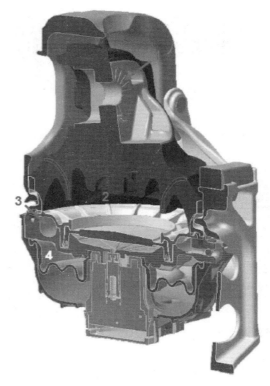

1-支承口　2-液压油室　3-液压管道　4-防尘套室
图 3-2-41

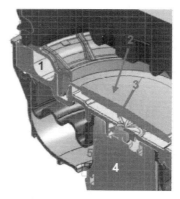

1-液压油室　2-膜片　3-空气室　4-转换阀　5-旁通
图 3-2-42

承是硬支承。

软支承：转换阀通电并且打开空气室和大气之间的旁通。在支承被压缩时，膜片更容易变形。此支承是软支承。

八、排气系统

配备基本发动机的Cayenne采用带矩形排气管头的排气系统。标准排气系统如图3-2-43所示。

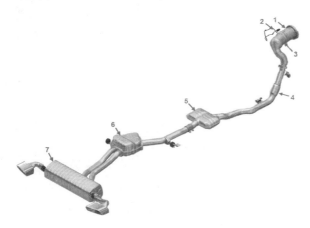

1-预三元催化器　2-电压突变传感器　3-主三元催化器
4-解耦元件　5-前消音器　6-中央消音器　7-后消音器
图 3-2-43

九、DME 控制单元

DME 控制单元安装在发动机舱的左前，清楚可见。使用了具有压力调节负荷检测功能的Bosch MDG1 DME 控制单元。

电子发动机控制单元是发动机管理系统的中央控制单元和核心。其功能包括调节供油、空气控制、燃油喷射和点火。在电子发动机控制单元中，软件将处理输入的系统信息，并控制不同的功能组。因此，它将各个功能联网在一起来创建高效的整体系统。

在第 9 组中显示了 DME 控制单元的电压电源部件的位置。DME 控制单元的安装位置如图3-2-44所示。

十、2.9 L V6 双涡轮增压发动机

（一）简介

在针对 S 车型的保时捷 Cayenne E3 2018 年款中采用 2.9 L V6 双涡轮增压发动机。该动力单元基于 3.0 L V6 单涡轮增压发动机。下面显示了主要差异。配备空气滤清器壳体和造型盖的2.9 L V6 双涡轮增压发动机如图3-2-45所示。

1-DME 控制单元
图 3-2-44

图 3-2-45　　　　　图 3-2-46

最重要的特点包括：每个气缸 4 个气门的2个上方凸轮轴；在内部V 形槽（热侧位于内部）中带有整合式排气歧管和2个废气旁通涡轮增压器的气缸盖（图3-2-46）；带平衡轴的正时传动装置；采用中置喷油器的燃烧过程（米勒燃烧过程）；具有 8000 ~ 25 000 kPa 的油轨压力的燃油直喷系统。

（二）技术数据（表3-2-2）

表3-2-2

发动机类型	6 缸 90°　V 形发动机
燃烧过程	DFI
排量（cm³）	2894
冲程（mm）	86
缸径（mm）	84.51
压缩比	10.5
每个气缸的气门数	4
最大输出功率（kW/hp）	324/440
最大发动机扭矩（Nm）	550
点火顺序	1-4-3-6-2-5
排放标准	EU6

以上为摘录信息，其中的数据来自本书截稿时的最新数据，可能随时有所变更。

（三）燃油高压系统

1. 高压喷油器（电磁控制）

高压喷油器由 DME 控制单元在最高约 65 V 的电压下启用。可根据发动机运行状态提供一次和多次喷射。高压喷油器配备 7 个喷孔。高压喷油器的剖面图如图3-2-47所示。

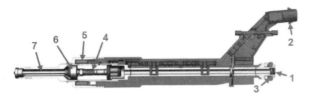

1-供油　2-电气连接　3-密封环　4-压缩弹簧
5-电磁线圈　6-电枢　7-喷油器针阀
图 3-2-47

2. 喷油器监控

在 V6 双涡轮增压发动机上，DME 控制单元循环评估各高压喷油器的电流和电压特性；并且基于评估信息，计算喷油器的打开和关闭时间。这意味着 DME 控制单元可以均分生产公差并且执行高压喷油器的老化补偿。

此功能有助于实现特别高的喷射数量精确性，特别是在喷射量较少的情况下。

十一、进气系统

（一）进气侧

发动机通过两根支管将新鲜空气从车辆前端吸入空气滤清器壳体。空气滤清器壳体自身放置于发动机舱的中心位置。空气滤清器壳体的顶盖还充当造型盖。经过滤的新空气划分为两个分支并且被送入两个涡轮增压器中的一个。空气滤清器如图3-2-48所示。

（二）压力侧

两个涡轮增压器压缩的进气通过单独的增压空气冷却器进行冷却。附加温度传感器安装在各涡轮增压器的增压空气管路下游中。两个单独的增压空气管路在节气门的上游重新会合。空气走向的整体视图如图3-2-49所示。

节气门上游的增压压力传感器测量当前的增压压力和空气温度。数字输出信号（SENT）用作 DME 控制单元的输入信号。如果测量出的增压压

1-新鲜空气进气口　2-空气滤清器滤芯　3-涡轮增压器进气口
图 3-2-48

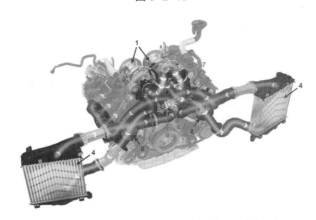

1-废气旁通涡轮增压器　2-温度传感器，气缸列 1
3-温度传感器，气缸列 2　4-增压空气冷却器
5-增压压力传感器　6-节气门　7-进气歧管压力传感器
8-脉动减震器
图 3-2-49

1-增压压力传感器(SENT)　2-进气歧管压力传感器(SENT)
3-温度传感器，气缸列1　4-温度传感器，气缸列2
图 3-2-50

力不同于目标压力，则通过启用废气旁通压力单元的电控气动压力转换器对所需值进行相应调节。传感器的位置如图3-2-50所示。

气流在节气门下游的两个气缸列之间分配。进气歧管压力传感器测量节气门下游（SENT）的压力和温度，由 DME 控制单元用来计算吸入的气团。

此发动机上的两个涡轮增压器产生所需增压压力。借助两个附加的温度传感器，DME 控制单元能够计算各涡轮增压器的压缩性能。如果由于故障，一个涡轮增压器无法充分发挥功用，则另一个涡轮增压器将能够通过更快的涡轮转速来对此进行补偿。但由于此情况，可能导致涡轮增压器转速严重过高；如果此差异过高且启动了紧急操作，则会存储相关故障码。

十二、涡轮增压

V6 双涡轮增压发动机的增压是由两个反向旋转的废气旁通涡轮增压器执行的。一个气缸列的废气会单独流入一个涡轮增压器壳体。

1. 增压压力控制

通过废气旁通阀来控制两个涡轮增压器的速度。废气旁通阀自身通过气动压力单元操作。在操作过程中时，涡轮增压器将生成约280 kPa 的最大绝对增压压力。

2. 电控气动压力转换器

用于调整两个涡轮增压器的气动压力单元真空的电控气动压力转换器位于气缸列 1 的气缸盖罩上。控制压力通过叉形件分割开并且传输到压力单元。电控气动压力转换器由 DME 控制单元使用脉冲宽度调制根据所需的增压压力启用。电控气动压力转换器的位置如图3-2-51所示。

1-真空供应　2-电控气动压力转换器
3-压力单元控制管路　4-叉形件
图 3-2-51

十三、混合气形成

（一）发动机油箱通风

在驾驶过程中，如果当前运行状态允许，在油箱通风阀定时工作的情况下活性炭炭罐向发动机的进气系统通风。在炭罐再生的过程中，DME 控制单元会考虑吸入的碳氢化合物。该 DME 控制单元可减少高压喷油器的启用时间，以便保持目标Lambda 值。油箱通风如图3-2-52所示。

1-油箱通风阀　2-压力传感器　3-节气门的送气下游
4-文丘里管喷嘴送气　5-止回阀
图 3-2-52

由于内部V 形槽中的两个涡轮增压器，油箱通风的管路布线不同于 V6 单涡轮增压发动机的管路布线。还需要进一步的止回阀。不过，在原则上，该功能是相当的。

在发动机的进气操作过程中（例如，在怠速时或处于较低的部分载荷范围内时），由于存在真空而在节气门的下游进行油箱通风。

在系统中存在增压压力时，无法继续在节气门的下游执行进气操作。通过直接安装在各涡轮增压器上进气和压力侧之间的文丘里喷嘴，在上部负荷区域中对油箱进行通风。自动操作的止回阀出于控制目的安装在通风管中。

压力传感器：在 V6 双涡轮增压发动机上，压力传感器也安装在油箱通风阀的下游，以便能够通过自诊断可靠地检测到通风管中的故障。

（二）曲轴箱通风

曲轴箱通风与 V6 单涡轮增压发动机的曲轴箱通风大体相当，但管路布线除外。曲轴箱通风装置送气如图3-2-53所示。

1–通气管模块　2–涡轮增压器的送气上游
3–节气门的送气下游
图3-2-53

过滤后的气体根据发动机负荷以及进气系统中最终产生的压力传送到进气系统的不同位置中：在进气系统中存在真空时，气体被传送到节气门的下游；在负荷情况下，气体由于主要正压力而被传送到气缸列2的涡轮增压器进气侧上的压力管中。

（三）曲轴箱强制通风

尤其是在短途旅行时，可能会由于进入机油中的燃油成分而导致机油稀释。曲轴箱还主动进行通风，以便曲轴箱通风系统可以从机油中可靠地去除这些成分。

曲轴箱通风系统位于气缸体的上方。新鲜空气进入机油冷却器旁内部 V 形槽中的连接处。从发动机空气通道中去除新鲜空气。可以从不同位置去除空气，以便确保在所有发动机负荷状态下都供应

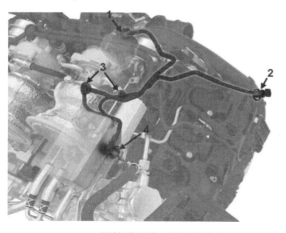

1–涡轮增压器上游的清除点
2–压力管清除点　3–止回阀　4–送气点
图3-2-54

空气。自动操作的止回阀出于控制目的安装在通风管中。

送入点处的节流阀规定了最高通风量。曲轴箱强制通风管路走向如图3-2-54所示。

（四）氧传感器闭环控制

发动机在每个预三元催化器的上游都安装有宽带氧传感器以便进行混合控制。此外，还在每个预三元催化器的下游都安装了电压突变传感器，以便监控预三元催化器。氧传感器排列如图3-2-55所示。

1–宽带氧传感器　2–电压突变传感器
图3-2-55

十二、排气系统

配备 2.9 L V6 双涡轮增压发动机的Cayenne S采用带圆形双排气尾管盖的排气系统。标准排气系统如图3-2-56所示。

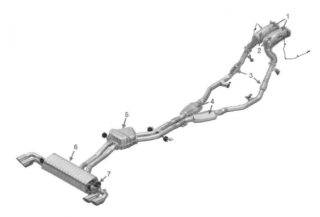

1–预三元催化器　2–主三元催化器　3–解耦元件　4–前消音器
5–中央消音器　6–后消音器　7–活门控制伺服电机
图3-2-56

活门控制：标准排气系统安装有活门控制（一个活门），以便从声音上强调发动机的运动特性。

会根据当前运行状态改变活门的位置。排气活门伺服电机如图3-2-57所示。

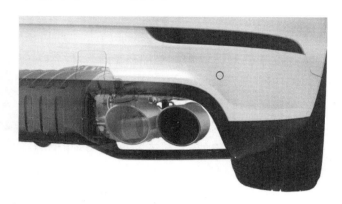

图 3-2-57

第三节　动力传输

一、简介

（一）基本信息

新款 Cayenne E3 中使用的变速器是对供应商 ZF 提供的 8HP 8 速变矩器变速器进行进一步研发的成果，在油耗和性能方面专为保时捷进行了改进。

这一代 8HP 自动变速器的耗油量下降是通过采取下列措施实现的：增加传动比间隔，以便更好地适合发动机的最佳工作点；通过直齿轮级调整相应的发动机；在换挡元件中大幅减少阻力矩（对于每个挡位，只有两个换挡元件是打开的）；使用效率经优化的自动变速器油泵（双冲程叶片泵）；改进了变矩器中的扭矩减震器系统。

对于保时捷，这种基本的变速器设计再次在多个方面进行了改进，以优化运动性能，同时降低耗油量。由于采用了保时捷（ISP）研发的智能换挡程序，这款自动变速器的保时捷基因也非常鲜明。

（二）变速器的工作模式

选挡杆如图3-3-1所示。

P——驻车锁。仅当车辆处于静止状态时，才使用 P 按钮接合驻车锁。如果工作模式 P 闪烁，则驻车锁未接合。车辆可能会溜车。再次按 P 按钮或关闭点火装置。如果车辆处于静止状态，当车辆处于 D 挡或 R 挡时拔出点火车匙，则驻车锁会自动接合（自动P功能）。

R——倒挡。仅当车辆静止且踩住制动时才挂

图 3-3-1

选挡杆。

N——空挡（怠速）。例如，在洗车装置中必须选中工作模式N。

D——自动换挡模式。选择工作模式D以"正常"行驶。此时，车辆将根据加速踏板位置和车速自动换挡。

M——手动换挡模式。可通过方向盘上的换挡拨片或选挡杆，舒适、安全地进行8个前进挡的手动换挡。

（三）惯性滑行

发动机以怠速在脱耦状态下（无发动机制动）行驶称为惯性滑行。这种标准功能旨在提高效率和驾驶舒适性，默认情况下处于启用状态。惯性滑行在正常、完全松开加速踏板后启用。加速时，发动机将再次快速、舒适地耦合且惯性滑行终止。

高效惯性滑行的要求包括：

以工作模式D行驶；PSM 启用；发动机、变速器和蓄电池均达到工作温度；没有很大的上坡或下坡梯度；慢慢地从加速踏板上挪开脚。

以有预见性的驾驶风格，可以有针对性地手动启动惯性滑行以提高效率，具体取决于路况。这也适用于主动使用发动机制动，例如，当接近前方车辆或红灯时。在这种情况下，可以通过加大制动力度或递增/递减挡位（通过换挡拨片或选挡杆，但不将选挡杆位置切换到 N），启用发动机的高效节气门随动燃油切断功能。

（四）越野功能（表3-3-1）

Cayenne E3 的越野功能的重大创新是省去了手

动差速锁（通过中控台中的选择按钮）。后车桥差速器的锁止只能通过在 PCM 中选择越野功能来启用。PCM 选择屏幕中的越野功能如图3-3-2所示。

表 3-3-1

模式	变速器功能	四轮驱动 / 后桥锁止
砾石	无特殊功能	前桥上约 150 Nm 的基本扭矩
		后桥上约 150 Nm 的基本锁止扭矩
泥泞	已调节的发动机转速水平 降低换挡频率 快速换挡	前桥上约 500 Nm 的基本扭矩
		后桥上约 150 Nm 的基本锁止扭矩
砂石	调整发动机转速，以防止在需要高功率的情况下松开踏板后升挡 执行换挡时所需的功率较低	前桥上约 500 Nm 的基本扭矩
		后桥上约 150 Nm 的基本锁止扭矩
岩石	调整发动机转速，以防止在需要高功率的情况下松开踏板后升挡 执行换挡时所需的功率较低	前桥上约 500 Nm 的基本扭矩
		后桥上约 300 Nm 的基本锁止扭矩

图 3-3-2

前桥上扭矩的基本分配可通过车辆动态控制系统来更改，该系统可适应实际的行驶条件，将更多扭矩导向前桥。如果需要，也可向后桥差速锁提供更多的锁止扭矩。

在所有越野模式下，对驾驶控制系统（PSM、ABS 等）进行控制干预的阈值会额外偏移，以启用后续干预。这可以改进越野能力。

（五）自动启动/停止系统

自动启动/停止功能可显著降低油耗，但它对于自动变速器是个特殊的挑战。在自动启动/停止功能操作期间，要求启动时间和起步就绪时间极短。为了避免明显的起步延迟，发动机和自动变速器必须在数百毫秒后就准备好运行。如果不采取适当的设计和措施来保证机油供给，自动变速器将无法满足这一要求。Cayenne 2018 年款上的启动/停止控制功能的特色是，车辆在车速低于 7 km/h 时，此功能可以已经关闭发动机（例如，当车辆制动至停止以等待交通灯时）。

（六）智能换挡程序ISP

自动变速器的换挡程序主要负责管理车辆的特性，它是驾驶员与变速器之间的接口。主要任务是随时向驾驶员提供适合当前行驶条件的最佳挡位，以便驾驶员可以直观地了解任何换挡活动。其核心功能是解释驾驶员的意愿，以及确定当前行驶条件以计算所需挡位。

不同的参数设置（运动、运动升级、越野等）和特殊功能影响着自动换挡模式（D）中的挡位选择。典型保时捷换挡策略的特性是对各种驾驶模式以及对所有模式下环境条件的杰出适应能力。

换挡图谱是确定挡位选择的基础。换挡图谱指定加速踏板位置对应的升挡点和降挡点。

ISP 具有多个换挡图谱，通过它们可确定最终的换挡点。多种换挡图谱分别对应于上坡梯度和各种驾驶程序公认的运动性能。

快速松开加速踏板后，将保持当前挡位。通过这种方法，可以最合理地利用发动机的超越传动扭矩。此外，在过渡到制动期间，避免交替升挡和降挡。

制动降挡：由于当前车辆减速，降挡点会升高。因此，会收到和处理来自纵向加速度传感器的信息。在制动期间，发动机转速会使用学到的运动系数进一步增加。

检测到横向加速度时，将保持当前挡位。这样，发动机转速水平在转弯时会保持恒定，以避免在弯道时干扰换挡或不必要的换挡。快速行驶过弯道后，将达到最佳发动机转速水平。

为了在驾驶时达到较低的摩擦系数（例如冰雪路况），ISP中专门开发了一些功能，可识别相应的行驶条件，确定正确的挡位，进而确定发动机转速：检测到车轮打滑时预防升挡；检测到漂移时预防升挡；制动降挡；通过抑制降挡使行驶条件平稳，从而支持PSM控制。

为避免损坏，可通过传感器、图谱和计算模型持续监控变速器。根据检测的结果，可能会限制挡位选择。请参见有关机油冷却和传感器/紧急操作策略的章节。

预见性挡位选择：可以使用高分辨率导航数据和雷达传感器信息来调整挡位选择。根据雷达和视频传感器提供的信息，保时捷换挡策略可提前了解路线上的限速和道路特点（例如，上坡梯度和弯曲半径），并相应调整 Cayenne E3 的换挡策略。这样，就可以适时选择正确的挡位或防止滑行。挡位选择可使用换挡策略的以下功能：在开始爬坡之前预防升挡（预测爬坡梯度）；在开始爬坡之前预防滑行（预测爬坡梯度）；在爬坡梯度结束之前尽早升挡；最佳驾驶方式检测（预测路况）；弯道预防升挡（弯道距离和预测的横向加速度）。

总之，换挡程序的所有功能相互紧密关联，且部分功能并行发挥作用，以确保平顺地从一种行驶条件过渡到另一种行驶条件。加速踏板移动、行驶速度、纵向和横向加速度以及路况均会影响换挡特性。

（七）PTM/PTV+

附属式系统中通过电机进行电控的多片式离合器以完全可变的方式控制着驱动力在全时驱动后桥与前桥之间的分配，而没有固定的基本分配模式（PTM——保时捷牵引力控制管理系统）。永久监控驾驶状态可以对不同的行驶条件以及驾驶员的意愿［如加速踏板位置、方向盘角度或 PSM 开关位置、"Sport"（运动）按钮等］做出反应。这可以通过专门针对驾驶动态进行优化的附属式系统的附加软件实现。通过这一软件，可以根据情况甚至预防性地做出反应，以防止车桥发生不必要的滑移。前提条件是将附属式四轮驱动系统集成到其他底盘系统的系统网络中。传感器持续监控所有4个车轮的转速、车辆的纵向和横向加速度以及转向角等各种参数。如果后桥打滑程度增加（例如在加速时），则会通过更大限度地接合多片式离合器来分配更多驱动力。因此，四轮驱动是完全可变的。

前桥和后桥上的驱动扭矩分配取决于众多因素，如速度、加速度、越野模式、"Normal"（标准）模式还是"Sport"（运动）模式以及所选的PSM 模式等。为了确保在起步或加速时获得出色的牵引力，这类状况下的前桥扭矩往往会比车辆始终在直线前行的情况下更高。例如，此系统也会对车辆始终如一的驾驶方式做出反应，而前桥上的驱动扭矩会降低以尽可能减少摩擦损失。

PTV+（保时捷扭矩引导系统）通过后轮的可变扭矩分配以及电控后桥差速锁而运行。根据具体情况，只要方向盘转动，就会轻微制动位于弯道内侧的后轮。这意味着将向位于弯道外侧的后轮传输更大的驱动扭矩。这进而导致在转向方向上提供更多的角动量。

PTV 升级版大幅提高了中低速时的灵活性和转向精确度。当高速行驶、快速过弯或车轮打滑时，电控后差速锁可以确保额外的稳定性。

车辆配备了自动识别路面摩擦状况和天气状况的功能（通过防滑控制、轮速差异等），并相应地调整车辆动态控制系统。可通过检查这些状态是多个事件还是单独事件，以验证所检测到的短暂的较低摩擦值。

每种发动机变型都有其自己的数据记录，以尽可能将车辆动态调整到最佳的发动机扭矩特性。

为了在高负载下不损坏各部件，车辆动态控制系统会与各个部件通信。如果控制系统意识到部件的负载过重，则会自动自行调整，并可能会降低发动机扭矩和延迟换挡，甚至自动启用PSM（如果驾驶员之前已禁用）。

二、技术数据

（一）概述

8 速行星变速器（8 个前进挡+ 1 个倒挡）。5 个换挡元件（2 个制动器，3 个离合器）。4 个行星齿轮级。每个齿轮只有 2 个打开的换挡元件。四轮驱动系统的附属式离合器。带速敏式减震器（DAT）的变矩器。6 挡时时速最高。独立的机油系统（自动变速器油、前桥差速器、直齿轮级、附属式）。机械电子系统（具有电子控制单元的液压控制单元）。使用集成式电动泵（IEP）自动启动/停止——可在滚动时启动发动机（自动启动/停止升级版）。扭矩最高 700 Nm。发动机上安装的启动机。

（二）变速器类型和数据（表3-3-2）

表 3-3-2

型号	AL 552 8A
开发和制造	保时捷 /ZF
分配的发动机	所有 V6 发动机
使用的名称	AL 552 8A
ZF 名称	8HP 65 AX
变速器类型	以电动液压方式控制的 8 速行星变速器，带液力变矩器以及滑移受控变矩器锁止离合器
控制	机械电子装置（在一个单元中集成液压控制单元和电子控制单元） 使用电动液压驻车锁功能，通过完全线控换挡技术执行换挡
重量（含机油）	约 150 kg
扭矩范围	最高 700 Nm 输入扭矩
齿轮组 1、2、3、4 中的行星齿轮数量	4 4 4 4

（三）传动比（表3-3-3）

表 3-3-3

型号	AL 552 8A
变速比	7.81 步进式
挡位 1	5
挡位 2	3.2
挡位 3	2.143
挡位 4	1.72
挡位 5	1.313
挡位 6	1
挡位 7	0.823
挡位 8	0.64
倒挡	−3.478
传动比（前桥）	3.091
传动比（后桥）	3.308

三、概览——动力传输

总体动力传输系统由4个元件构成：变速器、附属式离合器、万向节轴和后桥差速锁。发动机转速最重要的传动比和所有4个车轮的发动机扭矩分配都是在这4个元件中实现的。

变速器也由下面几个元件组成：变矩器、变速器基本构造（行星齿轮级）、直齿轮级和带差速器的前轮驱动装置。动力传输如图3-3-3所示。

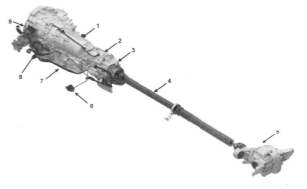

1-变速器基本构造　2-直齿轮级（分配器）　3-附属式离合器
4-万向节轴　5-后桥差速器　6-紧急释放机构　7-油底壳
8-机油冷却管　9-变矩器钟形壳（带前桥主减速器）
图 3-3-3

四、变速器机械机构

（一）变矩器

变矩器和变矩器离合器的特性（例如尺寸和换算系数）针对相应的发动机进行调整，使用扭转减震器系统来有效地抑制发动机的扭转震动，如图3-3-4所示。

变速器中的变矩器设计为所谓的"三线变矩器"。这意味着涡轮室通过一条线路进行供应，而变矩器离合器通过一条单独的线路进行控制。从变速器贯穿到冷却器的回流管路是第三条线路。变矩器离合器的闭合和打开是独立的，并且与涡轮室分离。这一设计能够为变矩器离合器的控制带来好处。

1-发动机连接板　2-变矩器离合器　3-离心摆
4-泵轮　5-涡轮　6-定子　7-减震器
8-自动变速器油泵的齿（发动机转速）
图 3-3-4

注：如果变矩器旋转或晃动，非常松散安装的离心摆可能会导致典型的咔嗒噪音。这并不意味着变矩器损坏。甚至在发动机转速很低的情况下，离心力也会向外推离心摆块，离心摆不再发出任何噪声。

4个离心摆块通过发动机的扭转震动的转速调节阻尼（速敏式减震器——5轮DAT），为双减震器变矩器的常规工作模式做补充。这是通过离心力和轴承座圈形状的交互作用实现的。在低发动机转速的情况下，与高离心力下的高发动机转速相比，由于较低的离心力而会发生更强的离心摆移动。离心摆块和轴承座圈的形状与发动机匹配，以便离心摆移动抵消发动机的扭转震动。

（二）变速器基本构造

Cayenne E3 中全新自动变矩器变速器的"心脏"是具有4个行星齿轮组（RS1～RS4）的行星变速器。

通过4个行星齿轮组的相应链接实现 8 个前进挡和倒挡。2个前齿轮组共用1个公共的太阳轮。输出始终通过第 4 个齿轮组的行星齿轮托架。在挂上单独的挡位后，3个换挡元件始终关闭，而2个换挡元件打开变速器基本构造如图3-3-5所示。这种星座设计对于变速器效率有着非常正面的影响，因为每个打开的换挡元件在操作期间都会生成某种程度的阻力矩。

行星齿轮托架PT4 也构成了变速器输出轴、驻车锁轮和变速器输出速度的传感器靶轮。

（三）换挡元件

为了简化起见，制动器和离合器在本文中称作"换挡元件"。此款变速器中离合器和制动器之间的差异在于，制动器始终在行星齿轮组和壳体之间建立连接，这意味着所选元件将停止。而另一方面，离合器将连接2个都能够旋转的元件。换挡元件通过液压方式闭合。机油压力通过活塞将盘片组推到一起，导致离合器强制接合。在机油压力下降时，接触活塞的碟形弹簧会将活塞返回到其初始位置。换挡元件在负载下执行换挡，并且不会中断牵引力。多片离合器C、D 和 E 将发动机动力传输到行星变速器。多片制动器A 和B 支持针对变速器壳体的扭矩。

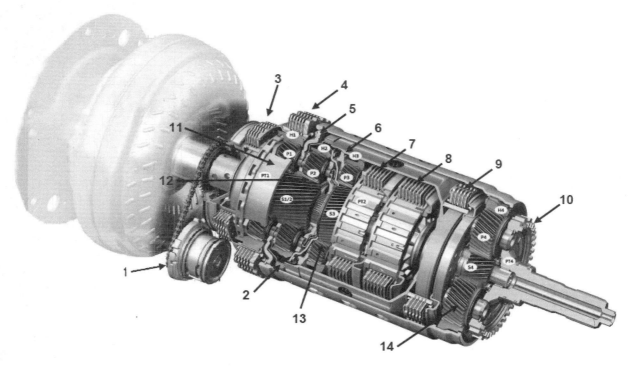

1-自动变速器油泵　2-变速器输入速度传感器靶轮　3-制动器A　4-制动器B　5-PT 1　6-PT3　7-离合器E　8-离合器C
9-离合器D　10-行星齿轮托架PT4　11-齿轮组 1　12-齿轮组2　13-齿轮组3　14-齿轮组4　PTx-行星齿轮托架（1、2、3、4）
Sx-太阳轮（1、2、3、4）　Px-行星齿轮（1、2、3、4）　Hx-环形齿轮（1、2、3、4）

图 3-3-5

1. 静态分离

所谓的静态分离是通过打开离合器 C 直至滑移操作来启用的。当驾驶员施加的制动器压力不足以防止车辆在制动力作用下缓行时，就会启用静态分离。其目标是通过静态分离防止因现有变矩器扭矩导致的缓行。通过降至很小的残余扭矩，可将制动器的踏板力降至最小，从而提高舒适度。仅当车辆处于前进挡且自动变速器油温度介于 20～120 ℃之间时，静态分离才有效。制动器 B1 和 B2 如图 3-3-6 所示。

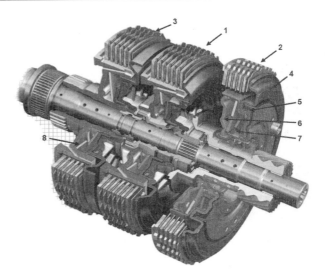

1-离合器C　2-离合器D　3-离合器E　4-活塞
5-压力室　6-挡板　7-压力补偿室　8-复位弹簧
图 3-3-7

1-制动器B　2-制动器A　3-活塞室，制动器A
4-此处使用螺旋弹簧来复位　5-离合器E
6-离合器C　7-离合器D　8-用于复位的蝶形弹簧
图 3-3-6

2. 离合器

离合器 E、C 和 D 在动态压力方面会达到平衡。换句话说，为了避免在离合器中累积速敏式压力，要对离合器活塞的两侧应用机油压力。这种补偿可通过第二活塞室（也即压力补偿室）来实现。对于离合器 D，压力补偿室由挡板形成。对于离合器 C 和 E，盘片托架提供分离。对压力补偿室的机油供应通过没有压力的润滑通道来实现。变速器基本构造中的离合器如图3-3-7所示。

动态压力补偿的优点：在所有发动机转速范围内均可靠地打开和闭合离合器，改善了换挡舒适性。

3. 制动器

制动器A 和B 在两个盘片之间配备了波形弹簧。因此，在制动器处于打开状态时可确保间隙，这大大减少了阻力矩。该功能可以节省燃油，并减

少CO_2排放。并非所有发动机变型都使用这种盘片分离，原因在于，由于波形弹簧导致摩擦表面区域丢失，因此并非所有扭矩都可以传输。有效的盘片分离如图3-3-8所示。

1-制动器A　2-制动器B　3-用于复位活塞的螺旋弹簧
4-环形齿轮，行星齿轮组1　5-波形弹簧带来的盘片分离
图 3-3-8

（四）驻车锁

驻车锁在新款 Cayenne E3 上以电动液压方式启动。驻车锁由机械电子模块控制。在驾驶员请求时通过换挡机构或通过自动 P 功能执行控制。驻车锁通过弹簧力接合、以电动液压方式释放并且以电动机械方式保持。接合、释放和保持这3个功能步骤由以下部件执行。

1. 启用驻车锁

驻车锁滑块、驻车锁杆（带弹簧）、电磁阀、

联动装置、带弹簧的锥形滑块、锁止棘爪。

在电磁阀和电磁断电后，驻车锁将接合（例如，在发动机停止运转或者选择了变速器挡区P时）。驻车锁阀将移到其基本位置，驻车锁滑块的气缸室将卸压并且清空。驻车锁已启用如图3-3-9所示。

1-驻车锁滑块　2-控制室（已泄压）　3-电磁阀
4-驻车锁杆（带弹簧）　5-联动装置　6-带弹簧的锥形滑块
7-锁止棘爪　8-电磁阀　9-驻车锁轮
图3-3-9

当电磁阀处于断电状态时，电磁阀的活塞将挡簧压分开。挂钩松开锁止元件，进而松开驻车锁滑块。驻车锁杆的弹簧将锁止棘爪推入到驻车锁轮中。

驻车锁由锁止棘爪接合。

2. 释放驻车锁

电磁阀、驻车锁阀、驻车锁滑块。

驻车锁的释放是通过以电动液压方式启用驻车锁滑块来实现的。液压力比驻车锁杆上弹簧的弹簧力高许多倍。所需的液压压力由自动变速器油泵生成。

电磁阀和电磁将通电以便释放驻车锁。电磁阀的控制压力作用于驻车锁阀。滑块将移入工作位置，并将系统压力释放到驻车锁滑块的气缸。驻车锁滑块将锥形滑块拉出棘爪。

释放驻车锁，如图3-3-10所示。

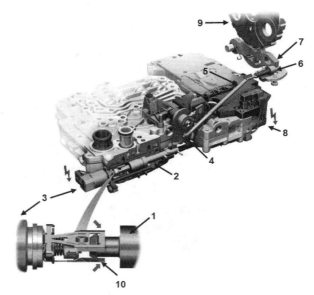

1-驻车锁滑块　2-气缸室（系统压力）
3-电磁阀（已通电，启用）　4-驻车锁杆（带弹簧）
5-联动装置　6-带弹簧的锥形滑块　7-锁止棘爪
8-电磁阀（已通电）　9-驻车锁轮　10-已启用驻车锁滑块
图3-3-10

3. 保持已释放的驻车锁

驻车锁滑块通过驻车锁的电磁阀接合到位。

4. 驻车锁紧急功能

驻车锁紧急功能旨在避免在驾驶时在出现故障的情况下驻车锁被意外接合。针对以下3种情况提供防护。

（1）电磁阀出现故障或者机油压力不足。驻车锁滑块的气缸室卸压，驻车锁滑块仍由电磁阀以电动机械方式锁止。

驻车锁保持释放状态。电磁阀出现故障（气缸室已泄压）如图3-3-11所示。

1-电池阀（未通电）　2-电磁（已通电）　3-已启用驻车锁滑块
图3-3-11

（2）电磁故障。驻车锁滑块通过液压压力保持。

驻车锁保持释放状态。电磁故障如图3-3-12所示。

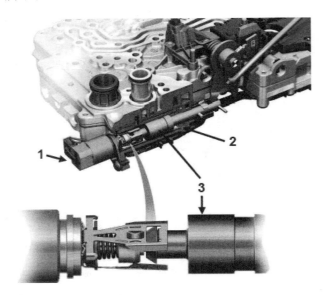

1-电磁（未通电）　2-气缸室
3-驻车锁滑块通过系统压力保持固定到位
图3-3-12

（3）机械电子模块的电压中断（驾驶时）。如果在驾驶时机械电子模块的电压中断，则变速器的所有电动控制的功能都将不起作用。该变速器不具有正向力连接。

只要发动机正在运转，自动变速器油泵就会提供系统压力。此时将通过液压紧急回路向离合器C提供系统压力。驻车锁阀（由电磁阀控制）连接到离合器C的压力端口。离合器压力C作用于阀门活塞的环形表面。驻车锁阀将顶着弹簧力压入工作位置，并且系统压力将到达驻车锁滑块的气缸室。驻车锁保持释放状态。如果发动机停止，则系统中的压力将下降，并且驻车锁通过驻车锁杆上弹簧的弹簧力接合。

紧急回路的设计目的在于，当再次启动发动机时，离合器C以及驻车锁系统保持未加压状态。驻车锁保持接合状态。

5. 驻车锁的传感器

变速器控制单元通过一个传感器（也即驻车锁传感器）监控驻车锁的位置。这个传感器由两个霍尔效应传感器构成。霍尔效应传感器由驻车锁杆上

的一个永久磁铁切换。P传感器检测位置：P接合→中间位置→P未接合。

中间位置在操作期间正常情况下并不存在，而是定义为预定义滤清器时间的一个故障。驻车锁的传感器具有以下任务：

监视驻车锁的正确功能；启用P挡起步（传感器信号由变速器控制单元直接转换为P/N信号）；在组合仪表中显示"变速器处于位置P"；当激活驻车锁紧急释放装置时，监视组合仪表中显示的内容。

驻车锁传感器如图3-3-13所示。

1-霍尔效应传感器　2-永久磁铁　3-驻车锁杆（带弹簧）
图3-3-13

（五）附属式离合器

通过受控的多片式离合器（附属式离合器）连接前桥，并且后桥通过刚性方式驱动。通过多片式离合器的接触力控制驱动扭矩量。为了使用附属式多片式离合器将驱动扭矩传输到前桥，后万向节轴必须比前万向节轴的旋转速度更快。这是通过在前桥与后桥之间特意设定一个传动比差异（例如，不同的车桥传动比或混装轮胎）来实现的。附属式四轮驱动变速器如图3-3-14所示。

离合器启动通过滚珠坡道系统以及具有整合式控制单元的电动执行器进行。驱动装置和前桥输出由两个同轴的轴提供，在外侧驱动，在内侧进行前桥输出。离合器以持续滑移方式操作，连续操作中的容量达到1200 N·m。后桥输出的旋转方向为行驶方向的顺时针方向。附属式离合器解剖面图如图3-3-15所示。

1-附属式离合器的控制单元　2-到后桥的输出轴　3-通风口

图 3-3-14

的扭矩，并且通过边轴将其传输到前桥差速器。这些齿轮对执行重要的功能以调整不同发动机变型的传动比。直齿轮级和前桥差速器如图3-3-16所示，直齿轮级如图3-3-17所示。

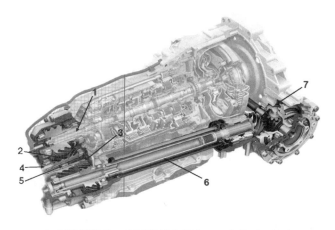

1-变速器输出，变速器基本构造　2-齿轮对，输出
3-齿轮对，前桥　4-到附属式离合器的轴（外侧）
5-来自附属式离合器的轴（内侧）　6-边轴　7-前桥差速器

图 3-3-16

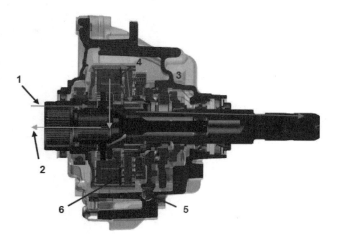

1-输入扭矩　2-输出扭矩（前桥）　3-滚珠坡道
4-多片式离合器　5-用于启动滚珠坡道的涡轮
6-启动活塞

图 3-3-15

图 3-3-17

　　注：由于混装轮胎对于四轮驱动特性的重要性非常大，因此必须确保只使用经过批准的车轮和轮胎。未经批准的车轮和轮胎组合可能导致损坏部件。

（六）直齿轮级和前桥差速器

　　直齿轮级位于变速器基本构造的输出侧，基本上由2个齿轮对构成。一个齿轮对将扭矩传输到附属式离合器，第二个齿轮对接管来自附属式离合器

五、万向节轴

　　万向节轴安装在变速器输出轴上，通过弹簧套管锁止在沟槽中。此连接的轴向固定是通过夹子的夹紧力来保证的。这种新的插接式连接致使重量减少了约 0.6 kg。

　　万向节轴必须首先在前部的装配侧进行安装。在推入之前，必须确保万向节轴的前半轴与变速器端轴的位置尽可能相互对齐。

　　在经过大约 50 mm 的滑动路径后，2个花键对

（万向节轴/变速器端轴）可能必须相对彼此而旋转。为此，必须以合适的方式（如驻车锁）来保持变速器端轴，以便在寻找齿时它不旋转。

对于通过螺栓连接万向节轴与后桥差速器，有些特殊的拧紧说明。例如，断开连接后，需要使用新螺栓。

万向节轴需针对每台发动机进行调节，因为所传输的扭矩大不相同。因此，总体重量可进一步优化。万向节轴到后桥差速器的连接如图3-3-18所示。

图 3-3-19

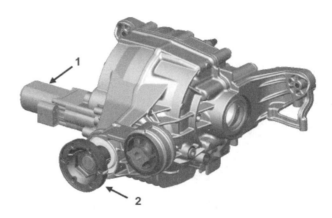

1-锁止功能的伺服电机　2-连接万向节轴的法兰

图 3-3-20

图 3-3-18

六、后桥差速器

E3 的后桥差速器根据所使用的发动机安装成不同的版本。最重要的差异是可选的差速锁。后桥差速器（对于所有型号而言传动比均为 3.308）构成了到后轮的动力传输系统的最后一部分。所有版本均具有长效机油加注。后桥差速器（无锁）如图3-3-19所示，后桥差速器（带锁）如图3-3-20所示，后桥差速器（带锁）解剖图如图3-3-21所示，后桥差速器（带锁）如图3-3-22所示。

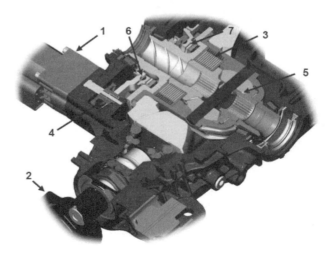

1-锁止功能的伺服电机　2-连接万向节轴的法兰
3-锁止用多片式离合器　4-执行器变速器　5-差速器
6-滚球坡道（作为调整机构）　7-滚针轴承

图 3-3-21

图 3-3-22

七、机油回路和变速器通风

（一）变速器通风

在对变速器进行加热和冷却时，可通过变矩器钟形壳中的通气孔来影响必需的压力均衡。通气孔必须不受任何阻碍，才能实现压力均衡。

当运输变速器以及在变速器上工作时，如果变速器倾斜角度过大，变速器机油和自动变速器油可能会通过共用的变速器通风混合在一起。在这种情况下，请遵循 PIWIS 信息系统中的说明。变速器油冷却和壳体通风（图示中无附属式离合器）如图3-3-23所示。

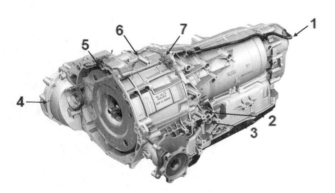

1-直齿轮级通风　2-自动变速器油冷却器回路　3-自动变速器油冷却器供油　4-前桥主减速器　5-变矩器室中的通气孔　6-通风，前桥驱动器　7-通风道的集流室
图 3-3-23

（二）4个机油系统

Cayenne E3 中新款变速器的特色之一是各变速器单元的机油系统单独分开。这样，每个单元始终都能得到最佳的润滑剂。几乎所有机油都以长效加注方式提供。必须区分以下机油系统：主变速器、

前桥主减速器、直齿轮级、附属式离合器。4个机油系统如图3-3-24所示。

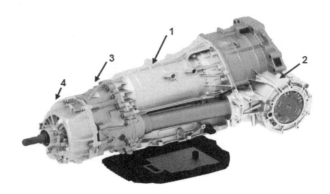

1-立变速器　2-前桥气减速器　3-直齿轮级　4-附属式离合器
图 3-3-24

注：确保使用正确的机油等级进行保养。长效加注可保持240 000 km。

由于附属式离合器所承载的特殊载荷，其保养周期目前为 60 000 km。

始终使用3种不同的机油来满足实际应用。主变速器中有约 10 L机油，此外，前桥差速器中有约1.8 L机油，包括直齿轮级。

自动变速器油（ATF）是"高科技产品"。由于对换挡质量、功能可靠性和易于保养的要求，致使对自动变速器油的要求达到最高。自动变速器油对于离合器和制动器的摩擦系数有着决定性影响。因此，自动变速器油应在设计和测试阶段就已研发。

变速器控制中的许多故障就是由于变速器中的机油油位不正确导致的。一旦客户对油位有疑虑，就应密切关注。检查机油油位花不了多少时间，但能防止出现大量的问题。

随着不同的发动机变型可用于车型发布，前桥主减速器与直齿轮级将共用一个机油系统。机油由位于输出轴末端的一个小齿轮泵向前桥供应。前桥机油通过集成管路提供。

（三）机油冷却

自动变速器油冷却系统与发动机的冷却液回路并排集成，并由变速器机油冷却阀控制，如图3-3-25所示。此阀门由变速器控制单元启动。变速器控制单元从发动机控制单元的热量管理系统接收打开或关闭此阀门的命令。发动机控制单元将变

1-自动变速器油供应　2-自动变速器油回路
3-自动变速器油冷却器　4-自动变速器油冷却阀
图 3-3-25

速器温度维持在 80 ～ 110 ℃之间。

机油管路的布置应针对每种发动机变型而进行调整，因为冷却水管的走线也稍有不同。在 V6 双涡轮增压发动机中，安装了一个附加的前桥变速器机油冷却系统，此系统控制前桥与直齿轮级共用的机油系统。V6 双涡轮增压发动机上的前桥机油冷却器如图3-3-26所示

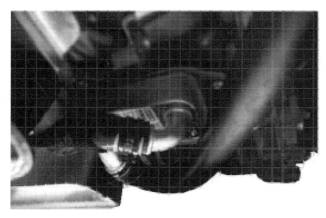

图 3-3-26

启动阶段：在冷启动期间，阀先通电，然后关闭。自动变速器油热交换器的冷却回路将中断。这使发动机能更快地到达其工作温度。打开阀门的条件包括外部温度、发动机温度、发动机转速和空调系统的热量需求。

自动变速器油加热。当发动机达到其工作温度且有足够的热量来加热乘客舱时，阀门将打开并加热自动变速器油。较低黏度的自动变速器油可改进变速器的效率。

自动变速器油的正常工作/冷却。冷却液温度控制在 80 ～ 110 ℃之间，这对应于自动变速器油的

设定点温度范围。在正常工作时，阀门未通电和打开，自动变速器油温度保持在80 ～ 110 ℃之间。

当驾驶员频繁来回换挡（在两个挡位间频繁换挡，例如在 4 挡到 5 挡之间来回切换）时，离合器温度可能会快速升高。在手动模式下无法进行控制干预。首先会发出黄色的警告，然后某些回路会堵塞以防止离合器过热。

在 D 模式下，当离合器温度上升时，换挡将在早期阶段被延迟，以允许离合器冷却。

如果自动变速器油冷却器泄漏，乙二醇可能会随冷却液进入自动变速器油。即使是最少量的冷却液也会对离合器控制造成损害。乙二醇测试可消除这一因素。

（四）机油泵

自动变速器的一个最重要的部件是自动变速器油泵。机油供给不充足，一切都将停摆。

特色包括横向、旁轴排列以及通过链条传动装置传动。自动变速器油泵是高效率的双冲程叶片泵。它还有助于降低耗油量。

使用一个附加的电动泵在自动启动/停运功能运行期间确保机油供给。自动变速器油泵驱动如图3-3-27所示。

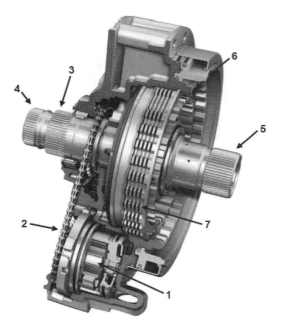

1-自动变速器油泵　2-链条传动装置
3-链轮齿（发动机转速）　4-定子轴（变矩器）
5-太阳轮轴S1/S2　6-活塞制动器B　7-制动器A
图 3-3-27

自动变速器油泵吸入自动变速器油（穿过滤清器），然后将压力油送至液压控制单元中的系统压力阀。变速器工作所需的系统压力在此处设置。过量的机油将回到自动变速器油泵并进入吸入通道，此时机油具有很好的流动特性。所释放的能量用于对吸入端进行增压。除了提高效率之外，还可通过避免形成空腔来改善噪声行为。自动变速器油泵示意图如图3-3-28所示。

1-系统压力阀　2-到液压阀的系统压力
3-到变矩器压力阀的系统压力　4-来自压力控制阀的控制压力
5-过量机油再循环　6-自动变速器油底壳
7-自动变速器油吸入滤清器　8-到自动变速器油泵
9-正确流动回路的套筒　10-来自自动变速器油吸入滤清器
图3-3-28

八、变速器控制

（一）换挡位置图/换挡矩阵图

从1～8和从8～1的所有换挡都是重叠换挡。因此，在换挡期间，一个离合器必须保持能够以减小的主压力传输动力，直至对应的另一个离合器能够接管现有扭矩。如果只有一个换挡元件必须将动力流传输到另一个换挡元件，则始终可以执行换挡。

对于未执行的换挡或无法直接执行的换挡（如7～3），始终首先执行较大的跳挡（直接换挡），然后执行单一降挡。

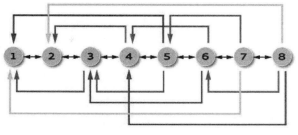

图3-3-29

换挡位置图3-3-29显示了技术上可行的换挡可能性。从6～3的换挡示例如图3-3-30所示。换挡元件如表3-3-4所示。变速器模式概述如图3-3-31所示。

$$\blacktriangleright \ 6\text{-}5\text{-}4\text{-}3$$
$$\blacktriangleright \ 6\text{-}4\text{-}3$$
$$\blacktriangleright \ 6\text{-}3$$

图3-3-30

表3-3-4

	换挡元件				
	制动器A	制动器B	离合器C	离合器D	离合器E
驻车锁	1	1			
空挡	1	1			
R挡	1	1		2	
1	1	1	2		
2		1			2
3		1	2		2
4		1		2	2
5		1	2	2	
6			2	2	2
7	1		2	2	
8	1			2	2

注：1.制动器闭合。2.离合器闭合。

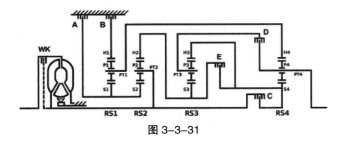

图3-3-31

要点：

RS 1、2、3、4：行星齿轮组1、2、3、4。

PT 1、2、3、4：行星齿轮托架1、2、3、4。

S 1、2、3、4：行星齿轮组的太阳轮1、2、3、4。

P 1、2、3、4：行星齿轮组的行星齿轮1、2、3、4。

H 1、2、3、4：行星齿轮组的环形齿轮1、2、3、4。

WK：变矩器锁止离合器。

（二）齿轮描述和扭矩特性

动力传递1挡如图3-3-32所示。

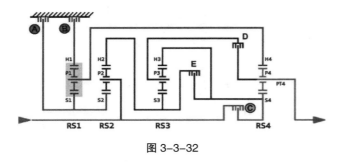

图 3-3-32

动力传递2挡如图3-3-33所示。

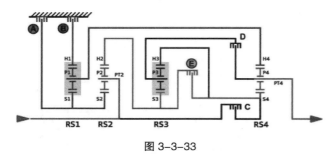

图 3-3-33

动力传递3挡如图3-3-34所示

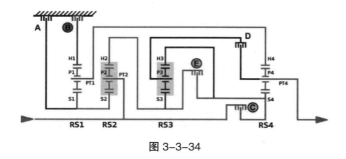

图 3-3-34

动力传递 4 挡如图3-3-35所示。

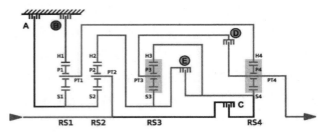

图 3-3-35

动力传递5挡如图3-3-36所示。

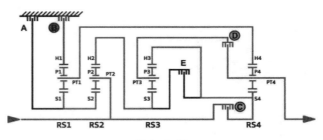

图 3-3-36

动力传递6挡如图3-3-37所示。

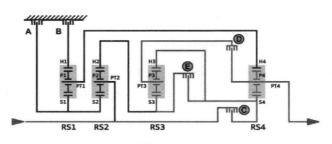

图 3-3-37

动力传递7挡如图3-3-38所示。

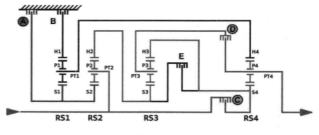

图 3-3-38

动力传递8挡如图3-3-39所示。

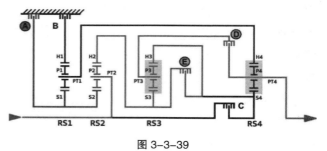

图 3-3-39

倒挡中的动力传递如图3-3-40所示。

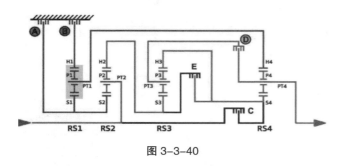

图 3-3-40

（三）自动启动/停止控制

自动启动/停止操作面临的挑战是，当关闭发动机时，变速器中自动变速器油泵的机油供应将停用。对应齿轮的换挡元件将打开，并且动力连接中断。当发动机开始运转时，变速器中的动力连接以及起步就绪必须恢复。对于 8 速自动变速器，这意味着必须关闭3个换挡元件。

自动变速器油泵在发动机启动阶段提供的机油量不足，无法在要求的时间内将压力作用于换挡元件和建立足够的动力连接。

集成的电动泵IEP：解决方案是电动泵。此泵（IEP）集成在机械电子模块旁边，在发动机停止期间提供足够的压力，以向相应换挡元件提供压力。通过电动泵和通过自动变速器油泵的压力蓄积在自动变速器油泵提供足够的压力时会重叠。集成的电动泵IEP如图3-3-41所示，IEP如图3-3-42所示。

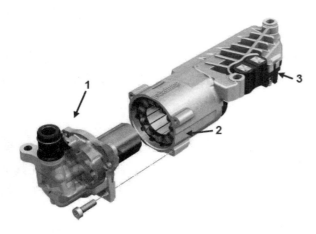

1-泵单元（齿轮泵）　2-电机　3-控制电子装置
图 3-3-41

图 3-3-42

九、机械电子装置模块

由于具有大量的齿轮和对于换挡元件的要求，因此需要进行复杂的离合器控制。例如，可以通过

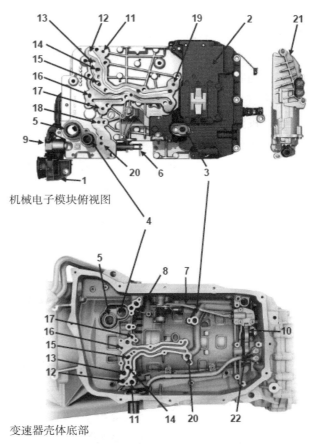

机械电子模块俯视图

变速器壳体底部

1-到车辆的插头　2-电子模块（带变速器控制单元和EDS）
3-来自 IEP 的压力供应　4-来自自动变速器油泵的压力连接
5-到自动变速器油泵的吸入连接　6-驻车锁滑块
7-驻车锁联动装置　8-来自自动变速器油冷却器
9-电磁阀，驻车锁　10-锁止棘爪，驻车锁　11-制动器A
12-离合器E　13-离合器C　14-离合器B　15-闭合变矩器离合器
16-来自变矩器　17-到变矩器　18-来自自动变速器油冷却器
19-离合器D　20-到自动变速器油冷却器　21-IEP　22-IEP电源
图 3-3-43

许多不同的方式执行 8 ~ 2 降挡。换挡图显示了各种可能的换挡序列。

为确保机械电子模块能够以非常高的动态响应执行这些任务，相应地设计了电动液压控制系统。液压控制单元和传输机构必须相应、快速地实施电气命令。同样，可以在此处通过优化组件来进一步改进换挡动态和控制质量。此处的目标是执行直接换挡（如果可能）。

压力控制阀〔也称为电动压力控制阀（EDS）〕将控制电流转换为液压控制压力。它们由变速器控制单元控制，控制着换挡元件的液压阀（滑动）。为了实现高的换挡动态和不同的换挡序列，变速器的每个换挡元件都有其自己的 EDS。控制压力和润滑油机油流将通过壳体中以及变速器轴内的通道转至换挡元件和润滑点。

机械电子模块位于变速器壳体的正下方，由自动变速器油底壳包围。

变速器壳体底部如图3-3-43所示。

十、传感器和紧急操作策略

（一）车速传感器

变速器输入速度和输出速度的速度传感器集成在机械电子模块中。速度传感器的位置如图3-3-44和图3-3-45所示。

注：这些传感器是电子模块的组成部分。此模块无法单独更换。如果所提到的其中一个部件存在缺陷，则必须更换整个机械电子模块。

连接行星齿轮托架与环形齿轮的气缸于传感器靶轮上方。此气缸由高强度铝合金制成。因此，材料是非磁性的，磁环的磁场穿过此气缸作用于传感器。但传感器靶轮上的金属片会限制或阻碍传感器

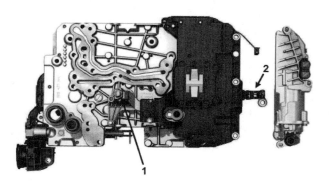

1-变速器输入速度传感器　2-变速器输出速度传感器
图 3-3-44

1-变速器输入速度传感器　2-变速器输出速度传感器
3-传感器靶轮
图 3-3-45

靶轮的操作。

（二）温度传感器

由于在变速器中集成了电子元件（由自动变速器油包围），因此，监控控制单元温度以及相应地监控自动变速器油温度至关重要。较高的温度对电子元件的使用寿命和功能会产生决定性影响。

温度高于 120 ℃会影响控制单元的电子元件的寿命。从 150 ℃起，将不可避免地损坏电子元件，并因此无法排除整个系统出现故障。为了防止过热，当超过定义的温度阈值时，必须采取相应的应对措施来予以保护。

换挡程序具有其自己的应对程序。为尽可能准确地检测自动变速器油的温度，机械电子模块的 E 模块上配备了一个温度传感器。这始终位于泵的"新鲜"机油流中（位于系统压力阀之后），此泵使油槽中的机油穿过滤清器而吸入机油。这样，可以检测到平均温度。离合器温度通过计算模型和自动变速器油温度确定。

（三）紧急操作策略

变速器控制系统通过3个专用的传感器检查变速器中所有过程的合理性。首先，速度比较尤其重要。此外，还需考虑来自车辆的进一步信息（例如轮速）。

根据检测到的故障（高温度、离合器过长的加注时间等），挡位可用性也会变化，例如，没有挡

位可用或只有固定挡位可用。例如，此时也会发生
3挡或5挡起步。

如果检测到导致固定挡位（例如 5 挡）的故
障，然后控制单元在驾驶操作期间消除了此故障，
则控制机制将一步一步回归正常操作。这意味着，
所有超过之前固定挡位的挡位最初都会得到释放来
进行操作。接着，在车辆静止并延迟一段时间后，
将按顺序释放较低的挡位。

背景是驾驶员可能变得习惯于 5 挡起步，因此
会以经过调整的加速踏板位置（高负载要求）来起
步。在这种情况下，如果在消除此故障后，可以在
驾驶员未察觉的情况下再次立即切到 1 挡，则驾驶
员下次起步时，可能会发生意外的高加速度。

为了避免过高温带来的损坏，自动变速器油温
度一旦超过 135 ℃就会限制发动机扭矩。在自动变
速器油温度高达 143 ℃时，发动机扭矩将大幅度减
小，以防止损坏。

离合器和变矩器的温度通过控制单元中存储的
模型并使用当前的自动变速器油温度来计算。机油
冷却和换挡策略应进行调整，以保护离合器和变矩
器。对于变矩器，锁止离合器的接触压力也会增
加，以允许更多机油流经离合器。

十一、保养任务

（一）机油系统

所有机油系统都可以进行检查和更新。您将在
PIWIS 信息系统中找到当前的机油更换保养间隔。
在这一代变速器中，尤其需要注意必须使用的不同
类型的机油。

1. 自动变速器油主变速器（图3-3-46）

2. 前桥主减速器和直齿轮级（图3-3-47）

前桥主减速器和直齿轮级通过机油管路彼此相
连。但是，这两个机油系统必须单独放油和加注，
以确保更换正确的机油量。

3. 机油加注，后桥差速器

后桥差速器配备了长效机油加注。根据型号
（有无差速锁），所需机油更换的加注量大约相差
0.3 L。后桥差速器的加注和检查口如图3-3-48所
示。

4. 机油加注，附属式离合器

由于附属式离合器所承载的特殊负载，其保养

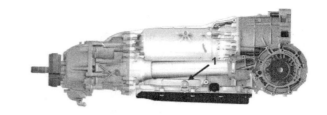
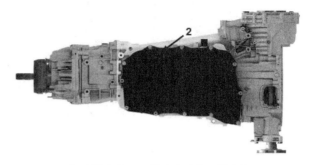

1-机油检查塞　2-放油塞（卡口锁定）
图 3-3-46

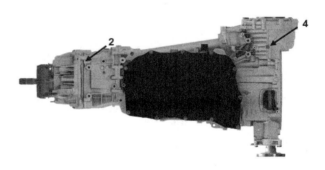

1-机油检查塞，直齿轮级　2-放油塞，直齿轮级
3-机油检查塞，前桥主减速器　4-放油塞，前桥主减速器
图 3-3-47

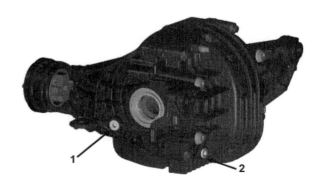

1-机油加注口塞　2-放油塞
图 3-3-48

周期为 60 000 km。加注和放油塞，附属式离合器如图3-3-49所示。

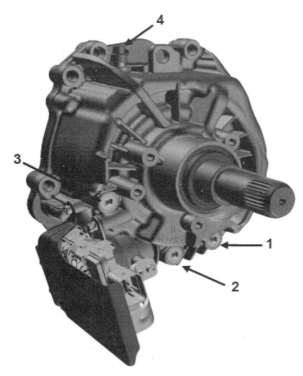

1-放油塞　2-放油塞　3-机油加注口塞　4-通风口
图 3-3-49

（二）换挡调节

在变速器软件更新、自动变速器油更换或机械电子模块更换后，必须确保所有换挡操作都处于高质量。换挡调节的目标是：确保在整个自动变速器油温度范围内的换挡质量；生产公差补偿；制动盘作用；碟形弹簧硬度；盘片的摩擦系数；密封点处的摩擦；压力调节器公差的补偿（EDS 温度影响）；发动机扭矩偏差的补偿。

为了确保上述功能，需要相应调节 5 个换挡元件（制动器 A、B 和离合器C、D、E）。

例如，在软件更新后删除调整值。在这种情况下，必须执行自适应驾驶。

《车间手册》和"故障查找引导"中介绍了相关顺序。使用以下调节方法。

换挡调节：优化换挡质量；补偿发动机的摩擦系数公差和扭矩偏差离合器调节；快速加注（确保离合器完全加注且补偿制动盘作用）；加注压力（补偿碟形弹簧的公差和确定活塞正好直接保留在盘片组处但不传递扭矩时的压力）。

调节设计为可以在客户驾驶模式中实施。但这也意味着，换挡质量最初会变差（例如，在液压变化之后）。

（三）紧急释放

在正常运行时，驻车锁是以电动液压方式启用或释放的。要以电动液压方式释放驻车锁，发动机必须处于运行状态，且必须确保电源电压足以维持 P-OFF 位置。紧急释放装置用于在需要延长 P-OFF 位置的时间时释放驻车锁，在以下情况下必须启用：必须牵引车辆时始终启用；由于故障而无法以电动液压方式或释放驻车锁时；如果车辆在系统电压不足的情况下操控/移动；如果发动机未在运行，但需要操控/移动车辆（例如在维修车间中）。

当激活驻车锁的紧急释放装置时，组合仪表中会显示黄色的警告消息："P 不可用。车辆可能会溜车，启用电动停车制动器。" 此外，将显示"N"模式。

如果不再需要驻车锁随环境调节的 P-OFF 位置，则必须再次锁定驻车锁并使其进入P-ON 位置。

驻车锁的紧急释放是通过震动脱耦的拉锁执行的。操作机构位于驾驶员侧的地板垫下。驾驶员脚坑中的紧急释放机构如图3-3-50所示，紧急释放套筒扳手（在车辆工具包中）如图3-3-51所示。

注：重要说明，必须先将车辆固定以防止溜车，然后才能启用驻车锁的紧急释放装置。

图 3-3-50

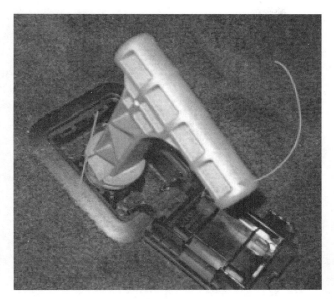

图 3-3-51

紧急释放驻车锁（P－OFF 位置）：

拆下盖子。

将紧急释放套筒扳手插入操作机构中（不得反向转动套筒扳手，否则会损坏紧急释放机构）。

向下按套筒扳手，将套筒扳手顺时针转 90°。

只要紧急释放装置需发挥作用，就让套筒扳手留在操作机构中启用驻车锁（P－ON 位置）：只需从操作机构中向上拔出套筒扳手即可。

紧急释放装置概览如图3-3-52所示。

1-紧急释放机构　2-拉锁的快速接头　3-紧急释放键
4-拉锁末端的蘑菇形盘片　5-变速器上的紧急释放杆
图 3-3-52

一个特色是紧急释放拉锁与紧急释放杆的定位。紧急释放拉锁的末端配备了刚性杆和蘑菇形盘片，后者以无接触的方式包围着换挡杆。因此，可以大部分防止结构噪音从变速器传输到拉锁并进入车辆内部。在启用紧急释放装置之前，盘片与换挡杆相互之间不接触。驻车车锁详细信息如图3-3-53所示。

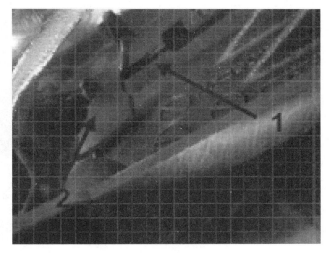

1-拉锁　2-驻车锁杆
图 3-3-53

为了简化变速器的拆卸和安装过程，紧急释放拉锁由两个部分组成（由快速接头进行连接）。应注意，当未启用紧急释放装置时，拉锁的盘片不得与换挡杆接触，相互之间必须具有足够的间隙。快速接头的固定器中和启用机构中的退耦元件会减少结构噪音的传输。

（四）牵引

在牵引车辆前，请遵循《驾驶手册》或 PIWIS 信息系统中的警告。此时与自动变速器相关的一般限制将适用：不得超过最大速度 50 km/h；最大牵引距离为 50 km；请勿在前桥或后桥升高的情况下进行牵引。

如果组合仪表中显示工作模式N，则可以牵引车辆。如果无法启用此工作模式（或者驻车锁启用但无法释放），则必须执行驻车锁紧急释放。

注：当发动机不运行时，不会驱动机油泵，变速器的某些零件将得不到润滑。如果未遵守牵引条件，则可能导致变速器严重损坏。

第四节　空气悬架系统

2018年款的保时捷Cayenne（图3-4-1）是该车

型全新改款的第三代，内部代号9YA，该车采用了基于集团的MLBevo平台（模块化纵向矩阵）新开发的底盘。其主要开发目标旨在使车辆集典型的保时捷驾驶动态性与出色的驾驶安全性和高舒适性于一身。在开发过程中，应用了大量保时捷在SUV（运动型多功能车）和跑车领域的技术。

图3-4-1

根据不同的产品策略，提供了两种不同版本的悬架系统：基础版和顶级版。

基础版车型使用钢制弹簧悬架，配备保时捷主动悬架管理系统（PASM），可以调节减震器的阻尼，满足舒适性、运动性驾驶的目的。

顶级版车型使用了空气悬架，由电子底盘平台（ECP）控制系统的工作。

一、悬架结构类型

前桥：2018年款的保时捷Cayenne采用了五连杆前桥，搭配经系统化设计以实现最理想的转向特性和灵活性的前部转向系统。

后桥：2018年款保时捷Cayenne上安装了独立式五连杆后桥。钢制弹簧与减震器分离布置。底盘副车架通过前部的两个液压橡胶支承座和后部的两个橡胶金属支承座与车身实现弹性连接。底盘副车架提高了车身结构的刚度。根据不同的产品策略，提供了两种不同版本的后桥。

（一）基本版车型的前/后桥结构

基本版车型的悬架（图3-4-2）配备以下部件：作为标准配置的钢制弹簧悬架系统和作为选装配置的PASM，后桥的减震器和钢制弹簧采用分离式设计。传统防侧倾杆作为标准配置。

图3-4-2

（二）顶级版车型的前/后桥结构

顶级版车型配备以下部件：作为标准配置的三腔室空气悬架，并可选装PDCC Sport（PDCC运动版）。控制臂、减震器和空气悬架单独进行设计。顶级版车型的悬架如图3-4-3所示。

图3-4-3

二、保时捷主动悬架管理系统（PASM）

PASM是一种电子减震器系统，用于以电子方式调节减震器硬度。PASM负责通过减震器调节和维持震动舒适性。该可变减震器系统能够根据驾驶状况和驾驶条件为每个车轮选择适当的减震器硬度，从而优化驾驶的安全性、灵活性和舒适性。

PASM系统通过调节各个车轮的最佳减震力来提高驾驶的安全性、动态性和舒适性。控制单元负责执行调节操作，能够在几毫秒内计算和调节所需的减震力。系统根据车辆传感器提供的信息计算减震器硬度。系统针对车辆的每个车轮持续进行这项计算。

如果PASM系统发生电气故障，将针对此故障情况设定主动的恒定减震器硬度，且不进行其他控制（多级故障策略）。如果减震器无法正常工作，控制单元会关闭减震器功能，并且所有减震器都将切换到故障弱化模式。换言之，所有减震器都变为软件控制。

用于计算减震器硬度的传感器：4个水平高度

传感器、4个车轮加速度传感器、4个车身加速度传感器。

在钢制弹簧悬架系统中，减震器随钢制弹簧一起安装。用于调节减震器硬度的电磁阀位于减震器内部。

钢制弹簧悬架系统的PASM只调节减震器硬度，该功能也包括在空气悬架系统中。所以，这里不再单独介绍PASM的功能。

三、空气悬架系统

（一）系统概述

2018年款的保时捷Cayenne的空气悬架系统由ECP控制单元进行控制。

ECP是英文Electronic Chassis Platform（电子底盘平台）的缩写，这在第三代卡宴上是一个新出现的术语。

新一代卡宴的空气悬架系统（图3-4-4）为开放式的。也就是说在降低悬架时，空气从弹簧排放到大气（周围环境）中。

空气悬架负责在任何负载条件下保持恒定的行车高度，并根据指定的设置保持特定的震动舒适性。空气悬架可减轻车辆的抬升、俯仰和侧倾运动。

前后桥均使用了新的三腔空气弹簧（老款车为两腔）。

前空气悬架滑柱由三腔室空气悬架（带有2个用于各个腔室容积切断的整合式转换阀）和双管减震器（可连续调节反弹和压缩力度）构成。转换阀转换3室控制系统中的所有单独的空气悬架容积。空气悬架滑柱被设计为塑料焊接部件，带有轴向波纹管作为气囊。卷绕的气囊由铝制外导管引导。由

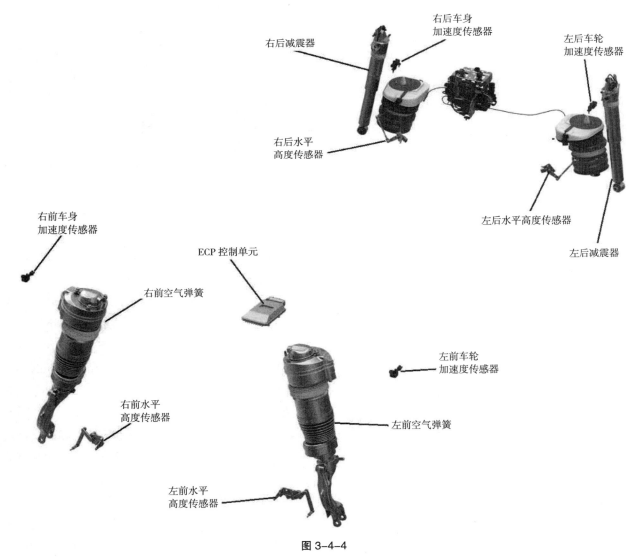

图 3-4-4

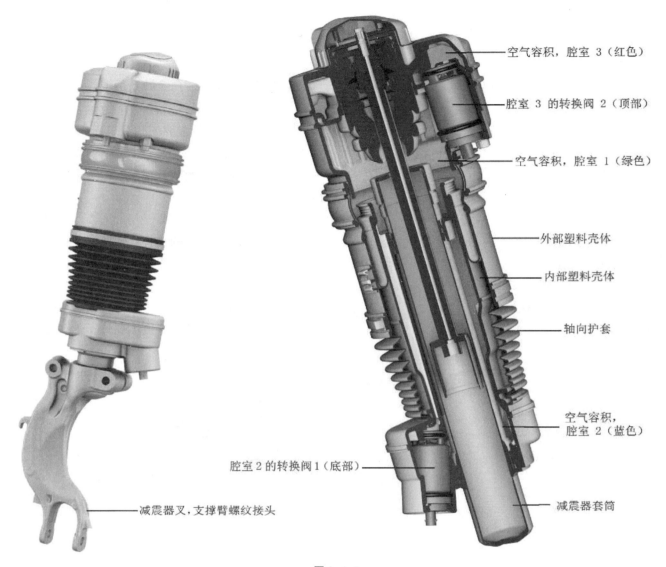

空气容积，腔室 3（红色）

腔室 3 的转换阀 2（顶部）

空气容积，腔室 1（绿色）

外部塑料壳体

内部塑料壳体

轴向护套

空气容积，腔室 2（蓝色）

腔室 2 的转换阀1（底部）

减震器套筒

减震器叉，支撑臂螺纹接头

图 3-4-5

橡胶制成的护套负责保护其免遭外界环境的影响（灰尘、水）。空气悬架和减震器构成了一个结构单元，如图3-4-5所示。

空气悬架滑柱通过夹紧螺钉固定在减震器叉上，直接用螺钉固定在支撑臂的底部。

后空气悬架是一种三腔室空气悬架，带有2个用于切断容积的整合式转换阀。转换阀转换和控制3室中的所有单独的空气悬架容积。空气悬架被设计为塑料焊接部件，带有水平卷绕的气囊。卷绕的气囊是交叉斜纹波纹管和轴向波纹管的组合，气囊由铝制外导管支撑，由橡胶制成的护套负责保护其免遭外界环境的影响（灰尘、水）。后空气弹簧总成如图3-4-6所示。

（二）驾驶模式选择

通过全新设计的方向盘上的旋转选择开关（称为"模式开关"，如图3-4-7所示）选择不同的驾驶模式。除了Normal（标准）、Sport（运动）和SportPlus（运动升级）模式外，还提供了Individual（个性化）模式。

1. 标准模式0

利用相关功能，可以通过空气悬架和减震器的组合控制，调节舒适的底盘设置空气悬架和减震器控制，如图3-4-8所示。

2. Sport（运动）模式S

利用相关功能，可以通过空气悬架和减震器的组合控制，调节运动型底盘设置，如图3-4-9所示。

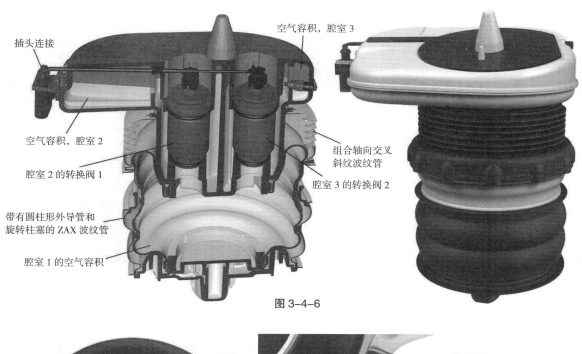

图 3-4-6

模式 0
模式 S（运动）
模式 SP（运动升级）
模式 I（个性化）
模式开关

图 3-4-7

弹簧硬度

主动容量	V1+V2+V3	V1+V2	V1+V3	V1
弹簧系数阶段	1 软	2 动态1	3 动态2	4 硬
静态 车速低于 200 km/h	X			
静态 车速达到或超过 200 km/h		X		
纵向 制动压力			X	
纵向 制动压力 2				X
纵向 纵向加速度/发动机扭矩				X
横向 转向速度/横向加速度 1			X	
横向 转向速度/横向加速度 2			X	
横向 转向速度/横向加速度 3				X

动态

图 3-4-8

弹簧硬度 →

主动容量	V1+V2+V3	V1+V2	V1+V3	V1
弹簧系数阶段	1 软	2 动态1	3 动态2	4 硬

动态 ↓

		V1+V2+V3	V1+V2	V1+V3	V1
	静态		X		
纵向	制动压力			X	
	制动压力2				X
	纵向加速度/发动机扭矩				X
横向	转向速度/横向加速度1				X
	转向速度/横向加速度2				X
	转向速度/横向加速度3				X

图 3-4-9

弹簧硬度 →

主动容量	V1+V2+V3	V1+V2	V1+V3	V1
弹簧系数阶段	1 软	2 动态1	3 动态2	4 硬
静态				X

图 3-4-10

3. SportPlus（运动升级）S+

利用此功能，可以通过空气悬架和减震器的组合控制，调节极具运动性的底盘设置。中控台功能按钮如图3-4-10所示。

"Sport"（运动）按钮：在中控台上，有一个用于直接选择Pasm底盘的Sport（运动）功能的按钮。执行调节时，不受车辆模式的限制，如图3-4-11所示。

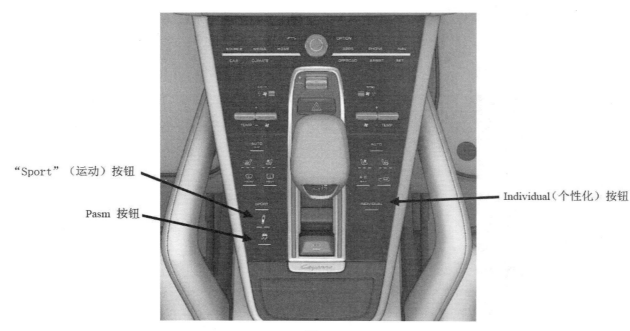

图 3-4-11

Pasm按钮：通过Pasm按钮选择相关的底盘设置，所选的底盘设置会显示在组合仪表中。

Individual（个性化）按钮：通过Individual（个性化）按钮，可以对底盘、车身高度、运动型排气系统和自动启动/停止功能的设置进行个性化组合。可以单独保存高位高度和一般地形高度。

（三）PCM菜单设置操作

通过前部PCM触摸屏上的菜单，可以根据Normal（标准）模式或Sport（运动）模式，对Pasm和自动启动/停止功能的设置进行个性化组合。

下次启动车辆时，可以通过旋转模式开关，调出已存储的设置组合。

"汽车"菜单项→"驾驶"子菜单，如图3-4-12所示。

在前部PCM触摸屏上，可以在"汽车→驾驶"

图3-4-12

菜单项下，选择底盘控制设置和功能。针对底盘高度（空气悬架、弹簧系数）和底盘（Pasm减震器控制）系统所选的当前底盘设置会显示在此处。

"汽车"菜单项→"越野"子菜单：在保时捷Cayenne 2018年款上，可以在PCM上的"汽车"菜单项下选择"越野"模式。可以在此处选择以下车辆高度："高位"或"一般地形"。可以在"俯视图"中选择摄像头视角。

"汽车"→"越野"菜单项如图3-4-13所示。

图3-4-13

启用"越野"模式时，只能选择"一般地形"高度。PCM"越野"子菜单选择项如图3-4-14所示。

图3-4-14

在"越野"模式下，可以选择以下驾驶场景：砾石——适合在砾石或潮湿场地上驾驶；泥地——适合在泥泞的地面上驾驶；沙地——适合在沙地上驾驶；岩石——适合在岩石地面上驾驶。

（四）空气供应系统

空气悬架的空气供应系统(图3-4-15)与压缩机、电磁阀组和压缩机控制单元一起安装在后备箱壁上。

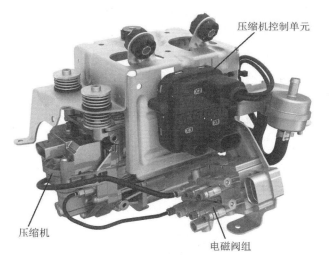

图3-4-15

1.压缩机

压缩机（图3-4-16）负责为空气悬架系统提供压缩空气，产生的绝对压力最高为1900kPa。

该压缩机由带电机的两级压缩机单元、电动BOOST（增压）电磁阀、释放阀和一体化空气干燥器组成。

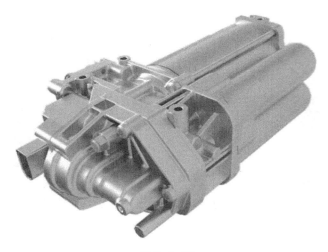

图 3-4-16

ECP控制单元通过CAN总线Sub_CAN控制压缩机的启动。

在出现向下方向的水平高度变化时，压缩空气向环境通风（开放系统）。

如果蓄压器为空，则压缩机可以直接为空气悬架充气。

在车辆行驶过程中，压缩机会对蓄压器充气。

BOOST功能通过利用残余蓄压器压力，允许在蓄压器增压较低时以高速举升车辆。

每次向外界环境排气时，排出的空气都会流经空气干燥器，从而除去系统中的湿气。该空气干燥器是免维护的。

2. 压缩机控制单元

压缩机控制单元（图3-4-17）内安装有一个启动限流器，用以确保在压缩机开启时，电流柔和而非迅猛地上升，同时避免达到电流峰值。

图 3-4-17

压缩机控制单元会阻止（脉冲宽度调制）压缩机启用（CSS‐Compressor Soft Start：压缩机软启动）。

压缩机控制单元集成了温度传感器，可实时监控温度，以便在频繁改变车辆高度时对压缩机进行保护，避免其过热。

3. 电磁阀组

电磁阀组（图3-4-18）安放在1个塑料壳体中，它由5个电磁阀构成：4个用于弹簧滑柱的电磁阀（每个车轮1个），1个用于蓄压器的电磁阀。用于实现BOOST（增压）功能以及向外界环境排气的电磁阀整合在压缩机内。

图 3-4-18

该电磁阀组通过电磁阀切换和调节各个压力回路中的压力，该电磁阀组中集成了用于测量当前系统压力的压力传感器。

4. 压缩空气管路

电线束中集成了通向弹簧滑柱的管路，从压缩机到蓄压器之间的管路使用定型管路，管路带有与电磁阀组相对应的颜色标记。通向空气悬架的管路外径为4 mm，通向蓄压器的管路外径为6 mm。

5. 蓄压器

蓄压器（图3-4-19）存储用于供应空气的压力，并在车辆行驶时，充气到工作压力。车辆中安装有两个蓄压器，每个蓄压器各有约5 L的加注容量。两个蓄压器提供的总容积约为10 L。

图 3-4-19

两个蓄压器的安装位置位于左右外侧的后排长座椅水平高度处的搁板上，如图3-4-20所示。

图 3-4-20

6. 空气悬架的功能调节

升高：在升高车辆时，空气由蓄压器供应到空气悬架系统的空气悬架中。只有当蓄压器中有足够的压力时，才能提升车辆高度。

降低：在当前所选的高度降低车辆时，空气通过电磁阀组内的释放阀从空气悬架内排放到外界环境中。只有当车辆的全部4个车门都关闭时，才能降低车辆高度。打开后备箱盖不会对此操作有任何影响。

空气量控制：空气悬架系统根据负荷情况，自动对两个蓄压器调节所需的气压，以便按照控制规范设定和保持车辆高度。如果在车辆处于静止状态且发动机未运转时负载发生变化，则只有当蓄压器中有足够压力时才能迅速进行调节。

一般地形高度：在加高高度或一般地形高度下，离地间隙会相应增大。

7. 系统说明

4个空气悬架通过单独的空气管路与电磁阀组相连接。该电磁阀组由车身水平高度控制系统进行控制，并且负责在每个单独的空气悬架中调节空气

量，以便保持驾驶员设置的水平高度。为此，该电磁阀组与压缩机和蓄压器相连接。根据部件中的压力状况，从蓄压器、压缩机或者在增压模式下也从这两个源执行举升请求。在降低车身高度时，空气通过压缩机从弹簧排放到大气中。

该压缩机由一个两级压缩机单元和一个干燥器构成，增压和空气通风过程中空气始终流过该干燥器。这意味着对系统中的干燥器进行持续冲洗。空气通过压缩机中的释放电磁阀排放到环境中。可通过电源释放电路执行强制通风，从而避免空气供应系统中的背压。

一个限压阀安装在该压缩机中，确保用于通风的系统中的最低剩余压力。因此空气悬架可维持至少300 kPa的最低剩余压力，并避免空气悬架的扭曲或压缩。该压缩机还具有一个增压阀，如果在蓄压器增压较低时要使用来自环境和蓄压器的空气来升高，则用大约1500 kPa启用该增压阀。

压缩机的启动电流由压缩机控制单元调节，以避免启动中欠压或过压峰值。这可保证车辆电气系统的主动保护。压缩机控制单元还包含温度传感器，用于防止压缩机过热。

该电磁阀组具有一个整体式压力传感器，用于测量弹簧和蓄压器中的静态压力。ECP控制单元在此测量的基础上决定要使用的压力源（压缩机、蓄压器）。压力传感器也用于检测该系统中的泄漏和故障。

车身水平高度控制系统使用来自车身水平高度传感器的信号确定实际车辆高度。用于描述车辆状况的其他信号（车速、加速踏板位置、横向加速度等）通过FlexRay总线获取。使用这些附加的信号来优化控制，例如在动态驾驶过程中或者在不平坦的路面上驾驶时。

四、电子底盘平台（ECP）

ECP充当若干底盘系统的集成平台。此外，它还囊括了减震器主动控制系统、车辆水平高度（行车高度）控制系统、弹簧系数控制系统以及针对水平高度和加速度数据的传感器探测系统。

ECP模块在PDCC Sport（PDCC运动版）系统的功能中起着重要作用，安装在前部中控台的位置如图3-4-21所示。

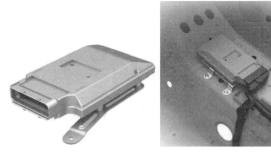

图 3-4-21

（一）任务

测量、计算和提供与车辆整体状况相关的信号。

计算前桥和后桥之间的滚动力矩分配。

监测和控制Pasm减震器系统。

配合空气悬架进行水平高度控制，针对所有负荷情况保持恒定的车辆高度。

（二）网络拓扑

电子底盘平台（ECP）控制单元与车辆拓扑

的连接是通过车辆中的FlexRay数据总线实现的，如图3-4-22所示。与空气供应系统的PDCC Sport（PDCC运动）控制单元和压缩机的通信通过Sub-CAN实现。

（三）功能

重要输入包括车辆上的水平高度传感器和加速度传感器的数据以及车速。利用这方面的附加信息，ECP可以针对各个车轮单独启用空气悬架的车辆高度控制或保时捷主动悬架管理系统（Pasm）减震器控制。ECP传感器分布在车辆的多个位置，这些传感器包括：车轮支架上的4个车轮加速度传感器，车身上的4个车身加速度传感器，车桥上的4个水平高度传感器。

（四）传感器

Cayenne 2018 年款使用了4个车身加速度传感器和4个车轮加速度传感器。

1. 车身加速度传感器

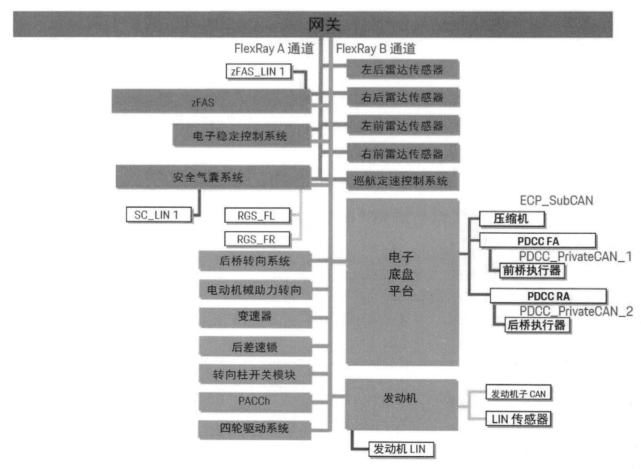

图 3-4-22

车身加速度传感器（图3-4-23）可以检测车身动作（举升、俯仰和侧倾震动）。

图3-4-23

2. 车轮加速度传感器

车轮加速度传感器（图3-4-24）检测车轮相对于车身的相对移动（垂直加速度）。

图3-4-24

3. 水平高度传感器

前桥上的两个水平高度传感器和后桥上的两个传感器（图3-4-25）通过弹簧行程检测控制臂的角度变化。

前桥上的水平高度传感器　　后桥上的水平高度传感器

图3-4-25

在设计上，水平高度传感器由机械部件和电子部件两部分组成。在机械部件中，通过水平高度传感器驱动主轴实现的角度变化转换可生成传感器中磁铁的旋转运动。这将进一步生成电气输出信号。

五、空气悬架系统电路的检测与维修

（一）ECP控制单元的供电和接地电路（图3-4-26）

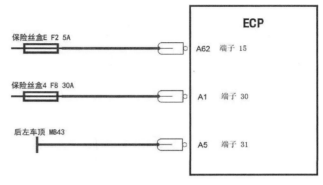

图3-4-26

端子15是由点火开关控制的电源，钥匙打开ON的位置有电。该电源经由保险丝盒E内的编号为F2的5 A保险丝送到控制单元的A62端子。如果该保险丝熔断，空气悬架系统将停止工作，同时仪表报警，检测仪无法与模块进行通信。

端子30是由蓄电池提供的常电源，该电源由保险丝盒4内的编号为F8的30 A保险丝送到控制单元的A1端子。如果该保险丝熔断，空气悬架系统将停止工作，同时仪表报警。与端子15供电中断不同的是，此时检测仪可以与模块进行通信、读取故障码、数据流，但无法通过驱动链接测试各个电磁阀。

控制单元唯一的地线由端子A5引出，在后左车顶搭铁。如果搭铁线断开，空气悬架系统将停止工作，同时仪表报警，检测仪无法与模块进行通信。

（二）总线电路（图3-4-27）

在第三代卡宴上出现了一种新的总线：FLEXRAY，该总线的数据传输速度为10 Mb/s。

空气悬架系统的ECP模块通过FLEXRAY连接到网关，同时，图像处理控制单元（内置前部摄像机）也通过ECP模块连接到网关。

FLEXRAY总线是一种双线总线，不支持单线通信。

在空气悬架系统中，ECP模块通过FLEXRAY总线接收的信号有发动机转速、节气门位置、车速、变速器挡位、模式开关位置、制动踏板位置等

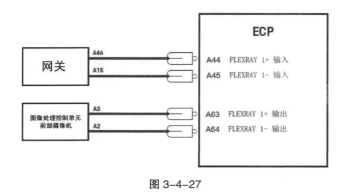

图 3-4-27

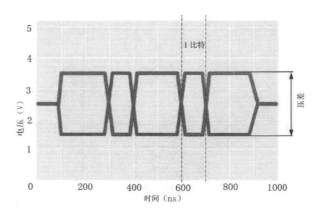

图 3-4-28

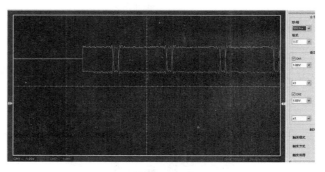

图 3-4-29

信号。

如果相连接的FLEXRAY总线故障，空气悬架系统将停止工作，同时仪表报警，检测仪无法与ECP模块进行通信。

FLEXRAY总线无法通信时，故障可能出在线路、插头或模块，可参照电路图在不同的位置进行波形测量，查找故障点。FLEXRAY总线标准波形如图3-4-28所示，FLEXRAY总线实测波形如图3-4-29所示。

（三）高度传感器电路（图3-4-30）

高度传感器也叫作水平传感器，空气悬架系统有4个车身高度传感器，感知车身左前、右前、左

后、右后4个位置的高度变化，转化为角度变化，此信息通过与角度成比例的PWM信号提供给控制

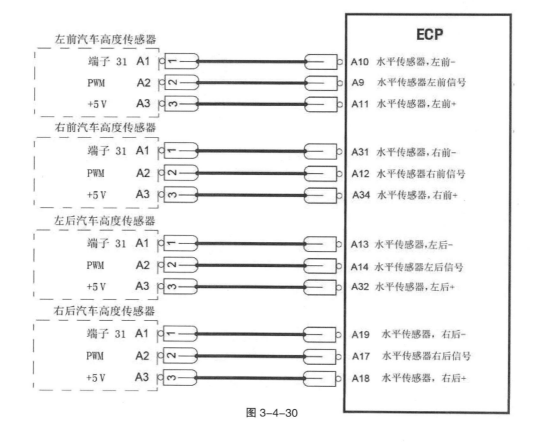

图 3-4-30

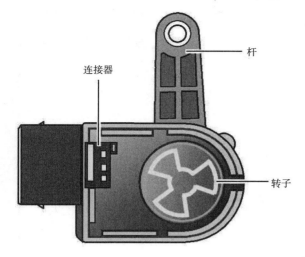

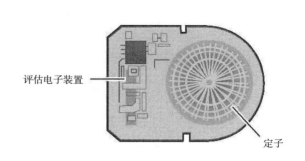

图 3-4-31

单元。

传感器中包括带有导体回路的转子，带有励磁线圈和拾波线圈的定子及电控和评估电子装置如图3-4-31所示。励磁线圈周围产生交变电磁场（磁场），继而在转子的导体回路中产生磁场。根据转子位置的不同，拾波线圈受到不同程度的感应。评估电子装置将拾波线圈的输出电压转换为相应的PWM信号，并将这些信号提供给控制单元。

诊断：控制单元会不断监控空气系统中的所有部件（如传感器、电磁阀和压缩机）、压力情况及部件功能。如果启用了故障检测，在故障评估后不会完全关闭空气悬架控制和减震器控制。此时会应用预定义的紧急模式策略。在有些情况下，控制活动会受限制。在极端情况下，车辆会降低到减震器中有缓冲为止。组合仪表中的警示灯会向驾驶员提示故障。

一旦检测到故障，系统会检查故障是否已排除。这些检查会定期进行或在点火装置关闭再打开后进行。一旦恢复全部功能，则按正常模式控制系统。

故障均会输入故障记忆，并永久存储于其中。可以使用保时捷系统检测仪读取和清除故障记忆。也可执行启用驱动链接、输入信号和系统测试等其他功能。

如果高度传感器安装不当或部件存在轻微的机械损伤、变形，将导致车身高度调节异常，但系统无故障码存储。

当高度传感器的故障码存在时，应先检查确认相关部件是否存在机械损伤、变形，然后再进行电路测量。可以看出，高度传感器的3根线分别是地线、信号线和电源线。点火开关打开，保持线路连接，采用背测的方式，万用表的红表笔接测量端子，黑表笔接地，传感器的A1端子应是0，A3端子应是5 V。A2是信号输出端子，应是占空比数字信号，根据车身高度变化，电压就在1.5～4.5 V之间。

当车身高度发生变化时，脉冲宽度相应发生变化。这里需要值得注意的是，因为安装方向的关系，左右两侧传感器的变化趋势正好相反。

校准：如果执行完底盘作业或更换了高度传感器，则必须检查高度，并在必要时执行校准。这可以使用保时捷专用的PT3G检测仪完成。

（四）车身加速度传感器电路（图3-4-32）

空气悬架系统有4个车身加速度传感器，可以检测车身的举升、俯仰和侧倾震动等动作。

正常行驶中，车身正加速度信号送到空气悬架控制单元后，控制单元操纵执行器使其转换到硬阻尼状态（后轮减震器阻尼大于前轮），以便减少汽车抬头(后坐)。

反之，当车身负加速度信号送到空气悬架控制单元后，控制单元操纵执行器使其转换到硬阻尼状态（前轮减震器阻尼大于后轮），以便减少汽车点头(前倾)。

在弯道上，车身加速度传感器感知侧倾变化，主动调节左右侧的减震器阻尼，减少车身的侧倾。

加速度传感器按照"电容测量原理"工作，该

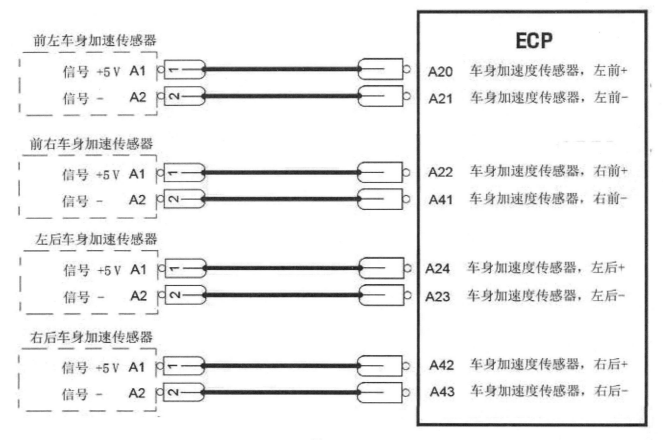

图 3-4-32

原理是指电容器的两个板之间的质量波动会改变电容器的电容，如图3-4-33所示。内部电子装置会分析这些信号并转发到控制单元。

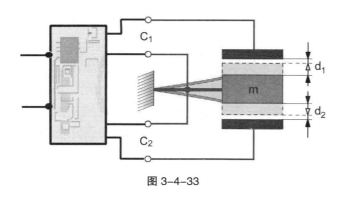

图 3-4-33

当存在加速度传感器的故障码时，应先检查确认相关部件是否存在机械损伤、变形，然后再进行电路测量。可以看出，加速度传感器的两根线分别是5 V电源线、信号线。点火开关打开，保持线路连接，采用背测的方式，万用表的红表笔接测量端子，黑表笔接地。

（五）车轮加速度传感器电路（图3-4-34）

车轮加速度传感器检测车轮相对于车身的相对移动（垂直加速度），用于对路况进行快速判断。通常情况下，当路况发生变化时，例如驶过高低不平的路面，车轮加速度传感器要比车身加速度传感器反应灵敏。

（六）压缩机控制电路（图3-4-35）

压缩机总成中包括压缩机、压缩机控制单元、温度传感器、控制阀（电动BOOST）、泄放阀。

和前一代车型最大的不同新一代卡宴的压缩机控制电路取消了继电器，增加了一个压缩机控制单元。ECP模块通过CAN线与压缩机控制单元通信，控制压缩机的运转。

压缩机控制单元中安装了温度传感器，如果温度超过120 ℃，ECP将断开压缩机的运转，以避免高温时润滑不良造成压缩机的机械损伤。

如果压缩机不能运转，首先使用检测仪对空气悬架系统进行诊断，检查是否存在压缩机控制单元的CAN总线故障，该总线为500 kb/s的高速总线。

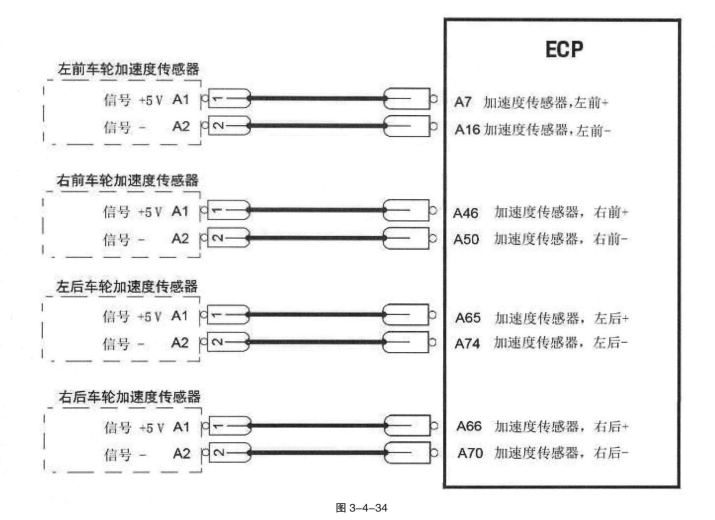

图 3-4-34

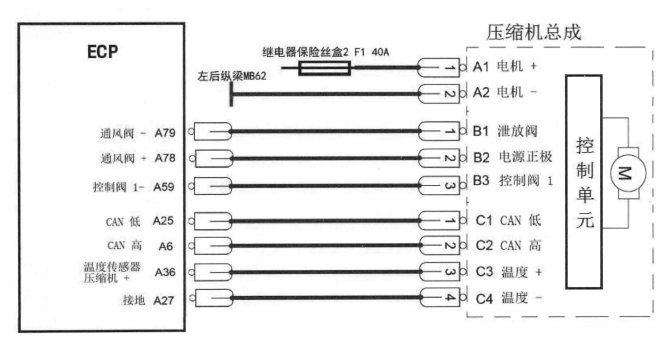

图 3-4-35

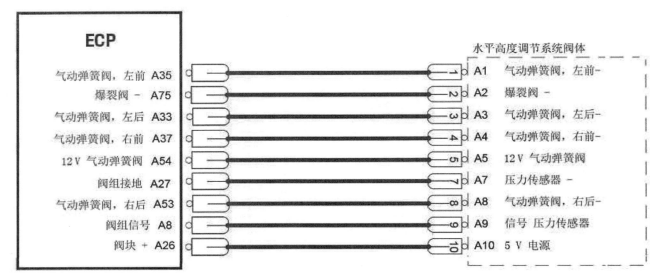

图 3-4-36

如果总线通信正常，接下来检查继电器保险丝盒2中编号F1的40 A保险丝是否熔断。

如果压缩机长时间工作后突然停机，无法调节车身高度，则有可能是温度过高，启用了安全保护功能。

（七）电磁阀体调节电路

气动弹簧阀用于控制进、出空气弹簧的空气流量，该电磁阀为常闭型，不通电时关断；当电磁阀通电时，电磁线圈克服弹簧压力，电磁阀打开，让空气流过。

图3-4-36中的"爆裂阀"控制气体排出，应翻译成"排气阀"更恰当，这里按原厂资料中的术语进行标注。

ECP控制单元根据车身高度传感器送来的信号和驾驶员设定的悬架控制模式，控制气动弹簧阀的动作，以控制车身高度。

升高车身高度：当需要升高车身高度时，压缩机工作，压缩空气由气动弹簧阀进入空气悬架的主气室，使车身高度增加。

控制车身升高时，通常两个前空气弹簧同时控制、两个后空气弹簧同时控制，如图3-4-37所示。

维持车身高度：当达到规定的高度，气动弹簧阀断电关闭，空气悬架主气室的空气量保持不变，

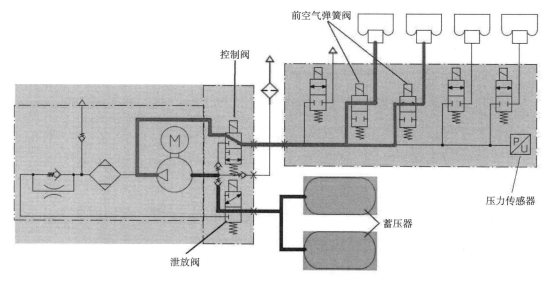

图 3-4-37

车身高度维持在一定的高度。

降低车身高度：当需要降低车身高度时，气动弹簧阀和爆裂阀同时通电打开，空气悬架主气室的空气通过气动弹簧阀、空气管路、爆裂阀排出，车身高度下降。

电磁阀体的常见故障：电磁阀体的故障率很低。在北方地区的冬季，如果干燥剂饱和，管路中的空气含有水蒸气，电磁阀体有结冰现象。

如果环境温度在0 ℃以上，电磁阀有卡滞、堵塞现象，可先进行驱动链接，确认电气部件工作正常。然后拆卸连接管路，使用有机溶剂对阀体进行清洗。如清洗后仍动作不良，则应更换阀体总成。

（八）减震器调节阀电路（图3-4-38和图3-4-39）

与普通的减震器不同，空气悬架系统的减震器内部有一个电动液压旁通阀。

在车辆运动时，减震器中的机油流经该电磁阀，产生减震效果。阀门的横截面越小，阻尼越硬。

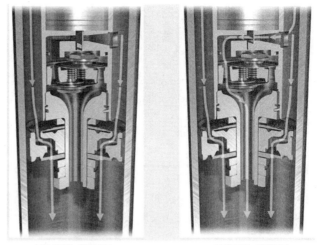

阀关闭-硬阻尼　　　　　阀打开-软阻尼

图 3-4-39

通过打开和关闭阀门便可以增加或减少机油的流量，从而实现连续不断的阻尼力调节。

如果系统出现故障，阀门会自动关闭。然后，ECP将采用最硬的减震器设置，从行驶动力学观点看，这是最安全的模式（"故障安全"原理）。

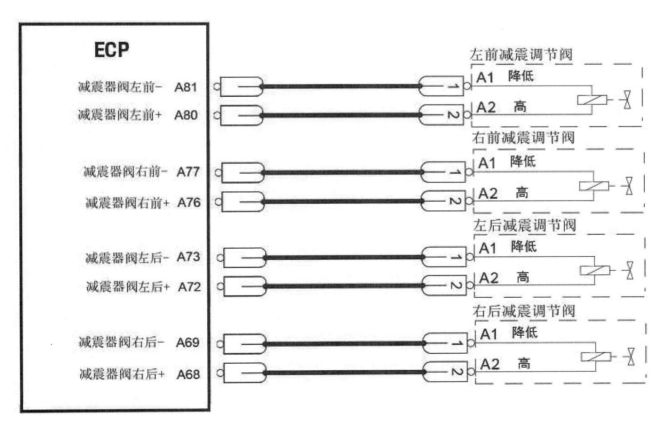

图 3-4-38

（九）附加容积控制阀电路（图3-4-40）

附加容积整合在弹簧滑柱中，可通过电动阀启用和停用。

附加容积的切换可以显著改变弹簧系数，从而对车辆实现从舒适性到极具运动性的多变操控。

当使用附加容积时，空气弹簧的整体容量变大，弹簧系数变小（图3-4-41，左图），提高了乘坐的舒适性；反之，当关闭附加容积时，空气弹簧的整体容量变小，弹簧系数变大（图3-4-41，右图），可以满足运动性驾驶的需要。弹簧系数也会在较短的压缩行程中显著递增。

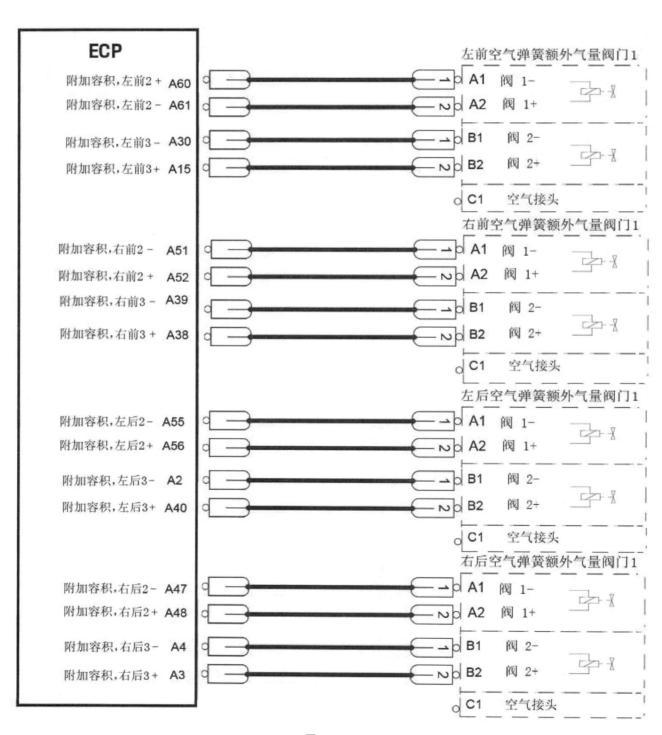

图3-4-40

大空气量弹簧系数约为 37 N/mm　　小空气量弹簧系数约为 69 N/mm

图 3-4-41

（十）空气悬架系统电路总图

空气悬架系统电路总图如图3-4-42所示，万用表检测参数如表3-4-1所示。

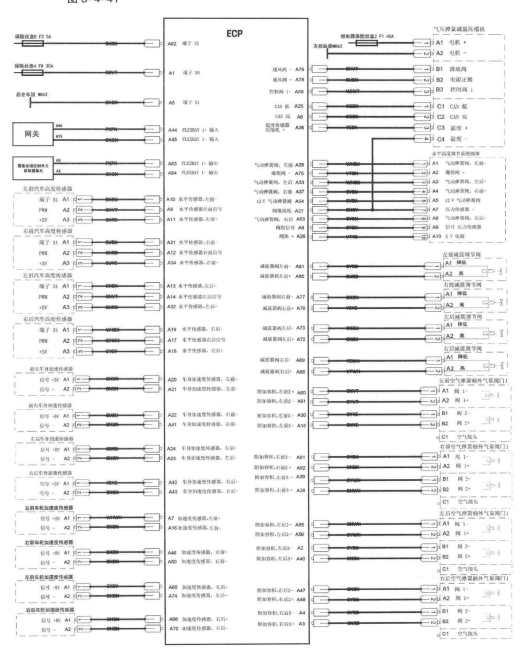

图 3-4-42

表 3-4-1

测量项目		模块端子	测量条件	测量参数
15 端子供电				
30 端子供电				
地线				
FLEXRAY				
车身高度传感器	右前传感器			
	左前传感器			
	右后传感器			
	左后传感器			
车身加速度传感器	右前传感器			
	左前传感器			
	右后传感器			
	左后传感器			
车轮加速度传感器	右前传感器			
	左前传感器			
	右后传感器			
	左后传感器			
压力传感器				
压缩机温度传感器				
电磁阀组 - 气动弹簧阀	右前气动弹簧阀			
	左前气动弹簧阀			
	右后气动弹簧阀			
	左后气动弹簧阀			
ECP- 压缩机控制单元总线				
减震器阀控制	右前减震器阀			
	左前减震器阀			
	右后减震器阀			
	左后减震器阀			
附加容积	右前			
	左前			
附加容积	右后			
	左后			

第五节　制动系统

一、概述

2018年款的保时捷Cayenne是该车型全新改款的第三代，内部代号9YA，该车采用了基于集团的MLBevo平台（模块化纵向矩阵）新开发的底盘。

在制动系统方面，该代车型与前代车型的改进处如下：

（1）重新设计了制动卡钳，新增的白色制动卡钳搭配了保时捷独有的、首次使用的PSCB制动盘。

（2）改进制动盘的冷却方式，提高了冷却效率。

（3）使用了新型号的制动液、新的制动液更换设备。

（4）将行车制动系统、驻车制动系统控制单元合二为一，升级控制模块到PSM9.1。

表3-5-1列出了保时捷2018年款Cayenne不同配置车型上、制动器的制动卡钳和制动盘数据。

对保时捷车辆装备的不同颜色的制动卡钳说明如下：

（1）青柠色制动卡钳：仅安装在使用混合动力（Hybrid）的车辆上。

（2）黑色制动卡钳：在所有制动卡钳中，该种制动卡钳的级别最低，安装在基本配置的车辆上。

（3）深灰色制动卡钳：只比黑色制动卡钳的级别高。

（4）红色制动卡钳：级别高于深灰色制动卡钳，低于白色、黄色制动卡钳。

（5）白色制动卡钳：级别高于深灰色制动卡钳，搭配表面涂层制动盘，是Turbo车型的标准配置。

（6）黄色制动卡钳：级别最高，搭配使用了陶瓷制动盘PCCB，在所有车型上都是选装件。

二、保时捷带表面涂层的制动系统制动盘——PSCB

全新PSCB（保时捷表面镀层制动系统）是Turbo车型的标准配置，而其他车型需搭配20英寸（50.8 cm）车轮来选装该系统。PSCB采用灰铸铁复合制动器，其摩擦表面涂有碳化钨硬质材料层。PSCB制动盘能够进一步提高制动性能，并且得益于防腐蚀设计，制动粉尘更少。

通过对灰铸铁复合制动盘增加由碳化钨硬质材料层构成的摩擦表面，使得系统重量比灰铸铁制成的整体式制动盘有所减轻，同时提高了性能，并凭借富有吸引力的外观，在舒适性方面取得了诸多优势。

PSCB制动盘的新特性。

外观：抗腐蚀、消除永久腐蚀点、避免垫卡滞和刮擦以及减少制动粉尘。

性能：比灰铸铁制动器更快地增加摩擦系数和更出色的摩擦系数稳定性，实现最优化的响应性。

舒适性：使用寿命更长，制动片和车轮噪音显

表 3-5-1

	中国 PHEV	V6	V6 3.0 I/PHEV		V6 2.9 L 双涡轮增压发动机	V8	V8 Turbo/PHEV		PCCB	
	青柠色	黑色	青柠色	黑色	深灰色	红色	白色	青柠色	黄色	黄色
FA	4 活塞 350x34 整体式制动盘		4 活塞 360x36 整体式制动盘		390x38 销式制动盘		10 活塞 415x40 销式制动盘		10 活塞 440x40 陶瓷制动盘	
RA	2 活塞 330x26 整体式制动盘		4 活塞 358X28 整体式制动盘		4 活塞 330x28 整体式制动盘	358x28	4 活塞 365x28 整体式制动盘		6 活塞 410x32 陶瓷制动盘	

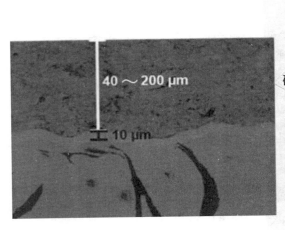

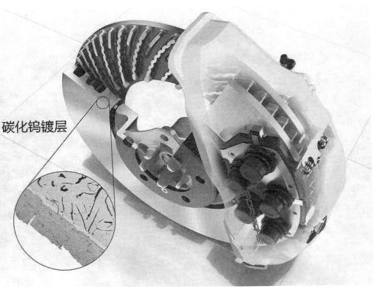

碳化钨镀层

图 3-5-1

著减小。

PSCB制动盘的设计：PSCB制动盘的盘体是涂有防裂和防腐蚀镍层的灰铸铁制动盘，用于抗磨的顶层是由碳化钨硬质材料制成的顶部涂层。PSCB制动盘表面涂层如图3-5-1所示。PSCB制动器如表3-5-2所示。

碳化钨层40~200μm。

电镀镍层约10μm。

表 3-5-2

	PSCB 制动器	
轮辋	20 英寸 (50.8 cm)	20 英寸 (50.8 cm)
制动卡钳	前	后
活塞总数	10 个	4 个
制动卡钳类型	铝制固定卡钳	铝制固定卡钳
制动卡钳颜色	白色	白色
带制动片的重量	11.47 kg	4.22 kg
制造商	Akebono	Brembo
制动盘类型	灰铸铁复合制动盘	灰铸铁一体式制动盘
摩擦表面	抗磨保护层	抗磨保护层
制动盘直径	415 mm x 40 mm	365 mm x 28 mm
重量	17.84 kg	11.36 kg

三、前桥处的制动系统冷却

保时捷Cayenne 2018年款在前桥的制动器冷却方面有所变化。通过改进，降低了制动器温度，进而减少了磨损，甚至提高了高负荷下的制动性能。

连续长距离制动时，制动盘温度升高，会导致制动性能的热衰退。保时捷制动热衰退测试如图3-5-2所示。为避免这种情况出现，新的保时捷卡宴进行了独特的制动盘冷却设计，以确保在极端高强度制动时，制动盘的温度也不会超过700 ℃。

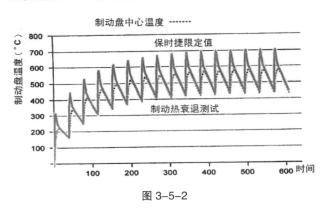

图 3-5-2

新卡宴所有铸铁制动盘都采用了渐开线通风孔，陶瓷制动盘则采用了阿格斯（argus）型通风。前桥的制动器冷却是通过弹簧滑柱支架顶部和横拉杆上的导风叶片（由KR卡箍固定）来实现的，如图3-5-3中所示的深色部分。

图 3-5-3

车辆行驶时，导风叶片将气流导向制动盘内侧的中心部位，然后气流经由通风盘的外侧流出，冷却了制动盘。

该导风叶片安装时必须使用专用工具。

四、新型制动液

2018款新Cayenne使用了与前代不同的新型制动液，型号为BASF Hydraulan 404。该制动液的优点在于显著改善了低温性能（低至 - 30 ℃），并且与新型制动控制系统完美搭配。

禁止将老款Cayenne使用的制动液与新型制动液混用。

更换制动液时必须使用新的专用设备。

五、保时捷稳定管理系统PSM新技术

PSM的全称是Porsche Stability Management（保时捷稳定管理），该系统集成了行车制动和驻车制动控制，版本为9.1。PSM9.1总成如图3-5-4所示。

图 3-5-4

在PSM9.1中集成了以下的细分功能：ABS - 防抱死制动系统；ASR - 加速防滑系统；EBV - 电子制动力分配；PTV - 电子差速锁控制；CC - 巡航定速控制系统；EDTC - 发动机制动扭矩控制系统；DDC - 动态操纵性能控制；EPB - 电动机械停车制动器；TSM - 挂车稳定性管理；紧急制动辅助系统；MKB - 多次碰撞制动系统。

另外，以下系统与PSM9.1结合在一起工作：ACC - 自适应巡航定速控制系统；TJA - 交通拥堵辅助系统；ARA - 拖车挪车辅助；NV - 夜视；自动启动 - 停止功能。

（一）泵电机6活塞的设计

PSM保时捷稳定管理9.1系统采用全新的设计。在液压单元中使用了6活塞（6K）技术，专为满足与驾驶员辅助系统相关的高要求。也就是说，每个回路中各安装3个活塞元件。车辆中的各个制动回路彼此完全分开。

PSM泵工作时，由电机驱动6个活塞（图3-5-5）往返运动，产生制动的液压力。

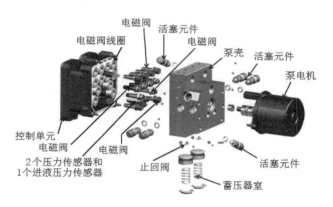

图 3-5-5

活塞泵的技术优点如下：快速蓄积制动压力，尤其在使用自适应巡航定速控制系统和自动启动/停止功能时；无震动和均匀的制动压力特性；低噪声并且没有制动压力波动。

（二）压力传感器

3个压力传感器安装在液压单元中，它们包括1个进液压力传感器（无论是否具有驾驶员辅助系统，始终处于启用状态）和用于驾驶员辅助系统的2个压力传感器。这2个压力传感器始终安装，但只有在具有驾驶员辅助系统的车辆上才启用。PSM泵液压回路如图3-5-6所示。

进液压力传感器感知制动踏板踩下后产生的制动液压力，该压力值可由数据流显示，轻踩制动踏板时为1000 ~ 2000 kPa，用力踩下制动踏板可达12 000 ~ 15 000 kPa。

两个ACC压力传感器分别感知施加到前、后轮制动分泵的制动液压力。在ACC工作期间，即使驾驶员不踩下制动踏板，制动系统也可能在PSM模块的控制下工作，以降低车速。这2个压力传感器的信号用于制动力反馈调节。

（三）轮速传感器

使用了透磁合金制造的轮速传感器，灵敏度比霍尔式传感器高100倍。轮速传感器如图3-5-7所示。

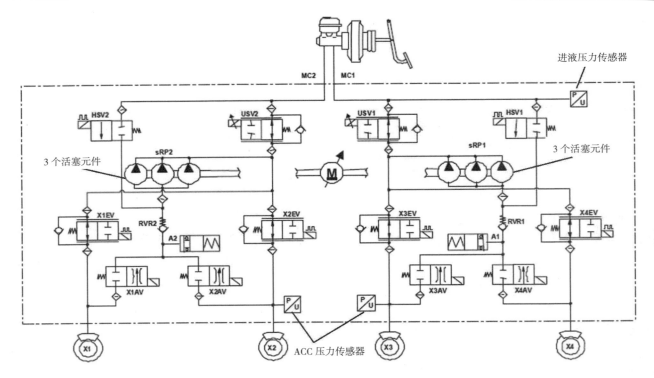

图 3-5-6

图 3-5-7

该种传感器不仅反应灵敏，还可以检测车轮旋转的方向，用于坡道起步控制。

（四）驻车制动系统部件和功能

EPB-电动停车制动器(Electronic Park Brake)。所有保时捷Cayenne 2018年款车型均配备电动停车制动器。在此制动器上，包含驱动模块和膨胀机构的执行器安装在后桥上的制动盘中。停车制动器功能通过以电动机械方式操作制动鼓的制动蹄片由膨胀活塞实现。

1. EPB控制开关（图3-5-8）

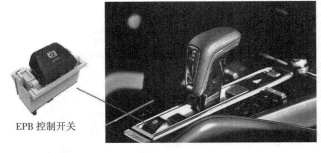

EPB 控制开关

图 3-5-8

2. EPB的操作

为了实现驻车功能，执行器（直流电机）的膨胀活塞的膨胀移动必须转换为正对制动鼓中左右两侧的两个制动蹄的统一冲程。通过制动蹄支撑以及对已安装张紧弹簧施加的力在制动蹄表面和制动鼓表面之间生成压力。电动停车制动器部件如图3-5-9所示。

电动停车制动器设计为双伺服制动，双伺服制动对于向前行驶和倒车具有均匀的最大制动力。

3. 功能模式

车辆静止时的停车制动器。在车辆静止时启用停车制动器要求每个车桥至少一个车轮信号，以及来自按压EPB控制开关的启用信号，电动停车制动器的功能灯亮起。

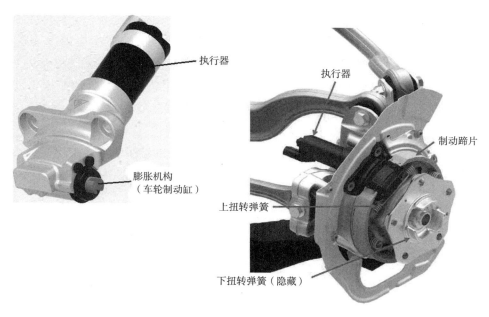

图 3-5-9

在车辆静止时松开：通过启用制动踏板和操作EPB控制开关，松开电动停车制动器。电动停车制动器的功能灯熄灭。

紧急制动功能：在车轮速度超过某一速度且每个车桥上均有车轮速度情况下拉动EPB控制开关时启用紧急制动功能。电动停车制动器的功能灯闪烁。在组合仪表上还会显示一条文本信息，而且会发出警告音。

自动释放：如果驾驶员侧车门关闭、驾驶员的安全带已系紧并且检测到起步意图，则在检测到驾驶员想要起步时电动停车制动器会自动松开。功能灯熄灭。

MOT模式：如果在转鼓上操作车辆，则自动检测到该功能。在前轮操作时将自动启用电动停车制动器，在后桥操作时将自动停用电动停车制动器。功能灯相应亮起或熄灭。

维修模式：为在后桥制动器上执行诊断或维修举措，必须在保时捷专用的PT3G检测仪中选择相应菜单项。可使用以下功能：①调节驻车制动器（移动到安装位置）。②驻车制动器磨合。③驻车

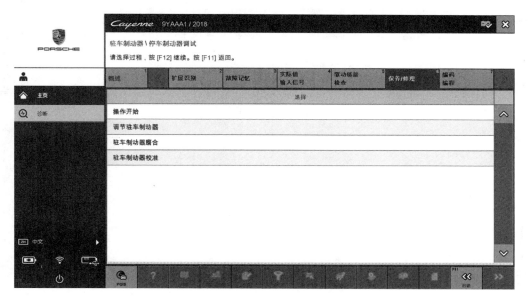

图 3-5-10

制动器校准。

功能灯亮起并且在组合仪表上显示一条文本信息。PT3G检测仪的诊断选项如图3-5-10所示。

六、PSM控制系统电路的检测与维修

看懂电路图，能使用万用表、示波器等测量工具对汽车电气系统的故障进行检测与维修，是现代汽车维修技师的重要技能。

（一）供电和搭铁电路

供电和搭铁电路的故障，都可能导致PSM无通信、系统功能异常或失效。

1. 供电端子

PSM的供电由4个保险丝提供。

点火开关打开后，15继电器工作，经由右前保险丝盒内的5 A保险丝，给A36端子提供电源。如果该端子的供电中断，PSM模块将无法通信。PSM供电和搭铁电路如图3-5-11所示。

A4端子是模块的常电源。

A1端子的供电在模块内部输送到PSM油泵，如果该供电中断，油泵将无法运转。

A30端子的供电在模块内部输送以PSM电源阀，如果该供电中断，电磁阀将无法工作。

上述4根供电线中，任何一根出故障，都将导致PSM系统功能失效。

2. 搭铁端

PSM模块的端子在线束中连接到一起，在车身左前纵梁上搭铁。如果该搭铁点不良，将导致PSM系统功能失效、模块无通信。

（二）总线电路

和前代车型相比，2018款的第三代Cayenne使用了一种新型总线：FlexRay，该总线的数据传输速度达到了10 M/s。

PSM模块连接的FLexRay总线经由DME模块，最终连接到网关。PSM总线电路如图3-5-12所示。

FlexRay总线不支持单线通信。也就是说，这两根线中的任意一根，无论是对地/对电源短路、断路、互短，还是错接故障，都将导致总线无通

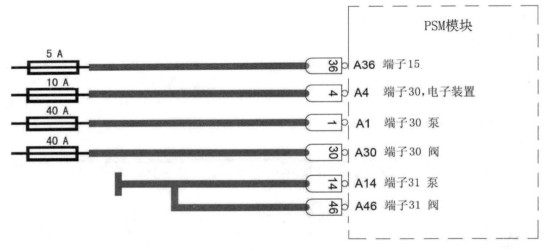

图 3-5-11

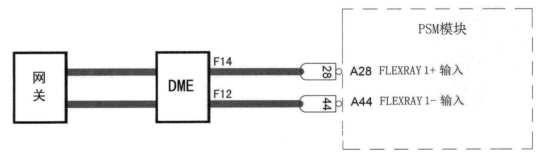

图 3-5-12

信，系统失效。

当发动机无法启动，DME和PSM模块存在无法通信的故障，首先应检查FlexRay总线是否存在故障。

FlexRay总线的理论波形如图3-5-13所示，FlexRay总线实测波形如图3-5-14所示。

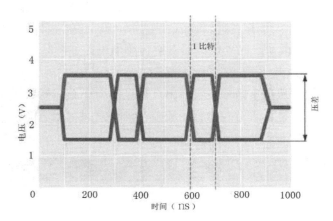

图 3-5-13

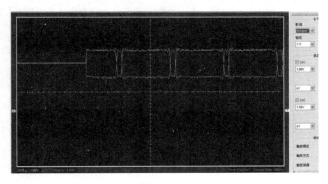

图 3-5-14

（三）轮速传感器电路

2018款Cayenne使用了透磁合金式轮速传感器。透磁合金式轮速传感器如图3-5-15所示。

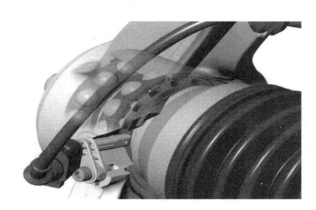

图 3-5-15

透磁合金对磁场变化做出反应的敏感性约是霍尔效应的100倍。透磁合金是镍与铁的合金，它有各向异性磁阻(AMR)效应，在此效应下，透磁合金的电阻随磁场的变化发生改变。

透磁合金式速度传感器需要有外接电源，并通过双线电缆与控制单元连接，它由PSM控制单元供电和接地。传感器中传感元件的功能基于电子系统中的电阻变化，并且取决于磁场强度和方向。传感器的脉冲发送器在密封环中以磁盘形式集成在车轮轴承中，车轮轴承/密封环的旋转运动会改变主动式速度传感器中的电阻，电阻变化由传感器元件中的电路转为电流信号，传送给PSM控制单元，再由PSM控制单元计算出轮速与旋转方向。透磁合金式

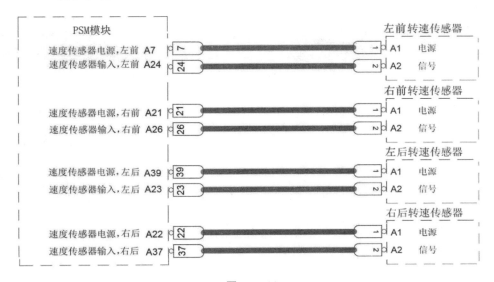

图 3-5-16

轮速传感器电路如图3-5-16所示。

一台车安装有4个轮速传感器。轮速传感器的线束固定在悬架部件上，汽车行驶时线束因悬架的运动而持续拉伸、弯折。所以，在PSM的电气故障中，轮速传感器线束内部出现金属导线断路的现象比较多。

对于透磁合金式轮速传感器，可以使用保时捷专用的PIWIS Tester示波器功能，测量车轮转动时输出信号的波形，也可以使用万用表的电流（毫安挡）测量功能，判断传感器线束内部是否出现了断路。

读取PSM系统的数据流，可以判断各轮速传感器的性能是否正常。轮速传感器的实际值如图3-5-17所示。

主动式轮速传感器响应灵敏，除了测量车轮转速的变化，还可以识别车轮的旋转方向，用于坡道起步辅助控制。

（四）制动助力器真空传感器电路

制动助力器真空传感器感知真空度的大小，并产生单边半字节数字信号（简称SENT），发送到PSM模块。制动助力器真空传感器电路如图3-5-18所示。

从数字信号中看不出真空度的大小，只能判断线路是否正常、传感器和控制模块之间有无通信。

图 3-5-17

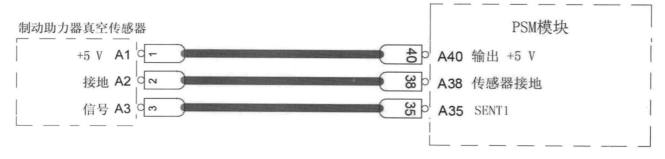

图 3-5-18

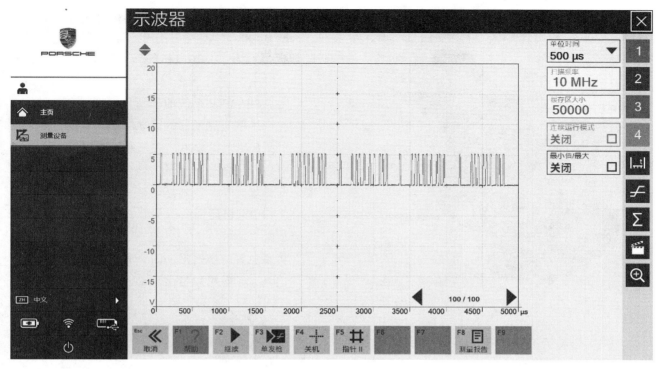

图 3-5-19

制动助力器真空传感器产生的数字信号如图3-5-19所示。

要想知道真空度的大小，还需要读取PSM模块的数据流。

（五）EPB开关和电机执行器电路

图3-5-20是PSM模块电路中和EPB功能相关的部分。

驾驶员操纵驻车制动器按钮，该按钮可以产生3个位置信号，分别是空闲、释放、拉起。

（1）不操作驻车制动器按钮，该按钮处于空闲状态。

（2）按下驻车制动器按钮，该按钮切换成释放状态，驻车制动功能解除。

（3）拉起驻车制动器按钮，该按钮切换成拉起状态，驻车制动器电机工作，对后轮施加驻车制动，同时按钮上面的功能指示灯亮起。

晚上打开前照灯时，按钮内部的照明灯点亮，有助力驾驶员找到按钮位置。该照明灯由其他模块提供58S电源，不是由保险丝供电。

EPB电机总成内部包括电机、旋转编码器、行星齿轮、小齿轮和蹄片张开装置。EPB电机构造如图3-5-21所示。

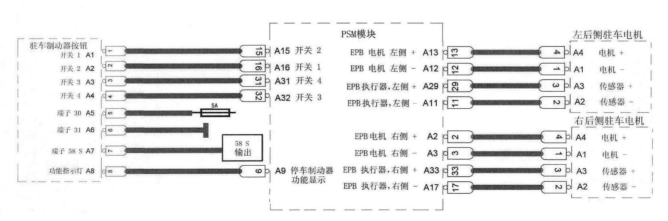

图 3-5-20

壳体，含接头
旋转编码器
电机
机械部件的壳体
行星齿轮
小齿轮
蹄片张开装置

图 3-5-21

EPB电机是一个直流电机，可以通过改变端子电压的正负极性来控制旋转方向，产生停车制动蹄片的接紧、释放操作。

旋转编码器中的霍尔元件感知电机的位置，转换成电信号输出。

行星齿轮起到减速、增扭的作用。小齿轮（蜗齿轮）再次减速，并和蹄片张开装置一起，将电机的旋转运动最终转化为制动蹄片的张开力。

EPB电机的故障包括电机性能不良、旋转编码

器不良，以及内部机械故障导致的异响。

EPB电机的状态、工作电流和位置信息可以通过数据流查看。EPB电机的数据流如图3-5-22所示。

七、驻车制动系统的诊断与维修
（一）驻车制动器的紧急解锁

如果EPB电机故障，驻车制动器无法再电动释放，可以使用紧急解锁的方法进行操作。EPB电机紧急解锁如图3-5-23所示。

将EPB电机后面的沉头螺钉拧下，以便露出紧急释放螺钉。

将紧急释放螺钉沿逆时针方向旋转，直至制动蹄片松开，车轮可以自由转动。

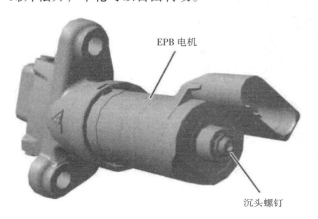

EPB 电机

沉头螺钉

图 3-5-23

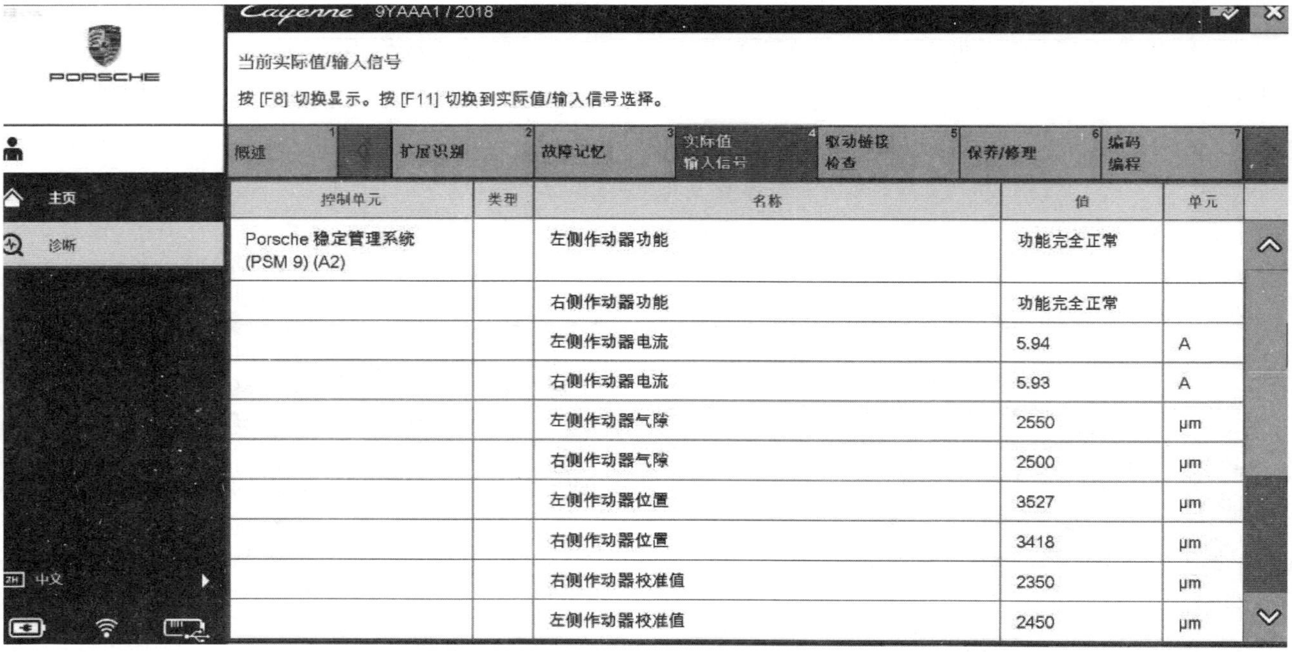

控制单元	类型	名称	值	单元
Porsche 稳定管理系统 (PSM 9) (A2)		左侧作动器功能	功能完全正常	
		右侧作动器功能	功能完全正常	
		左侧作动器电流	5.94	A
		右侧作动器电流	5.93	A
		左侧作动器气隙	2550	μm
		右侧作动器气隙	2500	μm
		左侧作动器位置	3527	μm
		右侧作动器位置	3418	μm
		右侧作动器校准值	2350	μm
		左侧作动器校准值	2450	μm

Cayenne 9YAAA1 / 2018

当前实际值/输入信号
按 [F8] 切换显示。按 [F11] 切换到实际值/输入信号选择。

概述　扩展识别　故障记忆　实际值 输入信号　驱动链接检查　保养/修理　编码 编程

图 3-5-22

（二）驻车制动蹄片的间隙调节

EPB通过操纵电机对后轮制动蹄片施加作用力的方式，使后轮的制动器产生制动力。

制动蹄片安装在后轮制动器内部，后轮制动器外侧部分做成盘式，用于行车制动；中间部分做成鼓式，用于停车制动。驻车制动蹄片和调整装置结构如图3-5-24所示。

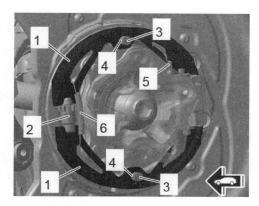

1- 制动蹄片　2- 调节装置　3- 固定销
4- 弹簧　5- 弹簧　6- 弹簧
图 3-5-24

制动蹄片磨损后会导致它和制动鼓之间的间隙变大，这个间隙只能通过调整装置进行人工调节。

驻车制动蹄片间隙的调节步骤：

（1）拧下一个后车轮螺栓，以便可以接触到调节装置，不要拆下后轮。

（2）举升车辆。

（3）释放停车制动器，以便车轮和制动盘能够自由转动。

（4）调节两个后轮上的制动蹄片。

①转动相应的后轮，使开口朝向调节装置的位置。

②使用螺丝刀对调整装置进行调整，直至后轮

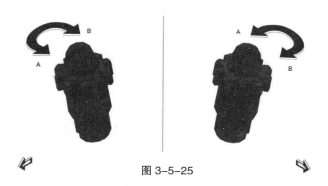

图 3-5-25

不能再转动为止（图3-5-25中的A方向调松，B方向调紧）。

③将扭矩扳手调整到100 Nm，转动后轮。如果后轮能转动，则应继续将调整装置调紧，直到100 Nm的扭矩无法转动后轮为止。

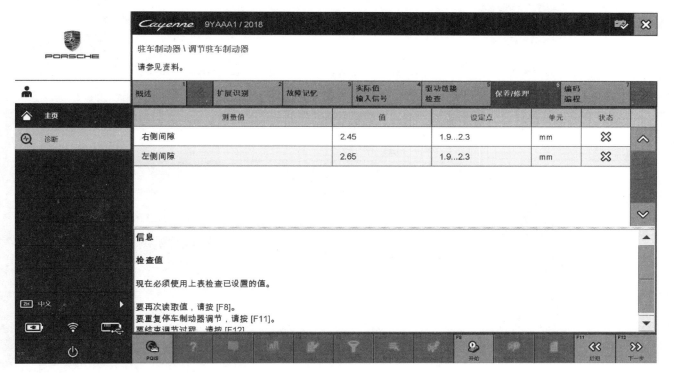

图 3-5-26

④松开调整装置，每转动一个齿应发出一下"咔嗒"声，使其发出14±1下"咔嗒"声。

（5）使用保时捷专用检测仪PT3G检查制动蹄片的间隙，选择"概述"⇒"PSM"⇒"保养修理"⇒"停车制动器调试"⇒"调节驻车制动器"，按"下一步"按钮执行。

标准间隙应在1.9～2.3 mm之间，如图3-5-26所示。如果超出该范围：

①首先确定要调整到标准间隙应调整的尺寸；

②将该尺寸除以0.15（每调节一个齿改变0.15 mm间隙），就得到需调整的齿数；

③使用螺丝刀再次转动调整装置；

④再次使用保时捷专用检测仪PT3G检查制动蹄片的间隙，确认间隙正常。

⑤启用停车制动器若干次，然后检查两侧执行器是否可以正确打开和关闭。

⑥踩下制动踏板若干次，以定位制动片。

⑦拧入并拧紧车轮螺栓。

（三）驻车制动蹄片的磨合

更换新的制动蹄片后，为保证新蹄片与制动鼓之间有足够的摩擦力，应对驻车制动蹄片进行磨合。制动蹄片的磨合提示如图3-5-27所示。

使用保时捷专用检测仪PT3G磨合制动蹄片，选择"概述"⇒"PSM"⇒"保养修理"⇒"停车制动器调试"⇒"驻车制动器磨合"，按"下一步"按钮执行，屏幕首先显示一些提示说明信息。

选择"下一步"，确认已满足磨合的条件。磨合的条件如图3-5-28所示。

图 3-5-27

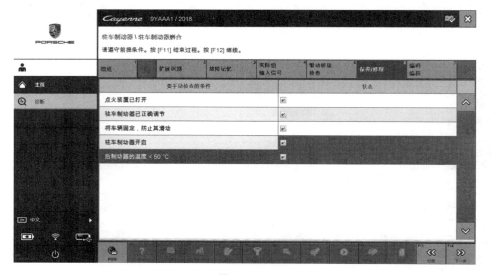

图 3-5-28

磨合方式是使车辆从静止加速到10～20 km/h，行驶20 m，反复进行8次。如果连续行驶多个循环的距离不够，可以在每个循环后复位车辆，并在同一段路上多开几次。磨合进行中如图3-5-29所示。

磨合过程结束后，必须立即校准电动驻车制动器。

（四）驻车制动器的校准

使用保时捷专用检测仪PT3G磨合制动蹄片，选择"概述"⇒"PSM"⇒"保养修理"⇒"停车制动器调试"⇒"驻车制动器校准"，按"下一步"按钮执行。驻车制动校准如图3-5-30所示。

点击确认校准的条件满足，按F12进行下一步。PSM模块控制EPB电机工作，对驻车制动器进

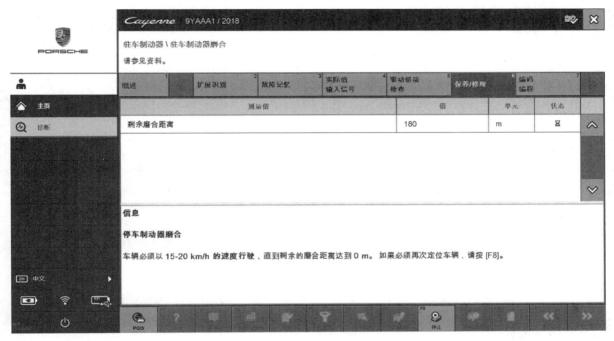

图 3-5-29

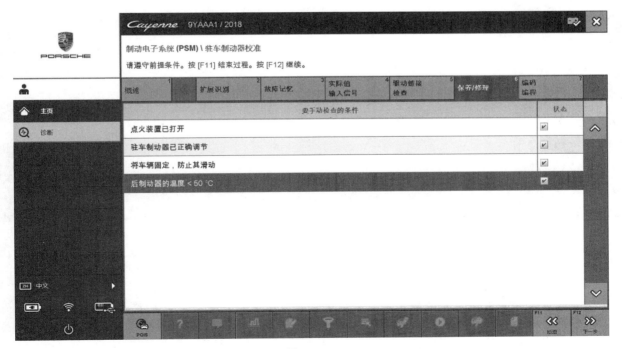

图 3-5-30

图 3-5-31

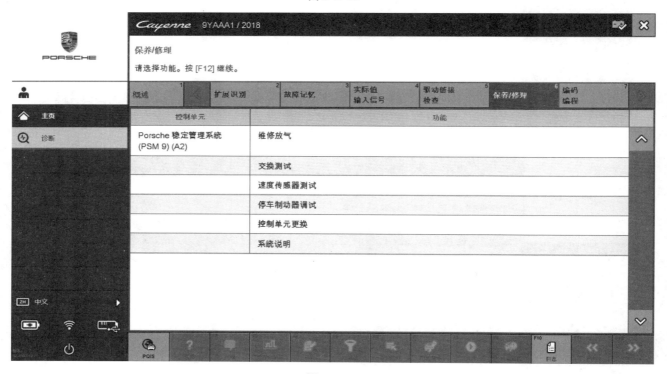

图 3-5-32

行校准。如果系统部件工作正常，将显示校准成功结束。校准成功结束如图3-5-31所示。

八、行车制动系统的诊断与维修

在保时捷专用检测仪PT3G的"保养修理"中，前3个都是行车制动系统的诊断选项。保养维修如图3-5-32所示。

（一）维修排气

更换行车制动系统的某些液压部件，例如液压泵、液压管路后，需要对系统进行排气。

选择"概述"⇒"PSM"⇒"保养修

理"⇒"维修排气"，按"下一步"按钮执行。维修排气如图3-5-33所示。

按检测仪的提示进行排气操作即可。

如果仅进行了制动液的更换，无须使用此功能。

（二）交换测试

该测试用于检验制动系统管路是否连接正确。交换测试如图3-5-34所示。

图 3-5-33

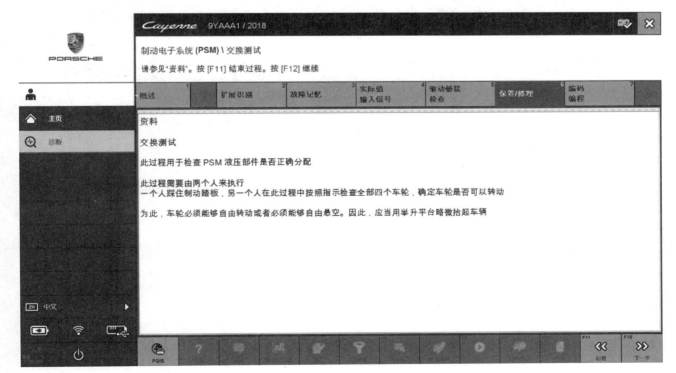

图 3-5-34

选择"概述"⇒"PSM"⇒"保养修理"⇒"交换测试"，按"下一步"按钮执行。

按检测仪的提示进行操作即可。

交换测试在故障诊断中的应用案例：

故障现象：车辆制动时ABS工作，但车轮仍然抱死。

经询问，该车因严重碰撞事故刚在外面修理过，维修车身时拆装过PSM泵。

技师对PSM进行交换测试，结果异常。进一步检查PSM泵的连接管路，发现接错了，导致ABS工作时PSM无法对相应的车辆进行压力控制，出现车轮抱死的故障。

正确连接制动系统管路后，故障排除。

（三）速度传感器测试

该测试用于检查轮速传感器是否正确安装、间隙是否正常、磁环磁场强度和电气线路有无故障。车轮转速传感器测试说明如图3-5-35所示。

注意：本项测试操作需要在测试台上完成。

图 3-5-35

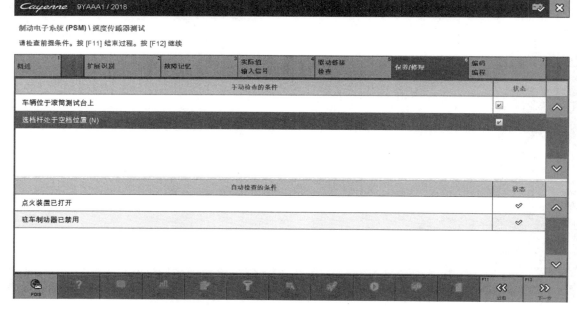

图 3-5-36

选择"概述"⇒"PSM"⇒"保养修理"⇒"速度传感器测试"，按"下一步"按钮执行。

根据屏幕提示，检查确认测试条件满足，进行下一步。确认测试条件满足如图3-5-36所示。

输入测试台的速度，并选择测试台的类型。速度设置和测试台选择如图3-5-37所示。

按下一步，即可进行车轮速度传感器的测试。

九、行车制动和驻车制动控制系统电路全图（图3-5-38）

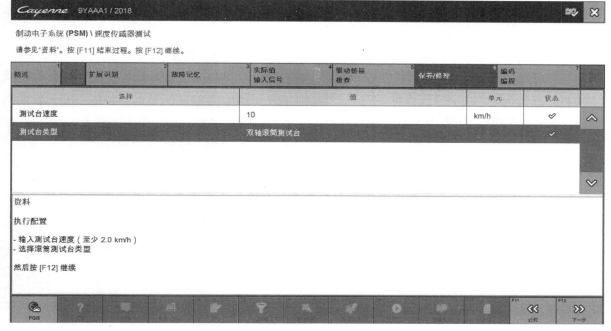

图 3-5-37

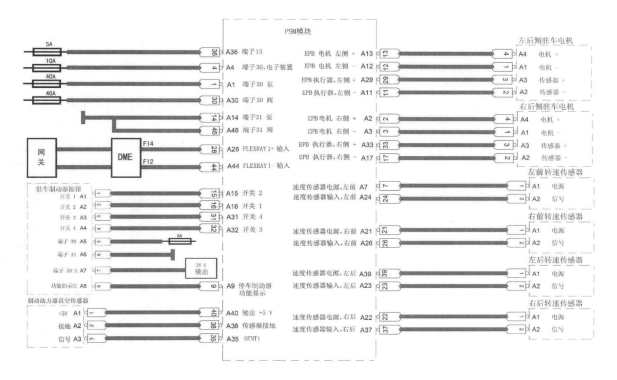

图 3-5-38

第六节　电气设备和电子装置

一、简介

一如既往，Cayenne 2018年款在电气和电子领域进行了更进一步的开发和改进。下面的章节将说明"组9"领域的变化，以保证良好的市场执行能力。

电气领域最重大的变化包括：具有不同任务分配的网络拓扑；扩展的"FlexRay总线"（通道A和B）和以太网；12 V车辆电气系统蓄电池；12 V和48 V车辆电气系统；车外照明和车内照明；具有扩展功能的新网关；前端和后端电子装置（BCM 1和BCM 2）；针对驾驶辅助系统的全新中央控制单元（ZFAS）；全新舒适系统/驾驶辅助系统；天线；全新保时捷智慧互联及其功能。

二、网络拓扑MLBevo第二代

图3-6-1概括展示了Cayenne 2018年款的各种数据总线系统（不含PHEV）。新款车型采用了大量总线系统。原先的网络体系结构2007+将不再使用并由新的体系结构予以替代，这一措施已经应用于Panamera 2017年款。因此，各个总线系统和控制单元的任务现在重新在新的网络结构中进行分配。

与CAN诊断接口并行的诊断连接器Eth（以

太网10 Mb/s）目前无法供售后部门使用。开发/生产环节保留了通过以太网接口（100 Mb/s，"DoIP"="互联网协议诊断通信"）执行诊断的途径。Cayenne 2018年款比Panamera 2017年款额外增加了一个以太网，实现了驾驶辅助系统控制单元与PCM的直接连接。对该以太网提供的数据传输速率为10 Mb/s、100 Mb/s和1000 Mb/s。该以太网不是总线系统，只能进行定向通信。

（一）数据总线系统

随Panamera 2009年款推出的旧网络体系结构2007+已经达到极限，被Panamera 2017年款的网络体系结构（MLBevo第一代）所替代，Cayenne 2018年款继续沿用新体系结构（MLBevo第二代）。

1. 所使用的总线系统

CAN总线（图3-6-2）：混合动力系统CAN、

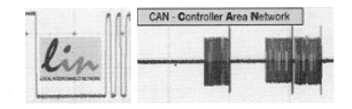

图 3-6-2

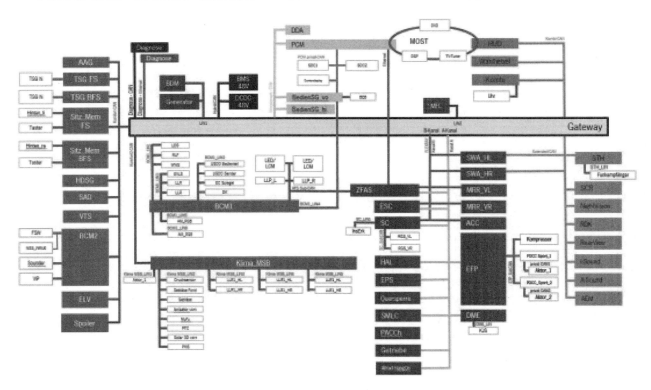

图 3-6-1

舒适系统CAN、扩展CAN、信息娱乐系统CAN、组合仪表CAN、其他专用CAN。

FlexRay（图3-6-3）：

原先专用于Panamera 2017年款的车辆驱动系统的FlexRay总线如今也应用于Cayenne 2018年款的辅助系统和底盘平台的控制系统。

MOST（图3-6-3）：原先集成在所有最新款保时捷车型的PCM、DVD换片机（Panamera）、数字放大器和电视调谐器控制单元中的第二代塑料光学纤维（MOST 150）如今也需要应用于平视显示系统控制单元。

图3-6-3

LIN（图3-6-2）：2个来自网关控制单元的直接LIN和许多其他LIN作为控制单元的输出；2个LIN总线系统现在直接在网关控制单元输出端运行。

专用CAN：在Cayenne 2018年款中，增加了许多专用CAN，通过不同的总线实现控制单元间的局部通信。

表3-6-1比较了两种数据总线系统的主要特点。两种系统的拓扑结构不同，CAN是线性数据总线，控制单元在采集点处与之相连接。在FlexRay（FR）中，控制单元采用星形连接〔通过主动星形连接器（AS）连接多个分支〕。Panamera中FR的数据传输速率为10 Mb/s，因此FR比CAN（500 kb/s）快20倍。CAN具有2条铰合线，分别称为CAN高位线和CAN低位线。FlexRay具有2条带屏蔽的销装铰合线。这两条线分别称为总线正线和总线负线。两条线路（粉色/绿色）分别在控制单元的通道A和通道B上运行。Cayenne 2018年款现在也将通道B用于驾驶辅助系统，而之前未曾使用过通道B。

表 3-6-1

CAN	比较	FlexRay
线性总线	拓扑结构	星形
500 kb/s	数据传输	10 Mb/s
2 条 –CAN 高位线 / CAN 低位线	线路	2 条 – 总线正线（粉色）/ 总线负线（绿色）
铰接连接	集成	点对点（菊花链）
无 / 铰合	布线 / 绝缘	铠装 / 铰合
根据要求	信息传输	时间控制式

2. 概览 – FlexRay连接（图3-6-4）

通道A：连接1~8，如图3-6-5所示。

通道B：连接9~12，如图3-6-6所示。

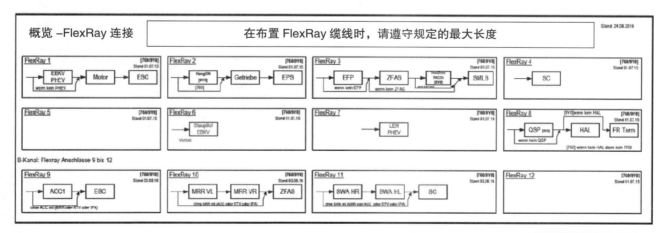

图 3-6-4

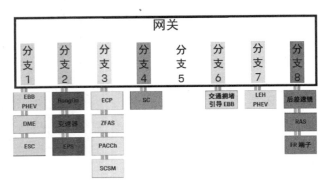

图 3-6-5

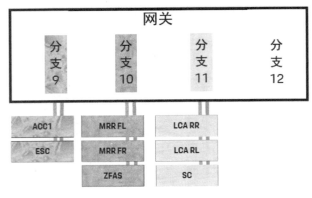

图 3-6-6

3. 以太网

自罗伯特·博世（Robert Bosch）于20世纪80年代引入革命性的CAN总线以来，以太网的引入可谓是车辆网络设计方面的又一项重大变革。由于自主车辆是当前的发展潮流，在车辆中实现安全的高速通信比以往任何时候都更加重要，而且只有做到这一点才能满足消费者和监管机构以及安全和能效方面最为多样化的要求。

自20世纪70年代以来，以太网凭借众多不同的协议（如ARCNET、LocalTalk）在计算机行业里确立了重要的地位，如今在汽车应用领域又有了更进一步的发展。有一个基于互联网协议的通用模型，而互联网协议基于局域网（LAN）上的IEEE 802体系结构。如今，以太网络利用可确保信号传输时序的基于时间的协议，支持容错通信。消费电子、计算机网络和汽车行业的市场需求曾经存在巨大的差异，各自面对不同的创新和安全要求。计算机网络过去面对并成功予以满足的许多要求如今成为汽车行业在以太网领域的关注焦点。汽车制造商正在寻求可应用于车辆及配套基础设施的安全且有保障的

网络解决方案。安全和保障再次成为关注的焦点，电子系统遭入侵的车辆的潜在危险正为人所瞩目。

保时捷Cayenne 2018年款或最新款保时捷Panamera配有60～100个电子控制单元（ECU）以及多种多样的操作系统。这些控制单元和操作系统涵盖的范围非常广泛，从简单的控制程序到实时操作系统，再到多功能FlexRay操作系统或支持最新的信息娱乐和驾驶员信息系统的类似"嵌入式平台"，可谓无所不包。ECU负责控制特定的车辆功能，而随着所需功能的数量增加，就构建了能够应对复杂性和连接要求的新网络体系结构。

通过将功能集合到网域中，便可对线束的重量和连接的复杂性进行优化，并整合部分ECU，从而节省总成本，减少部件数量。在现代车辆体系结构中，每个网域都由一个网域控制器负责管理。这些控制器通过高带宽的安全链路进行相互通信。这是针对以太网络的理想应用方案。

在最先进的现代化车辆中，以太网长久以来一直应用于诊断、影像传感器的数据馈入和车辆信息娱乐系统领域。通过增加确定性的时序功能，以太网的应用范围可以大大扩展，例如用作主干网络或网域间控制器网络的媒介，并且还有可能在未来替代CAN、LIN、MOST和FlexRay等目前流行的串行网络。

网络结构示例如图3-6-7所示。

以太网采用"点对点通信"，并允许使用全带

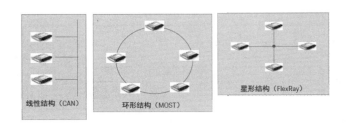

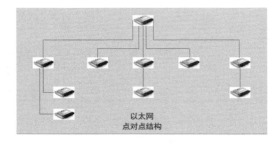

图 3-6-7

宽。各个用户之间没有"对话"。因此，以太网没有"总线通信"。另外，即使采用最好的测量技术，也很难测量以太网信号，甚至根本无法测量。

目前，在车辆上应用以太网既复杂又昂贵。由于必须对以太网使用屏蔽缆线来解决电磁兼容（EMC）问题，因此实施难度大，而且非常占空间。此外，在数据传输速率较低时，以太网几乎体现不出任何优势，因为传统的总线系统已在低速传输领域得到了人们的认可。

采用RJ45插头的以太网IT缆线如图3-6-8所示，车用线路如图3-6-9所示。

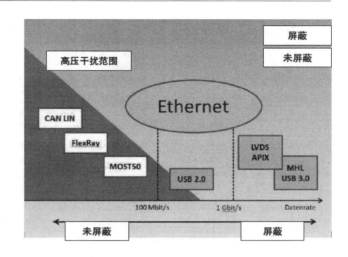

图 3-6-10

图 3-6-8

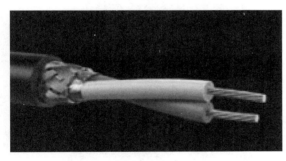

图 3-6-9

在Cayenne 2018年款中，引入了100Base－T1（OABR）系统，该系统能够在一定程度上做到不需要屏蔽。

CAN或FlexRay的线路（1个线对）可用于以太网。必须对支持以太网的控制单元进行主从配置，如图3-6-10所示。

三、车辆电气系统

（一）电气系统

1. 诊断插座

诊断插座位于驾驶员脚坑左侧仪表板/控制面板下方的惯常位置，如图3-6-11所示。

图 3-6-11

2. 跨接启动点

跨接启动点位于发动机舱内右前侧（以行驶方向为准）的盒子中。出于安全原因，正极柱带有红色的铰接盖。可以将整个盒子打开，以拆解缆线或跨接启动点。除了跨接启动的正极柱外，还安装了一个电解电容器以抑制信息娱乐系统的干扰。通过二极插头为其提供端子30（永久正极）电压和车身接地（负极）。正极柱跨接启动点如图3-6-12所示，抵制电容器如图3-6-13所示，跨接启动点电路图如图3-6-14所示。

3. 12 V LiFe-PO₄蓄电池（磷酸锥铁）

继保时捷918 Spyder之后，保时捷Cayenne 2018年款也不再使用铅酸蓄电池，而改用锥离子蓄电池。这一全新的LiFe－PO₄车辆电气系统蓄电池与传统铅酸蓄电池相比具有显著的优势。LiFe－PO₄蓄电池是在锥离子蓄电池的基础上进一步发展而来的。LiFe－PO₄单元电池能够提供极高的放电电流。相比于传统的锥离子单元电池，在充电过度时，既不会发生金属锥析出，也不会释放出氧气。对于磷酸锥铁蓄电池而言，不可能发生所谓的热逸散。这种蓄电池配有整合式铝制保护框架。此外，

图 3-6-12

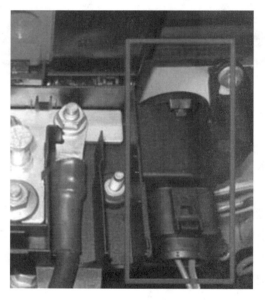

图 3-6-13

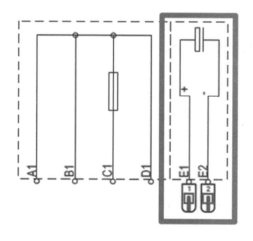

图 3-6-14

在车辆中安装该蓄电池之前，会在蓄电池的外部黏合一个缓冲块（防撞框架），必须专门为保时捷Cayenne 2018年款提供该缓冲块。在更换蓄电池时，必须在安装前将防撞板固定到新蓄电池上。在没有安装防撞框架的情况下，不得安装蓄电池或进行试车（仅限Cayenne 2018年款）。LiFe-PO$_4$单元电池的保护壳如图3-6-15所示，蓄电池部件分解图如图3-6-16所示。

图 3-6-15

图 3-6-16

LiFe-PO$_4$蓄电池相对于铅酸蓄电池的优势：轻质结构（减重50%）；能量回收性能提高；更小的尺寸留出了更大的空间；使用寿命更长（寿

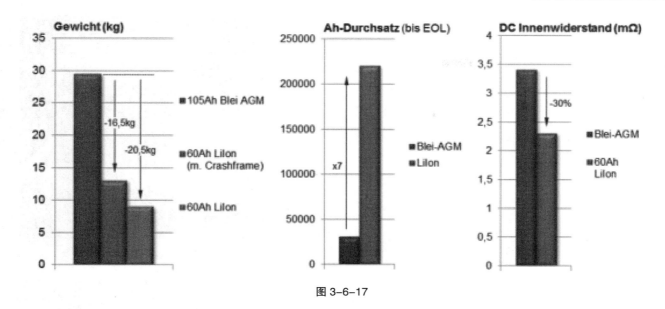

图 3-6-17

命是铅酸蓄电池的2.5倍）；更强的启动/停止能力；更快地重新启动车辆；仅采用一种尺寸，减少了变型数量；避开了2021年即将出台的禁铅令；低至－28 ℃的更强的冷启动能力；更高的周期强度。优势示意图如图3-6-17所示。

4. 双供应商策略

在Cayenne 2018年款的开发阶段，从一开始就确立了"双供应商策略"，以确保战略性保护，维持竞争局面。因此，蓄电池的开发和生产工作委托给了两家公司——"LG Chem"和A123 Systems。最开始将由一家制造商供应和安装蓄电池，稍后两

图 3-6-18

家制造商将同时执行这项工作。不同的蓄电池如图3-6-18所示。

5. 技术数据概览（表3-6-2）

表 3-6-2

	LG Chem	A123 Systems	AGM 铅酸蓄电池
容量	60 Ah	60 Ah	105 Ah
尺寸	278 mm × 175 mm × 190 mm	278 mm × 175 mm × 190 mm	394 mm × 175 mm × 190 mm
防撞壳	有	有	无
电池能量	792 Wh	792 Wh	1260 Wh
单元电池配置	4 个单元电池	4 个单元电池	6 个单元电池
单元电池电压	3.2 ~ 3.3 V	3.2 ~ 3.3 V	2 V
含防撞板的重量	11.9 kg	12.7 kg	29.5 kg
单元电池重量	6.1 kg	6.2 kg	未知
额定电压	13.2 V	13.2 V	12 V
最大充电电压	14.8 V	14.8 V	14.7 V
放电电流	825 A	875 A	925A（短时）
充电电流	775 A	840 A	约 110 A
内阻	2.2 MΩ	1.5 MΩ	约 3.5 MΩ

由于12 V LiFe-PO₄蓄电池的性能较高，相应的启动电流也较高，发动机启动机无法再达到所需的使用寿命。启动时的峰值电流比传统的铅酸蓄电池高350 A左右。因此，对于Cayenne 2018年款，连接到启动机的端子30导线的横截面进行了相应的调整。蓄电池俯视图如图3-6-19所示，蓄电池安装如图3-6-20所示。

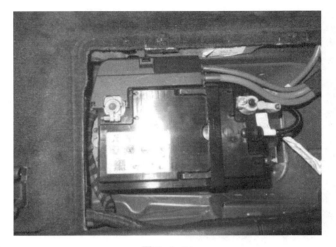

图 3-6-21、

图 3-6-19

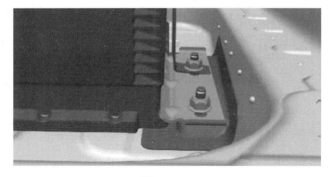

图 3-6-20

图 3-6-22

6. 位置和接触途径

12 V LiFe-PO₄蓄电池位于乘客座椅前方的乘客脚坑内的一个专用空间（凹槽）中，该凹槽焊接在车身壳体上，如图3-6-21和图3-6-22所示。若要更换蓄电池，必须拆下地板垫和铺有地毯的护盖。执行此操作时，不需要使用任何工具，这一点大大优于旧款的Cayenne车型。

7. 蓄电池构造

在蓄电池设计方面，蓄电池传感器现在位于蓄电池内，成为蓄电池的一部分。前代车型中通过螺钉固定到负极端子的传感器已不再使用。该蓄电池传感器无法更换。除了负极端子外，还有一个带LIN连接器的单极连接器，该连接器通过一条线路连接到网关控制单元。蓄电池传感器通过正极

端子和负极端子进行内部供电。壳盖中整合了一个提手，软管状的排气管路位于负极端子区域。排气管路是一种用于将有毒气体从车底排入大气的保护装置，只有当蓄电池单元电池发生故障时，才会产生有毒气体。出于安全考虑，由LiFe-PO₄制成的4个串联的薄膜电池封装在铝制框架内。CPU控制器是用于监测单元电池电压、充电状态（SOC）和温度的电子装置。如果蓄电池电压降到特定的充电状态之下，CPU控制器将打开接触器式继电器。该双稳态隔离继电器会将整个12 V电气系统从正极端子上断开，以防止蓄电池深度放电（部件保护）。通过跨接启动点对车辆蓄电池充电后，该继电器会在约2 min后关闭，并为12 V车辆电气系统供电。作为发生碰撞时防止变形的进一步的保护措施，Cayenne 2018年款的蓄电池需要防撞框架。该带棱

角的钢板固定在蓄电池壳体上，保护蓄电池免遭侧面撞击。12 V蓄电池部件分解图如图3-6-23所示。

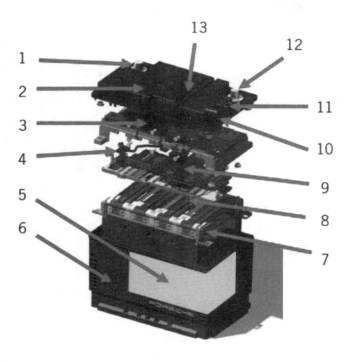

1-正极端子　2-壳盖　3-接触器单元（双稳态隔离继电器）
4-蓄电池传感器　5-防撞框架　6-壳体
7-铝制单元电池框架　8-薄膜电池（各4个）
9-CPU控制器（电子装置）　10-1针连接器（LIN）
11-排气管路　12-负极端子　13-提手
图 3-6-23

8. 锥离子蓄电池和充电

对配备锥离子蓄电池或LiFe–PO_4蓄电池的车辆进行充电时，您需要了解相关的充电/放电特性。

常规的LiFe–PO_4单元电池（磷酸锥铁电池）提供的标称电压为3.2～3.3 V，是镍氢蓄电池（NiMH蓄电池）的大约两倍，并且大大高于铅酸蓄电池。充电结束电压约为4.3 V。放电结束电压约为2.5 V；过度放电会造成不可逆的损坏，并导致单元电池容量减少。当蓄电池达到充电结束电压（例如每个单元电池各4.2 V）时，将维持该电压。随着蓄电池继续充电，充电电流将持续下降。当电流降到特定值以下或长时间不下降时，智能充电器将终止充电过程。但是，单元电池电压取决于所使用的阴极材料，因此每种蓄电池类型在这方面的差异很小。通常，可以使用低于额定电流的充

电电流对LiFe–PO_4蓄电池进行充电；在大多数情况下，这样可以增加所能达到的充电循环次数。对于4.1～4.3 V的充电结束电压，最多只能略微超过50 mV左右（视具体产品而定）。相反，充电结束电压稍低一点倒无关紧要。一定程度的容量减小通常会导致充放电循环次数显著增加。与使用寿命一样，充电时间也取决于多个因素，例如充电功率的高低主要取决于温度。较短的充电时间会对电极材料造成不良影响，并因此导致使用寿命缩短。在任何情况下，都不得将充电器用于进行不具有电流和电压受控的充电特性的充电操作。保时捷推荐使用制造商"Deutronic"提供的充电器。但是，对于新款蓄电池，在开始充电前，必须对该充电器进行转换/调整。保时捷推荐使用14.8 V的充电电压。要改变充电电压，必须输入内部设备代码"6161"。LiFe–PO_4蓄电池充电器如图3-6-24所示，充电特性如图3-6-25所示。

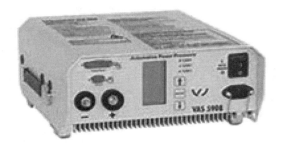

图 3-6-24

建议对LiFe–PO_4蓄电池进行不完全放电后再充电，因为这样可延长蓄电池的使用寿命。如果总是将LiFe–PO_4蓄电池从充满电的状态使用到完全没电，然后再充电，这样只会最大限度地减少充电循环次数。最好将放电深度控制在70%（取决于具体型号）。也就是说，在充电时，蓄电池仍然剩余30%的容量。有些制造商根据放电水平来指定充电循环寿命。

9. 放电

在放电期间，锥离子蓄电池的电压在开始时非常迅速地从之前达到的充电结束电压下降至额定电压（每个单元电池为2.9～3.1 V），但之后很长一段时间几乎不再下降。只有在即将放完电之前，单

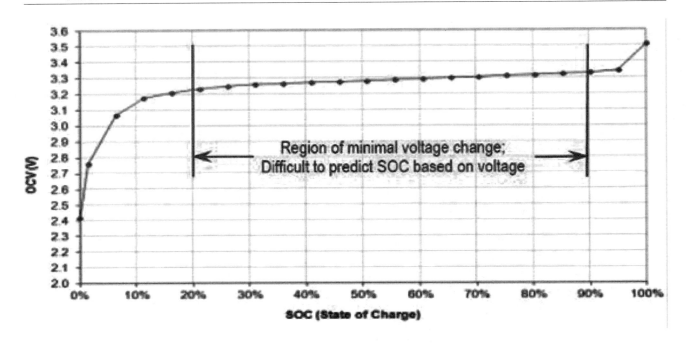

图 3-6-25

元电池电压才会开始再次急速下降。放电结束电压为2.1～2.3 V（取决于单元电池类型）。电压不得降至该值以下，否则不可逆的化学反应会造成单元电池损坏。不过，为安全起见，网关控制单元中的蓄电池管理器早在达到远高于2.5 V的电压时，就已关闭隔离继电器。

10. 存放/自放电

单元电池的电压越高，蓄电池的使用寿命越短，因此，务必不要让LiFe－PO₄蓄电池保持在充满电的状态。充电状态应保持在55%～75%，并且最好将蓄电池存放在阴凉处。在5～25 ℃时，每月的自放电量为0.5%～0.75%。制造商建议的存放温度为15 ℃，充电量为60%——加速老化与自放电之间的折中方案。应每6个月将蓄电池充电至55%～75%的电量。即使在存放期间，也不得使LiFe－PO₄蓄电池放电至每个单元电池的电压低于2.5 V。单元电池内的液态或胶态电解质不得冻结，也就是说最低温度为－25 ℃。

额定电压对比如表3-6-3所示。

（二）电气系统

1. 保险丝座和继电器座

保险丝座/继电器座安装位置：Cayenne 2018年款的保险丝和继电器安装位置基本上分散在7个区

表 3-6-3

材料	额定电压
$LiCoO_2$	3.6 V
$LiMnO_2$	3.7～3.8 V
LiFe-PO_4	3.3 V
LiFe-PO_4F	3.6 V
$PbSO_4PbO_2$	2 V
NiMH	1.2～1.5 V

域。图3-6-26为各个保险丝座和继电器座的概览图。高温保险丝如图3-6-27所示。

如图3-6-28所示。中央保险丝的主保险丝座直接位于乘客脚坑中蓄电池舱内的蓄电池上。在正极端子上，2条电线通过焊接上的150 A和200 A保险丝接入车辆电气系统，用于对乘客舱（搁脚板上的保险丝座）和后备箱（后保险丝座）供电。在发生碰撞时，安全气囊控制单元触发高温保险丝的硬接线跳闸，从而断开对发电机和启动机所连接的跨接启动点的输出。高温保险丝一经触发即损毁，必须予以更换。在输出端上，通过300 A保险丝对乘客脚坑中的主保险丝配电箱供电。输出端用于电动转向。

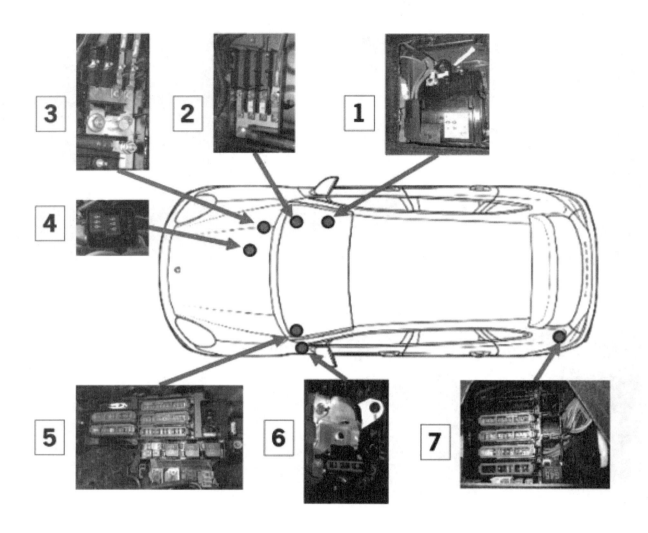

图 3-6-26

图 3-6-27

如图3-6-29所示，有个保险丝座位于乘客脚坑中的蓄电池前方（以行驶方向为准），用于对乘客舱进行端子30供电。要触及该保险丝盒，必须拆下右前脚坑地毯。保险丝配电箱中的50 A/80 A/100 A保险丝都是焊接上的，必要时只能作为整体予以更换。

如图3-6-30所示，带正极柱端子（在发生碰撞时，受蓄电池上的高温保险丝保护）的跨接启动点位于发动机舱的右侧（以行驶方向为准）。来自跨接启动端子的一条线路连接至发电机B+端子和

A–正极端子   B–电线   C–电线   D–高温保险丝   E–300 A保险丝   F–输出端   G–输出端   H–启动点

图 3-6-28

图 3-6-29

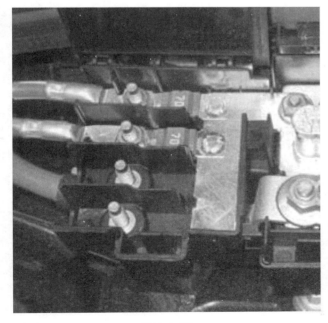

图 3-6-30

启动机端子30。另外，有个主保险丝座属于正极端子的一部分，负责发动机舱区域。它包含用于散热器风扇和预加热系统的2个70 A保险丝。

2. 带启动机继电器保险丝的继电器座

如图3-6-31所示，两个启动机继电器的继电器座位于发动机舱内跨接启动点的前方。另外，还有一个用于诊断保险丝保护的5 A保险丝。

如图3-6-32所示，乘客舱的保险丝/继电器座位于驾驶员侧脚坑中搁脚板的下方、踏板的旁边。它包含5排单独的托架A～F和1排结合NO继电器（图3-6-33）的大电流保险丝。大电流保险丝

图 3-6-31

图 3-6-104

图 3-6-107

型）。

"免钥匙出入"（选装配置，采用434 MHz或315 MHz的频率，取决于具体的国家/地区车型）。

Kessy天线：Cayenne 2018年款共配有4根用于车辆访问系统（"无钥匙启动"和"免钥匙出入"）的天线。其中2根天线位于车辆的纵轴上，用于在启动时探测钥匙位置。另两根天线安装在后车门中，负责控制选装的"免钥匙出入"功能。由于2根车内天线的性能有所提升，因此不需要第三根天线（如Panamera 2017年款中的第三根天线）。Kessy天线安装位置如图3-6-108所示，拆卸/安装收发器天线如图3-6-109所示。

图 3-6-105

图 3-6-106

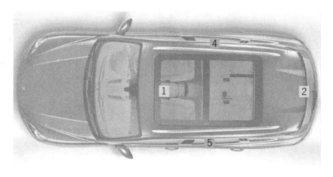

图 3-6-108

开。也就是说，"免钥匙出入及启动"系统现在分为2个单独的系统。

"无钥匙启动"（标准配置，采用434 MHz或315 MHz的频率，取决于和具体的国家/地区车

（1）车辆纵轴上的前部车内天线位于中控台的一个空腔内，用于检测车钥匙的位置。如果钥匙位于乘客舱中，则可以通过电子点火锁开启"点火装置"，并且可以在需要的时候，启动发动机。

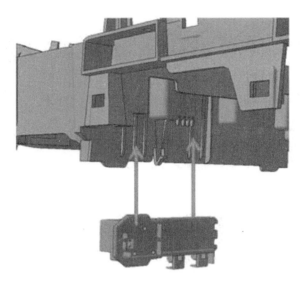

图 3-6-109

所选的天线位置使得即使钥匙电池电量很低，也能确保完成启动过程，因为钥匙可以放在中控台内的专用存放位置（紧邻天线）。如果启动时未在车内识别到车钥匙（无线电通信故障/车钥匙电池没电），必须在启动过程中将车钥匙放在中控台内的收发器天线上方。这样，系统就可以通过线圈感应的方式读取/传送车钥匙/收发器的数据。后端电子装置/BCM2的控制单元是中控锁、防盗警报系统、防盗装置以及其他多种功能的主控制单元，如图3-6-110所示。

1-车钥匙　2-Kessy天　3-天线的检测范围
图 3-6-110

（2）后部车内天线可防止将钥匙意外地留在后备箱内并关闭尾门。如果发生这种情况，钥匙会被锁在后备箱内。该天线位于后备箱内后锁板的小塑料支架上。后部Kessy天线如图3-6-111所示，后部天线位置如图3-6-112所示。

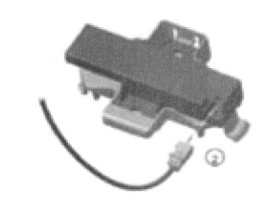

图 3-6-111

图 3-6-112

（3）侧面天线一直被称为车外天线，因为这些天线原先安装在后轮罩中，而现在则布置在后车门的低音音箱上方，通过拆下车门饰件便可触及。

①尾门和虚拟踏板（VIP）。搭配免钥匙出入选装配置时，电容式传感器系统（虚拟踏板）支持通过脚部动作检测来打开和关闭（可选）尾门。VIP控制单元评估安装在后端的两条传感器线路的电容变化。当检测到脚部动作时，将用信号通知后端电子装置/BCM 2控制单元，后者随之控制后续的尾门操作。在VIP控制单元中实施的软件算法可确保适应车辆环境，并实现相应的抗干扰（环境影

响、过路人、EMC等）稳定性。VIP控制单元安装位置如图3-6-113所示。

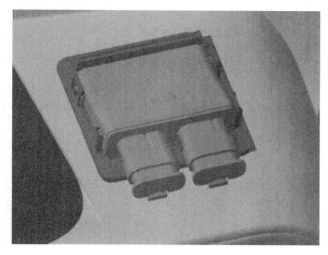

图 3-6-113

VIP控制单元位于行驶方向左侧的后端下方，排气尾管的右侧。在后端下方两个排气尾管的中间有一个双排电容式传感器天线，负责检测脚部动作并将信号发送给控制单元。虚拟踏板（VIP）的安装位置如图3-6-114所示。

图 3-6-114

"虚拟踏板"（VIP）控制单元的外部视图，如图3-6-115所示。

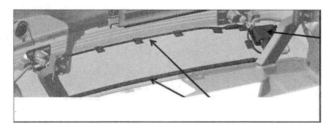

图 3-6-115

②受传感器控制的尾门开启步骤（VIP）。起始状态：尾门已关闭。

a.在检测区域内来回移动脚部（脚踢的动作）。

b.在后部区域搜寻Kessy钥匙。

c.如果在钥匙检测区域内找到了有效的钥匙。通过侧转向灯和第三制动灯发出视觉反馈；车辆解锁（可在MMI中设置：解锁驾驶员侧车门还是所有车门）。

d.打开尾门。北美地区：发出反复的"哗哗"声。其他国家和地区：在尾门开始移动前，发出一次"哗哗"声。

e.要使尾门停止移动，可再完成一次脚部动作、轻触尾门、操作内部按钮或按下尾门遥控键。

③受传感器控制的尾门关闭步骤（VIP）。起始状态：尾门已开启（之前已执行开启操作）。

a.在检测区域内来回移动脚部（脚踢的动作）。

b.在后部区域搜寻Kessy钥匙。

c.如果在钥匙检测区域内检测到了有效的钥匙。通过侧转向灯和第三制动灯发出视觉反馈。

d.关闭尾门。北美地区：发出反复的"哗哗"声。其他国家和地区：在尾门开始移动前，发出一次"哗哗"声。可选：通过遥控钥匙使用预锁功能锁止车辆。

e.使尾门停止移动。再完成一次脚部动作、轻触尾门、操作内部按钮或操作遥控钥匙。

f.再次操作可打开尾门。

车辆访问系统互联如图3-6-116所示。

六、控制单元

（一）前端电子装置控制单元（BCM1）及其功能

原先由前端电子装置（BCM 1）和后端电子装置（BCM 2）控制的多种车辆功能如今在这两个经过全新设计的控制单元间重新分配。BCM 1的安装位置在乘客舱的左前侧、A柱延伸部分的前部区域。BCM 1的安装位置如图3-6-117所示。

BCM 1的主要功能：照明：停车灯、近光灯、远光灯、中控台灯、车顶控制台灯、前后出风口照明、环境照明灯（端子58xs）、车灯模块和危险警示灯开关；电源插座继电器、端子30、端子15；空调压缩机的电磁离合器；车库开门装置/控

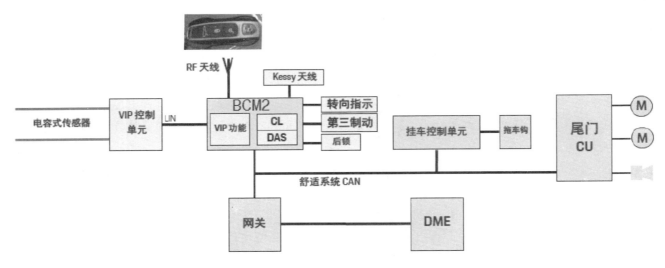

图 3-6-116

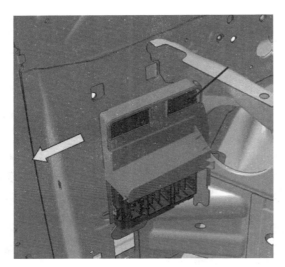

图 3-6-117

制单元/天线；车外温度传感器；挡风玻璃/洗涤液液位传感器、大灯清洗系统、挡风玻璃清洗器泵、雨量－光线－湿度传感器、内后视镜；冷却液液位警告；雨量－光线－湿度传感器；内后视镜；制动液液位警告；空调压缩机冷却液切断阀；各种开关/触点（ESP关闭、手套箱灯、盖）；PDC（停车辅助）；舒适系统CAN、AFL CAN、扩展CAN、LIN1－6；报警喇叭、电动调节式转向柱（EASC）；座椅加热和座椅通风；制动片磨损指示器。

（二）后端电子装置控制单元（BCM 2）及其功能

BCM 2由下方卡入支架内，安装在后备箱左侧

后继电器/保险丝座的下方。带支架的BCM2控制单元如图3-6-118所示，BCM2的安装位置如图3-6-119所示，BCM2如图3-6-120所示。

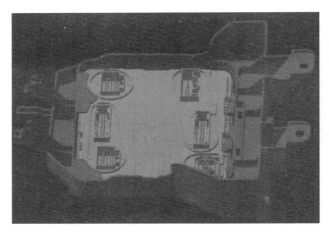

图 3-6-118

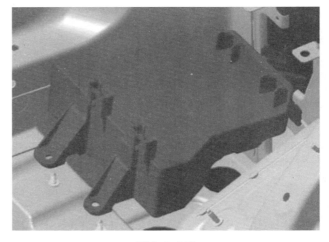

图 3-6-119

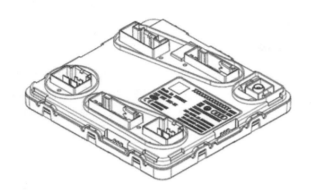

图 3-6-120

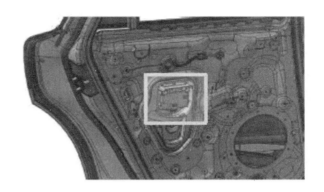

图 3-6-122

BCM 2的主要功能：照明：后部车外灯、转向指示灯主控制单元；挡风玻璃和后窗加热；后雨刷器、后遮阳卷帘；大灯水平调节系统传感器；燃油油位传感器；发动机防盗装置主控制单元；远程服务/手机在线服务（MOS）；中控锁/免钥匙出入和启动/维修钥匙；虚拟踏板；PCC/VTS、防重新启动装置、驾驶员卡；尾门/电动尾门；防盗警报系统；电子点火锁。

（三）车门控制单元

与以前一样，车门控制单元安装在所有车门的门板后面，用以实现与车门/后视镜相关的多种功能。前车门控制单元承担主功能，并且通过舒适系统CAN连接至网关控制单元。后车门中的车门控制单元通过LIN作为从控制单元与前控制单元通信。车门控制单元如图3-6-121所示，后车门控制单元如图3-6-122所示，前车门控制单元如图3-6-123所示。

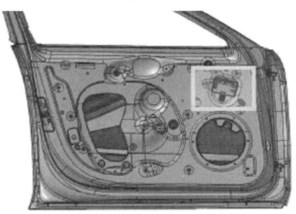

图 3-6-123

（四）尾门控制单元

尾门控制单元位于右侧尾门内饰件的下方。其固定方式是全新的。该控制单元不再通过螺钉固定，而是通过固定夹直接连接到尾门的车身壳体上。尾门控制单元的位置如图3-6-124所示。

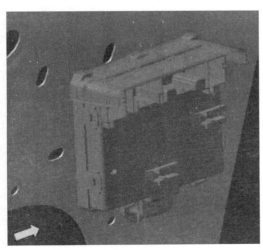

图 3-6-121

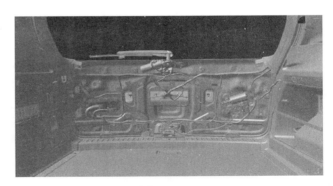

图 3-6-124

（五）网关控制单元

网关控制单元具有多种功能，其负责的任务范围正在不断扩大。随着Cayenne 2018年款的推出，首次应用了"互联网关"（cGW），它接管了原先的VTS控制单元的功能。cGW安装有一张支持UMTS的集成式SIM卡，紧急呼叫系统eCall和车辆跟踪系统VTS需要使用该SIM卡。在第一个任务范围内，"灰色服务"VTS和紧急呼叫eCall（从2018年3月31日起法律要求提供该服务）或Era Glonass（从2015年起部署在俄罗斯）由cGW负责管理。在连接范围之外，cGW逆变器仍充当数据总线系统（例如以太网、FlexRay、CAN总线、LIN总线）的中央接口和逆变器。充当能量管理器的任务（负责为自动启动/停止系统和车辆能量回收电气系统执行相关任务）仍保持不变。网关系统图如图3-6-125所示。

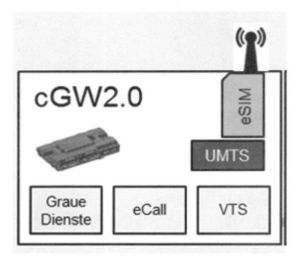

图 3-6-125

网关控制单元位于驾驶员座椅下方，只有拆下座椅后方可触及。网关的安装位置如图3-6-126所示。

图 3-6-126

在前部，有两个机械编码的带双排针脚的彩色（黑色和蓝色）大号接头。在右侧，有两个粉色和两个蓝紫色的同轴连接器插孔，分别用于GPS/Glonass天线和GSMLTE天线。在壳体顶部的可拆卸式护盖下方，有一个双芯锥离子电池，可在需要的时候用作独立电源。网关，前视图如图3-6-127所示，网关，俯视图如图3-6-128所示。

图 3-6-127

图 3-6-128

（六）C-Box

在Cayenne 2018年款发布一年后，可能会重新分配cGW的功能。将对车辆跟踪系统"VTS"和紧急呼叫系统"eCall"和"Era Glonass"使用一个单独的控制单元，该控制单元将通过支持LTE的集成式SIM卡（e-SIM）实现GSM连接。这个名为"Connect Box"（连接盒，英文简称为C-Box）的控制单元不会替代cGW控制单元。它位于驾驶员座椅的下方、网关的旁边。2级网关网络如图3-6-129所示，C-Box的安装位置如图3-6-130所示。

有4个超声波传感器用于探测障碍物该功能集成在BCM/ZFAS控制单元中。

（1）倒车摄像头。在进行停车操作时，倒车摄像头可方便驾驶员监视车辆的后方区域。倒车摄像头的影像显示在仪表板的触摸屏上。倒车摄像头如图3-6-136所示。

图 3-6-136

功能概览：系统会显示辅助线和引导线，以便驾驶员更好地进行定位和情况评估；帮助驾驶员轻松、安全地进行垂直和平行停车；通过在影像中显示拖车钩和牵引杆，方便挂车的连接；通过鱼眼效果补偿，呈现自然的影像；在PCM中显示车辆后方区域的影像，针对辅助线和引导线等系统计算的行车道，提供多种动态显示模式；可通过按钮选择3种视图选项，即分别针对平行停车、垂直停车和挂车模式的视图选项。

（2）全景影像系统。在停车或周围情况难以掌握的情况下，为驾驶员提供辅助。全景影像系统如图3-6-137所示。

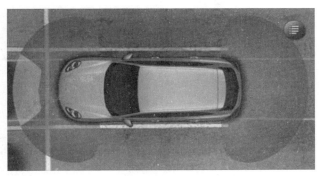

图 3-6-137

功能概览：对来自4个广角摄像头（前部、后部和两侧）的影像进行数字化处理并实时地显示在

PCM中；根据这4个摄像头的影像，合成出车辆环境的整体影像，并显示在虚拟俯视图中；显示车辆环境周围的障碍物；也可以直接选择各个摄像头的影像部分。可以选择不同摄像头视角的视图（如左/右斜角视图），与俯视图和PDC距离显示进行组合。

2. 夜视辅助系统（夜视系统）（图3-6-138）

图 3-6-138

保时捷夜视辅助系统具有以下功能：温差成像显示、行人和动物警告。

车辆前部的夜视辅助功能的热成像摄像头提供周围环境的温差影像，并可显示在组合仪表的"汽车"和"信息"显示界面（右侧）中。在大灯照亮的区域之外，该系统可以探测到处于黑暗中的人和动物，并在摄像头图像中突出显示。由于热成像摄像头仅在热辐射范围内是敏感的，因此摄像头提供的图像可能与人眼所看到的图像有着巨大的差异。夜视辅助功能可以在环境温度低于28 ℃时，辨别出处于漆黑环境中的人和动物。在即将发生碰撞或从处于危险距离内的行人身边驶过时，将在系统限制范围内触发警告。在这种情况下，系统会对驾驶员发出视觉和声音警告。与此同时，摄像头图像中将突出显示相关的行人。如果车辆配备保时捷动态照明系统升级版，面临危险的行人的影像还会闪烁，以增加醒目程度。在城区之外，还会在系统限制范围内，针对即将与野生动物发生的碰撞发出警告。在此情况下，系统会对驾驶员发出视觉和声音警告。摄像头图像还会以红色突出显示相关的动物，帮助驾驶员发现危险所在。

功能概览如下。

（1）夜间辅助系统图像。在右侧组合仪表显示器中显示热图像；通过切换右侧显示内容（右侧方向盘滚轮）选择夜视图像；在夜间驾驶时，为驾驶员提供比大灯照明范围更广的视野。

（2）夜间辅助系统警告。探测到的行人以黄色突出显示；以红色突出显示位于行驶路线和危险距离内的行人，并发出警告音；通过灯光信号突出显示系统估算将处于危险境地的行人；针对大型野生动物进行探测并发出警告；仅在市区以外的地方提供动物探测功能；警告有助于缩短制动距离；制动系统进入"预备"状态。

（3）行人警告（图3-6-139）。如果系统探测到可能会与行人发生碰撞，则会在不超过250 km/h的车速范围内，通过警告音以及组合仪表中的相应显示警告驾驶员。如果行人站在或进入车辆的行驶路线内，将发出行人警告。在配备保时捷动态照明系统升级版的车辆上，面临危险的行人的影像还会闪烁，以便引起注意。即使系统发出了该警告，只有驾驶员采取躲避操作或进行大力制动，才有可能避免发生碰撞。警告时间因交通状况及驾驶员的行为而异。

图3-6-139

（4）动物警告（图3-6-140）。在人烟稀少的地方，动物警告功能会对大型野生动物（例如鹿）带来的危险做出回应。如果有动物位于预计的行驶路线内或过度危险地靠近车辆，将触发动物警告。在市区内，为了防止误报（例如对拴着的狗发出警告），会自动停用动物警告。

图3-6-140

3. 车道变换辅助系统

如果后方有车辆靠近或处于盲区内，车道变换辅助功能会警告驾驶员。该功能同样适用于本车超车或被他车超车的情况。在探测到危险状况且变换车道存在危险时，两个车外后视镜中的整合式显示灯将亮起。

功能概览：通过车外后视镜中的LED显示灯，警告驾驶员有车辆要超车或相邻车道有同速行驶的车辆；在驾驶员打算变换车道（打开转向灯）时，通过车外后视镜中的闪烁信号（LED），警告驾驶员相关区域内有其他车辆；该功能也适用于盲区内有其他车辆且不存在车道标线的情况。

4. 后部转向辅助系统

在低于车道变换辅助系统工作范围的车速下，作为补充的后部转向辅助系统通过监测车辆后部区域，为驾驶员提供转向辅助。后部转向辅助系统始终随车道变换辅助系统一同开启。LCA显示灯如图3-6-141所示，车道偏离警告如图3-6-142所示，转向辅助系统如图3-6-143所示。

功能描述：在转向时，往往会忽视从后方接近的自行车；该系统还会在车辆静止时监测后方的情况，并在驾驶员忽视其他道路使用者时，发出警告；与车道变换辅助系统相同的潜在预警（视觉）。

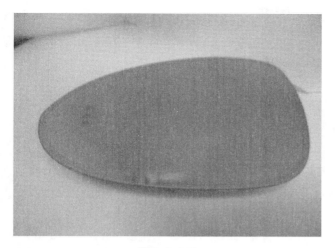

图 3-6-141

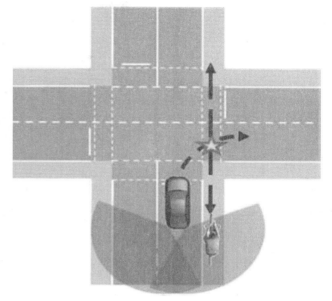

图 3-6-143

图 3-6-142

5. 车道保持辅助系统

在系统限制范围内，车道保持辅助系统利用前摄像头（内后视镜座）和道路标记来检测车道标线。当车辆靠近检测到的车道标线并有离开原车道的倾向时，该系统会执行纠正性转向干预，帮助车辆保持在原车道内行驶。

驾驶员可以随时解除这种转向干预。该系统可协助驾驶员将车辆保持在车道内，但不表示驾驶员可以不必关注这方面的情况。如果车辆在没有发出转向指示的情况下越过车道标线，系统会以声音

和视觉警告的形式通知驾驶员。在这种情况下，相关的车道线将突出显示在组合仪表的"速度与辅助"显示（配备ACC的车辆）以及状态显示中，并响起警告音。为此，必须在PCM的"辅助"菜单中启用声音警告。该系统专门用于在高速公路或主要的乡村道路上行驶时使用，其工作的车速范围为65～250 km/h。如果驾驶员在驶过车道标线前打开了转向灯，则系统既不会发出警报，也不会进行转向干预。在这种情况下，系统认为变换车道的行为是有意而为的。

功能描述：车道保持中的摄像头辅助；车速范围为65～250 km/h；基本要求：存在车道标线并被前摄像头识别；功能可启用/停用；组合仪表中的状态显示。

（1）车道保持辅助系统。车道边缘引导（"晚期"模式）：接近车道标线时的转向辅助。车道中心引导（"早期"模式）：车道中间的连续转向辅助。驾驶员可轻松地解除转向干预。如果检测到驾驶员在驾驶时双手离开方向盘，该功能将切换到被动模式。

（2）车道偏离警告。通过声音和视觉警告，提醒驾驶员即将偏离当前车道交通标志识别。交通标志识别功能通过前摄像头（挡风玻璃内侧的后视镜座）来检测限速标志、禁止超车和解除禁止超车

标志以及弯道标志。系统结合导航系统中存储的地图数据评估交通标志，并将其显示在组合仪表中。如果针对湿滑路面、转向车道或某个时段规定了限速，则系统会将车辆提供的信息（例如雨量传感器、导航数据、时间）与检测到的指示牌上的信息进行对比。

功能描述如下。

第一代（受维也纳公约的限制）：基于导航的评估、限速（+解除限速）、禁止超车（+解除禁止超车）。

第二代：针对非圆形标志的检测进一步改进、间接限制（地名标志）、针对具体国家/地区的其他标志类型（西欧七国、北美地区）。

（3）弯道信息。在距离急弯约150 m时显示弯道信息，直至驶离弯道。弯道信息如图3-6-144所示。

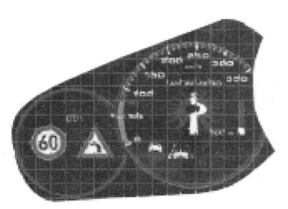

图3-6-144

功能描述：在离弯道中心的距离小于特定值时，显示取决于方向的视觉指示；该功能的目标群体为不了解相关路线的普通驾驶员；针对带有标记或归入重要类别的弯道提供相关信息。

6. 自适应巡航定速控制系统（ACC）

在前方道路不存在障碍物时，自适应巡航定速控制系统（ACC）可使车辆保持在30～210 km/h范围内的任意选定车速下行驶，而无须驾驶员踩下加速踏板。如果在同一车道上检测到行驶速度低于选定车速的车辆，自适应巡航定速控制系统会自动与之保持固定的距离。如果与前车的距离太近，自适应巡航定速控制系统会对车辆进行制动；如果距离

加大，则会对车辆进行加速。

自适应巡航定速控制系统的停走功能：停走功能通过前瞻性的半自动纵向控制（加速、制动）与前车保持选定的距离，从而提高长途旅行的驾驶舒适性。ACC停走功能（S&G）如图3-6-145所示。

图3-6-145

功能描述：自动将车辆制动至完全静止，然后再次自动起步。自适应巡航定速控制系统（ACC）使车辆与前车保持预先选定的距离。系统根据设定的车速（0～210 km/h），通过主动加速和制动干预来自动调节行驶速度。ACC停走功能（S&G）：在停车（3 s）或设置车辆触发器（ACC操纵杆）后自动再次起步。ACC惯性滑行：一项旨在优化效率的ACC功能，可根据情况，通过制动干预或超越传动和惯性滑行的方式，对交通状况和上下坡行驶做出回应。

（一）自适应巡航定速控制系统（包含道路施工和窄道辅助）

该功能可在0～210 km/h的车速范围内支持纵向和横向引导。

1. 功能描述

综合了ACC停走功能、车道偏离警告功能和交通拥堵辅助功能。包含窄道路段和道路施工辅助功能。通过融合多个环境传感器整合物体和边界结构，从而增强情况解读能力。即使在窄道中，系统也会通过连续的转向干预将车辆引导到车道中心。驾驶员始终负有责任（离手监测）。针对纵向和横向组合引导，进行情况解读和路线规划。

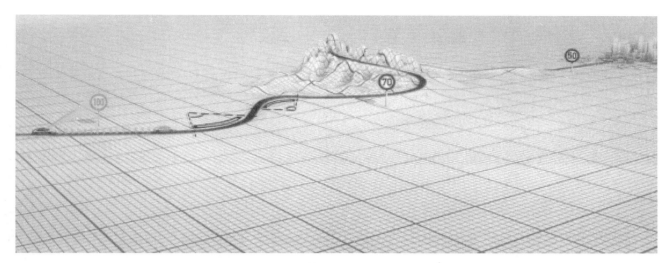

图 3-6-146

2. 保时捷InnoDrive（图3-6-146）

该系统凭借附加的创新功能，进一步完善了自适应巡航定速控制系统。它通过对前方道路的预判来优化车速。借助高分辨率导航数据以及来自雷达传感器和视频传感器的信息，保时捷InnoDrive系统可提前获知行驶路线上的限速和道路特点（例如坡度和弯道半径）。系统会相应地调整Cayenne的换挡策略和车速，以实现智能化驾驶和明显的效率优势。按下SPORT（运动）按钮可调节驾驶灵敏度。根据该模式，系统会针对发动机管理和换挡操作（包括惯性滑行和减速）选择最理想的参数。该系统最多可提前3 km制定出最理想的加减速和恒速行驶方案，从而确保和谐的驾驶体验。

（1）功能描述。自动纵向控制以及根据限速和道路结构对车速进行前瞻性调节。通过缩小循环与消费之间的差距，促进社会接纳。在不减慢行驶速度的情况下平均节省10%的燃油。单独调节舒适性和动态性。实时（最多提前3 km）对加速、恒速和减速行驶阶段进行综合优化。根据所选的驾驶模式，系统会选择最理想的发动机扭矩和挡位（包括惯性滑行和减速）。专门由保时捷开发。InnoDrive组合仪表如图3-6-147所示。

（2）当前驾驶辅助系统的传感器如图3-6-148所示。

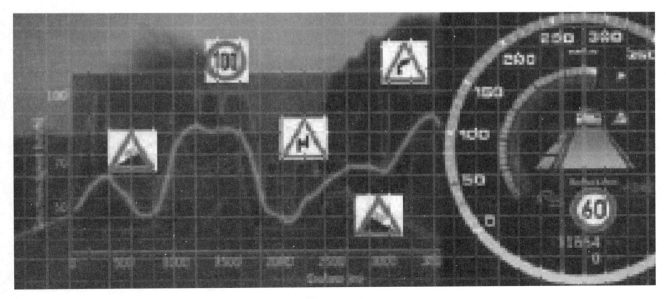

图 3-6-147

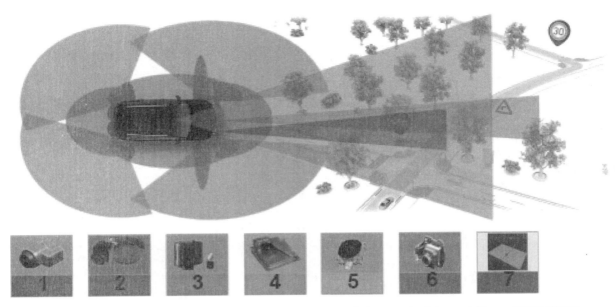

1-高性能超声波　2-带图像处理的俯视图　3-中程雷达　4-前摄像头　5-远程雷达　6-夜视　7-前瞻路线数据

图 3-6-148

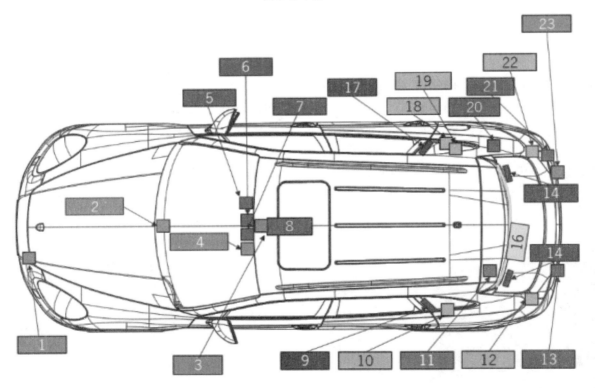

1-蓝牙　2-ETC（日本）　3-蓝牙控制单元　4-VICS（日本）　5-GPS HU　6-LTE1/GSM HU　7-WLAN HU　8-连接盒　9-DAB1
10-LTE2 cGW　11-SDARS　12-GPS/Gloass cGW/cBox　13-LTE2/GSM HU　14-FM2　15-AM/FM1/远程中控锁/DAB 2
16-AM/FM　17-AH　18-LTE1 cGW　19-LTE3 VTS（俄罗斯）　20-补偿器连接盒
21-LTE/GSM连接盒　22-GPS VTS（俄罗斯）　23-蓝牙

图 3-6-149

八、天线概览

图3-6-149旨在对天线设计理念进行说明。根据选装配置和/或国家/地区车型提供某些天线。

（一）前裙板中的蓝牙天线

对于"遥控停车"辅助系统，车辆需要通过前部和后部的蓝牙天线与驾驶员的智能手机进行通

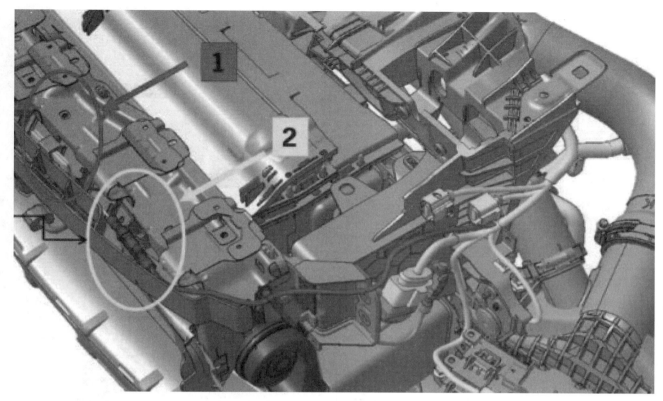

1-蓝牙天线，前部　2-蓝牙天线连接点
图 3-6-150

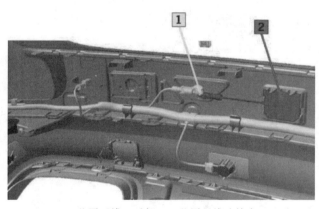

1-蓝牙天线，后部　2-蓝牙天线连接点
图 3-6-151

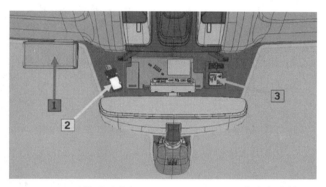

1-VICS/DSSS天线（日本）　2-Wi-Fi　3-PCM 5.0中央电脑的GPS
图 3-6-152

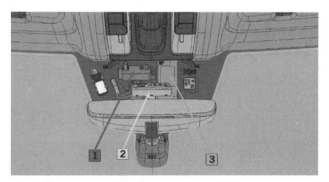

1-前摄像头　2-乘客侧安全气囊的显示单元（北美地区）
3-PCM 5.0中央电脑的LTE1
图 3-6-153

信。zFAS控制单元（中央驾驶辅助系统）会进行相应的算法计算。前部蓝牙天线的位置如图3-6-150所示。

（二）后端的蓝牙天线（图3-6-151）

（三）挡风玻璃天线

根据国家/地区版本及选装配置，不同的天线变型会布置在内后视镜座区域。不带前摄像头的挡风玻璃如图3-6-152所示，带前摄像头的挡风玻璃如图3-6-153所示。

（四）驾驶舱天线（图3-6-154）

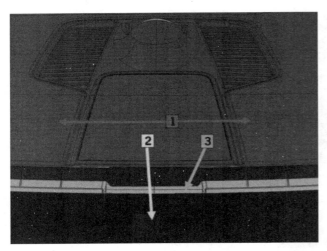

1-仪表板　2-DSRC/ETC天线（日本）　3-除霜器饰件
图 3-6-154

（五）乘客舱-前部中控台（图3-6-155）

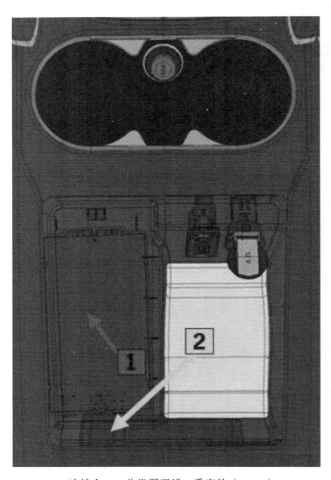

1-连接盒　2-收发器天线，乘客舱（Kessy）
图 3-6-155

（六）乘客舱-后部中控台

蓝牙控制单元的位置如图3-6-156所示，补偿器连接盒的位置如图3-6-157所示。

图 3-6-156

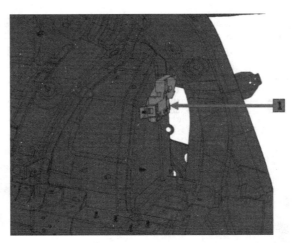

图 3-6-157

（七）侧车窗天线（图3-6-158）

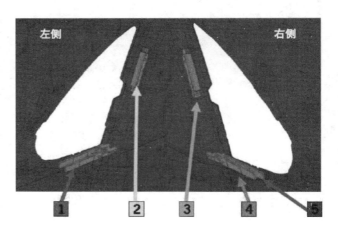

1-用于eCall的cGW（GSM/UMTS）的LTE2天线
2-天线放大器，DAB　3-天线放大器，辅助加热器
4-用于ICD（仅限俄罗斯）GSM和UMTS的LTE3 VTS
5-用于cGW GSM和UMTS的LTE1 VTS
图 3-6-158

（八）尾门内侧（图3-6-159）

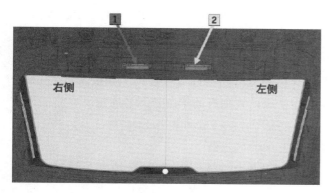

1-天线放大器，AM/FM1/远程中控锁　2-天线放大器，FM2
图3-6-159

（九）尾门外侧（车顶扰流板天线）（图3-6-160）

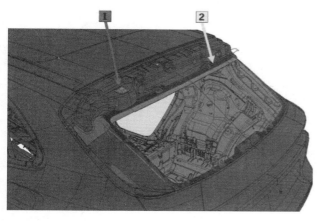

1-SDARS天线　2-AM/FM1扰流板掷型天线
图3-6-160

（十）天线，后部1（图3-6-161）

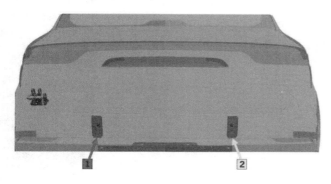

1-PCM 5中央电脑的LTE2（GSM/UMTS/LTE）
2-连接盒的LTE（GSM/UMTS/LTE）
图3-6-161

（十一）天线，后端2（俄罗斯除外）

VTS位置（俄罗斯除外）如图3-6-162所示，VTS位置的特写如图3-6-163所示。

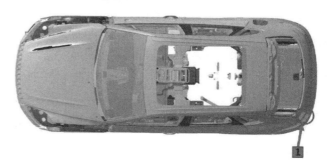

1-cGW/C‑Box（VTS）的GPS天线（2个可能的安装位置）
图3-6-162

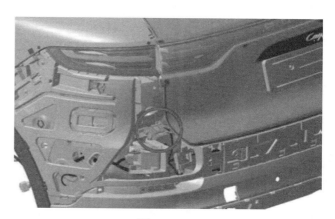

图3-6-163

（十二）天线，后端3（仅限俄罗斯）（图3-6-164）

1-cGW/C‑Box（VTS）的GPS天线
图3-6-164

九、信息娱乐

（一）PCM 5.0

Cayenne 2018年款采用了PCM 5.0，它在Panamera 2017年款的PCM 4.1的基础上进一步发展完善。PCM 5.0基于MIB2+（模块化信息娱乐套件2

升级版），并包含在标准配置中。PCM 5.0由多种硬件组件组成，这些硬件组件共同对媒体、电话、导航和智慧互联系统的大量功能进行连接和配置。作为主机装置和接口的中央控制单元位于手套箱的上部区域。它负责管理所有导航和信息娱乐应用程序以及大量舒适功能。现在，这一全新的中央电脑只配有一个SD卡插槽、一个常见的SIM卡插槽和一个用于智慧互联服务的支持LTE的全新集成式SIM卡。前部PCM 5.0中央电脑如图3-6-165所示，后部PCM 5.0中央电脑如图3-6-166所示。

图 3-6-165

图 3-6-166

1. 支持LTE的集成式SIM卡

为了使用精选的保时捷智慧互联服务，从2017年第22周的车型改进开始，为所有其他保时捷车辆也提供了安装在车内的PCM 4.0或4.1中央电脑中的支持LTE的集成式SIM卡。因此，只有在不提供eSIM的国家/地区中，客户才需要对智慧互联应用程序使用SIM卡，除此之外，SIM卡不再是不可或缺的。要使用Wi-Fi热点和音乐流媒体功能，可以订购额外的数据流量包。可通过保时捷智慧互联门户网站订购该数据流量包，其中包含30天7 GB的

流量。如果数据流量不够用，还可以订购大小为1 GB的补充数据流量包（1 GB补充数据流量包）。如果需要，也可以通过SIM卡读卡器使用客户自己的外置插入式SIM卡进行数据传输。为此，客户需要与移动运营商签订资费合约。如果客户的SIM卡也用于通话，则有助于改善话音质量。在将插入式SIM卡插入后，将自动禁用eSIM。

2. 中央显示器

PCM 5.0的显示/操作单元是由一块12.3英寸（31.242 cm）高分辨率TFT触摸屏来实现的。导航栏通过接近传感器显示在显示器的左边缘。对触摸屏的操作是通过著名的保时捷多点触控手势控制来执行的。部件，中央显示器如图3-6-167所示，中央显示器的安装位置如图3-6-168所示。

图 3-6-167

图 3-6-168

（二）PCM 5.0中央显示器的基本操作原理

1. 手势控制

通过多点触控手势控制实现的PCM 5.0的基本操作与配备7英寸（17.78 cm）触摸屏的PCM

4.0/4.1相同。借助接近传感器，可以用手指在显示屏上轻松地进行菜单导航。例如，可以通过两根手指将导航地图沿任意方向旋转。

2. 手写识别

PCM还能够利用手写识别来实现输入。现在不必使用键盘输入文字，可以直接在触摸屏上书写文字。Cayenne 2018年款新增了整词识别，而不像之前那样只能识别单个字母。

3. 语音控制

通过语音控制，可以方便地使用PCM 5.0的广泛功能。该功能大幅提高了驾驶员的舒适性和安全性。可通过左侧转向柱控制杆的前端来操作语音控制系统。与PCM 4.1相比，语音控制系统有了根本

性的改进，能够实现更多的车辆功能。语音控制如图3-6-169所示。

（1）语音控制的功能。口述短信和电子邮件、在线语音搜索、地址搜索、搜索电话联系人、暂停对话（在口述输入时非常重要）、切换无线电台、暖风/空调。

（2）新增语言。英国英语、汉语普通话。

（三）PCM 5.0触摸屏的操作逻辑

1. 功能区

触摸屏的设计时尚新颖，采用高品质玻璃面板。通过菜单按钮，可以实现总体操作逻辑。在菜单中，可通过触摸屏上的选项卡选择相关的功能。操作逻辑如图3-6-170所示。

图3-6-169

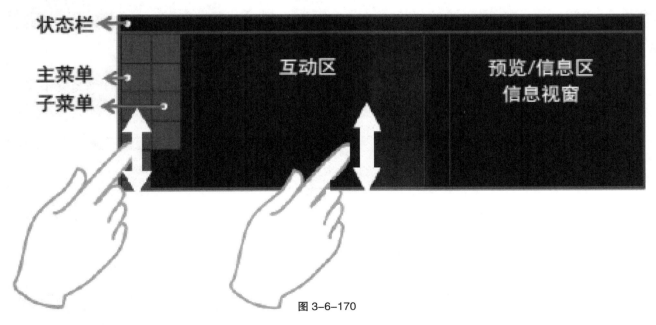

图3-6-170

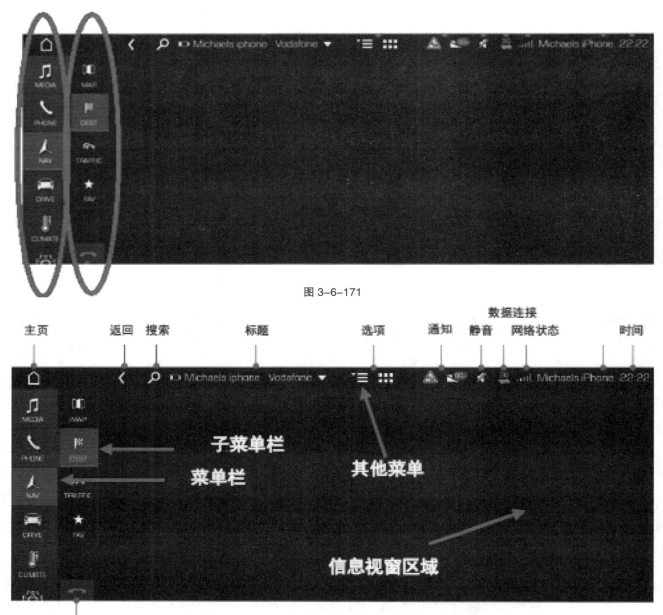

图 3-6-171

图 3-6-172

主菜单始终显示在PCM 5.0中。当您的手靠近显示屏时，将打开子菜单。中央显示器上的主菜单和子菜单如图3-6-171所示。

2. 符号和名称

状态栏位于显示屏的顶部。通过主菜单可打开包含各种不同功能的子菜单。图3-6-172显示了PCM 5.0的各个功能区，图中还显示了状态栏的内容和图标名称。

（四）手势控制

通过手指的手势可以改变主菜单。在互动区中，使用两根手指进行手势操作。信息

视窗区域可通过一根或两根手指进行操作。手势控制如图3-6-173所示。

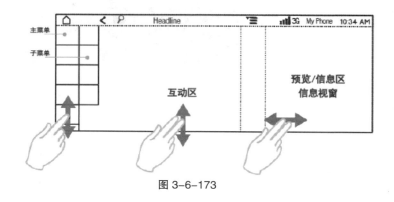

图 3-6-173

菜单栏：一根手指操作。互动区：两根手指操作。信息视窗：一根或两根手指操作。

触摸屏通过接近传感器将菜单结构显示在左侧。信息视窗可拉入到右侧，可在其中访问PCM的其他功能区域。例如，可在屏幕中央的互动区里显示导航，同时在右侧使用电话功能。

（五）音响系统

Cayenne 2018年款的音响系统共有3种变型。基本变型包含在标准配置中。所有变型均通过PCM 5.0进行扩展。可通过布置在选挡杆前方的旋钮调节音量。①"基础"音响套装（标准配置）。②"Bose®"高级音响套装（选装）。

③"Burmester®"高端音响套装（选装）。

1."基础"音响套装（图3-6-174和表3-6-6）

基础音响套装属于标准配置，不带外部放大器。放大器的4声道输出级由PCM 5.0的中央电脑负责执行。该音响套装包含10个音箱，总重量为2.45 kg，系统功率为150 W。

2. Bose®高级音响套装

Bose®高级音响套装配有一台14声道数字放大器，如图3-6-175所示。该放大器通过MOST与中央电脑相连接。这套重达9.9 kg的系统共有14个音箱（包括副低音音箱），系统功率为710 W，如图3-6-176和表3-6-7所示。

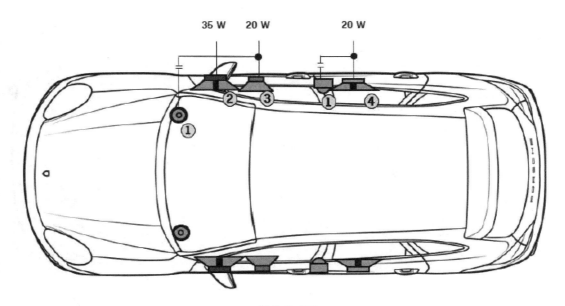

图3-6-174

表3-6-6

编号	1	2	3	4
零件号	971.035.411.C	971.035.415.E	971.035.454.D	971.035.453.C
安装位置（总体）	仪表板前部 后车门	前车门	前车门	后车门
类型	高音音箱	中音音箱	低音音箱	中低音音箱
尺寸	19 mm	100 mm	200 mm	165 mm
阻抗	4 ohm	4 ohm	2 ohm	4 ohm
磁性材料	钕	钕	钕	钕
重量/单位	0.034 kg	0.13 kg	0.556 kg	0.389 kg
总数	4	2	2	2

图 3-6-175

3. Burmester®高端环绕声音响系统

Burmester®高端环绕声音响套装采用一台21声道数字放大器。该放大器通过MOST与中央电脑相连接。这套重达14.5 kg的系统共有21个音箱（包括一个20 L的副低音音箱），系统总功率高达1455 W，有源副低音音箱的输出级功率为400 W，如图3-6-177和表3-6-8所示。

（六）控制面板、中控台、电容式键盘

电容式键盘围绕着选挡杆以及顶部的信息娱乐系统控制面板。选挡杆左右两侧的区域用于操作暖

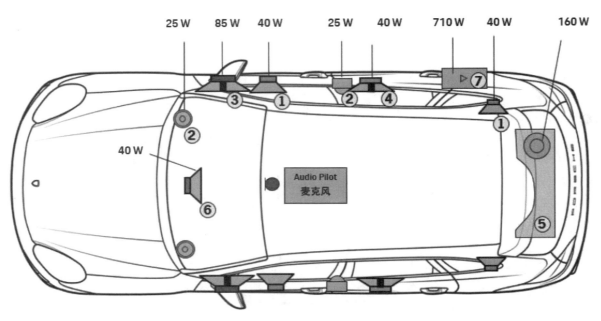

图 3-6-176

表 3-6-7

编号	1	2	3	4	5	6	7
零件号	971.035.415.F	971.035.411.A	971.035.454.E	971.035.453.D	9Y0.035.481	971.035.415.G	971.035.233.G
安装位置(总体)	前车门 D柱	仪表板 后车门	前车门	后车门	后备箱底板	仪表板	侧袋，右后
类型	中音音箱	高音音箱	低音音箱	中低音音箱	副低音音箱	仪表板	侧袋，右后
尺寸	100 mm	19 mm	220 mm	165 mm	200 mm	100 mm	
阻抗	2 ohm	4 ohm	3 ohm	2.1 ohm	1 ohm	2 ohm	
磁性材料	钕	钕	钕	钕	钕	钕	钕
重量/单位	0.220 kg	0.045 kg	0.84 kg	0.64 kg	4.07 kg	0.220 kg	1.55 kg
总数	4	4	2	2	1	1	1

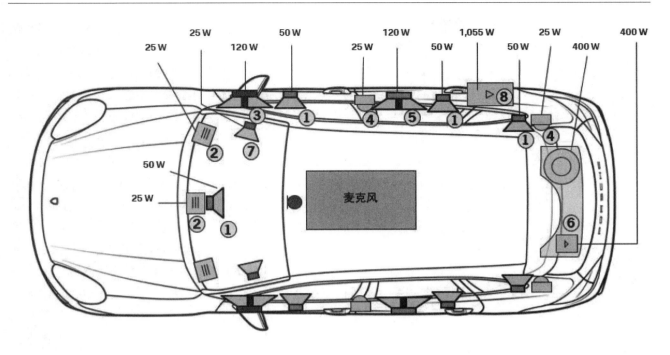

图 3-6-177

表 3-6-8

编号	1	2	3	4	5	6	7	8
零件号	971.035.415.C	971.035.411.B	971.035.454.F	971.035.412.	971.035.453.E	9Y0.035.481.A	971.035.416.A	971.035.233.G
安装位置（总体）	仪表板前部 / 后车门	仪表板	前车门	后车门 D柱	后车门	后备箱底板	A柱	侧袋，右后
类型	中音音箱	高音音箱	低音音箱	中音音箱	低音音箱	副低音音箱	宽频带音箱	放大器
尺寸	100 mm	AMT	220 mm	25 mm	200 mm	250 mm	55 mm	
阻抗	2 ohm	6 ohm	2 ohm	4 ohm	2 ohm	4 ohm	4 ohm	
磁性材料	钕	钕	钕	钕	钕	钕	钕	
重量 / 单位	0.213 kg	0.190 kg	1.0633 kg	0.053 kg	0.840 kg	6.19 kg	0.090 kg	2.010 kg
总数	7	3	2	4	2	1	2	1

风/空调系统和座椅的功能。轻触键盘上的某个功能会产生触觉反馈，对所执行的操作进行确认。原先布置在中控台上的许多其他按钮（例如用于辅助系统或空气悬架的按钮）现在只能通过中央显示器进行访问。对于温度、风量、AUTO（自动）、除霜、A/C MAX（空调最高挡）和循环空气等空调功能以及座椅通风和座椅加热功能，可通过中控台控制面板上的按钮或PCM 5.0的"空调"或"汽

车"菜单项进行控制。中控台控制面板，前部如图3-6-178所示。

（七）后部触摸屏

在后部，还提供了与PCM 5.0触摸屏相搭配的7英寸（17.78 cm）触摸屏，用于操作众多舒适功能。利用中控台的后部触摸屏可直接访问最重要的功能，系统通过震动来确认输入操作。在该显示屏下方，配有双USB端口和点烟器或12 V插座。后部

图 3-6-178

图 3-6-179

触摸屏如图3-6-179所示。

（八）导航模组

带集成导航系统的PCM提供硬盘导航及可自定义的地图显示。通过包含大多数国家/地区的地图数据的硬盘执行导航。可通过二维视图或透视视图显示地图。在特定的区域中还可显示三维图像。利用动态路线计算并结合交通信息频道（TMC）或TMC Pro数据，可以有选择地进行导航。保时捷Cayenne 2018年款的PCM 5.0中的导航系统能够分析经常行驶的路线。然后，在某些时候，针对经常行驶的路线提出建议。该功能可在PCM中的"导航"/"选项"下启用或禁用。

使用智慧互联升级版模块的连接功能的客户能

够享受在线导航带来的好处，在线导航基于实时路况信息服务。它有助于显著改善动态路线导航。保时捷通信管理系统可接收有关交通流量的在线信息，并在此基础上对路线规划进行动态优化。导航目的地既可以手动输入，也可以通过语音控制系统输入。可通过SD卡（适用于PCM 5.0中央电脑的SD卡插槽）执行地图更新，或进行在线地图更新。

（九）带SIM卡读卡器的LTE电话模块

带SIM卡读卡器的LTE电话模块整合在PCM 5.0的中央电脑中，可确保最佳的话音质量和数据连接。LTE电话模块包含Wi-Fi功能，可实现无线互联网访问。通过Wi-Fi，智能手机及其他设备（比如平板电脑或笔记本电脑）可连接到车辆和互联网。作为LTE电话模块功能的一部分，可以借助具有数据功能的SIM卡建立Wi-Fi热点，以在车内连接支持Wi-Fi的设备。

带Wi-Fi芯片和无线互联网访问功能的LTE电话模块。LTE电话连接。SIM卡读卡器。新的eSIM功能（并非在所有国家/地区都提供）。

（十）CD/DVD驱动器

利用CD/DVD驱动器的接口，可以在PCM 5.0上以MP3音乐文件、视频/音频DVD等播放格式播放各种媒体。CD/DVD驱动器的安装位置在后备箱内的左后部（以行驶方向为准）。

十、智慧互联

（一）智慧互联系统现状

保时捷智慧互联系统涵盖多种多样的智能化服务和应用程序。该系统旨在将驾驶员和车辆更紧密地联系在一起，增添保时捷车辆的魅力，并让日常生活变得轻松惬意。除了将车辆互联服务作为智慧互联模块的一部分外，智慧互联升级版模块还允许使用附加的保时捷智慧互联服务，从而大大扩充了导航和信息娱乐领域的功能。在各个欧盟市场和美国，可通过支持LTE的集成式SIM卡建立使用这些服务所需的互联网连接。保时捷车辆中使用的各个模块遵循同一个严格的产品结构。保时捷通信管理系统（PCM 5.0）是所有其他装备的基础。

Cayenne 2018年款首次将"保时捷车辆互联"（PCC）与"保时捷智慧互联"（PC）整合在一起。在本质上，这意味着Cayenne 2018年款不再需

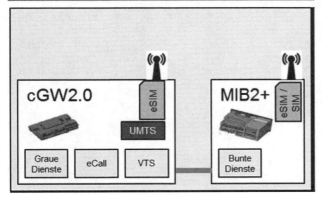

图 3-6-180

要PCC/VTS控制单元，其功能由cGW（互联网关）网关控制单元负责执行（北美地区除外）。原先由网络提供商Vodafone与客户达成的使用协议现在可以由保时捷直接处理。这大大简化了客户处理智慧互联选择方案的程序，因为客户现在可以直接在保时捷智慧互联门户网站上进行注册并购买附加的服务。智慧互联范围如图3-6-180所示。

（二）保时捷智慧互联发展历程概览（图3-6-181）

（三）智慧互联接口

客户可以通过多种多样的接触点和途径来使用智慧互联服务。图3-6-182旨在说明客户身边的接

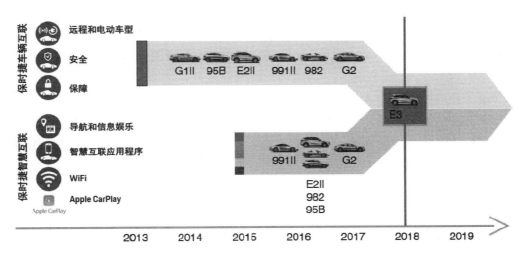

图 3-6-181

PCM 5.0

呼叫中心

智能手机上的
ONE 智慧互联应
用程序

智慧互联商店
智慧互联门户网站

保时捷经销商

图 3-6-182

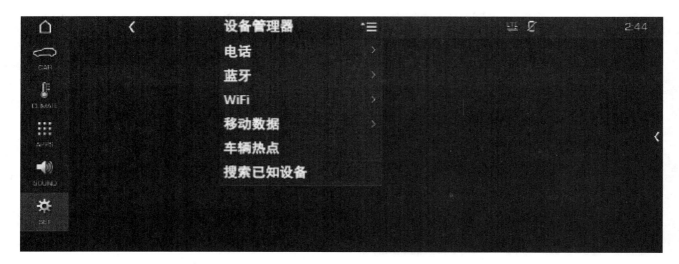

图 3-6-183

触点。

（四）连接PCM 5.0和后端（MBB）

PCM 5.0必须通过以下途径连接到后端（MBB）：eSIM、SIM卡（必须由客户提供）或个人热点（由客户的手机提供）。

对于ESIM：在选定的国家/地区，eSIM会自动完成连接［在"My Porsche"（我的保时捷）中完成注册后］。

对于SIM卡：将SIM卡插入中央电脑，必要时确认PIN请求（如果存在eSIM，则会自动禁用）。

对于个人热点：根据制造商的说明，在智能手机上启用个人热点，例如：

iPhone：设置→个人热点→启用。

Android：设置→无线和网络→更多→网络共享和移动热点→移动Wi-Fi热点→启用。

Windows Phone：设置→启用互联网→启用。

在PCM中，现在通过以下途径开启和启用Wi-Fi热点："设备"菜单→"选项"→"Wi-Fi"。然后，便可在智能手机上找到并选择相关的Wi-Fi热点，通过输入正确的密码（在PCM的设备管理器的"Wi-Fi"下方启用网络名称和密码（SSID））可予以启用。在配对时，相关智能手机必须列在上方的智能手机菜单中。PCM图示，设备管理器如图3-6-183所示。

（五）将PCM与智能手机配对以使用ONE智慧互联应用程序

若要在智能手机上使用"ONE智慧互联应用程

序"，必须通过Wi-Fi连接将智能手机与PCM配对。

当PCM通过eSIM联网或已通过SIM卡建立了网络连接，PCM将充当Wi-Fi热点。具体设置如下所述。

如果已将Android手机或iPhone配置为个人热点（网络共享），则只需打开ONE智慧互联应用程序。

有关配对成功的信息将显示在智能手机上，并且Wi-Fi符号会显示在左上方，如图3-6-184所示。

启用应用程序：首先，必须在智能手机中打

图3-6-184

开"保时捷智慧互联应用程序"，如图3-6-185所示。

图 3-6-185

如果不存在Wi-Fi连接，或未启动"保时捷智慧互联"应用程序，则只会显示一部分服务，如图3-6-186所示。

如果存在Wi-Fi连接且已启动应用程序，则可以在"应用"下方使用相关的服务，如图3-6-187所示。

通过以下步骤，登录"保时捷智慧互联门户网站"，如图3-6-188所示。

打开"保时捷智慧互联门户网站"浏览器页面。必须连接到保时捷网络。

必须提供电子邮件地址和智能手机号码。

激活保时捷ID账户（有效期为7天）。

在按下激活按钮后，系统会通过短信向客户的智能手机发送一个5位数激活代码。

创建一个8位数密码（包含数字、大小写字母和特殊字符）。

客户通过智能手机或PC在门户网站上确认相

图 3-6-186

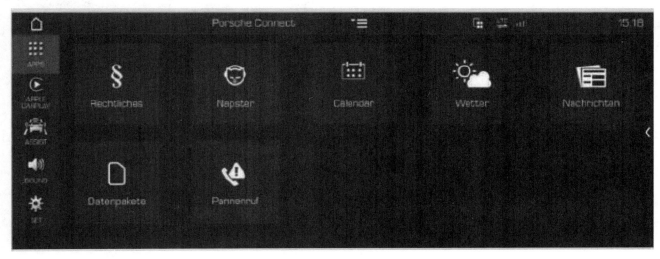

图 3-6-187

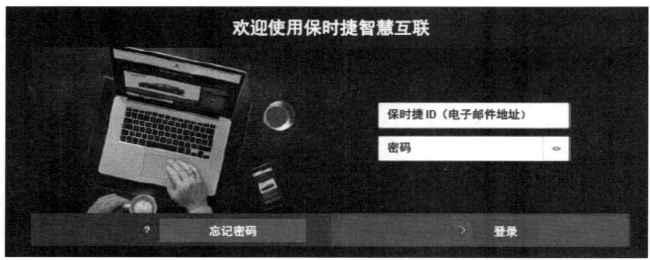

图 3-6-188

关的条款和条件。

核对已保存的数据［姓名、出生日期、手机号码和电子邮件地址（保时捷ID）］并填写完整。

随意输入一个用户名（在车辆通过配对代码激活用户后，可将用户名用在问候语中）。

在门户网站或智能手机应用程序中，随意创建一个8位数"配对代码"。

在车辆PCM中的"应用"/子菜单/"配对代码"下方，输入该"配对代码"。

选择服务：

（1）如果对账户指定了多辆车，则必须在"我的车辆"下方选择正确的车辆。

（2）在菜单栏上，点击服务以查看服务。根据车辆配置，会显示不同的服务。

（3）选择一个可配置的服务。

门户网站中的服务概览如图3-6-189所示。

管理配对代码：要将保时捷ID与车辆关联，每个用户都必须在PCM 5.0上使用个人的"配对代码"登录到相关的车辆。客户可以通过登录智慧互联门户网站，接收该配对代码。保时捷智慧互联门户网站如图3-6-190所示。

（1）按照用户指南简介中的"登录智慧互联门户网站"一图中的说明，完成登录操作。

（2）客户可以在该门户网站中，使用自己的

图 3-6-189

保时捷ID指定一部或多部车辆。

（3）"配对代码"显示在智慧互联门户网站的右侧（显示为"蓝"色）。

使用个性化账户登录：在PCM 5.0中，可以通过以下途径使用个性化账户进行登录："应用"/其他菜单/"ID设置"（通过配对代码将车辆指定给某个保时捷ID）。PCM上的登录过程如图3-6-

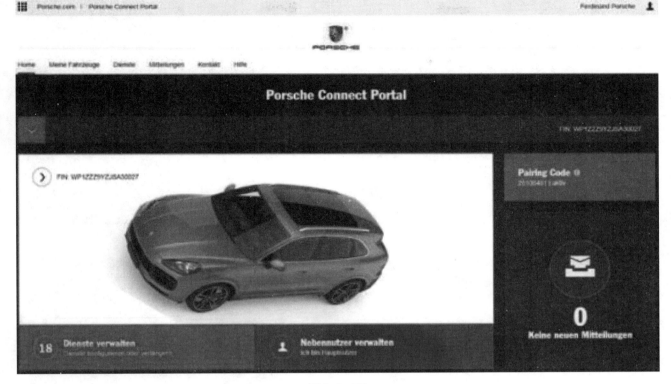

图 3-6-190

图 3-6-191

191所示，输入配对代码如图3-6-192所示。

在PCM上设置身份验证选项：在登录PCM后，系统会询问用户是否希望进行身份验证设置，如图3-6-193所示。"是"，则可选择以下选项。

在主菜单中操作"ONE智慧互联应用程序"：要在各个基本功能间切换，必须相应地按下标为红色的"选项卡"。智能手机上的保时捷智慧互联应用程序图如图3-6-194所示。

图 3-6-192

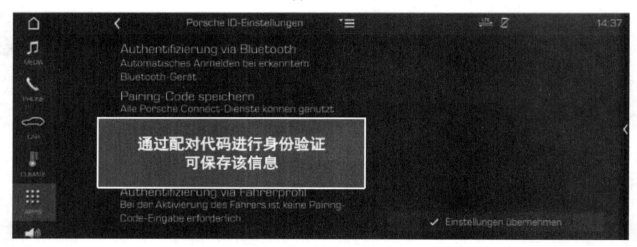

图 3-6-193

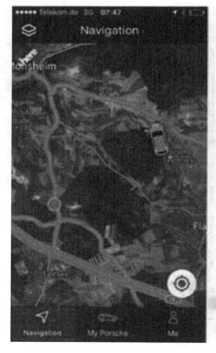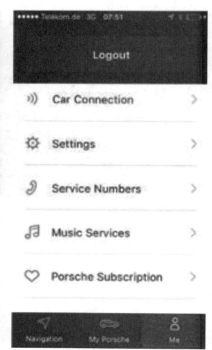

图 3-6-194

（六）"灰色服务"

随着第二代Panamera 2014年款的推出，实现了通过智能手机远程访问车辆的功能，从而可以在调取车辆数据的同时执行车辆管理任务。与此同时，保时捷推出了通过名为"保时捷车辆互联"（PCC）的智能手机应用程序对选定的车辆功能进行远程控制的方案，借此满足客户对联网及相关舒适性的日益增长的需求。对于保时捷（尤其是保时捷PHEV车辆）而言，通过智能手机实现车辆与驾驶员的互联将在未来具有更加重要的意义，因为这样客户能够更清楚地了解各项特殊功能（例如高压蓄电池的外接充电）。驾驶员可以使用该智能手机应用程序调取和管理有关车辆的重要信息。此外，PCC还提供了重要的安全功能来保护车辆乘员及车辆。所谓的"灰色服务"分为三大领域，在Cayenne 2018年款上现在由网关控制单元（cGW）而不再是PCC/VTS控制单元负责在硬件端进行管理（俄罗斯除外）。"灰色服务"概览如图3-6-195所示。

1. 领域：远程和电动车型服务

以下是专门提供给Cayenne 2018年款的远程和电动车型服务。

（1）一般信息。车型，例如Cayenne S；车身颜色；登记号码；底盘号；保养周期显示（机油更换保养和检查）；轮胎气压监控系统；燃油油位；总距离；内燃机系列；车速；点火状态；上次行程：行程时间、距离、平均油耗、平均速度、零排放行驶距离、续航里程、电动续航里程；总行程：行程时间、距离、平均油耗、平均速度。

（2）蓄电池充电管理。显示充电接头状态；显示高压蓄电池充电状态（SoC）；显示电动续航里程；显示剩余充电时间；显示充电完成时间；显示续航里程地图；显示混合动力总续航里程；显示充电状态–高压蓄电池状态（正在充电、未在充电、已充满电、充电故障、充电暂停）；显示外部电源状态；启用即时充电。

（3）充电定时器。输入日期和时间。3种出发计时器：一次性或周期性、可选的预制冷/预加热、可选的充电模式应用。有关充电或预制冷/预加热过程中状态变化的通知（充电故障、车辆已做

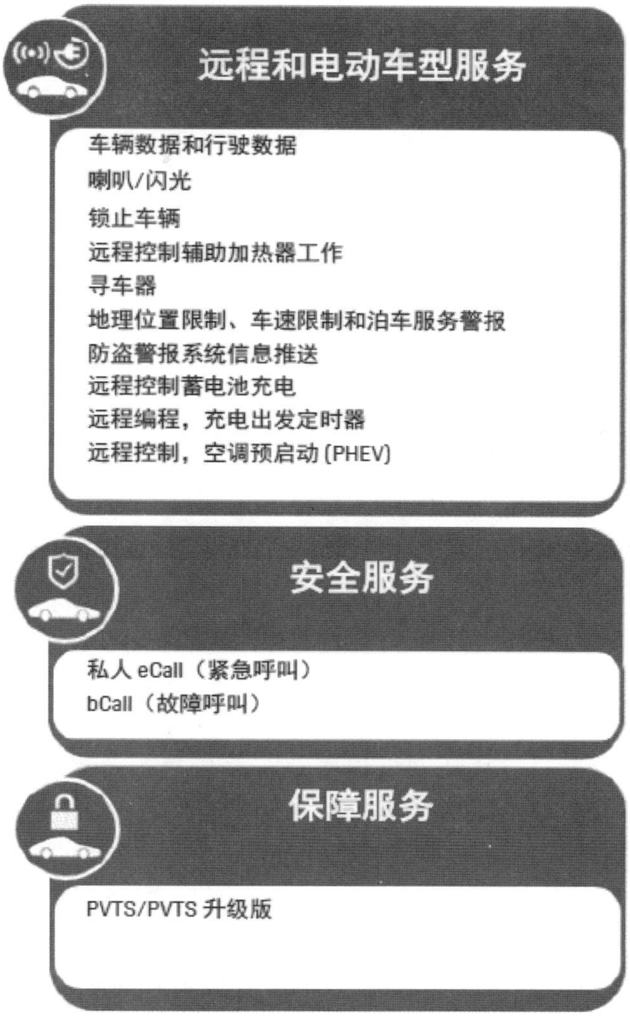

远程和电动车型服务

车辆数据和行驶数据
喇叭/闪光
锁止车辆
远程控制辅助加热器工作
寻车器
地理位置限制、车速限制和泊车服务警报
防盗警报系统信息推送
远程控制蓄电池充电
远程编程，充电出发定时器
远程控制，空调预启动（PHEV）

安全服务

私人 eCall（紧急呼叫）
bCall（故障呼叫）

保障服务

PVTS/PVTS 升级版

图 3-6-195

好出发准备、预制冷/预加热故障、预制冷/预加热完成）。有关充电插头插入的通知。

（4）行程统计信息。上次行程：显示平均电能消耗量和电力驱动行驶距离（电动行驶距离）。总计：显示平均电能消耗量和电力驱动行驶距离。

（5）空调预启动。控制、状态显示、计时器、与充电出发计时器结合使用。

费用。PHEV：免费的12个月远程服务和60个月的电动车型服务；其他衍生车型约80欧元/年。

（6）隐私模式。数据保护：为了保护隐私，车辆使用者必须能够防止遭到监控。跟踪服务：在应用程序中向其他用户显示驾驶员的位置和速度。维修功能：为了保护服务人员，在维修中心内不得启动任何功能！工作安全：对排气系统执行作业时启动辅助加热系统。使用安全：为了保护客户，必

须能够在特定的情况下有意地"屏蔽"相关功能。远程服务：在车库内阻止启用辅助加热功能。启用/禁用隐私模式：通过PCM 5.0中央显示器启用/禁用隐私模式。在"设置">"隐私模式"下，可以相应地更改设置。

2. 领域：安全服务

"安全服务"领域分为两部分：bCall（故障呼叫）故障呼叫、eCall（紧急呼叫）私人紧急呼叫。

（1）私人紧急呼叫（"eCall"和"Era‐Glonass"）。随着Cayenne 2018年款的推出，一种基于车辆的紧急呼叫系统首次投入使用。根据国家/地区车型，该紧急呼叫系统将推出2种版本：eCall和Era Glonass。

这两种版本现在搭载相同的控制单元，即互联网关（cGW）。该中央控制单元中集成了一个永久性安装的支持UMTS的电话SIM芯片（eSIM），后者通过移动网络连接至车载信息服务提供商（TSP）。在发生事故时，会自动启用相关功能。当安全气囊触发后，安全气囊控制单元会通过数据总线将碰撞信号发送给网关。这随后会自动发出紧急呼叫。不过，也可以在以下情况下手动触发紧急呼叫，如果车辆未卷入事故，但需要为其他需要救援的道路使用者发出紧急呼叫。如果车辆乘员需要人道救助。

紧急呼叫通过车顶控制台上的SOS按钮发出，必须将该按钮按住几秒钟才能发出紧急呼叫。在手动或自动触发紧急呼叫的情况下，将通过紧急呼叫建立TSP与驾驶员间的语音连接。通信接口是使用系统自身的传感器和执行器来实施的，因此，为安全起见，单独实施了麦克风、扬声器、UMTS电话天线和GPS/Glonass天线。带SOS按钮的车顶控制台如图3-6-196所示。

随着Cayenne 2018年款的推出，使用Bosch公司的中间专用TSP（车载信息服务提供商）将顺利过渡到欧盟对共用PSAP（公共安全应答点）实行eCall法规，从而能够直接与PSAP进行通信。

（2）私人紧急呼叫（eCall）综述。eCall（emergency call）是由欧盟负责设计策划的针对机动车的自动紧急呼叫系统，从2018年3月31日起，

所有新推出的乘用车和轻型商用车都必须安装该系统。车辆在安装了该系统的相关设备后，能够自动向欧洲唯一紧急呼叫号码112报告交通事故，从而通过加快救援措施的实施，帮助减少道路交通死亡人数，减轻道路交通事故造成的人员伤害程度。eCall是欧盟委员会的eSafety计划的一个重要项目。在发生事故时，系统会向欧洲紧急呼叫号码112发出紧急呼叫（eCall），后者将直接向PSAP（公共安全应答点）发送一个最小数据集，同时在卷入事故的车辆乘员仍能说话时，与之建立语音连接。可以通过自动和手动的方式发起eCall。严重事故的目击者也可以通过车内的按钮发出紧急呼叫。

该最小数据集包含事故发生的时间、事故地点的确切地理坐标、行驶方向（在高速公路和隧道内时很重要）、车辆识别号、服务提供商ID和eCall合格认定标准（自动或手动触发）。另外，还可以有选择地传输车载安全系统的数据，例如：事故的严重程度和乘员数量、安全带是否已系紧、车辆是否倾翻等。eCall基础设施预计从2018年起可供使用。届时，这项新服务可供所有购买了新车的公民

图3-6-196

免费使用。

（3）俄罗斯的ERA－Glonass。ERA－Glonass于2015年初在俄罗斯推出。从2015年起，俄罗斯强制其境内的新车（包括乘用车、卡车和客车）配备ERA－Glonass系统。从2017年起，属于上述类别的所有交通工具都将使用ERA－Glonass。旧车必须加装该系统。为了与欧洲eCall保持兼容，eCall的主要部件已整合到俄罗斯的GOST标准中，从而实现了相互协调。因此，ERA－Glonass也使用带内调制解调器技术以及相同的标准化MSD最小数据集。这使得车辆制造商可以更容易地将IVS系统（网关）整合到车辆中，因为他们可以使用统一的平台（仅由具有相应功能的软件进行扩充）。但是，在卫星定位系统方面存在着明显的差异。eCall使用的是GPS（全球定位系统），而ERA－Glonass使用的是俄罗斯Glonass系统。由于这个原因，IVS（网关）通常会使用双接收器（同时支持GPS和Glonass）。另外，ERA－Glonass还主要考虑到了俄罗斯基础设施的特点，侧重于提高系统的可靠性。eCall和Era Glonass的系统示意图如图3-6-197所示。

eCall和Era Glonass紧急呼叫系统的应用和分布区域：

应用Era Glonass的地区：俄罗斯、白俄罗斯、哈萨克斯坦。

采用私人紧急呼叫（例如eCall）的地区：比利时、保加利亚、中国、丹麦*、德国、芬兰、法国、希腊、英国、爱尔兰、意大利、加拿大、立陶宛、卢森堡、马耳他、荷兰、挪威、奥地利、波兰、葡萄牙、罗马尼亚、瑞典、瑞士、斯洛伐克*、斯洛文尼亚*、西班牙、捷克共和国*、匈牙利、美国。

标有星号（＊）的国家/地区没有自己的Bosch紧急呼叫中心。传入的紧急呼叫直接转接至"112"。

（4）故障呼叫（bCall/故障呼叫）。如果发生没有导致人身伤害的轻微事故或出现导致车辆无法继续行驶的技术故障，客户可以通过PCM 5.0的中央显示器上的相关菜单项或利用相关应用程序发起故障呼叫。在开始对话之前，客户必须确认将车辆数据传输到呼叫中心（保时捷救援），或者通过PCM 5.0执行车辆数据传输。在客户确认后，如下数据将由车辆发送至后端：车辆数据（VIN、颜色、型号、配置、组合仪表信息、故障）；车辆位置（地理坐标）；行驶方向；轮胎气压；距下次保养的里程数/时间；MFD数据（燃油油位、里程、续航里程）；混合动力车辆电池的充电状态（PHEV）；已触发的组合仪表警告信息；蓄电池电量、燃油油位和AdBlue液位；防重新启动功能启用：是/否；来自保时捷ID的客户个人数据（姓

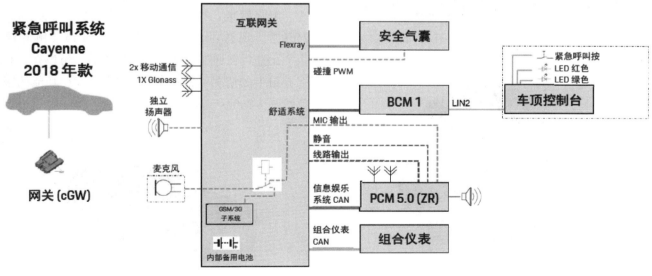

图 3-6-197

名、电话号码）。

与选定国家/地区的服务中心的语音连接仅在确认数据发送后才会建立。呼叫中心会识别客户，并尝试通过所传送的数据确定故障原因。客户将通过最便捷的途径获得帮助，最近的保时捷维修中心、拖车救援服务、现场救援技师。

如果车辆无法再移动，则会委派认证的拖车救援公司（保时捷救援）找到车辆并将其送到附近的保时捷中心。"故障呼叫"功能（bCall）独立于插入式SIM卡，通过网关控制单元（cGW）进行管理。PCM bCall如图3-6-198所示，VTS如图3-6-199所示。

3. 领域：保障服务

PVTS+（车辆跟踪系统）属于第三个领域（即

图 3-6-198

图 3-6-199

"服务保障"）。该车辆跟踪系统之前是一个独立的控制单元，如今成为网关控制单元（cGW）的一部分。VTS在本质上分为3个部分：车辆电气系统监控；位置监控；解除警报模式。

在车辆电气系统监控功能方面，VTS会持续监控车辆电压。若该电压在一段时间内下降得太快，便会触发无声警报，并通过短信将一条推送消息发送到客户的手机上。如果是误报警，客户可以通过手机或安全运行中心禁用相关的呼叫。若未采取对策，相关的地理坐标会发送到最近的警察局，后者随之会采取相应的行动。如果电源中断或控制单元（cGW）的连接器断开，也会发生这种情况。cGW配有内置GPS和GSM天线以及独立的电源。如果在维修车间内对电气系统执行作业，或在维修期间断开车辆电气系统，则客户必须先启用"维修车间模式"，以防触发警报。

通过位置监控，控制单元会监控行驶期间是否还存在速度信号（通过地理坐标检测到的位置变化）。如果没有速度信号，则会触发无声警报并发送短信，客户可以通过呼叫安全运行中心来撤销该警报。将车辆运送到烤漆房时（例如，在接受维修时），通常会使用车辆运输车。在这种情况下，客户也必须启用"运输模式"，因为车辆在不同的坐标间移动，但没有速度信号。客户还应在通过列车和渡轮运输车辆时使用相同的功能。有关上述情况的信息始终会作为无声警报自动转发到安全运行中心，用于定位车辆或联系地方当局。

解除警报：如果使用"驾驶员卡"（图3-6-200），现在可以通过智能手机对其"解除警报"，并且在通过该功能解除警报后，可以在没有驾驶员卡的情况下移动车辆。使用该VTS功能的服务费约为250欧元/年。

图 3-6-200

计划运输车辆时的操作步骤：如果计划运输车辆，必须通过电话告知国内服务提供商（NSP）。然后，NSP将通过发送相应的消息，将PVTS设置到运输模式。另外，也可以选择通过客户的智能手机启用"运输模式"。

这对于以下情况是必要的：通过救险车或汽车运输车运输车辆；使用汽车轮渡；通过汽车运输列车运输。

如果未及时提供运输通知且PVTS未设置到运输模式，PVTS将报告"车辆在点火装置关闭时移动"。然后，SOC（安全运行中心）很可能认为车辆被盗并联系客户。由于这种情况给SOC增加了不必要的成本，因此客户可能需要承担额外的费用。但是，此费用的具体明细因市场而异，签订合约时必须询问清楚。

在车辆运抵目的地后，客户必须再次联系NSP，以便后者重新禁用运输模式，从而恢复PVTS的全部功能。在运输模式下，将仅禁用由"车辆在点火装置关闭时移动"触发的警报。其余PVTS功能仍然可用。

在维修车间内接受维修时的操作步骤：在前往维修中心前，客户还必须联系国内服务提供商（NSP），以便将PVTS设置到"维修车间模式"。如果客户未通知NSP，则可能会触发误报警。例如，在断开车辆蓄电池后，如果PVTS未处于"维修车间模式"，则会向SOC发送相关消息。PVTS系统会在某个时刻检测到"电压降"。SOC随后将联系客户。

在离开维修车间后，客户必须再次联系NSP，以便后者重新禁用维修车间模式，恢复PVTS的全套功能。

在维修车间模式下，将仅禁用由"车辆蓄电池断开"触发的警报。其余PVTS功能仍然可用。

（七）"彩色服务"（有形服务）

保时捷智慧互联系统涵盖多种多样的智能化服务和应用程序。该系统旨在将驾驶员和车辆更紧密地联系在一起，增添跑车魅力，并让日常生活变得轻松快意。

除了将车辆互联服务作为智慧互联模块的一部分外，智慧互联升级版模块还允许使用附加的保时捷智慧互联服务，从而大大扩充了导航和信息娱乐领域的功能。在各个欧盟市场和美国，可通过支持LTE的集成式SIM卡建立使用这些服务所需的互联网连接。

保时捷车辆中使用的各个模块遵循同一个清晰的产品结构。PCM 5.0是所有其他装备的基础。对于Cayenne 2018年款，智慧互联升级版模块是标准配置，如表3-6-9所示。

（八）"彩色服务"概览（图3-6-201和图3-6-202）

（九）导航升级版

"导航升级版"服务包含6个子服务。可以在

表 3-6-9

	718 自2017年款起	Macan 自2017年款起	Cayenne 自2017年款起	911 自2017年款起	Panamera 自2017年款起	Cayenne(E3) 自2018年款起
PCM	标配	标配	标配	标配	标配	标配
导航模组	选装	选装 Macan Turbo 标配	标配	标配	标配	标配
智慧互联模块	选装	选装 Macan Turbo 标配	—	—	—	—
智慧互联升级版模块	搭配导航选装	搭配导航选装	选装	标配	标配	标配
PVTS升级版	选装	选装	选装	选装	选装	选装

导航和信息娱乐套件

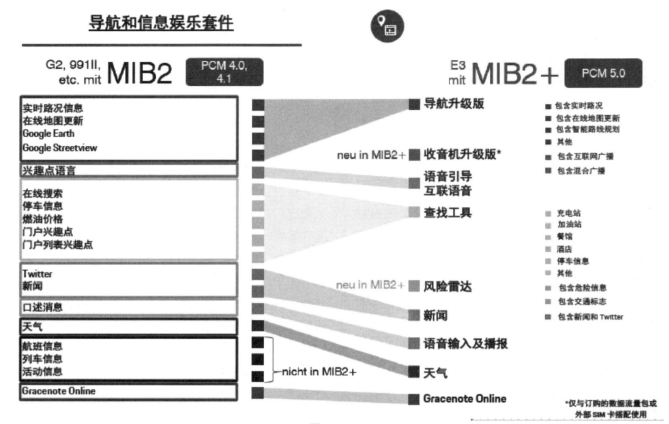

G2, 991II, etc. mit MIB2   PCM 4.0, 4.1

- 实时路况信息
- 在线地图更新
- Google Earth
- Google Streetview

兴趣点语言

- 在线搜索
- 停车信息
- 燃油价格
- 门户兴趣点
- 门户列表兴趣点

- Twitter
- 新闻

口述消息

天气

- 航班信息
- 列车信息
- 活动信息

Gracenote Online

nicht in MIB2+

E3 mit MIB2+   PCM 5.0

- 导航升级版
- 收音机升级版*   neu in MIB2+
- 语音引导 互联语音
- 查找工具
- 风险雷达   neu in MIB2+
- 新闻
- 语音输入及播报
- 天气
- Gracenote Online

■ 包含实时路况
■ 包含在线地图更新
■ 包含智能路线规划
■ 其他
■ 包含互联网广播
■ 包含混合广播

■ 充电站
□ 加油站
■ 餐馆
□ 酒店
■ 停车信息
■ 其他
■ 包含危险信息
■ 包含交通标志
■ 包含新闻和 Twitter

*仅与订购的数据流量包或
外部 SIM 卡搭配使用

图 3-6-202

Apple CarPlay

图 3-6-201

导航应用程序中使用这些服务：实时路况、卫星地图（原先是Google Earth）、全景视图（原先是Google Streetview）、智能路线规划（Cayenne 2018年款的新功能）、在线路线规划（Cayenne 2018年款的新功能）、在线地图更新。

卫星地图和全景视图如图3-6-203所示，除了普通的二维或透视地图显示外，还可使用卫星数据

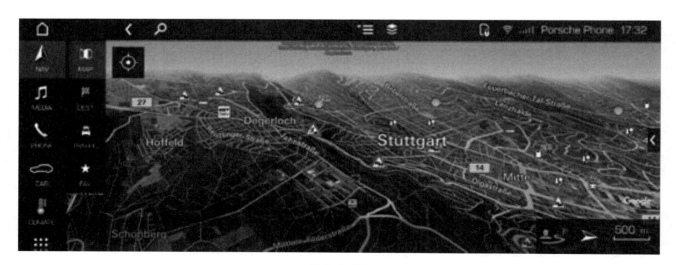

图 3-6-203

来显示建筑物、道路和地形的航拍图像。通过查找工具输入所要搜索的目的地时，PCM右侧的详细列表中会提供详细的全景视图，让客户对目的地所在的地区有一个大概的印象。该图像显示在PCM 5.0中以及组合仪表的右侧，即同时显示在两个地图实例中，如图3-6-204所示。

实时路况：已知的"实时路况信息"服务已更名为"实时路况"。实时路况数据方面的信息有助于显著改善动态路线导航。利用这方面的信息，系统根据交通状况，在地图视图中将道路标记为黄色或红色。为了看得更清楚，省略了没有涉及的道路的绿色标记。在线导航（RTTI）如图3-6-205所示。

功能：启用导航时，系统会针对当前路线参考最新的交通流量数据和交通中断情况。

交通流量数据显示在地图上。通过按交通信号灯系统对道路进行颜色标记，达到显示路况的目的。在这种情况下，将不对道路标记绿色。

在计算到达时间、计算行驶时间和规划路线时，导航系统会考虑到交通中断的情况（就像当今的TMC）。

交通数据始终保持最新（每2 min左右更新一次数据）。

内容提供商：TomTom（欧盟）、INRIX（美国）、高德（中国）、Aisin（日本）。

智能路线规划（新功能）：如果客户需要的话，PCM能够借助"智能线路规划"功能分析常走线路（至少走过3次），并向客户提出关于替代路线的建议，甚至在没有启用导航的情况下也是如此。如果存在涉及相关路线的交通公告，则这一前

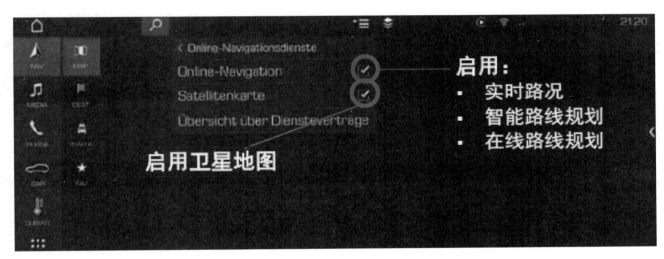

图 3-6-204

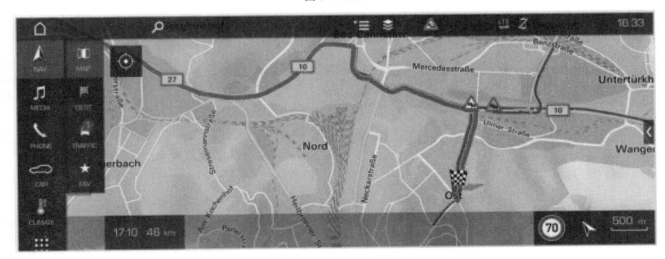

图 3-6-205

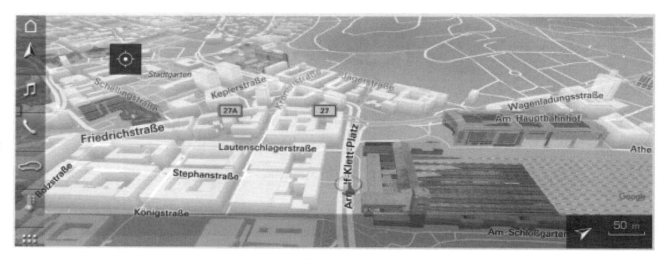

图 3-6-206

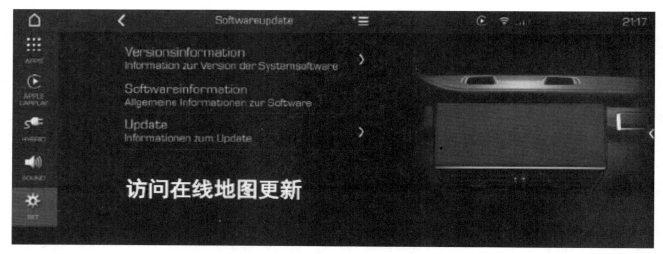

图 3-6-207

瞻性导航功能会借助相应的交通公告实现功能的扩展。在PCM中，可以在"导航"/"选项"下方启用或禁用"智能线路规划"功能。

在线路线规划（新功能）：使用该功能时，系统并行使用车载和在线路线计算功能（取决于可用性），这可改善路线规划。系统根据最新及预测的交通状况，向驾驶员推荐前往目的地的最新路线。客户可以使用3D城市模型和具有精确车道引导的地图信息。PCM图示：在线路线规划如图3-6-206所示。

在线地图更新：导航地图数据通过在线更新始终保持最新。为了减少所需的数据流量，现在仅下载变更的部分（增量更新），从而无须重新下载现有的最新导航地图。此外，还可以选择区域或国家/地区。在线地图更新如图3-6-207所示。

通过地图增量更新减少数据量具有一定的优势，因为只需对变更的数据（道路、交通标志、兴趣点）进行更新。

客户可以使用3D城市模型和具有精确车道引导的地图信息。在"设置"/"软件更新"/"安装更新"下方，可以访问在线更新。

（十）收音机升级版

"收音机升级版"是首次推出的服务，它融合了集成在PCM 5.0中的互联网广播以及不同广播源（FM/DAB/在线广播）间的自动切换功能。"收音机升级版"服务分为两部分：互联网广播和混合广播（Cayenne 2018年款的新功能）。

通过在PCM中集成互联网广播，现在客户不必求助于原先保时捷智慧互联应用程序的音乐流媒体功能，即可访问自己所收藏电台的在线频道。频道可按人气、国家/地区、流派和语言进行分类。播客也可通过互联网广播进行流式传输。使用混合广播/互联网广播如图3-6-208所示。

　　要使用集成的互联网广播，必须订购"数据流量包"或提供带有数据流量的外部SIM卡。

　　如果环境条件导致无法再接收到某个电台（FM）的标准地面信号，PCM 5.0可以使用"混合广播"功能自动切换到该电台的在线频道。这样，客户就可以通过在线连接继续收听所要的电台。在线电台信息的可用性取决于无线电台提供的信息。要使用混合广播，需要"数据流量包"或客户提供的带有数据流量的SIM卡。

　　通过在"应用"图标下方连接客户的智能手机和智慧互联应用程序，仍可继续使用流媒体音乐服务"NAPSTER"，如图3-6-209和图3-6-210所示。

（十一）语音引导（互联语音）

　　借助全新的"语音引导"，实现了对语音功能的在线支持，从而进一步扩展了PCM的语音控制功能。这提高了自然语音输入的识别精度，从而能够识别复杂的输入并执行所需的互动。带语音引导的语音控制系统如图3-6-211所示。语音引导功能通过转向柱左上方的语音控制系统控制杆进行操作。

　　通过"语音引导"的智能语音理解功能，可以自由灵活地与车辆进行沟通，无须借助预定义的词句。通过在线连接，语音识别系统始终保持最新状态，确保了与客户的语言互动。此外，还对语音输入进行了优化。语音引导分别应用于在线语音识别、在线文本转语音和语音输入及播报功能以及应用和服务的语言对话。如果没有可用的数据连接，

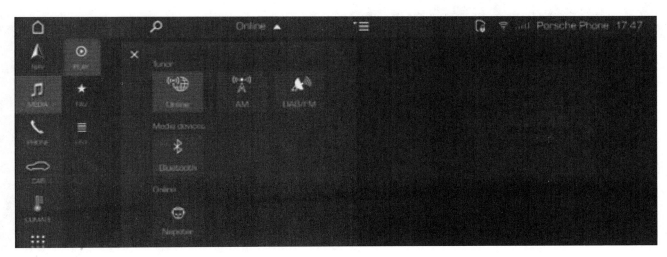

图 3-6-208

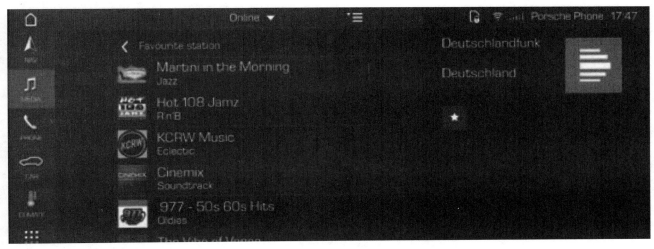

图 3-6-209

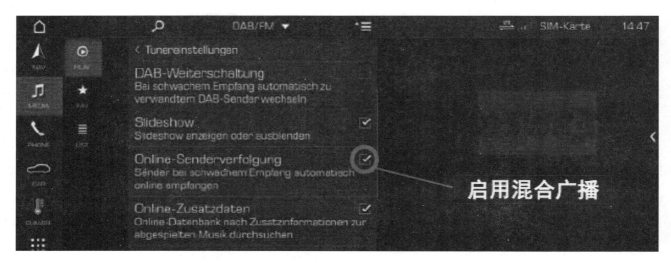

图 3-6-210

图 3-6-211

语音引导将使用作为后备的PCM（离线）语音控制。PCM图示：语音输入如图3-6-212所示。

（十二）查找工具

查找工具是导航的中央搜索功能，可随时通过PCM屏幕顶部的搜索符号进行访问。"查找工具"细分为多个功能区：酒店、餐馆、燃油价格、充电站、停车信息、兴趣点搜索，如图3-6-213和图3-6-214所示。

图 3-6-213

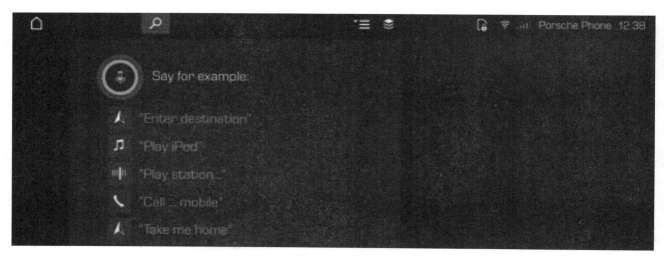

图 3-6-212

图 3-6-214

通过全高清触摸屏，可直接在导航菜单中输入搜索查询，也可以通过语音进行输入。在"应用"中已经找不到原先的搜索服务（燃油价格、充电站、停车信息），这些服务已完全集成到查找工具中。在建立了在线连接后，所有信息都通过互联网提供，从而确保信息尽可能是最新的。客户可以选择PCM的在线搜索或Google®搜索。PCM/Google在线搜索如图3-6-215所示。

"燃油价格""充电站"和"停车信息"兴趣点得到了扩展，加入了"餐馆"和"酒店"。除了营业时间和价格等详细信息外，PCM中还会显示对兴趣点的评价。可以搜索当前位置周边、沿途、目的地附近或任何地址的兴趣点。为了提供最佳的使用体验，兴趣点集成到了导航菜单中。酒店查找工具如图3-6-216所示，餐馆查找工具如图3-6-217所示。

充电站：经改进的PCM 5.0是音响、导航和通信系统的中央控制单元。通过"导航"子菜单项为驾驶员提供了附加的全新混合动力车型专用服务。借助"充电站"服务，系统会显示可供使用的充电站及其容量和当前占用情况。可以在当前位置或中途停留地周围，或者在目的地或任何地址附近，搜索充电站。可以将找到的目的地用作导航目的地，

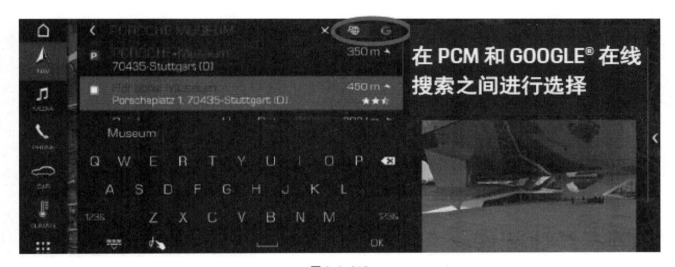

图 3-6-215

图 3-6-216

如图3-6-218所示。

在应用程序中，驾驶员可以获悉有关充电站的信息，包括空闲的充电站数量以及充电基础设施处的设备情况。此处显示的充电站提供2型接口和400 V电源，充电站及电压等级如图3-6-219所示。

在搜索加油站时，将提供距离、加油站名称以

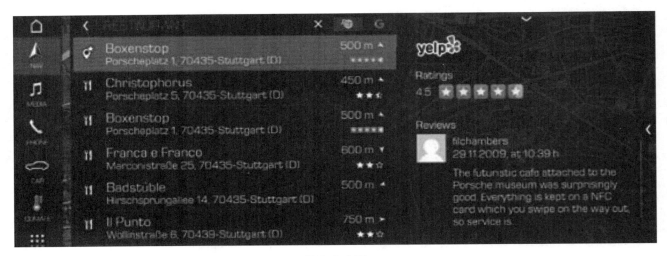

图 3-6-217

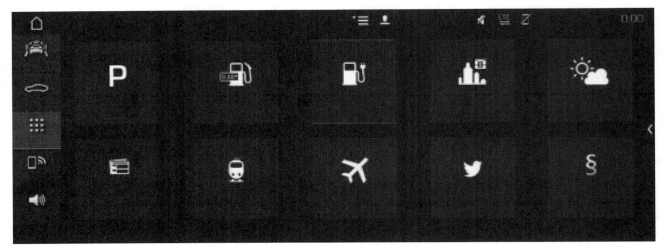

图 3-6-218

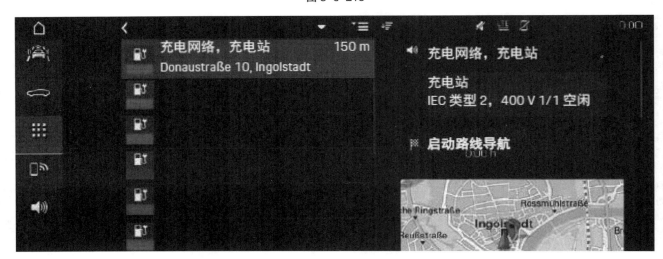

图 3-6-219

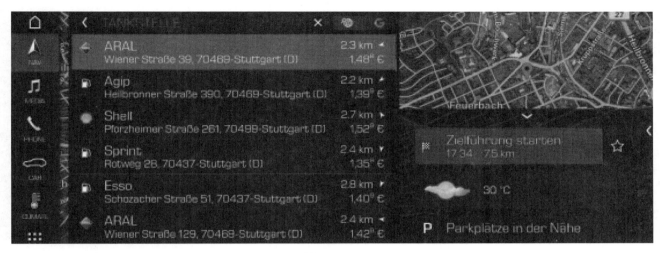

图 3-6-220

图 3-6-221

及燃油价格。另外，还会通过"卫星地图"（原先为Google Earth®或Google StreetView）显示相关加油站的照片，如图3-6-220和图3-6-221所示。

（十三）汽车对多应用（car-to-x）通信和群体智能"群体服务"（风险雷达）

随着全新保时捷Cayenne（E3）的发布，保时捷将通过首次推出的群体服务扩充智慧互联产品组合。保时捷车辆的联网方式使其可以通过移动通信进行实时的信息交换。这种技术实现了群体智能或汽车对多应用（car-to-x）通信，即在大群体中使用和共享复杂的信息。群体服务不仅能提高驾驶舒适性，而且非常有助于改善交通安全。群体服务通过保时捷智慧互联系统的eSIM实现数据传输。保时捷最先推出的两项群体服务是"本地危险信息"（LGI）和"在线交通标志"（VZO），如图3-6-222所示。

1. 群体服务的身份验证流程

图3-6-223说明了群体服务的身份验证流程的前提和条件。

图 3-6-222

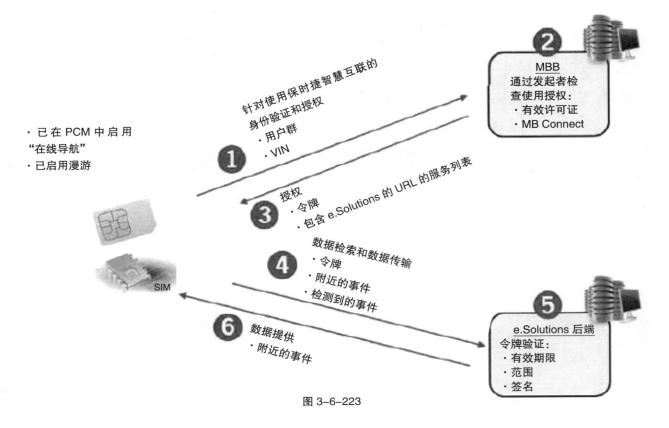

图 3-6-223

（1）车辆通过VIN和用户群登录MBB（车队和车辆身份验证）。

（2）后端利用发起者检查授权，创建服务列表并发送给相关车辆。

（3）该服务列表包含内容提供商的URL和用于从MBB处获取令牌的URL。借助上述信息，车辆获取与LGI或VZO范围相对应的令牌。

（4）车辆针对特定的RADIUS周期性地向e.Solutions服务器请求数据，并针对相关的事件，将事件数据传送给内容提供商。

（5）内容提供商根据有效期限、范围和签名检查令牌。

（6）内容提供商针对所请求的RADIUS为车辆提供信息。

2. 在线交通标志（VZO）

目标：通过交通标志识别（VZE）功能验证的标志，持续不断地更新地图资料。

除了VZO的核心功能外，还会向所有PSD数据接收器提供经评估认定为相关的危险地点。随后，接收模块可根据道路前方的危险地点，相应地调整控制策略。通信路径的流程说明如图3-6-224所示。

以更新的形式向车辆发送已识别的交通标志（限速标志）。

未向客户提供附加的显示内容，对原有的显示内容进行了改善。

改善了使用VZO信息的驾驶员辅助系统。

通过地图更新，客户可接收到由VZO收集的最新限速信息。

3. 车内的LGI信息显示

系统针对以下"LGI事件"（本地危险信息）（图3-6-225）进行信息传输。

具体的显示内容取决于路线导航，但未启用路线导航时也会显示相关的信息。LGI的显示PCM如图3-6-226所示。

（十四）本地危险信息（LGI）的流程说明

图3-6-227显示了针对数据传输的网络连接和通信路径。该图旨在概括地介绍各个部件之间的连接类型。

（十五）风险雷达（群体服务）

通过车辆联网（车辆连接到Here云），可以访问来自其他车辆的匿名共享信息（群体数据）。此

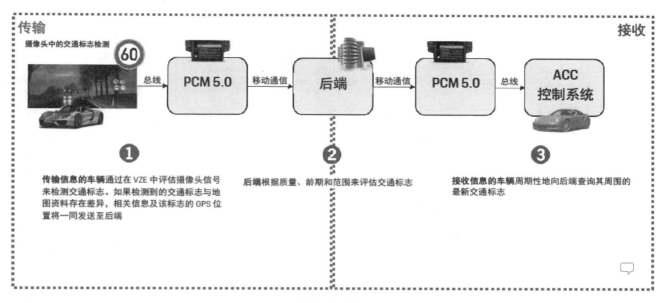

图 3-6-224

抛锚（故障车辆）	事故	打滑风险	能见度受限

图 3-6-225

事件类型	抛锚	事故	打滑风险	能见度受限
组合仪表 显示屏				
组合仪表 （右侧 仪表盘）			—	—
PCM 5.0	标有群体符号 如果路线导航已启用，不相关的事件将显示为灰色		—	—
音频	接近发生 LGI 事件的地点时会发出声音警告		—	—

图 3-6-226

外，根据可用的数据，车辆能够及早地指示本地危险地点，从而提供更高的安全保障。风险雷达系统示意图如图3-6-228所示。"风险雷达"应用程序分为以下两部分。

危险信息（Cayenne 2018年款的新功能）。

在线交通标志（VZO）（Cayenne 2018年款的新功能）示例：警示前方几千米内有一处弯道发生事故。

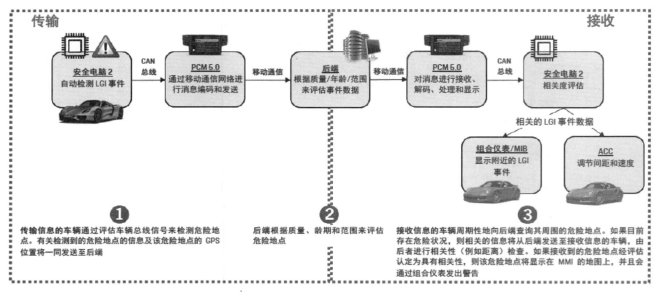

图 3-6-227

图 3-6-228

更多危险示例：打滑风险、抛锚、能见度受限、事故等。

与实时路况数据一样，交通标志检测信息也用于优化系统。通过由多辆车的交通标志检测（VZE）功能验证的标志，持续不断地更新地图资料。交通标志始终保持最新状态。通过"风险雷达"报告事故如图3-6-229所示。

（十六）新闻

大家熟知的"Twitter"和"消息"服务现已合并到以下服务中："新闻"（Cayenne 2018年款的新功能）。

在My Porsche（我的保时捷）门户网站中预定义的推文模板可与当前位置等车辆数据合并在一起。您自己的Twitter保时捷频道（例如：活动、新闻等）可显示在PCM中。订阅的推文也可由车辆进行朗读。为此，必须提前在"My Porsche（我的保时捷）门户网站"中进行注册。利用PCM，可以访

图 3-6-229

问之前在"My Porsche（我的保时捷）门户网站"中创建的新闻源，例如知名的国内和国际新闻门户网站（如BBC、CNN、ARD、AFP）或其他提供商发布的新闻。如果相关提供商支持该服务，消息将以所选的语言显示在PCM的显示屏上。"应用"下的"新闻"直通入口如图3-6-230所示，"新闻"显示界面如图3-6-231所示，"新闻"功能的个性化如图3-6-232所示。

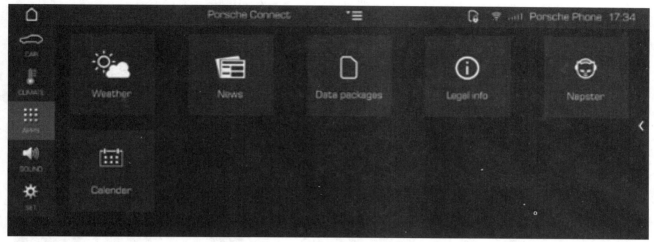

图 3-6-230

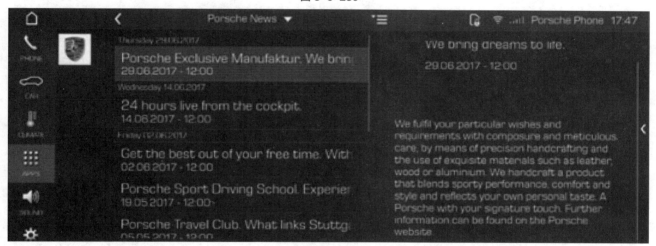

图 3-6-231

图 3-6-232

（十七）语音输入及播报

大家熟知的"口述消息"（图3-6-233）服务已更名为"语音输入及播报"，如图3-6-234所示。利用该功能，可以在尽量减少驾驶员分心的情况下，通过语音控制创建消息。该功能可通过控制杆上的按钮和相应的命令启用。另外，还可以通过"编写短信"菜单中的麦克风符号调用该功能。为了确保正确性，识别的文本会显示在PCM的显示屏上，可在必要时进行更正。该服务的可用性取决于所使用的智能手机。所用手机必须支持通过蓝牙发送电子邮件和短信。iPhone不支持此

功能。

1. 天气

"天气"服务提供关于当前位置或目的地的当前天气及天气预报的信息，如图3-6-235所示。

PCM上清晰的信息图表可使信息便于理解。导航地图内也会显示天气信息，如图3-6-236所示。

2. Gracenote Online

Gracenote的功能范围涵盖：通过Gracenote搜索和添加缺失的元数据或封面；客户可根据需要启用或禁用"Gracenote"服务，如图3-6-237所示。

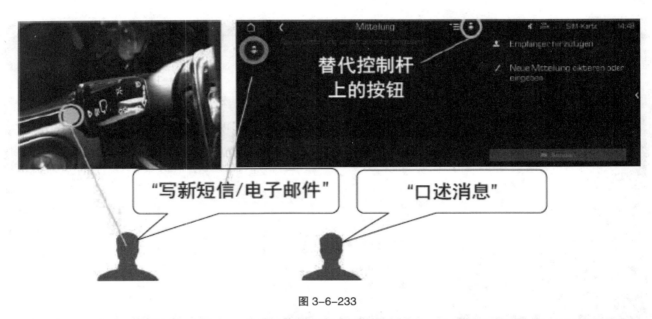

图 3-6-233

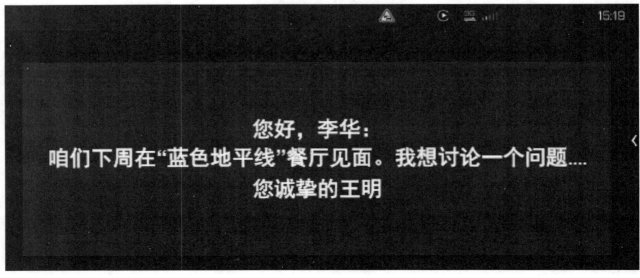

图 3-6-234

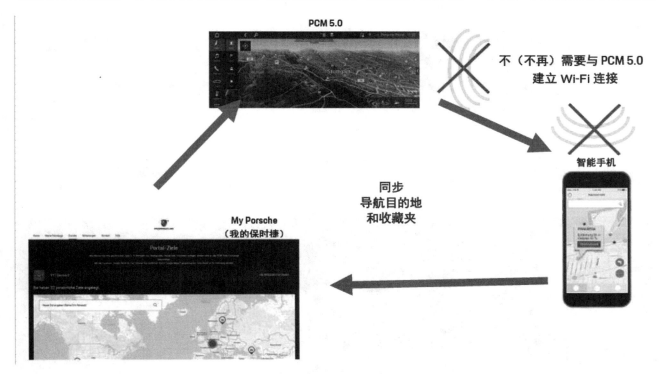

图 3-6-239

图 3-6-240

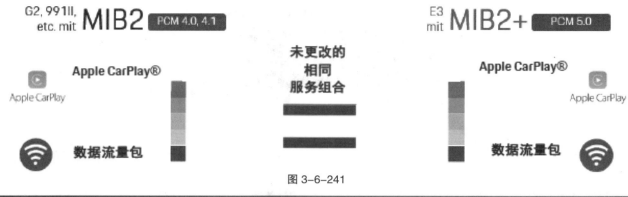

图 3-6-241

图 3-6-242

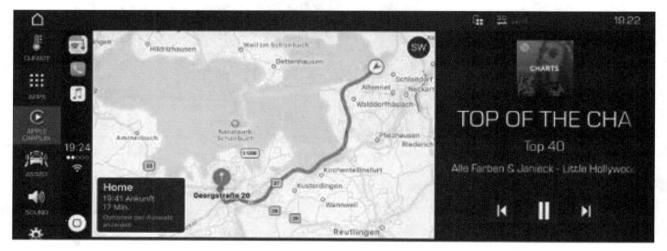

图 3-6-243

屏幕面积的2/3（左侧）。这样，其他功能就可以显示在右侧。Apple CarPlay的屏幕布局如图3-6-243所示。

（二十）针对保时捷智慧互联提供的服务和支持

图3-6-244为保时捷在线服务、保时捷ID、智慧互联门户网站和智慧互联商店的概览图。

如果保时捷智慧互联出现"问题"，可能存在多种多样的原因。图3-6-245旨在根据3种类别对各个原因进行分类并进行相应的原因分配。

客户/管理错误示例：SIM卡合约过期、数据流量过期、数据传输速率过慢、操作错误。

IT/后端基础设施故障示例：车辆未在IT/后端

图 3-6-244

图 3-6-245

系统中注册、服务器不可用、提供商未响应、电源故障、天气条件不佳。

车辆故障示例：电话模块；GPS模块；天线；PCM4/4.1/5.0中央电脑/中央显示器；断开点、连接点；线束、总线系统；网络、车辆电气系统。

保时捷智慧互联支持（PSI）概览：本地保时捷中心或PCS（呼叫中心）是客户的第一联络对象，因此也是最重要的联络对象。PCS充当与国际经销商机构交流的窗口。针对保时捷智慧互联的支持服务。PCSI充当主要工具。PCS目标：通过分散的枢纽结构，为客户和经销商提供高级支持。将无法解决的服务单转给本地经销商或TCC智慧互联支持部门。

PSI的语言概览如图3-6-246所示。

（二十一）针对保时捷智慧互联提供的服务和支持"概貌"

1. 支持级别概览

为了支持终端客户，解决与智慧互联相关的问题或故障，保时捷推出了一套客户支持理念。这套流程描述了客户请求与响应间的预定义的沟通途径。针对保时捷智慧互联提供的服务和支持如图3-6-247所示。

图 3-6-246

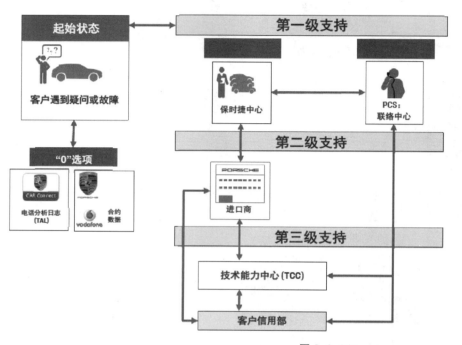

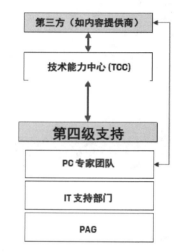

图 3-6-247

为了能够在维修车间内诊断故障，提供了多种不同的故障排除途径：通过集成在客户智能手机应用程序中的诊断功能实现的故障显示；通过专用客户网络门户和porsche.com/connect提供的在线支持；PIWIS检测仪（保时捷内部）；PPN门户网站（保时捷内部）；经销商支持门户网站；维修车间参考资料。

2. PCSI（保时捷智慧互联服务信息）主菜单

PCSI是用于支持保时捷智慧互联的中央信息平台。这个用于在保时捷智慧互联环境中对最终用户故障进行故障分析和故障排除的保时捷内部网页界面可协助保时捷中心解决问题。该系统可供具有相关IT访问权限的所有员工（保时捷经销商、PCS、进口商、TCC）使用。另外，它还作为独立的PPN应用程序提供给PCS员工。对于保时捷经销商、进口商和TCC而言，它是整合到PIWIS信息系统中的新功能。PCSI用户屏幕主菜单如图3-6-248所示。

A.状态概览

B.信息媒介

C.车辆信息

D.作业

E.筛选器

F.在线帮助

G.打印

H.注销

3. PCSI（保时捷智慧互联服务信息）筛选功能

为了验证本地故障，可以在筛选功能下方选择和/或取消选择相关的选择条件。PCSI筛选功能如图3-6-249所示。

A.C@P（在C@P中使用客户信息搜索没有VIN的客户车辆）

B.通过成功的VIN或C@P输入进行的车辆识别

C.用于选择服务的下拉菜单

D.基于已输入数据的筛选功能

E.删除输入的内容

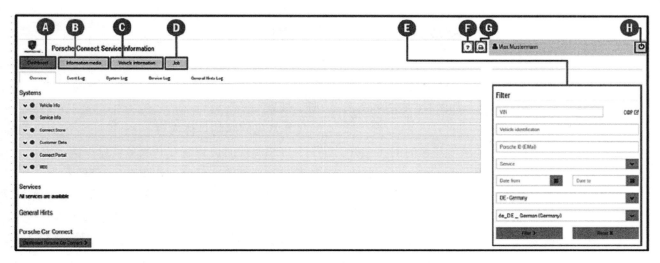

图 3-6-248

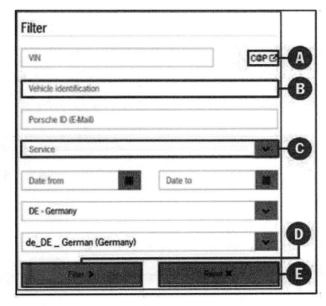

图 3-6-249

4. PCSI（保时捷智慧互联服务信息）仪表板

在仪表板显示界面中，可针对相关车辆显示服务、系统和IT后端结构的概览以及各种实时显示内容。另外，该显示界面还会显示保时捷车辆互联的状态。PCSI仪表板显示界面如图3-6-250所示。

A.各种服务和IT后端结构的概览

B.系统状态概览

C.服务状态概览

D.一般信息

E.保时捷车辆互联的状态

PCSI（保时捷智慧互联服务信息）事件日志监控－智慧互联门户网站和智慧互联商店的历史记录，如图3-6-251所示。

A.筛选功能

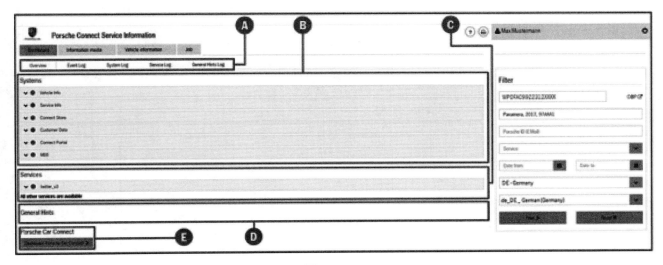

图 3-6-250

B.应用/取消筛选器

C.更多详情

D.导出结果

PCSI（保时捷智慧互联服务信息）系统日志监控－后端系统的在线/离线状态，如图3-6-252所示。

A.选择所需的系统

B.按"状态""系统"和故障持续时间（"开始"和"结束"）来显示结果

PCSI（保时捷智慧互联服务信息）服务日志监控－服务的在线/离线状态，如图3-6-253所示。

A."服务"状态和故障持续时间（服务的"开

始"和"结束"）概览

PCSI（保时捷智慧互联服务信息）信息媒介－常见问题，如图3-6-524所示。

A.常见问题、故障排除指南、产品说明、手册、搜索

B.常见问题的具体内容

PCSI（保时捷智慧互联服务信息）信息媒介－故障排除指南第一部分，如图3-6-255所示。

A.故障排除指南（FSL）提供了结构化的故障分析方法（逐步分析）。只有在输入了VIN后，才会显示故障排除指南，并且该指南仅针对智慧互联服

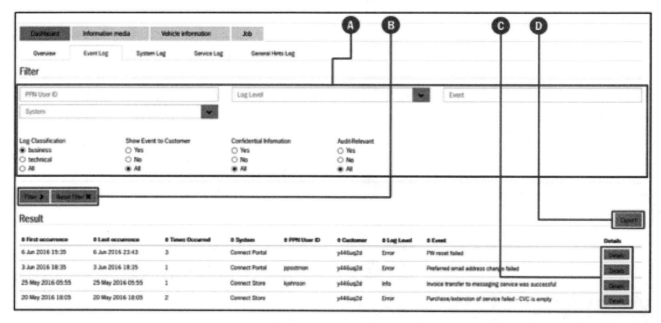

图 3-6-251

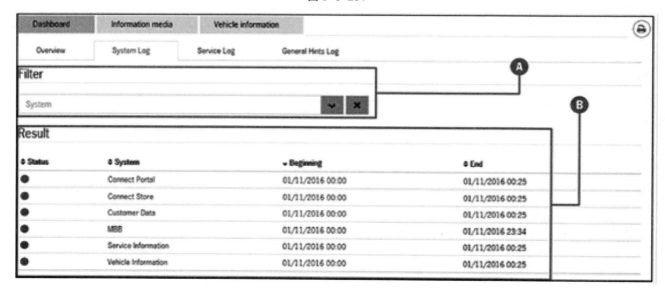

图 3-6-252

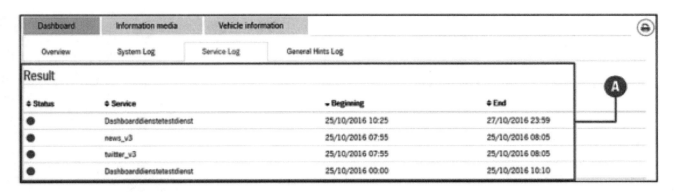

图 3-6-253

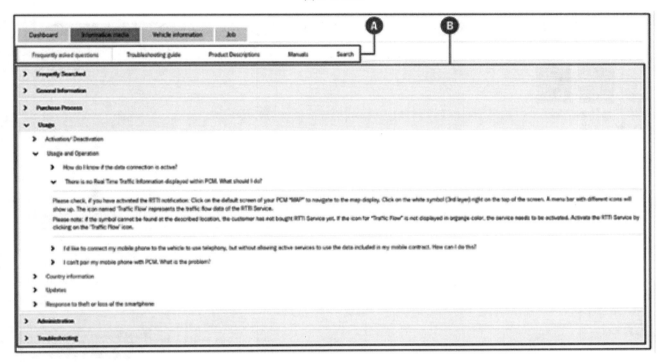

图 3-6-254

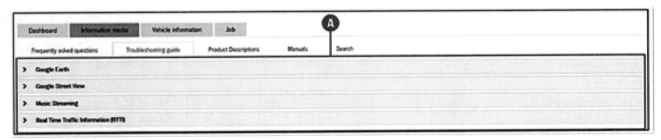

图 3-6-255

务的操作和设置错误。与检测仪不一样，故障排除指南不是基于故障查找引导生成的。步骤顺序依据逻辑测试步骤。

PCSI（保时捷智慧互联服务信息）信息媒介－故障排除指南第二部分，如图3-6-256所示。

A.服务选择

B/C.各个步骤的执行

D.进度

如果故障仍然存在，将在指导结束时显示以下信息："备选步骤"。

PCSI（保时捷智慧互联服务信息）信息媒介－产品说明，如图3-6-257所示。

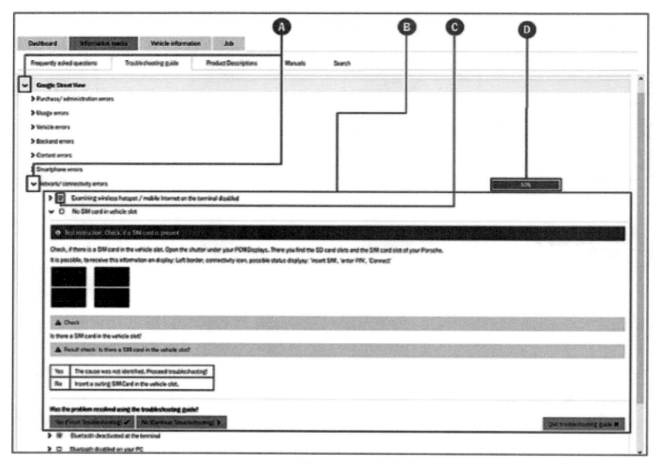

图 3-6-256

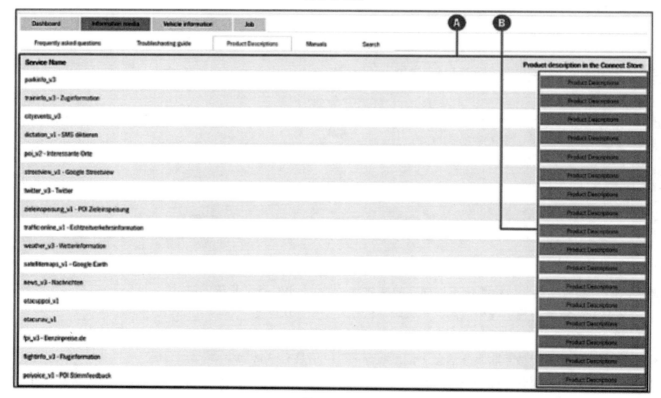

图 3-6-257

A.服务概览

B.每项服务的产品说明。包含功能范围等相关信息

PCSI（保时捷智慧互联服务信息）信息媒介 –

手册，如图3-6-258所示。

A. 相关服务的手册

PCSI（保时捷智慧互联服务信息）车辆信息 – 车辆和智慧互联信息，如图3-6-259所示。

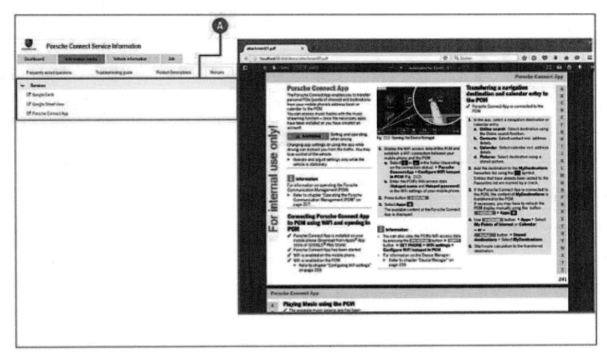

图 3-6-258

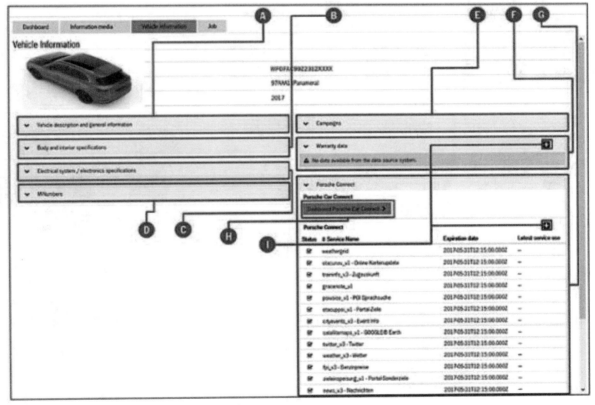

图 3-6-259

A.车辆描述和一般信息

B.规格－车身和内饰

C.电气系统

D.M编号列表

E.活动

F.保修数据

G.已订购的智慧互联服务

PCSI（保时捷智慧互联服务信息）作业，如图3-6-260所示。

A.作业管理－所有已打开作业编号（服务单）

的概览

A.当前作业－PCS员工可以在此处创建新的服务单

A."车辆历史记录"－针对特定VIN的所有服务单均显示在此处

B.包含作业编号的详细信息（例如开始/结束时间等）

在智慧互联服务的背后有一套复杂的IT和硬件基础设施，这导致了潜在错误来源的多样化，如图3-6-261所示。

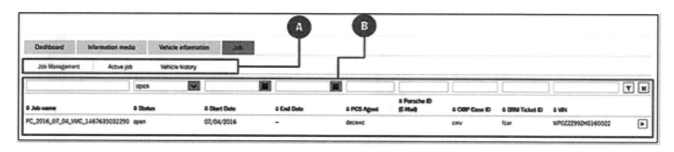

图 3-6-260

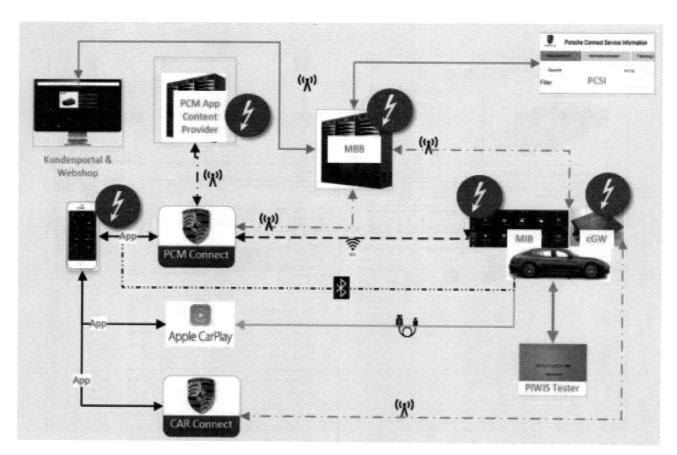

图 3-6-261

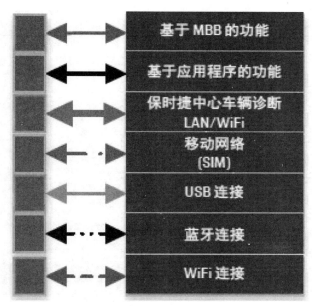

图 3-6-262

连接类型如图3-6-262所示。

十一、缩写（表3-6-10）

表 3-6-10

Abkürzung/ 缩写	德文	英文（中文）
AAO	Anhanger Anschlub Oerat	taller hitch unit
ACC	Abstandsregeltempostat	Adaptive Cruise Control
AEM	Aktive Aggregatelagemg	Active Engine Mount
AHC	Automatische Scheinwerterkahbreirung	Automatic Headight Calibration
APN	Zugangspunkt Name	Access Point Name
ARD	Anti Ruckel Damptung	Vibration dampig
BCM1	Vorderwageneektronlk	Body Control Module 1
BCM2	Hinterwagenelektronlk	Body Control Module 2

Abkürzung/ 缩写	德文	英文（中文）
BDM	Batterie Daten Manager	battery data manager
BEB	Bedien Einheit Basis hinten	operating unit rear
BedlenSO	Bedlen SteuerOerat	operating unit
BFS	BeiFahrerSelte	passenger seat
BMS	Batteriesensor	Battery Management System
CC	Konstantstrom-Ladevertahren	Constant Current
CV	Konstantspannung-Ladevertahren	Constant Voltage
DCAC	Gleichspannung/Wechselspannung	Direct Current/Alternating Current
DK	Dach Konsole	roof console
DME	Digitale Motor Elektronik	engine management system
DSP	DISPlay	display
EBKV	Elektronische Brems Kraft Vertellung	elecronic brake force distribution
EFP	Elektronische Fahrwerk Plattiorm	electronic driving platform
ELV	Elektrische Lenkungs Verriegelung	electrical steering lock
EPS	Elektromechanische Lenkhife	Electronic Power Steering
ESC	Ektronisches Stabiltats Programm	Electronic Stability Control
ESP	Elektrorische Stabilitats Kontmile	Electronic Stability Programm

Abkürzung/缩写	德文	英文（中文）
EVLS	Elektrisch Verstellbare LenkSaule	electric adjustable steering column
FS	Fahrer Seite	driver seat
FSL	Fehler Such Leitraden	failure search guidlline
FSW	Frontschelbenheizung	windshield heating
HAL	Hinter Achs Lenkung	rear wheel steering
HDSO	HDckdeckel Steuer Oerat	power liftgate ecu
HMI	Mensch Maschine Schnittstelle	Human Machine Interface
HUD	Display Frontschelbe	Head Up Display
INRUE	INnen Raum UEbenwachung	interior sensor
InsErk	Insassen Erkennung	occupant sensor
IPA	Intellgenter Park Assistent	intellgent park assist
Klima_MSB	Klima Bedentell vorn	AO operating unit front
Kombl	Komblinstrument	instrument cluster
LCM	Licht Kontoll Modul	Light Control Module
LDS	Licht Dreh Schalter	light switch
LEH	Leistungs Elektronik Hybrid	power electronic hybrid
LOI	Locale Oefahren Information	local dangerous information

Abkürzung/缩写	德文	英文（中文）
LLR	Steuererat Sitzlortung	seat ventilaton ecu
MFL	MultiFunktionsLenkrad	multi functional steering
MRR	Radar mittlere Weite	Mid Range Radar
MSB	Modularer Standard Baukasten	modulated standard construction kit
MuFu	MultifFunktionssensor(RLF)	mulitufunctional sensor(air quality)
NOS	Neigungs Oebungs Sensor	angle of slope sensor
NightVision	Warmebildkamera	NightVision
Pacc−h	Innodrive	Porsche Adaptive Cruise Control−high
PCM	Infotainment System	Porsche Communicatin Management
PCS	Porsche Connect Unterstotzung	Porsche Connect Support
PDCC	Dynamische Fahrwerkregelung	Porsche Dynamic Chassis Cortrol
QSP	QuerSPerre	differentiol lock
Rearvlew	Rockfahrkamera	rear view camera
RDK	Rerfen Druck Kontrollsystem	tyre pressure monitoring system
RLF	Regen Licht Feuchte	rain light moisture sensor
SAD	Schiebe Ausste Dach	sunroof
SC	Airbag Steuergerat	Safety Computer

续表

Abkürzung/ 缩写	德文	英文（中文）
SitzMem	Srtz Memory	seat memory
SMLS	Schalter Modul Lenk Säule	steering column module
SDC	Anzeige-/Bedieneinheit	Smart Display Carrier
SOC	Service Operation Center	Service Operation Center
TAP	Telefon Analyse Protokoll	phone analysis protocol
TME	Thermo Mangement Elektrofahrzeuge	thermal management hybrid
TSG	Tür Steuer Gerät	door module
OEM	Original Ausrüstung Hersteller	Original Equipment Manufacturer
UGDO	Steuergerät Garagentoröffner	Universal Garage Door Opener
VIP	VIrtuelles Pedal	virtual pedal
Wählhebel	Wählhebel	shift lever
VTS	Fahrzeugverfolgungssystem	Vehicle Tracking System
WAW	Wind Ab Weiser	windshield
WWS	Wisch-/Wasch System	wipe washing system
ZR	ZentralRechner PCM	central process unit/PCM
ZFAS	Zentrales FahrAssistenz Steuergerät	central driving assist ecu
AAG	Anhänger Anschluß Gerät	tailer hitch unit

第四章 典型故障案例汇编

第一节 Cayenne

一、发动机系统

（一）车辆排气管冒蓝烟

车型：2008年Cayenne 3.6。

故障现象：车辆排气管冒蓝烟。

故障诊断：

（1）客户抱怨车子排气管冒蓝烟，机油消耗严重。

（2）发现机油倒灌现象严重，进气歧管内有较多机油。

（3）由于进气歧管和发动机有3个部位相连：油气分离器，真空泵，缸盖气门通道。拔掉真空泵管路，堵住进气歧管通道，启动发动机发现机油倒灌现象消失，于是检查真空泵，发现真空泵常通。于是更换真空泵，试车机油倒灌现象消失。

故障原因：真空泵损坏。

故障排除：更换真空泵。

（二）行驶中发动机灯亮，新车行驶不足200 km

车型：2015年Cayenne S Hybrid。

故障现象：行驶中发动机灯亮，新车行驶不足200km。

故障诊断：

（1）发动机灯常亮，DME有多个故障码。

（2）当前的故障是冷却液泵2断路。

（3）在冷却液泵2测量无供电。

（4）查找电路图冷却液泵2供电经过左前保险丝盒插头X341转接，故障码中部件均通过该插头转接。

故障排除：X341未插到位，虚接导致故障灯亮，如图4-1-1所示。重新安装后故障消除。

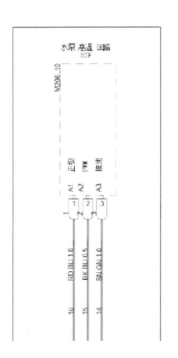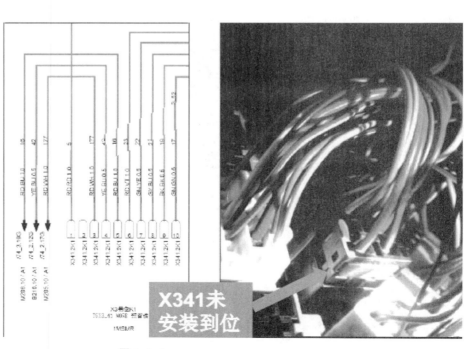

图 4-1-1

（三）发动机有异响

车型：2013年Cayenne。

故障现象：发动机有异响。

故障诊断：此车来店做保养，启动车辆后可以明显听到该车发动机1~3缸侧有明显响声，开始听声音在高压油泵这侧比较明显。首先更换了一个高压油泵后，异响还是存在，再次拆开气门室盖发现1缸第2个进气门摇臂已经脱落，并且凸轮轴也有轻微磨损。如图4-1-2和图4-1-3所示。

故障原因：摇臂脱落导致的异响。

故障排除：更换摇臂和液压挺杆。

图 4-1-2

图 4-1-3

（四）发动机1、2、4缸轮流缺火

车型：2012年Cayenne 3.0。

故障现象：发动机1、2、4缸轮流缺火，在其他地方维修多次；更换了点火线圈、火花塞、喷油嘴、三元催化器、高低压油泵、机油，每次维修行驶几百千米后故障再次出现。

故障诊断：

（1）1缸缺火，氧传感器故障，进气控制活门故障(人为故障)，机油中有汽油味。

（2）怀疑为喷油器漏油或喷油太多所致；用

内窥镜确认喷油器无泄漏，重新安装进气控制活门试车，观察实际值发现水温偏低。

故障原因：车辆节温器坏掉了，在外面没有安装，造成冬天水温长时间偏低，发动机混合气长时间处于过浓的状态，喷油器喷油过多，造成机油里含有大量的汽油，使火花塞淹缸。

故障排除：安装新的节温器，更换机油，如图4-1-4所示。

图 4-1-4

（五）发动机无法启动，混合动力系统报警

车型：2011年Cayenne Shybrid。

故障现象：发动机无法启动，混合动力系统报警。

故障诊断：

（1）PIWISTEST检测故障码为P 160900一检测到碰撞关闭。

（2）查询GFF无详细的诊断指引，根据故障码的提示查阅电路图，该信号是由气囊单元控制到高压蓄电池的，高压电池管理器收到此信号切断电源输送到电源电子设备，检查该信号、线路没有问题。但是，ME与主保险盒没有12 V电压，测量电源电子设备的12 V输出端子电源是正常的，然而在测量跨接端子时没有12 V电压，再次参照电路图发现电源电子设备与跨接端子的线路有一个保险丝熔断。

故障原因：电源分配器与供电接柱之间的电源线保险熔断，如图4-1-5所示。

故障排除：更换线束，故障排除。

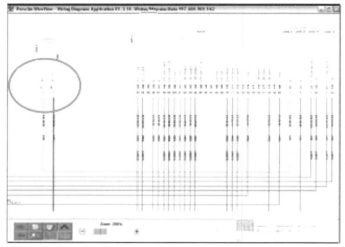

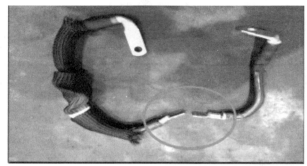

图 4-1-5

（六）车辆加速无力，发动机故障灯亮

车型：2015年Cayenne。

客户陈述：车辆加速无力，发动机故障灯亮。

故障诊断：

（1）发动机报警，读取故障码显示增压异常。

（2）观察踩加速踏板时涡轮增压的废气旁通阀无动作，于是检查真空管，最后发现压力电磁阀损坏(与大气常通)。

故障原因：压力电磁阀损坏。

故障排除：更换压力电磁阀，如图4-1-6所示。

图 4-1-6

（七）启动后车辆后部冒黑烟，发动机发抖

车型：2014款970。

故障现象：启动后车辆后部冒黑烟，发动机发抖。

故障诊断：

（1）确认故障现象，启动车辆排气管冒浓烟，Tester检测。ME中存在P0300/P0306/P0307/P0308多缸失火故障码。

（2）拆卸涡轮增压器处进气管有大量机油，拆卸进气歧管里面有大量机油，拆卸火花塞发现火花塞上有大量未燃烧的机油，使用内窥镜查看气缸内活塞顶部有大量未燃烧的机油和机油燃烧后的胶质。

（3）Tester进行机油加注测试，显示当前油位83%，加满还需1.2 L。

（4）我们对进气管路、进气歧管等处排除所有机油并清洁，尝试更换曲轴箱通风阀后补加机油1 L试车。

（5）试车160 km后，检查气缸内、进气歧管、进气管路无新机油进入。但发动机仍然抖动厉害，DME无故障码，对比数据流无异常数据，我们尝试更换过火花塞、点火线圈、全新的燃油，对DME重新编程、DME单元电源及搭铁断电后故障现象依旧。对发动机进行就绪测试、短期测试都显示正常。该车抖动发生在怠速，发动机转速增加至800 r/min时抖动最厉害，1000 r/min以上无抖动感，行驶提速正常。

（6）计划按照T11360检查双质量飞轮(DMF)时，放出机油15 L(不包括机油滤清器)，重新加注8 L机油再次启动，抖动现象消失。如图4-1-7和表4-1-1所示。

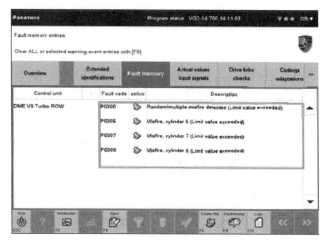

图 4-1-7

表 4-1-1

维修日期	行驶里程数（km）	VAL 机油传感器体现 O110	DME-保养-机油加注显示	发动机实际机油数
2014.12.16	10499	75.563 mm	83%需补充1.2 L	—
2014.12.21	10556	74.625 mm	未检查	我们添加1 L机油
2014.12.24	10666	75.75 mm	未检查	—
2014.12.25	10790	68.063 mm	230% 多余0.3 L	放掉 7 L

故障原因：发动机内部机油过多，曲轴及连杆运行阻力过大，导致发动机抖动大。

故障排除：重新加注适量机油，更换机油油位传感器。

（八）行驶时发动机故障灯报警，混合动力故障

车型：2013年Cayenne E2 Hybrid。

故障现象：行驶时发动机故障灯报警，混合动力故障。

故障诊断：故障诊断仪检测有故障P309C00(分离离合器的执行器；机械故障)P309E00(分离离合器执行器的位置传感器信号不可靠)。检查保险丝发现左侧39号保险丝烧毁，更换新的保险丝行驶一段时间保险丝还是烧毁，查看线路图看到此保险丝控制的是轴促动器单元，经测量线路发现轴促动器单元实际就是分离离合器执行器控制电机，测量线路未发现有短路现象，怀疑离合器执行器内部有短路现象，和正常车互换分离离合器执行器后试车正常，更换新的分离离合器执行器按照《车间手册》进行(离合器放气，保压测试，离合器自适应)，全部完成后试车正常，如图4-1-8所示。

图 4-1-8

故障原因：离合器执行器内部电气故障导致保险丝烧毁。

故障排除：更换离合器执行器。

（九）发动机急加速时声音异常

车型：2009年Cayenne 92A Turbo S。

故障现象：发动机急加速时声音异常。

故障诊断：用Tester检测，DME内无故障记忆。试车时发现发动机增压压力明显过高，且发动机响声过大，发动机功率过强；检查发现涡轮增压器的泄压阀无法打开，对泄压阀进行测试，其开、闭都正常；用真空压力表测试真空泵压力过小，以至于无法启动泄压阀对涡轮增压器在压力过高时及时泄压，导致增压压力过高。

故障原因：该故障是由于真空泵长期工作，内部磨损导致其无法产生足够的真空度，引起其他部件无法正常工作。

故障排除：更换真空泵后故障排除。

（十）发动机抖动严重，且车后排气管处有汽油味

车型：2013年Cayenne E2。

故障现象：发动机抖动严重，且车后排气管处有汽油味。

故障诊断：

（1）Bankl的3个缸都有当前缺火故障，气缸1的喷油器漏汽油非常严重。

（2）检查缸压和气缸泄漏测试正常，更换bankl的3个喷油器，发车刚过半小时，气缸1开始缺火。

（3）气缸1内有一点机油导致火花塞被淹，气缸1的两个进气门杆都被之前的汽油清洗得很干净，且气缸1排气门有液体流过的痕迹，判断气门油封已起不了封油的作用。

（4）更换bankl气缸盖，发车半小时后，气缸1又开始缺火，还是因为气缸1里有机油淹湿火花塞。

（5）分解发动机，仅发现气缸1的油环弹性不够，取出后其开口间隙比其他缸的油环要小，平放在缸体里非常容易掉到底部。

故障原因：气缸1的喷油器、气门油封、活塞油环，如图4-1-9所示。

图4-1-9

（十一）刚交付的新车驾驶几十千米后发动机故障灯亮

故障现象：刚交付的新车驾驶几十千米后发动机故障灯亮。

故障诊断：

（1）检查并确认故障现象。

（2）有故障码存储在DME中，P002100气缸组2，凸轮轴迟缓调节未实现。

（3）路试并检查凸轮轴调节的实际值。

（4）遵循故障查找(GFF)a。

注：卡宴V6 TFSI（3.0引擎）如图4-1-10所示。

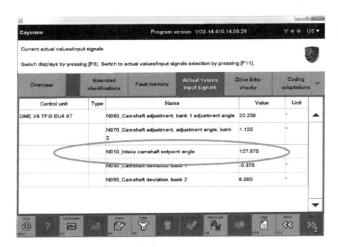

图4-1-10

调查结果：凸轮轴调节器油道有铝片，足够大的铝片会堵塞油道，如图4-1-11所示。

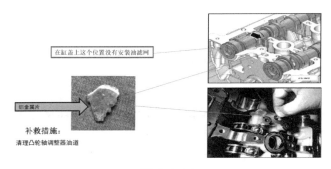

图4-1-11

（十二）怠速时发动机抖动，且动力下降

故障现象：怠速时发动机抖动，且动力下降。

故障诊断：

（1）检查并确认故障现象存在。

（2）使用PIWIS TESTER读取故障码，按照GF的提示解决故障。

（3）气缸组2的凸轮轴调节器中央螺栓发卡，无法正确地调节凸轮轴的角度。怠速时实际的角度是104°，而标准值应该是124°。

（4）更换凸轮轴调节器中央螺栓(件号94610505476)，如图4-1-12所示。

图 4-1-12

（十三）打开大灯开关，组合仪表处发出"吱吱"声音，车速表指针抖动厉害

车型：2014年Cayenne。

故障现象：在打开点火开关或发动机启动状态下，打开大灯开关，组合仪表处发出"吱吱"声音，车速表指针抖动厉害，关闭大灯开关时该声音立刻消失。

故障诊断：

（1）故障诊断仪检测无故障码，重新移交车辆依旧，尝试更换仪表故障依旧。

（2）考虑到只有打开小灯后，才会出现该现象，应为该58D连接部件引起，查看电路图，仪表等背景灯由PIN20_58端子供电。

（3）分别对连接至58D端子的部件进行断开，断开右后出风口指示灯时，故障现象消失。

故障原因：右后出风口指示灯击穿短路，导致组合仪表工作不良而出现故障现象。

故障排除：更换右后出风口。注：2012年近期技术案例(PCN)也有类似案例。

（十四）发动机警告灯经常亮且发动机抖动

车型：2013年Cayenne。

故障现象：发动机警告灯经常亮且发动机抖动。

故障诊断：

（1）故障现象不存在，故障码有缺火记忆及凸轮轴故障。

（2）测试凸轮轴调节阀及线路正常，节气门工作正常；对调火花塞、点火线圈及喷油器，故障依旧。

（3）查看线路A3-A7偶尔电阻不稳，有时变化大。

故障原因：DME插头处PIN-A7松动，如图4-1-13所示。

故障排除：重新固定PIN脚。

图 4-1-13

（十五）发动机故障灯亮

车型：2012年Cayenne。

故障现象：发动机故障灯亮。

故障诊断：故障诊断仪检测故障码为P0597，节温器驱动器机械故障检查故障储存器状况，故障计数器是2，启动发动机后故障计数器变为0，发动机故障灯熄灭。

冷车时做发动机运转测试，当热车时故障码P0597出现而且故障计数器显示值为2，如果再着车2次故障灯一定会亮，果然第3次故障计数器为b，发动机故障灯亮起，如图4-1-14和图4-1-15所示。

故障原因：由于电子节温器引起的发动机故障灯亮。

故障排除：更换电子节温器。

图4-1-14

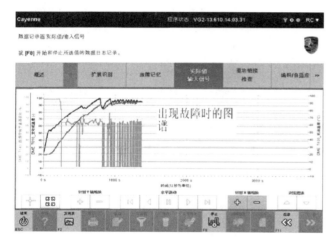

图4-1-15

（十六）在PDI检查时车辆突然抖动

车型：2014年Cayenne 3.0。

故障现象：在PDI检查时车辆突然抖动。

故障诊断：

（1）读取故障P001800，气缸组2凸轮轴位置/曲轴位置传感器——配置不正确，车辆抖动严重。

（2）根据GF检查凸轮轴位置传感器位置正确，左右互换故障依旧存在。

（3）测量传感器到DME线路正常。

（4）拆卸气门室盖对正时，发现气缸组2进气

凸轮轴正时错乱，拆卸凸轮轴调节器室盖，气缸组2进气凸轮轴调节器紧固螺丝用手无法松动，但使用扭力扳手很轻松可以松动，很明显该螺丝未拧紧到标准扭力，如图4-1-16所示。

故障原因：由于发动机装配时凸轮轴调节器螺丝未拧紧至标准扭力。

故障排除：调整正时，并拧紧至标准扭力，故障现象消失。

图4-1-16

（十七）在做PDI时发现发动机有异响

车型：2014年Cayenne 3.0T。

故障现象：在做PDI时发现发动机有异响。

故障诊断：经反复测试，发现该车每次启动时都会有"嗒嗒"的响声，怠速时也有，发动机转速1400 r/min时响声最大，频率也最快；响声的部位主要在气缸组2这一边，使用听诊器可以在气门室盖上听到响声，排气管位置也有明显响声，响声最明显是在第b缸和正时盖板之间；冷车和热车都会有。

（1）拆开发动机皮带和压缩机皮带后，响声仍可以存在，拆开曲轴皮带轮，测试发动机响声依旧存在，可以排除响声与发动机的所有皮带轮没有关系。

（2）根据响声的位置，先拆开第2列气缸的气门室盖，检查气门挺杆间隙正常，检查气门弹簧正常。

（3）检查发动机机油，没有发现有铁屑；对调凸轮调整电磁阀后，响声还是存在。

（4）拆开气门室盖后启动发动机，利用听诊器判断响声的位置，不是气门液压挺杆，是从正时盖后面来的。

（5）拆开气缸组2的正时盖板，检查正时链条没有明显松动，链板没有损坏，重新检查正时没有问题。

（6）拆开正时后盖后，就这样启动发动机，但是会有很多机油飞溅，要做好防护措施，再次利用听诊器检查，确定响声来自链条张紧器这一边。

（7）果断拆开凸轮轴调整轮，取出链条张紧器和链导板。

（8）发现问题是链条张紧器装反。

如图4-1-17和图4-1-18所示。

故障原因：链条张紧器位置安装错误。

故障排除：更换气缸组2链条张紧器。

图4-1-17

图4-1-18

（十八）冷车着车后，芯主轴执行器异响，热车后异响自动消除

车型：Cayenne SE-hybrid。

故障现象：冷车着车后，芯主轴执行器异响，热车后异响自动消除。

车辆停在室外温度-25 ℃以下的环境中，冷车着车后，芯主轴执行器异响，热车后异响自动消除。

故障诊断：

（1）检查异响来自发动机舱左前部。

（2）用手触碰芯主轴执行器，明显感觉到震动和异响。

（3）离合器油可能因温度过低而变黏稠，会影响芯主轴执行器的工作性能。

故障排除：目前仅有1例，发送PRMS，更换芯主轴执行器。

（十九）偶尔无法启动

车型：Cayenne SE-hybrid。

故障现象：偶尔无法启动，在高压蓄电池、电源电子装置、前端、后端、网关等控制模块中有许多关于12 V电压低的故障码。

故障诊断：

（1）检查并给12 V蓄电池充满电。

（2）发现从电源电子装置12 V输出电缆到发动机舱跨接启动点的螺母松动，如图4-1-19所示。

故障排除：紧固12 V充电电缆螺母。

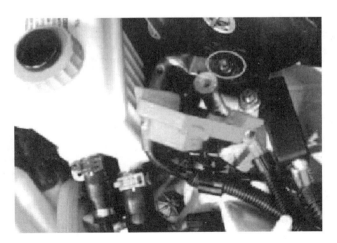

图4-1-19

（二十）2007年保时捷卡宴漏电

车型：2007年Cayenne turbo，配置：4.8T V8 550PS发动机

行驶里程：16万km。

故障现象：用户抱怨车辆存放一周后，蓄电池亏电，无法启动车辆。维修人员检查车辆，故障如用户所述，蓄电池亏电，启动机不工作，外接蓄电池能够启动车辆。

故障诊断：车主不知道蓄电池已经使用多长时间了，所以首先检查蓄电池，经检测蓄电池正常。怀疑车辆在存放时漏电电流过大，造成亏电。测量漏电电流，打开左前车门，锁块锁止，关闭其他车门、机盖和后备箱盖，拆下蓄电池负极，串联电流表，把电流表放到车外（此车有车内监控系统，防止观察电流时车辆报警），锁止车辆，漏电电流从3 A降到0.32 A然后降为0.16 A，2h后仍然是0.16 A，说明漏电电流过大，正常电流不大于0.05 A。

用检测仪WT读取故障码，读取到相应的故障码为02254到发电机的界面，如图4-1-20所示，说明发电机系统有故障。

图4-1-20

启动发动机，在蓄电池上测量发电机的充电电压，在急速、中等负荷、大负荷和急加速状态下，蓄电池电压为14 V，充电电压正常。断开蓄电池到发电机的常火线，漏电依旧，说明发电机没有问题。

要解决漏电问题，首先断开所有后加装的音响和行车记录仪等用电设备，断开后故障依旧。

在蓄电池保险盒上断开所有的常火线，当同时断开F1和F2这两根常火线时，如图4-1-21所示，漏电电流下降到正常范围。查询电路图，F1到左侧保险丝盒，F2到右侧保险丝盒，如图4-1-22所示。

断开左右保险盒上的保险，只有同时断开有

图4-1-21

保险丝			位于 前级保险丝
编号	电流(A)	类型	⟶
1	150	MIDI	保险盒 左
2	150	MIDI	保险盒 右
3	60	MIDI	保险盒 右
4	40	MIDI	空调风扇 后

图4-1-22

绿色记号（自己做的记号）的多个保险时，如图4-1-23所示，漏电电流才恢复正常。查询电路图，发现这些保险都是车辆电气系统控制单元供电的保险，如图4-1-24所示。

在制动踏板的上方，找到车辆电气系统控制单元，如图4-1-25所示。断开所有的插头后，漏电电流恢复正常。说明故障就在电气系统控制单元上。

图4-1-23

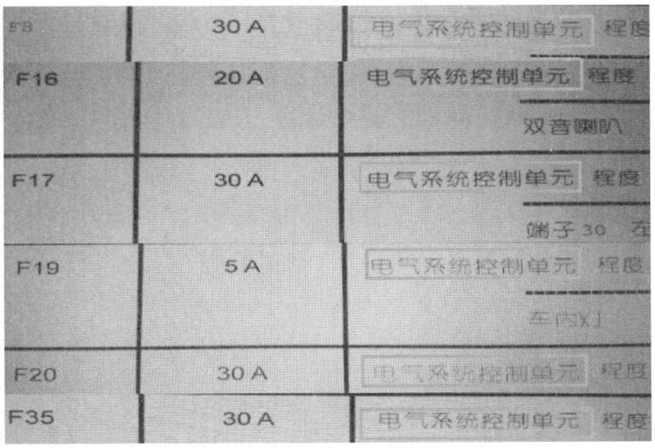

图 4-1-24

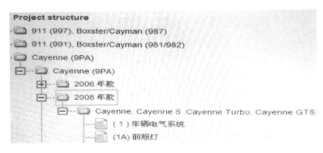

图 4-1-25

依次断开车辆电气系统控制单元的线束插头，发现当同时断开G插头和H插头或同时断开A插头、C插头和L插头时，均不漏电。

查找电路图发现，此车是2007年生产的，而车辆电气系统的电路图与2008年款不同，如图4-1-26所示，而与2010年款的相同。

Project structure
- 911 (997), Boxster/Cayman (987)
- 911 (991), Boxster/Cayman (981/982)
- Cayenne (9PA)
  - Cayenne (9PA)
    - 2006 年款
    - 2008 年款
      - Cayenne, Cayenne S, Cayenne Turbo, Cayenne GTS
        - (1) 车辆电气系统
        - (1A) 前照灯

图 4-1-26

选择正确的电路图维修，测量舒适CAN是否休眠。当舒适CAN休眠时，高位数据线约为0，低位数据线约为蓄电池电压。车辆漏电时，用示波器查看舒适CAN的波形正常，如图4-1-27所示，说明不是因为系统不休眠而漏电。

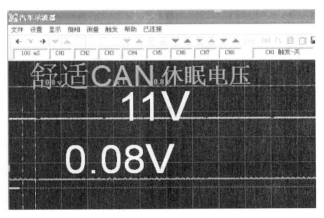

图 4-1-27

现在确定车辆电气系统控制单元漏电，但不知道是车辆电气系统控制单元本身漏电，还是其他的因素影响而漏电。因此与正常车辆互换了车辆电气控制单元，故障依旧，说明故障没有在车辆电气控制单元本身。

查看电路图，G插头和H插头是车辆电气系统控制单元的电源，如图4-1-28所示，查看A插头、C插头和L插头。C插头和L插头中有车辆电气系统控制单元的搭铁，如图4-1-29所示，断开后漏电依旧。说明断开所有的电源就不漏电，断开所有的搭铁还是漏电。

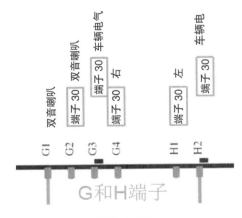

图 4-1-28

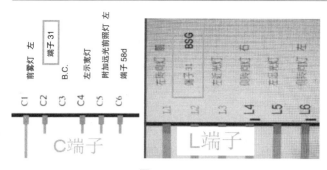

图 4-1-29

反复检查试验，最后发现，只断开A插头，故障就会消失，说明问题就在A插头上。检查A插头的各个针脚，如图4-1-30所示。

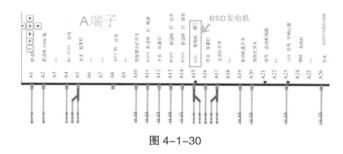

图 4-1-30

因为检测仪检测出发电机有故障码，所以首先测量A插头的15脚发电机的控制线BSD，如图4-1-31所示。拔下A插头，试灯串联电流表，一端接电源正极，一端测试A插头上的A15针脚，此针脚有漏电电流，不正常，正常情况下没有任何电流。剪

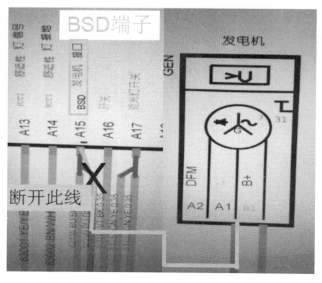

图 4-1-31

断此线，插好插头，控制单元输出电压11.22 V，接好此线后，电压为1.3 V，说明此线对地有电阻。断开此线后，漏电故障消失。

故障排除：断开发电机端BSD线，测量此线对地电阻无穷大，说明线路没有故障，是发电机内部有故障。因为发电机是车主刚换的，再次更换发电机费用较高，所以车主要求，把发电机的BSD线断开使用。断开此线试车，故障排除。跟踪一个月未出现故障。

故障总结：此车故障为电源通过车辆电气系统控制单元在发电机内部接地，形成回路，造成漏电。维修此车走了很多弯路。检测仪对故障码内容翻译错误，造成不明白此故障码的含义。此故障码正确的翻译应该是"02254 发电机控制故障"。如果明白发电机故障码正确含义的话，可避免很多麻烦。维修此类故障时应先排除故障码。注意此车全部控制单元休眠时间过长，在15min左右。

（二十一）排放灯亮加速无力

车型：Cayenne E2 3.0T。

行驶里程：120 000 km。

故障现象：排放灯亮，加速无力，但可以缓慢提速。

故障诊断：接车后首先询问客户，得知此车是在外地出差过程中加过乙醇汽油，之后在回程的路上出现加速缓慢的现象，继续行驶100多千米后发动机排放灯点亮。

图 4-1-32

启动发动机怠速状态无抖动现象，PIWIS 检测结果如图4-1-32所示。

DME系统有故障码P10A400，P042000，

P043000存储,对于故障码P042000和P043000很明显是由于使用了不良的油品导致催化转换系统效率低,而故障码P10A400则是加速缓慢的主要原因。拆检后发现进气控制活门比较脏,清洗后进行路试大约20 km后发动机排放灯再次点亮加速无力,很明显增压器退出工作。

再次用PIWIS进行检测,故障码只有P10A400进气控制活门机械故障,检查进气活门传感器的电源A1脚电压为5 V正常,更换进气活门并进行压缩机强制降挡学习后再次路试50 km后故障不再出现,交客户使用一星期后回访故障解决。

故障排除:更换三元催化,进气控制活门。

(二十二)客户投诉车身前部异响

车型:2011年Cayenne E2。

故障现象:客户投诉车身前部异响。

故障诊断:试车发现当发动机转速在3000~3500 r/min时无论车辆静止或者路试中前部异响就会出现。

故障原因:主要是由于三元催化器堵塞造成,在加速过程中排气由于堵塞产生的背压通过在排气冲程过程中打开的排气门和进气冲程过程中打开的进气门进入增压器与进气压力叠加产生的噪音。当拆掉增压器皮带后,噪音消失。

故障排除:更换堵塞的三元催化器。

(二十三)发动机机油消耗过高

车型:所有车型,所有年款。

故障现象:发动机机油消耗过高。

在出现以下情况时机油消耗量必须进行测量。

(1)当客户反映的机油消耗量在《用户手册》中标准值的80%~100%之间时。

(2)当客户反映的机油消耗量超出《用户手册》中的标准值时,则不用考虑行驶里程。

故障原因:每台发动机均会使用常规润滑油,所需润滑油的数量由系统决定。发动机机油主要用于以下几个主要方面:

带活塞环的活塞(与气缸套相互作用);

气缸盖中的气门油封(润滑油用于气门导管);

曲轴箱强制通风;

涡轮增压器状态。

其他一些增加机油消耗的原因:

高负荷的拖车行驶,长时间高速行驶;

运动驾驶;

劣质燃油;

频繁的冷启动和频繁的短距离行驶。

(二十四)发动机机油消耗过高

车型:所有车型,所有年款。

故障现象:发动机机油消耗过高。

故障诊断:确认仪表报警是什么?并确定机油消耗量的测量正确。

是否存在发动机漏油?

车辆上是否有油迹(发动机、下护板等)?

是否冒蓝烟?

故障原因:基于客户反馈确定机油消耗量。

(1)通常大量的机油消耗,客户都已经会添加机油了。问清客户是否添加或添加了多少机油。

(2)车辆的里程数。

(3)用PIWIS Tester I读取机油量。

注意:任何相关投诉请遵循TI及WM,WM 17011N有关发动机机油消耗的信息客户投诉"机油消耗量高"(41/11)。

(二十五)机油报警

车型:所有车型,所有年款。

故障诊断:

(1)检查机油量(在仪表中和用PIWIS Tester Ⅱ)。

(2)创建车辆分析日志(VAL)。

(3)将机油排空并确认当前机油量。

(4)修正机油量。

(5)测量参考机油量。

(6)进行机油消耗路试超过1000 km。

(7)再次排空并确认机油量。

(8)确认机油消耗。

(9)再次创建车辆分析日志(VAL)。

上传文档:机油报警照片。

用初始的测量值建立PQIS质量行作为参考值+VAL。

测量后建立新的PQIS质量行+VAL。

填写完整清晰的机油消耗量检查表。

将检测过程的照片整理在一个文件中并转换成

PDF。

（二十六）客户抱怨行驶过程中车辆出现仪表灯闪烁、车辆熄火

车型：2014年Cayenne E2。

故障现象：客户抱怨行驶过程中车辆出现仪表灯闪烁、车辆熄火。

故障诊断：

（1）PIWIS检测无故障码。

（2）检查实际值均在正常范围之内。

（3）检查高低压油泵，未发现异常，对换进气压力传感器、节气门、凸轮轴传感器，故障依旧。

（4）在举升机上启动车辆，迅速拔下曲轴位置传感器，然后迅速插回。车辆会熄火，PIWIS检测无故障码。怀疑是曲轴位置传感器故障，和其他型号相同的车辆对换曲轴位置传感器后，试车故障未出现。将该车的曲轴位置传感器安装到其他型号相同的车辆上，试车故障能够重现。至此故障原因确定为曲轴位置传感器故障。

故障原因：曲轴位置传感器故障。

（二十七）客户反映车子有时启动不了，每次到保时捷中心后车子又正常

车型：2012年Cayenne E2。

故障现象：客户反映车子有时启动不了，每次到保时捷中心后车子又正常。

故障诊断：

（1）检查故障，只发现DME内有点火关闭实际周期信号不可靠的故障。无参考意义。

（2）因无故障现象，所以测量油泵及控制单元供电及搭铁，均正常，驱动油泵也正常工作。为保险起见，调换了低压燃油泵和油泵控制单元交车。

（3）15天之后，故障重现拖车进厂，到厂后，故障又消失。重新查线，发现燃油泵控制单元搭铁线松动。

故障原因：搭铁线松动造成故障时有时无，燃油泵无法供油而使车辆抛锚。

故障排除：重新紧固搭铁螺丝，故障消除。

（二十八）DME二次空气喷射系统故障

故障现象：DME二次空气喷射系统故障，故障码为二次空气喷射系统失效，二次空气喷射系统低于极限值。

故障诊断：

（1）遵循GFF内的提示进行检查。

（2）用teste驱动链接对二次空气泵进行检查，目视检查所有二次空气喷射系统的管路是否损坏，用真空泵检查二次空气喷射阀的功能（所有以上的检查均在GFF中有相关指导）。

（3）如果以上的检查均正常，故障仍存在，请用内窥镜检查缸盖内部的二次空气喷射管路。

（4）如果内部管路堵塞，请及时发送技术报告以寻求进一步指导。

如图4-1-33~图4-1-35所示。

注：现在有专用工具可清洁此系统。

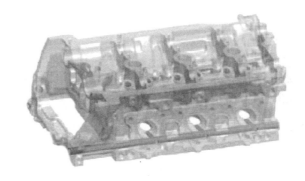

图4-1-33

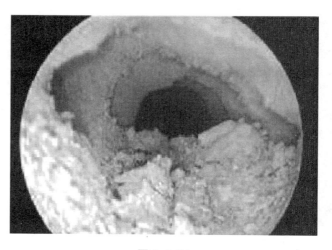

图4-1-34

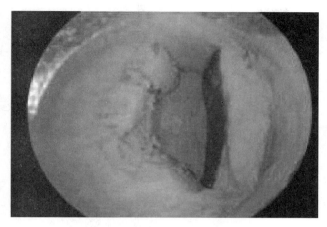

图 4-1-35

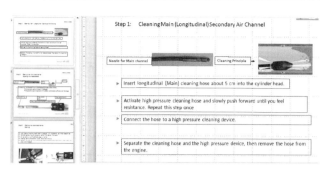

图 4-1-37

清洁工具可以在PPN发布的新闻里找到，如图4-1-36所示。

图 4-1-36

通过使用特殊的工具清洗示例，如图4-1-37所示。

（二十九）发动机故障灯亮

故障现象：发动机故障灯亮。

故障诊断：

（1）DME有故障码P304500燃油泵电子故障，如图4-1-38所示。

（2）根据GFF检查。

（3）做驱动链接测试。

（4）请发送PRMS报告给我们。

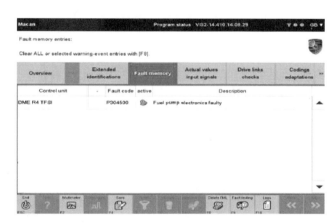

图 4-1-38

（三十）车辆行驶中熄火

车型：2012年Cayenne。

故障现象：车辆行驶中熄火。

故障诊断：

（1）使用PIWIS检测仪读取故障记忆，发现在多个控制单元中(前端、后端、网关、组合仪表、PASM等)均有偶发故障码C12002与发动机控制单元无通信、C1209D检查网关故障记忆。

（2）客户反映故障是之前更换汽滤后才出现的，检查汽滤、油管的安装及燃油压力均正常；清除故障记忆后反复试车未出现故障现象和故障码；由于客户着急用车，于是将车提走。

（3）几天后此车因为相同的故障再次进厂，经检测故障码与上次相同也是偶发的，经多次试车故障现象仍无法重现。根据故障码分析故障可能是由于DME偶尔无法通信造成的，使用示波器检查CAN线未见异常，检查DME线路没有断或是短路现象，使用万用表检测DME的30端子和15端子电压，发现两者的电压值不一样，30端子的电压值为10.97 V，如图4-1-39所示。要低于15端子的电压值（12.2 V）；30端子电源由左侧保险盒提供，测量保险丝与DME之间的线路，发现线束电阻为3.2 Ω，阻值较大，怀疑线束有虚接处。最后在发动机舱保险丝盒下方找到故障点，线束已被积水腐蚀，将线束处理后故障消除。

故障原因：由于通风腔排水堵堵塞，导致线束被雨水腐蚀。

故障排除：修复线束，清理排水堵。

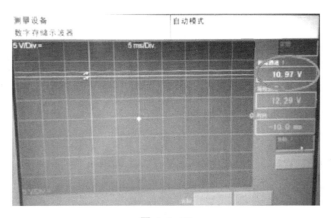

图4-1-39

（三十一）客户反映车辆在怠速或者轻点加速踏板时后排座椅下发出"嘟嘟"的响声

车型：2014年Cayenne。

故障现象：客户反映车辆在怠速或者轻点加速踏板时后排座椅下发出"嘟嘟"的响声。

故障诊断：

（1）PIWIS检测仪检查燃油系统无故障码。

（2）检查发现噪音来自油箱中的燃油泵。

（3）更换燃油泵依然有"嘟嘟"的噪音。

（4）将油箱的内部管路束缚到一起，噪音排除。

故障原因：油箱里的燃油管震动。

故障排除：使用扎带将管路扎在一起，如图4-1-40所示。

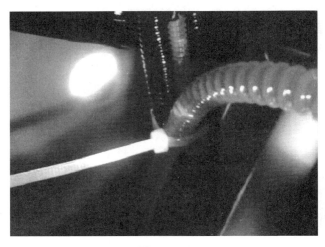

图4-1-40

二、自动变速器系统

（一）PDK报警无倒车挡

车型：2014年Panamera。

故障现象：PDK报警无倒车挡。

故障诊断：故障码为P181 A，PDK内部线路正常，P0841 P17EA，P17B1检查PDK油位正常，PDK控制单元线路正常交换液压控制单元故障存在。

故障原因：进行PDK校准，校准不能完成，车辆不能行使无倒车挡。多次校准故障不能排除。

故障排除：先对PDK控制单元编程，tester转换成英文版对PDK进行校准故障排除。

（二）早上着车仪表显示后差速器故障

车型：2014年Panamera turbo。

故障现象：早上着车仪表显示后差速器故障。

故障诊断：

（1）VAL测试后差速器有080E后差速器锁——机械故障。

（2）无相关GFF，路试行驶正常，无异响。

（3）测量后差速器锁电机线路正常。

（4）消除故障码试车，故障重现时发现只要开钥匙仪表就会亮灯，这与故障记忆"验证时出错—偶尔"相符，故怀疑是差速器锁的位置传感器故障，如图4-1-41和图4-1-42所示。

故障排除：更换后差速器锁电机后故障消除。

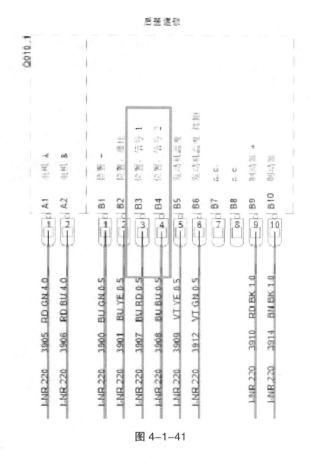

图 4-1-41

故障诊断：

（1）PDK存储有P0754电磁阀1断路无信号，P1767多路转换器错误无故障现象，P1771齿轮阀1加压时卡滞，无故障现象。读取SV1的实际值当前正常。

（2）按流程图电气故障EF的第三步开始。

①检查变速器上到线束侧的插头无松动、脏污和损坏现象。

②测量电磁阀SV1和SV2，电压分别是PDK模块端子B15/B14和B25到变速器侧的线束插头B12/B13和B3，电压为2.534 V，正常。

③按SFO传感器电阻值检查表提示，先测量电磁阀1的触点3和12，阻值为11.3 Ω，测量正常，再测量触点11与变速器壳体之间，阻值为无穷大，测量正常，以上测量结果均在要求范围内。

（3）拆下油底壳检查电磁阀内部插头和线束，发现SV1油压电磁阀1的插头变形，其与电磁阀接触不良引起故障。如图4-1-43和图4-1-44所示。

故障原因：主油压电磁阀1的插头变形卡不住，导致在行驶时颠簸接触不良引起故障。

故障排除：对油压电磁阀1的插头用热风枪加热处理后重新固定，故障排除(建议更换线束)。

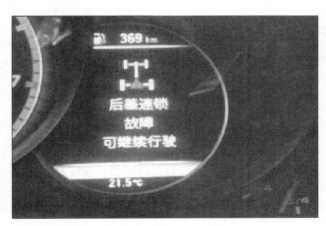

图 4-1-42

（三）仪表显示变速器故障且挂挡不走

车型：2014年 Panamera 970。

故障现象：仪表显示变速器故障且挂挡不走。

图 4-1-43

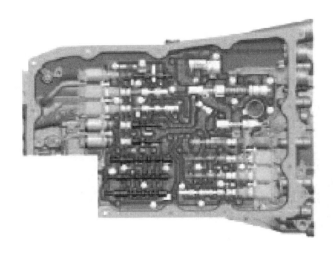

图 4-1-44

置海绵后，声音消失。但是振动(手摸换挡杆球形把手处发麻的感觉)总是存在。

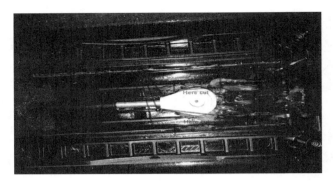

图 4-1-45

（四）车速在62~65 km/h时车内中控台处有蜂鸣声

车型：2012年Panamera 4。

故障现象：车速在62~65 km/h时车内中控台处有蜂鸣声。

故障诊断：

（1）经试车发现当车速从62 km/h提到65 km/h时，这种蜂鸣声可以很明显地从换挡杆附近听到，而且用手可以在换挡杆上的球形把手处感觉到很麻。

（2）检查并确认此蜂鸣声来自于PDK但不同于我们所知道的那种"高频噪音"。

故障原因：考虑到声音从换挡杆处发出，我们试着更换了换挡杆总成(连同换挡杆拉线一起)但是声音还在。参照相关症状维修措施的WM，检查变速器油位并添加了约2 L油，对PDK重新编程和校准后路试，发现声音变小了但是还是能明显听得到。同时比较了同款其他车，发现以同样的方式驾驶时，也有同样的蜂鸣声，不过声音要轻得多，不易听到。经拆解换挡杆及拉线支撑座研究发现，该声音确实是从PDK经由换挡杆拉线传上来的，蜂鸣声是因换挡拉线与换挡杆连接的球头持续高频率振动而发出，支撑座盒就相当于一个小小的音箱，如图4-1-45所示。

故障排除：对换挡杆及拉线支撑座盒进行适当改装，切掉球头接触到的塑料墙板，并在盒子里放

（五）客户反映变速器故障会经常报警

车型：2014年Panamera S。

故障现象：客户反映变速器故障会经常报警。

故障诊断：

（1）故障检测仪检测故障码：P1731，P18B4，P1735，P1771。根据变速器诊断流程图，检查变速器油位正常，检查变速器线路正常。

（2）拆装变速器阀体，检查阀体线束正常。清除故障码后试车一段时间后，故障再次出现。

（3）需更换变速器距离传感器。

故障原因：变速器距离传感器故障。

故障排除：更换变速器距离传感器故障排除。试车一段时间后故障不再重现。

（六）车辆偶发无法启动，仪表提示请挂入P挡或N挡

车型：2013年Cayenne E2。

故障现象：车辆偶发无法启动，仪表提示请挂入P挡或N挡。

故障诊断：变速器有故障码P306B00 Reversing switch，short circuit to ground/open circuit，DME故障码：P085000 Start inhibit P/N signal—short circuit to B+/open circuit P308800 Starter relay—electrical fault in circuit P150A00 Ignition-off time period signal—implausible。由于故障码是虚码，根据以往的经验，技师更换了换挡机构模块总成。交车后，试车故障没有重现，交车几日后，故障现象又出现，车

辆进厂后故障码同样，仍然是虚码，查找电路图发现换挡机构模块给变速器挡位信号，给仪表挡位信号，给前端模块挡位信号。而多功能开关给DME挡位信号，倒挡信号也是多功能开关给变速器控制单元的。由于故障码是倒挡开关信号以及DME中的挡位信号，所以检查多功能开关以及线路，发现多功能开关插头虚接。

故障原因：发现多功能开关插头虚接。

（七）正常驾驶4挡降3挡时突然有顿挫感

故障现象：正常驾驶4挡降3挡时突然有顿挫感，没有相关故障码。

故障诊断：

（1）路试确认故障存在。

（2）检查没有相关的故障码存储。

（3）检查是否有相关技术信息或车间活动。

（4）如果没有任何相关信息，请用最新版本的PIWIS TESTER对变速器进行编程并校准。

（5）如果故障现象仍然存在，请通过PRMS告诉我们。

（八）低速行驶在1挡、2挡或3挡时车身有明显的抖动，并有轻微的噪音

故障现象：低速行驶在1挡、2挡或3挡时，车身有明显的抖动，并有轻微的噪音，切换到运动模式时故障现象仍然存在。当切换到越野模式时故障现象特别明显。

故障诊断：目前我们只遇到一例这样的故障，更换分动箱后故障排除，如果遇到类似故障请发送PRMS给我们。

（九）PDK故障灯亮，车辆无法驾驶

故障现象：PDK故障灯亮，车辆无法驾驶。

故障诊断：检查PDK控制单元是否有故障码P17E100和P176B00，若有类似故障请发送PRMS给我们。如图4-1-46所示。

（十）车辆停车熄火后挡位已在P挡位置，但仪表报警显示未挂入P挡

车型：2012年Cayenne S。

故障现象：车辆停车熄火后挡位已在P挡位置，但仪表报警显示未挂入P挡。

故障诊断：

（1）经检查故障真实存在。

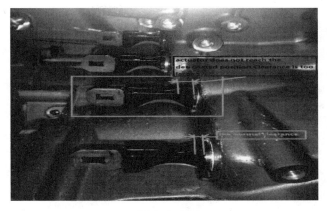

图4-1-46

（2）没有相关的故障记忆在VALa。

（3）对变速器编程后故障依然存在。

（4）在对变速器多功能开关进行校准时发现多功能开关的插头进水了。

故障原因：由于变速器多功能开关插头的预留插孔中缺少密封塞。

故障排除：使用密封胶重新密封插头，并清理进水部件。

（十一）混合动力报警，在DME中有故障码

车型：Cayenne S Hybrid。

故障现象：混合动力报警，在DME中有故障码P309C00分离式离合器执行器机械故障；P309E00分离式离合器执行器位置信号不可靠；P309A00分离式离合器压力不可靠。

故障诊断：

（1）根据GFF，首先检查离合器油，因离合器油(制动液)的吸水特性导致其沸点降低、水分增多估计在一些高温高湿地区，芯主轴执行器容易过早损坏，如图4-1-47所示。

（2）更换离合器油并排气，执行离合器重置、自适应等操作。

（3）芯主轴执行器(分离式离合器)故障。

故障排除：发送PRMS，更换芯主轴执行器，更换离合器油。

（十二）保时捷卡宴挡位显示异常

车型：Cayenne。

行驶里程：110 023 km。

故障现象：保时捷卡宴挡位显示异常。

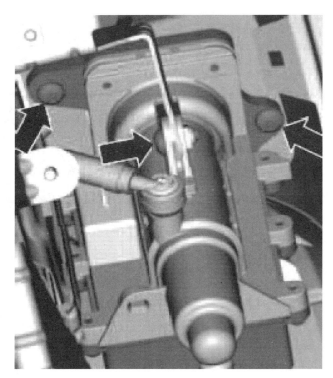

图 4-1-47

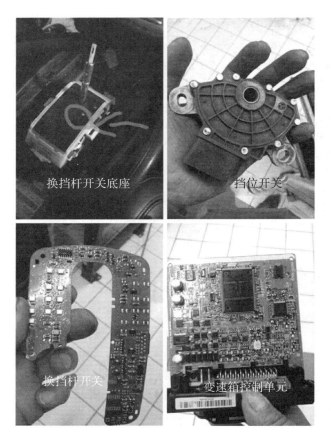

图 4-1-48

故障诊断：接车后验证故障如客户所述，诊断仪检测变速器报故障为，选挡杆开关接地短路。

和挡位显示有关的模块有变速器控制单元、挡位开关、选挡杆开关、变速器阀体控制单元。选挡杆开关位于挡杆盖板下，拆开后发现有明显的进水痕迹。根据电路图进行测量，发现电路没有故障，怀疑选挡杆开关损坏，建议更换。更换后挡位显示正常，经过试车发现选挡杆开关显示正常，仪表挡位显示还是和进店时故障现象一样，诊断仪故障码并未消除。此时我们认为这是两个故障，只排除了其中一个。重新对车辆进行诊断，进行电路测量，还是没有发现问题。于是怀疑是变速器控制单元的问题，将卡宴的变速器控制单元装在途锐上（途锐和卡宴配备相同的变速器），发现途锐车一切正常，排除变速器控制单元故障。怀疑挡位开关有问题，然后调换挡位开关，装车后故障依旧，此时诊断已经陷入僵局。重新整理思路进行测量与诊断，还是没有收获。如图4-1-48所示。

然后我们再次拆装换挡杆开关及底座，对车辆进行测试，发现车辆仪表挡位显示正常，将换挡杆开关装上后发现一切正常（此时并没有装换挡杆开关底座），然后重新装上换挡杆开关底座，发现故障依旧。这时可以判断是换挡杆开关底座的问题，通过观察发现换挡杆开关底座上并没有电路，只有两块小磁铁，难道是这两个东西引起的故障？

通过回忆之前的拆装过程，曾有一块磁铁吸附在维修工具上。这时想到磁铁是有极性的，会不会是在安装中将磁铁的极性搞错，带着这个疑问，重新调整磁铁，试车一切正常。

故障排除：更换换挡杆开关，重新安装底座的磁铁。

故障总结：此次故障是在不经意间造成的，我们在维修过程中一定要细心，遵从着"存在即合理"的心态，客观地对待每个部件，每一个零件出现在车上都是有道理的。

三、底盘系统

（一）客户车辆行驶中右前底盘有时发出"咔嗒"声

车型：2015年Cayenne S。

故障现象：客户车辆行驶中右前底盘有时发出

"咔嗒"声。

故障诊断：

（1）据客户反映，进行路试发现车辆在急加速时右前悬架有时发出"咔嗒"声。

（2）检查前悬架部件只发现稳定杆轴承磨损严重，其他悬架部件都正常。此车配有PDCC调节，更换稳定杆轴承试车声音有所减弱，但异响还是存在。客户见状表示，是在外面补完轮胎后才出现的。进行分析该故障可能是因补胎店违规举升车辆导致PDCC调节故障，于是对PDCC进行排气校准，路试异响消失交付车辆。

（3）客户将车辆提走使用一段时间响声再次出现，进店再次检查，读取故障码无相关故障，查看底盘系统的相关实际值也都正常，检查车身高度及水平调节也未见异常。该故障只要断开PDCC控制系统异响就会消失，可见响声是因PDCC工作调节导致的，但是控制系统内又没有任何故障。对该系统进行仔细分析，对其造成影响的水平高度传感器先做检查。举升车辆检查高度传感器时发现左后车轮高度异常，如图4-1-49所示，拆下空气弹簧，加压检查发现气包破裂泄漏，更换损坏气包路试，故障排除。

（4）对该故障进行分析，异响是因左后空气弹簧泄漏气压低，急加速时车身高度发生对角性倾斜，PDCC过激性调节导致异响。

故障原因：左后空气弹簧破裂泄漏。

故障排除：更换左后空气弹簧故障排除。

（二）左后空气弹簧破裂泄漏

车型：2015年Cayenne S。

故障原因：左后空气弹簧破裂泄漏，如图4-1-50所示。

图 4-1-50

故障排除：更换左后空气弹簧故障排除。

（三）行驶中仪表偶尔显示PASM和PDCC故障

车型：2012年Panamera。

故障现象：行驶中仪表偶尔显示PASM和PDCC故障。

故障诊断：

（1）据客户反映该故障时隔几天就会出现一次，但熄火后重新启动车辆又恢复正常，该故障困扰客户已有半年之久，当故障出现时车辆底盘操控系统失效。车辆平时较少使用才行驶2万km，对车辆进行路试未发现故障现象。

图 4-1-49

（2）读取故障记忆为000242右后车辆水平传感器信号高于极限值。

（3）检查右后车身高度传感器和线束连接器未发现异常，查看实际值和测量车身高度也都正常。对后两轮车身高度传感器对调校准，客户急于用车将车辆提走使用两天后故障再次出现。

（4）查找电路图，对右后车身高度传感器的所有线路和连接插脚进行测量处理，停放几天后进行测试故障依然存在。从以上的测试中摸索到了故障出现的一个规律，就是当车辆停放时间较长后去使用，故障较容易出现。

（5）经过前面的诊断测试分析，故障应为PASM控制模块内部故障，为了证实该故障，将其他车辆模块换到故障车上测试故障再未出现，判定PASM模块故障。更换新的PASM模块，故障排除。

故障原因：PASM控制单元内部故障。

故障排除：更换PASM控制单元。

（四）冷却系统报警

车型：2014年981 Cayman。

故障现象：冷却系统报警。

故障诊断：

（1）组合仪表报冷却系统故障，读取故障码P1432真空泄漏，冷却系统。

（2）真空表检查真空系统包括管路、真空泵、助力器、执行器无泄漏。

（3）更换4个电磁阀，PIWIS测试依然显示真空泄漏。

（4）检查真空泵输出发现只有220 hPa，而正常泵可以达到 100 hPa。查阅故障导航发现连踩制动踏板，然后怠速23 s，真空应该小于110 hPa，否则更换真空泵。更换真空泵后，故障依旧。仔细检查发现该车真空泵的机油少于正常车辆的真空泵，于是检查真空泵的机油喷嘴，发现已经堵塞，清洗后测试，真空恢复正常。如图4-1-51所示。

故障原因：真空泵的机油喷嘴堵塞。

故障诊断：清洗真空泵机油喷嘴。

（五）带侧面防撞板的车辆仪表经常显示胎压监控故障

故障现象：带侧面防撞板的车辆仪表经常显示胎压监控故障，VR1或VR2。

图 4-1-51

故障诊断：

（1）胎压显示不全。

（2）检查所有相关线路，胎压传感器、TPM控制单元。

（3）拆下车下部的侧面防撞板并清除故障。

（4）更换更新配件，新的配件号码95855983001。车辆选配代码发射器。

如图4-1-52~图4-1-54所示。

（六）车辆前部太低

故障现象：车辆前部太低。

故障诊断：

（1）检查是否有故障码000329和000328存储在PASM控制单元中。

（2）结合GFF检查是否PASM系统有任何泄漏。

（3）如果你有类似的故障请发送PRMS。

如图4-1-55所示。

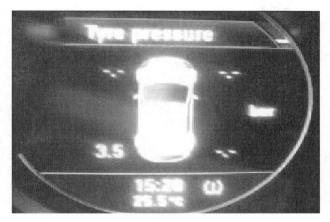

图 4-1-52

图 4-1-55

图 4-1-53

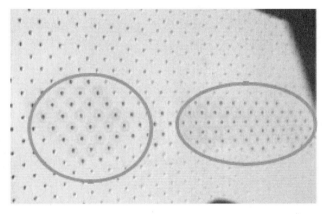

图 4-1-56

图 4-1-54

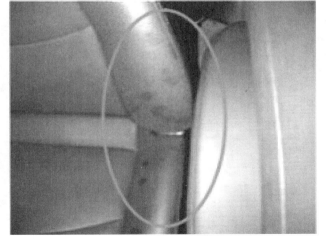

图 4-1-57

提醒：当你要用举升机举升车辆时，请确保空气悬架系统已关闭。

（七）座椅垫皮革变色或出现斑点

车型：2013年Cayenne E2 。

故障现象：座椅垫皮革变色或出现斑点。

故障诊断：变色位置在座垫侧面，手感变硬，如图4-1-56和图4-1-57所示。

故障原因：诸如此类皮革变色是由于使用吹风机或者座椅加热烘干皮革上的水分造成。经过厂商实验证明，当液体渗入皮革后，加热烘干会对皮革内部造成损坏。因此，对于此类损坏是不属于保修范围的。

故障排除：请参看WM 7413N0消除车身内部的症状，对"主动座椅通风装置(识别号4D3)"上的座椅罩执行返工(座椅罩上出现暗斑–SYO411)。

（八）行驶中PSM/ABS报警

车型：所有年款，Cayenne E2，底盘。

故障现象：行驶中PSM/ABS报警。

故障诊断：确认客户投诉以及PSM中存储故障O11F03(右后轮速传感器，传感器故障)，O11F08(右后轮速传感器，信号失真)，检查相关的传感器有无磨损，并根据GFF进行线路检测。

左后和右后的轮速传感器对换，检查故障是否出现。注：右后和左后仅是举例说明，故障可能出现在任何一个轮速传感器上。

故障排除：如果是第一次出现故障，需要根据PET中提供的配件更换所有轮速传感器。如果有更换过轮速传感器，仅更换出现故障的轮速传感器并检查PET中是否有更新配件可用。

（九）车速在90 km/h以上时，车身摆动明显

车型：2013年Cayenne E2，底盘。

故障现象：车速在90 km/h以上时，车身摆动明显。

故障诊断：加速时故障明显，减速时没有摆动现象，无故障码存在。

（1）询问故障出现时的情况。

（2）目视检查底盘状况。

（3）用撬杠检查悬架系统各部分橡胶套是否松动。

故障原因：后上臂胶套损坏，如图4-1-58和图4-1-59所示。

（十）故障胎

故障现象：撞击鼓包，如图4-1-60~图4-1-62所示。

故障原因：

（1）胎压的重要性。

胎压的影响、轮胎的使用寿命、轮胎性能、燃油消耗量。

（2）车辆操控性，如图4-1-63所示。

（3）磨损和维护。

正常的轮胎寿命在6000 km和40 000 km。夏

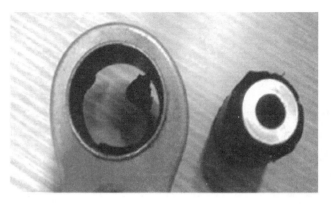

图 4-1-58

图 4-1-59

图 4-1-60

图 4-1-61

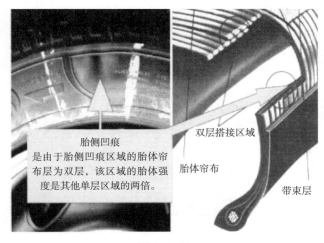

图 4-1-62

图 4-1-64

（1）检查胎压并读取相关底盘系统故障码。

（2）如果通过目视检查未发现异常，需要进行四轮定位检查。

（3）如果轮胎磨损超极限，需要更换轮胎并进行四轮定位。

注意：大多数案例显示后轮前束会产生较大偏差导致后轮磨损。

胎维护提示。轮胎花纹深度：磨损指示标志；损坏。夏季胎用于低温环境(室外温低于7 ℃，建议使用冬季胎)。

磨损情况（图4-1-65）：

外圈磨损；中部磨损；单侧磨损。

图 4-1-65

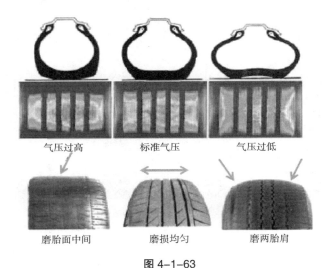

图 4-1-63

季胎、四季胎和冬季胎(7 ℃)。影响轮胎寿命的因素：使用环境、车辆特性、驾驶模式。

（4）附加因素。

①车辆由于过大的碰撞导致四轮定位。②位数值偏差。

（十一）磨损和维护

故障现象：后轮磨损（行驶里程在3000~30 000 km）。

故障诊断：检查分析轮胎磨损情况，可以正确找到入手点，可以分析出：由于胎压导致的磨损或四轮定位导致；对底盘进行目视检查，看看有没有存在明显的事故痕迹或损伤，如图4-1-64所示。

询问客户故障出现时的情况。

未经认可轮胎的影响：

驾驶性能；

导致底盘系统组件过早出现故障；

确认更换同规格轮胎（例如N1要换N1的轮胎），不能换成NO的轮胎，当然要同品牌同型号的，除非有WM或TI的说明。保修索赔。

（十二）四轮有开裂痕迹

车型：所有车型，所有年款。

故障现象：四轮有开裂痕迹，如图4-1-66所示。

故障诊断：主要出现在寒冷地区，轮胎规格为N和夏季轮胎。

故障原因：夏季胎材料在低于7 ℃会变硬导致开裂。

故障排除：更换轮胎。

注意：请依据保时捷技术信息在低于7 ℃时使用冬季胎。

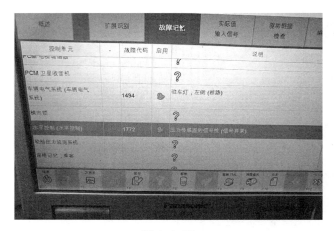

图 4-1-67

图 4-1-66

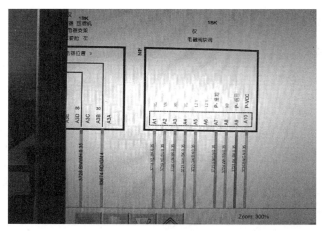

图 4-1-68

（十三）悬架故障灯报警

车型：Cayenne 9pa。

行驶里程：154 672 km。

故障现象：颠簸路段亮过悬架故障灯。

故障诊断：根据客户描述，该车在颠簸路段试车未发现故障。

用诊断仪检查，发现水平控制有故障压力传感器的信号线信号异常故障，如图4-1-67所示。

查阅电路图如图4-1-68和图4-1-69所示。

该车压力传感器都由水平控制单元给压力传感器信号的。

可能的故障原因：

（1）压力传感器。

（2）吸气软管。

（3）压缩空气管路泄露。

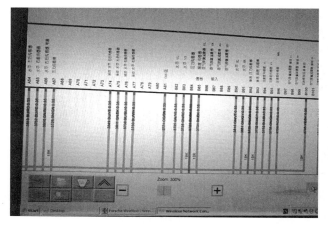

图 4-1-69

（4）水平调节控制单元故障。

（5）水平控制单元针脚松动。

（6）水平控制单元与阀组中间线路有虚接。

首先由简到繁检查线路，水平控制单元至阀组线路如图4-1-68和图4-1-69所示都为正常线路没问题。把水平控制单元拆下来拆解也未能看出什么明显的故障部位，再检查针脚都均正常。其他经过检查也都没有问题，就先和客户沟通更换阀组。更换阀组后试车未发现故障交车。

可没过两天后客户打电话来说悬架故障灯又亮了，然后叫客户开回厂检查。连接诊断仪查看系统故障存储有，水平控制故障压力传感器的信号线信号异常，和上次一模一样。这下问题就来了，该检查的都检查了怎么还有这故障？换了阀组问题也没解决。然后自己想了一下，难道还有哪里没有检查到位？重新再查看该系统的控制功能是怎样工作的。

（1）举升车辆。为了升高车辆，会分别对前桥和后桥上的空气弹簧充气，压缩机将空气泵出蓄压器，并通过管路和阀门导入空气弹簧，为此会切换转换阀1和相应的空气弹簧转换阀。

（2）降低车辆。为了降低车辆，会分别切换前桥和后桥上的空气弹簧，压缩机通过转换阀1将空气泵出空气弹簧，空气通过空气干燥器和转换阀2导入蓄压器，这样回路设计意味着系统中的湿气会被清除。

通过对功能启动的理解，意识到难道是打气泵坏了？经跟客户沟通，先拆开打气泵右边那颗胶的6里内六角螺钉，结果拆开一看里面确实有很多水渍。然后更换打气泵后试车未发现故障，交车。交了车总感觉这个应该还没有解决问题。为什么我会这么想，因为在拆打气泵的时候我检查了进气软管，发现进气很大，可排气却不是很通畅，我总觉得有问题可又说不出什么来。

果然一个星期左右客户又打电话来说他跑高速后一两个小时故障灯又亮了，到厂连接诊断仪，故障还是压力传感器的信号线信号异常。

难道还是哪里检查没到位？难道是水平控制单元出问题了？就在此时我也问了好多老师和同行，有的说再换一个打气泵，有的建议说修水平控制单元，然后打电话咨询专门修控制单元方面的专家，给的结果是没法修，建议更换。这个情况问了很多人给的答案都说再换打气泵。阀组也换了，打

气泵也换了，可故障依旧，最后理清思路把有关联的一一排除。就在此时我想验证下厂里有另一台92A，与故障车配置相同的控制悬架。拆开打气泵进气管往管里面吹气或者吸气时都有气流，而且很大，在往有故障的车辆相同部位进气管进行吹气时，进气通畅，但是排气特别费力。难道故障就出在这里？原来是进气口里面有个类似于消音器的中间黑色的部分好像有东西阻塞了。它是装在右前内衬里面，拆掉水壶上面的饰板也能看到它，由于此部件的堵塞导致压缩机排气不是很通畅，造成我们短期试车是正常的，客户一跑高速进行高度模式自动调节时，气体就排不出来，所进气管排气不通畅才是此故障的根本原因，如图4-1-70所示。

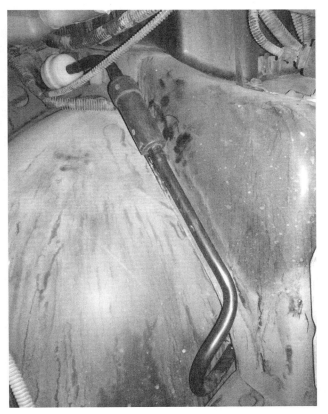

图4-1-70

故障诊断：更换打气泵进气管。

故障总结：刚开始有检查进气管，能进气，但就是不敢确定进气出气是否成正比例，所以也不敢确定进气管是否损坏了。所以忽略了这个细节，

只能进气但排气不是很通畅。一定要细心检查，不要放掉每一个可能发生或者引起的小问题，宁愿多花点时间慢一点，检查一定要到位，避免走更多的弯路。

通过这个案例我们可以看到，往往我们更关注故障表现的本身，而忽视了整个系统的组成和整个系统的工作原理。在故障现象与维修故障时只关注与故障相联系的局部功能，忽略掉整体逻辑性，从而经历了多次重复的维修。这也是本案例带给我们最大的借鉴意义。

四、电气系统

（一）车载音响无声音

车型：Cayenne。

故障现象：车载音响无声音。

故障诊断：

（1）对故障现象进行确认(FM、DVD等均无声音)低音箱工作正常(备胎下)。

（2）手动重启PCM机后故障依旧。

（3）对车辆进行诊断，放大器存有故障码9144。

（4）对放大器控制单元进行重新编码后故障依旧。

（5）对放大器传输模式重新进行设定后音响工作恢复正常。

故障原因：软件设置故障。

故障排除：重新设置，故障现象消失(Bose放大器—驱动链接—传输模式)。

（二）PDI，遥控器与车的距离超过范围1 m遥控器失灵

车型：2015年Cayenne 92A，配置3.0T发动机。

故障现象：PDI，遥控器与车的距离超过范围1 m遥控器失灵，只有在左前门和右前门处按闭锁和开锁，遥控器可以工作。

故障诊断：

（1）PIWIS读取控制单元无任何故障存储，检查天线放大器线束插头供电正常。

（2）检查前端模块和放大器上的天线插头和内部针头均无虚接现象。

（3）测量前端模块与后部天线放大器之间的导线阻值，发现屏蔽层和内侧芯断路。

（4）分段测量前端模块与天线放大器之间的导线，发现在右侧A柱处线束不导通。

（5）检查发现通过仪表右侧处的天线线束已经被仪表骨架夹断。

故障原因：在生产线上，线束没有正确安装，安装仪表骨架时把线束夹断。

故障排除：重新修复线束后远距离测试遥控器功能正常，故障排除，如图4-1-71所示。

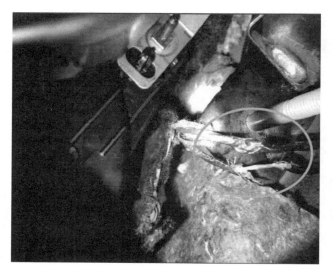

图4-1-71

（三）车辆近距离无法锁门，远距离上锁正常

车型：2013年Cayenne E2 I。

故障现象：车辆近距离无法锁门，远距离上锁正常。

故障诊断：确认故障存在。操作遥控器锁门，能锁上，但车辆马上会解锁。

故障原因：Tester诊断车辆到反馈的信号，没有故障码。多次进行操作，发现车辆自动解锁时，遥控器上的LED灯会闪一下。如果远距离锁门后，遥控器上的LED不会闪亮。说明遥控器工作正常，问题出在Kessy系统内部。进一步检查发现，右前门拉手感应器常闭合，导致锁门后自动开锁。

故障排除：更换右前门拉手后故障排除。

（四）仪表重新编码后，胎压监控出现"系统未启用"

车型：2013年Cayenne 92A。

故障现象：仪表重新编码后，胎压监控出现

"系统未启用"。

故障诊断：

（1）检查无故障码，检查尾灯正常，线路接口都正常，对仪表重新编码后，胎压监控出现"系统未启用"，并且有故障码"800302组合仪表传出的数据记录不可靠"。

（2）做GFF，可能的故障为胎压监控控制单元，对换PM控制单元，一开始正常，设置轮胎信息后，故障再次出现。将此车PM控制单元对换到其他车上，设置轮胎信息后，一切正常。确定PM控制单元没问题。

（3）断电、对仪表恢复出厂设置、用新旧版本电脑重新编码、将正常仪表的数据倒到这个仪表上，故障依旧。对换仪表后，正常。将此车仪表装到其他车上，会出现故障。确定为仪表内部故障。

故障原因：仪表内部故障。

故障排除：更换仪表。

（五）客户反映车顶天窗处滴水

车型：2015年Cayenne 3.0T。

故障现象：客户反映车顶天窗处滴水。

故障诊断：

（1）检查发现车顶内饰有水滴落下，驾驶室地毯处有积水，如图4-1-72所示。

（2）经过反复测试发现天窗接合处胶密封不牢固，天窗下水口有毛刺。对天窗接合处打胶打磨下水口毛刺。短期测试未发现滴水现象，如图4-1-73所示。

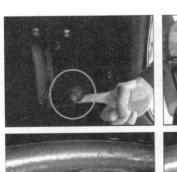

图4-1-72

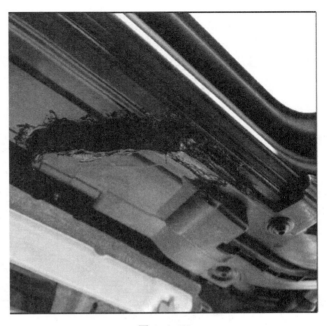

图4-1-73

故障原因：天窗结合处胶密封不牢固。

故障排除：对天窗结合处打胶，打磨下水口毛刺。

（六）客户反映仪表黑屏

车型：2015年Cayenne。

故障现象：客户反映仪表黑屏。

故障诊断：点火开关打开，仪表无任何显示，表针也不工作，但车辆可正常启动行驶。读取故障码U112100，U015500，C12018都是与组合仪表通信故障。CPIWISTestr无法读取仪表控制单元，查阅电路图，检查右侧F52，5A仪表控制单元供电保险正常。拆下仪表检查插头针脚都无腐蚀，于是测量线束插座针脚A2、A3、A19、电源30为蓄电池电源，A1、A17端子31与车身接地也正常，当测量A4、A5、针脚CAN网络波形时发现，A4针脚CAN高，无信号波形断路。

测量网关处波形正常，说明仪表到网关之间的CAN-H网络线故障，如图4-1-74和图4-1-75所示。

查阅网络拓扑图确定线束节点位置，用手按压线束发现仪表偶尔出现显示恢复正常，解剖线束发现SP-SC50节点连接不可靠断开。修复线束故障排除，如图4-1-76和图4-1-77所示。

图 4-1-74

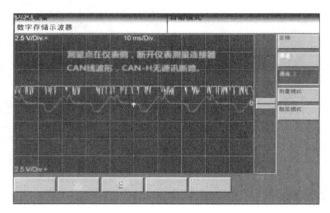

图 4-1-75

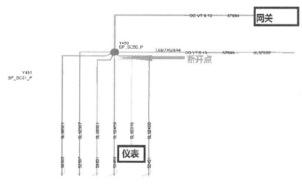

图 4-1-76

故障点 I 仪表CAN-H
线束在SP-SC50节点处
断路（线束断路故障）　SP-SC50-P

图 4-1-77

故障排除：

（1）仪表CAN高线束断路无法通信导致仪表不工作，黑屏。

（2）修复焊接仪表CAN高线束SP-SC50节点。

（七）车停放一晚后，早上就无法启动，显示高压系统故障

车型：2015年970。

故障现象：车停放一晚后，早上就无法启动，显示高压系统故障。

故障诊断：

（1）高压蓄电池内部故障。故障码：POA7D00，高压蓄电池充电故障（0058FA）。POAF800高压蓄电池，相对于所有电池总电压的电池模块电压不可靠(OOAA92)。POA7D00，高压蓄电池，充电状态低于极限值(OOAA9E)。P33F100高压系统因故障而禁用……其他控制单元，比如DME：P32A800 Check high-voltage batteryfault memory content，均显示与高压蓄电池有关的故障，与发动机本身无关。

（2）实际值。单格电池电压一般都在3.52 V左右，而个别单格电池电压只有3.295 V，电压相差过大。

故障原因：高压蓄电池内部故障。

故障排除：按技术资料提示更换高压蓄电池，并做不针对中国市场的以下车间活动WD50、WE17后才恢复正常。更换电池前也做了WD50、WE17，所有对高压系统有影响的车间活动，故障未排除。

（八）左后倒车灯不亮

车型：2013年Panamera。

故障现象：左后倒车灯不亮。

故障诊断：确认左后倒车灯不亮，但右侧工作正常。

故障原因：Tester检测无故障码。把左、右后尾灯对调还是不亮。检查电压，左后倒车灯供电电压不正常。检查线路，没有问题，怀疑后端CU内部出现故障。该车才跑2000多千米，推断后端CU内部应该不会在这么短的时间内就出现问题。执行车辆移交、断电、查看车辆数据维护、自动编码，故障依旧。试着用诊断仪对后端CU"恢复出厂设置"，两侧倒车灯均正常亮起。

故障排除：对后端CU执行"恢复出厂设置"的编码后，故障解决。

（九）新车遥控器与车辆距离超过10 m后有时失灵

车型：2015年Panamera。

故障现象：新车遥控器与车辆距离超过10 m后有时失灵。

故障诊断：无故障记忆，两把遥控器都一样，确认天线或前端有问题；测量遥控器天线发现天线断路。如图4-1-78和图4-1-79所示。

故障原因：天线断路。

故障排除：更换后盖线束。

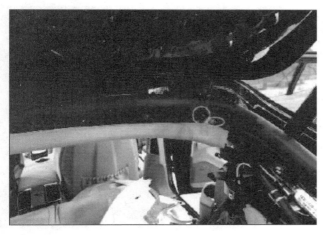

图 4-1-78

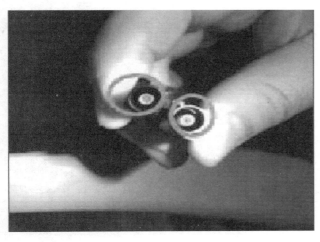

图 4-1-79

（十）蓄电池亏电，车辆无法启动

车型：2012年Cayenne E2。

故障现象：蓄电池亏电，车辆无法启动。

故障诊断：

（1）检查蓄电池，发现电量低，于是进行充电，并进行漏电测试未发现漏电。

（2）试车过程中仪表报警，蓄电池电压过低。检查蓄电池发现又亏电了。检查发电机，发现没有进行发电。

（3）利用PIWIS读取网关实际值，发现发电机设定电压为10.6 V，过低。于是读取相同车型网关数据写入该网关，设定电压恢复为14.2 V。

故障原因：网关发电机设定电压错误。

故障排除：重新读写网关数据。

（十一）客户反映仪表有时不显示，工作正常

车型：2013年Cayenne E2。

故障现象：客户反映仪表有时不显示，工作正常。

故障诊断：

（1）检测仪检测发现仪表、空调、罗盘控制单元和网关控制单元有不能通信的故障码。仪表、空调、罗盘均不能使用，且无任何显示。发动机PCM均不能访问。

（2）检查网络拓扑，发现发生故障的控制单元同属CAN display网络，检查CAN波形，发现对地短路。

（3）逐个拔出相关的控制单元测试，到罗盘时，发现波形正常。

故障原因：罗盘损坏，导致网络节点故障，致使所有在该CANdisplay网络中的各单元不能通信，如图4-1-80~图4-1-82所示。

故障排除：更换罗盘。

（十二）方向盘加热功能失效

车型：2012年Cayenne E2。

故障现象：方向盘加热功能失效。

故障诊断：无故障码。

（1）进行断电5 min，重置并删除故障码。

（2）仪表显示方向盘加热功能失效，实际值显示没有方向盘加热电流。

（3）测量方向盘加热电阻正常。

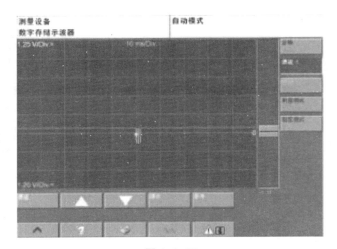

图 4-1-80

图 4-1-81

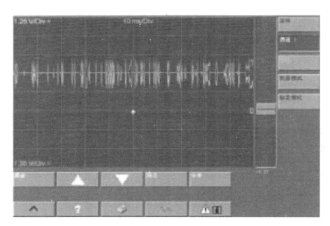

图 4-1-82

（4）对换方向盘，加热功能正常，对方向盘
重新设码，故障仍存在。

（5）对换转向柱模块，故障仍存在。

（6）输入车辆保养数据，重新设码，故障仍

存在。

（7）测量转向柱模块线路，均正常。

（8）检查CAN线及舒适CAN波形，均正常。

（9）检查内部温度传感器，测量值随车内温
度变化而变化，对换空调控制面板，故障仍存在。

根据TI(活动SY2010FL02)对空调控制单元及方
向盘电气进行编程，故障仍存在。我们发现当着
车时前端控制单元的电压为11.7 V，于是检查发电
机，发现发电机电压也是11.7 V。对发电机进行驱
动链接测试总是失败。

故障原因：我们发现在前保险丝盒中缺少一根
发电机的LIN线。我们接上LIN线后，发电机电压
恢复正常，方向盘加热功能正常，如图4-1-83和
图4-1-84所示。

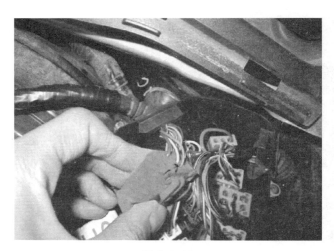

图 4-1-83

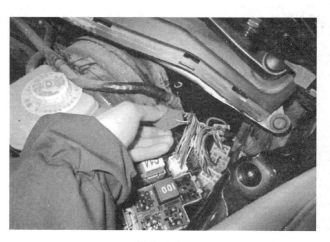

图 4-1-84

（十三）客户抱怨车辆在停下来，锁闭车辆后会报警

车型：2014年Cayenne E2。

故障现象：客户抱怨车辆在停下来，锁闭车辆后会报警。

故障诊断：

（1）PIWIS检测无故障码。

（2）查看报警信息，提示为后窗玻璃破碎传感器报警。

（3）检查后窗玻璃加热电阻丝，加热正常。

（4）停在车间观察，一天未发现异常，车辆未报警。把车移到场内停车场第二天，公司保安告知车辆昨天晚上报警，车灯闪烁。连接PIWIS检测仪，查看报警记录，还是提示为后窗玻璃破碎传感器报警。根据电路图检查相关电路，在车上未找到后窗玻璃破碎传感器，我们理解所谓的后窗玻璃破碎传感器，就是后窗玻璃加热电阻丝。怀疑是后端模块控制单元故障，和型号相同的车辆对换后端模块，锁车后30 s车辆就会报警，报警信息还是后窗玻璃破碎传感器。

（5）测量后窗玻璃加热电阻丝左右的电阻发现，右侧的电阻有时正常，有时很大。

（6）把后窗玻璃加热电阻丝右侧的电阻用电缆短接后，锁车30 s后车辆未报警。观察5天后，故障未出现，至此故障解决。

故障原因：后窗玻璃加热线路故障。

（十四）车辆在行驶中气囊灯突然亮起

车型：2012年Caynne E2。

故障现象：车辆在行驶中气囊灯突然亮起。

故障诊断：拆下主气囊后发现气囊游丝插头处的线束有磨损痕迹，使用内窥镜从方向盘底部查看发现在按压喇叭时主气囊底部的螺栓会磨到气囊线束，如图4-1-85和图4-1-86所示。

故障原因：线束短路。

故障排除：更换磨损线束，将此线束重新调整走向，如图4-1-87~图4-1-89所示。

（十五）客户抱怨后部空调不制冷，出热风

车型：2013年Cayenne E2。

故障现象：客户抱怨后部空调不制冷，出热风。

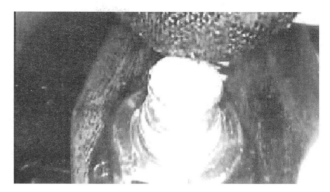

图 4-1-85

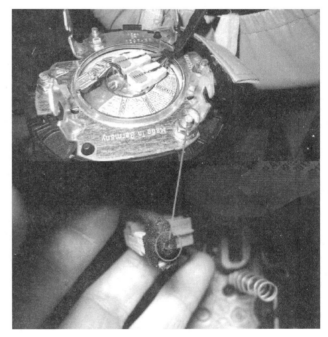

图 4-1-86

图 4-1-87

图 4-1-88

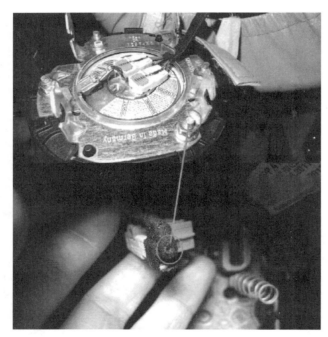

图 4-1-89

故障原因：用内窥镜探查发现前部空调低压管通向后部的低压管没有开孔，如图4-1-90和图4-1-91所示。

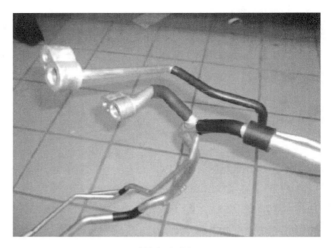

图 4-1-90

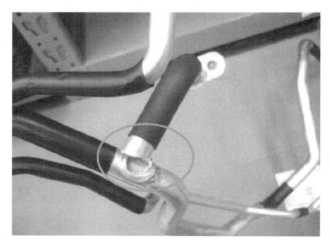

图 4-1-91

故障诊断：

（1）PIWIS检查无故障码。

（2）检查空调前部制冷正常，后部始终出热风，测量空调系统管路压力，低压和高压正常，重新抽空加注冷媒，故障依旧。

（3）该车带前后空调，前面制冷正常，重点检查后部空调相关部件，对后部的膨胀阀、蒸发箱、混合气伺服电机进行了检查，均未发现问题。

（4）检查空调管路，发现后部空调高低压管路之间没有温差，于是拆卸管路逐段用压缩空气进行检查管路的导通性，最后发现后部空调低压管与前空调低压管堵塞，不导通。

（十六）客户反映低速转弯时熄火，无法再次着车

车型：2013年Cayenne E2。

故障现象：客户反映低速转弯时熄火，无法再次着车。

故障诊断：

（1）故障为偶发性故障，车辆拖进车间检查时无法重现故障现象。

（2）有故障码P310B00 Fuel pressure-fuel pressure out of tolerance。

（3）无故障现象时测量一切数据正常，在车间测试一个星期故障重现，测量低压油压为0，油泵不工作，测量油泵控制单元到油泵无电压。

故障原因：判断油泵控制单元内部电气故障。

故障排除：更换汽油泵控制单元，交付客户使用，故障解决。

（十七）组合仪表显示"转向机构已锁定"故障

车型：2012年Cayenne E2。

故障现象：组合仪表显示"转向机构已锁定"故障。

故障诊断：诊断仪检测，前部BCM有故障码850408/转向锁位置不可靠及881308/钥匙未同步，无法清除。插入钥匙发现方向盘可以解锁，但拔出钥匙时方向盘无法锁止，故障现象与仪表显示不一致。查看转向柱锁控制电路图，发现转向柱锁启用是由后部BCM控制的，而锁止是由前部BCM控制

图4-1-92

的，如图4-1-92和图4-1-93所示。

故障原因：万用表检测，发现前端BCM过来的控制信号正常；但后端BCM的控制信号时刻是通的，说明后端BCM故障，导致时刻给ELV一个打开的信号使转向柱无法锁止。

故障排除：更换后端BCM后故障消除。

（十八）Cayenne E2更换新的前端控制单元后，变光时远光灯无法保持

车型：Cayenne E2。

故障现象：卡宴E2更换新的前端控制单元后，变光时远光灯无法保持。

故障诊断：

（1）原车的前端控制单元配件编号是7PP907064GA，现配件编号已经最新(7PP907064HM)。

（2）更换前端控制单元时使用的PIWIS TESTER软件版本为VG2-13.900。

（3）为了解决这种故障，请更新PIWIS TESTER版本到VG2 14.600或使用更高版本。

（十九）仪表显示冷却液故障，空调不制热

故障现象：仪表显示冷却液故障，空调不制热。

故障诊断：

（1）PIWIS Tester显示如下故障码。①001170加热转换阀电路短路或接地。②001172加热转换阀短路电路断路。③P1433真空系统泄漏—冷却系统故障。④P1466散热器风扇，机械故障（低于极限值）。

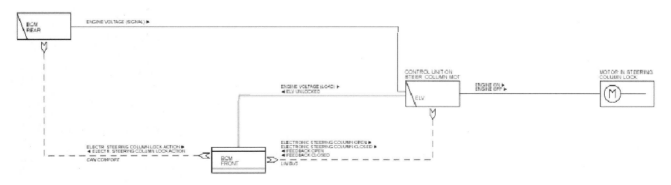

图4-1-93

（2）结合GFF检查所有相关的线路、真空软管及阀，以确保没有泄漏或损坏，如图4-1-94和图4-1-95所示。

（3）也许能直接看到冷却液转换阀变形或损坏。

图 4-1-94

图 4-1-95

（二十）在做PDI时发现车辆无法启动，仪表显示多个系统故障

故障现象：在做PDI时发现车辆无法启动，仪表显示多个系统故障。

故障诊断：

（1）PIWIS TESTER检测发现很多与控制单元不通信的故障码。

（2）检查测量发现15号继电器95861502900不工作。

故障总结：若遇到类似故障请，更换新的继电器并请检查新继电器的触点状况，如图4-1-96和

图4-1-97所示。

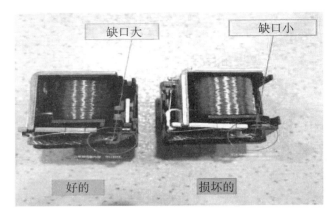

图 4-1-96

图 4-1-97

（二十一）防石击膜有气泡

故障现象：防石击膜有气泡。

故障诊断：若遇到类似情况，请创建PQIS工单并发送PRMS给我们。

从技术角度建议更换防石击膜，如图4-1-98所示。

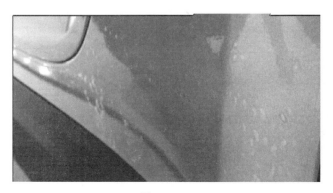

图 4-1-98

（二十二）油箱盖板无法锁止

故障现象：油箱盖板无法锁止。

故障诊断：检查无相关故障码，检查锁止系统线路正常。检查锁止机构执行器发现执行器弹簧无法回弹导致无法锁止油箱盖板，如图4-1-99和图4-1-100所示。

图 4-1-101

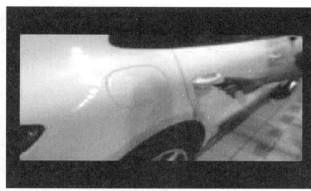

图 4-1-99

（二十四）洗车后大灯里面有水

故障现象：洗车后大灯里面有水。

故障诊断：

（1）请检查大灯外部是否有泄漏点，并检查是否有事故痕迹，如图4-1-102所示。

（2）检查大灯后盖及后盖所有的密封圈。

（3）如果没有发现故障原因，请发送PRMS给我们。

图 4-1-100

图 4-1-102

（二十三）B柱外部饰板开裂

故障现象：B柱外部饰板开裂，如图4-1-101所示。

故障诊断：检查是否有任何外力损伤，若没有请发送PRMS给我们。

（二十五）导航有故障，一直显示加载中

故障现象：导航有故障，一直显示加载中。

故障诊断：

（1）检查是否有故障码。

（2）根据GFF测量天线线路导航是否正常。0303GPS天线，断路。如果线路正常请删除故障码检查，如图4-1-103所示。

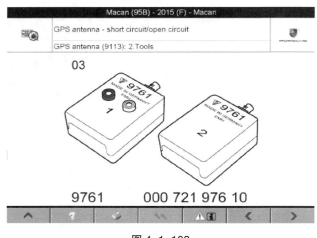

图 4-1-103

Overview table

Control unit	Part number	Serial number	DSN	Software	Hardware	Fault codes
A.C compressor	91857337700			0011	H01	
Aerodynamics (PAA)	91861811104	SHF0000335		0540	H05	000208, 000209, 00021D, 000217, 000218, 000213, 000214, 00021E
Airbag (A2.7)	91861821303	096400969E		1200	009	
Air conditioner	91861820103			0545	200	
Alarm siren	1K8951605B			9005	H11	
Battery sensor	91861102053	0000000000SE11000349		0540	300	

图 4-1-104

（3）如果导航依然显示加载中，请尝试做断电，车辆移交，PCM重置，数据读取和写入等。

（4）如果故障仍然存在，请发送PRMS给我们。

（二十六）在做PDI时仪表显示：空气动力学控制单元故障

故障现象：在做PDI时仪表显示：空气动力学控制单元故障。

故障诊断：

（1）有以下故障码：

000217 Front-diffuser fault and left-position unknown；

00021 E Front diffuser and right-not standardized；

00021 D Front diffuser，left-not standardized。

（2）如果初始化无法成功执行，请尝试做驱动链接。

（3）重复做初始化，直到成功为止，期间请注意导风板电机的温度，如图4-1-104所示。

（4）如果有类似的案例，请发送PRMS报告给我们。

（二十七）有故障码无法删除，但车辆所有的功能正常

故障现象：做完WE37的车间活动后，有以下故障码无法删除，但车辆所有的功能正常。

（1）02FF00控制单元的关闭阶段未正常结束(电动制动助力器)。

（2）0 10040控制单元电源断路(动力转向)。

（3）000033由于失去接地连接而重置控制单元(后轴转向左侧)。

（4）000033由于失去接地连接而重置控制单元(后轴转向右侧)。

故障诊断：由于在做Campaign时电压下降，导致了这些故障出现，如果出现类似故障请按以下方法操作：

（1）连接充电器和PIWIS TESTER。

（2）做所有控制单元并自动搜索所要控制单元。

（3）进入网关控制单元选择驱动链接→关闭阶段/运输模式→切断阀规格→没有限制，然后回到驱动链接选择网关控制单元重置。

（4）断开PIWIS TESTER，锁车大概5 min。

（5）选择所有的控制单元并搜索控制单元，然后删除所有故障码。

如果无法使用高压充电电缆给车辆充电，请参阅车间手册WM9X001 N蓄电池涓流充电。对低压电池进行充电。

对于用时不到1 h的针对车辆的快速流程或快速作业，请使用1（3）8 V（充电电流限制：60 A）将低压车辆电气系统连接到外部备份系统。

在停用高压系统时对低压车辆电气系统的更长期支持(超过1 h)仅允许使用处于涓流充电模式的充电器，在未达到4 A的电流阈值时启用涓流充电模式。必须选择1（3）5 V的涓流充电电压。

在充电器的菜单显示中将充电器设为"CHARGE MODE"（充电模式），实现以下设置：

U = 1（3）8 V(充电电压)/Uehl= 1（3）5 V(涓

流充电)/Uesp = 5 V(接通电压) Imax = 54 A(最大充电电流的电流限制)；

Iehl = 4 A(涓流充电电流)；

Ina=2 A(电容充电电流，充电器切换回充电状态时针对ehl的Delta值)；

Q max = 6 000 Ah(最大电池充电量)；

T min = 1 min(最短充电时间)；

Tmax=97 h。

来自Deutronic的大多数DBL充电器只有在重新启动后才永久接受值。

（二十八）组合仪表显示驻车制动器故障

车型：2014年Cayenne。

故障现象：组合仪表显示驻车制动器故障。

故障诊断：

（1）车间检查故障现象存在，创建VAL，故障记忆000040驻车制动功能灯电器故障；GF无引导信息，驻车制动功能检查都正常。

（2）模块电源、接地都正常；发现驻车模块A19针脚到组合仪表A30针脚连线电阻无穷大，逐段线路排查，发现右前座椅下方该线路被挤压，绝缘层破裂；加上此车曾经车厢进过水，致破裂处氧化断路。

故障原因：线路破损，进水氧化导致断路，如图4-1-105~图4-1-108所示。

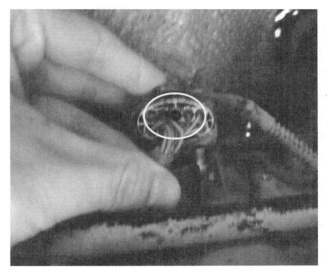

图 4-1-106

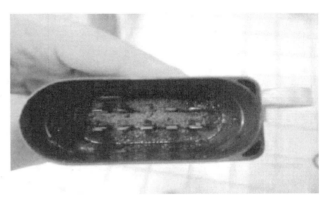

图 4-1-107

图 4-1-105

图 4-1-108

故障诊断：疏通车身排水孔，处理断路线束。

（二十九）组合仪表显示大灯故障，右前近光灯瞬间熄灭再点亮

车型：2013年Cayenne。

故障现象：组合仪表显示大灯故障，右前近光灯瞬间熄灭再点亮。

故障诊断：

（1）连接PIWIS检测仪读取故障记忆，有故障码870AOE(右侧近光灯故障)，802108(端子56b)，故障为偶发。

（2）拆下右侧大灯(插头未拔下)晃动大灯，故障现象出现。

（3）拔下大灯插头检查线束针脚未见异常现象，测量大灯供电正常。

（4）打开大灯后盖检查大灯内部线束针脚正常，远光灯灯泡正常；在装复近光灯时发现，近光灯座附近的线束有一根存在绝缘层磨损，如图4-1-109所示。

（5）模拟故障再现，发现当破损线束与近光灯灯座接触时，就会出现所述故障现象。

故障原因：当车辆在颠簸路面行驶时，破损线束与近光灯座接触时，近光灯电压瞬间下降，出现所述故障。

故障排除：修复破损线束。

（三十）钥匙遥控不好使

车型：2014年Cayenne。

故障现象：钥匙遥控不好使。

故障诊断：

（1）PD I时发现用钥匙锁车解锁失灵，在靠近后窗玻璃或主驾车门玻璃时遥控能用，其他位置遥控失灵。

（2）用PIWIS检测仪读取无相关故障码，根据TI9662（104/12）更换天线后故障依然存在。

（3）用万用表测量天线的线路发现断路。

（4）拆下仪表台，检查发现为副驾A柱处天线线束断开。

故障原因：前端到天线的线路断路，如图4-1-110和图4-1-111所示。

故障排除：更换新的线束。

（三十一）行驶时混合动力报警

车型：2011年Cayenne S Hybrid。

故障现象：行驶时混合动力报警。

故障诊断：

（1）试车发现混合动力报警，纯电动模式无法使用，重新熄火再启动故障就会消失，然后行驶数百千米又会出现；读取故障码P309D00，离合器执行器在开启时打滑。

（2）根据GFF，检查离合器液位正常；然后更换离合器油再做排气校准，但故障依旧；交换离合器执行器，故障依旧。

（3）考虑到该车里程有10万km，检查离合器发现已经磨损。

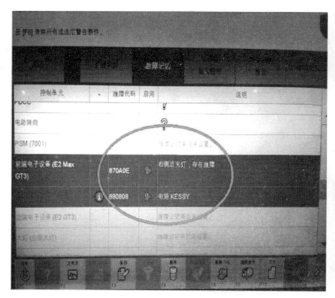

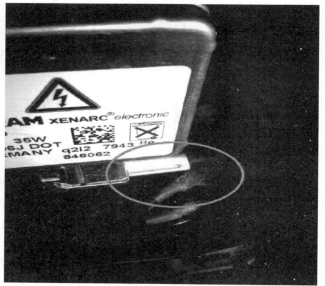

图 4-1-109

图 4-1-110

此处
线断

图 4-1-111

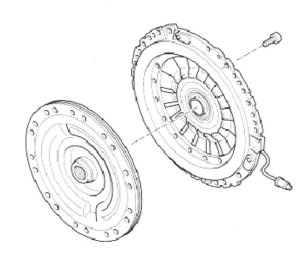

图 4-1-112

故障原因：离合器磨损。

故障排除：更换离合器片和压盘，如图4-1-112所示。

（三十二）空调出风口有时不出风

车型：2014年Cayenne 3.0T。

故障现象：空调出风口有时不出风。

故障诊断：

（1）确认故障，新鲜空气鼓风机运转，所有出风口不出风。

（2）用PIWIS检测仪进入空调控制单元有故障码：0820308267伺服电机与LIN通信相关的故障码。

（3）在左侧中央扩展通风伺服电机位置：①检查LIN总线1通信波形正常。②测量正极电压正常12.55 V。③测量负极线电压降为10.67 V（正常车14 mV）。④关闭点火开关，测量接地电阻值为"∞"（正常车1.3 Ω）。

（4）检查空调面板单元与线路插头的5号插脚连接，发现线路插头内的插脚匹配不正确。

故障原因：线路接地插脚不正确。

故障排除：使用线束修理包工具对5号线路插脚进行修理更换，如图4-1-113和图4-1-114所示。

（三十三）驾驶员侧门玻璃和乘客侧门玻璃滑水效果差异明显

车型：Cayenne S。

故障现象：驾驶员侧门玻璃和乘客侧门玻璃滑水效果差异明显，如图4-1-115和图4-1-116所示。

故障诊断：

（1）清洁驾驶员侧门玻璃。

（2）更换驾驶员侧门玻璃无法根本消除该现象。

故障排除：建议使用000.04（3）20（6）47汽

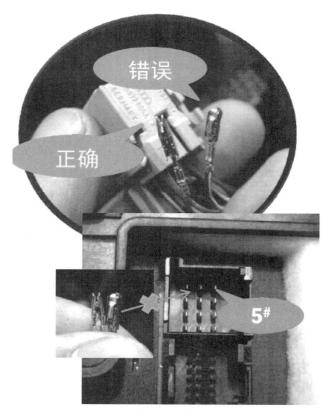

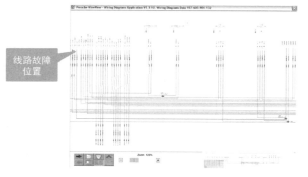

图 4-1-113

图 4-1-116

图 4-1-114

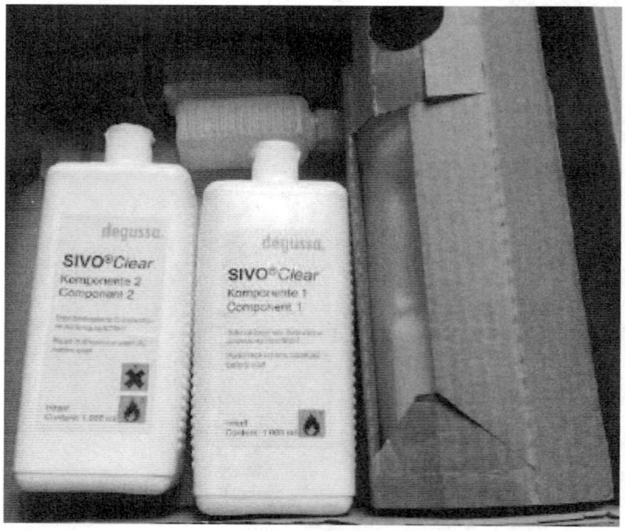

图 4-1-117

车养护组件，可在PET里查找到该零件号，如图4-1-117所示。

（三十四）前雨刮片工作时抖动、产生噪音或摩擦并留下污痕

车型：2012年 Cayenne。

故障现象：前雨刮片工作时抖动、产生噪音或摩擦并留下污痕，如图4-1-118所示。

故障诊断：

（1）检查、必要时更换前雨刮片。

（2）尝试调整雨刮臂迎角、更换雨刮臂，无效。

（3）尝试更换雨刮电机，无效。

图 4-1-115

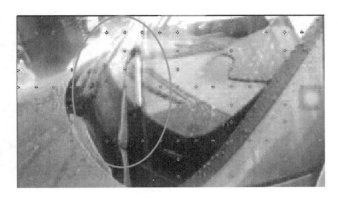

图 4-1-118

（4）尝试更换挡风玻璃，无效。

故障排除：清洁挡风玻璃，在洗涤液罐中加注车窗清洁剂。

故障总结：

（1）参见《WM641229消除噪音/振动症状——清洁挡风玻璃(雨刷器发出噪音并留下污迹/SY1014)》。

（2）告知客户不要使用玻璃泼水剂、雨敌、玻璃膏等类似涂层的化学用品，否则我们拒绝任何索赔申请；这些产品可能会导致雨刮器工作时出现跳动和异响现象，尤其是在雨天时。

（三十五）开启近光灯后推动远光灯操作杆，发现远光灯无法保持住

车型：2013年Cayenne。

故障现象：因某个故障更换前端模块后，开启近光灯后推动远光灯操作杆，发现远光灯无法保持住。

故障诊断：

（1）装回旧前端模块后，远光灯操作恢复正常。

（2）对换同款方向盘电子元件模块，故障依旧。

故障排除：用版本为14.600，14.700或14.750的PIWIS Tester "对前端模块进行自动编码"。

（三十六）无线互联网访问设备无法建立无线网络连接

车型：车型不限。

故障现象：无线互联网访问设备无法建立无线网络连接。

故障诊断：

（1）含有流量数据包的3G SIM卡已正确插入卡槽，如图4-1-119和图4-1-120所示。

（2）无线互联网访问设备看上去工作正常。

故障排除：按下重置按钮，恢复设备出厂设置。

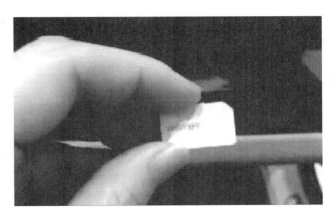

图 4-1-119

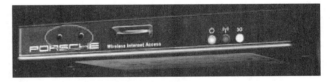

图 4-1-120

（三十七）混合动力报警，空调受限

车型：Cayenne SHybrid。

故障现象：混合动力报警，空调受限，在高压空调压缩机模块中有故障码 "B200DF0因内部通信故障功能限制" "U111300检查空调控制模块"，在空调控制模块中有故障码 "C120AB检查高压空调压缩机模块"，在网关模块中有故障码 "000601发电机电气故障"，在电源电子装置中有故障码 "POA1B00电源电子装置功能限制"，如图4-1-121所示。

故障诊断：

（1）参照GFF。

（2）必要时执行绝缘测试。

（3）检查高压空调压缩机与高压电缆连接头处是否牢固可靠，没有松动现象。

图 4-1-121

（4）如果电源电子装置功能限制与空调压缩机相关的故障码同时出现，请检查电源电子装置和高压电缆(电源电子装置到高压空调压缩机的电缆)的接头处是否牢固可靠，没有松动现象。

故障排除：发送PRMS，视情况同时更换高压空调压缩机和高压电缆。

注：根据《TI混合动力：保养维修之后或者接到投诉等情况下要执行的特殊任务的相关信息》若有控制线断路故障，更换高压电缆，如图4-1-122所示。

图 4-1-122

（三十八）混合动力报警

车型：Cayenne SHybrid。

故障现象：混合动力报警，高压蓄电池控制模块中有故障码POAA600高压蓄电池绝缘，POAA700高压蓄电池绝缘监测电气故障。

故障诊断：

（1）保证高压系统已断开，检查高压蓄电池外观。

（2）车辆作业安全的前提下，执行绝缘测试。

（3）目前全国已有数起案例，发现高压蓄电池壳体表面有水迹从而导致绝缘故障，如图4-1-123和图4-1-124所示。

故障排除：查找并排除水迹来源，发送PRMS，视情况更换故障部件。

图 4-1-123

图 4-1-124

（三十九）配置有"73H工业充电电缆CEE 32 A/230 V/6 H"，锂离子高压蓄电池正常

车型：Cayenne SE-hybrid。

故障现象：配置有"73H工业充电电缆CEE 32 A/230 V/6 H"，锂离子高压蓄电池正常耗尽后，以7.2 km/230 V/32 A单相电的功率充满电需耗时约1.4h，但实际充满电耗时4~5 h。

故障诊断：发现该车实际配置有诸多错误。

（1）保时捷通用充电器功率3.6 kW，错误。

（2）充电电缆(电源端)7.2 kW，正确。

（3）充电电缆(车辆端)3.6 kW，错误。

（4）车载充电器3.6 kW，错误。

（5）车辆充电接口3.6 kW，错误。

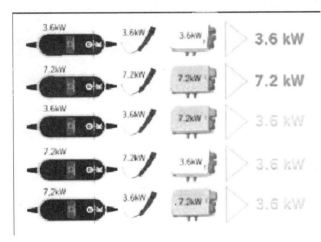

图 4-1-125

如图4-1-125所示。

故障排除：将所有错误部件更换成功率为7.2 kW的部件。

注：所有3.6 kW和7.2 kW的部件可以互相混淆组合，最终输出功率受限于功率最低的部件。

（四十）2013年Cayenne 后盖以前偶尔不能正常工作

车型：2013年Cayenne。

行驶里程：89 560 km。

故障现象：客户反映后盖以前偶尔不能正常工作，现在故障现象一直存在。

故障诊断：

（1）按压后盖按钮，锁扣能够弹开，后盖不会上升。用PIWIS检查故障码为C12010与尾门控制单元通信，如图4-1-126所示。

（2）出现通信问题，可能的原因有电源、搭铁和车载网络。

（3）首先检查尾门的保险丝正常，断开尾门控制单元的连接器测量电源12.3 V也正常。测量搭铁正常。检查CAN网络也正常。

（4）检查车辆的编码，显示是"电动尾门"，没问题。此时怀疑控制单元问题，可替换后故障依旧。

（5）再次在控制单元测电压时发现电压为6.34 V（此时插头是连接控制单元的），断开插头再次测量是12.3 V，说明控制单元电源线路有虚

图 4-1-126

接。

（6）如图4-1-127~图4-1-129所示。

（7）我们把顶灯的正极飞接到尾门控制单元的正极处，再次测量电压是12.3 V，这时开关尾门工作正常。说明虚接地方在接插件X9221A1到保险丝F23这段，如图4-1-130所示。

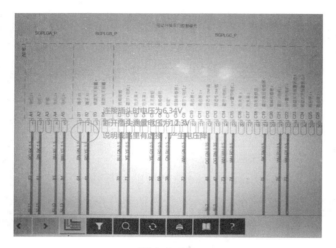

图 4-1-127

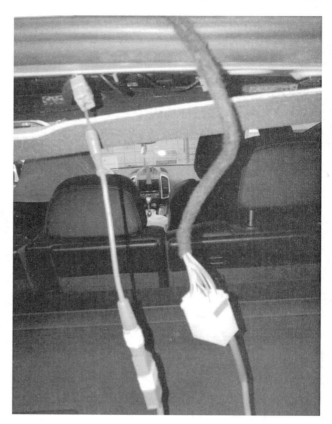

图 4-1-129

右侧中柱旁

图 4-1-130

（8）拆除顶棚和右边地毯顺着电线逐一查找，发现电线有腐蚀的现象，如图4-1-131所示。

故障总结：修复受损的线路。在修理这种故障现象时要检查电源的电压降。

（四十一）2015年Cayenne车辆行驶中打方向，有时会有"嗡嗡"的声音

车型：2015年 Cayenne。

行程里程：92 300 km。

故障现象：客户反映车辆行驶中打方向，有时会有"嗡嗡"的声音。

图 4-1-128

图 4-1-131

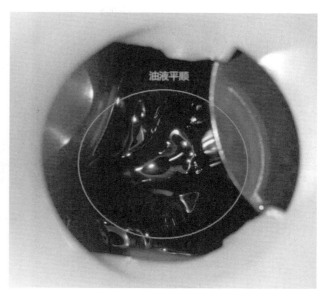

图 4-1-133

故障诊断：

（1）试车检查，如客户反映的情况一样，当方向打到如图4-1-132所示的位置，有时就会有"嗡嗡"的声音。出现声音时，方向盘还有微微的震动，不过出现的频率不高。

图 4-1-132

（2）由于这车采用的是液压助力，通过上述情况分析，声音像是转向系统中空气发出来的，打开引擎盖，检查转向助力油壶中油位正常，油液中也没有气泡，回油平顺，如图4-1-133所示。

（3）由于这车已行驶了9万km，助力油壶内的滤网会脏污，影响液压油的流动性。助力油壶内

有滤网的作用是其能够避免回流液体在壶体内过度翻滚和漩涡，促使回流液体以平缓状态被吸入转向泵内，使得液压系统更加稳健。

（4）更换了助力油壶，再根据《车间手册》WM 489729 冲洗转向系统，而后根据WM 4890IN助力转向系统的测试和装配作业，如图4-1-134和图4-1-135所示。

（5）试车一段时间故障现象未出现。

故障诊断：由于储液罐内部问题，更换后解决。在对助力转向系统维修后一定要根据《车间手册》WM 489729和WM 4890IN进行后续操作，避免出现液压管路噪音。

（四十二）无法安装或升级导航

车型：Panamera & Cayenne所有年款。

故障现象：无法安装或升级导航。

故障诊断：

（1）目前可用版本的导航地图光盘，如表4-1-2所示。

（2）首先应在PIWIS车辆信息中检查原车的导航版本，之后使用相对应的导航光盘。

（3）若客户想升级最新版本的导航，则根据原车导航版本的不同，客户可能需要购买许可证号，订货号：最新版导航地图Panamera：99704490567；最新版导航地图Cayenne E2：

冲洗转向系统

冲洗转向系统

ℹ 信息

还必须更换所有车辆上转向系统的以下部件：

- *储液罐*

- *从储液罐到液压泵的吸入软管（下文称作"吸入软管"）*

- *从转向液冷却器到储液罐的回流管路（下文称作"回流管路"）*

更换部件后，必须使用3～4L的转向液冲洗转向系统。 由此可冲洗掉转向系统中因部件发生故障和/或磨损而产生的杂质。 需要另一位技师执行部分维修工作。

图 4-1-134

对转向系统排气

1. 完成安装后，举起车辆，使车轮离地。

2. 打开发动机盖罩和储液罐。

3. 将储液罐加注至 MAX 标记处，直到液位不再下降为止。
   发动机不启动！

4. 将方向盘向左右两侧转到底，并保持在每一侧的完全锁止位置约 30 s，直到液位不再下降为止。 不断检查液位，并再次加注至 MAX 标记处。

5. 将车辆降至车轮上。

6. 下一步骤会使储液罐中的液位迅速下降，因此应不断添加 Pentosin CHF 202（需要另一位技师协助）。
   储液罐不得被吸干。

7. 启动发动机并使其运转 1 s 左右。 不断加满 Pentosin。
   将此步骤重复执行几次，直到液位不再下降为止。

8. 如果发动机反复启动时储液罐液位不再下降，则启动发动机并使其急速运转。

9. 在发动机急速运转时左右转动完全锁定的方向盘几次，并使其保持在完全锁定位置的时间不超过 1 s。 观察液位（需要另一位技师协助）。 不断添加液体，直到转动方向盘时储液罐液位保持不变且储液罐中不再出现气泡为止。

10. 关闭发动机并设置正确的液位。 液位必须位于"MIN"（最小）和"MAX"（最大）标记之间。

图 4-1-135

95804490157。如图4-1-136和图4-1-137所示。

故障排除：在"Code information"页面输入许可证号以生成新的启用代码，使用新的启用代码将地图升级到最新版本，如图4-1-138所示。 请参考 TEO 9110 PCM3.1导航升级(数据状态：年款2013)。

（四十三）客户抱怨低速转向时有异响

车型：2012年Cayenne E2 。

故障现象：客户抱怨低速转向时有异响。

表 4-1-2

Map version	Update DVD
7PP919193G	97064228550
7PP919193Q	97064228551
7PP919193AP	97064228552
7PP919193BS	97064228553
7PP919193BT	97064228554

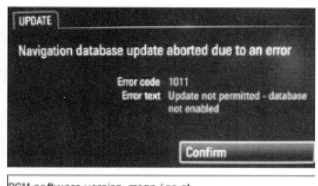

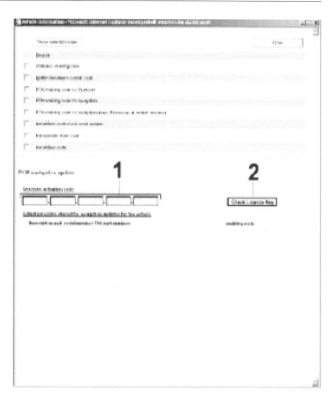

图 4-1-136

图 4-1-137

图 4-1-138

故障诊断：在下列条件下异响出现。

（1）在低转速时缓慢打方向。

（2）车辆在工作温度下原地静止，向左或向右转动方向盘并保持一定角度。噪音会在怠速时出现但不明显，声音随着发动机转速增加会更加明显，松开方向盘后声音消失。

故障排除：正常工作声音。

进一步解释：声音会在方向盘转动的一定角度范围内出现，是由于调校阀门会在这个范围内以高频不停开关产生噪音。此声音不会影响方向机的正常工作，也不会造成故障和磨损，属于正常工作声音。

（四十四）车辆无法启动

车型：2014年Panamera 4S。

故障现象：车辆无法启动。

故障诊断：启动车辆发现无法启动，连接

Tester无法对系统进行检测。

故障原因：检查车辆电源，发现有多个控制单元无电源供电(保险丝正常，但无供电)。查看电路图，发现这些控制单元均由15号继电器供电。检查15号继电器功能，发现当点火开关转到15位置时，继电器没有反应。当强行让15号继电器工作后，各功能恢复正常，车辆可以正常启动和诊断。根据15号继电器的控制原理，检查前端电子设备电路等，未发现故障。在检查过程中发现ELV无解锁反应(遥控器锁门、开门正常)，无解锁信号反馈给前端电子设备，因而导致前端电子设备无法正常启用15号继电器，从而引起故障。

故障排除：更换ELV CU后，故障解除。

（四十五）客户抱怨行驶中熄火

车型：2011年Cayenne E2。

故障现象：客户抱怨行驶中熄火。

故障诊断：

（1）故障记忆。故障记忆有多个控制单元与前端通信故障不存在。

（2）试出故障现象是行驶时仪表会出现短暂

的黑屏，持续1 s时间后恢复正常。

（3）模拟故障现象。启动后断开前端CAN线会出现此故障，拆仪表台检查前端到网关CAN线正常；确认为前端故障，如图4-1-139所示。

图 4-1-139

故障原因：由于客户反应熄火路试时没注意仪表黑屏，造成故障重现花费较多时间。前端内部偶发性与舒适CAN无通信，如图4-1-140所示。

故障排除：更换前端控制单元。

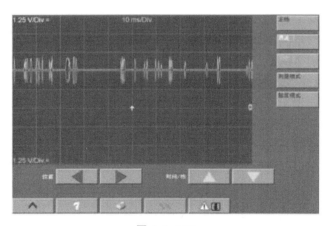

图 4-1-140

第二节　Panamera

一、发动机系统

（一）发动机怠速抖动，加速无力

车型：2014年Panamera 4。

故障现象：发动机怠速抖动，加速无力。

故障诊断：由于气缸组2所有气缸缺火，我们检查了气缸压力、正时和点火线圈等。

故障原因：

气缸组2凸轮轴调节器的中央螺钉发卡，导致凸轮轴调节的位置无法调节，当故障出现时，怠速状态下凸轮轴调节器实际角度是104°，而标准角度应该是124°。

故障排除：更换气缸组2凸轮轴调节器的中央螺钉(配件号94610505476)。如图4-2-1和图4-2-2所示。

图 4-2-1

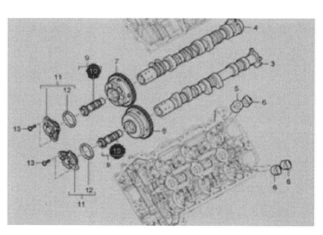

图 4-2-2

（二）发动机自动停止后，无法自动启动

车型：2012年Panamera。

故障原因：发动机自动停止后，无法自动启动。

故障诊断：

自动停止后在松开制动踏板时发动机不能自动启动，组合仪表显示"请手动启动发动机"，在后控制单元中有关于制动灯开关的故障码；蓄电池的充电状态为85%，其他与自动启停相关的条件都正常；客户说是在其他店更换了前端控制单元后出现此故障。

故障原因：前端编码错误。

故障排除：全车自动编码后故障排除。

注：检查基本数据很重要，比如编码、车辆历史等，不要一味地更换配件。

（三）发动机故障灯报警，怠速运转平稳

车型：2014年Panamera 970。

故障现象：发动机故障灯报警，怠速运转平稳。

故障诊断：

（1）PIWIS测试，DME有相关故障记忆，质量空气流量不可靠和部分载荷下的空气质量过低。

（2）读取数据流040为49%，根据相关资料，进气系统有泄漏。怠速运转发动机，气缸列2有明显的泄漏噪音，熄火瞬间更清晰。

（3）堵住曲轴箱通风阀到进气系统的管路后，噪音消失，040恢复到7%，正常。更换曲轴箱通风阀，无效。发动机曲轴箱有泄漏或气缸有窜气。

（4）检查机油进气口无异常。利用熄火瞬间的噪音测试，发现气缸列2进气凸轮轴电磁阀处有泄漏。检查发现电磁阀油封安装异常，没有到标准位置。

如图4-2-3和图4-2-4所示。

故障原因：由于气缸列2进气凸轮轴电磁阀油封安装不到位，引起曲轴箱漏气。

（四）车辆无法启动，仪表显示发电机故障

车型：2011年Panamera 970。

故障现象：车辆无法启动，仪表显示发电机故障。

图 4-2-3

图 4-2-4

故障诊断：

（1）诊断仪诊断，存在故障记忆，P 1699与发电机无通信。

（2）当启动车辆时，有电但启动机没反应，检查保险丝继电器正常。检查发电机连接线，未发现异常。怀疑启动机未吸合，拆下进气分配器，测量启动机继电器端子87到启动机吸拉线圈的线路正常，尝试从启动机继电器端子30直接连线到启动机吸拉线圈端子，有轻微火花，但启动机没反应。

（3）测量蓄电池电压正常，在充电端子测量的电压也相同。把蓄电池断开，用备用电池直接连接时启动机可以工作。判断应该是启动电流过小导致，测量电压正常，有可能是搭铁问题导致。

（4）当检查启动机连接车身的搭铁线时发现在右前内衬处的搭铁螺栓组装的位置不对。

如图4-2-5和图4-2-6所示。

故障原因：由于内衬是绝缘体，本应该螺栓直接和车身搭铁的，但却把螺栓从内衬外侧相连导致启动时电流过小。

故障排除：将螺栓重新和车身搭铁，故障排除。此案例是测量时前后电压相同，但电流有差别。

门升程控制，气缸6。

（2）内窥镜检查气缸内无拉伤痕迹。

（3）检查气缸压力和漏气率均正常。

（4）拆卸进气歧管，发现6缸进气歧管垫损坏，更换后故障排除。

如图4-2-7所示。

故障原因：经查询历史记录得知，发现此车更换过节温器壳总成，可能是在安装进气管时不小心垫错位了，造成6缸进气不足。

故障排除：更换新的进气管垫。

图4-2-5

图4-2-7

图4-2-6

（五）客户反映发动机故障灯亮

车型：2011年Panamera 970。

故障现象：客户反映发动机故障灯亮。

故障诊断：

（1）PIWIS读取故障码，其含义为：P1360气

（六）客户投诉发动机突然发动不着

车型：2012年Panamera 970。

故障现象：客户投诉发动机突然发动不着。

故障诊断：

（1）PIWIS检查DME故障码为P025A燃油泵控制单元，启动无信号/通信。

（2）检查低压燃油无压力，查看F47号保险(25 A)正常，测量油泵工作电流OAo(标准13 A)。

（3）检查油泵控制单元连接器A3pin的PWM脉冲占空比控制信号，油泵控制单元的A3pin之间的线路连接情况，发现断路无信号，测量DME连接器A9pin。

故障原因：根据线路的布局，检查发现后排座椅右前部底板处断开，如图4-2-8所示。

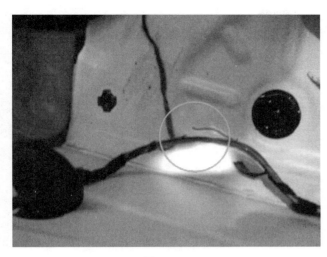

图 4-2-8

（七）组合仪表上显示"启动/停止模式已禁用"，偶发报警

车型：2012年Panamera 970。

故障现象：组合仪表上显示"启动/停止模式已禁用"，偶发报警。

故障诊断：

（1）故障症状隔几天就出现，DME中有历史故障码P0119发动机冷却液温度传感器信号不可靠，P2186冷却液散热器出水口温度不可靠，P0521机油压力传感器无通信，故障出现时发现冷却液温度、机油温度和机油压力实际值一直在波动。

（2）查看线路图发现，发动机冷却液温度传感器、冷却液散热器出水口温度传感器、机油压力温度传感器、机油液位传感器、凸轮轴位置传感器、曲轴位置传感器、发动机舱温度传感器共用搭铁线。

（3）在热车时测量该搭铁线电阻有时显示18 Ω，有时显示30 Ω，有时正常0.5 Ω，总之电阻一直在波动。

如图4-2-9所示。

故障原因：该搭铁线的节点YW001 SP—S1接触不良，在热车时容易产生一定内阻。

故障排除：修复线束，故障排除。

这个案例在WM 975249消除症状——发动机：对发动机线束执行返工（由于接地连接故障导致出现发动机传感器故障记忆条目）。

（八）客户反映发动机灯亮，机油油位失效，助力系统提示故障

车型：2013年Panamera 970 Hybird。

故障现象：客户反映发动机灯亮，机油油位失效，助力系统提示故障。

故障诊断：

（1）Tester检查DME有大量故障码，有多个部件有断路故障。

P261A00 Additional water pump for high-temp. circuit, open circuit;

P023A00 Additional water pump for low-temp. circuit, open circuit;

P019700 Oil temperature sensor, signal below limit。

（2）查电路图发现高温附加水泵、低温高压水泵、机油传感器有共同的电源供应与共同的搭铁线。查看保险丝图发现保险丝烧断，重新安装保险丝后一样烧断。

（3）结合故障码P261 C00 Additional water pump for high-temp. circuit, short circuit to ground，测量高温附加水泵发现内部短路。

故障排除：高温附加水泵发现内部短路，更换高温附加水泵，试车故障解决。

二、自动变速器系统

（一）PDK相关投诉

车型：所有车型，所有年款。

故障现象：PDK相关投诉。

故障诊断：

（1）对车辆进行路试确认故障。

（2）检查相关TI及WM。

（3）根据诊断流程图进行故障诊断。

（4）请在PRMS申请中描述清楚，根据检查步骤所检查的结果并在附件中上传标注清楚的诊断流程图。

（二）PDK高频噪音

车型：所有年款Panamera 4 & 4S。

故障现象：PDK高频噪音。

故障诊断：

（1）当车速在80~110 km/h时，出现高频响声。

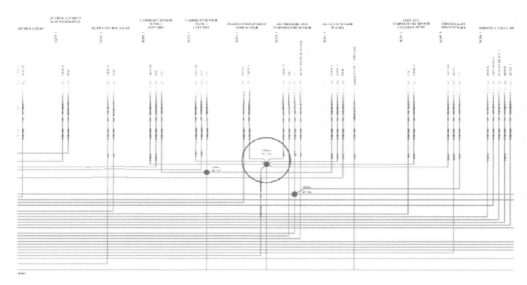

图 4-2-9

（2）请使用异响测试仪确认异响的来源。

（3）若最终确认声音来自PDK后部与分动箱交接处，则为PDK运转工作的声音。

（4）如果客户不能接受此类声音而投诉，请参照以下的TI来减小声响(请注意TI的方法不能消除PDK工作的声音，请向客户耐心解释)。

故障排除：请参见WM 879131消除噪音症状，安装冷凝水排水软管（PDK变速器区域发出噪音同时在地板上加装隔音棉）。

（三）车辆无倒挡

车型：2010年Boxster 987。

故障现象：车辆无倒挡。

故障诊断：

（1）分析日志故障码P0963调节器1信号异常，调节器1B+短路。

（2）读取实际值调节器1电源为3 V，其他调节器为14.3 V。根据线路图检查PDK插头到PDK控制单元线路均正常，交换PDK模块，故障依旧。

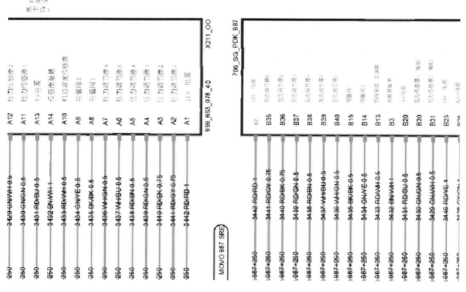

图 4-2-10

（3）拆开油底壳，检查各调节器，发现调节器1插头上有一根金属丝，去掉金属丝检查线路正常。

（4）重新加注PDK油试车，故障消失。

（5）模拟断开PDK B35线路，故障又再重现。

如图4-2-10所示。

故障原因：电磁阀1处金属丝引起短路。

（四）挂挡不走车

车型：2012年Panamera 970。

故障现象：挂挡不走车，仪表报警"变速器故障""发动机控制系统故障"。挂挡到R挡、D挡时显示为3挡位。

故障诊断：

（1）PDK控制单元有故障码P0754电磁阀1(变速器选择)，断路(无信号)、P1764同步，挂挡阻塞或跳挡(无故障现象)。

（2）引导性功能线路检查，发现电磁阀1线路有断路现象。

（3）拆检为PDK变速器线束故障，电磁阀线路插头卡止失效导致。

如图4-2-11所示。

故障排除：更换PDK变速器线束。

（五）制动灯一直亮

车型：2012年Panamera 970。

故障现象：制动灯一直亮。

故障诊断：

（1）后端内有800808"制动灯开关信号不可靠"的故障码。

（2）对车辆进行断电处理，车辆移交，编码重置，不能解决问题。

（3）根据技术信息，T19436调节制动踏板与开关之间的间隙，故障依旧。

（4）根据功能概述图，制动灯有两条线路控制，一路是制动灯—PSM—网管—后端(CAN控制)，另一路是制动灯—SM—后端，信号控制。测量制动灯开关到PSM之间的线路，正常，测量PSMA11到后端端子A16之间的线路，发现接地短路。

（5）沿着A11到A16之间的黑/红线检查，发现被压破并且与车身接地。

如图4-2-12和图4-2-13所示。

故障原因：信号线接地，造成制动灯常亮。

故障排除：重新修复线束。

图 4-2-11

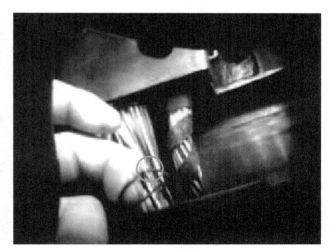

图 4-2-12

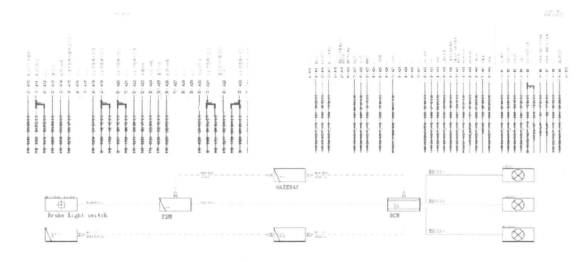

图 4-2-13

（六）PDK校准不成功

车型：所有车型，所有年款。

故障现象：PDK校准不成功。

故障诊断：要遵循PIWIS Tester上的要求，使车辆满足对PDK编程的所有前提条件。

故障排除：参照以下几点维修技巧。

（1）对PDK CU进行编程，做发动机扭矩损失自适应，然后再重新做PDK校准。

（2）在做PDK校准时，让PDK控制单元表面保持较凉的温度(比如，在校准过程中用冷的毛巾敷在PDK控制单元上进行冷却)。

（3）往PDK再多添加约0.2 L油，然后再做PDK校准。

（4）至少做5次或更多次PDK校准。

（5）如果以上措施仍然不起作用，请报告给我们。

注意：首先检查相关的WM 373025消除变速器症状对PDK控制单元重新编程(液压系统校准因PIWIS检测仪出现故障码而中止)。

（七）2011年Panamera 自动启停会自动停止

车型：2011年Panamera。

行驶里程：74 164 km。

故障现象：客户反映自动启停会自动停止，可是松开制动踏板不会自动启动，仪表提示如图4-2-14所示，需重新开关钥匙。

图 4-2-14

故障诊断：

（1）对车辆进行试车，发现故障现象存在，与客户反映的情况相符。在停止时仪表未显示自动启停符号。

（2）用PIWIS检查车辆没有故障码。

（3）引起这种故障的原因有时间不足、电流过高、蓄电池电量过低、蓄电池温度过高、DC/DC转换器故障、蓄电池电量过低。

（4）当故障现象出现时我们通过PIWSI检查网关、实际值、车辆重新启动的实际值，都显示否，没出现异常，如图4-2-15所示。

（5）此时无相关的数据可以发现问题。怀疑网关的程序有错乱，我们对车辆进行全车编码，车

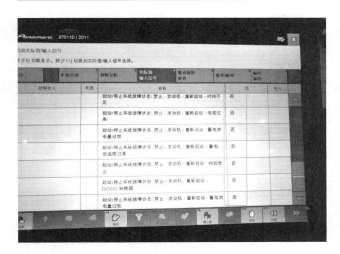

图 4-2-15

图 4-2-17

辆移交，断电，故障还是存在。不过在对全车编码时，DME无法完成编码，单独编也无法完成，系统显示未完全编码，如图4-2-16所示。

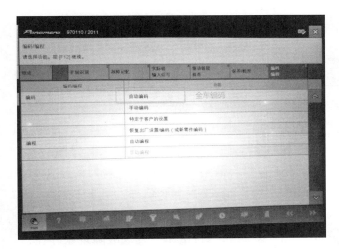

图 4-2-16

图 4-2-18

（6）此时怀疑车辆数据不对引起不能对DME编码，需看与系统所给的编码是否一致。发现"启动/停止系统恢复"这一项是空白，而原车的编码是"642-启动/停止功能"，如图4-2-17所示。

（7）选择642后对全车编码，试车故障未出现。仪表也显示自动启停的符号，如图4-2-18和图4-2-19所示。

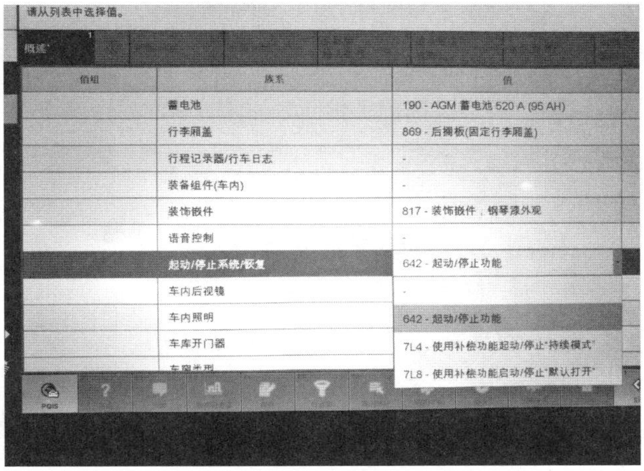

图 4-2-19

故障总结：选择正确的编码(642)。由于现在车辆程序比重的增加，通过换件不一定能解决问题，合理学会运用PIWIS所给的信息（实际值），可以提高工作效率。

三、底盘系统

（一）分动箱噪音与振动

车型：所有车型，所有年款。

故障现象：分动箱噪音与振动。

故障诊断：

（1）确认故障现象，注意故障发生时的车辆状态。

（2）将其填在PQIS或PRMS的技术信息中并尽量详细询问。

（3）目视检查底盘系统，确认底盘系统没有改装和损伤，一切是否正常。

（4）调换正常的轮胎用噪音检测仪确认噪音位置。此外断开分动箱连接，确认噪音是否消失。

（5）一旦确认噪音从分动箱中传出，请检查分动箱的油位及油质。

（6）进一步检查分动箱控制单元及分动箱，并创建PRMS报告。

PRMS上传附件：

（1）以噪音出现时间命名的噪音录像(噪音出现12~15 s)。

（2）油位及油质的照片。

（3）底盘和轮胎的照片。

（4）是否完成TI及WM中所要求的检查以及其他相关数据。

（5）上传VAL到PQIS中。

客人关于故障发生时的情况，检查有无相关的TI及WM，如图4-2-20所示。

（二）在低速行驶中打死方向盘时会产生噪音

车型：所有年款Panamera。

故障现象：在低速行驶中打死方向盘时会产生噪音。

故障诊断：

（1）这是正常的现象，尤其是在湿滑路面上。

（2）这是因为转向时内外侧轮胎滚动距离的不同而造成的滑动静摩擦，如图4-2-21所示。

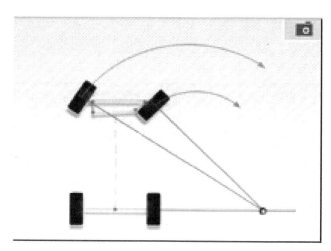

图4-2-21

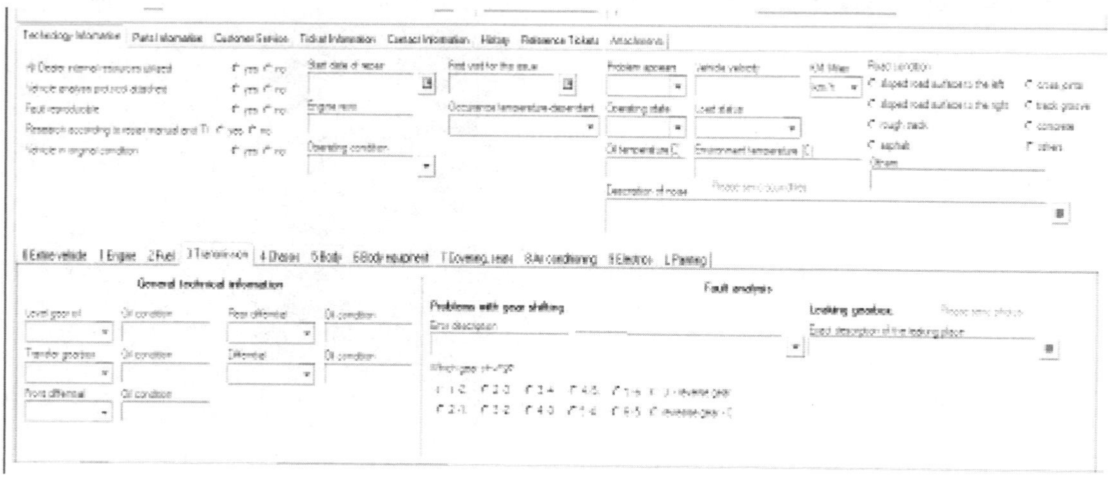

图4-2-20

故障排除：

（1）如果车况正常，交车时请向客户说明这并不是一个技术缺陷。

（2）但是可以尝试使用附件中的数据校正底盘来有限地改善这个噪音。但请注意，这个方法仅能有限改善噪音，并不能使其完全消除。

（3）请针对当地气候条件使用合适的轮胎。夏季轮胎不适在室外温度低于7 ℃时使用，此时应当建议客户使用冬季轮胎，在大部分情况下该噪音会消失，如图4-2-22所示。

图4-2-22

（4）如果在做了上述工作后还有客户投诉，请通过PRMS把具体内容发给PCN 。

四、电气系统

（一）偶发的组合仪表报警，混合动力故障

车型：2012年Panamera S Hybrid。

故障现象：偶发的组合仪表报警，混合动力故障，存在相关的故障记忆。

故障诊断：

（1）经过对故障仪的分析发现P055600、U111300都可能是造成混合动力报警的原因，而B200DF0、C120AB、00060、U040A00都是混合动力报警后没有及时维修造成的故障。

（2）根据技术支持提供的信息，U111300是由于软件原因出现的一个错误的故障码，可以忽略，最终认定混合动力报警的故障原因是P0556000。

（3）观察制动真空系统的实际值，并没有任何异常，进一步检查发现防火墙处真空管O形密封件有裂纹导致轻微漏气，最终导致制动真空泵工作频率过高，导致继电器烧蚀出现偶发的接触不良。

故障原因：制动真空管O形密封圈破损，如图4-2-23~图4-2-25所示。

故障排除：更换防火墙处的O形密封圈以及电动真空泵继电器。

图4-2-23

图4-2-24

图4-2-25

（二）每次在行驶大约50 km时，空调开始不制冷而且过一会就没有风出来

车型：2011年Panamera。

故障现象：每次在行驶大约50 km时，空调开始不制冷而且过一会就没有风出来，但停放一段时间空调系统又恢复正常。

故障诊断：

（1）根据客户陈述，首先读取故障记忆，无相关故障记忆。

（2）测试空调系统工作正常，高压低压均正常。

（3）故障能够重现。

（4）怀疑蒸发箱结冰，首先检查并清洗散热器，其次回收冷媒，数量正常，怀疑膨胀阀，交换测试，空调故障依旧。

（5）怀疑蒸发箱温度传感器有问题，当拆下蒸发箱时发现蒸发箱上结了一层脏的污垢。

故障原因：蒸发箱表面太过脏污被堵塞。

故障排除：清洗蒸发箱。

（三）打开点火开关，仪表不亮，挡位无法移动，电子手刹无法解锁，无法启动车辆

车型：2014年Panamera。

故障现象：打开点火开关，仪表不亮，挡位无法移动，电子手刹无法解锁，无法启动车辆。

故障诊断：

（1）确认故障现象存在，接上充电器，连接PIWIS检测仪读取相关故障码，网关：000403配电器继电器端子30和C11007端子15不可靠(该故障码状态不存在)。

（2）PIWIS故障码端子15，检查后备箱电源分配器处端子15处继电器(分流器F1)，检查供电正常。根据电路图，由于端子30F、分流器F7连接到D转换器，不排除其有故障，更换转换器后故障依旧。

（3）用万用表测分流器Fb、F7，电压值为零，这符合该故障现象，而且除Fb，根据电路图，Fb、F7控制转向柱开关、组合仪表、F7以外其他的电压均在12.5 V左右，说明分流器Fb、PCM、座椅调节、F7供电不正常。

（4）用万用表测电源分配器中Fb、F7处的切断继电器电阻无穷大，而对比其他车辆电阻为0.2 Ω左右，则表明该车切断继电器一直保持切断状态，导致端子30F一直没电。换上一个切断继电器后，故障排除。综上为电源分配器中的切断继电器故障。

如图4-2-26~图4-2-28所示。

故障原因：由于切断继电器故障致使转向柱和组合仪表无电源，导致故障产生。

故障排除：更换电源分配器中的切断继电器。

（四）车辆漏电

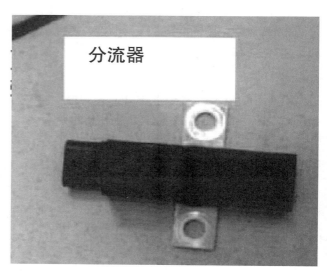

图4-2-26

图 4-2-27

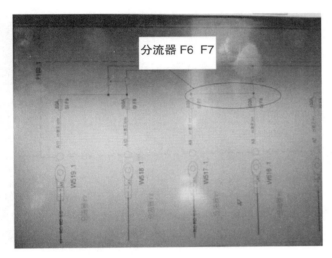

图 4-2-28

车型：2012年Panamera。

故障现象：车辆漏电。

故障诊断：

（1）使用PIWIS检测仪检查无故障码。

（2）使用Bosch740测量发现有漏电现象，同时发现拔下钥匙后仪表显示钥匙未取出，拔下钥匙或锁车时仪表上的里程、车速、字标、秒表和PCM不能熄灭，仪表在锁车4 min后熄灭，PCM在10 min后关闭。然而在插拔钥匙时方向盘能够正常解锁和锁止，在锁止和解锁车辆时仪表上的转向指示灯不闪烁，而在启用危险警告灯时可以闪烁；遥控、中

控锁及智能门锁均工作正常，因此怀疑是点火开关控制信号错误。

（3）检查点火开关线路没有断/短路现象；在更换了点火开关、网关和前端模块后故障现象没有任何变化；匹配钥匙时在登录成功并进行到"插入钥匙并打开点火开关"时，PIWIS检测仪显示"在点火开关中未找到钥匙，插入钥匙并重新启动此程序"匹配被终止。当用一把(为此车订购的)新钥匙做匹配时，则在登录前的"插入并打开点火开关"就显示："设备初始化失败，检查 VCI和车辆之间的连接"匹配终止。

（4）由于在钥匙拔下、打开双闪的情况下检测仪与车辆无法通信，因此怀疑诊断接口或网关的30号供电有问题。经检查诊断接口的15号和30号电源均正常而网关在关闭点火开关后没有30号电源，在检查网关的供电保险丝时发现没有保险丝，进而发现保险丝座中有一个孔中没有针脚。用电路图查找发现网关的供电针脚被插错了位置，插在了一个配有15号电源的空置保险丝座中，致使网关有了两个15号电源，关闭了点火开关后网关因没有供电而无法在各系统之间传递信息，只有舒适系统可以收到钥匙被拔下信息，而其余的则不行，所以才会导致故障现象的产生。

故障原因：网关30号常火线针脚在保险丝座处被插错，如图4-2-29所示。

故障排除：恢复原车线束。

图 4-2-29

（五）冷启动后，组合仪表提示冷却液显示故障，电子扇高速运转

车型：2013年Panamera S Hybrid。

故障现象：冷启动后，组合仪表提示冷却液显示故障，电子扇高速运转。

故障诊断：

（1）相关的故障码为：P192A00辅助冷却液泵在高温回路中运转，P308100发动机温度低于极限值。确认故障现象存在，但同时此故障为偶发故障，500~1000 km出现1次。

（2）第一次进店时，更换了通气管和高温的辅助水泵，同时对冷却系统进行排气、交车。两个月后，车辆返厂，故障再现。

（3）第二次进店时，我们更换了水泵和低温辅助水泵，再次对冷却系统进行排气、交车。一个月后车辆再次返厂。

（4）在这两次维修过程中我们始终认为是冷却系统中有空气造成的此故障，系统中还有没有空气我们无法做出检测，由于这两次故障都是客户早晨启动车辆后出现的，所以这次维修中我们用PIWIS检测仪观察整个冷却系统的升温过程，并与其他正常车辆比较，未见异常。但我们用手去挤压故障车辆高温辅助水泵的出水管时，能明显感觉到有"喷喷"声，正常车辆没有这种感觉，我们确定故障车辆冷却系统中还存在空气，于是我们对车辆进行多次长时间的排气后车辆恢复正常。

图 4-2-31

如图4-2-30和图4-2-31所示。

故障原因：冷却系统中存在空气。

故障排除：对车辆进行多次长时间排气。

（六）组合仪表里胎压无显示，多次学习胎压系统，无效

车型：E Panamera SE-Hybrid新车。

故障现象：组合仪表里胎压无显示，多次学习胎压系统，无效。

故障诊断：

（1）检查TPM模块、胎压传感器频率433 MHz都匹配。

（2）胎压传感器都正常，线路、插头都正常。

（3）实际值中，只识别出一个胎压传感器。

如图4-2-32所示。

故障排除：软件更新CW22，在此之前请联系PCN技术部门。

图 4-2-30

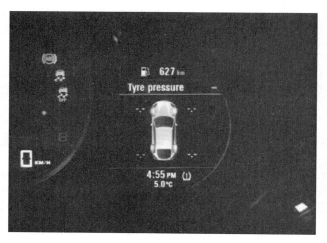

图 4-2-32

（七）机油液位下限报警，机油消耗非常高，排气管冒蓝烟

车型：MY E Panamera Turbo。

故障现象：机油液位下限报警，机油消耗非常高，排气管冒蓝烟，且右侧排气管冒蓝烟多一些。

故障诊断：

（1）添加1.4 L机油，读取发动机实际机油液位为200。

（2）怠速P挡踩油门，气缸组1排气管冒蓝烟现象非常明显，气缸组2也有，只是少一些，如图4-2-33所示。

（3）用内窥镜检查，发现每个气缸的缸壁上都有很多机油，看上去气缸组1缸壁上机油的确比气缸组2要多一些。

（4）气缸压力测试正常，第7缸泄漏测试结果略差于其他7个缸，注入少许机油后再次测试，结果正常。

图 4-2-33

（5）进气歧管内机油量尚可，两个涡轮增压器叶轮处无明显机油油滴，进气门杆油封正常，没有漏机油现象，曾尝试更换过机油油雾分离器，冒蓝烟现象依然严重。

（6）试车仅约25 km时，组合仪表即提醒机油液位下限报警，需添加机油。在返厂途中，发现机油液位又显示上限位置。

（7）举升车辆，共排出超过13 L的发动机机油。

（8）检查机油液位传感器插头、线路正常，更换机油液位传感器、加注9.5 L机油，反复检测机油液位约200。

（9）试车多次，烧尽排气系统中的机油。

故障排除：更换机油液位传感器，校准机油液位，试车多次，确定故障排除。

故障总结：首先，因发动机机油液位过低偶发性的信息提醒，促使客户添加数次机油，从而诱导了冒烟现象。接着，在诊断初期，被冒蓝烟现象和机油消耗高抱怨所误导，且没有发现任何发动机机油液位过高报警信息，而且在一开始添加满机油后，机油读数显示200。事实上，发动机内的机油一直过多，原因在于机油液位传感器信号不稳定。

（八）有时无法启动

车型：2012年Panamera 970。

故障现象：有时无法启动。

故障诊断：故障码：86010B Relay terminal 15, opencircuit 860103 Relay terminal 15, stucko 15号继电器正常，继电器30号端子电压在13 V以上，正常；端子85电压在12 V以上，正常；86号端子由前端控制，控制继电器负极，检查发现该端子无论打开关闭点火开关，对地一直都有9 V的电压，正常车辆应该是12 V，打开点火开关0 V，在前端(C28)处测量该线路结果相同，确认为前端无控制信号输出。

故障原因：前端内部故障。

故障排除：更换前端。

（九）客户反映车辆行驶过程中，后备箱会自动升起

车型：2014年Panamera 970。

故障现象：客户反映车辆行驶过程中，后备箱会自动升起。

故障诊断：

（1）检查发现除客户所描述现象外，还有以下症状：遥控器必须两次以上才能打开，后备箱开关每次都能打开，功能正常。而且当点火开关打开时，按后备箱开关时照灯会点亮。

（2）PIWIS读取故障码，其含义为：802001尾门释放按钮一直处于启动状态。

（3）读取实际值，后备箱开关始终处于开的状态。

（4）根据故障导向，检查后备箱开启开关正常。

（5）检查开关至后端线路正常，检查开关至后盖上的搭铁线正常。

（6）对换锁块，故障依旧；对换尾门ECU，故障依旧。

（7）对换后端，故障排除。

如图4-2-34和图4-2-35所示。

故障原因：后端内部短路。

故障排除：更换后端。

（十）遥控器不能使用，使用机械钥匙打开车门后也无法启动车辆，仪表黑屏

车型：2012年Panamera 970。

故障现象：遥控器不能使用，使用机械钥匙打开车门后也无法启动车辆，仪表黑屏。

故障诊断：

（1）使用PIWIS Tester检测大多都是与控制单元无通信，舒适CAN通信故障。

（2）当故障出现时使用万用表检测舒适CAN线发现CAN高和CAN低短路。

（3）根据CAN线网络拓扑图检查各个连接点和相关控制单元插头，最后发现左前座椅地毯下方的CAN线连接处短路，如图4-2-36所示。

故障原因：舒适CAN高和CAN低短路。

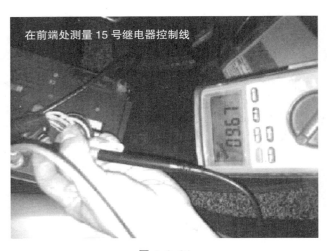

图 4-2-34

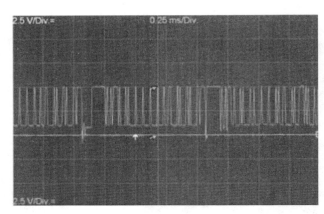

图 4-2-36

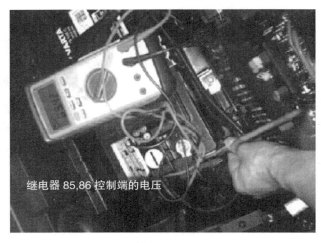

图 4-2-35

（十一）在DME中有历史故障码"P055600制动真空系统机械故障"

车型：Panamera S Hybrid。

故障现象：混合动力报警，在DME中有历史故障码"P055600制动真空系统机械故障"。

故障诊断：故障码当前不存在，可删除，试车多次，较难重现。

（1）首先参照GFF进行诊断。

（2）使用真空枪9160/1检查发现，在电动真空泵和制动助力器之间的真空管路有真空泄漏故障，如图4-2-37所示。

图 4-2-37

图 4-2-39

（3）在目前已知的案例中，故障原因有，位于防火墙处的真空管路O形密封圈破损、保险丝和继电器故障、电动真空泵故障、真空助力器故障，如图4-2-38~图4-2-41所示。

图 4-2-38

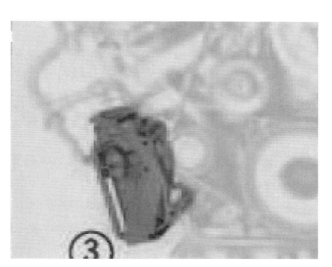

图 4-2-40

图 4-2-41

故障排除：发送PRMS，更换相应故障部件。

（十二）混合动力报警，空调系统受限，偶发故障

车型：Panamera Sybrid。

故障现象：混合动力报警，空调系统受限，偶发故障，有以下相关故障码，在高压空调压缩机中有"B200CF0过载保护启用"，在高压蓄电池控制模块中有"U040A00高压蓄电池冷却"。

故障诊断：

（1）因故偶发，建议试车，高负荷行驶、空调全负荷打开。

（2）检查制冷剂数量和制冷剂循环管路。

（3）通过驱动链接检查切断阀。

（4）检查冷却高压蓄电池的膨胀阀和蒸发箱。

（5）检查冷却高压蓄电池的通风系统。

（6）检查高压空调压缩机的高压线路和连接点。

故障排除：发送PRMS，逐步排查，更换高压空调压缩机。

（十三）混合动力报警，在DME中有故障码

车型：Panamera S Hybrid。

故障现象：混合动力报警，在DME中有故障码"P192A00高温回路中的辅助冷却液泵干运行"，在高压蓄电池控制模块中有故障码"U040A00高压蓄电池冷却"。

故障诊断：空气通过有故障的止回阀进入冷却系统，随后输入故障记忆条目，导致对高温水泵的转速进行调整。

故障排除：参照《WM 247025消除车身内部的症状：对DME控制单元重新编程(在"混合动力"和"E-Power"模式下热量输出波动且性能降低)》，更换通风管，保证冷却系统排气干净。

注：在2014技术论坛会议中有一起类似案例。

（十四）新车到店，锂离子高压蓄电已完全亏电，无法着车，且高压充电被禁用

车型：Panamera S E-Hybrid。

故障现象：新车到店，锂离子高压蓄电已完全亏电，无法着车，且高压充电被禁用，如图4-2-42和图4-2-43所示。

图 4-2-42

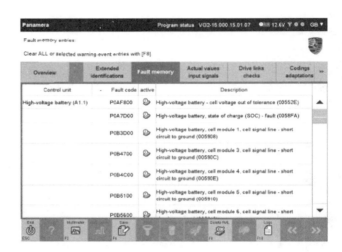

图 4-2-43

故障诊断：

（1）保证12 V蓄电池为饱和状态。

（2）检查相关控制模块至少为以下列出的软件版本，如过低，则通过编程完成软件升级，如已高于，则无须编程DME SW2587，自动编程Tiptronic SW2595，自动编程高压充电器模块SW2050，活动代码T8P2D(WD55)高压蓄电池模块SW 1000，活动代码G5L7D电源电子装置SWP626，活动代码B8H8G(WD65)，网关SW40420517，活动代码L2S7R(WD34)。

（3）尝试清除所有故障码，锁门进入睡眠模式至少1.5 h后，再次尝试用保时捷通用充电器（AC）充电，重复上述操作3~4次。

如图4-2-44和图4-2-45所示。

故障排除：发送PRMS，视情况可能需要更换高压蓄电池。

图4-2-44

图4-2-45

故障总结：为避免高压蓄电池不必要的亏电损坏，请保证车辆在长时运输、展示和停放期间能够及时高压充电，务必将此信息告知车主，参考文档如下：DTI 2708关于处理新车高压蓄电池的重要信息和说明(46/15)、CCWF10车间活动——对高压蓄电池控制单元重新编程，PIWIS检测仪检测软件版本为15.410(或更高)。

（十五）关于更换、包装Cayenne和Panamera锂离子高压蓄电池的注意事项

车型：Cayenne和Panamera。

故障现象：关于更换、包装Cayenne和

Panamera锂离子高压蓄电池的注意事项。

故障分析：

拆卸高压蓄电池——Cayenne和Panamera。

拆卸高压蓄电池时，请务必遵循《车间手册》270819拆卸和安装高压蓄电池中提供的说明，以避免因冷却液流入而损坏高压蓄电池。

如果未按照这些说明正确执行维修，则属于保修范围外的故障，因此，不得提出索赔。

受影响的车辆为Cayenne s E-Hybrid和Panamera s E-Hybrid。

故障诊断：请参见WM 270819拆卸和安装高压蓄电池、WM 270855更换高压蓄电池、WM 27081N高压蓄电池的包装说明。

诊断流程：几点重要细节。

（1）使用设置到最大250 kPa的压缩空气完全清空冷却系统。

（2）在冷却系统接头处，安装提供的冷却系统盖，并使用胶带加以固定。

（3）填写随附的文件，将锂离子蓄电池分类的测试日志的两个副本放在运输箱中和文件袋中。

如图4-2-46~图4-2-48所示。

故障排除：务必严格按照《车间手册》作业。

故障总结：关于旧锂离子高压蓄电池的寄回工作，请事先通过邮件方式告知PCN零配件物流部邮箱steven.wang@porsche.cn，并附上如下信息。

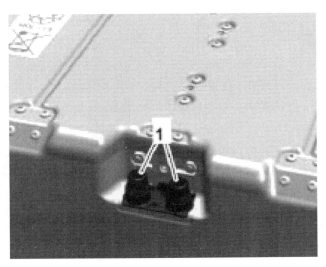

图4-2-46

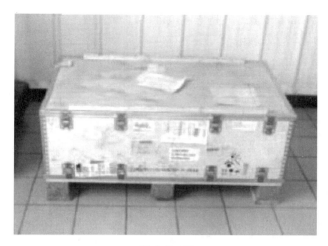

图 4-2-47

图 4-2-49

制离子蓄电池分类的测试日志

（十六）混合动力报警，在高压蓄电池控制模块中有故障码

车型：Panamera S E-hybrid。

故障现象：混合动力报警，在高压蓄电池控制模块中有以下当前故障码：POB1F00高压电控箱正极、预充电接触器传感器电压信号不可靠、POA1F00高压蓄电池模块控制器功能限制、P33F100高压系统因故障禁用且车辆高压充电被禁用。

故障诊断：

（1）搜索可用的活动代码为高压蓄电池控制模块编程。

（2）高压蓄电池控制模块无法正确诊断电流消耗变化。

故障排除：发送PRMS，同时更换高压蓄电池控制模块和电控箱。

（十七）混合动力报警，在DME中有故障码

车型：Panamera S E-hybrid。

故障现象：混合动力报警，在DME中有当前故障码：P32A800高压蓄电池系统绝缘故障，在高压蓄电池控制模块中当前有故障码：POAA600高压系统正极线路绝缘故障、POAA800高压系统传感器绝缘电气故障、P33F100高压系统因故障禁用。

故障诊断：

（1）只要有绝缘故障的故障码、与高压电压有关的故障码或根据GF引导所要求的，则必须执行绝缘测试，如图4-2-50所示。

图 4-2-48

（1）锂离子高压蓄电池的分类：非严重或严重。

（2）故障码。

（3）故障症状描述。

（4）标签照片，参考图如图4-2-49所示。

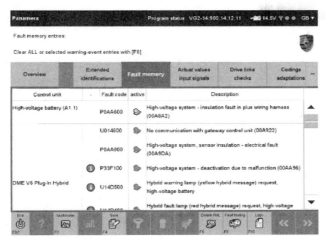

图 4-2-50

（2）按照《WM 2XOOIN绝缘故障查找》执行绝缘测试并填写《测试日志绝缘故障查找(SE-hybrid)》。

（3）检查高压系统并未发现绝缘故障。

如图4-2-51所示。

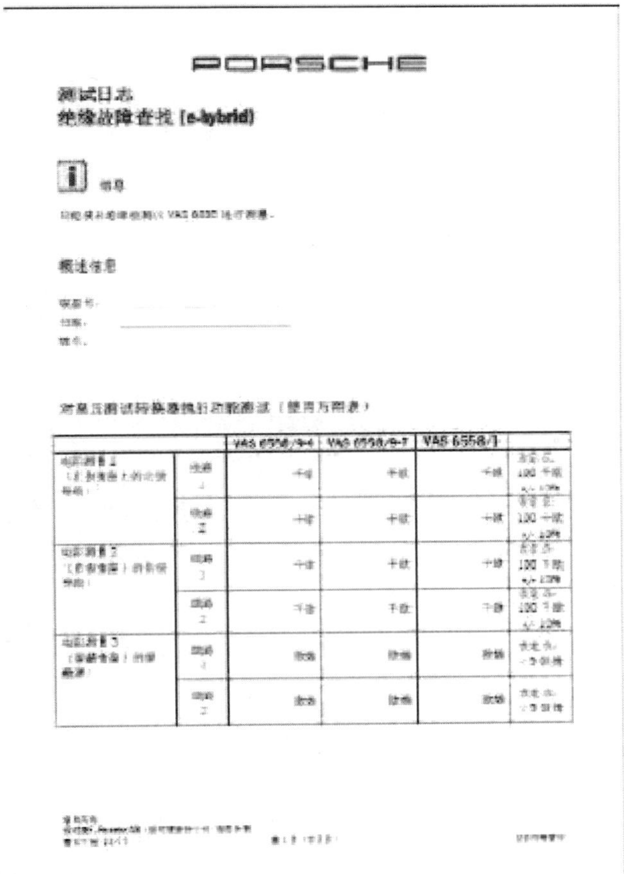

图 4-2-51

故障排除：发送PRMS，更换高压蓄电池控制模块。注：与高压蓄电池控制模块相关的故障，视情况首先尝试编程来排故。

（十八）空调不制冷，仪表显示混合动力故障

车型：2012年Panamera 970。

故障现象：空调不制冷，仪表显示混合动力故障。

故障诊断：

（1）读取故障码，故障为真实存在，空调模块故障码为008140空调压缩机g+断路/短路；空调压缩机模块故障码为U040A00高压蓄电池冷却。

（2）从故障码初步分析，混合动力故障是由于空调不制冷，高压蓄电池冷却不足所造成，应先对空调系统进行维修。

（3）清除故障码，着车一下故障码就又出来了，数据流里显示压缩机阀故障。进入空调模块读取实际值，查询压缩机电路图，对压缩机线路进行测量，未见异常。

如图4-2-52所示。

图 4-2-52

故障排除：

（1）找一台车对调空调压缩机高压线、空调压缩机、空调模块，故障依旧。

（2）查找电路图，发现空调模块里有个空调压缩机阀线路，说明空调压缩机阀并非自己所理解的在压缩机里面的控制阀，经查找在空调管路上找到此阀，对其更换，故障排除。

如图4-2-53和图4-2-54所示。

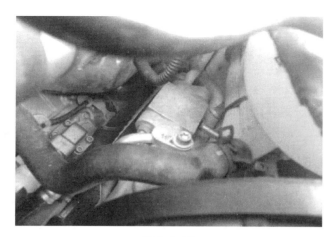

图 4-2-53

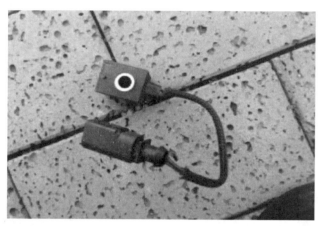

图 4-2-54

（十九）客户抱怨大灯在自动模式下激活后，不能够自动关闭，只能通过关闭大灯关闭

车型：2011年Panamera 970。

故障现象：客户抱怨大灯在自动模式下激活后，不能够自动关闭，只能通过关闭大灯关闭。

故障诊断：

（1）确认故障现象存在，读取故障码，没有相关的故障码。

（2）根据电路图，查找前部控制单元第一组LIN线的电路图，包括3个组件，大灯开关、雨量传感器和雨刷电机，断开大灯开关和雨刷电机的线路，大灯常亮。检查雨量传感器LIN线及其相关线路，测量结果正常，调换雨量传感器，故障依旧。

（3）在车间外面，通过遮挡雨量传感器，观

察雨量传感器的实际值，发现传感器工作正常，且前部控制单元能够接收到，我们判断是前部控制单元故障，能够接收传感器的实际值，但是它只能够激活大灯，不能够关闭大灯。更换前部控制单元后，故障依旧。

（4）怀疑是否有其他的控制单元有故障，并通过CAN线进行干扰，造成此车故障的出现。

（5）我们将故障车前部控制单元的CAN线断开，试车发现在遮挡雨量传感器后，自动大灯点亮时间明显缩短，但仍不能自动熄灭，故障现象与之前不同，于是找试驾车进行对比，发现断开前部控制单元的CAN线后，自动大灯点亮时间明显缩短，但仍不能自动熄灭，现象是一样的，于是确定前部控制单元控制的LIN1、LIN2和LIN3及控制单元都是正常的。而且确定大灯不能自动熄灭是由其他控制单元影响的，于是我们决定用试驾车模拟故障车故障现象的再现，我们恢复前部控制单元的CAN线连接。拆下网关控制单元，依次断开底盘CAN、碰撞风险CAN等，当我们断开MMI CAN线时，故障现象再现了，由此确定是MMI CAN线影响的，我们决定依次断开所属控制单元的保险，接上MMI CAN线后，当我们断开仪表台右侧18号保险(前部空调单元和日照传感器)后，故障再次出现，于是我们再次插上保险，首先与故障车调换了日照传感器后，故障现象出现在我们的试驾车上，于是我们确定日照传感器有故障，更换故障车的日照传感器后，车辆的自动大灯恢复正常。

如图4-2-55和图4-2-56所示。

故障原因：日照传感器电器故障。

故障排除：更换日照传感器。

（二十）后扰流板噪音，启用扰流板发出"嗡嗡"噪声

车型：2014年Panamera。

故障现象：后扰流板噪音启用扰流板发出"嗡嗡"噪声。

故障诊断：当扰流板工作时，发出"嗡嗡"声。

故障原因：两驱动轴在工作时发出"嗡嗡"噪声。

故障排除：用胶带/泡沫带支撑靠近紧固点的

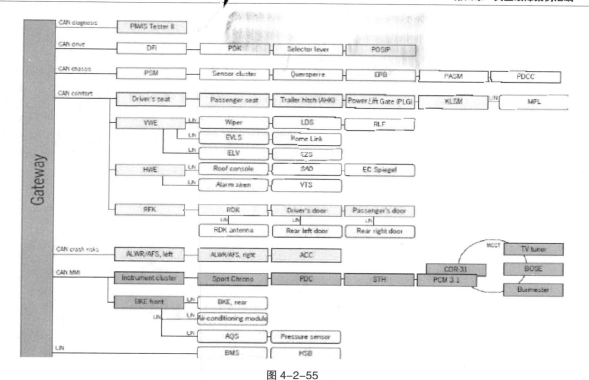

图 4-2-55

图 4-2-56

图 4-2-57

挠性轴。

请参见WM 6672ND消除噪音症状，对扰流板驱动装置的驱动轴，进行返工(启用时扰流板驱动装置发出嗡嗡噪声//SY1813)，如图4-2-57所示。

（二十一）仪表上PSM故障灯报警，车内照明灯闪烁

车型：2011年Panamera。

故障现象：仪表上PSM故障灯报警，车内照明灯闪烁。

故障诊断：PIWIS测试，多个控制单元有低电压和通信部可靠故障。当前不存在，删除后路试，唯一异常为车内照明灯闪烁，怠速运转时最为明显。电压不稳定。

蓄电池测试正常。发电机测量时，充电电压波动异常。判断发电机整流器损坏。更换发电机后故障排除车内照明灯正常。

客户使用2000多千米后，故障又重现。

检查正极导线无异常，测量负极线的电压降为1 V左右，判断蓄电池负极线有接触电阻，拆卸蓄电池负极线后发现与车身连接处有烧蚀，仔细检查发现接线柱上有原厂的车身胶，造成装配负极线时有间隙，如图4-2-58和图4-2-59所示。

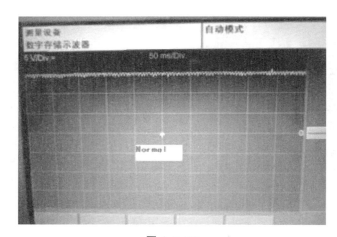

图 4-2-58

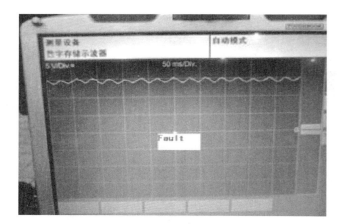

图 4-2-59

故障原因：由于车辆在制造时车身胶处理不好，引起蓄电池负极线接触有间隙，长期使用后引起触点烧蚀和发电机输出电压不稳定。

故障排除：修理负极接线柱后功能恢复正常。

（二十二）客户反映空调运行一段时间后空调制冷效果变差

车型：2011年Panamera 970。

故障现象：客户反映空调运行一段时间后空调制冷效果变差。

故障诊断：

（1）系统没有故障码。

（2）检查系统压力，低压450 kPa，高压1400 kPa左右，低压太高，高压太低。检查系统制冷剂总量680 g，正常。可能原因为膨胀阀故障或者低压管路系统堵塞。

（3）检查替换膨胀阀故障依旧，检查干燥器没有发现有堵塞现象。

（4）检查低压系统管路发现，低压管内管壁脱层，造成管路堵塞，系统低压太高，导致空调系统制冷效果差，如图4-2-60和图4-2-61所示。

故障诊断：空调系统低压管内壁脱层造成管路的阻塞。

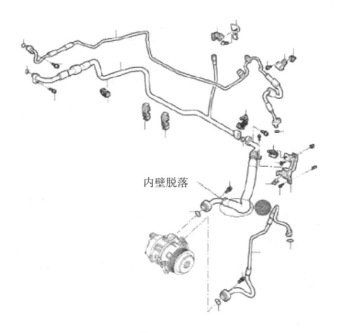

内壁脱落

图 4-2-60

图 4-2-61

（二十三）空调有时无风

车型：2012年Panamera 970。

故障现象：空调有时无风。

故障诊断：

（1）PIWIS检测有故障，网关系统内C12097检查空调单元故障记忆内容，空调系统0008452与LIN总线(空调1)通信故障。

（2）检查风机供电正常LIN线信号正常，拆装测试风机正常运转，在拆装风机电阻后风机可正常工作，更换风机电阻，试车故障不再出现。客户取走车辆行驶一天后故障又重新出现，PIWIS检查只有空调系统中有：与LIN总线(空调1)通信故障，测量空调系统LIN 1总线信号正常，故障可能不在LIN1总线，查看电路图LIN2总线空调控制单元控制翻板电机，怀疑故障可能出在LIN2总线上。对LIN2总线测量，波形不正确，对LIN2总线进行检查，发现在检查PCM后部中心出风口线路时，LIN2总线波形正常了，风机也正常工作了。对中央出风口线路检查正常，检查中央出风口左右翻板电机插头，发现右侧翻板电机插头有腐蚀现象，经处理后测试LIN2总线波形正常。

故障原因：由于空调中央出风口右侧翻板电机处有水造成翻板电机插头腐蚀LIN2总线断路。

同样故障已发现3例，如图4-2-62~图4-2-64所示。

图 4-2-62

图 4-2-63

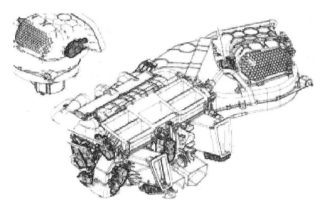

图 4-2-64

（二十四）空调系统驾驶员侧出风口不制冷

车型：2014年Panamera 970。

故障现象：空调系统驾驶员侧出风口不制冷。

故障诊断：

（1）无相关故障码。空调系统驾驶员侧出风口确实不出冷风，副驾驶侧出风口出冷风。

（2）实际值检查制冷剂压力160 kPa，蒸发箱压力350 kPa，压缩机工作电流在空调温度调整为160 ℃时电流0.489 A。压缩机的负载信息16.9 N·m，通过实际值证明空调压缩机工作正常。制冷剂压力正常，检查空调混合阀实际值，在空调温度最低时左右前温度混合阀0%，在空调温度调整为250 ℃和280 ℃时，对控制单元进行自动编码后故障依然存在。对LIN控制电机的验证运行，针对LIN控制电机的测量运行全部显示成功。

（3）拆下左前侧混合阀门电机，用手直接拨动混合风门左前侧空调温度没有变化。调整暖风位置正常。怀疑为蒸发箱内部活门脱落。拆下仪表台将暖风水箱安装在车子外面。此时看到活门翻板工作正常。没有脱落现象，检查蒸发器时发现左右侧温度不一致。用温度枪测量蒸发器左侧温度为140 ℃，右侧温度为-10 ℃。将134 A（冷媒）抽出重新加注后，故障依旧。最终检查确认为蒸发器内部故障。

如图4-2-65~图4-2-68所示。

故障原因：蒸发器故障。

图 4-2-67

图 4-2-65

图 4-2-66

图 4-2-68

（二十五）车辆无法启动

车型：2011年Panamera 970。

故障现象：车辆无法启动。

故障诊断：

（1）诊断仪诊断无相关故障记忆。

（2）当启动车辆时，刚开始一两次可以启动，但多尝试几次后启动只会"咔嗒"响一下，车辆启动不起来。

（3）检查蓄电池电压，在充电端子测量时电压只有9 V左右，怀疑蓄电池不行，但断开蓄电池端子直接测量时电压为12.5 V左右。怀疑从蓄电池到前部充电装置的连接线存在虚接或分压的情况。

（4）检查从蓄电池到前部的连接线路，打开分电器盒，里面有两个电源连接头，当用标准扭力进行检查时发现上端的连接端子比较松。

如图4-2-69所示。

故障原因：由于此端子虚接导致前端的电压过低，从而导致车辆无法启动。

故障排除：将螺栓重新固定好后，故障排除。此案例是测量时前后电压有差别，导致电流有差别，从而使车辆启动时异常。

图4-2-69

第三节　Macan

一、发动机系统

（一）组合仪表上亮起检查发动机警报灯

车型：2014—2015年Macan S，Macan Turbo。

故障现象：组合仪表上亮起检查发动机警报灯，故障码FCOOA016，FC P0411。

故障原因：由于启动时间过长(大于6 min；通常情况下为2 min)，造成二级空气泵过载→烧毁。

故障排除：组合仪表无任何声音，如图4-3-1所示。

故障诊断：由于供应商处的焊接失误(手工焊接工序)导致无声音。

故障总结：计划进行自动焊接(供应商)。

图4-3-1

（二）蓄电池放电，不能启动发动机

车型：2014—2015年Macan。

故障现象：蓄电池放电，不能启动发动机。

故障原因：如驾驶者在挡位"N"关闭车辆，且未激化停车制动器时，蓄电池放电可能的误操作，如图4-3-2所示。

故障排除：SW更新。

（三）在进行发动机修理评估时，发现连杆轴承的尺寸无法确定

车型：Cayenne 3.0L。

故障现象：在进行发动机修理评估时，发现连杆轴承的尺寸无法确定。

故障诊断：

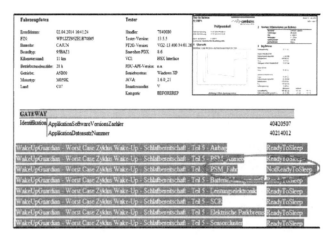

图 4-3-2

（1）在更新的PET里已包含连杆轴承尺寸与颜色相对应的信息，如图4-3-3所示。

更新的车间手册

WM 131003 测量活塞（包括测量气缸直径）工具

New	Wear limit
0.010 … 0.052 mm	0.12 mm

Bearing shell allocation:

Colour identifieation	Wall thickness
Blue	1.401 mm
Yellow	1.396 mm
Red	1.391 mm

图 4-3-4

更新的PET

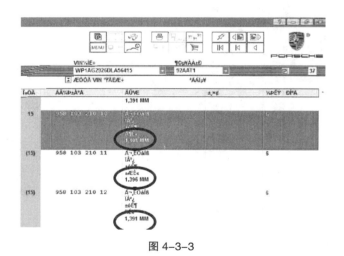

图 4-3-3

（2）更新的WM131003测量活塞(包括测量气缸直径)也已经包含连杆轴承尺寸与颜色相对应的信息。

（3）根据WM131003，所需的连杆尺寸取决于"测量活塞"取得的结果。

如图4-3-4所示。

（四）发动机在怠速时出现明显噪音，和温度无关

故障现象：发动机在怠速时出现明显噪音，和温度无关。

故障诊断：

（1）通过拆下发动机皮带、进气歧管、挂N挡等方法排除其他可能的外部噪音。

（2）确定噪音来源，并根据结果进行进一步检查。

（3）如果能够确认噪音来自发动机转速传感器区域，我们可以提供一个减小噪音的方法，但不能完全消除噪音。因为这个声音属于正常工作声音，噪音来自发动机转速传感器的区域。

原始状态如图4-3-5所示。

图 4-3-5

将配件安装在图4-3-6中标示的发动机转速传感器区域。

不用拔下传感器插头。

图 4-3-6

将隔音垫安装在变速器凹槽处并压紧，如图4-3-7所示。注意：不要将排水口堵住。表面保持干燥并没有灰尘和油污。如果需要，用无纺布和丙酮进行清洁。

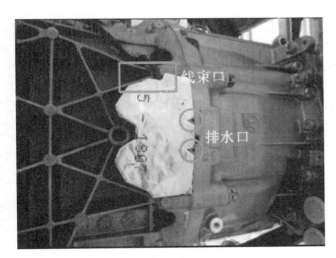

线束口

排水口

图 4-3-7

按图4-3-8区域折叠隔音垫，并压紧封好。新车已经进行了加装。如果遇到此类的噪音投诉，请及时给我们发送技术报告。

图 4-3-8

（五）DME里有故障码P0011或P0021，凸轮轴正时调节故障

故障现象：DME里有故障码P0011或P0021，凸轮轴正时调节故障。

故障诊断：

（1）首先根据GF引导检查故障。

（2）最终发现嵌在凸轮轴内的轴套移位/转动，导致该部位油道有堵塞，从而使凸轮轴正时调整失败/缓慢，如图4-3-9所示。

（3）如果有类似的案例，则换受损的凸轮轴。

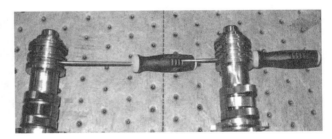

图 4-3-9

（六）在做PDI时发现有异响

车型：Macan 2.0。

故障现象：Macan 2.0在做PDI时发现有异响。

故障诊断：PPN已经发布解决措施，使用PIWIS TESTER的更新版本对PDK进行编程。如果发现类似视频中的发动机异响，请发送PRMS报告给我们。

（七）自动启停的停止功能条件始终不满足

车型：2015年Macan S。

故障现象：自动启停的停止功能条件始终不满足，这是在更换了发动机后出现的。

故障诊断：

（1）查看GFF。

（2）实际值显示是因为DME阻止了该功能。

（3）DME编程、编码、断电、检查车辆数据维护和执行所有模块自动编码都无效。

故障排除：重置网关控制单元，然后DME自动编码，如图4-3-10所示。

图4-3-11

图4-3-10

（八）发动机无法启动

车型：Macan 2.0T。

故障现象：发动机无法启动，在DME中有故障码P036600和P034100，皆为凸轮轴位置传感器信号不可靠。

故障诊断：

（1）检查凸轮轴链轮和中央锁止螺栓都正常。

（2）发现正时链条有损坏，正时链导轨有略微破损。

如图4-3-11和图4-3-12所示。

故障排除：更换正时链条和导轨。

图4-3-12

（九）发动机凸轮轴罩盖与缸盖接缝处有漏机油现象

车型：Macan 2.0T。

故障现象：发动机凸轮轴罩盖与缸盖接缝处有漏机油现象。

故障诊断：拆卸凸轮轴罩盖，发现原车涂抹的密封胶很少或很薄。

故障排除：使用密封胶重新密封（如收到错误密封胶，请联系零件部更换，不要使用错误的密封胶），如图4-3-13和图4-3-14所示。

故障总结：PCN质量工程部门正在取样分析机油渗漏处的残渣。

（十）PDI时发动机异响

车型：Macan。

故障现象：PDI时发动机异响。

故障诊断：可通过更新DME来解决或减小噪音。但做PDI时请不要对所有的车辆进行更新。因为现在的新车在出厂时PAG已经做了更新。2014年7月

图 4-3-13

图 4-3-14

后出厂的Macan，DME软件已经做了更新，如图4-3-15所示。

（十一）有时候出现发动机灯、四驱灯、悬架灯、ESP灯报警

车型：2015年Macan。

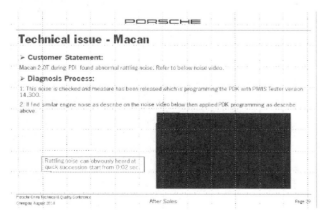

图 4-3-15

故障现象：有时候出现发动机灯、四驱灯、悬架灯、ESP灯报警，一熄火再启动又正常。

故障诊断：

（1）故障记忆为多个控制单元存在与发动机控制单元和变速器控制单元无通信，偶发故障。

（2）先执行WE54发动机重新成功编程，试车故障现象依旧。

（3）GF故障引导：指定控制单元电源不存在或者只在有限范围存在；控制单元线路与CAN高，CAN底中断；控制单元故障。

（4）查询线路图：发动机控制单元及变速器控制单元CAN共用一个线路接头，拆检发现线路接头没卡上位，重新固定插头后故障排除。

故障原因：控制单元通信线路插头松动，没卡到位，如图4-3-16~图4-3-18所示。

故障排除：重新固定插头后故障排除。

图 4-3-16

（十二）发动机故障灯亮

车型：2015年Macan。

故障现象：发动机故障灯亮(新车提车行驶50 km后亮灯)。

故障诊断：

（1）DME有故障记P034100凸轮轴位置传感器信号不可靠，P034000凸轮轴传感器故障。故障记忆当前不存在，试车10~50 km会出现故障码。出

图 4-3-17

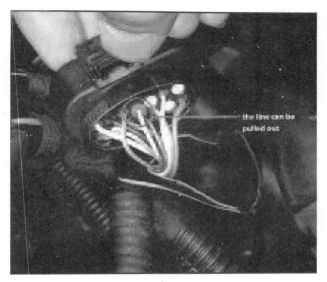

图 4-3-19

二、变速器系统

（一）自动挡模式驾驶，1挡升2挡时有"咔咔"的噪音

车型：Macan。

故障现象：自动挡模式驾驶，1挡升2挡时有"咔咔"的噪音。

故障诊断：

（1）和其他Macan相比，同样有类似的声音。

（2）无任何相关故障码。

（3）变速器油位正常。

（4）这种现象是正常的设计特性。

如图4-3-20所示。

图 4-3-18

现故障码后，自动启停功能退出工作。

（2）初步检查线路通断正常。对调凸轮轴位置传感器、凸轮轴调节机构和DME试车，故障依旧出现。

（3）再次检查进气凸轮轴传感器到DME之间线路电阻，发现其中信号线线路的电阻为0.7 Ω，比供电和搭铁线路 0.1 Ω的电阻偏大，再次检查。

故障原因：进气凸轮轴位置传感器到DME线路中间插头针脚未固定牢，稍用力就能从线插中脱离，如图4-3-19所示。

故障排除：拆出线插后重新固定针脚。

图 4-3-20

（二）变速器在自动模式，速度在5 km/h，2 挡换1挡时有冲击感

车型：Macan S。

故障现象：Macan S变速器在自动模式，速度在5 km/h，2挡换1挡时有冲击感，该症状与温度没有关系。选择运动模式时没有冲击感，如图4-3-21所示。

故障诊断：

（1）PDK控制单元没有相关故障码。

（2）使用PIWIS TESTER 1.4300版本对PDK控制单元重新编程。

图 4-3-22

图 4-3-21

三、底盘系统

（一）翼子板螺丝处较多涂漆缺陷

车型：2014—2015年Macan。

故障现象：翼子板螺丝处较多涂漆缺陷。

故障原因：

（1）安装后对车门处进行调整。

（2）由于喷枪未干，其颜色在洗涤池中发生混合，如图4-3-22所示。

故障排除：正在制定中，对一种速干漆进行测试。考虑能否对翼子板进行独立喷漆。

（二）B柱饰盖开裂

车型：2014—2015年Macan。

故障现象：B柱饰盖开裂。

故障原因：生产过程中的张力和焊接过程或安装过程中的张力叠加造成，如图4-3-23所示。

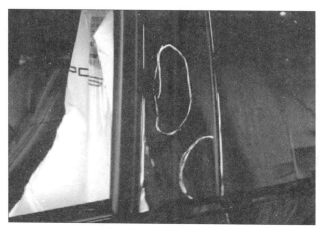

图 4-3-23

故障排除：

（1）更换使用的材料。

（2）安装过程中工人多加注意。

（三）车尾不锈钢护盖松脱

车型：2014—2015年Macan。

故障现象：车尾不锈钢护盖松脱，如图4-3-24所示。

故障原因：不锈钢护盖存在制造公差，导致车尾部件存在张力。

故障排除：优化安装，使用额外的螺栓。

（四）后窗开关存在不同故障

车型：2014—2015年Macan。

故障现象：后窗开关存在不同故障。

故障原因：湿气侵入车身侧面线束开关，尺寸不稳定黏附存在缺陷，如图4-3-25所示。

故障排除：优化黏附工序，防水板和线束。

图 4-3-24

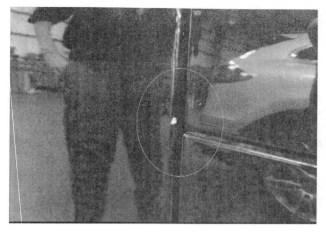

图 4-3-26

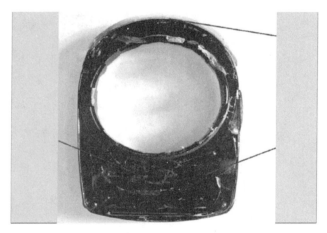

图 4-3-25

（五）前门打开时会碰触引擎盖

车型：2014—2015年Macan。

故障现象：前门打开时会碰触引擎盖。

故障原因：存在不同的原因，如图4-3-26所示。

（1）凸缘超出公差。

（2）引擎盖大小/尺寸不规则。

（3）车门间隙过窄。

故障排除：优化生产流程，确保引擎盖尺寸正确无误；增大车门间隙。

（六）空气悬架防尘套破裂，因此车辆失去平衡

车型：2014—2015年Macan。

故障现象：空气悬架防尘套破裂，因此车辆失去平衡。

故障原因：由于在未充注的情况下压缩/拉

伸，空气悬架防尘套出现早于预期的损坏，如图4-3-27所示。

故障排除：目视检查；优化组装时的辅助措施。

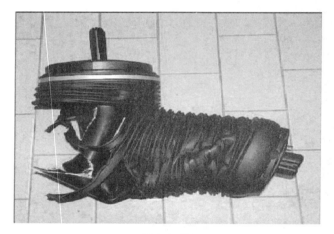

图 4-3-27

（七）组合仪表中的"PASM成瘩"，黄色警示灯亮起

车型：2014—2015年Macan。

故障现象：组合仪表中的"PASM成瘩"，黄色警示灯亮起；另外，车辆静止时车身失去平衡。

故障原因：空气悬架管路未妥善连接，因此造成空气不能扫出，如图4-3-28所示。

故障排除：检查管路末端；改善压力阀的鲁棒性。

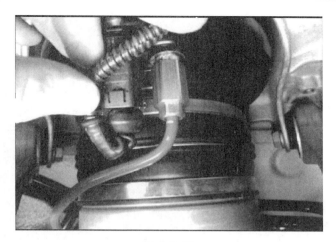

图 4-3-28

（八）前悬架滑柱处发生空气泄露

车型：2014—2015年Macan。

故障现象：前悬架滑柱处发生空气泄漏。另外，组合仪表中警示灯点亮，车辆失去平衡。

故障原因：曾在维修车间平台上对空气悬架放气，这是发生损坏的原因。在正常行驶状态下，空气弹簧防尘套破损，如图4-3-29所示。

故障排除：停用水平高度控制系统，优化车间平台检测。

故障诊断：

（1）查找故障原因，若有必要在疑似漏水区域外部冲洗车辆。

（2）如有必要，拆卸相关饰板等部件，这有助于查找原因。

（3）创建PRMS报告。

图 4-3-30

图 4-3-29

（九）在PDI检查时发现车内副驾驶员处的地毯被水浸湿

故障现象：在PDI检查时发现车内副驾驶员处的地毯被水浸湿，如图4-3-30~图4-3-34所示。

图 4-3-31

图4-3-32

图4-3-33

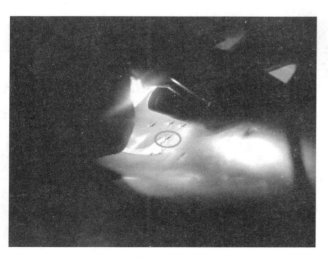

图4-3-34

（十）水漏入左侧脚坑

故障现象：水漏入左侧脚坑。

故障诊断：左右前轮处车身弓形区域漏水，如图4-3-35所示。

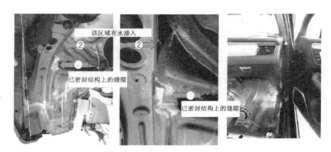

图4-3-35

（十一）漏水

故障现象：左侧脚坑处漏水；左右前轮处车身区域有漏水。

故障诊断：

（1）结构上的缝隙，PAG接合密封不良，如图4-3-36所示。水直接渗入副驾驶员处。

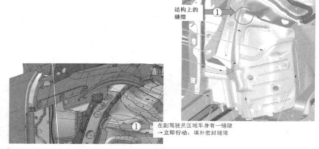

图4-3-36

（2）结构上的缝隙已密封，仍然有水从副驾驶员处区域轻微渗出，水还是渗过密封的缝隙，在车身板处有水缓慢渗漏，如图4-3-37所示。

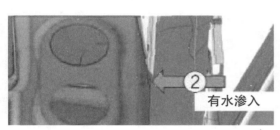

缝隙已被密封

有水渗入

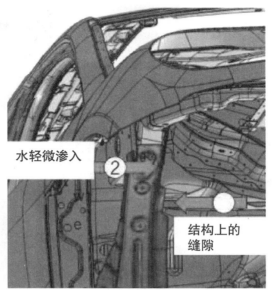

水轻微渗入

结构上的缝隙

图 4-3-37

四、电动系统

（一）新车上的蓄电池电极保养盖丢失

车型：2014—2015年Macan。

故障现象：新车上的蓄电池电极保养盖丢失。

故障原因：在莱比锡的生产过程中未安装护盖，如图4-3-38所示。

故障排除：优化生产流程。

图 4-3-38

（二）出现不同故障警告"启动停止功能失效""停车制动器失效""ACC/PAS不可用"

车型：2014—2015年Macan。

故障现象：出现不同故障警告"启动停止功能失效""停车制动器失效""ACC/PAS不可用"。

故障原因：由于插头中CAN连接线过短或处于张紧状态，控制单元失去与CAN的通信，如图4-3-39所示。

故障排除：供应商另行检查，生产中进行全面检查。

图 4-3-39

（三）点火开关不灵活。启动发动机后，开关不会自动回位

车型：2014—2015年Macan。

故障现象：点火开关不灵活。启动发动机后，开关不会自动回位。

故障原因：在安装点火开关时，柔性部件可能会滑脱。因此造成点火开关卡住，如图4-3-40所示。

故障排除：固定柔性部件，100%检查。

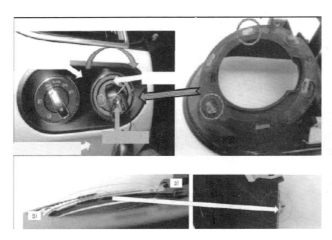

图4-3-40

（四）车轮速度传感器不工作

车型：2014—2015年Macan。

故障现象：车轮速度传感器不工作。不同警示灯点亮(ABS、PASM等)，如图4-3-41所示。

故障原因：车轮速度传感器内部的电容短路。

故障排除：优化生产流程，使用新的更加耐用的电容。

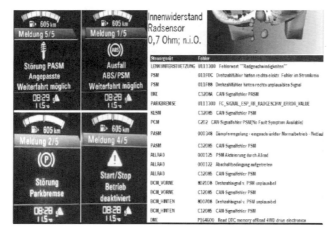

图4-3-41

（五）日间行车灯仅部分工作，某些LED灯不亮

车型：2014—2015年Macan。

故障现象：日间行车灯仅部分工作，某些LED

灯不亮。

故障原因：LED推杆导致的损害造成LED灯开裂，如图4-3-42所示。

故障排除：在供应商处进行光学检查，更改推杆直径。

图4-3-42

（六）在一些车辆上冷却液位过低

车型：2014—2015年Macan，Macan Diesel。

故障现象：在一些车辆上冷却液位过低。

故障原因：冷却液加注系统调整错误，如图4-3-43所示。

故障排除：调整冷却液加注系统。

图4-3-43

（七）控制单元出现错误代码FC0126"Kassel ModeBlock 62 flashed"

车型：2014—2015年Macan全系。

故障现象：控制单元出现错误代码FC0126"Kassel ModeBlock 62 flashed"，如图4-3-44所示。

故障原因：SW版本的替换件与SW版本的系列版本不符。

故障排除：提供正确的SW版本(PIWIS检测仪版本14.110)。

图 4-3-44

（八）防盗警报系统不明原因地被触发

故障现象：防盗警报系统不明原因地被触发。

故障诊断：如遇投诉，请遵循WM708355消除车身内部症状：更换车顶控制台(防盗警报系统触发不正确/SY1114)。使用PIWIS测试仪。

（1）在控制单元概述页面中选择"后端电子设备"控制单元。

（2）"车内监控"作为防盗警报系统的触发事件存储在"实际值/输入信号"菜单内。

故障排除：

（1）使用PIWIS检测仪查看车顶控制台的现有硬件版本。

（2）将硬件版本为4.4或4.5(044/045)的旧车顶控制台更换成硬件版本为4.6(046)的新车顶控制台。

或者可通过拆下的车顶控制台上的标签读取生产日期，如图4-3-45所示生产日期是2014年5月15日。若生产日期为2014年6月2日或在此日期之后的车顶控制台可以使用，新硬件版本(4.6或更高)已安装。

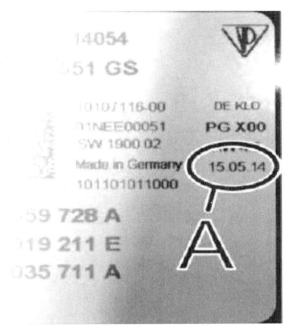

图 4-3-45

（九）因密码输入错误，导致保时捷通用充电器（CAC）被锁止

故障现象：因密码输入错误，导致保时捷通用充电器（CAC）被锁止。

故障诊断：需解锁充电器，请发送PRMS报告：①您需要一个配件号为00072198680的适配器和一套装在电脑里的软件。②上述软件将通过电子邮件发送给您，因为对PRMS系统来说它的尺寸太大。

请遵循如下说明和附件来重置密码。

（1）在电脑里安装上述软件，不支持Windows8操作系统。

（2）在电脑上启动该软件，即保时捷通用充电器诊断软件。

（4）打开保时捷通用通电器(CAC)电源，通过适配器（USB）将充电器和电脑相连。

（5）操作软件建立与充电器的连接。

（6）按F8重置PIN码。

（8）充电器上PIN码被重置为0000 a。

（9）关闭充电器并打开，然后设置一个新的密码。

如图4-3-46~图4-3-49所示。

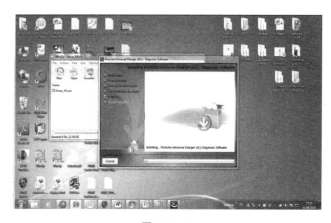

图 4-3-46

图 4-3-47

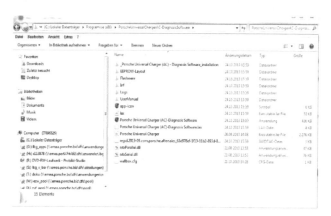

图 4-3-48

图 4-3-49

（十）冷却液温度过高报警

故障现象：冷却液温度过高报警。

故障诊断：

（1）在ME里有故障码P 1466散热器风扇：机械故障(低于最低阈值)，P 1467散热器风扇2：机械故障(低于最低值)。

（2）根据GF引导，如果发现左右散热器风扇被卡住，再检查风扇电机是否因石子、泥土或脏污而被卡住。

（3）如果发现是，则更换受损的风扇电机，对于9X1车型将有一个改进的风扇电机，其配件号码为99162493902a。

如图4-3-50和图4-3-51所示。

图 4-3-50

图 4-3-51

（十一）在PDI检查时，发现雨刮器开关、大灯清洗开关和大灯开关无反应，组合仪表上显示PASM故障和大灯报警

故障现象：在PDI检查时，发现雨刮器开关、大灯清洗开关和大灯开关无反应，组合仪表上显示PASM故障和大灯报警。

故障诊断：

（1）PIWIS检测仪显示主要的故障码有C1200B与方向盘电子控制单元无通信(CAN总线底盘)，以及故障码C1200与方向盘电子控制单元无通信(CAN总线舒适)。

（2）PIWIS测试仪无法读取方向盘电子控制单元，无法通信。

（3）根据GF检查相关的CAN线、电源线和接地线。

（4）如果发现在车身接地点GP20处有断路，则检查该线束的连接点487是否有接触不良的现象。

（5）如果是，建议修理该线束连接点。

如图4-3-52和图4-3-53所示。

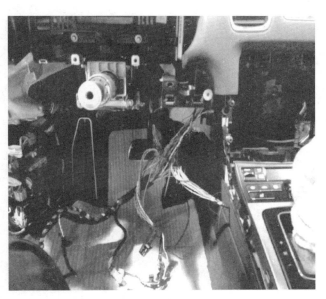

图4-3-52

（十二）在PDI时发现组合仪表上显示不正确的保养间隔信息

故障现象：在PDI时发现组合仪表上显示不正

图4-3-53

确的保养间隔信息，机油更换显示17 000 km，中等保养显示30 000 km，大保养显示60 000 km。

故障诊断：

（1）在PDI检查或诊断时，请始终使用最新版本的可用PIWIS检测仪。

（2）在车辆数据维护里选择"SM6-燃油市场C"并自动编码所有模块，也可尝试改为其他燃油市场，检查是否有用。

（3）如果无效，则发送PRMS报告。

如图4-3-54所示。

（十三）在PDI检查时发现ABS/PSM故障报警

故障现象：在PDI检查时发现ABS/PSM故障报警。

故障诊断：

（1）使用PIWIS检测仪检查发现有故障码011 FOC右后转速传感器，遵循GFF检查线路和插头。

（2）读取车速传感器实际值，转动对应车轮并检查是否正常。

（3）将可疑的车速传感器与邻近的车速传感器对换，之后如果症状再次出现，请确认故障是否来自哪个可疑的车速传感器。

（4）如需进一步技术支持，请发送PRMS报告。

如图4-3-55所示。

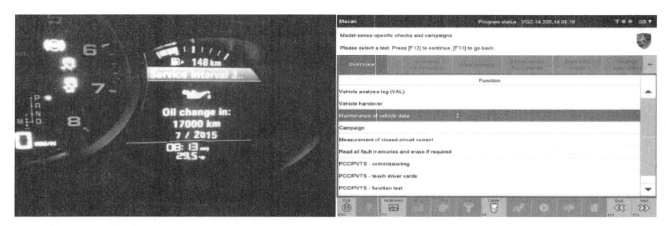

图 4-3-54

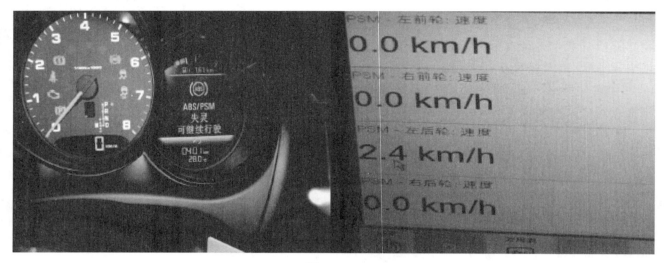

图 4-3-55

（十四）后雨刮片工作异响

车型：2015年 Macan。

故障现象：后雨刮片工作异响。

故障诊断：

（1）检查后挡风玻璃是否有油污或不平整。

（2）检查后雨刮片橡胶条是否变形或损坏。

（3）检查后雨刮臂是否变形或固定是否牢固。

（4）如更换了后雨刮片和雨刮臂异响还是存在，请发送PRMS报告给我们。

故障排除：将雨刮胶条反过来安装后再测试，查看是否可以解决，如图4-3-56所示。

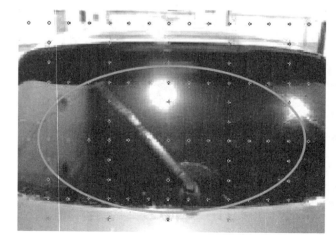

图 4-3-56

表4-3-1

Macan S	左侧驾驶	其他国家和地区	WP1ZZZ95ZFLB53356
Macan Turbo	左侧驾驶	其他国家和地区	WP1ZZZ95ZFLB91614

（十五）车辆识别号限制条件无法确定是否可以加装

车型：Macan S。

故障现象：在《TEQ 2601运动型排气系统(识别号OP8/OP9)》中有车辆识别号限制条件无法确定是否可以加装。

故障诊断：

适用于2015年的Macan S Turbo车型，自以下车辆识别号起的车辆可以改装运动型排气系统，如表4-3-1所示。

故障总结：也可通过查看铭牌标签上的生产日期来确定，该TEQ适用于自2014年6月起生产的Macan S Turbo。如图4-3-57所示。

图 4-3-57

（十六）当开启AC压缩机时，来自AC压缩机和高压管路持续的共振和噪音传入车内很容易被察觉到

车型：Macan S Turbo。

故障现象：当开启AC压缩机时，来自AC压缩机和高压管路持续的共振和噪音传入车内很容易被察觉到。

故障诊断：

（1）从技术角度分析，该现象属于正常范围。

（2）对比同款车型都有该现象。

（3）PAG正重新研发用于固定空调高、低压管路的支架，但只能很有限地改善该现象。

如图4-3-58所示。

故障排除：目前暂时无可适用的技术方案，如遇到投诉请向车主解释这是正常现象。

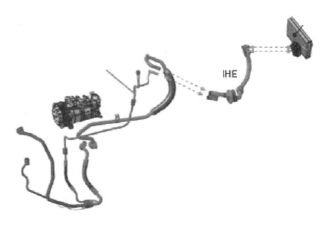

图 4-3-58

（十七）后雨刮有异响

车型：Macan。

故障现象：后雨刮有异响。

故障诊断：

（1）检查后挡玻璃表面是否有油污或不平整。

（2）检查后雨刮胶条是否变形或损坏。

（2）检查后雨刮臂是否变形或有固定不牢固现象。

（3）如果更换了后雨刮片或雨刮臂异响还是存在，请发送PRMS报告给我们。

如图4-3-59所示。

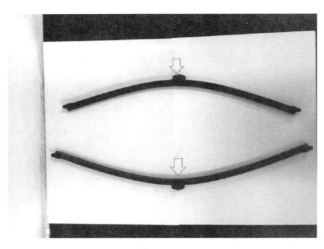

图 4-3-59

（十八）不平路时，车辆前部"嗒嗒"响

车型：2015年Macan。

故障现象：不平路时，车辆前部"嗒嗒"响。

故障诊断：试车确认声音来源自发动机舱盖区域。

故障原因：发动机舱盖后部支撑块和翼子板处支撑螺栓接触面都很硬，不平路跳动时会发出"嗒嗒"响。

故障排除：在支撑块或支撑螺栓接触面粘贴缓冲块。如通过调整支撑螺栓高度改变接触面，则会改变头盖缝隙大小和平整度，甚至造成头盖尖部刮蹭车身漆面。

（十九）PCM每20 min重启一次

车型：2014年Macan S。

故障现象：PCM每20 min重启一次，很准时(启动着车辆，听着歌)。

故障诊断：

（1）发现客户使用iPhone 6手机，与车辆蓝牙连接，但电话簿记录没能正常导入PCM，显示在连接导入中，跟着就20 min后PCM重启，如此循环。

（2）用iPhone5或其他iPhone6在此车上用蓝牙导入电话簿，如果成功就不会出现重启。

故障原因：我们对比两手机的电话簿，发现客户手机电话簿较为复杂，不兼容(带动画的姓名、日文)。

故障排除：恢复原厂设置，暂停使用这手机，等新的软件(这故障在Panamera上也一样)。

（二十）安卓系统询问是否上传电话簿

车型：2014年Macan S。

故障现象：安卓系统询问是否上传电话簿，如图4-3-60所示。

图 4-3-60

苹果的iOS自动上传，结果就是如果不成功就重启，如图4-3-61所示。

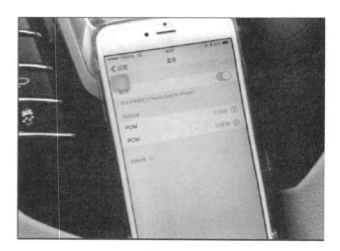

图 4-3-61

（二十一）客户反映行驶时系安全带仪表报警

车型：2015年Macan。

故障现象：客户反映行驶时系安全带仪表报警。

故障诊断：

（1）诊断仪检测无任何故障码。

（2）驾驶车辆，检查发现驾驶员侧系安全带，副驾驶员侧没有坐人仪表报警，将副驾驶员侧安全带系上仪表不再报警。

（3）查看实际值，右前座椅在没有坐人的情况下显示被占用。对座椅占用进行校准，校准不能成功执行，尝试断电编码故障依旧。

（4）拆开座椅检查发现重量传感器没有正确安装。

（5）重新安装重量传感器，并对座椅占用进行校准，故障排除。

如图4-3-62所示。

故障原因：由于出厂时装配不当传感器褶皱称重失效导致。

故障排除：重新安装重量传感器并校准。

图4-3-62

（二十二）车辆没电后车内部分舒适功能失效

车型：2015年Macan。

故障现象：车辆没电后车内部分舒适功能失效。

故障诊断：

（1）客户陈述该车停放几天后车辆没电，对车辆重新充电后测试蓄电池正常，测试漏电，车辆无漏电现象，但在充好电后发现该车车门、大灯开关、车顶控制台背景灯及LED灯均不亮，车内舒适灯光均不能打开，车门后视镜功能失效，天窗及遮阳帘功能失效，端子SD没电。

（2）对车辆进行断电、车辆已交，检查车辆编码并进行控制单元自动编码后故障依旧。

（3）对车辆进行驾驶，驾驶过程中车辆功能恢复正常，但车辆停止后故障依旧。

（4）由于该车舒适性灯光均不起作用，检查

后端控制单元端子G1电压，发现G1输出电压只有0.675 V，正常车辆为12 V电压，对调后端故障依旧。

（5）查看电路图功能概述，发现端子G1由蓄电池传感器监控蓄电池状况通过LIN线给网关信号，由网关控制能源管理发送CAN线信号给后端电子设备控制G1开关，检测网关蓄电池相关实际值未见异常。因此对调正常车辆的蓄电池传感器和蓄电池后故障依旧。对调网关后故障排除，判断问题出在网关。

（6）进一步检查发现在网关驱动链接"关闭阶段/运输模式"中点击选项"直到端子15再次开启"后故障排除。测试中发现在该驱动链接中驱动"闭路电流模式"该车故障现象会重现。

如图4-3-63和图4-3-64所示。

图4-3-63

图4-3-64

故障原因：蓄电池没电导致网关进入"闭路电流模式"。

故障排除：在网关中进行驱动链接，点击选项"直到端子15再次开启"。

（二十三）锁车15 min后，不能使用遥控钥匙开启车门

车型：2015年Macan S。

故障现象：锁车15 min后，不能使用遥控钥匙开启车门。

故障诊断：

（1）PIWIS检测，没有发现相关故障记忆。检查遥控器天线，天线正常。

（2）检查前端和后端控制单元的电器插头，没有发现松动或虚接现象。再次对车辆的故障现象进行检查，发现车辆所有的开关照明灯不亮，锁车后座椅不能电动移动。

（3）结合以上所有的故障现象，发现与车辆处在运输模式时的现象相同。进入网关，读取实际值，但运输模式显示已经关闭。

（4）对车辆进行断电、车辆移交，故障现象依旧。再次进入网关，在驱动链接中对运输模式进行驱动后，故障消失。

故障原因：运输模式没有彻底关闭。

故障排除：在网关的驱动链接中驱动一次运输模式。

第四节　跑车系列

一、发动机系统

（一）车辆在正常行驶中，车速表指针不动且电子里程表数值也不变化

车型：2014年991。

故障现象：车辆在正常行驶中，车速表指针不动且电子里程表数值也不变化。

故障诊断：

（1）连接PIWIS检测仪读取故障记忆，无任何故障记忆存在，进行车辆移交，故障依然存在。

（2）选择组合仪表进行驱动链接测试，对组合仪表进行自检，一切正常；对车速表指针进行驱动测试，指针正常。

（3）选择组合仪表读取实际值，通过CAN测试的发动机转速正常，车速始终为零；对组合仪表进行自动编码，故障依然存在，最后做控制单元重置，故障解决。

故障原因：控制单元本身程序问题。

故障排除：组合仪表重置。

（二）客户反映发动机启动后熄火。

车型：2013年981 Boxster。

故障现象：客户反映发动机启动后熄火

故障诊断：

（1）根据客户故障描述现象，首先使用PIWIS检测读取DME故障码，有P0371轴位置传感器超出极限值，因发动机无法持续运转读取传感器实际值无用。

（2）对传感器相关线路进行检测，断开传感器和DME连接插头，检查线路测量此3条线的电阻均为0.3 Ω正常，连接插头打开点火开关测量电源线电压为4.99 V，正常，测量传感器接地正常。

（3）对曲轴位置传感器波形进行测试，发现曲轴信号波形对比其他车辆不正常，该车每个波形间隔较长，拆下曲轴位置传感器发现传感器头部有铁屑，对其进行清洁故障排除。

故障原因：由于传感器检测信号存在误差，传给DME是一个错误的信号，因此DME接收到曲轴位置和凸轮轴位置信号完全不匹配，所以导致发动机启动后熄火，如图4-4-1~图4-4-3所示。

故障排除：清洁曲轴位置传感器。

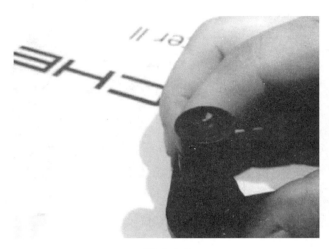

图 4-4-1

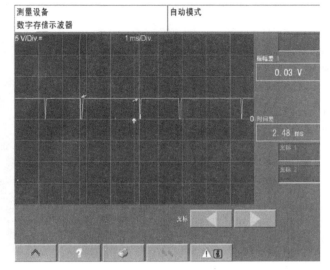

图 4-4-3

Normal signal

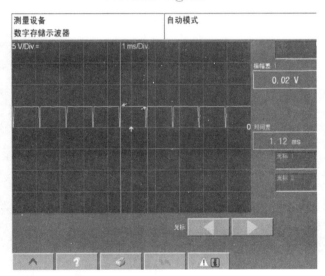

图 4-4-2

（三）车辆怠速抖动，发动机故障灯亮

车型：2013年991。

故障现象：车辆怠速抖动，发动机故障灯亮。

故障诊断：

（1）使用PIWIS检测，DME有故障码(节气门驱动器故障)。

（2）与SA沟通得知，客户洗车过后出现故障，初步怀疑节气门故障，拆下后尾翼，测量线

路，节气门的电源正常，于是检查节气门与DME之间的线路连接状况，拆下DME插头，发现插头严重腐蚀。如图4-4-4和图4-4-5所示。

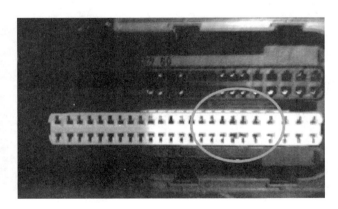

图 4-4-4

图 4-4-5

故障原因：由于发动机控制单元线束针脚密封不严，导致DME控制单元进水。

故障排除：更换DME线束。注意：有关"接头"的零配件要求一个新的维修概念：信息、所需详细信息和接头搜索。

（四）保时捷博克斯特冷却系统报警

车型：博克斯特981。

行驶里程：33 577 km。

故障现象：仪表出现提示冷却系统故障。

故障诊断：客户反映此车在其他维修厂维修过此故障，已更换过节温器和防冻液，到我公司要求对冷却系统抽空排气。接车检查发现打开点火开关仪表上显示：冷却系统故障寻找维修厂，但此时观察发动机的水温并不高。如图4-4-6所示。

图4-4-6

按照客户要求用真空加注系统重新加注冷却液后故障依旧，连接PIWIS2测得的故障码如图4-4-7所示。

保时捷跑车系列的发动机真空系统对冷却系统的影响很大，系统结构也相对复杂。原厂诊断流程如下：真空系统泄漏 – 冷却系统故障。

诊断条件：发动机正在运转，踩下制动踏板，然后再次松开，然后约1 min内不要踩下制动踏板，未存储以下任何故障码：P0557.P0558。

可能的故障原因：制动真空传感器插头上的接

图4-4-7

触电阻真空系统区域泄漏。

故障影响：

（1）如果真空系统中检测到泄漏，就在组合仪表中显示消息冷却系统故障。原因：带热管理功能的冷却系统还包括真空启动的截流阀。

（2）如果没有真空，真空制动的活门和阀无法再关闭，可导致故障。

显而易见的影响可能包括：缺少扭矩，没有热功率，排气活门、空气滤清器活门和声音模拟器永久性设置为高。

（3）缺少制动助力。

诊断功能：真空传感器可用来检查系统中的压力是否在某一特定时间低于某一特定值。

一松开制动踏板，即根据发动机转速计算泵输出并从要执行的工作中减去该结果，以使绝对压力低于特定阈值。

在这里，诊断测试时是否启动已连接的电磁切换阀都无关紧要。

PIWIS 检测仪中的系统测试——真空系统，可用来完成真空系统的测试，因为在此情况下，在诊断测试时，所有的电磁切换阀都将被强制启动。

用PIWIS执行系统泄露测试得知的结果为系统泄露，分别断开真空助力泵处的前、后真空输送管路再次进行泄露测试，得出的结果还是系统泄漏。进入实际值板块测得的发动机实际值如图4-4-8所示。

怠速状态下的制动真空始终在450 hPa左右变

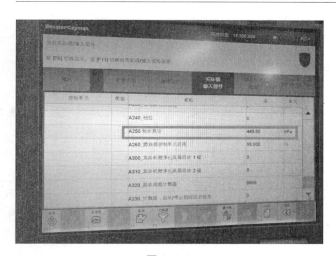

图 4-4-8

化，踩下制动踏板后真空变化得很慢，显然发动机真空泵本身提供的真空达不到需要的压力。更换真空泵后测得的实际值如图4-4-9所示。

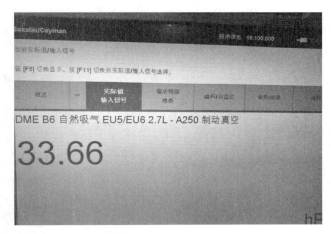

图 4-4-9

原地踩制动踏板释放后真空可以从1000 hPa左右迅速回到33 hPa，路试20 km故障没有出现，一周后回访客户故障彻底解决。

故障总结：保时捷911、981车型真空系统故障比较常见的是运动排气的真空管路脱落或者被挤压变形，特别是后期加装的运动排气。遇到此类冷却系统故障的车型一定要先排除真空系统故障再去检查冷却系统。

（五）发动机故障灯报警

车型：2014年981 Cayman。

故障现象：发动机故障灯报警。

故障诊断：

（1）发动机灯亮，急速到1000 r/min时发动机抖动厉害。

（2）读取故障码P 1359第1缸气门升程故障；读取实际值第1缸失火严重，其他缸伴随有失火现象，如图4-4-10和图4-4-11所示。

（3）调换火花塞及点火线圈，故障现象依旧；拆下喷油器，发现有堵塞现象，清洗后调换1、2缸喷油器，故障现象依旧。

（4）读取实际值，发现燃油高压波动异常，检查低压油泵发现低压正常。

故障原因：燃油高压泵内部故障。

故障排除：更换燃油高压泵。

图 4-4-10

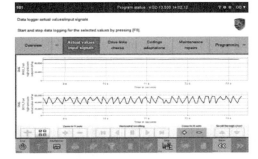

图 4-4-11

（六）运动排气故障

车型：2014年991.1。

行驶里程：23 685 km。

故障现象：客户来店报修运动排气声浪没有变化，接车检查发现无论运动排气开关按钮处于开启或关闭的状态，后消音器的阀门都处于关闭位置，而且排气的声浪没有变化。

故障诊断：911运动排气系统结构原理如图4-4-12所示。

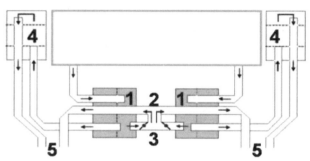

1-前消音器　2-接头　3-两个位置经过调整的中央排气活门　4-每个气缸列有一个52 mm的主消音（在亚洲有时为50 mm）　5-两个具有独特喷嘴设计的双尾管

图4-4-12

在选装的运动型排气系统上只有按照要求使用以下按钮之一，才能启用或停用将排气活门切换到声学性能经过优化的模式这一操作："Sport"（运动）按钮、"Sport Plus"（运动升级）按钮。

"Sports exhaust system"（运动型排气系统）按钮（也可以使用该按钮停用运动型排气系统）。与在Carrera S上一样，应按照要求使用DME控制单元中的图谱来启用排气活门。在这种情况下，DME控制单元将CAN信号发送到网关；它通过CAN接收来自操作和空调单元相应的按钮请求。只有那样网关才能将CAN信号发送到后端电子装置，然后由该装置启用电控气动转换阀。

根据故障现象和原理图判断可能的原因大概为：①调节阀门的电磁阀工作异常。②阀门真空管路故障。③运动阀门故障。连接PIWIS检测在后端模块有故障码80730E后消音器上排气阀门切换阀故障，进行动作测试发现排气声浪同样没有变化，

拔掉阀门上的真空管，打开和关闭运动排气的开关按钮发现没有真空产生，说明阀门调节电磁阀工作异常。找到位于车辆右后部的电磁阀，发现电磁阀已经明显烧坏变形并卡在关闭位置，如图4-4-13所示。

故障排除：更换排气阀门调节电磁阀。

图4-4-13

（七）发动机启动时间长

车型：2014年981 Cayman。

故障现象：发动机启动时间长。

故障诊断：

（1）确认故障存在，发动机启动时间长，怠速工作有时突然熄火。

（2）用PIWIS Tester检测仪进入DME读取故障

码：P0344凸轮轴传感器(超出极限值)；P1023启动时燃油压力/量过低(超出极限值)；故障状态是不存在的。

（3）查看DME实际值，启动时高压燃油压力达到56 000 hPa，燃油系统正常。

（4）GFF故障引导检查，凸轮轴位置传感器和线路都正常。

（5）检查发动机转速传感器，发现与同款车型不同的是在转速传感器位置额外安装了一个垫片。

如图4-4-14~图4-4-17所示。

故障原因：发动机转速传感器位置装配故障。

故障排除：将垫片移除后，发动机启动正常。

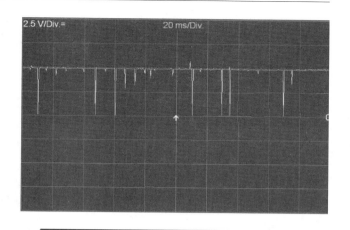

安装有垫片时的发动机转速信号波形

图4-4-16

图4-4-14

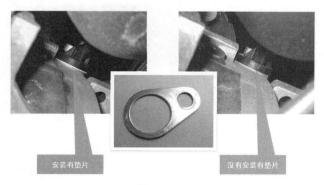

图4-4-15

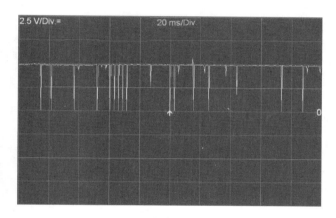

没有安装垫片时的发动机转速信号波形

图4-4-17

（八）仪表上发动机故障灯亮，并且显示控制故障

车型：2015年卡曼看，配置2.0T发动机。

行驶里程：70 560 km。

故障现象：仪表上发动机故障灯亮，并且显示控制故障。

故障验证：接车验证仪表发动机故障灯亮并且显示控制故障。

故障诊断：造成发动机故障灯亮的原因有很多，节气门脏污会引起亮灯，缺火也会，加油不好的话也会引起故障灯亮，连接保时捷专用诊断仪读取故障，果然显示发动机缺火。询问客户得知，前几天客户出差去了外地，走在高速上车子没油了，就在高速上加了油，才出现故障灯亮的。故障灯亮是因为加油不好引起的，建议客户加一箱好油。另外添加傲威改善油品试试，但是还有另外一个发动机控制故障，故障码如图4-4-18所示。

图 4-4-18

图 4-4-19

显示散热器风扇电器故障，难道是风扇有问题，于是用诊断仪激活电子扇结果正常，风扇也可以正常运转，看来不是风扇的问题，是控制方面的问题。另外一个故障码显示冷却液温度传感器电器故障，于是检查传感器，在拔下插头的时候看见传感器里面有防冻液流出，如图4-4-19所示。

于是就知道是什么原因了，是因为防冻液温度高，把传感器击穿了，等于说是传感器不起作用了，于是跟客户沟通更换传感器，过几天货到了装上一试，故障码依然存在，这是为什么？难道是传感器的原因？配件是新的，应该没有问题，这时就查找电路图看线路有没有问题。根据线路图得知，传感器是由发动机控制单元控制的，控制单元在左前集雨板下面，打开查看果然是进水了，插头腐蚀了，如图4-4-20所示。

处理发动机插头，更换水温传感器，疏通导水槽，故障解决，是什么原因导致控制单元进水呢？是因为长时间雨刷水下雨时没有及时流下来，导致控制单元进水。

故障总结：遇到问题要找到问题的根源所在，

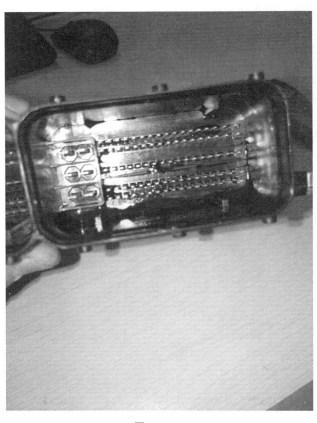

图 4-4-20

找到直接原因才能解决问题。另外随着雨季到来，疏通导水槽非常重要。

（九）客户反映冷却系统故障报警

车型：2013年Boxster 981/991。

故障现象：客户反映冷却系统故障报警。

故障诊断：

（1）读取故障码，P1433真空系统泄漏，冷却系统故障，无故障现象，水温正常。

（2）进行系统测试，真空系统测试，结果显示正常。

（3）用真空表检测真空系统，发现运动排气系统启用时系统漏气。

如图4-4-21和图4-4-22所示。

故障原因：左侧运动排气系统真空单元故障漏气。

故障排除：更换左侧运动排气系统真空单元。

备注：P1433的GF有这个真空系统的功能说明。

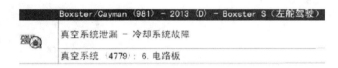

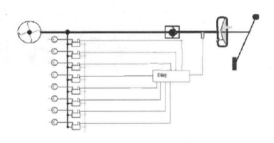

图4-4-21

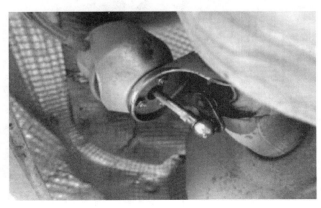

图4-4-22

（十）客户反映仪表盘上的"发动机功率下降"亮起表且有游车现象

车型：2013年911。

故障现象：客户反映仪表盘上的"发动机功率下降"亮起表且有游车现象，如图4-4-23和图4-4-24所示。

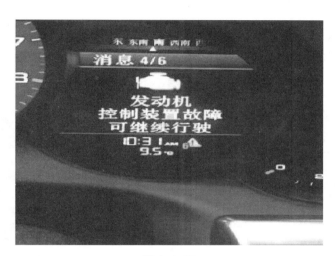

图4-4-23

图4-4-24

故障诊断：

（1）诊断仪检测，有P2121节气门控制电机电路电压高，节气门调节单元电位计划，P1432真空系统泄漏。

（2）GFF故障查找，原因为节气门调整单元故障。

（3）拆检节气门发现很脏，清洗节气门后无故障但还有游车现象。

（4）用诊断仪测试真空系统有泄漏故障，检查发现排气管改装为其他品牌，真空管接错。

（5）真空管校接并更换运动系统尾排后，真空系统测试正常，路试无故障码，但还有游车现象。

（6）对换空气质量传感器后还有游车现象。

（7）对换节气门(发现原车节气门内部松动很明显)后工作正常。

故障原因：节气门内部调节单元故障。

故障排除：更换节气门。

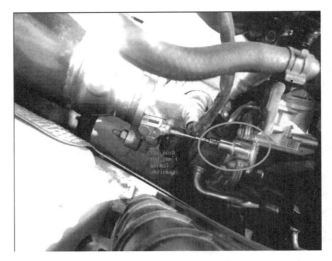

图 4-4-25

（十一）行驶中急踩加速踏板仪表提示发动机控制故障

车型：2015年95B，配置2.0T发动机。

故障现象：行驶中急踩加速踏板仪表提示发动机控制故障。

故障诊断：

（1）PIWIS显示DME有存储P00AF0，按故障提示对涡轮增压调节器电机进行驱动连接测试，有时无法执行。

（2）检查驱动器电机线束插头正常，针脚A1/A5信号电压5 V正常，针脚A3接地正常，针脚A2/A6（此处电压只能用波形去测量）12 V正常。

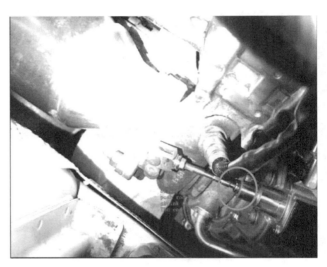

图 4-4-26

（3）加注润滑油，手动对调节器连杆进行推动时也无法收缩到底，对比正常车辆增压调节器，电机是可以正常收缩到底。

（4）如果涡轮增压执行器电机收缩不到正确位置，在高转速状态下阀门关闭不严导致压力泄漏，涡轮就达不到增压效果，如图4-4-25~图4-4-27所示。

故障原因：涡轮增压执行器电机内部有时发卡导致阀门关闭不严，增压压力被释放。

故障排除：因不单独提供执行器电机，更换整个涡轮增压器后故障排除。

（十二）客户反映仪表上出现发动机故障、底盘失效、PSM故障等多个提示

车型：2015年Macan Turbo。

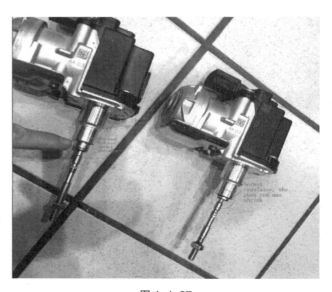

图 4-4-27

故障现象：客户反映仪表上出现发动机故障、底盘失效，PSM故障等多个提示。

故障诊断：

（1）检查发现气缸组2中气缸4、5缺火严重，与1、2两缸对调点火线圈。

（2）对换火花塞和喷油器后故障依旧。进行气缸压力测试。

（3）进行密封性测试，发现气缸密封不牢，漏气。4缸故障依旧。

如图4-4-28~图4-4-31所示。

故障原因：气门与气门座密封不严(有碎片卡主气门)。

故障排除：打开发动机，对气门和气门座进行打磨，安装测试，故障排除。注意：每次拆装进气管路卡箍时检查是否有损坏或卡箍碎片掉落。

红色区域的碎片掉落卡住了气门，导致气门关闭不严。

图 4-4-28

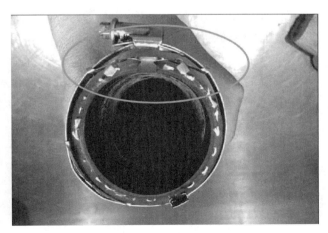

图 4-4-29

图 4-4-30

图 4-4-31

二、自动变速器系统

（一）车辆组合仪表提示差速锁和变速器故障

车型：2013年991 Carrera。

故障现象：客户反映车辆组合仪表提示差速锁和变速器故障。

故障诊断：

（1）PDK模块中故障码为：P17 双离合器超限制，P18CB过热阶段2可控后差速锁，P0711变速器温度传感器不可靠。

（2）该故障现象总是在50 km/h左右时才会出现，故障出现时读取实时值为160 ℃，而使用红外测温仪检测时只有98 ℃。

（3）查技术信息，当PDK出现P17F1 、P17F2、 P18CA、P18CB等故障，且变速器编号在9G1、300、031、07范围的车辆受环境的影响导致电气插头信号分流，产生故障，参照TI进行湿气处理和重新编程，但故障依旧。

（4）根据GF 的引导检查排除了外部线束和电

气插头，测量温度传感器内部线路及阻值时，发现有接地现象，进一步拆解阀体检查发现传感器线束损坏。

故障原因：变速器温度传感器线束破损导致故障发生。

故障排除：包扎该线束，故障彻底排除。

（二）变速器报警，实际值信号异常

车型：918 Spyder。

故障现象：变速器报警，显示"变速器故障"，R挡可能有故障可继续行驶，在PDK模块里有当前故障码"P0871压力传感器3信号不可靠"，实际值信号异常，如图4-4-32和图4-4-33所示。

图 4-4-32

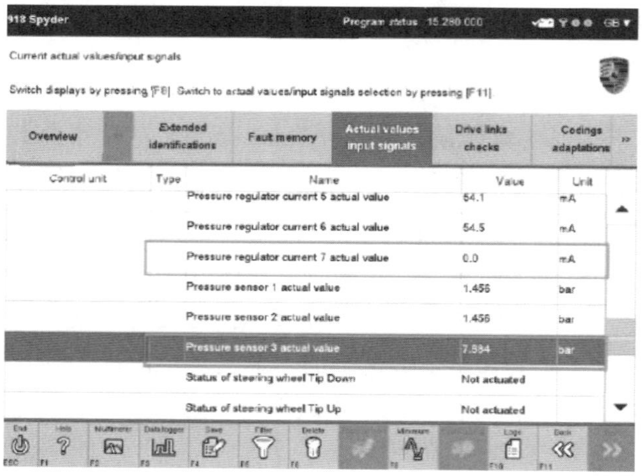

图 4-4-33

故障诊断：

（1）GFF，检查PDK油位。

（2）拆卸PDK底部油底壳。

故障排除：WM398055更换后差速锁阀组由Level2经销商来执行，如图4-4-34所示。

图 4-4-34

（三）保时捷911PDK变速器故障

车型：保时捷997。

行驶里程：30 000 km。

故障现象：客户报修高速行驶大约30 km后出现变速器故障灯报警，随后倒挡没有，只能应急驾驶。

故障诊断：接车发现仪表确实有变速器故障灯点亮，用PIWIS进行检测发现故障码如图4-4-35所示。

但故障码均为偶发故障，清除后再次进行路试。当路试进行大约15 km后故障再次出现，返厂进行检测故障码没有变化，初步怀疑是变速器的散热不好造成温度过高，检查发动机的散热和变速器油水散热器都在正常范围内，尝试更换变速器油后试车故障没有排除。根据电路图检查变速器温度传感器的线路均正常，查阅相关维修资料得知此款PDK变速器的油温传感器故障率比较高，更换后按

照原厂手册要求对PDK控制单元进行编码、校准工作。但是校准却无法成功进行并报如图4-4-36的故障码。

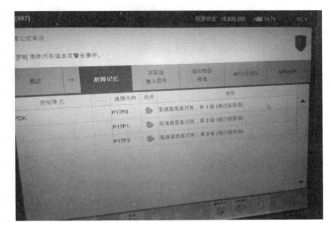

图 4-4-35

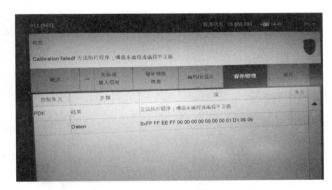

图 4-4-36

对PDK模块进行编程编码后再次进行校准，还是无法成功。但做校准时通过观察实际值发现速度轴1无论处于P、R、D、N中哪个挡位，始终没有变化，如图4-4-37所示。

图 4-4-37

很显然校准失败的原因就是速度轴1的转速信号缺失。

故障总结：更换速度传感器后再次进行PDK校准成功完成，进行路试故障不再出现。

三、底盘系统

（一）动态转弯灯警告灯亮

车型：2013年991。

故障现象：动态转弯灯警告灯亮。

故障诊断：车辆来店时，大灯灯光报警，动态转弯灯报警；诊断仪检查故障码为8021压缩角度传感器，前(低于极限值)；诊断仪检测发现前部压缩角度传感器无信号电压，检查电路图，检查插头处信号电压，发现电压5 V，正常；检查传感器电阻，正常电阻为57 Ω左右，但实际测量值为75 Ω，建议客户更换前部压缩角度传感器。如图4-4-38和图4-4-39所示。

故障原因：前部压缩角度传感器内部故障。

故障排除：更换前部角度传感器，故障消失，

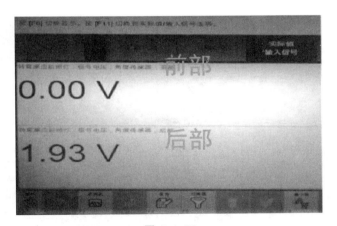

图 4-4-38

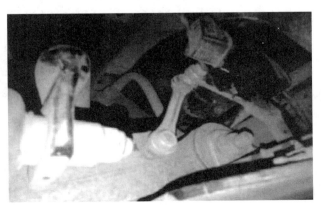

图 4-4-39

动态转弯灯工作正常。

（二）后扰流板升降按钮LED指示灯偶尔会闪烁

车型：991 Turbourbo S。

故障现象：前后扰流板已完全关闭，锁上车辆一段时间后，打开点火开关，后扰流板升降按钮LED指示灯偶尔会闪烁。

故障诊断：

（1）前后扰流板展开、收缩完全正常。

（2）在后端模块中有C11007历史故障码，消除故障码，完成后端模块所有执行器的校准和初始化后，现象依旧。

（3）当该现象出现时，按下扰流板按钮或车速超出15 km/h，按钮灯将停止闪烁。

故障排除：该现象非故障，正常。

故障总结：在一些特定情况(如在停车状态时，扰流板收回过程被妨碍)，在下次打开点火开关、着车时，按钮灯可能会闪烁，如图4-4-40所示。

4-4-41和图4-4-42所示。

图 4-4-41

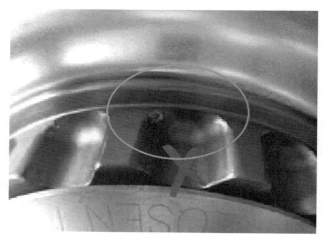

图 4-4-42

图 4-4-40

（三）旧版的专用工具9003套筒扳手可能会损坏车轮中央锁止螺母

车型：918 Spyder。

故障现象：在进行新车检查或装配车轮工作期间，旧版的专用工具9003套筒扳手可能会损坏车轮中央锁止螺母，该旧版工具按销毁流程处理，如图

故障排除：

（1）改进的专用工具9003套筒扳手于2014年8月底开始分配，标记为2014年第20周，如图4-4-43和图4-4-44所示。

（2）请严格按照《车间手册》拆装紧固车轮中央锁止螺母，必要时需要第三名技师协助确保套筒扳手完全接合且没有丝毫滑移。

（3）参见《TI 3307在对车轮支座进行新车检测/装配工作期间，只能使用工具包中的套筒扳手紧固车轮中央锁止装置(56/14)》和《WM 440519拆卸和安装车轮》。

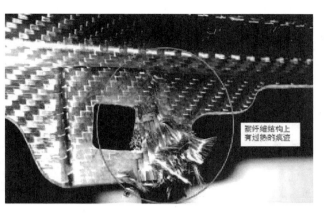

图 4-4-46

图 4-4-43

故障诊断：碳纤维层具有一定导电性，目前可分析得出的结论如下。

（1）918 Spyder的12 V跨接正极充电头比较短，夹上的充电夹容易弹掉，导致充电夹金属部位触碰到碳纤维后备箱，使碳纤维导电受损。

（2）充电器的充电线缆或充电夹绝缘处理不当，导致与碳纤维触碰，如图4-4-47所示。

图 4-4-44

（四）碳纤维后备箱，右侧靠近12 V跨接充电处，有被烧蚀损坏迹象

车型：918 Spyder。

故障现象：碳纤维后备箱，右侧靠近12 V跨接充电处，有被烧蚀损坏迹象，如图4-4-45和图4-4-46所示。

图 4-4-47

故障总结：目前还在进一步的分析中，图4-4-48是一些建议性的防护工作。

（五）低速行驶过程中车辆底部有"嚓嚓"的异响

车型：2015年95B。

故障现象：低速行驶过程中车辆底部有"嚓嚓"的异响。

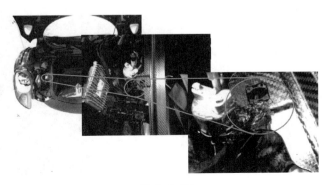

图 4-4-45

图 4-4-48

故障诊断：

（1）接车后试车发现，起步或高速时底盘有"嚓嚓"的异响。诊断仪检测未发现异常，举升车辆底盘未发现有碰撞刮蹭的痕迹。

（2）检查分动箱油液面正常，变速器油液面正常。更换分动箱油，对分动箱进行编程后，在举升机上试车，未发现有异常声音。

（3）试车200 km后未听到异响，将车辆交予客户。客户使用1天后又进场投诉车辆接回家的第2天，使用过程中颠簸以后底盘又出现"嚓嚓"的异响。

（4）我们将车辆举升后，仔细检查了底盘，发现在传动轴过桥轴承处有一石块，大小刚好可以隐藏在传动轴轴承处。将石块取出后，试车无异常，客户接车后连续使用15天，回访客户异响未发生。

故障原因：底盘传动轴和石块发出异响。

故障排除：取出传动轴处的石块后故障解决。

四、电气系统

（一）组合仪表显示"系统故障"

车型：2014年981 Boxster。

故障现象：组合仪表显示"系统故障"。

故障诊断：

（1）确认故障存在，仪表下部菜单无室外温度显示，PCM右下侧没有室外温度显示，软顶无法打开。

（2）读取相关故障码，其控制单元中有"与空调控制单元通信"的故障，空调控制单元显示为"?"。

（3）检查空调控制单元线路均正常，空调可以正常使用；连接示波器在控制单元侧，按动后

部开关模块按键，波形显示异常，CAN L有断路故障。如图4-4-49~图4-4-51所示。

故障原因：空调控制单元故障。

故障排除：更换空调控制单元。

图 4-4-49

图 4-4-50

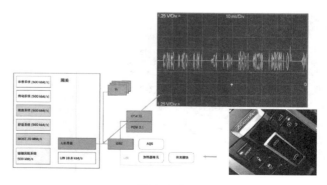

图 4-4-51

（二）无法删除在电动制动助力器中的故障码

车型：918 Spyder。

故障现象：在成功执行完WE37之后，车辆无明显故障症状或警告信息，但有以下故障码，都无法删除。在电动制动助力器中有故障码，02FF00控制模块关闭阶段未正确结束；在电子助力转向中有当前故障码，010040控制模块电源断路；在后桥转向左侧和右侧两模块中有故障码，000033由于失去接地连接而重置控制单元。

故障诊断：

（1）执行WE37过程中，确保12 V锂离子蓄电池连接到电压上限为13.8V外部充电设备。

（2）连接PIWIS Tester II，完成自动搜索所有控制模块。

（3）进入网关、选择驱动链接检查选项。

（4）选择驱动链接并点击 12。

（5）选择关闭阶段/运输模式并点击 12。

（6）选择"切断阀规格" => "没有限制"，点击F8执行。

（7）回到网关驱动链接检查页面，选择控制单元重置，点击F8执行。

（8）退出所有菜单，断开tester与车辆的连接，锁车保持大约5 min。

（9）再次连接tester，执行自动搜索模块并删除所有故障码。

故障排除：网关控制单元重置。

注：在WE37手册中，关于拔插保险丝的内容已正确更新。

散热器风扇，前部：B排，1号插槽(1.0 A)。

散热器风扇，后部：B排，2号插槽(7.5 A)。

如图4-4-52所示。

（三）配置的保时捷通用充电器充电电缆(电源端)插头与当地家用电源插座不匹配

车型：918 Spyder。

故障现象：918 Spyder，配置的保时捷通用充电器充电电缆(电源端)插头与当地家用电源插座不匹配。

故障诊断：

（1）保时捷通用充电器充电电缆(电源端)配置为ES1北美/日本型号。

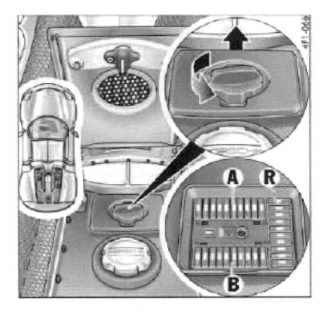

图 4-4-52

（2）充电电缆(车辆端)、车辆充电接口也是ES1北美/日本型号。

（3）配置ES1错误，应为ES3欧盟/中国型号。

如图4-4-53~图4-4-55所示。

故障总结：

将以下部件更换成适合欧盟/中国配置ES3的部件：

图 4-4-53

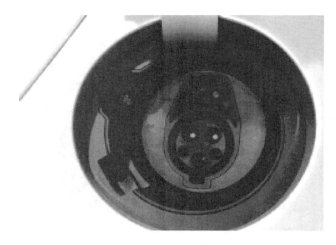

图 4-4-54

图 4-4-55

（1）充电电缆（电源端）。

（2）充电电缆（车辆端）。

（3）车辆充电接口。

（4）车载充电器。

注：在所有要更换的配件中，只有车载充电器的配件号与原车的相同，而原车的车载充电器已识别了ES1北美/日本的车辆充电接口，这在第一次尝试高压充电时自动识别，且后续无法更改。

（四）停了数天后，遥控器无法解锁车门

车型：918 Spyder。

故障现象：停了数天后，遥控器无法解锁车门。

故障诊断：

（1）遥控器正常，车门不解锁。

（2）应急解锁车门。

（3）打开点火钥匙。

（4）遥控器同步完成，故障现象消除。

故障排除：检查12 V锂离子蓄电池和高压锂离子蓄电池充电状态，必要时进行充电使其保持饱和状态。

故障总结：

（1）如果12 V锂离子蓄电池的充电状态介于理想值，且电压值高于12.5 V，锁车约7天后，车辆可能会进入深度睡眠模式，之后遥控解锁不起作用，需用机械锁才能开启驾驶员车门。

（2）如果12 V锂离子蓄电池的充电状态低于理想值80，或电压值低于12.5 V，锁车约3天后，车辆可能会进入深度睡眠模式，之后遥控解锁不起作用，需用机械锁才能开启驾驶员车门。

（3）目的是为了保护容量仅为20AH的12 V锂离子蓄电池不过早损坏。

（4）当12 V锂离子蓄电池电量过低或有故障时，高压蓄电池系统等功能将受限。

（5）为918 Spyder执行诊断、操作时(如校准E-machine电机)，始终确保12 V锂离子蓄电池电压为12.5 V以上或正确接上充电器。

（五）软顶无法自动打开，手动操作软顶开关时仪表提示车顶调控故障需要维修

车型：2014年991 Cabrio。

故障现象：软顶无法自动打开，手动操作软顶开关时仪表提示车顶调控故障需要维修。

故障诊断：

（1）过快不在末端位置。

（2）检查活顶控制单元保险丝5A正常，检查软顶锁销电机和微动开关线束插头，无脱落正常。

（3）检查左右后部侧面活门盖及霍尔传感器位置正常且无松动，测量传感器到控制单元线束针脚A26/A27、A25/A9、A11无断路现象。

（4）检查左侧挡风板升高和降低的霍尔传感器时发现传感器有松动现象，刻意用按住传感器后操作软顶开关，软顶可以正常打开及关闭。

故障原因：升高和降低霍尔传感器时与挡风板的间隙过大无法监测位置，导致软顶不能工作。

故障排除：重新固定牢挡风板霍尔传感器后软顶功能正常。

（六）车辆遥控解锁后右前门无法从外部打开，内部可以

车型：2015年918 Spyder。

故障现象：车辆遥控解锁后右前门无法从外部打开，内部可以。

故障诊断：

（1）新车PDI后，销售将车辆停在展厅，发现车辆遥控解锁后右前门无法从外部打开，内部打开一次后就可以从外部打开。

（2）诊断仪检查未发现有和右前门相关的故障码，怀疑是右前门锁块中控锁电机执行不到位导致的。

（3）拆下右前车门门板后发现，从里面通过内拉手打开后，就会把中控锁的位置强行打开到开锁位置，这样再拉右前门外拉手就可以将右前门打开。

（4）更换一个右前门锁块后，多次开关中控锁和从外部打开右前门，故障未再出现。

故障原因：右前门中控锁故障。

故障排除：由于右前门中控锁电机和锁块是一体的，就更换了右前门锁块。

（七）软顶在打开时报故障

车型：2013年981 BOXSTER。

故障现象：软顶在打开时报故障(打开到一半，顶快要降时，停顿不能动，仪表报软顶故障)，这时松手再次拉开按钮，顶篷继续完全开启，关闭正常，如图4-4-56所示。

故障诊断：这个故障只在开启时有这样的现象，特别是车辆停放几天后，第一次开启时出现。

图 4-4-56

顶篷电机传感器线路图如图4-4-57和图4-4-58所示。

故障原因：左侧电动软篷传感器电机位置信号缺失。如表4-4-1所示。

图 4-4-57

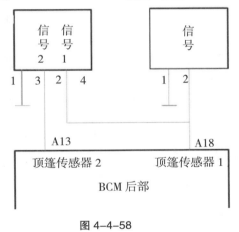

图 4-4-58

（八）PDI检查发现左右两侧车门高频"啪啪"异响

车型：2015年918 Spyder。

故障现象：PDI检查发现左右两侧车门高频"啪啪"异响。

故障诊断：

（1）PDI空调系统检查时发现，当车辆开启外循环，鼓风机开在3挡或4挡时，左右侧车门内出现高频率振动拍打声。当风速小于3挡、高于5挡或开至内循环时，玻璃开一点异响都会消失。

（2）检查左右车门发现，车门内带有室内空

表 4-4-1

控制单元	类型	名称	值
后端电子设备（9×1 VR12）		检测到储物盒锁销未锁定微动开关	是
		检测到活顶微动开关1	是
		检测到活顶微动开关2	否

气循环排气阀门，当车辆开启外循环时，外部空气由风机吸入车内，然后从两侧车门排出形成一个换气循环。

（3）拆下左右门内饰板，将空调调试到异响的状态，发现左右车门上装有两个排气格栅膜片在摆动敲打门板产生高频的"啪啪"声。

（4）将排气格栅拆下，在反面上部粘上一条胶布限制膜片的摆动范围。装复测试异响消除。

故障原因：左右两侧车门内排气格栅膜片摆动过大拍打门板导致异响，如图4-4-59和图4-4-60所示。

故障排除：用胶布限制排气格栅内膜片摆动范围。

（九）仪表灯光报警"右前近光灯故障"，右前近光灯不亮

车型：2015年95B。

故障现象：仪表灯光报警"右前近光灯故障"，右前近光灯不亮，如图4-4-61所示。

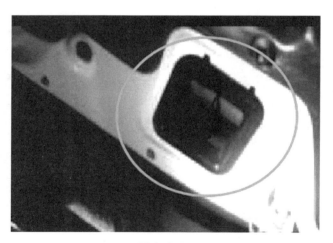

图 4-4-59

图 4-4-61

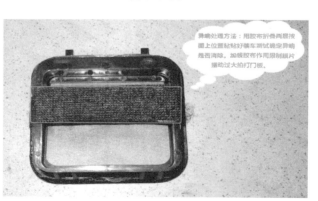

图 4-4-60

故障诊断：

（1）确认故障现象为右前近光灯不亮，当大灯处于开启状态，开启右转向指示灯或者危险报警灯时，右前转向指示灯及右后转向指示灯一直常亮。

（2）PIWIS检查前端电子单元有故障码：87090E、870AOE。查询WM/TI/SY，无相关解决方案。

（3）当大灯开启时测量右前大灯56B近光灯

PIN A6无电压输出，再测量前端电子单元右前近光灯PIN D24无电压输出，故判断为前端电子单元导致，重新对车辆进行车辆移交、编码后依旧，检查前端电子单元供电搭铁正常，结合转向灯故障，故判断为前端电子单元内部硬件故障导致。

如图4-4-62所示。

图 4-4-62

故障原因：前端电子单元内部故障无电压输出。

故障排除：更换前端控制单元。

（十）车辆行驶里程不到500 km，行驶中熄火后无法启动

车型：2015年95B。

故障诊断：车辆行驶不到500 km，行驶中熄火后无法启动。拖进车间后能正常启动，试车故障无法重现，故障记忆在外面已经被清掉了。

故障诊断：

（1）检查VAL发现多个控制单元无通信，但其他控制单元中出现通信故障最多的控制单元为DME、PDK、四轮驱动。

（2）检查这3个控制单元共用的电源有一个接点，该接点在DME旁边，用手去摇DME附近的线束模拟故障，摇动的时候出现了发动机熄火，确认故障部位，在拨线束的时候发现DME边上的搭铁线没锁紧。该线束刚好为几个控制单元的搭铁点。

故障原因：控制单元的负极松动，如图4-4-63和图4-4-64所示。

故障排除：紧固搭铁点。

图 4-4-63

图 4-4-64

（十一）客户反映不踩制动踏板可以着车

车型：2010年Cayman 987。

故障现象：客户反映不踩制动踏板可以着车。

故障诊断：确认故障现象。检查PSM制动信号实际值，信号正常。检查制动灯开关间隙，正常。根据电路图分析，发现制动灯信号与PAS有通信，于是发现国家编码为空，重新编码进入PAS控制单元检查编码。

故障原因：重新对PAS控制单元编码，踩下制动踏板时，制动灯正常点亮。